STUDIEN UND TEXTE ZUR SOZIALGESCHICHTE
DER LITERATUR

Herausgegeben von
Wolfgang Frühwald, Georg Jäger, Dieter Langewiesche,
Alberto Martino, Rainer Wohlfeil

Band 67

Irmgard Scheitler

Gattung und Geschlecht

Reisebeschreibungen
deutscher Frauen 1780–1850

Max Niemeyer Verlag
Tübingen 1999

Gedruckt mit Unterstützung der Deutschen Forschungsgemeinschaft

Redaktion des Bandes: Alberto Martino

Die Deutsche Bibliothek – CIP-Einheitsaufnahme

Scheitler, Irmgard: Gattung und Geschlecht : Reisebeschreibungen deutscher Frauen 1780 – 1850 / Irmgard Scheitler. – Tübingen : Niemeyer, 1999
   (Studien und Texte zur Sozialgeschichte der Literatur ; Bd. 67)

ISBN 3-484-35067-9   ISSN 0174-4410

© Max Niemeyer Verlag GmbH, Tübingen 1999
Das Werk einschließlich aller seiner Teile ist urheberrechtlich geschützt. Jede Verwertung außerhalb der engen Grenzen des Urheberrechtsgesetzes ist ohne Zustimmung des Verlages unzulässig und strafbar. Das gilt insbesondere für Vervielfältigungen, Übersetzungen, Mikroverfilmungen und die Einspeicherung und Verarbeitung in elektronischen Systemen. Printed in Germany.
Gedruckt auf alterungsbeständigem Papier.
Gesamtherstellung: Memminger Zeitung Verlagsdruckerei GmbH, Memmingen

Vorbemerkung

Die vorliegende Studie ist in den Jahren 1990–1995 entstanden und wurde 1997 in endgültiger Fassung dem Verlag übergeben. Seither erschienene Literatur konnte leider nicht mehr berücksichtigt werden.

An dieser Stelle möchte ich meinen aufrichtigen Dank den verschiedenen Archiven, Bibliotheken und sonstigen Einrichtungen aussprechen, die mir bei der nicht selten schwierigen Suche nach Quellen und biographischen Daten behilflich gewesen sind. Herrn Professor Dr. Wolfgang Frühwald danke ich für anregende Gespräche und die Förderung und kritische Begleitung meiner Arbeit. Herrn Professor Dr. Walter Schmitz von der Technischen Universität Dresden bin ich für freundschaftliche Betreuung sehr verbunden. Ich danke der Deutschen Forschungsgemeinschaft für den großzügigen Druckkostenzuschuß und den Herausgebern für die Aufnahme in die Reihe *Studien und Texte zur Sozialgeschichte der Literatur*. Über diese Aufnahme freue ich mich um so mehr, als ich hoffe, daß dadurch meine Studie, die ich ungern in ein Ghetto von »women studies« verwiesen sehen möchte, den für sie zutreffenden Kontext erhält.

Oktober 1998   Irmgard Scheitler

Meinem Mann und meinen Kindern

Inhaltsverzeichnis

1. Frauenreisen als literaturwissenschaftliches Thema 1

    1.1 Problematik und Zielsetzung 1
    1.1.1 Die Problematik der Gattung Reisebeschreibung. Bisherige Forschung und Desiderate 1
    1.1.2 Reisebeschreibungen von Frauen als literaturwissenschaftliche terra incognita 4
    1.1.3 Gegenstand und Ziel der vorliegenden Arbeit 10
    1.2 Voraussetzungen für eine literaturwissenschaftliche Beschreibung 15
    1.2.1 Historische Konventionen als Ansatzpunkte für eine Gattungsbeschreibung 15
    1.2.2 Das spezifisch weibliche Regelsystem 21
    1.2.2.1 Die öffentliche Meinung über weibliches Reisen 22
    1.2.2.2 Konventionen weiblicher Schriftstellerei und Reiseschriftstellerei 28
    1.2.3 Zeitliche Begrenzung und Problematik der Textvergleichbarkeit 42

2. Die äußeren Umstände der Reise 50

    2.1 Familienstand und Reisebegleitung 50
    2.2 Bildungsstand 63
    2.3 Finanzielle Situation 70
    2.4 Ziele, Dauer und Motive einer Reise 74

3. Der literarische Markt 85

    3.1 Die Popularität der Gattung 85
    3.2 Autorenhonorare, Buchpreise, Absatz 90
    3.3 Anonymität, Pseudonyme, männliche Herausgeber 99
    3.4 Veröffentlichungsformen 106

4. Die Texte 115

    4.1   Exordialtopik 115
    4.2   Komposition und Segmentierung 126
    4.3   Bemerkungen, Reflexionen, Beschreibungen: Die Abfassung der nicht narrativen Passagen 138
    4.4   Autopsie und Originalität, Abhängigkeit und Konkurrenz . . . 156
    4.5   Interesse und Informiertheit 173
    4.6   Selbstreflexion und Selbststilisierung, Weiblichkeit und weibliches Ich 186
    4.7   Adressaten und Zielpublikum 197
    4.8   Redaktion 207
    4.9   Rezeption 221

5. Nachwort 244

6. Bibliographie 248

    6.1   Quellen 248
    6.1.1 Werke von Frauen 248
    6.1.1.1 Fremdsprachige Reisewerke von Frauen und ihre zeitgenössischen Übersetzungen 259
    6.1.2 Besprechungen 265
    6.1.3 Sonstige Quellen 268
    6.2.   Forschungsliteratur 270
    6.2.1 Nachschlagewerke 270
    6.2.2 Monographien und Aufsätze 272

7. Bio-bibliographischer Anhang 283

    Charlotte von Ahlefeld 283
    Mathilde Franziska Anneke 283
    Therese von Bacheracht 284
    Friederike Baldinger 284
    Maria Belli 285
    Emilie von Berlepsch 285
    Elisabeth Eleonore Bernhardi 286
    Friederike Brun 286
    Helmina von Chezy 286
    Ida von Düringsfeld 287
    Emilie Engelbronner d'Aubigny 288

Nina Engelbronner d'Aubigny	288
Marie von Fahnenberg	289
Karoline de la Motte Fouqué	289
Pauline Frisch	289
Esther Gad-Bernard	289
Clara von Gerstner	290
Molly von Grävemeyer	290
Philippine Gundlach	290
Ida Gräfin Hahn-Hahn	290
Elise von Hohenhausen	291
Suzette Horstig	292
Therese Huber	292
Ida Kohl	293
Anna Helene Krook	293
Sophie von La Roche	293
Sophie Leo	294
Fanny Lewald	294
Luise Mühlbach	295
Emma von Niendorf	296
Julie von Nordenflycht	296
Ida Pfeiffer	296
Luise von Plönnies	297
Elisa von der Recke	297
Dorothea Schlözer	298
Johanna Schopenhauer	298
Maria Schuber	299
Espérance von Schwartz	299
Sophie Schwarz	300
Fanny Tarnow	300
Friederike Helene Unger	301
Mathilde von Waldenburg	301
Karoline von Woltmann	301
Friederike von Wolzogen	302

1. Frauenreisen als literaturwissenschaftliches Thema

1.1 Problematik und Zielsetzung

1.1.1 Die Problematik der Gattung Reisebeschreibung. Bisherige Forschung und Desiderate

Seit etwa zwei Jahrzehnten wendet sich die Literaturwissenschaft im Zuge der Beschäftigung mit literarischen Zweckformen in verstärktem Maße auch der Reisebeschreibung zu. Vom Altertum über die Pilgerreisen des Mittelalters, die Entdeckungen und Abenteuer der Frühen Neuzeit, die Kavalierstouren und Fahrten in die Revolution bis zu den wissenschaftlichen Unternehmungen und den Anfängen des modernen Tourismus ist das Reisen untersucht worden, ja es hat – wie zahlreiche populäre Bücher und Medienbeiträge zeigen – sogar die Aufmerksamkeit einer breiteren Öffentlichkeit erregt.

Ungeachtet der Fülle der Arbeiten zum Thema Reise stehen die deskriptive Erfassung der Texte von Reisebeschreibungen und deren analytische Auslegung noch ganz am Anfang. Nicht nur ist nach 150jähriger Konzentration auf die »großen Werke« der Schönen Literatur vieles erst der Vergessenheit zu entreißen; eine Bibliographie, wie sie seit langem für den englischsprachigen Raum wenigstens für die Zeit bis 1800 in drei Bänden vorliegt, fehlt der Germanistik noch immer.[1] Aber auch eine überblicksartige Darstellung der Geschichte der Itinerarien und Reiseberichte über die Jahrhunderte hinweg vermißt man.

Da es sich bei Reisetexten um Darstellungen handelt, die für viele wissenschaftliche Gebiete von großem Interesse sind, lag es nahe, interdisziplinäre Zusammenarbeit bei ihrer Erforschung zu fordern. Die verschiedenen Kulturwissenschaften nützten Reisebeschreibungen als Quellen für Länderkunde und Volkskunde, für die Erforschung von Nationalitätsstereotypen und die Geschichte des Tourismus, als Fundgrube für nahezu alle historischen Fächer. Bei den überaus vielfältigen Informationen, die Reiseberichte enthalten, verwundert die Konzentration auf solche Fragestellungen nicht, sind sie doch griffiger, einfacher zu popularisieren und von allgemeinerem Interesse. Allzu leicht übersehen freilich Untersuchungen, die Rei-

---

[1] Edward Godfrey Cox: *A reference guide to the literature of travel*. New York 1969 (=University of Washington Publ. in language and literature 9–12, 1935–1949). Die von Wolfgang Griep seit Jahren angekündigte Gattungsbibliographie für den Zeitraum 1700 bis 1810 ist noch nicht erschienen. Allerdings existiert für das 18. Jahrhundert eine Datenbank bei der Forschungsstelle zur historischen Reisekultur in der Eutiner Landesbibliothek.

setexte als Steinbruch für kulturhistorische Fragestellungen benützen, die literarische Bedingtheit ihrer Quellen. Aus der Sicht des Literaturwissenschaftlers den Nachbardisziplinen einen Vorwurf zu machen, wäre allerdings verfehlt: Hat es doch die Philologie immer noch nicht dahin gebracht, eine »Poetik« dieser Texte als Leseanleitung und Aufhellung ihrer sprachlichen und kompositorischen Konventionen zu erstellen.

Bei literaturwissenschaftlichen Arbeiten zu Reisebeschreibungen handelt es sich meist um themenorientierte Untersuchungen von Einzeltexten. Mehr theoretisch ausgerichtete Forschungsbeiträge kreisen hingegen nachgerade magisch angezogen um die Frage nach dem Gattungscharakter. Überraschend oft wird dieser negiert. Nachdem sich bereits in den sechziger Jahren die Erkenntnis durchgesetzt hatte, der Reisebericht habe sich im Übergang vom 18. zum 19. Jahrhundert zunehmend von der reinen Informationsvermittlung weg entwickelt,[2] verdrängte das Kriterium der »Literarizität« alle weiteren Topoi der Textanalyse. Literarizität, d. h. die Frage, ob die »Sprachkraft eines Autors« hingereicht habe, einen Text zu gestalten, der einer »essayistisch-subjektiven Kunstform« genüge, sollte nun allein über dessen Zugehörigkeit zum »literarischen Reisebericht« entscheiden.[3] Diese Monopolisierung des Literarizitätskriteriums führte nicht nur dazu, daß die Gattung über bestimmte Texte als deren Ideationen definiert und damit die schriftstellerische Befähigung eines Autors zum Ordnungskriterium erhoben wurde, sie löste schließlich die Umrisse der Gattung selbst auf, die nun einer neu und theoretisch konstituierten Gattung des Berichtes zugeordnet werden sollte, die nicht thematisch auf Reisen eingeengt werden dürfe.[4] Das, was bisher unter Reisebeschreibung verstanden wurde, verlor unter dem Verdikt der Literarizität seine Identität: »Konsequent gattungspoetologisch gedacht würden die [...] Werke Sulzers, der La Roche und Goethes eigentlich der Gattung des Tagebuchs, jene Küttners, Humboldts und Moritz' der Gattung des Briefes, jene Johanna Schopenhauers und Kotzebues der Gattung der Memoiren zuzurechnen sein. Lediglich die methodologisch unreflektierte und im Grunde unrichtige Tradition, eine eigene, seltsame, lediglich vom Thema her bestimmte Mischgattung des ›Reiseberichts‹ anzunehmen, ließ immer wieder die Literarhistoriker die Werke sehr verschiedener Gattungen zu einer solchen eigenen Mischgattung des Reiseberichts zusammenziehen.«[5]

---

[2] M. Link (1963).
[3] Joseph Strelka: »Der literarische Reisebericht« In: *IASL* 3 (1971) S. 63–75 sowie Strelka (1985).
[4] Strelka (1985) S. 64. 172. 180.
[5] Ebd. S. 180. In ähnlicher Weise äußert sich U. Klein (1993) S. 288, indem er das Problem mit einer rhetorischen Frage abtut: »Welche Unterscheidungsmerkmale sollten etwa für den Reisebrief und das Reisetagebuch oder die Reisenovelle und die Reiseerzählung gelten? [...] Man könnte sogar fragen, ob eine ›geisteswissenschaftliche‹ Beschäftigung mit dem Schwamm-Begriff ›Reiseliteratur‹ außerhalb genuin naturwissenschaftlicher Fragestellungen überhaupt notwendig sei, angesichts der Tatsache, daß die Disziplinen, die ›Literatur‹ untersuchen, immer auch schon Probleme der Reiseliteratur-Forschung einbezogen haben.«

Methodologisch ist dieser Ansatz höchst fragwürdig, weil kein objektiver Grund dafür anzugeben ist, warum gerade eine bestimmte historische Ausformung, ja einzelne Realisationen einer Textform zu deren nachträglich gefundenen Terminaten erhoben werden können. Historisch sind speziell die Zuordnungsthesen unhaltbar. Nicht die »unrichtige Tradition« der Literaturwissenschaft, sondern die Autoren und ihre Zeitgenossen selbst machten bei der Entstehung und Rezeption von Texten klare Unterschiede zwischen Tagebüchern, Memoiren oder Reisebeschreibungen.[6]

Die Geschichte der Literaturwissenschaft der siebziger Jahre war bestimmt von einer tiefgreifenden Scheu vor normativen Setzungen. Epochen- und Gattungsdefinitionen wurden durch das Aufsuchen von Ausnahmen falsifiziert und in ihrem Sinn generell angezweifelt. Auch die Reisebeschreibung als Gattung blieb von diesem Skeptizismus nicht verschont. Ihre Bestimmbarkeit wurde im Blick auf die fließenden Grenzen zu anderen Gattungen angezweifelt.[7] Folge dieser skeptizistischen Haltung war, daß sich die Literaturwissenschaft mit vergleichenden Analysen keine Mühe mehr zu machen brauchte. Dabei wäre gerade die Gegenüberstellung von Texten, die benachbarten Gattungen angehören, geeignet, die jeweils spezifischen Konventionen am deutlichsten ans Licht zu rücken.

Noch ein weiteres Modell für die Negierung einer Gattung Reisebeschreibung läßt sich in der Diskussion der letzten Jahre beobachten: Es wurzelt nicht wie das erstgenannte im Rückzug auf die Positionen der Staiger-Zeit und auch nicht wie das zweitgenannte im wissenschaftlichen Eskapismus, sondern relativiert literaturwis-

---

[6] Ohne auf die von Strelka angeführten Exempla im einzelnen eingehen zu wollen, sei nur pars pro toto angemerkt, daß die genannten »Tagebücher« der La Roche oder Goethes erst aus einer mehr oder weniger tiefgreifenden, jedenfalls aber bestimmbaren Regeln folgenden Redaktion von tatsächlichen Tagebüchern hervorgegangen sind. Die verschiedenen literarischen Modi folgenden Produktionen ein und desselben Autors zeigen nicht selten, wie sehr man sich der Gattungskonventionen bewußt war. So hat etwa Johanna Schopenhauer neben ihren Reisebüchern auch Memoiren verfaßt, die aber deutlich und explizit anders zentriert sind als jene. In den Memoiren, die postum von der Tochter veröffentlicht wurden, geht es um »ein Sittengemälde meiner Zeit« (*Jugendleben und Wanderbilder* (1958) S. 7), das um die Person der Berichterstatterin herum gruppiert ist, während die Reisebeschreibungen die Reise selbst in den Mittelpunkt stellen. An einer Stelle macht die Autorin ihrem Lesepublikum auch ganz deutlich, wie klar ihr dieser Unterschied vor Augen stehe: Nach der Schilderung der Treue ihres Hundes unterwegs erklärt sie: »Daß ich diese ziemlich triviale Hundeanekdote für das interessanteste Ereignis hier erkläre, welches auf dem Wege von Oliva bis Berlin uns aufstieß, möge meinen Lesern zur Beruhigung dienen, denen vielleicht eine kleine Furcht davor anwandelt, von meiner in diesem Fach oft erprobten Feder, eine Reisebeschreibung en miniature hier überblättern zu müssen.« Ebd. S. 179.

[7] Reinhold Schiffer: »Flüchtige Bemerkungen eines Flüchtig-Reisenden. Oder: Was sagen die Titel englischer Orientreisen aus über typische Formen des Reiseberichts vornehmlich im 19. Jahrhundert?« In: *Gattungsprobleme in der anglo-amerikanischen Literatur. Beiträge für Ulrich Suerbaum zu seinem 60. Geburtstag.* Hg. v. R. Borgmeier. Tübingen 1986, S. 125–139. Zu Unrecht beruft sich Schiffer allerdings auf Percy G. Adams: *Travel Literature and the Evolution of the Novel.* Kentucky 1983, denn Adams wendet sich nur gegen eine unhistorische, normative Festlegung (bes. S. 278–284).

senschaftliche Fragestellungen generell deswegen, weil ihnen existenzphilosophische oder soziokulturelle vorzuordnen seien. Zusammen mit einer Konstituierbarkeit der Reisebeschreibung als Gattung wird damit auch eine sinnvolle Unterscheidung zwischen fiktionalen und nicht-fiktionalen Texten angezweifelt.[8] Gefragt sei eine »Literatur der Reisenden«, »die sich nicht über bestimmte Formen erschließt, sondern in einer Betrachtung des reisenden Schreibers und seines Verhältnisses zum Geschriebenen«.[9]

Die eben geschilderten Grundsatzdiskussionen haben bisher die Erforschung der Texte nicht vorangetrieben. So fehlt immer noch die Einsicht in das tatsächliche, weil historisch beobachtbare Funktionieren einer »Grammatik« der Reisebeschreibung; es fehlt ein Instrumentarium, das es ermögliche, Probleme der Intertextualität nachzugehen, Stile und Strukturen mit Hilfe von relevanten Fragestellungen zu vergleichen, Konventionen und Innovationen zu sondern oder die kommunikative Bedeutung von Reisebeschreibungen im kulturellen Kontext ihrer Zeit abzuschätzen. Peter J. Brenner charakterisiert in seinem großen Forschungsbericht die Sachlage zutreffend, wenn er resümiert: »Auch wenn die Zahl von Forschungsbeiträgen inzwischen fast schon bedenkliche Ausmaße angenommen hat, läßt sich von einer ›Reiseliteraturforschung‹ im strengen Sinne des Wortes nicht sprechen.«[10]

1.1.2 Reisebeschreibungen von Frauen als literaturwissenschaftliche terra incognita

Die Probleme, vor die sich die allgemeine Reiseliteraturforschung der letzten Jahrzehnte gestellt sah und noch sieht, gelten in verdichteter Weise für die Erforschung der Reisewerke von Frauen. Zunächst ist festzustellen, daß das Korpus der Reisebeschreibungen deutscher Frauen weitestgehend unbekannt ist.[11] Die Forschung, die

---

[8] Hermann Schlösser: *Reiseformen des Geschriebenen. Selbsterfahrung und Weltdarstellung in Reisebüchern Wolfgang Koeppens, Rolf Dieter Brinkmanns und Hubert Fichtes*. Wien u. a. 1987 (= Literatur u. Leben NF 34).
[9] Ebd. S. 17.
[10] (1990) S. 3.
[11] Kürzlich ist die von Wolfgang Griep und Annegret Pelz seit langem angekündigte Bibliographie erschienen: *Frauen reisen*. Damit steht der Forschung für das 18. Jahrhundert ein vorzügliches Hilfsmittel zur Verfügung, das von mir allerdings nur mehr in letzter Minute eingesehen werden konnte. Bei der komplexen Sachlage des Gebietes ist es selbstverständlich, daß kleine Ergänzungen hierüber und herüber möglich wären, die aber die Substanz des vorliegenden Buches ebenso wenig betreffen wie die des Eutiner Verzeichnisses. Dieses nämlich ist keine Gattungsbibliographie. Es enthält Beiträge zu weiblicher Raumerfahrung »unabhängig von männlicher oder weiblicher Autorschaft« (Vorwort S. 11). »Reise« wird weit ausgelegt, bis hin zur Lebensreise, wie die Autoren im Vorwort schreiben (ebd.); so finden sich z. B. Robinsonaden mit weiblichen Helden oder Romane mit vagabundierendem weiblichen Personal. Berücksichtigt werden Texte aus allen literarischen Formen, fiktive und wirkliche, übersetzte ebenso wie ursprünglich deutsche, Anekdoten, Lebensgeschichten, Ortsbeschreibungen; Werke von männlichen Autoren stellen einen beträchtlichen Anteil der insgesamt 631 Titel. Wegen des außerordentlich weit gefaßten, allenfalls mentalitätsgeschichtlich zu verstehenden Kontexts, dürfte die Benützung unter

in archäologischer Arbeit die Gattung Reisebeschreibung ausgegraben hat, ist bis zu den noch tiefer verschütteten Texten aus weiblicher Hand noch kaum vorgedrungen. Peter J. Brenners außerordentlich gründlicher Forschungsbericht *Der Reisebericht in der deutschen Literatur* (1990) erwähnt im Abschnitt über Reisebeschreibungen von Frauen auf dreieinhalb Seiten vier Schriftstellerinnen (Lady Mary Wortley Montagu aus der 1. Hälfte des 18. Jahrhunderts sowie Ida Hahn-Hahn, Fanny Lewald und Malwida von Meysenbug aus dem 19. Jahrhundert), ferner zwei Titel Sekundärliteratur, von denen der zweite strenggenommen keine Reisebeschreibung behandelt.[12]

Hier drängt sich natürlich die Frage auf, weshalb dieses Kapitel literarischer Produktion so gründlich in Vergessenheit geraten konnten und ob es sich lohnt, es dieser Vergessenheit zu entreißen.

Neuere Arbeiten zur Kanonbildung haben dargelegt, wie komplex die Vorgänge sind, die einem literarischen Werk das Überleben oder sogar die Aufnahme in den Kanon »wertvoller Literatur« sichern.[13] Der zeitgenössische Erfolg bietet hierfür keineswegs eine Garantie. In der Regel hatten Reisewerke dann eine weit größere Überlebenschance, wenn sie zum Gesamtwerk eines schon kanonisierten Autors (Goethe, Heine) gehörten. Demgegenüber hat die Nachwelt selbst Fürst Pücklers Büchern die Anerkennung verweigert, obwohl sie zu ihrer Zeit nicht nur sehr erfolgreich, sondern auch von den bedeutendsten Autoren (Goethe, Varnhagen von Ense, Heine, Mundt, Laube) hochgeschätzt waren. Welche Faktoren dazu führten, daß das Gros an Reisewerken der Abwertung und der Vergessenheit verfiel, ist zu wenig untersucht. Hier müßten nicht zuletzt soziologische, sozialpsychologische und wissenschaftsgeschichtliche Forschungen einsetzen, die uns etwa über die Bedürfnisse der Leserschaft oder die Interessen und Toleranzgrenzen der Literatur-

---

gattungsbezogener Fragestellung etwas mühsam sein. Vgl. auch meine Rezension der Bibliographie von Griep/Pelz in: IASL (1998).

[12] S. 514–518. Der von Brenner besprochene Aufsatz W. Wülfings (1986) hat ein Reisetagebuch von Malwida von Meysenbug zum Gegenstand, das erst nach dem Tode der Schriftstellerin veröffentlicht wurde. Um eine Reisebeschreibung im engeren Sinn handelt es sich nicht, vielmehr um eine Sammlung von Reflexionen, Gesprächen und anderen Einschaltungen, die an den roten Faden der Reise nur lose angeknüpft sind. Auf ihnen, nicht auf dem Bericht über die Reise, liegt das Schwergewicht dieses Tagebuchs, das die Autorin in sechs Abschriften unter ihren Freundinnen aus der Hamburger Frauenhochschule verbreitet hat. Vgl.: Dies.: »Eine Reise nach Ostende (1849)«. In: *Gesammelte Werke*. Hg. v. Berta Schleicher. Bd. IV: *Kulturbilder*. Stuttgart u. a. 1922, S. 181–277. Vgl. ferner das Vorwort zum IV. Band. – An anderen Stellen werden in Brenners Forschungsbericht noch Lady Morgan (S. 419) und Sophie von La Roche erwähnt (S. 220. 242).

[13] V. a. die umfassende Untersuchung von R. v. Heydebrand und S. Winko (1994), der ich viele wertvolle Anregungen verdanke. Ferner Helmut Kreuzer: »Trivialliteratur als Forschungsproblem. Zur Kritik des deutschen Trivialromans seit der Aufklärung« (1967). In: Ders.: *Veränderungen des Literaturbegriffs. Fünf Beiträge zu aktuellen Problemen der Literaturwissenschaft*. Göttingen 1975. Dort findet sich S. 17 die Definition von Trivialliteratur »als Bezeichnung des Literaturkomplexes, den die dominierenden Geschmacksträger einer Zeitgenossenschaft ästhetisch diskriminieren.« Ebd. S. 17 f. erwähnt Kreuzer die Veränderungen, die in der Bewertung etwa von Sophie von La Roche zu beobachten sind.

wissenschaft und Literaturgeschichtsschreibung Aufschluß geben. So viel aber steht fest: Die Untersuchung des literarischen Lebens zwischen 1780 und 1850 zeigt, daß die Repräsentanz von Reiseschriftstellerinnen im jetzt wiederentdeckten Spektrum der Gattung nicht den historischen Verhältnissen entspricht. Es wird zu zeigen sein, daß die literaturwissenschaftliche damnatio memoriae in bezug auf Reisewerke von Frauen schon früher einsetzte und ihr dadurch bedeutend Vorschub geleistet wurde, daß Literatur von Frauen seit dem ausgehenden 18. Jahrhundert a priori als trivial galt – ein Vorwurf, von dem Reisewerke männlicher Provenienz viel weniger bedroht waren. Grund für diesen Trivialitätsvorwurf – auch dies wird zu zeigen sein – ist es, daß Frauen festgesetzten Schreibensbedingungen unterlagen, die bestimmte Gebiete von vornherein ausgrenzten. Im Zirkelschluß traf sie daraufhin das Verdikt »uninteressant«. Dies konnte umso leichter geschehen, als diejenigen Gebiete, die den Frauen als die ihnen angestammten zugewiesen wurden (Erziehung, Familienleben, Moral), von männlichen Zensoren nicht als gleichwertig angesehen wurden.[14] Um Beispiele zu nennen: In der Goethezeit wurde Trivialität vornehmlich als Mangel an ästhetischer Autonomie definiert. In diesem Sinne war Johanna Schopenhauers Romanwerk vom Trivialitätsvorwurf betroffen, weil es an dem Sujet der moralisch belehrenden Frauenliteratur festhielt. Goethes abwertendes Wort von der »Entsagungsliteratur« bezog sich damals zwar nur auf den Roman *Gabriele* und nicht auf die auch im Goethekreis geschätzten Reisebeschreibungen, wurde aber im Zusammenhang mit dieser Autorin von der Literaturwissenschaft stereotyp zitiert und affizierte ohne Zweifel die Beurteilung des Gesamtwerkes als »wertlos«. – Als »interessant« werden meist Werke eingestuft, die sich in den kulturellen Konsens einfügen. Zu ihrer Zeit stand der Tradierung der Reisewerke von Rebmann,[15] Weerth[16] oder Börne die verpönte politische Tendenz ihrer Schriften entgegen. Eben diese eindeutige Tendenz förderte später ihre Wiederentdeckung. Die Perspektive deutscher weiblicher Reisender hatte – so der Geschlechtsrollenkodex –

---

[14] Diese Beobachtungen treffen auf den deutschen, viel weniger aber auf den französischen oder angelsächsischen Sprachraum zu. Für die Frage, warum gerade in Deutschland die Ausgrenzung von Schriftstellerinnen so besonders rigide und der Trivialitätsvorwurf so besonders kraß ausfielen, gibt es verschiedene Erklärungsversuche. Sigrid Schmid-Bortenschlager (1986) bes. S. 151f. rechnet damit, daß der Trivialitätsvorwurf als probates Mittel eingesetzt wurde, um eine Literatur auszugrenzen, die man wegen ihres Umfangs nicht mehr negieren oder übersehen konnte. Das Verdikt wandte sich gegen eine Literatur, die als »privatistisch« verpönt wurde und damit keinen zur deutschen »Nationalliteratur« leistete. Katherine R. Goodman und E. Waldstein machen die erdrückende Präsenz des Olympiers Goethe – zu dessen Dominanz es in anderen Ländern keine Parallele gibt – dafür verantwortlich, daß Frauen aus literaturästhetischen Gründen an den Rand gedrängt wurden. »Introduction« zu: *In the Shadow of Olympus. German women writers around 1800*. Hg. v. K. R. Goodman and E. Waldstein. Albany 1992, S. 1–28.

[15] Rebmann, Georg Friedrich: *Holland und Frankreich in Briefen, geschrieben auf einer Reise von der Niederelbe nach Paris im Jahre 1796 und dem fünften der französischen Republik*. Hg. v. H. Voegt. Berlin 1981.

[16] Weerth, Georg: *Skizzen aus dem sozialen und politischen Leben der Briten*. In: *Sämtliche Werke*. Bd. 3. Berlin 1957.

Politik auszugrenzen. Für eine Wiederentdeckung kam also kaum eine von ihnen in Frage.

Beides, der mehr ästhetisch begründete Trivialitätsvorwurf und der mehr inhaltlich begründete Vorwurf der eingeschränkten Perspektive und des minderen Interesses, führten offenbar dazu, daß Reisebücher von deutschsprachigen Frauen ungeachtet ihres zeitgenössischen Erfolges noch heute selbst der Forschung unbekannt sind. Immer wieder genannt werden lediglich Ida Hahn-Hahn,[17] Fanny Lewald sowie Johanna Schopenhauer.[18] Insbesondere Fanny Lewald galt in den letzten Jahren verstärkt Aufmerksamkeit, weil sie - ob berechtigt oder nicht – als Vertreterin emanzipatorischer und sozialistischer Ideen in Anspruch genommen wurde.[19] Für

---

[17] Von G. M. Geiger (1984) liegt eine leider allzusehr im feministischen Trüben fischende amerikanische Dissertation zum Frühwerk vor. Wenig literaturwissenschaftlich orientiert ist auch A. Pelz in ihrem Beitrag »Europäerinnen und Orientalismus« (1988) zu Hahn-Hahn, Ida Pfeiffer und Luise Mühlbach. Einiges Material findet sich in den Lebensbildern der Gräfin Hahn-Hahn von B. Goldmann (1980), G. Lüpke (1975), E. J. Schmid-Jürgens (1933) und allen voran K. van Munster (1929). Auf die *Orientalischen Briefe* und kurz auch auf *Jenseits der Berge* geht E. Frederiksen (1985) ein. W. Wülfing (1989) vergleicht die *Erinnerungen aus und an Frankreich* mit Heine.

[18] L. Frost (1913), eine Lebensbeschreibung, ist wenig hilfreich, enthält aber schöne Abbildungen. Hingegen ist einiges Material zu finden in R. Webers Ausgabe der Jugenderinnerungen, Tagebücher und Briefe unter dem Titel *Im Wechsel der Zeiten* (1986). F. Schubert (1928) zeichnet in einem Artikel die Rheinreise von 1828 nach, die kommentiert und mit einem Nachwort versehen neu herausgegeben wurde von K. B. Heppe und A. Fischer (Essen 1987). Neu herausgegeben, aber in eigener, etwas willkürlicher Zusammenstellung liegt auch der zweite Band der *Erinnerungen von einer Reise* zusammen mit Auszügen des 1. Bandes vor: *Reise nach England*. Hg. v. Konrad Paul. Berlin ²1982. U. a. auf die England- und die Rheinreise geht der Aufsatz von K. R. Goodman (1989) ein. Speziell den Reisebeschreibungen wendet sich ein Aufsatz von E. Frederiksen (1991) zu, der aber methodologisch recht problematisch ist. Die *Erinnerungen von einer Reise* sind eines der Paradigmen in M. Maurers Artikel über deutsche Englandreisen (1989). Johanna Schopenhauer ist die einzige Frau, die in Friedrich Sengles Kapitel »Reisebeschreibung« behandelt wird (*Biedermeierzeit* Bd. II, S. 238–277, hier S. 270f.)

[19] Nach dem auszugsweisen Nachdruck von *Meine Lebensgeschichte*, hg. v. G. Brinker-Gabler (1980) und von *Erinnerungen aus dem Jahre 1848*, hg. v. D. Schaefer (1969) veröffentlichte Ulrike Helmer eine Reihe von Werken in vollständiger Länge, darunter die Autobiographie (1988f.) und das *Italienische Bilderbuch* (1992). Wenig erhellend ist allerdings das Nachwort zu letzterem, denn es erklärt die Reisebeschreibung vollständig aus dem *Römischen Tagebuch*. Dieses autobiographische Werk ist aber 20 Jahre später mit ganz anderer Wirkabsicht für den nunmehrigen Gatten Stahr abgefaßt. Es schildert die Vorgänge von damals psychologisch, und zwar aus der Rückschau, aus der Position einer etablierten Frau und Ehefrau und mit den Erfahrungen der inzwischen ins Land gegangenen Frauenbewegung. – Mehr biographisch orientiert sind die Beiträge von M. Pazi (1983), K. Bäumer (1989) sowie L. Secci (1988). Eine Beschreibung von Leben und Werk bietet M. Webers Zürcher Dissertation (1921), die bei aller Fehlerhaftigkeit und Lückenhaftigkeit noch immer ein unverzichtbares Hilfsmittel darstellt. E. Frederiksen (1985) bespricht kurz das *Römische Tagebuch* (hg. 1927), das zwar, weil erst lange nach dem Tod von Fanny Lewald herausgegeben und ein sehr persönliches Dokument, keine eigentliche Reisebeschreibung darstellt (und auch nicht, wie ebd. S. 120 angegeben, die »erste Reiseschilderung« der Autorin ist), dafür aber für die biographisch-psychologische Zielsetzung von Frederiksens

die beiden großen Reiseschriftstellerinnen des frühen 19. Jahrhunderts, Friederike Brun und Elisa von der Recke, hat sich die neuere Forschung noch kaum interessiert.[20] In letzter Zeit wurde die österreichische Weltreisende Ida Pfeiffer neu entdeckt.[21] Der Nachdruck nahezu aller ihrer Reisewerke in den vergangenen Jahren weist sie als die gegenwärtig wohl am meisten beachtete Reiseschriftstellerin aus. Alle übrigen Autorinnen sind entweder völlig unbekannt oder unbeachtet; nur zu einigen wenigen sind in jüngerer Zeit kleinere Arbeiten erschienen.[22]

Untersuchung um so ergiebiger sein mag. – Hervorragend recherchiert und leider viel zu wenig bekannt ist die Berliner Dissertation aus dem Jahre 1937 von Marieluise Steinhauer: *Fanny Lewald, die deutsche George Sand. Ein Kapitel aus der Geschichte des Frauenromans im 19. Jahrhundert*. Steinhauer hat sich auch um den Nachweis der Aufsätze der Autorin und der Rezensionen ihrer Romane bemüht. In jüngster Zeit erschienen noch die als *Geschichte einer Emanzipation* konzipierte Biographie von Brigitta von Rheinberg (1990), deren großes Verdienst die erstmals vollständige bibliographische Erfassung der Zeitschriftenbeiträge Fanny Lewalds ist, sowie ein Aufsatz H. Schutte Watts (1993) über Fanny Lewalds Englandbild.

[20] Am wertvollsten ist die Untersuchung von M. Maurer (1990). Für Friederike Brun liegen eine Lebensbeschreibung von R. Olbrich (1932) und der Briefwechsel mit Caroline von Humboldt vor (*Frauen zur Goethezeit*, 1975) vor. Wenig informativ sind A. Pelz: »Der Karnevalsplatz« (1988) und U. Böhmel Fichera (1993). Elisa von der Reckes Leben wird – wenigstens teilweise – dargestellt in P. Rachels Ausgabe der *Aufzeichnungen und Briefe* sowie der *Tagebücher und Briefe* (1900. 1902). Weniger hilfreich und zuverlässig ist deren Neuausgabe durch C. Träger (1984). Eine komprimierte Lebensbeschreibung bietet auch G. Schulz (1976). Texte von Elisa von der Recke und Friederike Brun sind aufgenommen in G. von Koenig-Warthausens *Deutsche Frauen in Italien* (1942). Leider sind die faschistischen Bekenntnisse der Herausgeberin für den modernen Leser sehr irritierend. A. Pelz hat mit ihrem Artikel »Elisa von der Recke in Rom und Neapel« (1991) wenigstens auf die Autorin des *Tagebuchs einer Reise* aufmerksam gemacht.

[21] S. Schotts Artikel (1988) untersucht v. a. die Perspektive der Reisenden und kommt zu dem mit E. Frederiksen (1985) übereinstimmenden Urteil, »daß Ida Pfeiffers Reisebeschreibungen für die ›Frage‹ nach einem frauenbewußten Schreiben‹ nicht sehr ergiebig sind.« (S.65) Diese These ist mehr als widerlegt durch den hervorragenden Aufsatz von H. Schutte Watt (1991), sicherlich einem der gründlichsten Beiträge zum Thema Frauenreisen in der letzten Zeit. Ein von L. Plakolb bearbeiteter Neudruck der *Reise einer Wienerin* liegt in der »Bibliothek klassischer Reiseberichte« vor. Nachgedruckt wurden auch die Reisen nach Madagaskar (1980) und nach dem skandinavischen Norden (1991) sowie die erste Weltreise (1992). 1989 erschien eine gründlich gearbeitete Monographie Hiltgund Jehles (zugleich Freiburger Diss. 1988), die ein insgesamt sehr deutlich konturiertes Bild der Wiener Weltreisenden zeichnet, ohne freilich auf literarische Aspekte ihrer Schriften einzugehen.

[22] Zu Emilie von Berlepsch und ihrer Reisebeschreibung *Caledonia* A. Gillies (1975/76). Zu Elise von Hohenhausen erschien als Beitrag zur Lokalgeschichte bereits 1915 der ausführliche Artikel von F. Hackenberg. Neuerdings befaßt sich M. Hänsel in einem Lebensbild (1984) und einem Aufsatz (1987) zum Reisebericht von 1820 mit der Autorin. Zu Sophie von La Roche: *Ich bin mehr Herz als Kopf* (1983), M. Maurer (1985), v. a. aber ders. in seinem Artikel über reisende Frauen (1990). Ein Kapitel über die Reisejournale bringt auch M. Nenon (1988). Zu Therese Huber B. Leuschner (1991). Hier werden allerdings Texte verschiedenster Art als »Reiseberichte« behandelt. Zu Emma von Niendorf s. I. Scheitler (1991).

Wenn in den letzten Jahren die Forschung ihr Augenmerk reisenden Frauen zuwandte, so handelte es sich in den wenigsten Fällen um philologische Untersuchungen. Im Vordergrund steht vielmehr das Anliegen, einen besseren Einblick in das Leben der Frau zu gewinnen. Daher sehen diese Beiträge keine Veranlassung, zwischen fiktionalen und nicht-fiktionalen, veröffentlichten und nicht zur Veröffentlichung vorgesehenen Texten zu unterscheiden,[23] ja oft wird sogar auf eine Differenzierung von Reisetexten in Prosa oder Vers verzichtet.[24] Diese Vereinfachung des Vorgehens – jede Art von Thematisierung einer Reise wird zur Quelle – überrascht umso weniger, da der Sinn einer Unterscheidung nach dem Sprechkriterium, der Aussageabsicht etc. in der Reiseliteraturforschung kaum thematisiert, geschweige denn ausdiskutiert ist.

Im wesentlichen waren und sind es feministisch orientierte Literaturwissenschaftlerinnen, die sich mit dem Thema Frauenreisen beschäftigten und es jüngst sogar zu popularisieren versuchten.[25] In der Fachhochschule Darmstadt arbeiteten Monika Bösel und Annette Deeken 1988–1990 schwerpunktmäßig über Frauen, die im 19. Jahrhundert in den Orient reisen. Annegret Pelz unterhält ein Projekt zu »Frauenreisen des 18. bis 20. Jahrhunderts«. Allerdings geht es bei diesen Forschungen um Reisen und weniger um die philologische Analyse von Reisebeschreibun-

---

[23] Dies gilt für das Gros der Arbeiten mit feministischem Impetus. Vgl. v. a. die Aufsätze von E. Frederiksen (1991) und B. Leuschner (1991), in denen problemlos für die literarische Öffentlichkeit bestimmte Texte neben private gestellt werden. Selbst M. Maurers kenntnisreicher Artikel (1990) bespricht neben Reiseberichten von Sophie von La Roche, Elisa von der Recke, Johanna Schopenhauer und Friederike Brun auch die zu ihrer Zeit unveröffentlichten Memoiren der Glückel von Hameln, die Tagebücher der Celia Fiennes, die Erinnerungen der Fürstin Daschkowa und Frau von Staëls Deutschlandbuch. Auch die Bibliographie von A. Pelz und W. Griep (vgl. oben Anm. 11) berücksichtigt alle Arten von Texten.

[24] 1990 legte Tamara Felden-Archibald an der University of Maryland eine Dissertation vor mit dem Thema: *Reiseliteratur von Vormärzlerinnen: Zur literarischen Repräsentation der Geschlechterrollenerfahrung*. Leider bietet diese Arbeit trotz ihres erheblichen Umfangs wenig Substanz. Einen wesentlichen Bestandteil des Buches macht die Besprechung von Forschungsliteratur aus, selbst wenn diese nur im weiteren Sinne zum Thema beiträgt. Die Textgrundlage, die der Autorin zur Verfügung steht, ist außerordentlich dünn: nur zehn Reisebücher entsprechen dem im Titel angekündigten Thema. Vier von ihnen werden näher besprochen. So verdienstvoll die Wiederentdeckung der amerikanischen Korrespondenzen Ottilie Assings im *Morgenblatt* 1851–1865 sein mögen, sie sprengen den vorgegebenen zeitlichen und gattungsmäßigen Rahmen. Dasselbe trifft auch auf die Mehrzahl der in der Bibliographie angegebenen Frauenreisen zu. Gedichte, fiktionale und non-fiktionale Prosa werden gleich behandelt. In der Beurteilung der einzelnen Reisewerke sind ästhetische und literarische Kriterien hintangestellt zugunsten eines aus »gynokritischer« Moral abgeleiteten Wertmaßstabes.

[25] *»Und tät das Reisen wählen!« Frauenreisen – Reisefrauen* (1994) stellt Globetrotterinnen, Auswanderinnen, Forschergattinnen und Pilgerinnen aus drei Jahrhunderten und verschiedenen Nationen ebenso dar wie Sklavinnen und Zwangsarbeiterinnen. Leitfragen sind das »emanzipatorische Potential« und der »Weiblichkeitsdiskurs«. Biographisch-populär gehalten ist das Buch *Die Reisen der Frauen. Lebensgeschichten von Frauen aus drei Jahrhunderten* (1994). In ihm findet sich ein Ida Pfeiffer gewidmeter Beitrag von Hiltgund Jehle.

gen von Frauen. Untersucht wird die Reise als emanzipatorischer Prozeß, als Alternative zum Frauenalltag, als Sprengung moralischer Fesseln, als Selbsterfahrung,[26] demonstriert werden sollen vornehmlich Unvoreingenommenheit und Normabweichung in weiblicher Fremderfahrung. Die bisher von feministischer Seite vorgelegten Untersuchungen sind sicher wichtige Beiträge zur Erforschung der weiblichen Lebensbedingungen; für die Literaturwissenschaft, insbesonders die germanistische Diszplin, bleiben Reisebeschreibungen von Frauen gleichwohl weitgehend terra incognita.[27]

1.1.3 Gegenstand und Ziel der vorliegenden Arbeit

Gegenstand der vorliegenden Untersuchung sind Reisebeschreibungen oder -berichte.[28] In ihnen stellt ein Individuum in der Ich-Form eine von ihm selbst wirklich unternommene Reise dem lesenden Publikum dar, wobei der chronologische Verlauf den erzählerischen Leitfaden bildet. Das berichtende Ich bürgt für Authentizität. Seine autoptischen Darstellungen können durch Informationen aus weiterführender Literatur oder durch als solche gekennzeichnete Fremdberichte ergänzt werden.

Diese Bestimmung grenzt eine Reihe von benachbarten Textsorten aus. Beiseite bleiben fiktionale Reisen, ebenso Reisenovellen.[29] Nicht als Reisebeschreibungen

---

[26] Vgl. G.M. Geiger (1984). E. Frederiksen (1985). A. Pelz in: *Frauen. Literatur. Politik* (1988). A. Pelz in: *Deutsche Literatur von Frauen* (1988). *Aufbruch und Abenteuer* (1988). K. Bäumer (1989). A. Deeken (1990). Felden-Archibald (1990).

[27] In den letzten Jahren haben auch die Romanistik – B. Wehinger (1986) – vor allem aber die Anglistik und Amerikanistik das Thema Frauenreisen entdeckt. Hervorzuheben sind zwei gründliche und wissensreiche Aufsätze von Ingrid Kuczynski, beide aus dem Jahr 1987. In der übrigen Literatur geht es vielfach mehr um Darstellungen abenteuerlicher Lebensläufe und Beispiele weiblicher Emanzipation als um Analyse literarischer Werke. Zudem beschränkt sich das Spektrum auf immer dieselben Namen, vornehmlich aus viktorianischer Zeit. Zu nennen sind: L. Blanch (1954), D. Middleton (1965), A. Allen (1980), *Ladies on the Loose* (1981, diese von L. Hamalian hg. Textsammlung enthält auch eine Passage aus Ida Pfeiffer). M. Russell (1987), *Aufbruch und Abenteuer* (1988). Von beschämender Qualität, voller Fehler und unvollständig in den Angaben ist die von Barbara Forster in mehreren Teilen in *Geography and Map Division. Bulletin* (New York 1975, Nr. 99. 100. 101. 102, 1976, Nr. 103) erschienene Bibliographie. Bibliographisch hilfreich ist dagegen Blondel (1983. 1984).

[28] In der Forschungsliteratur trifft man bisweilen eine terminologische Unterscheidung an, auf die hier verzichtet wurde.

[29] Hierher gehört Sophie von La Roches »moralische Erzählung« *Die glückliche Reise*. Leipzig 1783. Zuerst in: *Pomona für Teutschlands Töchter* 1 (1783) H. 7, S. 665–722. In ihr werden Elemente der Bildungs- und statistischen Informationstour der Aufklärung für eine Tugendlehre verwendet, wobei die Reise selbst nur Träger der verbindenden Handlung zu sein braucht. Frau von La Roche schrieb diese Erzählung bezeichnenderweise, bevor sie selbst die Gelegenheit hatte, eine bedeutendere Reise zu unternehmen. Unter den *Erzählungen* von L.F. Huber findet sich »Abenteuer auf einer Reise nach Neu-Holland. Rudolph *** an seine Freunde in Deutschland.« Dieser fiktive Reisebericht, zuerst in Cottas Frauentaschenbuch *Flora* 1793/94 erschienen, ist »der erste kleine Roman, den Therese Huber – unter Huber's Namen – drucken ließ«, wie sie selbst in ihrer Ausgabe von *Johann*

im obigen Sinne werden auch persönliche Briefe oder Tagebücher betrachtet, die von ihrer Autorin nicht zur Veröffentlichung bestimmt waren.[30] Nicht berücksichtigt werden ferner Reiseführer und Regionsbeschreibungen,[31] desgleichen Landes- und Sittengemälde.[32] Bei ihnen allen fehlt der chronologische Aufbau, häufig auch

---

Georg Forsters Briefwechsel. Nebst einigen Nachrichten aus seinem Leben, Leipzig 1829, S. 599 in einer Anmerkung mitteilt. Um Erzählungen handelt es sich auch bei dem für die zeitgenössischen englischen Verhältnisse wie auch die Biographie der Autorin sehr aufschlußreichen Buch von Amely Bölte: *Louise oder die Deutsche in England* (Bautzen 1846). Nicht als Reisebeschreibung gelten kann auch ein kurioses kleines Heftchen mit dem Titel *Alpenreise eines Bürger-Mädchens auf den Königsberg in Berchtesgaden. Von ihr selbst erzählt. Ein Vorbild für die Jugend. Verbessert und herausgegeben von Simon Buchfelner* (München 1832). Der Kontext einer Gebirgswanderung – ob fiktiv oder nicht, ist nicht ersichtlich – dient nur dem eigentlichen Ziel des Büchleins: die gottseligen Unterhaltungen zweier Mädchen mitzuteilen als »Vorbild für die Jugend«.

[30] Vgl. Dorothea Schlegels Briefœuvre während ihres Aufenthalts in Rom (1818–20). Julie von Nordenflychts *Briefe einer Hofdame in Athen an ihre Freundin in Deutschland* (1845), sehr interessante Berichte der Schlüsselfrau von Königin Amalia über Griechenland in den ersten Jahre der Monarchie. Nur für den Vater der Verfasserin, nicht aber zur Veröffentlichung bestimmt war *Mariens Tagebuch. Reisebilder aus dem Schwarzwalde, vom Bodensee, Vorarlberg, Tyrol, aus Salzburg, Wien, Mähren, Polen und Rußland* (1841). Die Verfasserin, Marie Hügel, geb. von Fahnenberg, beschreibt im ersten Band ihre Reise mit ihrem Gatten, einem russischen Offizier, zu dessen Bestimmungsort Pawlowsky. Der zweite Band bietet eine Landesbeschreibung.

[31] Helmina von Chezy: *Gemälde von Heidelberg, Mannheim, Schwetzingen, dem Odenwalde und dem Neckarthale. Wegweiser für Reisende und Freunde dieser Gegenden.* (1816). Dies.: *Norika. Neues ausführliches Handbuch für Alpenwanderer und Reisende durch das Hochland in Österreich ob der Enns, Salzburg, Gastein, die Kammergüter, Lilienfeld, Mariazell, St. Florian und die obere Steyermark.* (1833). Dies.: *Rundgemälde von Baden-Baden, seinen näheren und ferneren Umgebungen. Ein Taschenbuch für Kurgäste und Reisende.* (1833). Elise von Hohenhausen: *Minden und seine Umgebungen, das Weserthal und Westphalens Pforte.* (1819).

[32] Ein in seiner Aufrichtigkeit, Genauigkeit und seiner intimen Kenntnis des Lebens in Litauen höchst beeindruckendes Sittengemälde ist im 4. Tl. von Therese Hubers *Erzählungen* enthalten: »Fragmente über einen Theil von Polen. Aus den Briefen einer Engländerin, im Jahr 1789 geschrieben.« Trotz des Untertitels muß der Text von Therese Huber stammen, unter deren Erzählungen der Sohn ihn aufgenommen hat. Die Zuschreibung an eine Engländerin dürfte ebenso wie die unrichtige Jahresangabe ein versteckter Hinweis auf die freiheitliche Gesinnung der Briefe sein. Therese Huber hatte 1787/88, nicht aber im Revolutionsjahr 1789, mit ihrem ersten Gatten, Georg Forster, in Wilna gelebt. Der 2. Band von Marie von Fahnenbergs *Tagebuch* (vgl. Anm. 30) bietet eine Landes- und Sittenbeschreibung ganz aus systemkonformer und aristokratischer Sicht. – Stadtbeschreibungen folgen als solche ihrerseits literarischen Konventionen. Allein über Berlin existieren vier Stadtbeschreibungen weiblicher Autoren. (Keine von ihnen ist erwähnt bei Karl Riha: *Die Beschreibung der »Großen Stadt«.* Bad Homburg u. a. 1970.) 1791–1792 brachte das *Journal des Luxus und der Moden* neun jeweils mit »Ihre Dienerin« unterzeichnete anonyme »Briefe über Berlin«, die an Lebendigkeit, Witz und Selbstbewußtsein, aber auch an Vielseitigkeit der Berichtsgegenstände alle vergleichbaren Beiträge übertreffen. Stil und Inhalt legen den Verdacht nahe, daß es sich bei der weiblichen Autorschaft um eine Fiktion handelte. Ebenfalls anonym erschienen in den *Jahrbüchern der Preußischen Monarchie,* 2. Bd. 1798, aus der Feder von Friederike Helene Unger stammend, »Briefe über Berlin aus Briefen einer reisenden Dame an ihren Bruder in H.« Karoline de la Motte Fouqués *Briefe*

der Ich-Erzähler und seine Autopsie. Dagegen legen sie – anders als die Reisebeschreibungen des besprochenen Zeitraums – Wert auf Systematik und Vollständigkeit.

Verwandt, doch verschieden sind Autobiographie und Reisebeschreibung. Bisweilen entstand eine Reisebeschreibung, indem aus einem fortlaufenden, womöglich lebenslang geführten Tagebuch ein Teil ausgeschnitten und für die Veröffentlichung gattungsspezifisch redigiert wurde. Nicht um einen Reisebericht handelt es sich hingegen bei Beschreibungen von Reisen innerhalb eines als Autobiographie konzipierten Textes, selbst dann nicht, wenn die Reise darin den größten Teil ausmacht.[33]

über Berlin von 1821 sind ebenso wie der zweite Teil von Elise von Hohenhausens »Briefe aus der Residenz« samt dem Nachtrag »Briefe aus dem Winterleben in Berlin« (im Mindener *Sonntagsblatt* 1820/1821) Stadtbeschreibungen von Berlin. Der berühmteste Nachfolger in diesem Genre war Heinrich Heine, der sich mit seinen *Briefen aus Berlin* nachweislich an Elise von Hohenhausen orientierte. – Freilich sind gerade bei Werken, die in ihrem ersten Teil eine Reise, in ihrem weiteren Verlauf aber eine Gegend in systematischer Weise beschreiben, die Gattungsgrenzen schwer zu ziehen. Dies gilt für Marie von Fahnenbergs *Tagebuch* ebenso wie für Fanny Tarnows *Briefe auf einer Reise nach Petersburg*. – Ein Sittengemälde, das sich im wesentlichen auf zehn Jahre zurückliegende Eindrücke und auf Nachrichten stützt, legte 1814 Johanna Schopenhauer vor: »Paris und seine Bewohner, wie sie sind, und wie sie waren«. Eindeutig um ein Städtebild, freilich mit Betonung der unmittelbaren Autopsie, handelt es sich bei Ida Kohls wissensreichem dreibändigen Werk von 1845 *Paris und die Franzosen. Skizzen*. Das besondere Interesse der Autorin gilt den Frauen, denen sie allein im 1. Band 66 Seiten widmet. Im gleichen Jahr veröffentlichte Ida Kohl zusammen mit ihrem Bruder J. G. Kohl, einem berühmten Reiseschriftsteller, ein Sittenbild von England mit dem Titel *Englische Skizzen* (3 Bände, Dresden und Leipzig 1845). Das sich mit dem Frauenleben befassende, 42 Seiten umfassende Kapitel im 1. Band dürfte wohl aus der Hand Idas stammen. Ein Sittenbild von Paris liegt uns auch vor in Sophie Leos *Erinnerungen aus Paris 1817–1848*. In einer Reihe von Aufsätzen schilderte die kluge und durch jahrelangen Aufenthalt in der Pariser Hauptstadt bestens informierte Autorin in einer Reihe von thematisch bestimmten Aufsätzen berühmte Personen und Begebenheiten. Auch bei den zahlreichen *Reiseskizzen* Ida von Düringsfelds (1850ff.) handelt es sich nicht um Reisebeschreibungen, sondern um sehr bunt organisierte Landesbeschreibungen, vorwiegend im Stil persönlicher Plaudereien.

[33] Vgl. etwa die für eine Frau erstaunlichen Berichte über politische und militärische Ereignisse aus dem Ungarn der Jahrhundertwende von Wilhelmine Baronin von Beck. Trotz der ausgedehnten Reisen, die Frau von Beck unternahm, handelt es sich um *Memoiren* – so auch der Titel ihrer zweibändigen Veröffentlichung von 1851. Frau von Beck wurde wenig später wegen ihrer Spionagetätigkeit in London hingerichtet. – Bisweilen hielten es Autorin, Herausgeber oder Verleger für publikumswirksamer, ein Memoirenwerk als »Reise« erscheinen zu lassen (vgl. auch unten S. 85). Ein Beispiel hierfür ist *Die Berufs=Reise nach America*. Für den irreführenden Titel dieses Buches von Friederike Charlotte Luise von Riedesel, geb. Massow, ist der Verleger Spener verantwortlich. Ursprünglich hieß das vom Schwiegersohn der Autorin geordnete und in kleiner Auflage für die Familie gedruckte Buch *Auszüge aus den Briefen und Papieren* [...]. Bezeichnenderweise unterdrückte Spener im Titel auch die Tatsache, daß Herr *und* Frau von Riedesel mit Briefen vertreten sind und erwähnte im Titel – weil spektakulärer – nur die Dame. Um eine Reisebeschreibung handelt es sich bei diesem Text nicht, obwohl der Verleger im Vorbericht Yorik und seine Rubrizierung der Reisen zitiert. Es werden nur rein persönliche Erlebnisse mitgeteilt; Nachrichten über bereiste Orte oder Schilderungen erlebter Gegenden fehlen fast ganz.

Der so eingegrenzte Gegenstand ist literaturwissenschaftlich zu untersuchen. Daß als Ziel eben dieser Untersuchung zugleich eine (Neu-) Konstituierung des Gegenstandes auf höherer Ebene angestrebt wird, gehört zu dem in der Arbeit an Textkorpora nicht zu vermeidenden, aber zu reflektierenden »Zirkel« (vgl. unten 1. 2. 1.).

Voraussetzung für eine zutreffende Beurteilung der Texte ist die Einsicht in die spezifischen historischen und sozialen Umstände weiblichen Reisens im Berichtszeitraum. Trotz einiger Bemühungen ist die Kenntnis auf diesem Gebiet immer noch gering.[34] Weil die quellenmäßige Basis zu klein ist, haben sich in der Forschung eine Reihe von hartnäckigen Vorurteilen eingenistet. Man geht davon aus, daß nur reiche Frauen eine Reise unternehmen konnten und daß sie nur in vorgerücktem Alter reisten,[35] daß sie sich tunlichst als Männer verkleideten und sich jedenfalls auf ihren Wagen zurückzogen,[36] daß sie weder zu Fuß unterwegs waren, noch allein, vielmehr hauptsächlich in Begleitung ihrer Familienangehörigen.[37] Diese Vorurteile auszuräumen, ist Aufgabe des sozialhistorischen Kapitels.

Die vorliegende Arbeit möchte einen in Vergessenheit geratenen Abschnitt schriftstellerischer Produktion wieder in die Literaturgeschichte zurückführen. In diesem Sinn versteht sie sich auch als bibliographische Handreichung. Sie ist bestrebt, trotz der komplizierten Quellenlage und des Mangels an bibliographischen Hilfsmitteln ein möglichst vollständiges Korpus nicht nur der Reiseveröffentlichungen in Buchform, sondern auch derjenigen in Aufsatzform vorzulegen. Leider sind in sehr vielen Fällen nicht einmal die Verfasserinnen mit den geläufigen Hilfsmitteln des Faches zu identifizieren. Dies gab Anlaß, sie in einem bio-bibliographischen Anhang vorzustellen.[38] Das Bemühen um die vielen verlorenen Namen ist nicht Ausfluß eines aus feministischer Sicht veralteten kompensatorischen Konzepts[39]

Verlegerisches Kalkül, aber auch das spektakuläre Sujet und die treuherzige Art der Autorin bewirkten den Erfolg des Buches, sodaß schon bald eine 2. Auflage nötig wurde. – Zu einem Publikumserfolg wurde auch ein anderes, ebenfalls von der Gattin eines Militärs geschriebenes autobiographisches Buch, Frau Engel-Eglis Lebensbeschreibung mit dem reißerischen Titel *Die schweizerische Amazone*. - Um eine Lebens- und nicht um eine Reisebeschreibung handelt es sich auch bei dem Büchlein der Anna Forneris, die als einfaches Bauernmädchen von Abenteuerlust getrieben viele Jahre im Orient zubrachte: *Schicksale und Erlebnisse einer Kärtnerin während ihrer Reisen in verschiedenen Ländern* (1849).

[34] Vgl. A. Pytliks Ausstellungskatalog (1991).
[35] Stellvertretend für diese weitverbreitete Ansicht: Maurer (1990) S. 153f.
[36] Pelz (1991) S. 176f.
[37] Pelz (1991) S. 177. Maurer (1990) S. 150.
[38] Dringend zu wünschen wäre ein Nachschlagewerk für das 19. Jahrhundert, das neben Namen und Lebensabriß der Autorinnen – wie dies das hilfreiche Werk von E. Friedrichs (1981) leistet – auch ein zuverlässiges Werkverzeichnis enthält. E. Friedrichs hat Reiseschriftstellerinnen nicht aufgenommen. Das verdienstvolle, von G. Brinker-Gabler u. a. 1986 herausgegebene *Lexikon deutschsprachiger Schriftstellerinnen 1800–1945* ist viel zu schmal, als daß es alle bio-bibliographischen Desiderate erfüllen könnte.
[39] Es hat sich eingebürgert, die bisherige Geschichte der Frauenforschung in die Stufen »compensatory history«, »contribution history« und »women's history« einzuteilen. Vgl. z. B. I. Scharbert (1995) S. 180f.

und entspringt auch nicht einem bibliographischen Vollständigkeitswahn oder der Freude am literarischen trivial pursuit, sondern geschieht um der notwendigen Ergänzung unseres Epochen- und unseres Gattungsbildes willen: Ungeachtet des unterschiedlichen künstlerischen Wertes der hier untersuchten Texte, ungeachtet auch der durchaus unterschiedlichen Bedeutung, die den heute vergessenen Autorinnen im literarischen Leben ihrer Zeit zukam, dient ein näheres Wissen über sie der Ergänzung unserer Einsicht in den literarischen Diskurs des 19. Jahrhunderts. Es ist nicht damit getan, einige Glanzlichter aufzustecken, besonders exzentrische, ungewöhnliche oder innovative Frauengestalten exemplarisch hervorzuheben.[40] Anzustreben ist vielmehr, das weite Feld weiblicher Produktion zu überblicken, um so aus der Fülle und Komplexität der Textzeugen Aussagen über die spezifischen Schreibweisen ableiten sowie die Regulative rekonstruieren zu können, denen diese Autorinnen unterlagen. Auf diese Weise soll vermieden werden, daß überkommene Werturteile übernommen werden, bevor noch der Kodex bekannt ist, nach dem ein historisches Werk entstand; es soll aber auch vermieden werden, daß moderne Theoriebildung, etwa ein modernes Weiblichkeitsverständnis, die historische Wahrnehmung zudeckt.

Im Mittelpunkt der Betrachtung stehen deutsch schreibende Frauen. Es wird sich freilich im Verlauf der Untersuchungen immer wieder als fruchtbar erweisen, Verhältnisse der englischsprachigen und französischen Literatur zu streifen, da sich hier signifikante Unterschiede zeigen lassen. Eine Anzahl dieser Werke erschien in Übersetzung auf dem deutschen Markt und hatte erheblichen Einfluß auf die hiesige Literaturdiskussion.

Auch auf die Gattung Reisebeschreibung könnte durch die Einbeziehung eines bislang ausgegrenzten Textkorpus neues Licht fallen. Trotz der Konzentration auf die Besonderheiten von Reisebeschreibungen aus der Hand von Frauen verbietet sich ein engstirnig monofokaler Blick. Autorinnen und Autoren lebten in der gleichen Zeit und waren mit den gleichen historischen und literarhistorischen Entwicklungen konfrontiert. Erst der Vergleich zeigt die Andersartigkeit weiblicher Produktion und verlangt, dem Grund und der Wirkung dieser Andersartigkeit nachzufragen. Daher wird die vorliegende Untersuchung auch Aufschlüsse geben müssen über die Lebens- und Schreibensbedingungen, die Bildungschancen und Bildungsdefizite von Frauen im 19. Jahrhundert, sofern sie das hier vorgegebene Arbeitsziel betreffen. Gerade in Reiseschriften zeigen sich Frauen – im Unterschied zu Männern – sehr bereit zu Reflexionen über das eigene geschlechtsspezifische Ich. Reisebeschreibungen, eben weil sie das Geschlecht und die Geschlechtsrollenbestimmtheit der Autorinnen thematisieren, erlauben nicht, diese – wie sonst üblich – mit

---

[40] Die bisherigen Untersuchungen zu Frauen im 19. Jahrhundert leiden entschieden darunter, daß sie stets die längst bekannten »großen Gestalten« wieder behandeln. Nicht reflektiert wird dabei, aufgrund welcher Werturteile diese Frauen zu ihrer Berühmtheit gelangten.

Schweigen zu übergehen.⁴¹ Darüberhinaus verbietet es sich auch, eine geschlechtsneutrale Rezeption dieser Schriften anzunehmen. Die Beurteilungen, die Reiseschriften von Frauen von einem männlich dominierten Rezensionswesen erhielten, sprechen eine eindeutig geschlechtsfixierte Sprache. Obwohl die in den letzten Jahren viel diskutierte Frage nach einer weiblichen Ästhetik hier nicht Thema ist, so könnte doch sein, daß die vorliegenden Untersuchungen auch zu dieser Frage einen Beitrag liefern. Vielleicht mehr als irgendwo sonst scheinen in Reiseberichten von Frauen ganz konkret und am Text nachweisbar weibliche Erkenntnis- und Schreibweisen auf, die ihr Fundament nicht in a-historischer Psychologie und Ontologie haben, sondern sich historisch und soziologisch erklären lassen.

1.2 Voraussetzungen für eine literaturwissenschaftliche Beschreibung

1.2.1 Historische Konventionen als Ansatzpunkte für eine Gattungsbeschreibung

Es ist zu beobachten, daß die Diskussion um die Frage nach einem Gattungscharakter der Reisebeschreibung, so wie sie geführt wurde, nicht mehr dem gegenwärtig längst etablierten Forschungsstand entspricht, weder was die gattungstheoretischen Positionen,⁴² noch was die Frage nach einer funktionalen Differenz von Fiktion und Authentizität anbetrifft.⁴³ Fragt man nach dem Ertrag dieser Diskussion, so schmilzt dieser zu sehr wenig zusammen. Statt dessen haben die allzu grundsätzlich gehaltenen theoretischen Erörterungen die Literaturwissenschaft bislang an der Textarbeit gehindert.

Diese nämlich kann durchaus auf ein Korpus zurückgreifen: auf Texte, die zu ihrer Zeit als Reisebeschreibungen verstanden wurden. Die vorliegende Arbeit stellt sich die Aufgabe, in einem historisch beschränkten Zeitraum diese Texte zu unter-

---

⁴¹ Auf die Verwendung des Begriffs »gender« wird in der vorliegenden Arbeit verzichtet, weil sein Erklärungswert insbesondere von seiten des literaturwissenschaftlichen Dekonstruktivismus schon wieder in Zweifel geraten ist. Unbeschadet dessen ist das berechtigte Anliegen zu berücksichtigen, das zur Einführung dieses Begriffes geführt hat: die notwendige Differenzierung zwischen dem naturgegebenen Geschlecht und der historisch konstituierten Geschlechtsrolle. Mit einigem Recht könnte in der gängigen Terminologie die Zielsetzung der vorliegenden Arbeit als die Konstitution von »poetics of gender« bezeichnet werden. Zur Diskussion um »gender« vgl. Barbara Vinken: »Dekonstruktiver Feminismus«. In: *Dekonstruktiver Feminismus. Literaturwissenschaft in Amerika.* Hg. v. B. Vinken. Frankfurt a.M. 1992, S. 7–22; Biddy Martin: »Zwischenbilanz der germanistischen Debatten«. In: *Germanistik in den USA.* Hg. v. Frank Trommler. Opladen 1989, S. 98–116; eine Zusammenfassung der Diskussion bieten auch R. v. Heydebrand/ S. Winko (1994) S. 113–117.

⁴² Vgl. z.B. Klaus W. Hempfer: *Gattungstheorie.* München 1973, Wilhelm Voßkamp: »Gattungen als literarisch-soziale Institutionen. Zu Problemen sozial- und funktionsgeschichtlich orientierter Gattungstheorie und -historie«. In: *Textsortenlehre – Gattungsgeschichte.* Hg. v. W. Hinck. Heidelberg 1977, S. 27–44.

⁴³ Vgl. *Funktionen des Fiktiven.* Hg. v. D. Henrich u. W. Iser. München 1983 (= Poetik und Hermeneutik X).

suchen. An sie sollen Kriterien angelegt werden, die aus der zeitgenössischen Diskussion erwachsen. Ob diese Kriterien ahistorisch gültig sind, ist von nachgeordneter Bedeutung und ohne direkte Konsequenz für die Beurteilung konkreter Texte und braucht hier nicht erörtert zu werden.[44]

Daß die normativen Poetiken die Reisebeschreibung nicht berücksichtigen, verwundert angesichts deren Traditionsgebundenheit nicht. Ähnlich wie beim Roman[45] bedeutete das Fehlen einer starren Festlegung sogar eine Chance für schreibende Frauen. Gleichwohl betrachtete das 19. Jahrhundert Reisebeschreibungen als eigene literarische Form. Dies erhellt aus
– Erörterungen in Literaturgeschichten,
– Rezensionen und Lexikonartikeln,
– Referenzen in den Texten selbst.

Die Mehrzahl der literarhistorischen oder stilgeschichtlichen Werke, die im 19. Jahrhundert zum erstenmal in nennenswerter Zahl erschienen, erörtert »Reisebeschreibungen« als eigenes »Fach«. Dieses erscheint in der Regel als Unterabteilung zur nicht-fiktionalen, »geschichtlich« oder »politisch« genannten Prosa.[46] Die Charakterisierung der Gattung erfolgt im wesentlichen über die Darstellung einiger als vorbildlich verstandener Vertreter. Immer wieder begegnen Forster, Humboldt und vor allem Pückler. Goethe wird erstaunlicherweise kaum genannt.[47] Teils wurde seine *Italienische Reise* nicht als Reisebeschreibung empfunden. Wilhelm Müller beurteilt den 1817 erschienenen 1. Band nach dem Veröffentlichungszusammenhang: Der Verfasser gab »diese Briefe [...] nicht als *Reisebeschreibung*, sondern als einen Theil seiner *Lebensbeschreibung*.«[48] Müllers Zuordnung zeugt von einem ausgeprägten Gattungsbewußtsein der Zeitgenossen, für die ein Buch, das im Grunde die Entwicklung eines Individuums darstellt, keine Reisebeschreibung sein konnte. Andererseits mag die Tatsache, daß Goethe übergangen wurde, mit der Tendenz der dreißiger Jahre, in denen die meisten Literaturgeschichten entstanden, zusammenhängen: Goethes Auffasssung, der Stil der »Kunstperiode«, konnte für sie nicht mehr als Ideal gelten.[49] Die blinde Goethe-Verehrung war in trotzige Impietät umgeschlagen.[50] Gleichwohl blieb die *Italienische Reise* ein bestimmendes Buch, wie sich im Verlauf der Untersuchungen zeigen wird.

---

[44] Vgl. auch Warner G. Rice: *Literature as a Mode of Travel*. New York 1963, S. 8: »Whether or not travel literature constitutes a *genre* is a question of real, though perhaps only minor importance.«

[45] Vgl. L. Schieth (1987).

[46] Ersteres z. B. bei Hermann Marggraff: *Deutschland's jüngste Literatur- und Kulturepoche. Charakteristiken*. Leipzig 1839, letzteres z. B. bei Wolfgang Menzel: *Die deutsche Literatur*. 2. verm. Aufl. Stuttgart 1836.

[47] Wolfgang Menzel, ebd. S. 148 bei den Reisen nach Italien.

[48] Müller (1821) S. 253.

[49] Vgl. *Goethe im Urteil seiner Kritiker. Dokumente zur Wirkungsgeschichte Goethes in Deutschland*. Tl. II 1832–1870. Hg. v. K. Mandelkow. München 1977, S. XVII, XXVIIIff.

[50] Vgl. dazu die aufschlußreichen Ausführungen bei Hermann Marggraff: *Deutschland's jüngste Literatur- und Kulturepoche. Charakteristiken*. Leipzig 1839, S. 234–239. Später schlug das Pendel wieder in die andere Richtung: Der Junghegelianer Robert Prutz (»Über

Noch mehr fällt auf, daß bei den zeitgenössischen Darstellungen der Reisebeschreibung nirgends Heinrich Heine eine größere Rolle spielt. Auch im Fall der *Reisebilder* tat man sich, wie bei Goethe, mit der gattungsmäßigen Zuordnung offensichtlich schwer. Heines *Reisebilder* wirkten wegen ihrer Mischung aus Poesie und Prosa, Fiktion und Faktizität höchst befremdlich.[51] Sie widersprachen den vorgeprägten Mustern. Heines Stil mit seinem Hang, dem Esprit um jeden Preis nachzugeben und alles zu bewitzeln, erregte Unwillen, und wurde gegen den allgemein anerkannten Stil Börnes ausgespielt. Andererseits erkannten auch die Zeitgenossen, daß Heines markante Schreibart ein Heer von Epigonen auf den Plan rief.[52]

1839 schrieb Levin Schücking in einem *Rückblick auf die schöne Literatur seit 1830*: »In andern, der schönen Literatur angehörenden oder nahe verwandten Fächern [im Text vorangegangen war eine Darstellung von Lyrik, Dramatik und Epik], wie der biographischen, der Reise-, der beschreibenden Literatur haben Männer, wie der Fürst Pückler-Muskau, Beurmann, Lewald, von Heeringen, Huber u. s. w. gewirkt, deren Nennung allein hinreicht, um hervorzuheben, wie reich wir in diesen Beziehungen seien, in denen Geist, Geschmack, Eleganz, mit bleibendem Werthe verbunden in Deutschland noch nie in einer so glänzenden Gestalt aufgetreten sind.«[53] Angesichts des Übergewichts vor allem englischer Reiseberichte, die seit Jahrzehnten den deutschen Markt überschwemmten, war das Vorhandensein respektierter *deutscher* Vertreter dieser Gattung auch ein nationales Anliegen. Weltläufigkeit des Stils ist dabei von besonderer Wichtigkeit. Daher gilt bei den Kritikern aller Couleur, die Linkshegelianer ausgenommen, Pückler als der herausragende Reisebeschreiber. Friedrich August Pischons *Leitfaden zur Geschichte der deutschen Literatur*[54] beschäftigt sich im Kapitel »Geschichtliche Prosa« mit Reisebeschreibungen, wobei Georg Forster, Karl Philipp Moritz, Johann Gottfried Seume und Alexander von Humboldt jeweils eine Kurzbiographie und ein Verzeichnis ihrer Werke gewidmet sind. Fürst Pückler-Muskau wird an besonderer Stelle als hervorragender Stilist gerühmt.[55] Pückler ist auch der Mittelpunkt von

---

Reisen und Reiseliteratur der Deutschen« (1847), in: R. Prutz (1973) S. 38) und der Realismusvertreter Julian Schmidt (*Geschichte der deutschen Nationalliteratur im 19. Jahrhundert*. Leipzig 1853, Bd. 1, S. 380) spielten Goethes Ernsthaftigkeit gegen den modernen Dilettantismus aus.

[51] Vgl. die Rezensionen in: Heinrich Heine: *Sämtliche Schriften*. Hg. v. K. Briegleb. Bd. 2, S. 723–747, 781–801, 834–855, 883–896, 914–932.

[52] Vgl. Alexander Jung: *Vorlesungen über die moderne Literatur der Deutschen*. Danzig 1842, S. 134–156. Hermann Marggraff: *Deutschland's jüngste Literatur- und Kulturepoche. Charakteristiken*. Leipzig 1839, S. 243–251. Die Verwandtschaft zwischen Heines und Pücklers Stil wird bei Julian Schmidt vermerkt (*Geschichte der deutschen Nationalliteratur im 19. Jahrhundert*. 2. Bd. Leipzig 1853, S. 381), wobei freilich Pücklers Noblesse hervorgehoben wird, die nie verletzt.

[53] In: *Jahrbuch der Literatur* 1 (1839). Wieder Frankfurt a. M. 1971, S. 213.

[54] 8., verm. Aufl. Berlin 1846.

[55] S. 174f., § 152. Vgl. auch das hohe Lob Theodor Mundts für Pückler als Stilisten in: *Die Kunst der deutschen Prosa. Ästhetisch, literar-geschichtlich, gesellschaftlich*. Berlin 1837, S. 375. Im gleichen Sinne äußert sich Hermann Marggraff über Pückler als herausragenden Reisestilisten in *Bücher und Menschen*. Bunzlau 1837, S. 373.

Rudolph Gottschalls Betrachtungen im Kapitel über wissenschaftliche und essayistische Prosa.[56] Er unterscheidet zwischen »streng wissenschaftlichen Reisen«, wofür Alexander von Humboldt Exponent ist, und »Spaziergängen und Weltfahrten, bei denen es weniger auf objective Resultate ankommt, als vielmehr auf das Behagen einer interessanten Persönlichkeit, welche die Welt lorgnettirt und sich dabei selbst in die günstigste Position setzt.«[57] Gottschall widmet Pückler eine breite Darstellung; er wird als Stilist hoch gerühmt und die ablehnende Haltung der Junghegelianer als Verkennung eines originellen Geistes empfunden.[58] Hatte sich doch die literarische Linke seit Ludolf Wienbargs Aufsatz *Zur neuesten Literatur* (1835) daran gewöhnt, in Pücklers Reisebeschreibungen die Gattung auf dem Weg ins Verderben der »Klatschliteratur« zu sehen.[59] Für Gutzkow dagegen ist Pückler »durch seine geistreiche und witzige Auffassung« vornehmster Vertreter einer als »Mischgattung« bezeichneten Form, die sich »mit der Darstellung von Reisen, Zuständen und Bagatellen beschäftigt«.[60]

Pücklers Name ist vor allen anderen untrennbar mit der Reisebeschreibung verknüpft. Grund dafür war zum einen »der gute Stoff«, der ihm zur Verfügung stand,[61] d. h. die novitas seiner Berichte aus dem sozialen Leben der Aristokratie oder aus fernen Ländern, zum anderen aber und vor allem wurde sein Stil gerühmt. Scheinbar leicht hingeworfen, »ungenirt weltmännisch«[62] und pikant, dabei nie hohl und inhaltsleer, vermochte er auf eine ungeheuer modern wirkende Art zu unterhalten und zu informieren. Nach dem Urteil der Zeitgenossen unterschied er sich in seiner Spontaneität wohltuend von der klassischen Angestrengtheit;[63] als befreiend empfand man seine selbstbewußte Bindungslosigkeit nach so viel »edler Größe« der »Kulturepoche«.[64]

Noch bevor Pückler die literarische Bühne betrat und mit seinen Erfolgsbüchern rasch zu einer Ideation der Gattung wurde, lieferte Wilhelm Müller 1820 eine Definition der Reisebeschreibung, die in prägnanter Knappheit die communis opinio

---

[56] *Die deutsche Nationalliteratur in der ersten Hälfte des 19. Jahrhunderts. Literarhistorisch und kritisch dargestellt.* 2 Bde. Breslau 1855.
[57] S. 424.
[58] S. 424–428.
[59] Vgl. v. a. Robert Prutz' Aufsatz »Über Reisen und Reiseliteratur der Deutschen« (1847) in: R. Prutz (1973) S. 44.
[60] »Vergangenheit und Gegenwart. 1830–1838«. In: *Jahrbuch der Literatur* 1 (1839). Wieder Frankfurt a. M. 1971, S. 106f. Neben Pückler werden A. Lewald, Ed. Beurmann, Ed. Gans, Varnhagen von Ense, Fr. Kottenkamp und E. Kolloff als Vertreter der nicht-fiktionalen Prosa genannt.
[61] Julian Schmidt: *Geschichte der deutschen Nationalliteratur im 19. Jahrhundert.* Bd. 2. Leipzig 1853, S. 380.
[62] Ebd.
[63] ...»auszusprechen, was uns gerade einfällt und wie es uns gerade einfällt.« Schmidt, ebd. S. 381. – Rudolph Gottschall: *Die deutsche Nationalliteratur in der 1. Hälfte des 19. Jahrhunderts. Literarhistorisch und kritisch dargestellt.* Breslau 1855, Bd. I, S. 427 spricht von dem Anliegen der neueren Zeit, »frei von aller Pedanterie« zu sein.
[64] Vgl. Gottschall S. 424f.

der erste Hälfte des 19. Jahrhunderts wiedergibt. In seinem bedeutenden Aufsatz über italienische Reisebeschreibungen in der Zeitschrift *Hermes* vertritt Müller die Auffassung, seit Beginn des 18. Jahrhundert könne man die Reisebeschreibung einen »eigenen Zweig der schönen Literatur« nennen. Folgende Merkmale seien für sie bestimmend:
– Die Reisebeschreibung beschränkt sich nicht auf einen Betrachtungsgegenstand, ist also keine Spezialuntersuchung von Spezialisten für Spezialisten.
– Ihr Publikum ist »die gebildete Gesellschaft der Leser«.
– Sie ist abgefaßt »in einer leicht faßlichen und, so viel es seyn kann, lehrreich unterhaltenden Erzählung.«[65]

Überblickt man die deskriptive Erfassung der Reisebeschreibung in der zeitgenössischen Literaturgeschichte, so stellt sie sich uns durchaus als literarische Form dar. Zeitgenössisches Ideal war – fernab von den statistischen Kompendien des 18. Jahrhunderts – die literarische Reisebeschreibung, gewandt, geistreich, gebildet. Das hier konturierte Bild ist zu ergänzen aus den Darstellungen in kritischen Besprechungen.[66] Literaturgeschichte lebt im 19. Jahrhundert noch in unmittelbarer Verknüpfung mit Literaturkritik, oft als deren Zusammenfassung. Die Grenzen zwischen beiden können fließend sein. Dies gilt etwa für den oben zitierten langen Beitrag Wilhelm Müllers, der eigentlich eine mehrere Jahrzehnte überschauende Rezension ist. Zeitschriften und Rezensionsorgane gingen ganz selbstverständlich von der Existenz einer literarischen Form »Reisebeschreibung« aus, der sie häufig eine eigene Abteilung in ihrer Systematik widmeten. Diese kann auch unter »Länder- und Erdbeschreibung« firmieren – ein in Meßkatalogen geläufiger Paragraph –, wobei verwandte Formen wie Länderkunden, Städtebilder, aber auch Kartographie etc. mit berücksichtigt werden. Vergleicht man diese Rezensionen, so lassen sich Regelsysteme aussondern, die zwar zu einem gewissen Teil epochenabhängig sind und auch dem Komment der jeweiligen Zeitschrift folgen,[67] die aber doch zeigen, daß der jeweilige Kritiker und Rezipient bestimmte Erwartungen an die generische Struktur mitbrachte. Daß diese aus der z. T. massenhaften Lektüre von einschlägigen Werken gewonnen wurden, zeigen die häufigen Titelverweise.

Seit der 10. Auflage von 1851ff. enthält die Brockhaussche *Allgemeine deutsche Real-Encyklopädie* einen Artikel »Reisebeschreibung«.[68] Die vorhergehenden Auflagen behandelten die Reisebeschreibung unter »Reisen« bzw. unter den einzelnen Ländern. Der Artikel der 10. Auflage unterscheidet zwischen wissenschaftlichen und »leichteren« Werken. Er benennt den intendierten Rezipientenkreis, die

---

[65] S. 265.
[66] Der Nachweis von Rezensionen ist außerordentlich schwierig und konnte sicherlich, trotz intensiver Bemühungen, keineswegs vollständig gelingen. Vorarbeiten zu einzelnen Autorinnen sind selten, bibliographische Hilfsmittel fehlen entweder oder halten allzuoft einer Nachprüfung nicht stand.
[67] So war die *Allgemeine deutsche Bibliothek* noch längere Zeit dem Ideal einer enzyklopädischen Reisebeschreibung verhaftet.
[68] Bd. 12, S. 673–676.

Motive für die Reise und die Abfassung der Reisebeschreibung, er befaßt sich mit Reisezielen und thematischen Schwerpunkten, er bezeichnet Authentizität und Informationsvermittlung als Kriterien und spricht von der richtigen Mitte zwischen subjekt- und objektorientierter Darstellung. Schließlich unterscheidet er die Reiseführer und Apodemiken von den Reisebeschreibungen und nennt eine Reihe bedeutender Vertreter dieser »Gattung«. Hier fehlen nun Pückler sowie alle Schriftsteller der zwanziger und dreißiger Jahre. An ihre Stelle treten neuere Autoren. J. G. Kohl wird als derjenige genannt, »der vorzugsweise die Reisebeschreibung als eine besondere Literaturgattung ausgebildet hat«.

Der Artikel beweist, daß sich im Gattungsempfinden der Zeitgenossen die Reisebeschreibung als literarische Gattung soweit etabliert hatte, daß sie Eigengewicht bekam und nicht mehr einer allgemeinen geographischen oder kulturhistorischen Thematik (»Reisen«) zu- und untergeordnet werden konnte. Gleichzeitig deutet sich eine Differenzierung des Gattungsbildes an. Die sachliche und wissenschaftliche Reisebeschreibung hat nun, zu Beginn der 2. Jahrhunderthälfte, wieder an Gewicht gewonnen. Die belletristischen Werke gelten als Subspezies: Die gleiche Ausgabe des berühmten *Conversations-Lexikons* führt zum erstenmal einen Artikel »Tourist« ein und nennt in ihm neben Sterne, Chateaubriand und anderen ausländischen Autoren als deutsche Exponenten Fürst Pückler und die Gräfin Hahn-Hahn.

Wurde in Literaturgeschichte und Literaturkritik die Reisebeschreibung als eigene Form besprochen, so finden sich auch in den Texten selbst reichlich Hinweise auf ein Gattungsbewußtsein der Zeitgenossen, auf Intertextualität bzw. generische Kommunikation. Oft erwähnt der Autor eine Reihe von vorbildlichen oder – noch lieber – abschreckenden Vertretern der Gattung. Dabei wird selbstverständlich vorausgesetzt, daß auch der Leser mit ihnen vertraut ist. Stilmittel und Verfahrensweisen der Vorgänger werden diskutiert und gerne verworfen, denn dies gibt dem jeweiligen Schriftsteller die Chance, sich selbst als den präsentieren zu können, der die berechtigten Erwartungen des Rezipienten endlich erfülle.

Neben diesen direkten Hinweisen kommt den indirekten besonderes Gewicht zu. Reisebeschreibungen sind in aller Regel aus der Bearbeitung persönlicher Notizen entstanden, seien diese Tagebücher oder echte Briefe. Hin und wieder haben sich diese Vorgängertexte erhalten. Interessant ist nun, daß alle Autoren bei der Bearbeitung für den Druck im wesentlichen an denselben Problemfeldern arbeiten. Überprüft werden Einteilung und Strukturierung, Ausgewogenheit von Subjektivität und Objektivität, Informationsgehalt, Anteil und Qualität von Reflexionen und Urteilen, Ich-Haltigkeit. Zu allermeist gehen die Autoren bei ihrer Umarbeitung von den gleichen Zielvorstellungen aus. Wo sie gegen Konventionen verstoßen, wird dies meist trotzig betont oder in ironischer Selbstbezichtigung herausgestrichen.[69]

Die literaturwissenschaftliche Diskussion der letzten Jahre hat immer wieder den Sinn einer Unterscheidung zwischen fiktionalen und authentischen Reiseberichten

---

[69] Vgl. z. B. Mark Twains »Preface« zu *The Innocents Abroad* (1869).

negiert. Dem steht gegenüber, daß für die schriftstellerische und rezeptionelle Praxis der Zeit eine solche Unterscheidung selbstverständlich war. Zwar liegt dem Autor einer fiktionalen Reise nichts daran, dem Leser ein Licht aufzustecken, der Verfasser einer authentischen Reise hat aber umso größeres Interesse, den Wahrheitsgehalt seiner Schrift zu betonen. Entsprechende Beteuerungen haben sich insbesondere in der Zeit der abenteuerlichen Entdeckungen der frühen Neuzeit eingebürgert; sie sollten einen Schutz gegen parasitäre Kompilatoren darstellen, die mit ihren spektakulären Lügenberichten Publikumserfolge anstrebten.[70] Die z.T. emphatischen Beteuerungen der Wahrheitsliebe finden sich zwar in den späteren Reiseberichten nicht mehr in dem Maße, immer noch aber werden der Wahrheitsgehalt, die Treue der Darstellung, das eigene Erleben, Prinzipien der Selektion als auktoriale Eingriffe oder die Unzulänglichkeit der persönlichen Darstellung thematisiert. Insbesondere im Exordium etabliert sich eine Art Autor-Leser-Pakt: Hier dienen auch biographische Mitteilungen, Erörterungen zur Abfassungsmotivation und Reflexionen über den gewählten Stil dazu, den Rezipienten darüber in Kenntnis zu setzen, daß er eine authentische Reisebeschreibung vor sich hat. Der Autor stellt dadurch nicht nur sicher, daß seine Schrift richtig gelesen wird – unter anderem werden falsche Erwartungen, z.B. an den Stil, abgewehrt –, sondern er verschafft sich auch einen stärker sympathisierenden Leser.

1.2.2 Das spezifisch weibliche Regelsystem

Aus der Zusammenfassung der vielfältigen Konventionen, die sich an der zeitgenössischen Primär- und Sekundärliteratur beobachten lassen, ergibt sich eine rudimentäre Gattungstypologie oder jedenfalls ein Katalog von Fragen, der im 4. Kapitel dieser Arbeit an die Texte angelegt werden soll. Dieses Untersuchungsraster ist zunächst geschlechtsunabhängig. Analysiert man jedoch von Frauen geschriebene Texte, so ist über dieses Raster ein zweites zu legen, bzw. es ist ihm beizuordnen: ein ausschließlich für Texte aus weiblicher Hand geltendes Regelsystem.

Geschlechtsspezifische Bekenntnisse und Merkmale treten nicht nur überall dort auf, wo die Autorin sich selbst thematisiert – bereits diese Selbstthematisierung ist ein auf Frauen beschränktes Phänomen –, sondern sie sind, wie zu zeigen sein wird, für jeden Punkt der Gattungstypologie bestimmend. Für das Leben, Denken und Schreiben von Frauen sind besondere Voraussetzungen zu berücksichtigen, es war von bestimmten geschriebenen und ungeschriebenen Konventionen beherrscht. Wie diese Konventionen auf die Ausformung einer Reiseliteratur weiblicher Autoren einwirkten, ist weithin unerforscht.

In diesem Zusammenhang gilt es zunächst, das für Männer Selbstverständliche für das weibliche Geschlecht grundsätzlich in Frage zu stellen. Dies betrifft bereits den Wunsch, auf Reisen zu gehen. Als nächstes Hindernis erweist sich das Ansin-

---

[70] Vgl. Dirk Friedrich Paßmann: »*Full of Improbable Lies*«. *Gulliver's Travels und die Reiseliteratur vor 1726.* Frankfurt a.M. u.a. 1987 (=Aspekte der Geistes- und Kulturgeschichte 10), bes. S. 80f.

nen, überhaupt zu schreiben. Schließlich wird sich zeigen, daß eine Reisebeschreibung aus weiblicher Hand nicht dieselben stilistischen und thematischen Freiheiten genießt wie eine von einem Mann verfaßte. Hieraus ergeben sich Probleme für die Beziehungen der Texte zueinander sowie für deren Einordnung in eine der herkömmlichen Epochen der Literaturgeschichte.

1.2.2.1 Die öffentliche Meinung über weibliches Reisen

»Allein weil diese meine Reisebegierde sich nach den Begriffen der meisten Menschen, für eine Frau nicht ziemt, so mögen diese meine angeborenen Gefühle für mich sprechen und mich vertheidigen.«[71] Mit diesen Worten entschuldigte sich Ida Pfeiffer 1846 zu Beginn der Darstellung ihrer *Reise nach dem skandinavischen Norden*, ihrer zweiten Reisebeschreibung, beim Publikum. Selbst in der nachfolgenden Auflage dieses Buches sah die inzwischen berühmt gewordenen Weltreisende offenbar keine Veranlassung, ihre negative Meinung über die »Begriffe der meisten Menschen« zu revidieren. Man schrieb inzwischen das Jahr 1855. Hatte Ida Pfeiffers Beurteilung der öffentlichen Meinung wirklich noch Gültigkeit, hatte sie es je oder sah die konservative Wienerin hier zu schwarz? Wie beurteilte die deutsche Öffentlichkeit die Tatsache, daß seit dem Ende des 18. Jahrhundert auch Frauen, und dies in zunehmendem Maße, von der herrschenden Reiselust angesteckt wurden?

Die Evidenz der Zeitzeugnisse ist eindeutig: Es werden – zumindest von männlicher Seite – nur abratende und ablehnende Stimmen laut. Reisen wurde prinzipiell als eine Ablenkung von den weiblichen Pflichten in Haus und Familie, infolgedessen als unvereinbar mit der Bestimmung der Frau angesehen. Darüber hinaus war der mit dem Reisen verbundene Schritt hinaus in Freiheit und Eigenständigkeit für die herrschende Geschlechterpsychologie mit dem Wesen der Frau nicht vereinbar. Der Sinn eines Frauenlebens liegt nach Auffassung der Zeit einzig in der Sorge um Mann und Familie.[72] Trotz der gesellschaftlichen Verschiebungen, die Europa zwischen 1780 bis 1850 erschütterten, änderte sich an dieser Prämisse nichts.

In einem Brief vom Mai 1799 machte Heinrich von Kleist seiner Schwester Ulrike harte Vorwürfe, weil sie Abneigung gegen die Ehe geäußert hatte. »Aber was soll ich glauben, wenn Dir der, nicht scherzhafte, nur allzu ernsthafte Wunsch entschlüpft, Du möchtest die Welt bereisen? Ist es auf Reisen, daß man Geliebte suchet und findet? Ist es dort wo man die Pflichten der Gattin und der Mutter am zweckmäßigsten erfüllt? Oder willst Du endlich, wenn Dir auch das Reisen überdrüssig ist, zurückkehren, wenn nun die Blüte Deiner Jahre dahingewelkt ist, und erwarten, ob ein Mann philosophisch genug denke, Dich dennoch zu heiraten? Soll er Weib-

---

[71] *Reise nach dem skandinavischen Norden* Vorrede, S. V.
[72] Geschlechterpsychologie und -stereotypen des 18. und 19. Jahrhunderts sind vielfach untersucht und dargestellt worden; vgl. z. B. R. Möhrmann (1977), S. Bovenschen (^{2}1980), U. Frevert (1988), C. Honegger (1991), L. Steinbrügge (^{2}1992).

lichkeit von einem Weibe erwarten, deren Geschäft es während der Reise war, sie zu unterdrücken?«[73]

Während die Bildungsreise für den jungen Herrn als ein integraler Bestandteil seiner Erziehung angesehen wurde, glaubte man, daß Personen weiblichen Geschlechts auf Reisen nichts profitieren könnten, ja daß diese ihrer Bildung nur abträglich seien.[74] Es bedurfte einer Frau vom Format der Sophie von La Roche, um dieser Meinung entgegenzutreten. In ihrer kleinen »moralischen Erzählung« *Die glückliche Reise* begeben sich die jungvermählten Ehegatten zunächst zusammen auf eine längere Tour. Ihr erklärtes Ziel ist es, durch je geschlechtsspezifische Beobachtungen ihren Wissens- und Erfahrungsschatz zu bereichern, sich an Beispielen guter Ehen und Familien moralisch aufzurichten und so »diese Modelle fremden Bestrebens nach Tugend und Wohlthun mit nach Hause« zu bringen«.[75] Auch alle später entstandenen Reisebeschreibungen der Verfasserin gründen auf der Überzeugung, gerade auf Reisen könne eine Frau jene Erfahrung und Herzensbildung erwerben und vertiefen, die für die rechte weibliche Lebensführung nötig seien. Sophie von La Roches Kunstgriff bestand darin, nicht in Opposition zum herrschenden Weiblichkeitsideal, sondern gerade unter Berufung darauf für Frauen die Erlaubnis zur Mobilität zu fordern. Begegnungen mit edlen Hausmüttern und Erzieherinnen, Darstellung weiblichen Lebens und Arbeitens nehmen in ihren Reiseschriften stets einen bedeutenden Raum ein. Daß sie sich freilich nicht immer auf diese typisch weiblichen Beobachtungen beschränken wollte, daß sie nicht bereit war, ihrer »Wißbegierde« weibliche Grenzen zu setzen, sondern vielmehr das Reisen geschlechtsunabhängig als Mittel zur menschlichen Bildung betrachtete, mußte Anstoß erregen.

In eines ihrer letzten Werke, die an eine Freundin gerichteten *Briefe über Mannheim*, integrierte Sophie von La Roche die »Lobrede eines Engländers – über das Glück der Reisenden«. Angeregt zu diesem Einschub hatte sie ihre rühmende Beschreibung der Erziehungsweise des Mannheimer Buchhändlers Schwan, der »wenigstens alle zwey Jahre eine Reise mit seinen Töchtern macht, und sie da Gottes und der Menschen Welt sehen und beurtheilen lehrt.« Die Reaktion des Publikums voraussehend, fährt Sophie von La Roche fort: »Ich würde niemand [...] übel nehmen, wenn bey dieser Stelle meines Briefs gesagt wird: ›Das, glaube ich, mag der alten la Roche gefallen – da sie selbst so gerne reißt, und fremde Länder und Leute begukt und beschreibt.‹«[76]

Die von der Autorin erwartete irritierte Reaktion blieb nicht aus. Nachdem der Rezensent der *Allgemeinen deutschen Bibliothek* zunächst moniert hatte, Frauen sollten in ihren Schriften Bescheidenheit bewahren, kommt er zum eigentlichen

---

[73] Heinrich von Kleist: *Werke und Briefe*. Bd. IV: *Briefe*. Berlin und Weimar 1978, S. 39.
[74] W. Rasch (1993) hat gezeigt, daß die humanistischen Bildungskonzepte für den freien Bürger oder den autonomen Menschen zugeschnitten waren und folglich nicht für die Spezies »Weib« galten.
[75] S. 8. Beide, Mann und Frau, beobachten nach diesem Modell geschlechtsspezifisch!
[76] S. 166f.

Punkt: »Daß die Neigung zu Reisen unsre Verfasserin oft zu rednerischen Lobsprüchen des Platzwechsels hinreißt, findet Rec. schon ungleich bedenklicher. Ob unsre unbärtigen Beobachter zu Hause oder anderwärts müßig gehen, läuft am Ende vielleicht auf eins hinaus. Daß aber die Sucht fremde Luft zu athmen, wirklich auch unser junges Frauenzimmer zu ergreifen anfängt, scheint von einer Wichtigkeit zu seyn, die billig die Feder eines deutschen Rousseau beschäftigen sollte.«[77] Dieser misogyne Ausfall, der Frauen sämtlich als Müßiggängerinnen hinstellt, spricht nicht nur dem Erziehungs- und Weiblichkeitskonzept der Autorin Hohn, sondern ist auch umso verwunderlicher, als die Reisebücher Sophie von La Roches gewöhnlich in der konservativen *Allgemeinen deutschen Bibliothek* wohlwollend besprochen wurden. Offenbar war hier ein männliches Privileg aufs Empfindlichste getroffen. War es allenfalls noch tolerabel, daß *einzelne* Vertreterinnen aus der ihrem Geschlecht gesetzten Beschränkung ausbrachen, so konnte doch keinesfalls hingenommen werden, das bislang für die männliche Bildung vorbehaltene Reisen auch für Mädchen zu propagieren.

Wie sehr gleichwohl Sophie von La Roche die öffentliche Meinung beeinflußte, indem sie pädagogisch-didaktische Frauenreisen immerhin in den Bereich des Möglichen, ja Faktischen rückte, beweist die 1795 erschienene *Apodemik* des Franz Ludwig Posselt. Der Autor behandelt in einem kurzen Abschnitt am Ende seines 1. Bandes die Frage: »Ob und wie Frauenzimmer reisen sollten?«, mit der Einschränkung, »daß hier nur von den Reisen der Frauenzimmer aus den *höhern* und *gebildeten Ständen* die Rede seyn könne.«[78] Jedoch auch für sie wird das Reisen nicht empfohlen. Als Mittel zur »Geistesbildung und Veredelung des Charakters« kann es bei Frauen nicht eingesetzt werden; denn »bey der Lebhaftigkeit der Einbildungskraft und der Gefühle, die dem weiblichen Geschlecht größtentheils eigen ist, bey dem Mangel an Selbständigkeit und Festigkeit des Charakters« werde ihnen das Reisen nachgerade »gefährlich«.[79] Nach dieser grundsätzlichen Erwägung aber wendet sich der Autor der Realität zu: daß nämlich Frauen öfters die Gelegenheit haben, »in Gesellschaft ihrer *Männer, Brüder, Oheime* oder *andrer Anverwandten* bald kleinere, bald größere Reisen zu machen.«[80] (Daß eine Frau aus eigenem Antrieb etwas unternehme, wird ausgeschlossen.) Für diesen Fall schreibt Posselt den von Sophie von La Roche propagierten weiblichen Beobachtungskanon vor, d. h. die Fokussierung auf andere Frauen und Mütter, ihre Ehe- und Haushaltsführung, ihre Kindererziehung. Da die Natur die Frauen zu Gattinnen, Müttern und Vorsteherinnen des Hauswesens bestimmte habe, müssen sie auch auf Reisen »alles, was sie sehen und hören, immer mit Rücksicht auf *ihr Geschlecht* betrachten«.[81] Damit war nun eine legitime Möglichkeit eröffnet, gleichzeitig aber weibliches Reisen und Beobachten

---

[77] Nr. 108 (1792), 1. St., S. 243.
[78] S. 733.
[79] Ebd.
[80] S. 734.
[81] S. 737.

auf ein Terrain eingeschränkt, das für Männer als uninteressant und wertlos konnotiert war.

Posselts Reisekunst ist nicht nur eine der bedeutendsten Schriften ihrer Art, sie ist auch eine der ganz wenigen, die überhaupt auf Reisen von Frauen eingehen. Entgegen einer in der Forschung immer wieder geäußerten Behauptung gab es keine Apodemik speziell für Frauen.[82] Außer bei Posselt werden Frauen noch in einem anderen, für die Kunst des Reisens überaus bedeutenden Werk erwähnt: in Professor Schlözers *Vorlesungen über Land- und Seereisen*.[83] Interessant ist, welchen Stellenwert er Frauen zumißt, sollte man sie als Mitreisende antreffen: Sie werden zusammen mit Koffern, Kranken und Kindern im Abschnitt über die »Equipierung« behandelt. Übernehmen sie haushälterische Tätigkeiten, so sind sie dem reisenden Mann nützlich, aber, vermerkt Schlözer ärgerlich, »manche rühren sich nicht, sorgen für gar nichts.«[84] Auch auf Reisen sollten nach der Vorstellung Schlözers die Rollen also klar verteilt bleiben.

Schlözer kommt nicht umhin festzustellen, daß man in Deutschland wenigen Frauen auf Reisen begegne. Er gibt dafür eine praktische Erklärung, die sicher nicht von der Hand zu weisen ist: den »Mangel der Diligence«, die miserablen Transportmittel. Ähnlich negativ wie Schlözer schildert Johanna Schopenhauer die Reisebedingungen zu Ende des 18. Jahrhunderts: In ihrem *Ausflug an den Niederrhein* malt sie in launiger Übertreibung aus, wie früher die Straßen, Wirtshäuser und Postkutschen in Deutschland so schlecht gewesen seien, daß »unsern Großmüttern [...] eine vom Arzte verordnete Badereise [...] fast wie ein Todesurtheil« habe vorkommen müssen.[85] Die inzwischen (1831) eingetretene relative Verbesserung der Transportmittel und Unterbringungsmöglichkeiten jedoch verführte nicht etwa mehr deutsche Frauen zur Mobilität. Vielmehr sind es nach wie vor die Engländerinnen, die deutsche Straßen bevölkern und sogar noch ihre Kinder mitnehmen.[86] Diese emanzipierten Engländerinnen waren schon Schlözer un-

---

[82] In der Sekundärliteratur wird immer wieder angeführt: *Curieuser und immer währender Astronomisch-Meteorologisch-Oeconomischer Frauenzimmer-Reise- und Hand-Kalender ... Mit einer Vorrede von Mademoiselle Sidonia Hedwig Zäunemannin*. Die Sechste und aufs neue vermehrte Auflage. Erfurt 1737. Selbst ein so intimer Kenner der Apodemik wie Justin Stagl führt dieses Buch auf (»Die Methodisierung des Reisens im 18. Jahrhundert«. In: *Der Reisebericht*. Hg. v. P. Brenner. Frankfurt a. M. 1989, S. 160). Es handelt sich dabei aber nicht, wie immer wieder fälschlich angegeben, um eine Reisekunst für Frauen, sondern um Posttabellen, Angaben über Markt- und Messetermine, Umrechnungstabellen für Geld, Maße und Gewichte etc., also um ein praktisches Handbuch für die Geschäftsfrau, wobei allerdings auf die besondere Situation der Frau in keiner Weise eingegangen wird. Auch die gereimte Vorrede der berühmten Dichterin Zäunemann ist völlig unergiebig.
[83] Gehalten im Wintersemster 1795/96. Hg. v. W. Ebel (1964) S. 54.
[84] S. 54.
[85] *Ausflug an den Niederrhein* (1831) 1. Tl., S. 120–124, hier S. 121 in einem Kapitel über die »Reisenden unserer Zeit«.
[86] Ebd. Vgl. [Fanny Tarnow:] »Englische Touristinnen«. In: *Morgenblatt für gebildete Leser* (1846) S. 893: »Es ist eine auffallende Erscheinung, daß seit zehn Jahren die Zahl der Engländer, die sich auf dem festen Lande aufhalten, von der Zahl der Engländerinnen fast übertroffen wird.«

angenehm aufgefallen, fügten sie sich doch oft gar nicht in sein erwünschtes Schema der Rollenverteilung.

Die englische Familie unterwegs ist, so wie hier in Johanna Schopenhauers Darstellung, ein in der deutschen Literatur gerne aufgegriffenes komisches Objekt.[87] Darüber hinaus bestaunt wurde die Vielzahl der reisenden Engländerinnen. Für die erste Hälfte des 19. Jahrhunderts galt England als der Hort der Frauenemanzipation, belächelt, aber auch heimlich beneidet.[88] Selbst Johanna Schopenhauer gerät in ihrem ironischen Kapitel unversehens in einen ernsthaften, ja fast hymnischen Tonfall, wenn sie in Anbetracht all dieser reisenden Damen ausruft: »die Welt ist heut zu Tage auch den Frauen aufgetan, und sie dürfen mit frischem Sinn und heiterem hellen Blick alles des Schönen und Herrlichen, was Kunst und Natur ihnen bieten, sich eine Weile erfreuen, um bei ihrer Heimkehr das Glück, das ihr häusliches Leben ihnen gewährt, um so inniger zu empfinden«.[89]

Die Wirklichkeit freilich sah für die Mehrzahl der deutschen Frauen auch 1831, als diese Zeilen geschrieben wurden, ganz anders aus. Deutsche Männer konstatierten mit Befriedigung die Häuslichkeit der deutschen Frau als nationale Tugend: »Gerade in den *deutschen* Frauen ist etwas, was sich zu verbergen sucht, etwas Heiliges, sich Zurückziehendes, – die geistige und körperliche castitas«.[90] Noch 1847 bemerkte Fanny Lewald in ihrem *Italienischen Bilderbuch*, daß bei den Deutschen, anders als bei »Engländern, Franzosen und Russen« fast nur Männer reisen.[91] Und drei Jahre später beklagt Hermann Hettner, daß »Selbstbefreiung« für eine Frau »nirgends in der Welt [...] schwerer« zu vollziehen sei als in Deutschland.[92] Maria Schuber und Ida Pfeiffer stellen auf den ersten Seiten ihrer Orient-Reisebücher eindringlich dar, welche Fülle von Vorhaltungen und Abmahnungen von seiten ihrer Freunde und Verwandten sich eine reisewillige Frau anhören mußte. Wenige hatten dann noch den Mut, sich wie Maria Schuber zu ihrem Gefühl zu bekennen: »Mir ist die Welt zu klein, und jeder Raum zu enge«.[93] Das Gros der Frauen delegierte den Wunsch zu reisen an die Männer oder substituierte ihn durch Lektüre oder Phantasien.

»Wir Weiber sind bestimmt, auf einer Stelle zu bleiben, aber ihr Männer seid allzumal Kalmücken, welche von einem Ort zum andern wandern, um Gott weiß was zu suchen, ohne sich um unsere Unruhe zu kümmern.« Dieser Ausspruch der Gattin

---

[87] Die Beispiele sind Legion. Pars pro toto sei nur genannt Heines Persiflage im VIII. Kapitel seiner *Reise von München nach Genua*.
[88] Vgl. hierzu Liselotte Blumenthal: »Mozarts englisches Mädchen« (1978).
[89] *Ausflug an den Niederrhein* S. 122.
[90] Hermann Marggraff: *Deutschland's jüngste Literatur- und Kulturepoche. Charakteristiken.* Leipzig 1839, S. 318.
[91] Bd. 1, S. 244.
[92] Hermann Hettner: »Fanny Lewald«. In: *Schriften zur Literatur und Philosophie.* Hg. v. D. Schaefer, m. e. Nachw. v. L. Uhlig. Frankfurt a. M. 1967, S. 119.
[93] *Meine Pilgerreise* S. 72.

des berühmten Afrikareisenden François Le Vaillant, den Nikolai Karamsin in seinen *Briefen eines russischen Reisenden* berichtet,[94] bezeugt, wie bereitwillig die gängige Geschlechterdeterminiertheit von manchen Frauen übernommen wurde. Die weibliche Heldin in Ida Hahn-Hahns Roman *Der Rechte* begehrt dagegen auf: »Männer dürfen ja Alles thun, Alles wissen, Alles lernen […] sie umschiffen die Welt – und wir … wir sehen zu!«[95]

Wollte eine Frau sich den guten Ruf echter Weiblichkeit erhalten, so war sie besser beraten, als »armchair-traveller« den eigenen Unternehmungstrieb mit Hilfe von Lektüre zu sublimieren, wie es Elise, das »Hausmütterchen« in Annette von Droste-Hülshoffs *Ledwina*, tut. »›Wenn ich einmal das große Los gewinne,‹ rief Julie, ›so will ich reisen; ich kann mir kein größeres Glück denken.‹ ›Ich glaube,‹ versetzte Elise, ›daß das gar zu viele Reisen Frauenzimmern nicht gut tut und sie unstet und unzufrieden im Hause macht; ich will lieber zu Hause bleiben und lasse mir anderer Leute Reisen erzählen. […] Wirklich, je weniger ich selbst zu sehen hoffe und wünsche, je weniger kann ich mir den Ersatz einer lebhaften Beschreibung versagen.‹«[96] Der Dichterin der *Ledwina* selbst freilich wollte diese Kompensation durch Lektüre nicht gelingen. In einem Brief an ihren Vertrauten, Professor Sprickmann, berichtet sie, ein unstillbarer »unglückseliger Hang zu allen Orten, wo ich nicht bin« stürze sie in Depressionen. Erzählungen und Lektüre verstärkten diese krankmachende Sehnsucht nach fernen Ländern noch, anstatt sie zu heilen. »Meine Lieblingsgegenden sind Spanien, Italien, China, Amerika, Afrika […] was soll ich anfangen, um meinen Unsinn loszuwerden?«[97]

Auch die junge Bettine und ihre Freundin Karoline von Günderode kannten dieses »Schmerzgefühl«, das »auf die Pein der Langeweile gegründet« ist. Sie halfen sich mit phantasierten »Reise-Abentheuern«, schwelgten einen ganzen Winter lang in Fabulierorgien an Indus und Ganges, in Damaskus und Arabien. Ja, sie schrieben sogar ein »erfundene[s] Reisejournal« und lasen darin.[98]

Maria Schuber bezeugt, daß ihr das Vorbild Ida Pfeiffers und Ida Hahn-Hahns Mut gemacht habe, gegen den Einspruch ihrer Freunde und trotz eigener Bedenken eine Reise in den Vorderen Orient zu wagen.[99] Auch wenn uns ausdrückliche Belege dafür fehlen, so mag vielleicht doch das Beispiel der englischen Touristinnen, die Lektüre ihrer auf dem deutschen Markt zahlreich erscheinenden Reisebeschreibungen deutsche Frauen ermuntert haben, sich wenigstens punktuell von der herrschenden öffentlichen Meinung zu emanzipieren. Sie blieben aber noch immer Aus-

---

[94] Berlin 1981, S. 550.
[95] 2. Aufl. Berlin 1845, S. 243.
[96] *Sämtliche Werke.* Hg. v. C. Heselhaus. München 1966, S. 865.
[97] *Die Briefe der Annette von Droste-Hülshoff. Gesamtausgabe.* Hg. v. K. Schulte Kemminghausen. Jena 1944. Bd. 1, S. 34 (Brief vom 8. 2. 1819).
[98] Bettine von Arnim: »Die Günderode«. In: *Werke und Briefe in 3 Bänden.* Hg. v. W. Schmitz u. S. v. Steinsdorff. Bd. I. Frankfurt a. M. 1986, S. 504–506. Bettina von Arnim: »Goethes Briefwechsel mit einem Kinde«. In: *Sämtliche Werke.* Hg. v. W. Oehlke. Berlin 1920, S. 90.
[99] *Meine Pilgerreise* (1850) S. 4. 176.

nahmeerscheinungen, die gegen entschiedene innere und äußere Widerstände zu kämpfen hatten.

1.2.2.2 Konventionen weiblicher Schriftstellerei und Reiseschriftstellerei

Die Forschung der letzten Jahre, insbesonders seit Silvia Bovenschens Untersuchung *Die imaginierte Weiblichkeit* (1980), hat deutlich herausgestellt, welch immer neue Schwierigkeiten die jeweils herrschenden literarischen Tendenzen weiblichem Schreiben entgegensetzten. Sei es die konstruierte Unvereinbarkeit von weiblich und gelehrt, sei es das Axiom weiblicher Rezeptivität im Gegensatz zu literarischer Schöpferkraft, das Verwiesensein auf die Funktion als Muse oder die Beschränkung weiblicher Produktion auf einzelne Gattungen, um nur einige Punkte zu nennen. Eine Geschichte weiblicher Literaturproduktion müßte auch eine Geschichte der Verhinderung weiblichen Schreibens sein. Als solche nämlich erweisen sich allzu oft scheinbare Neuansätze, an die man in der Frühaufklärung, der Empfindsamkeit oder der Romantik vielleicht geglaubt hatte.[100]

Es wird sich im Verlauf der Untersuchungen immer wieder zeigen, daß Ausländerinnen, in Sonderheit Engländerinnnen, den schriftstellerischen Einschränkungen und Behinderungen, die der pudor sexus deutschen Frauen auferlegte, nicht in diesem Maß unterworfen waren. Der Grund für diese größere Freiheit muß wohl in unterschiedlichen sozialpolitischen Traditionen, aber auch in einem unterschiedlichen Weiblichkeitsideal zu suchen sein. Interessant ist in diesem Zusammenhang die Schriftstellerin Espérance von Schwartz, die zwar deutschstämmig war und deutsch schrieb, jedoch so gut wie nie in Deutschland lebte. Ihr reiches, die Jahre 1849 bis 1892 umspannendes Reisewerk folgt nicht den deutschen Konventionen. Es wäre eine Einzeluntersuchung wert, was aber den Rahmen der vorliegenden Arbeit sprengen würde.[101]

Schriftstellerisches Publizieren als Heraustreten an die Öffentlichkeit war mit dem Weiblichkeitsideal des 19. Jahrhunderts grundsätzlich unvereinbar. Wenn denn schon publiziert werden mußte, so sollte wenigstens in der Thematik ein Weib »die Schranken, die seinem Geschlechte von Natur und Sitte gezogen sind, nicht überschreiten«.[102] Insbesondere Gebiete des öffentlichen Lebens »wie das der Politik

---

[100] Vgl. Scheitler (1986/7).
[101] Eine ähnliche Zwischenposition nimmt Wolfradine von Minutoli ein, die Gattin des berühmten Generals Heinrich Menu von Minutoli, der selbst als Reiseschriftsteller hervorgetreten ist. Frau von Minutoli war zwar Deutsche (eine geb. Gräfin Schulenburg), schrieb aber französisch. Von deutschen Reiseschriftstellerinnen unterscheidet sie ein wesentlich höherer Anspruch auf Informationsvermittlung und das völlige Fehlen von Demutsformeln.
[102] Carl Barthel: *Die deutsche Nationalliteratur der Neuzeit in einer Reihe von Vorlesungen.* 2., stark verm. Aufl. Braunschweig 1851, im Kap. »Übersicht der literarischen Frauen«, S. 516. Ebd., S. 516f.: *»Der Frauen Sphäre ist die engere Häuslichkeit, das Familienthum; der Frauen nächster Beruf ist und bleibt es immer, dieses zu verklären als Priesterinnen der Sitte, der Ordnung und der Zucht, und ihr eigenthümliches Talent ist das der stillen, sinnigen Beobachtung. Halten sie als Schriftstellerinnen diese Schranken ihres Berufs und ihrer Befähi-*

und Socialistik« lagen nach Meinung der Zeitgenossen »gänzlich über der weiblichen Sphäre hinaus«.[103] Aber auch Definitionen und Urteile mußten Männern vorbehalten sein.[104] Es versteht sich, daß die enzyklopädische Reisebeschreibung des 18. Jahrhunderts keine Gattung sein konnte, die Frauen zu Gebote stand. Setzte sie doch einen Reisenden mit umfassenden Kenntnissen und Interessen, auch und vor allem auf politischem Gebiet, voraus, im Idealfall einen Staatsdiener. Auch hätte keine Frau gewagt, sich mit ihrer Reisebeschreibung als Präzeptor der Nation zu verstehen, wie dies etwa bei den Aufklärern und insbesondere ihrem späten Vertreter Friedrich Nicolai der Fall war.

In der 2. Hälfte des 18. Jahrhunderts verschob sich nun – vornehmlich in der Nachfolge Sternes – der Schwerpunkt der Gattung vom Informativen und Gelehrten auf das Subjektive, Reflektierende und bewußt Literarische.[105] Die sehr persönlichen, von jeher als typisch weiblich angesehenen Formen des Briefes und des Tagebuches wurden zum vorherrschenden Gestaltungsmuster. Erst diese grundlegenden Veränderungen ermöglichten Frauen den Zugang zum Reisebericht. Dies zeigt schon der Blick auf die tatsächliche Produktion, die erst seit 1780 einsetzt. Nicht mehr die intellektuelle und informative, sondern die ideelle und sittliche Erfassung des Gegenstandes war in den Vordergrund gerückt. Sophie von La Roche gelang es, die Reisebeschreibung von Frauen für Frauen zu legitimieren und etablieren, indem sie für ihre Darstellungen eine moralische und erzieherische Wirkung für das weibliche Geschlecht behauptete. So wurde sie zum weiblichen Pionier der Gattung für Deutschland. Alle ihre Reiseschriften widmete sie ihren Töchtern zur Belehrung und Unterhaltung. Diese Nische in der Schriftstellerei nämlich wurde Frauen bereitwillig überlassen: »Populäre Schriften für Weiber, Schriften über die weibliche Erziehung, Sittenlehren für das weibliche Geschlecht, als solches, können die Wei-

---

gung inne, so werden sie immer als die naturgemäße Ergänzung zur schriftstellernden Männerwelt gelten müssen; gehen sie aber als solche darüber hinaus, so fallen sie damit ohne Weiteres in die Kategorie der emancipirten, d.h. von ihrer wahren Natur abgefallenen Weiber und erregen mit Recht mehr oder minder Anstoß.« Dem Verdikt der Unweiblichkeit verfallen nach Barthel (ebd. S. 517) z. B. Ida Hahn-Hahn und Fanny Lewald. – Zum Postulat der »Häuslichkeit« vgl. auch Joseph von Eichendorff: »Die deutsche Salon-Poesie der Frauen.« In: *Hist.-pol. Blätter* 19 (1847) S. 468f.

[103] Barthel, a. a. O., S. 517.
[104] »Der Vorzug, mühsam gesichtete, überall Stich haltende Resultate aufstellen zu können, oder vielmehr zu wollen, mag unserm Geschlechte vorbehalten bleiben!« Rez. der *Briefe über Mannheim* von S. v. La Roche, in: *Allgemeine deutsche Bibliothek* 108 (1792) S. 242. – Sehr ausführlich äußert sich 1853 Julian Schmidt im 2. Bd. seiner *Geschichte der deutschen Nationalliteratur im 19. Jahrhundert*, S. 346–349 zur Unmöglichkeit weiblicher Urteilsfähigkeit.
[105] »Seit Sternes unnachahmliche ›Sentimentale Reise‹ den Ton gegeben und Nachahmer geweckt, waren Reisebeschreibungen fast durchgängig den Gefühlen und Ansichten des Reisenden gewidmet.« J. W. v. Goethe: »Tag- und Jahreshefte« 1789. HA Bd. X, S. 434. Deutlich zeichnet sich die Trendwende ab in Johann Bürkli: »Über die Reisebeschreibungen« (1785). Die Gattungsveränderung im 18. Jahrhundert ist überzeugend dargestellt bei U. Hentschel in: *IASL* 16.2 (1991) S. 51–83.

ber am zweckmäßigsten schreiben«.[106] Die Folge dieser pädagogischen Legitimation war eine jahrzehntelang geltende Beschränkung des Zielpublikums auf das weibliche Geschlecht. »Es versteht sich, daß die Verfasserin dann auch als Weib [...], für ihr Geschlecht, keineswegs aber aus Ruhmsucht, und Eitelkeit für das unsere schreibe«,[107] dekretierte Fichte.

Daß die Frau ein häusliches Wesen sei, war eine in der sozialen Wirklichkeit seit Jahrhunderten verankerte Vorstellung. Die zweite Hälfte des 18. Jahrhunderts »entdeckte« zusätzlich die Frau als Naturwesen, als Gegenpol zum geist- und ratiobestimmten Mann. Rousseaus Konzept[108] traf gerade in Deutschland bei weiten Kreisen auf unmittelbare Zustimmung. Da das Ideal weiblicher Naturhaftigkeit unumstößlich anthropologisch verankert schien, konnte es ungebrochen bis weit ins 19. Jahrhundert hinein weiterleben. Verstöße gegen dieses Idealbild wurden durch Verlust der Geschlechtsidentität bestraft.

Die Folgen dieses Weiblichkeitsideals für die weibliche Literaturproduktion und -rezeption in Deutschland während unseres ganzen Berichtszeitraums können kaum überschätzt werden. Im Unterschied zu früheren Konzepten weist die Naturhaftigkeitstheorie den grundlegenden Unterschied auf, in letzter Konsequenz literaturfeindlich zu sein. Die ideale Erziehung, wie sie etwa Wilhelm Heinse 1774 in der Frauenzeitschrift *Iris* ausbreitet, läßt das Mädchen bis zur Hochzeit ohne Bücher, sich einzig an der Natur bildend.[109] Weibliche Schriftstellerei war mit diesen Zielvorstellungen vollends nicht zu vereinbaren. Sie schuf den Blaustrumpf, das Zwitterwesen, die Ausnahmefrau. Nur Versagen auf dem ihr angestammten Gebiet, letztlich persönliches Unglück,[110] konnte eine Frau zur Schriftstellerin machen – so die Meinung der männlichen Zeitgenossen. Zwar konnten Frauen den Gegensatz von Schreiben und Weiblichkeit nicht in solch schroffer Weise akzeptieren, gleich-

---

[106] Johann Gottlieb Fichte: *Grundlage des Naturrechts*, 1. Anhang des Naturrechts, § 38 (1796), neu hg. 1922, S. 354.

[107] Ebd. S. 355.

[108] Zur Geschlechtercharakteristik Rousseaus, die ursprünglich im Rahmen seiner Zivilisationskritik zu sehen ist und erst im Laufe der Rezeption zum Verdikt der intellektuellen Zweitrangigkeit wurde, vgl. v. a. L. Steinbrügge (1992).

[109] »Frauenzimmer-Bibliothek«. In: *Iris. Vierteljahrsschrift für Frauen* 1 (1774) 3. H., S. 53–77. Wieder in: Wilhelm Heinse: *Sämmliche Werke*. Hg. v. C. Schüddekopf. III. Bd., 2. Abt. Leipzig 1906, bes. S. 378–381. Heinse vertritt sein konsequentes Naturideal auch in »Erziehung der Töchter«. In: *Iris. Vierteljahrsschrift für Frauen* 1 (1774) 3. H., S. 3–14, 2 (1775) 2. H., S. 106–114. Wieder in: Wilhelm Heinse: *Sämmliche Werke*. Hg. v. C. Schüddekopf. III. Bd., 1. Abt. Leipzig 1906, S. 269–279.

[110] Diese spezielle Vorstellung setzte sich v. a. seit den 40er Jahren des 19. Jahrhunderts unter dem Eindruck der weiblichen »Genies« durch. Vgl. Robert Prutz: »Die Literatur und die Frauen« (1859) In: R. Prutz (1973) S. 106. Vgl. aber schon Eckermanns *Gespräche mit Goethe*, 18.1.1825, wo eine Theorie des Hofrats Rehbein über die Frage mitgeteilt wird, warum wohl Frauen schreiben. Dies sei, so die Meinung des Arztes, »eine Art von geistigem Geschlechtstrieb«. »Gewöhnlich haben diese Wesen das Glück der Liebe nicht genossen, und sie suchen nun in geistigen Richtungen Ersatz. Wären sie zu rechter Zeit verheiratet und hätten Kinder geboren, sie würden an poetische Produktionen nicht gedacht haben.« (1984) S. 117.

wohl gibt es auch unter ihnen Stimmen von erstaulicher Rigorosität (vgl. unten S. 100f.). Zumindest das Bewußtsein, sich als Schriftstellerin in einer höchst angreifbaren Position zu befinden, war ihnen allen eigen. Deshalb fügten sie sich widerspruchslos in die Konvention, Weiblichkeit wenigstens durch demonstrative »Natürlichkeit« und »Einfachheit« des Stils und der Auffassung zu signalisieren. Gegensatzpaare wie natürlich – gekünstelt, kindlich – verbildet, einfach – glänzend sind auch von Frauen, von Sophie von La Roche bis zu Emma von Niendorf, als moralische Wertungen verinnerlicht.

»Weibliche« Schreibart schloß nach zeitgenössischer Übereinkunft demonstrative Bescheidenheit in Fragen der »Buchgelehrsamkeit« ein. Eine »natürlich«, d. h. ihrer weiblichen Identität gemäß fühlende und schreibende Frau hatte sich des Urteils in Fragen der höheren Bildung zu enthalten. Hierzu sind Philosophie,[111] klassische Sprachen,[112] bildende Kunst und Architektur ebenso zu rechnen wie Naturwissenschaft. Schon die Verwendung von Fachterminologie wurde von der zeitgenössischen Kritik als unpassend für eine Frau empfunden. Auch der Verzicht auf gründliche Erfassung, der für Reisebeschreibungen von Frauen so bezeichnend ist, erklärt sich als geschlechtstypisch: weibliche Bildung vermittelte stets nur eine oberflächliche Beschäftigung mit dem Gegenstand.

Das postulierte weibliche Natürlichkeitsideal schlägt sich auch in der Demonstration einer größeren Affinität zur Landschaft als zu Stadt oder Großstadt nieder. Das Lob friedlicher Häuslichkeit auf dem Lande ist ein Stereotyp in Literatur von Frauen. Während eine ganze Autorengeneration das Flair von Paris oder London als die Faszination einer Welt der Zukunft feierte, bekannte das Gros der Frauen Verlorenheit, Verunsicherung und – wenigstens auf längere Sicht – Mißbehagen in dem Moloch Großstadt.[113]

Eine ergänzende Facette weiblicher »Natürlichkeit« ist der für Frauen geforderte Primat des Gefühls. Aufgabe einer weiblichen Reisebeschreibung konnte es nicht sein, das Gesehene zu beurteilen und es intellektuell zu erfassen, vielmehr sollte sie der »treue Abdruck der Gedanken und Empfindungen [sein], die in einer gebilde-

---

[111] Vgl. Goethes Rezension des Romans *Wilhelm Dumont* von Eleutherie Holberg (1805) in der *Jenaischen Allgemeinen Literatur-Zeitung* 1806 (*Werke*, WA I. Abt. Bd. 40, S. 382): »sollte man mit so viel Liebenswürdigkeit, Gefühl und Lebenslust an Philosophie überhaupt, geschweige an Naturphilosophie denken? Das Beste bleibt dabei, daß sie selbst fühlt, wie wenig dergleichen Äußerungen einer weiblichen Feder geziemen.«

[112] Lateinische Zitate aus antiken Schriftstellern sind in Reisebeschreibungen von Frauen nicht anzutreffen. Eine Ausnahme machen lediglich Espérance von Schwartz und Wolfradine von Minutoli.

[113] Dies läßt sich schon in den Briefen jenes »jungen deutschen Frauenzimmers« (A. Reichard?) beobachten, das in Paris schmerzlich das Sterben der Alleebäume in der schmutzigen Luft bemerkt. An anderer Stelle bekennt die Autorin: »oft such ich mich selbst« (11. St., S. 168; 1. St., S. 106). Ähnlich reagieren Ida Hahn-Hahn und v. a. Emma von Niendorf. Die 3. Auflage (1842) von Flora Tristans *Promenades dans Londres* hat den bezeichnenden Titel *La Ville monstre*.

ten und edlen weiblichen Seele durch jene Gegenstände erregt wurden.«[114] Auch diese Vorstellung beschränkt sich nicht auf die Epoche der Empfindsamkeit. Zwar ändert sich von Friederike Brun zu Therese von Bacheracht der Wortschatz, die Ideale aber gleichen sich. Auch um 1840 hätte eine Frau, die – wie ehedem Sophie von La Roche – von sich sagte: »Ich bin mehr Herz als Kopf«,[115] in Übereinstimmung mit den Geschlechtsvorstellungen ihrer Zeit gestanden.

Weibliches Schreiben ist – so hatte Sophie von La Roche es definiert – im Grunde die Fortführung des häuslichen Gesprächs mit anderen Mitteln. Häufig läßt sich daher beobachten, daß sich weibliches Schreiben am intim-familiären Ton oder dem intelligenten Salongespräch orientiert.[116] Auch die Reisebeschreibung einer Frau vermittelt gern den Eindruck von Intimität: durch die Wahl der Adressaten wie auch durch einen leichten und gepflegten Plauderton. Durch die Stilisierung als häusliche Unterhaltung wird der unweibliche Akt des Heraustretens an eine literarische Öffentlichkeit verschleiert (vgl. z.B. Johanna Schopenhauer und Therese Huber).

Im Zusammenhang mit der didaktischen Absicht steht die ungeschriebene Übereinkunft, weibliches Schreibens müsse zum Edlen, Schönen und Wahren hinführen. Die zeitgenössische Kritik ist sich mit den Stimmen aus den Reihen der Frauen selbst darin einig, daß dem weiblichen Geschlecht ein Primat der Sittlichkeit zukomme, daß es vornehmlich die Aufgabe übernehmen müsse, die Gesellschaft sittlich zu heben.[117] Frauen haben daher einen ernsthaften, edlen Stil zu schreiben. Schon humorige Passagen sind selten;[118] Ironie, Satire oder Burleske gelten als völlig unweiblich. Sie verzerren das weibliche Antlitz, dessen Aufgabe es ist, schön zu sein, zu einer Fratze. Fanny Lewald hat als einzige Frau eine Satire geschrieben, den auf ihre Nebenbuhlerin Ida Hahn-Hahn gemünzten Roman *Diogena* (1847). Die Kritik ging zunächst felsenfest von einem männlichen Autor aus (vgl. unten S.239, Anm.616). Nachdem sich die Autorin zu ihrer Verfasserschaft bekannt hatte, pflegte man diese Episode als einen Fehltritt der sonst schätzenswerten Schriftstellerin wenn möglich zu übergehen.

Mit dieser vielleicht etwas vergröbernden Skizzierung der Konventionen, die weibliches Schreiben weitgehend bestimmten, ist nun zugleich gezeigt, wie wenig

---

[114] Rezension von S. v. La Roches *Tagebuch einer Reise durch die Schweiz*. In: *Allgemeine deutsche Bibliothek* 81 (1788) S.212.
[115] So der Titel von M. Maurers La Roche-Buch (1983).
[116] Vgl. auch Peter Seibert: *Der literarische Salon. Literatur und Geselligkeit zwischen Aufklärung und Vormärz*. Stuttgart 1993, S.269.
[117] Der in der Naturordnungsphilosophie des 18. Jahrhunderts mit enthaltene Denkansatz, die Frau als »moralisches Gewissen der Gesellschaft« zu verstehen (vgl. L. Steinbrügge S.115ff.) ist insbesondere von Elise von Hohenhausen aufgegriffen worden (vgl. unten S.195). Vgl. auch Elisabeth .. … : »Über die Emanzipation der Frauen«. In: *Phönix* 9 (1847) S.590f., S.593f., hier S.594: »Nur *moralisch* kann sich das Weib emanzipieren, bürgerlich nie, zu keiner Zeit.«
[118] Johanna Schopenhauer bildet hier eine Ausnahme. Vgl. etwa ihr köstliches 45. Kapitel über das englische Bath und seinen Großmeister Nash im 1. Bd. der *Erinnerungen*.

sich Frauen an Tendenzen orientieren konnten, die die Reiseliteratur zwischen 1780 und 1850 einschlug.

Oben wurde bereits darauf hingewiesen, daß eine Reisebeschreibung, die wie der enzyklopädische Reisebericht nach wissenschaftlicher Vollständigkeit strebte, keine Gattung für weibliche Schriftsteller sein konnte. Das gleiche gilt allerdings für die Richtung, die die Spätaufklärung einschlug. Jakobinische Tendenzen, Revolutionsreisen oder die beißende Sozialkritik eines Rebmann,[119] Riesbeck,[120] Pezzl[121] oder Wekhrlin[122] konnte für deutsche Frauen nicht vorbildlich sein.

Die klassische Bildungsreise, die jahrzehntelang bestimmender Typus von Reisebeschreibungen gebildeter deutscher Männer war, kam für Frauen nur sehr eingeschränkt in Frage. Während sich männliche Autoren von Bonstetten über Seume bis zu Adolf Stahr von den antiken Schriftstellern leiten ließen und ihre Texte mit lateinischen und griechischen Zitaten spickten, redigierte Böttiger sogar noch jene Stellen aus Elisa von der Reckes Italienreise heraus, die den Leser auf die Idee hätten bringen können, die Autorin habe die alten Schriftsteller im Original gelesen. Zwar konnten Friederike Brun und Elisa von der Recke in Italien römische Baudenkmäler unter der Leitung Zoëgas und Fernaus genau studieren, weder aber wagten sie sich in Gebiete genauerer Kennerschaft oder gar des Urteils vor, noch betraten sie das Männern vorbehaltene Reservat der hellenischen Welt. Zwar hatte der Winckelmann-Freund Riedesel Sizilien als Ersatz für das immer noch schwer zugängliche Griechenland entdeckt, zwar häuften sich die Hellas-Expeditionen seit den dreißiger Jahren (schon 1805 erschien Bartholdys Reisebuch[123]), aber keine der Touristinnen bis 1850 nahm Interesse an griechischen Antiken.

Goethes *Italienische Reise* stand unter der erklärten Absicht, das eigene Ich zu finden und zu entfalten. Sie ist darum auch – vielleicht als einzige Reisebeschreibung – final konzipiert. Durch zeitweiliges Eintauchen in eine fremde und von der eigenen sehr verschieden gedachte Kultur suchte sich Goethe durch Bereicherung an Wissen und Erfahrung wie auch an sinnlicher Wahrnehmung zu einem vollkommeneren Menschen zu bilden. Italien sollte – Heinse hatte dies gezeigt – gerade auch den sinnlich-ästhetischen Anteil im Menschen fördern. Goethes Konzept geht vom Idealbild des autonomen Individuums aus – ein Ideal, das für Frauen grundsätzlich nicht in Frage kam. Eine Frau definierte sich nach Meinung der Zeit nicht aus sich selbst, sondern aus ihrer familiären Beziehung. Goethe galt einer Reihe von

---

[119] Wie Anm. 15.
[120] [Riesbeck, Johann Kaspar:] *Briefe eines reisenden Franzosen über Deutschland. An seinen Bruder in Paris*, übersetzt v. K. R. 2 Bde. o. O. 1783.
[121] Pezzl, Johann: *Reise durch den Baierschen Kreis*. Salzburg/ Leipzig (d. i. Zürich) 2. Aufl. 1784.
[122] [Wekhrlin, Wilhelm Ludwig:] Anselmus Rabiosus: *Reise durch Oberdeutschland*. Salzburg 1778.
[123] Jakob Levi Salomonson Bartholdy: *Bruchstücke zur näheren Kenntnis des heutigen Griechenland, gesammelt auf einer Reise im Jahre 1803–1804*. 2 Bde. Berlin 1805.

Frauen als der bewunderte Heros. Elisa von der Recke, Johanna Schopenhauer[124] und Fanny Lewald orientierten sich stilistisch an ihm. Auch der Bildungswille, der sich bei Johanna Schopenhauer und Elisa von der Recke zeigt (die sensualistische Komponente selbstverständlich ausgenommen), mag mit Goethe in Verbindung stehen. Die zeitgenössische Kritik fand schon das unpassend.[125] Sich direkt auf Goethe zu berufen, sei es nun positiv im Sinne einer Anlehnung (z. B. Friedländer) oder negativ im Sinne einer Gegenposition (z. B. Gustav Nicolai), hätten Frauen nie gewagt. Erst die ältere Fanny Lewald stellte rückblickend ihr Italienerlebnis in ihren privaten Erinnerungen (*Römisches Tagebuch*) als Erweckungserlebnis dar.

Zeitgenössische Stimmen nennen immer wieder Georg Forster als Meister des Reiseberichts. Seine *Reise um die Welt* sowie Alexander von Humboldts (ursprünglich französisches) Reisewerk gelten als herausragende Vertreter des Typus Forschungsreise. Die Leistung beider ist wegweisend nicht nur auf sprachlichem, sondern auch auf wissenschaftlichem Gebiet. Frauen konnten hier nicht mithalten. Ihnen fehlten, wo nicht schon die Selbständigkeit, so doch jedenfalls die Ausbildung, der gesellschaftliche Stand und die berufliche Erfahrung. Sie wollten aber auch gar nicht mithalten. Ida Pfeiffer bereiste zwar die abgelegensten Teile der Erde, für die streng naturwissenschaftliche Ausbeutung ihrer Erfahrung fehlten ihr aber die Kenntnisse, die sie auch nachträglich nicht erwerben wollte. Auch bemühte sie sich wenig um eine ausgefeilte Darstellung.[126] Fürst Pückler ärgerte sich an den Katarakten des Nil, für seine Reisen kein Forschungslegat einer wissenschaftlichen Gesellschaft bekommen zu haben;[127] Ida Hahn-Hahn hingegen begnügte sich mit dem Gedanken, als erste Frau so weit vorgedrungen zu sein.[128] – Wesentlich weiter reichten die Ambitionen englischer und amerikanischer Frauen. Julia Pardoe, Emma Roberts, Anna Brownell Jameson, Cornelia Knight, Helen Maria Williams verfaßten Reiseschriften von durchaus wissenschaftlichem Gewicht.

Georg Forsters Bedeutung für die Geschichte der Reisebeschreibung liegt aber noch auf anderem Gebiet. Mit seinen *Ansichten vom Niederrhein* verfolgte er das Ziel, den Leser zu einem freien und mündigen Bürger heranzubilden. Durch die Lektüre des Reiseberichts sollte Welterfahrung vermittelt werden, ohne dem Leser ein Urteil aufdrängen zu wollen. Vielmehr sollte er selbst durch den Zuwachs an sozialer, humaner und politischer Einsicht zu einem besseren Urteilsvermögen befähigt werden. Forsters Beispiel einer bürgerliche Mündigkeit befördernden Reisebeschreibung setzte bei männlichen Autoren Maßstäbe, die noch Jahrzehnte lang fortwirkten. Für weibliche Autoren blieb Forster wegen der politischen Konnota-

---

[124] Vgl. auch F. Sengle, *Biedermeierzeit,* Bd. II, S. 271.
[125] Der Kritiker der Hallischen *Allgemeinen Literatur-Zeitung* (1814) S. 981 rügt an Johanna Schopenhauer ihr allzu großes Bemühen um Sachlichkeit und Plastiziät, worin sich »der große bekannte Dichter« zwar wohl befinde, was aber für eine Dame nicht kleidsam sei. Sie solle lieber ich-bezogen, eben wie eine Frau, schreiben.
[126] Die Darstellungen ihrer Weltreisen übernehmen streckenweise direkt die Tagebuchnotizen und verzichten auf eine literarische Ausgestaltung.
[127] *Aus Mehemet Ali's Reich* (1985) S. 600.
[128] *Orientalische Briefe* (1844) Bd. III, S. 187.

tion seines Anliegens ohne Wirkung. Seine eigene Frau Therese ist mit ihren *Bemerkungen über Holland* ein Muster weiblicher Zurückhaltung. Diejenigen Beobachtungen und Reflexionen, die in Reisebeschreibungen von Frauen mehr Licht auf weibliche Belange werfen und einen gewissen emanzipatorischen Effekt haben könnten, verdanken sich jeweils nur dem Bewußtsein der Autorin und dem Zeitgespräch, nicht aber dem Wettstreit mit den männlichen Leitfiguren der Gattung.

Seit seinem kometenhaften Aufstieg mit den *Briefen eines Verstorbenen* betrachteten die Zeitgenossen Fürst Pückler-Muskau als Exponenten der Gattung. Was seine Bücher so anziehend machte, ist die Weltläufigkeit, die ironische Schwerelosigkeit und auch die Pikanterie seines Stils. All das stand Frauen nicht zu Gebote, ganz zu schweigen von der Selbstverständlichkeit, mit der sich Pückler in den höchsten Gesellschaftskreisen bewegte und der Ehrfurchtslosigkeit, mit der er aus ihren Salons ausplauderte. Ida Hahn-Hahn versuchte, die kosmopolitische und aristokratische Attitüde Pücklers aufzugreifen, was ihr die Zeitgenossen aber übelnahmen (vgl. unten S. 239f.) Pückler selbst riet ihr im Blick auf ihre Identität als Frau von der Reiseschriftstellerei ganz ab: »Frivol nenne ich das Reisen und Reisebeschreiben, weil es in der Hauptsache sich um äußere Eindrücke dreht. Der tiefste Stoff ist die menschliche Seele. *Das ist Ihr* Beruf«, ermahnte der Fürst seine Briefpartnerin.[129]

Pückler machte sich durch seine Eleganz zu einem der beliebtesten Autoren der ersten Jahrhunderthälfte; noch zeittypischer waren womöglich andere Leitfiguren des Vormärz, die aber ebenso wenig als direkte Vorbilder für Reiseschriftstellerinnen dienen konnten: weder Börne in seiner vielgerühmten politischen Geradheit noch der oppositionelle Georg Weerth, aber auch nicht Gaudy oder Raupach mit ihren Persiflagen. Der journalistische Duktus, der vielen Reisebeschreibungen dieser Zeit anhaftet, war für Frauen verschlossen. Wenn Therese von Bacheracht versuchte, sich in ihrer Paris-Darstellung stilistisch an ihrem Geliebten, Karl Gutzkow, zu orientieren und Luise Mühlbach ihre *Federzeichnungen auf einer Reise* im Stil ihres Gatten Theodor Mundt verfaßte, so sind dies die einzig offensichtlichen Nachahmungen männlicher Vorbilder. Sie waren nicht erfolgreich und wurden nicht wiederholt.[130] Die großen Tendenzen der Reisebeschreibung im Vormärz, Politik, Zeitkritik, Satire, haben Frauen nicht mitgetragen. Eine kritische Haltung galt insgesamt als unpassend für eine Frau, als unvereinbar mit dem »versöhnten, milden, harmonischen Geist edler Weiblichkeit«.[131] Fanny Lewald wagte sich als einzige auf

---

[129] Brief vom 24. 1. 1845. *Briefwechsel des Fürsten Hermann von Pückler-Muskau.* Hg. v. L. Assing. 1. Bd. Hamburg 1873 (=Bern 1971) S. 287. Vgl. Pücklers Brief vom 18. 11. 1844 (ebd. S. 283): »Mit ihren Reiseberichten bin ich weniger zufrieden, es ist dies Thema zu frivol für Sie«.

[130] Therese von Bacheracht kehrte in ihrer nächsten Reiseschrift zu ihrem eigen Stil zurück. Luise Mühlbach verfaßte erst in sehr viel späteren Jahren wieder Reisebeschreibungen, die nun ganz anders geartet sind.

[131] Wilhelm Heinrich Riehl: *Die Familie* (=*Die Naturgeschichte des Volkes als Grundlage einer deutschen Social-Politik*, Bd. III). 6., unveränd. Aufl. Stuttgart 1862, S. 85.

das politische und sozialkritische Feld. Ihre in dieser Hinsicht wichtigsten Reisebücher stehen aber schon jenseits der Grenze 1850.

Keine der Reiseschriftstellerinnen der dreißiger und vierziger Jahre imitierte Heinrich Heine.[132] Nicht nur wären seine politischen und persönlichen Sottisen sowie seine »Leichtfertigkeit« für eine Frau, von der »sittlicher Idealismus« gefordert war, höchst unpassend gewesen.[133] Auch die Freiheit seiner Komposition, die verschiedenste Stillagen und Gattungen unter dem Oberbegriff des Reiseberichts verbindet, wurde nicht nachgeahmt: Novellistische oder poetische Einlagen in Reisebeschreibungen von Frauen sind stets als solche klar gekennzeichnet. Innovative Ideen und Schreibweisen waren bei Schriftstellerinnen unerwünscht. Offenbar konnten nur Männer es wagen, die Publikumserwartungen grob zu enttäuschen: Heine verweigerte die Beschreibung von Sehenswürdigkeiten, Gustav Nicolai konterkarierte das herrschende Italienbild und Fallmerayer dekuvrierte das Griechenlandideal. Für die Zeitgenossen irritierend, trugen diese Verstöße gegen herrschende Denk- oder Schreibgewohnheiten zumindest im Fall von Heine und Fallmerayer mit dazu bei, daß in der nachträglichen Beurteilung durch die Literaturkritik ihre Schriften als hochrangig eingestuft wurden; gilt doch Innovation gemeinhin als Wertkriterium. Weiblichen Schriftstellerinnen, die zu ihrer Zeit besonders stark dem Erwartungsdruck ausgesetzt waren, den Rahmen des Gewohnten zu wahren, blieb hingegen auch im nachhinein eine Aufwertung aufgrund des Innovationskriteriums versagt. Ida Hahn-Hahns trotzig behauptete stilistische Eigentümlichkeit wurde von Kritikern von Anfang an als Mißgriff und Zumutung empfunden (vgl. unten S. 240) und hat bis heute diese Autorin nicht vor dem Trivialitätsverdikt geschützt.[134]

Da nun die Konventionen, die weiblichem Schreiben auferlegt waren, einen direkten Anschluß an männliche Gattungsvorbilder nicht zuließen, erhebt sich die Frage, ob eben diese Konventionen eine eigene Tradition weiblichen Schreibens entstehen ließen. Dies war zwar der Fall, liegt aber nicht offen zu Tage, sondern ist erst durch Textanalyse zu eruieren: Es wird zu zeigen sein, daß Frauen auf die ihnen auferlegten Beschränkungen in gleicher Weise reagierten, daß sie an eingeübten

---

[132] W. Wülfings Beitrag zu den »Paradigmen Heinrich Heine und Ida Hahn-Hahn« (1989) stellt im wesentlichen Unterschiede zwischen den beiden fest. – Unzutreffend sind die Ausführungen von G. Schneider (1994), die F. Lewalds Schriften in die Nachfolge Heines stellen und dem Jungen Deutschland zuordnen möchten. Für die Romane gründet sich diese These auf eine unzulässige Vermischung der persönlichen Ansichten F. Lewalds mit den Äußerungen ihrer Roman-Protagonisten. Im Falle der Reisebeschreibungen ordnet Schneider in Unkenntnis der Gattungsgesetze Passagen in Lewalds Büchern der Heine-Nachfolge zu, die sich aus den Konventionen der Reisebeschreibung als solcher erklären. Darüberhinaus verfehlt es Schneider, zwischen den frühen und den späten Schriften der Autorin zu differenzieren.

[133] Fanny Lewald: *Zwölf Bilder nach dem Leben* (1888) S. 198f. Ebd. berichtet sie, daß Heines *Reisebilder* aus dem Grund für die Töchter des Hauses Marcus ein Buch »mit sieben Siegeln« waren.

[134] Zu Problematik der Innovation als Kriterium für Kanonisierung vgl. R. v. Heydebrand/ S. Winko (1994) S. 111.

Schreibweisen, wie der Briefkultur und dem Konversationston, oder an Strukturmustern wie dem Tagebuch, noch festhielten, obgleich die Entwicklung schon über diese hinweggegangen war, daß sie den didaktischen, intimen und v. a. empfindsamen Ton unbeirrt bis tief in das 19. Jahrhundert hinein weiterpflegten. Dennoch wurde diese Gemeinsamkeit in keiner Weise thematisiert. Zunächst fällt auf, wie wenig sich Reiseschriftstellerinnen aufeinander beriefen (vgl. unten S. 170–173). Kaum je findet man Erwähnungen, geschweige denn, daß sich eine Kette fortschreitenden Selbstbewußtseins feststellen ließe. Ganz anders im englischsprachigen Raum.[135] Die Bedeutung von Lady Montagus Briefen war allgemein anerkannt. Für Schriftstellerinnen, die nach ihr schrieben, bedeutete dies: Auch Frauen sind in der Lage, in diesem Fach Wichtiges zu leisten. Stolz schwingt sich Mary Astell, die Herausgeberin der *Embassy Letters* von Lady Mary Wortley Montagu, zu der Behauptung auf, Frauen schrieben sogar um vieles besser als ihre männlichen Kollegen.[136] Diese These baut Elizabeth Rigby im Jahr 1845 in einer Sammelrezension über *Lady Travellors* im angesehenen *Quarterly Review* mit noch gesteigertem Selbstbewußtsein aus.[137]

In Deutschland wäre solch ein solche Ansicht nicht ungestraft geblieben. Selbstbewußte Frauen gerieten hier – anders als in England – schnell in den Verdacht, unweiblich zu sein. 1829 schrieb Willibald Alexis über eine berühmte Reisende seiner Tage: »Lady Morgan ist eine Frau von Geist, wer wollte das bestreiten, vielleicht sogar von dichterischem; sie hat wenigstens hier und da Proben davon abgelegt; aber zu welcher Caricatur kann das Lob der Welt auch so mit Vernunft begabte Wesen

---

[135] M. Blondel (1984) S.105f. nennt eine Reihe von englischen Reiseschriftstellerinnen des 18. Jahrhunderts, die sich stolz auf die Leistungen von Lady Miller, Lady Montagu und Mme. Du Bocage berufen.

[136] *The Works of the right honorable Lady Mary Wortley Montagu.* 6. Aufl. Bd. II, London 1817, S. VII (vgl. unten S.126). Zu Mary Astell und der Tradition weiblichen Schreibens vgl. Ruth Perry: *The Celebrated Mary Astell. An Early English Feminist.* Chicago/ London 1986, bes. Kap. 8. Bezeichnend für das Selbstbewußtsein englischer Frauen ist auch ein anonym geführter literarischer Disput, der großes öffentliches Interesse fand: *Woman not inferior to Man: or, a short and modest vindication of the natural right of the fair sex to a perfect equality of power, dignity and esteem, with the Men. By Sophia, a person of quality.* London 1739. ²1740. ³1743. *Man superior to Woman […] Containing a plain confutation of the fallacious arguments of Sophia in her late treatise […] By a Gentleman.* London 1739. ²1744. *Woman's superior excellence over Man, or a reply to the author of a late treatise […] In which the excessive weakness of that Gentleman's answers to Woman not inferior to Man is exposed.* London 1740. ²1743. Wiederauflage des ganzen Disputs London 1751.

[137] »Who, for instance, has not turned from the slap-dash scrawl of your male correspondent – with excuses at the beginning and haste at the end, and too often nothing between but sweeping generalities – to the well-filled sheet of your female friend, with plenty of time bestowed and no paper wasted, and overflowing with those close and lively details which show not only that observing eyes have been at work, but one pair of bright eyes in particular?« *The Quarterly Review* 76 (1845) S. 98f. Die These weiblicher Überlegenheit in der Reiseschriftstellerei wird auf den folgenden Seiten untermauert und mit verschiedenen Argumenten begründet. (Zur Zuschreibung des anonymen Artikels vgl. Marion Lochhead: *Elizabeth Rigby Lady Eastlake.* London 1961, S. 67ff.)

umsetzen! So hat wohl noch keine berühmte Frau alles das verleugnet, was Frauen liebenswürdig macht: Sanftmuth, Bescheidenheit, Innigkeit, Gefühl, Ergebenheit in die Schickungen, selbst den Flattersinn des Geschlechts.«[138]

In Deutschland neigte man dazu, Erfolge von Reiseschriftstellerinnen geschlechterpsychologisch zu erklären. Zur communis opinio gehörte die These, die weibliche Seele sei zwar nicht kreativ, aber dafür besonders aufnahmebereit für Eindrücke von außen.[139] Frauen eigne darum eine feinere Menschenkenntnis, ein besserer Beobachtungsgeist für Details und ein besonderes Maß an praktischer Lebensklugheit, Vorzüge, die sich gerade in Reiseberichten positiv auswirkten. Diese Auffassung finden wir zuerst bei Georg Forster.[140] Später kehrt sie häufig wieder.[141] Aus der Zahl der Reiseschriftstellerinnen war allerdings Johanna Schopenhauer die einzige, die sich selbst einmal andeutungsweise auf diese Auffassung berufen hat.[142]

Französische Schriftstellerinnen wurden in Deutschland eher als Vorbilder akzeptiert. Sophie von La Roche nennt Madame Du Bocage,[143] die auch sonst bei deutschen Kritikern neben Mme. de Sévigné als hervorragende Briefstilistin gilt. Frau von Staël verfaßte zwar keine Reiseberichte, ihr Einfluß auf deutsche Reiseschriftstellerinnen als stilistisches Vorbild darf aber nicht unterschätzt werden.[144]

---

[138] *Blätter für literarische Unterhaltung* Nr. 270, S. 1078. Ähnlich äußert sich über Lady Montagu der Rezensent von Therese Hubers *Bemerkungen auf einer Reise* in den *Göttingischen Gelehrten Anzeigen* (1812) 11. St., S. 112. Nach L. Geiger (1901) S. 191 stammt diese Rezension von Friedrich Bouterwek.

[139] Vgl. auch Karoline von Woltmann: *Über Natur, Bestimmung, Tugend und Bildung der Frauen*. Wien 1826, S. 385 u. ö.

[140] Vorrede zur deutschen Übersetzung von E. Piozzi: *Bemerkungen* (1790), S. XI.

[141] Rezension von Therese Hubers *Bemerkungen auf einer Reise* in den *Göttingischen Gelehrten Anzeigen* (1812) 11. St., S. 108–112. Kritik von Johanna Schopenhauers 1. Band *Erinnerungen von einer Reise* in der *Allgemeinen Literatur-Zeitung* Halle (1814) S. 433. Ebenso in der nachgerade hymnischen Besprechung von Lady Morgans Frankreichreise im *Literarischen Conversations-Blatt* (1821) Nr. 173, S. 689. Einen etwas merkwürdigen Beigeschmack bekommt das Lob dieses weiblichen Vorzugs freilich durch die von Schiller entlehnte Erläuterung: »Was der Verstand der Verständ'gen nicht sieht, / Das findet in Einfalt ein kindlich Gemüth«. – Vgl. v. a. Carl Wilhelm von Schindel: *Die deutschen Schriftstellerinnen des 19. Jahrhunderts*. Der Autor stellt dem III. und letzten Band einen Aufsatz »Über die Schriftstellerei der Frauen und ihren Beruf dazu« voran. In Folge seiner Beurteilung der spezifisch weiblichen Geisteskräfte benennt er als literarische Gebiete, in denen sich Frauen auszeichnen könnten, Poesie, Roman und Erzählung, Sachliteratur zu Erziehung und Haushaltführung sowie Reisebeschreibungen. Gerade diese seien »wegen jenes Beobachtungsgeistes […] ein sehr glückliches Produkt der weiblichen Feder«. Als Beispiele nennt er Therese Huber, Elisa von der Recke, Johanna Schopenhauer und – in Verkennung seines wahren Geschlechts – den (anonymen) Autor von *Sophiens Reise von Memel nach Sachsen*, Johann Timotheus Hermes. S. XXIII. Die Betrachtungen über die spezifischen Fähigkeiten des weiblichen Geistes finden sich bes. S. XVIIf.

[142] *Erinnerungen* (1813) Bd. I, »An den Leser«, S. IIIf.

[143] In: *Pomona* (1783) Bd. 2, S. 544f.

[144] Rahel Varnhagen verlieh ihrer Freundin Esther Gad-Bernard den Ehrentitel »deutsche Staël«. Vgl. Rahel Varnhagen: *Gesammelte Werke*. Bd. III, S. 37. K. L. v. Knebel verglich in seiner Begeisterung über die *Reiseerinnerungen* Johanna Schopenhauer mit Frau von

Mit ihrer Neigung zu feinsinnigen, sentimentalen Reflexionen kam sie deutschen empfindsamen Tendenzen sehr entgegen, obgleich sie mit ihren Thesen auch auf Widerstand stieß.[145] Später übernahm George Sand die Rolle des großen französischen Vorbildes oder auch Schreckbildes.

Vermutlich wirkte sich auch die Dilettantismuskritik der Weimarer Klassiker auf die Bildung einer selbstbewußten und explizit weiblichen Tradition negativ aus.[146] Unter dem Gesichtspunkt der nun alleine herrschenden Autonomieästhetik erwies sich die unterhaltsam-didaktische Reisebeschreibung, mit der Sophie von La Roche die Gattung für Frauen zugänglich gemacht hatte, als Falle. Frau von La Roche selbst eignete sich nicht mehr als Vorbild, nachdem innerhalb einer kurzen Zeitspanne ihre Bewertung einen erheblichen Wandel durchgemacht hatte: Gehörte sie zur Wertherzeit zur Gruppe der Progressiven, so rechnete sie Goethe 1799 zu den »nivellierenden Naturen, sie hebt das Gemeine herauf und zieht das Vorzügliche herunter und richtet das Ganze alsdenn mit ihrer Sauce zu beliebigem Genusse an«.[147] Dieser Vorwurf traf Sophie von La Roche, weil sie weiterhin einem Konzept heteronomer Ästhetik folgte, das für sie den Weg in die Literatur erst eröffnet hatte.[148] Auch Elisa von der Recke, Friederike Brun, Johanna Schopenhauer, obgleich sie ein gewisses Ansehen genossen, konnten mit ihren Reisewerken keine »genialische Hervorbringung« leisten: Diese war Frauen mit ihrem axiomatisch vorgegebenen Mangel an Abstraktionsvermögen unmöglich und e definitione dem Manne vorbehalten, der allein »sich selbst [...] zum Object seiner Reflexion zu machen« in der Lage war.[149] Keine der späteren Reiseschriftstellerinnen brachte es über sich, eine Frau als ihre Lehrmeisterin zu benennen.

Staël. Vgl. Johanna Schopenhauers Brief an ihn vom 29. 3. 1813, in: *Damals in Weimar* (1929), S. 201.

[145] Vgl. Esther Gad-Bernard: *Kritische Auseinandersetzung mehrerer Stellen in dem Buche der Frau von Staël über Deutschland. Mit einer Zueignungsschrift an Herrn Jean Paul Richter. Aus dem Engl. übers. v. der Verf. des Originals.* Hannover 1814.

[146] Vgl. Sigrid Lange (1991). C. Bürger (1990) S. 19–31. Wie bereitwillig Frauen die These vom weiblichen Dilettantismus übernahmen, zeigt ein Beitrag »Über Weiblichkeit, in der Kunst, in der Natur, und in der Gesellschaft« in L.F. Hubers *Erzählungen* (2. Samml., Braunschweig 1802, S. 412–446). Er dürfte, wie die *Erzählungen* insgesamt, von Therese Huber stammen. Dort heißt es: »Im weiblichen Geiste stiftet also das *Geschlecht* einen Grad von *innerer* Übereinstimmung zwischen der *Schriftstellerin* und der *Person*, und aus diesem Grunde ist ihm die Kunstvollkommenheit unerreichbar, welche gleichsam auf höchste *Unpersönlichkeit* gegründet ist.« (S. 420).

[147] Brief an Schiller vom 24. 7. 1799. Johann Wolfgang von Goethe: *Briefwechsel mit Friedrich Schiller*. Gedenkausgabe. Hg. v. E. Beutler. Bd. 20. Zürich/ Stuttgart 1964, S. 713.

[148] Vgl. R. v. Heydebrand/ S. Winko (1994) S. 112 über die für Frauenliteratur typische »Verspätung«: »Wenn um 1800 bei Autoren die ›hohe‹ Literatur autonom wird, müssen sich Autorinnen in didaktischen Romanen erst in ihre heteronome Rolle, die als ihre ›Natur‹ ausgegeben wird, einüben«.

[149] Wilhelm von Humboldt: »Über den Geschlechtsunterschied und dessen Einfluss auf die organische Natur« (1794). In: Ders.: *Werke in 5 Bänden*. Hg. v. A. Flitner und K. Giel. Stuttgart 1960. Bd. I, S. 275.

Erst die Kritik der Vormärzzeit etablierte neben den männlichen »Trendsettern« eigene Leitsterne weiblicher Schriftstellerei: Das Dreigestirn Rahel, Bettina und Charlotte Stieglitz. Die Faszination, die diese auf die vorwiegend männlichen Kritiker ausübten, bestand in ihrem Oszillieren zwischen Bestätigen und Brechen der Konventionen. Darüber hinaus standen alle drei so weit abseits der Normalität, daß von ihnen keine ernsthafte Bedrohung der geltenden Geschlechterrollen ausgehen konnte: Sie waren nur zu bewundern, nicht nachzuahmen.

Als Rahels Besonderheit galt die Luzidität ihres Verstandes. Da sie zu ihren Lebzeiten nichts veröffentlichte, blieb sie gleichwohl »in den Grenzen ihres Geschlechtes« und konnte als Vorbild gelten. Ihre Verstandesschärfe war – so die communis opinio – mehr genial als angelesen, sodaß auch in dieser Beziehung das Ideal der weiblichen Natürlichkeit nicht verletzte wurde. Bettina faszinierte und stieß ab, weil sie ihre Naturwüchsigkeit bis zur Willkür steigerte und vor allem, weil sie ihre intimsten Gefühle öffentlich demonstrierte. Nicht als Schriftstellerin, sondern als außergewöhnliche Frau trat Charlotte Stieglitz hervor. Eine Verkörperung des Extremen, wie die beiden anderen Frauen, war auch sie. Mit ihrem Selbstmord, der ihrem Gatten zur Inspiration verhelfen sollte, trieb sie die dienende Bestimmung der Frau auf die Spitze.

Keine der genannten Frauen war aufgrund ihres Werks dazu in der Lage, eine Tradition weiblicher Schriftstellerei, geschweige denn Reiseschriftstellerei zu etablieren. Auf dem eigentlichen Gebiet der Reisebeschreibung verhielt es sich für Schriftstellerinnen nach wie vor so, daß männliche Vorbilder nicht nachgeahmt werden konnten, weibliche aber wegen deren minderer Wertschätzung nicht namhaft gemacht wurden. Keineswegs klar zu beantworten ist aber auch die Frage, welchen allgemein-stilistischen Einfluß das weibliche Dreigestirn tatsächlich auf Schriftstellerinnen ausübte. (Hier täte sich ein reiches Feld für Spezialuntersuchungen auf.) Fast hat es den Anschein, als ob Männer mehr von diesen drei Frauen fasziniert gewesen seien. Jedenfalls werden sie von ihren Geschlechtsgenossinnen wesentlich weniger hervorgehoben als von männlichen Kritikern.[150] Fanny Lewald, wie Rahel geborene Jüdin, erwähnt als einzige in ihrer Autobiographie, daß die große Berlinerin ihr Vorbild war.[151] Auch für Esther Gad-Bernard, die zeitlebens Rahel freundschaftlich verbunden blieb, wird man einen Einfluß annehmen dürfen. Die gelehrte Luise von Plönnies nennt Rahel und Bettina im Vorwort zu ihrem Belgienbuch, verbunden mit der demütigen Bitte, sie nicht an dem »schwindelnden Maßstab« zu messen, den diese beiden für weibliche Schriftstellerei aufgestellt hätten.[152] Ida

---

[150] Fanny Tarnow schrieb 1836 für die *Zeitung für die elegante Welt* einen Aufsatz über »Rahel und Bettina«. Diese »Andeutungen« bemühen sich um ein Psychogramm. Die schriftstellerische Leistung und der Stil der beiden Frauen werden gar nicht diskutiert. – Die Bedeutung Bettinas und Rahels für die »geistige Emancipation der Frauen« in Deutschland wird aber klar herausgehoben in einem Brief Ottilie von Goethes an Anna Jameson vom April 1839 (cit. Bettine von Arnim: *Goethes's Briefwechsel mit einem Kinde.* Hg. v. W. Schmitz und S. v. Steinsdorff. Frankfurt a. M. 1992, S. 938f.).

[151] *Meine Lebensgeschichte* II. Bd. Kap. XIII.

[152] *Reiseerinnerungen aus Belgien* (1845) S. VI.

Hahn-Hahns Schreib- und Arbeitsweise der unbedingten Spontaneität ist wohl kaum zu denken ohne die Vorgängerschaft Bettinas, auch wenn sie diese an keiner Stelle erwähnt.[153] Bettina hatte die genialische Regellosigkeit als eine Form weiblich-kindlicher Kapriziosität in die Literatur eingeführt. Neu empfanden die Zeitgenossen auch das rückhaltlose Sprechen über sich und die eigenen intimsten Gefühle. Eine – nicht stilistische, vielmehr werkgenetische – Parallele zwischen dem eigenen Schreiben und Bettinas Bekenntnishaftigkeit im *Briefwechsel mit einem Kinde* zieht Therese von Bacheracht in ihren *Briefen aus dem Süden*.[154] Therese von Bacheracht fügt sich hier nahtlos in das im Vormärz beliebte Klischee von der notwendig unglücklichen Autorin ein.

Aus diesen wenigen Beispielen läßt sich schwerlich eine Traditionslinie herauslesen. Möglicherweise ermutigte aber schon die Existenz außergewöhnlicher Frauen, selbst die engen Beschränkungen zu durchbrechen. Die Anerkennung, die sie mit ihrer exzentrischen, nur sich selbst verantwortlichen Haltung fanden, ermöglichte auch anderen Frauen das Bekenntnis zur eigenen Individualität. Nicht die Bereitschaft freilich, die eigene »Reflexions- und Gefühlswelt« zu thematisieren – dies war immer schon Gegenstand weiblicher Reiseberichte[155] –, unterscheidet die Frauen der vierziger Jahre von ihren Vorgängerinnen, sondern – so die gängige Meinung – deren Neigung zum Extrem. Heinrich Heine stellt in einem anonymen Beitrag in den *Blättern für literarische Unterhaltung* (1837) »eine doppelte Art deutscher Frauencultur« fest: die der »Sophie von la Roche, Frau v. der Recke, Friederike Brun« mit ihrem »gemüthlichen Lebensgenusse«, ihrer »Sentimentalität« und ihrer »zarten Weiblichkeit« einerseits und die der »Rahel Levin (Varnhagen), Bettine Brentano (v. Arnim) und Charlotte Stieglitz« mit ihrer »phantastischen Reizbarkeit« andererseits.[156] Heines Grundgedanke von der ungesund nervösen Verfassung der modernen Autorinnen findet sich wieder in einer Analyse der *Zeitung für*

---

[153] Wolfgang Menzel allerdings setzt die »forcirte Unnatur unserer Rahels und Bettinen« in Gegensatz zu dem von ihm gelobten »weiblichen«, natürlichen Stil von Ida Hahn-Hahns erster Reisebeschreibung, *Jenseits der Berge. Morgenblatt für gebildete Leser. Literaturblatt* (1840) S. 229.

[154] *Theresens Briefe aus dem Süden* (1841) S. 3f.

[155] Diese Tendenz trug Reiseschriftstellerinnen der frühen Jahre mitunter schlechte Kritiken ein. Der Rezensent der *Allgemeinen deutschen Bibliothek*, eines insgesamt mehr der sachbezogenen Reisebeschreibung zuneigenden Blattes, kritisiert an dem *Tagebuch einer Reise durch Holland und England* von Sophie von La Roche: »Hätte es der würdigen Frau gefallen, nur das niederzuschreiben, was sie gesehen, und nicht alles, was sie dabey gedacht, empfunden, gesprochen, oder was ihr sonst bey den mancherley Gegenständen eingefallen, so würden […] wenige Bogen hinreichend gewesen seyn.« (95, 1790, 1. St., S. 265–271, hier S. 265). – Die Neigung zu Reflexionen war so sehr zu einem Kennzeichen weiblicher Reiseschriftstellerei geworden, daß deren völliges Fehlen im *Afrikanischen Reisetagebuche* von Espérance von Schwartz sehr auffallen mußte. Vgl. die Rezension in den *Blättern für literarische Unterhaltung* (1850) S. 151: »Vielleicht ist aber gerade dieses Enthalten von allem Epigrammatischen, weil wir von ihm bis zum Überdruß genossen haben, wieder interesssant.«

[156] 1837, Nr. 1, S. 1–3, Nr. 2, S. 5–7, Nr. 3, S. 9f., hier S. 1.

die elegante Welt, deren literarhistorische Defizienz genauso bezeichnend ist wie ihr männlich-überheblicher Ton: »Seit Bettina und Rahel uns die Reize der weiblichen Reflexions- und Gefühlswelt kennen und lieben gelehrt haben, ist den Frauen eine neue Laufbahn eröffnet [...] sie beschreiben ihre Reisen und sich selbst, sie wollen auch ihren Anteil an der modernen Ich-Literatur haben. Die wachsweiche weibliche Empfänglichkeit kann sich nicht gegen die Einflüsse der herrschenden Zeitrichtung wehren.«[157] Solche Aussagen, in denen eine ganze Generation weiblicher Reiseschriftstellerinnen (La Roche, Brun, von der Recke, Schwarz, Schopenhauer, Ahlefeld, Berlepsch, Huber) vergessen und die gegenwärtige als Nebenprodukt des Zeitgeistes abgetan wird, bezeugen, welch vitales Interesse der herrschende Literaturbetrieb hatte, Autorinnen weitgehend auszusperren oder doch in eine Nische zu verweisen. Vermutlich stand hinter diesem Interesse auch berufliches Konkurrenzdenken, jedenfalls aber die Sorge um den häuslichen status quo. Allenfalls *einzelnen* Frauen, so ein Kritiker in den *Blättern für literarische Unterhaltung*, sei es »nachzusehen, wenn die Lust sie anwandelt, statt des Kochlöffels bei Gelegenheit einmal die Feder zu führen. Die einzige Clausel, die wir unserer gnädigen Erlaubniß anhängen möchten, wäre etwa, daß es in der Gelehrtenrepublik mit den schriftstellernden Damen auf eine ähnliche Weise gehalten würde wie in Frankfurt mit den heirathenden Juden: man gäbe nämlich jährlich nur einer bestimmten Anzahl, die nie überschritten werden dürfte, den Consens. Denn was bliebe für uns Männer wol noch zu Eheweibern übrig, wenn die Frauenzimmer alle unter die Schriftsteller gehen wollten?«[158]

1.2.3 Zeitliche Begrenzung und Problematik der Textvergleichbarkeit

Oben wurde bereits dargestellt, daß die wechselnden Akzentverschiebungen bei Reisebeschreibungen von weiblichen Autoren kaum mitvollzogen wurden. Daher erschien es sinnvoll, für die vorliegende Unterschung einen größeren zeitlichen Umgriff zu wählen, mögen seine Grenzen aus literaturgeschichtlicher Sicht auch ungewöhnlich erscheinen. Der erste Eckpunkt 1780 ergibt sich von selbst durch das Auftreten von Reisebeschreibungen von Frauen: Erst seit den achziger Jahren des 18. Jahrhunderts beginnen Frauen, sich der Gattung zuzuwenden. Vor dem Jahre 1800 liegen nur wenige Reiseberichte in Buchform vor. Außer dem bedeutenden Œuvre Sophie von La Roches (seit 1787), das in der Tat als Pionierleistung für die Eroberung der Gattung durch Frauen gelten darf, erschienen noch die *Briefe einer Curländerinn* von Sophie Schwarz (1791). 1799 wurden die ersten drei Bände von Friederike Bruns *Prosaischen Schriften* gedruckt. Bei allen übrigen Reiseschriften handelt es sich um bisher nahezu vollständig unbekannte Zeitschriftenbeiträge. Der früheste stammt aus dem Jahre 1780. Seit 1800 treten Reiseberichte von Frauen dann in größerer Zahl auf.

---

[157] *Zeitung für die elegante Welt* (1843) H. 1, Nr. 14, S. 345.
[158] (1831) Nr. 116, S. 505.

Der zweite Eckpunkt 1850 erklärt sich aus außerliterarischen Veränderungen, die allerdings deutliche Spuren gerade in Werken der Gattung Reisebeschreibung hinterlassen haben: Im Zuge der Revolution von 1848 entstand die erste Frauenbewegung, die mehr und mehr Rechte für den weiblichen Teil der Bevölkerung erkämpfte. Ab der Jahrhundertmitte stiegen die Zahl der Schriftstellerinnen[159] und zugleich die Mobilität von Frauen sprunghaft an, ihr Selbstbewußtsein wuchs, und manche literarischen Konventionen, wie z. B. die extensiven Demutsbezeugungen, konnten somit wegfallen.

Natürlich kam auch der seit der Jahrhundertmitte einsetzende Massentourismus den Reisemöglichkeiten von Frauen zugute. Den Anfang machte Großbritannien. 1841 hatte Thomas Cook seine erste kleine Reise organisiert, 1855 und 1856 folgten seine großen Gruppenreisen ins Ausland. 1850 berichtete Fanny Lewald mit einer Mischung aus Bewunderung und Abscheu in ihrem *Reisetagebuch* aus *England und Schottland* von Gruppenreisen, die die Eisenbahngesellschaften organisierten.[160] Individualismus, bisher für eine reisende Frau eine nicht immer erwünschte Selbstverständlichkeit, mußte nun bewußt gepflegt, womöglich in exotischen Unternehmen gesucht werden. Ida Hahn-Hahn war die erste, die dies erkannt und in ihren *Orientalischen Briefen* (1844) auch thematisiert hat.[161]

Vor allem aber veränderte die Revolution der Verkehrsmittel ab der Jahrhundertmitte den Tourismus. 1811 wurde das erste Dampfschiff zwischen Glasgow und Greenock eingesetzt, seit 1817 verkehrten Dampfboote auch in Deutschland. Am deutlichsten zeigt die sprunghafte Entwicklung des Eisenbahnnetzes die neue Zeit des Reisens an. Nach Einführung der ersten Dampfbahn 1835 gab es 1840 bereits

---

[159] 1825 verzeichnet C. W. O. A .v. Schindel etwa 550 Schriftstellerinnen, 1898 dagegen Sophie Pataky in ihrem *Lexikon deutscher Frauen der Feder* bereits über 5000. Die Herausgeberin weist im Vorwort zu ihrem Lexikon, Bd. I, S. V selbst darauf hin, »daß ein riesiges Anwachsen des von der Frau und über die Frau Geschriebenen innerhalb der letzten 30 Jahre zu verzeichnen ist«. Vgl. auch ebd. S. VIIIf. – Allerdings war bereits das beginnende 19. Jahrhundert geprägt von einer wachsenden Zahl von Schriftstellerinnen gegenüber dem 18. Jahrhundert. Wieland gibt in einem Beitrag über »Deutschland's Dichterinnen« für den *Neuen Teutschen Merkur*, April 1803, S. 258–274, die Zahl der im 18. Jahrhundert verstorbenen Schriftstellerinnen mit etwa 20 an, und schon Schindel bezeichnet 1825 in seinem Lexikon (Bd. III, S. V) die auffallende Vergrößerung der Anzahl schreibender Damen als eine »merkwürdige Erscheinung«.

[160] Solche Exkursionen gab es »nach den schönen Gegenden Großbritanniens, nach dem Rheine und nach Paris.« »Die Fahrt nach Paris war auf 14 Tage berechnet und sollte 15 Pfund kosten. Dafür besorgt die Compagnie hier den visirten Paß, schafft den Reisenden in der 1. Classe nach Paris, liefert ihn dort in eines der besten Hotels ab, in dem er ganz freie Beköstigung, einen Lohndiener und ich weiß nicht welche Amüsements besorgt erhält. Es werden ihm alle Merkwürdigkeiten gezeigt, am 14. Tage wird ihm sein Paß visirt übergeben, er wird mit dem ganzen Touristenschwarm wieder aufgepackt, und schließlich in London abgeladen. Diese Einrichtung wäre wirklich idealisch bequem, wenn sie nicht im Grunde bestialisch wäre. Sie ist er Gipfel der Civilisation und Association, aber jene letzte Spitze, die in Barbarei überschlägt.« Bd. I, S. 185f.

[161] Bd. II, S. 108.

548 Eisenbahnkilometer, 1850 hingegen schon 6000! Die Strecke von Leipzig nach Dresden konnte man nun in drei, statt wie bisher in 21 Stunden zurücklegen. Ein enormes Ansteigen der Reisetätigkeit war die Folge. Zugleich änderte sich die Einstellung dazu. In seinen *Briefen aus London* liefert Theodor Mundt 1838 bereits eine Philosophie des Eisenbahnreisens.[162] Mundts Ausführungen zeigen, welchen Einfluß das Verkehrsmittel auf das Selbstverständnis des Reisenden haben konnte. Zum Schreiben regte das Eisenbahnreisen nicht an.[163] Hin- und Rückreise wurden gleichsam im Fluge zurückgelegt. Damit verlieren sie innerhalb der Beschreibung an Gewicht, ein Phänomen, das sich bei Emma von Niendorfs Bericht *Aus dem heutigen Paris* (1854) beobachten läßt. »Man reist nicht mehr, man fährt nur ab, und kommt an« klagte Luise Mühlbach.[164]

Der Literaturwissenschaftler ist gewöhnt, für die Jahre 1780 bis 1850 Epochen wie Spätaufklärung, Goethezeit, Romantik, Vormärz zu unterscheiden. Charakteristika dieser Epochen bei den hier zu untersuchenden Texten zu finden, ist allerdings ohne deren grobe Vergewaltigung kaum möglich. Daß Frauen mit literarischen Zeitströmungen nicht so konform gehen wie männliche Autoren, mag bei einzelnen von ihnen an einem Mangel an Bildung und literarischer Übung oder an mangelnden Kontakten mit anderen Schriftstellern liegen; hauptsächlich aber erklärt sich dieses Phänomen aus der Festlegung von Frauen auf geschlechtsspezifische Schreibweisen. Diese Konventionen aber sind gegenüber Epochengrenzen resistent. Sie hängen nämlich aufs Innigste zusammen mit dem herrschenden Geschlechtsrollenkonstrukt. An diesem aber hat sich zwischen 1780 und 1850 kaum etwas geändert, vielmehr wurde es innerhalb dieses Zeitraums durch das Axiom der Naturgegebenheit noch untermauert.[165] Didaktische Töne, die pädagogisch bemühte Demonstration der schönen Seele, ehedem Kennzeichen von Sophie von La Roche, die auch in

---

[162] Nach Mundt *Spaziergänge und Weltfahrten* Bd. I, S. 108 hebt eine neue Zeit an, die »eiserne Epoche der Weltverbindung«, denn Entfernungen sind nun zur Bedeutungslosigkeit zusammengeschmolzen. In Mundts hymnische Begeisterung mischt sich aber ein bitterer Unterton. Obgleich nämlich die Welt voll von Reiseverbindungen sein wird, wird paradoxerweise »durch die Eisenbahnen gewissermaßen alles Reisen aufhören«, nicht nur weil die »Romantik desselben« und der »Unterwegsgenuß der Natur« wegfallen, sondern auch und vor allem, weil es keine »Ferne« mehr gibt für uns »zur Sehnsucht geborene Geschöpfe« (S. 112f.).

[163] Ida Hahn-Hahn: *Meine Reise in England*, S. 236: »Die menschliche Organisation leidet unter dem gewaltsamen maschinenhaften Transport; mein Kopf wird heiß, die Nerven werden matt, das Herz schlägt kümmerlich beklommen – und die Stimmung, welche mit diesem körperlichen Zustand Hand in Hand geht, ist eine halb stumpfsinnige, halb verdrießliche Schläfrigkeit.« In den *Orientalischen Briefen* Bd. II, S. 107f. heißt es: »Die Eisenbahnen beschränken mein Willensvermögen indem sie meine Phantasie bedrücken.«

[164] *Federzeichnungen* (1846) S. 119.

[165] Daß die geistesgeschichtlichen Wandlungen am Weiblichkeitsstereotyp bis 1850 nichts nachhaltig änderten, ist inzwischen communis opinio. Vgl. z. B. Leonie Marx: »Der deutsche Frauenroman im 19. Jahrhundert«. In: *Handbuch des deutschen Romans*. Hg. v. H. Koopmann. Düsseldorf 1983, S. 434–459, hier S. 445. S. Schmid-Bortenschlager (1986), I. Scheitler (1986/7), R. v. Heydebrand/ S. Winko (1994) S. 140. 143.

ihren literarischen Werken die Rolle der mädchenerziehenden Mutter bewahrte, blieben nicht auf die Spätaufklärung beschränkt. Sie waren nachgerade ein Kennzeichen weiblicher Reisebeschreibungen. Sophie von La Roches Konzept der Schriftstellerei als Erweiterung und Prolongierung weiblicher Erziehungsarbeit findet sich in Äußerungen Therese Hubers frappierend ähnlich wieder[166] und beherrscht noch 1849 das Spätwerk Elise von Hohenhausens. Die weibliche gefühlsbetonte Schreibart der Jahrhundertwende mag man als prolongierte empfindsame Tradition definieren. Sie geht aber nahtlos über in die Gefühlsdarstellungen einer Therese von Bacheracht. In ähnlicher Weise läßt sich die Begeisterung für romantische Naturszenerien, die durch poetische Erinnerungen noch vertieft wird, in der Goethezeit als frühromantisches Merkmal etikettieren. Die Ossianschwärmerei einer Emilie von Berlepsch ist durchaus zeittypisch. Da sich der gleiche Enthusiasmus aber auch bei Emilie von Hohenhausen findet (hier verbunden mit der Liebe zu Lord Byrons und Sir Walter Scotts Büchern) und ebenso bei der sonst eher kühlen Fanny Lewald geradezu eruptiv zu Tage tritt,[167] erhebt sich zumindest die Frage, ob Frauen für diese Art poetisch überhöhter Naturmystik besonders aufgeschlossen waren. Die Stille der Natur und nicht das Gedränge der Stadt galt ja als der »weibliche« Lebensraum.

Eine Reisebeschreibung der Epoche der Romantik ist kaum zu definieren. Als einer ihrer wenigen Vertreter gilt Justinus Kerner mit den *Reiseschatten* (1811). Kerners romantische Vorliebe für den Einschub von Volkserzählungen und Märchen findet sich allerdings noch 1840 und 1843 bei Emma von Niendorfs *Reiseszenen* und *Wanderleben*. Nimmt man die Hinwendung zum Volksleben als romantisches Kriterium (vgl. Wilhelm Müllers *Rom, Römer und Römerinnen*), so waren Frauen als Reiseschriftstellerinnen von jeher sehr »romantisch«. Genaue Beobachtung des Alltags und Freude an Bekanntschaften mit allen Ständen zeichnete schon Sophie von La Roche aus und sind bis zu Ida Pfeiffer ein für Frauen bezeichnendes Merkmal, das mit dem von diesem Geschlecht geforderten Blick für das Naheliegende zu tun hat.[168]

Noch problematischer ist es, die Reiseschriftstellerinnen der zwanziger bis vierziger Jahre des 19. Jahrhunderts einem Epochenspezifikum unterzuordnen, da diese

---

[166] »Die greisende Matrone hat nun keinen Hausstand mehr, sie kann jetzt noch Mutterpflichten *erfüllen*, indem sie schreibt; nicht sie *vernachläßigen*.« *Hubers gesammelte Erzählungen*, fortgesetzt von Therese Huber, geb. Heyne. Bd. III, Stuttgart/Tübingen 1819, S. Vf. Vgl. auch V. A. Hubers Vorwort zu *Erzählungen von Therese Huber*. Ges. u. hg. v. V. A. H. 1. Theil. Leipzig 1830, S. VII: »Die Verfasserin hat für ihre Arbeiten nie das Vorrecht der Kunst, der Poesie in Anspruch genommen: keinen unmittelbaren moralischen Zweck zu haben. Sie hat den altväterischen Begriff nie ablegen können, daß solche Arbeiten belehren und bessern sollen«.

[167] *England und Schottland* Bd. II, S. 498–528.

[168] Daher geht G. Schneider (1994) S. 205 fehl, wenn sie aufgrund des Widmungtextes aus dem *Italienischen Bilderbuch* (»erzählen Sie uns möglichst wenig von Kirchen und Bildern und möglichst viel von Land und Menschen«) F. Lewald in die Nachfolge Heines und der Jungdeutschen stellt.

Jahrzehnte ohnehin von den disparatesten Stömungen geprägt sind. Nun lassen sich männliche Autoren noch in etwa literarischen Schulen und Freundeskreisen zuordnen. Frauen gehörten keiner dieser Schulen an. Sie waren, obgleich untereinander und mit ihren männlichen Kollegen oft persönlich bekannt, in ihrer Produktion Einzelgängerinnen. Wie wenig darüberhinaus Frauen wegen ihrer geschlechtsspezifischen Beschränkungen den Hauptströmungen der Vormärzzeit zu folgen vermochten, wurde schon oben dargestellt.

Wenn nun eine Zuordnung zu den geläufigen literarischen Epochen allzu schwierig erscheint, ist es dann dennoch vertretbar, Reiseschriftstellerinnen von Sophie von La Roche bis zu Ida Pfeiffer den gleichen Beobachtungskriterien zu unterwerfen? Wäre nicht eine Entwicklung weiblichen Reisebeschreibens zu erwarten und demzufolge eine Unterteilung nach Generationen sinnvoll?

In der Tat wurde ein solcher Versuch bereits unternommen, wenn auch nur ansatzweise. Michael Maurer unterscheidet in einem Aufsatz über *Reisende Frauen* für die Zeit bis 1800 drei Generationen deutscher Reiseautorinnen.[169] Sophie von La Roche bildet gemäß dieser Theorie die erste, die geprägt sei von dem Willen, es den Männern gleichzutun. Es folgt eine Zwischengeneration der um 1755 Geborenen, für die Maurer Elisa von der Recke nennt. Die nächste Generation setzt sich aus Friederike Brun und Johanna Schopenhauer zusammen. Die Reisebeschreibungen dieser Generation – so Maurer – erscheinen bereits nach 1800 und haben ein gewandeltes Verhältnis zu Landschaft, Geschichte und Ästhetik.

Dieser scheinbar in seiner Folgerichtigkeit bezwingende Ansatz, der noch dazu die Befriedigung verschafft, einer Entwicklunglinie folgen zu können, birgt mehrere Probleme.

Abgesehen von der nicht immer zutreffenden Charakterisierung – Sophie von La Roche verfolgte keineswegs die Absicht, männlichen Mustern nachzuschreiben – erweist sich die Gruppenbildung als schwierig. Haben die Schriftstellerinnen der gleichen Generation wirklich mehr miteinander gemeinsam als mit Angehörigen einer anderen Generation? Bereits für die von Maurer genannten Frauen muß dies angezweifelt werde. Nun hat Maurer verständlicherweise keinen vollständigen Überblick über das Ausmaß der Produktion. Die Titel, die noch hinzuzufügen sind, komplizieren die Sachlage erheblich. Die »Zwischengeneration« (Maurer nennt hier nur Elisa von der Recke) ist zu ergänzen durch so unterschiedliche Autorinnen wie Anna Krook, Sophie Schwarz und Emilie von Berlepsch. Anna Krook war eine gebildete Frau ohne schriftstellerische Ambitionen. Sie fügt sich in kein Schema; ihr Buch erschien nur als Privatdruck. Sophie Schwarz verfolgte mit ihrer Reisebeschreibung pädagogische Absichten. Ihr Tagebuch hat sie so bearbeitet, daß es für junge Mädchen bildend sein sollte. Obwohl 23 Jahre jünger als Sophie von La Ro-

---

[169] Maurer (1990) S. 152f. Maurer unterscheidet insgesamt fünf Generationen; die ersten beiden (1. Glückel von Hameln und Celia Fiennes – keine von beiden hat veröffentlicht – 2. Lady Montagu und Mme. Du Bocage) können hier vernachlässigt werden. M. Maurer hat diese Thesen seinem Aufsatz am Ende angefügt. Vielleicht wollte er damit keinen systematischen Ansatz vorführen, sondern nur die Diskussion anregen, wofür ihm zu danken ist.

che, steht sie dieser sehr nahe – was übrigens auch für die erst 1798 geborene Elise von Hohenhausen gilt. Emilie von Berlepsch schließlich hat mit Elisa von der Recke, zu deren Zwischengeneration sie altersmäßig gehört, nichts gemeinsam als die persönlichen Beziehungen zu Weimar. Vom dort herrschenden Klassizismus zeigt sie sich wenig beeinflußt und folgt eher frühromantischen Idealen.

Nicht homogener stellt sich die nächste Generation mit Johanna Schopenhauer und Friederike Brun dar, mit der – nach Maurer – die weibliche Reisebeschreibung ihre erste Vollendung gefunden haben soll. Friederike Brun steht Elisa von der Recke wesentlich näher, mit der sie auch den Leben und Schreiben beherrschenden Freundschaftskult teilt. Vor allem aber wird nicht erst jetzt – wie Maurer angibt – die Reisebeschreibung »literarisch«. Emilie von Berlepschs *Caledonia*, aber auch ihre Rheinreise (1783) stehen nach Selbstverständnis und Qualität sicher nicht hinter der Literarizität der Schriften Friederike Bruns zurück.

Das Geburtsjahr scheint sich also als Einteilungskriterium nicht zu bewähren. Dagegen sprechen schon die großen Altersunterschiede der Autorinnen zur Zeit des Erscheinens ihrer Schriften. Aber auch bei einer Einteilung nach dem Jahr der Veröffentlichung gerät man in Schwierigkeiten. Die Fragmente einer Schweizerreise von Karoline von Beulwitz, später Wolzogen, sind 1784 veröffentlicht; aber in ihrer Beobachtung der eigenen Emotionalität, ihrem Gefühlsüberschwang und im Aufsuchen »romantischer« Situationen stehen sie den Alpenszenen Friederike Bruns und besonders Emma von Niendorfs (*Wanderleben*, 1843) sehr nahe.

Es hat den Anschein, als initiierten und evozierten gleiche Objekte verwandte Beschreibungsreflexe, unabhängig von der Zeit und der Epoche. Die Unterschiedlichkeit der Reiseziele erweist sich als störender Parameter im stilistischen Vergleich. Offenbar führt es nicht zu korrekten Ergebnissen, wenn man die Eigenheiten einer Italienreise mit denen einer Schottlandreise vergleichen will. Um wirklich signifikante Unterschiede festzustellen, müßte man Darstellungen identischer Beschreibungsobjekte wählen.

Selbst dann wird sich aber allenfalls eine Differenz von einzelnen Darstellungen und keine literarische Entwicklung ergeben. Es läßt sich nämlich methodisch nicht rechtfertigen, aus einzelnen Individuen »Generationen« von statistischer Relevanz zu bilden. Wie kann das, was Sophie von La Roches persönlicher Stil, das Anliegen einer gewiß sehr individuellen Frau war, als Merkmal einer Generation gelten?

Man darf für das ganze 18. Jahrhundert die Publikation von ca. 5000 Reisebeschreibungen annehmen.[170] Auf die letzten 20 Jahre entfielen somit rein rechnerisch ca. 1000 Texte. Dem stehen 20 Reiseberichte von Frauen gegenüber, auch kleine Aufsätze in Zeitschriften mitgerechnet. Nur sieben von ihnen sind Bücher, darunter

---

[170] Vgl. *Reise und soziale Realität* (1983) S. VII: »Schätzungen bewegen sich zwischen drei- und sechstausend Titeln. Aber selbst diese hohe Zahl dürfte […] noch zu niedrig gegriffen sein.«

zwei Privatdrucke.[171] Für die Zeit vor 1780 sind mir keine Reisebeschreibungen von deutschen Frauen bekannt. Ausländerinnen hatten bis dahin freilich schon Bedeutendes auf den Markt gebracht. Von männlichen deutschen Reiseschriftstellern erschienen im Zeitraum 1780 bis 1800 immerhin die wichtigen Werke von Forster, Moritz, Riesbeck, Friedrich Nicolai, Archenholtz, Campe, von Halem oder Stolberg, um nur einige zu nennen. Bei einer Zahl von 5000 Texten mag eine Zusammenfassung zu Gruppen, das Ausfinden von Linien gerechtfertigt sein, nicht aber bei einer Zahl von 20.

Nur wenig besser steht es mit der Zeit 1800 bis 1850. Hier dürfte die Summe der Reisebeschreibungen aus männlicher Hand noch weit größer sein. Von Frauen zähle ich insgesamt 67 Reiseberichte, die Aufsätze, die nun allmählich weniger werden, sowie gattungsmäßige Grenzfälle (z. B. Ida Kohl) mitgerechnet. Interessant ist die zahlenmäßige Verteilung: Ausgerechnet in den zwanziger und dreißiger Jahren, in denen die Jungdeutschen und andere Literaten des Vormärz das Reisen zur Lebensform machten und die bedeutenden Werke von Chamisso, Heine, Alexis, Prokesch-Osten, Pückler, Schubert, Lewald, Immermann, Wienbarg, Stieglitz oder Mundt erschienen, brachten Frauen nur neun Bücher (davon einen Privatdruck und eine erweiterte Neuauflage) sowie drei Aufsätze auf den Markt. Die Spitzen weiblicher Produktion hängen offenbar mit den Veröffentlichungen *einzelner* Autorinnen zusammen.[172] Waren es in den ersten beiden Dekaden vornehmlich Brun und Schopenhauer, so sind es zwischen 1840 und 1850 Ida Hahn-Hahn und Therese von Bacheracht. (Fanny Lewald veröffentlichte nur ein Reisebuch vor 1850.)

Bei solch geringem statistischen Material und bei solcher Individualität scheint eine gruppenmäßige Trennung der Texte nicht sinnvoll. In der Tat sind selbst zwischen den älteren und den jüngeren Autorinnen die Gemeinsamkeiten größer als die Differenzen: Ausrichtung auf ein weibliches Publikum, Demutsäußerungen, Neigung zur Reflexion und zum Moralisch-Lehrhaften, Spezialisierung der Interessen sind für die allermeisten von ihnen bezeichnender als zeittypische Unterschiede. Konservative Tendenzen finden sich neben eher progressiven – ein Phänomen, das für das Biedermeier allgemein gilt. Einige wenige Reiseschriftstellerinnen standen überhaupt dem Literaturbetrieb fern (Ida Pfeiffer) oder traten ohne schriftstellerische Ambitionen nur mit einer einzigen Schrift hervor. Sie lassen sich daher nur schwer stilistisch einordnen. Die meisten Verfasserinnen von Reisebeschreibungen waren aber auch sonst literarisch tätig, gewissermaßen im Hauptberuf. Nicht richtig ist die immer wieder auftretende Behauptung, die ältere Generation habe sich mit

---

[171] Nur aus der männlichen Angst vor Konkurrenz läßt es sich erklären, daß im Jahre 1784 ein anonymer Beiträger der *Berlinischen Monatsschrift* in einem Aufsatz unter dem Titel *Über die vielen Reisebeschreibungen in unsern Tagen* klagt: »Kinder und Unmündige, Weiber und Jungfrauen, Unwissende und Unstudierte, Menschen ohne Kopf und Sinn und Kenntniß und Beobachtungsgeist, lassen Reisebeschreibungen drucken.« S. 321.

[172] In den 20er und 30er Jahren fielen Brun, Schopenhauer, von der Recke und Huber für die Produktion aus Altersgründen aus; die jüngeren Ahlefeld und Fouqué hatten aufgehört zu schreiben; Fanny Tarnow fertigte hauptsächlich Übersetzungen an; Emma von Niendorf und Fanny Lewald waren noch zu jung.

dem Schreiben in Mußestunden begnügt. Die weibliche Sozialisation und die Erwartungen der Gesellschaft, auch der literarischen, an die Frau änderten sich – wie zu zeigen sein wird – zwischen 1780 und 1850 wenig. Es gibt zwar keine greifbare weibliche Traditionsbildung als Instanz, auf die sich Schriftstellerinnen auch selbst berufen hätten, aber es gibt gleiche Bedingungen und Erfahrungen, die zu vergleichbaren Merkmalen in der literarischen Produktion führten.

2. Die äußeren Umstände der Reise

Reiseberichte sind keine fiktionalen Texte und wollen nicht als solche gelesen werden. Die Einsicht in die historischen und sozialen Umstände, unter denen ihr Darstellungsgegenstand, die wirklich unternommene Reise, zustande kam, ist also von hermeneutischer Bedeutung. Um ein Stück weit Einblick zu bekommen in diese Voraussetzungen, ist die z.T. mühsame Rekonstruktion der kulturellen Bedingungen ebenso unerläßlich wie das Bemühen um biographische Einzelheiten. Reisebeschreibungen liefern allerdings selbst einen beträchtlichen Teil dieser Mitteilungen in der Einleitung oder in kleinen Hinweisen im Textverlauf, weil sie damit ihre Authentizität belegen wollen. Insbesondere Frauen zeigen, teils um Verständnis, teils um Interesse zu erheischen, noch mehr Neigung, ihre persönlichen Reiseumstände zu schildern als männliche Autoren. Selbstverständlich sind bei diesen Informationen stets die Literarizität des geschriebenen Wortes, die Aussageintention und der mögliche Wille zur Selbststilisierung mit zu berücksichtigen.

Es ist die Absicht dieses Kapitels, die vielfältigen Aufschlüsse zu den persönlichen Reiseumständen der hier zu diskutierenden Autorinnen zu sammeln und zusammenfassend zu ordnen. Am Leitfaden der klassischen Topologie des quis, quid, ubi, ... soll nachgefragt werden, welche Frauen im 19. Jahrhundert reisen konnten, mit welchen finanziellen Mitteln und in welcher Begleitung, welche Verkehrsmittel sie benützten und welches ihre Reisemotive und -ziele waren.

2.1 Familienstand und Reisebegleitung

Für Reiseschriftstellerinnen gilt ebenso wie für Schriftstellerinnen im 19. Jahrhundert allgemein, daß ein überraschend hoher Prozentsatz von ihnen geschieden war.[1] Schon 1822 bemerkte Jacob Grimm in einer Rezension des Schindelschen Schriftstellerinnen-Lexikons: »Rec. hat sich erschreckt vor der bedeutenden zahl unglücklicher, gestörter und geschiedener ehen, welch die vorliegenden lebensge-

---

[1] Vgl. I. Scheitler (1986/87) S.31. Das Preußische Allgemeine Landrecht verfuhr allerdings (bis zu Savignys Reformen in den 40er Jahren) recht liberal und anerkannte »unüberwindliche Abneigung« besonders bei kinderlosen Ehen als Scheidungsgrund. Vgl. Ute Frevert (1986) S.54f., 64. Wilhelm Chezy (1863) S.7 bemerkt – sicherlich allzu pointiert – über die Scheidung seiner Mutter von ihrem ersten Mann: »Unter dem preußischen Gesetz war (damals wenigstens) eine Scheidung zu erwirken mit geringeren Umständlichkeiten verknüpft als eine Ehe zu schließen.«

schichten deutscher dichterinnen ergeben: hier spielt kein zufall; die frau, welche einmal aus dem kreise natürlicher bestimmung weicht, geräth mit sich selbst in zwiespalt, sie kann nicht mehr leisten und ertragen, was ihr gebührt.«[2] Fraglich ist freilich, ob die Schriftstellerei für die Scheidung verantwortlich ist oder umgekehrt – will man schon einen Zusammenhang zwischen beiden herstellen. Scheidung wie auch Schriftstellerei und dazu noch das Unternehmen von Reisen bedeuteten für eine Frau die Überschreitung gesellschaftlicher Grenzen, stellten sie in eine Außenseiterrolle. Geschiedene Frauen waren natürlich ungebundener, besonders wenn keine Kinder da waren, und konnten hoffen, ihre finanzielle Lage durch den Erlös von Reisebüchern aufzubessern. Charlotte von Ahlefeld trennte sich 1807 nach neunjähriger Ehe von dem Gutsbesitzer Johann von Ahlefeld. Sie war damals 26 Jahre alt. Ein Jahr später unternahm sie, ohne ihre Kinder, eine Reise durch Deutschland und die Schweiz. Der Ertrag ihrer sehr erfolgreichen schriftstellerischen Arbeiten trug nicht unwesentlich zu ihrem Lebensunterhalt bei.[3]

Therese von Bacheracht ließ sich zwar erst 1849 von ihrem Mann, einem hamburgischen Generalkonsul und russischen Legationssekretär scheiden, lebte aber schon viele Jahre vorher von ihm getrennt. Ihre erste Reise hatte sie noch mit ihm unternommen. Auf ihren späteren Reisen war sie allein, zusammen mit ihrer Freundin Fanny Lewald oder in Begleitung von Karl Gutzkow, mit dem sie eine langjährige und in vieler Hinsicht erniedrigende Liebesbeziehung verband.[4]

Auch Emilie von Berlepsch hatte die erste von ihr beschriebene Reise nach Holstein noch zusammen mit ihrem Mann unternommen, einem zu seiner Zeit berühmten Hofrichter und Landrat, den sie sehr jung geheiratet hatte. Diese Ehe war jedoch nicht glücklich. Emilie war in der Folge in ein ganze Reihe von Affairen verwickelt, deren berühmteste die mit Jean Paul war. 1799 begab sie sich auf eine ausgedehnte Reise nach Schottland, weil sie sich eine Ehe mit dem 16 Jahre jüngeren schottischen Theologen James Macdonald erhoffte, den sie in Weimar kennengelernt hatte. In Weimar rief diese Initiative einer Frau nicht nur Heiterkeit und Spott, sondern auch Empörung hervor.[5] Anstoß an der Anwesenheit einer fremden Dame nahm auch Macdonalds Pfarrgemeinde in Schottland. Emilie von Berlepsch mußte

---

[2] Urspr. in: *Göttingische Gelehrte Anzeigen* (1822) 169. St., S. 1683, wieder in: *Kleinere Schriften* Bd. IV, Berlin 1869 (= Hildesheim 1965) S. 171. Auch Prutz thematisiert den Zusammenhang zwischen häuslichem Unglück und Schriftstellerei und kommt zu dem Schluß: »wir haben unter unsern heutigen Frauen so viele Schriftstellerinnen, weil wir so viele unglückliche Frauen haben, in der Literatur suchen sie die Befriedigung, welche die Häuslichkeit, dieser nächste und natürlichste Boden des Weibes ihnen nicht gewährt«. »Die Literatur und die Frauen (1859)«. In: Prutz (1973) S. 106.
[3] Das *Damen-Conversations-Lexicon* von 1846 nennt sie »eine unserer beliebtesten Schriftstellerinnen« (S. 113).
[4] Vgl. den Briefwechsel in: Therese von Bacheracht/Karl Gutzkow (1971). Therese war z. B. 1845/46 mit Gutzkow zusammen in der Schweiz und in Paris.
[5] Vgl. Macdonalds Brief an Böttiger vom April 1799, cit. bei A. Gillies (1969) S. 103.

Macdonalds Wohnort vorzeitig verlassen, um diesen nicht allzusehr zu kompromittieren.[6]

Wie ungewöhnlich frei und unkonventionell sich eine Frau im 19. Jahrhundert verhalten konnte, zeigt der Lebenslauf der Breslauer Jüdin Esther Gad-Bernard.[7] Nach der Trennung ihrer Ehe 1796 lernte sie in Berlin den Leibarzt des Herzogs von Sussex, Wilhelm Friedrich Domeier, kennen. Domeier mußte 1801 den Prinzen nach Lissabon begleiten, wohin ihm Esther Gad-Bernard im April des gleichen Jahres zusammen mit ihren beiden Kindern über London nachreiste. Anfang 1802 kehrte sie mit Domeier nach London zurück. Sie veröffentlichte den 1. Band ihrer Reisebeschreibung und heiratete Domeier im September 1802.[8] Im folgenden Jahr erschien der zweite Band ihrer Reisebriefe.

Als die wohl bekannteste Reiseschriftstellerin des 19. Jahrhunderts darf Ida Gräfin Hahn-Hahn angesehen werden. Auch sie war geschieden. Und da die einzige Tochter schwachsinnig war und in fremde Betreuung gegeben werden mußte, war Ida Hahn-Hahn mit 24 Jahren völlig frei. Ihre Lebensgemeinschaft mit dem feinsinnigen Adolf Baron Bystram hat sie nie legitimiert. Auch hier überrascht der Mut, mit dem sich diese Frau über Schranken gesellschaftlicher Konvention hinwegsetzte und die Selbstverständlichkeit, mit der ihr diese Freiheit auch zugestanden wurde. Jedermann und auch sie selbst wußte, daß Bystram, ihr alter ego, für sie unentbehrlich war. Gutzkow begründet die Tatsache, daß sie nie ohne (den oft kranken) Bystram unterwegs sein wollte, allerdings ziemlich boshaft damit, daß »er ihr das Mitnehmen des Konversationslexikons ersparte.«[9] Nirgends finden sich Hinweise darauf, daß ihr gemeinsames Leben und Reisen mit Bystram Anstoß erregt hätte, außer in der englischen Gesellschaft, die ihr folgerichtig den Zutritt zu den feinen Häusern verschloß. Ihre seit langem in England ansässige Freundin Amely Bölte berichtet darüber in einem vertraulichen Brief nach Deutschland: »Die Gräfin Hahn-Hahn hat die englische Welt durch ihre unerwartete Erscheinung sehr überrascht, und ich kann Ihnen wohl sagen, in Verlegenheit gesetzt. Sie brachte sehr bedeutende Empfehlungen mit, aber auch – Oberst Bystram. Sie selbst schien keine Ahnung von dem gegen sie bestehenden Vorurtheile zu haben und fragte ganz naiv, warum man in London George Sand nicht gut aufnehmen würde?«[10]

---

[6] Vgl. ebd. S. 107.

[7] Sehr hilfreich bei der etwas schwierigen Rekonstruktion der Ereignisse ist Roger Fulford: *Royal Dukes. The Fathers and Uncles of Queen Victoria.* London 1973, Kap. VI, S. 252–280.

[8] Der Hochzeitstermin geht aus einer Notiz in *Der neue Teutsche Merkur* (1802) Sept. S. 157 hervo.

[9] *Werke* (1912=1974) Bd. 11, S. 128.

[10] Amely Böltes *Briefe* (1955), S. 39, Brief vom 13. Juli 1846 an Varnhagen. In ganz ähnlicher Weise äußerte sich ein anderer Korrespondent Varnhagens, Richard Monckton Milnes: »I fear Countess Hahn-Hahn cannot have liked her visit to England, as far as society went; she evidently saw she had made a mistake in coming there with Bystram to whom it was impossible to attach a character agreeable to our conventional morality; at first he was called her cousin, then her secret husband, then her guardian – then, I don't know what; but as ›travelling companion‹ it was not considered decorous that he should be known«. *Die Briefe Richard Monckton Milnes'* (1922=1967) S. 68. Brief von 8. 1. 1847. – Auch die Be-

Möglicherweise machte tatsächlich das Beispiel der berühmten Französinnen Mme. de Staël und George Sand Schule; diese hielten sich in bezug auf ihre Reisebegleiter auch nicht an gesellschaftliche Konventionen. Bei deutschen Damen begegnen wir diesem Phänomen jedenfalls öfters. Stets läßt sich dabei beobachten, daß die geschiedenen Ehemänner wenig Verständnis für die geistigen Interessen ihrer Frauen gehabt hatten, was zusammen mit dem Vorwurf der Brutalität zu allermeist Scheidungsgrund gewesen war. Die Freunde, die nun als Reisebegleiter in Erscheinung traten, waren hingegen hochgebildet, feinsinnig und oft selbst schriftstellerisch tätig.

Ein frühes Beispiel für diese geradezu stereotype Konstellation bietet Elisa von der Recke. Von ihrem 15 Jahre älteren Gatten hatte sie sich bereits 1776 nach dem Tod des einzigen Kindes getrennt. Die Scheidung, aufsehenerregend für eine Angehörige des höheren kurischen Adels, wurde 1781 ausgesprochen. Bezeichnend ist das Urteil Wielands in einem Brief aus dem Jahr 1785, als Elisa, inzwischen schon angesehene Dichterin, mit ihrer Freundin Sophie Schwarz Deutschland bereiste: »Sie ist eine gute, aber aus ihrem gehörigen Kreise ausgetretene oder herausgerückte Frau, die nun wie Noahs Taube herumflattert und, da sie nirgend Ruhe finden kan, am besten thun wird, wieder in ihre Arche in Curland zurückzukehren.«[11] Elisa von der Recke rückte aber im Gegenteil noch weiter aus »ihrem gehörigen Kreise« heraus: 1804–1806 bereiste sie Italien mit ihrem Freund und Hausgenossen, dem Dichter Christoph August Tiedge.

Friederike Brun war im Unterschied zu den oben genannten Frauen nicht formell geschieden. Von einer regelrechten Ehe kann aber bei ihr auch keine Rede sein. Immerhin verbrachte sie 20 Jahre ihres Lebens fast ständig auf Reisen. Ein schwärmerischer Freundschaftsbund verband sie mit dem Dichter Matthisson, den sie 1791 in Lyon kennengelernt hatte. Mit ihm reiste sie durch die Schweiz und nach Italien. Später wurde Bonstetten ihr langjähriger Reisegefährte.[12] Nachdem ihr Gatte die Rücksendung der Tochter Ida verlangt und es seiner Frau freigestellt hatte, mit einer großzügigen Pension von 2000 Reichstalern jährlich im Süden zu bleiben, kehrte sie 1810 zu ihm nach Kopenhagen zurück.[13]

Für eine verheiratete Frau war es in der Regel auf Grund ihrer Pflichten in Haushalt, Familie und Gesellschaft sehr schwierig, sich für längere Zeit aus dem Familienverband zu lösen; waren kleinere Kinder da, so verbot sie sich dies meist selbst aus emotionalen Rücksichten. Größere Reisen ins Ausland en famille waren bei

---

sprechung der *Orientalischen Briefe* durch Miss Rigby in *The Quarterly Review* 76 (1845) S. 136 nimmt Anstoß an dieser Alliance und kann sich nicht versagen, den höheren moralischen Stand und das feinere Taktgefühl englischer Frauen herauszustreichen.

[11] Brief an Sophie von La Roche vom 16. Febr. 1785, vgl.: *Neue Briefe Chr. Mart. Wielands vornehmlich an Sophie von La Roche*. Hg. v. R. Hassencamp. Stuttgart 1894, S. 277.

[12] Vgl. Johann Georg Müllers Brief an Johann Friedrich Cotta vom 16. 5. 1812 (*Briefe an Cotta* Bd. I, S. 190): »Herr von Bonstetten, meines Bruders Jugendfreund, hat etwa 1798 die Friederike Brun kennen gelernt und stehen in enger Freundschaft mit einander als congenial souls.«

[13] Vgl. R. Olbrich (1932) S. 35.

Deutschen, im Unterschied zu Engländern, eine große Seltenheit.[14] Eine solche rare Ausnahme gilt es jedoch zu vermerken: 1803–1805 war Heinrich Floris Schopenhauer mit seiner Gattin und dem 15jährigen Sohn Arthur (dieser wurde dann freilich zeitweise in England in einem Pensionat zurückgelassen) in Holland, England und Frankreich unterwegs. Die sechsjährige Tochter Adele blieb zuhause. Die Erlebnisse auf dieser Reise hat Johanna Schopenhauer später in ihrer ersten Reisebeschreibung niedergelegt, die zum Grundstock ihres literarischen Ruhmes wurde. Johanna Schopenhauer fand diese Art des Familienreisens selbst wohl nicht so ideal. Sie hat sich in einem ihrer späteren Bücher süffisant über das Mitnehmen von Kindern, wie dies bei Engländern üblich war, geäußert.[15] Auf ihren späteren Reisen, die sie während ihrer langen Witwenschaft unternahm, zog Johanna Schopenhauer es vor, alleine zu reisen, allenfalls wurde sie streckenweise von ihrer erwachsenen Tochter begleitet.

Rein zahlenmäßig ist zwar die Gruppe der Verheirateten unter den hier zu diskutierenden Frauen am größten; unter ihnen finden sich aber eher die weniger bedeutenden Schriftstellerinnen (z. B. Anna Helene Krook, Clara von Gerstner) und die Verfasserinnen kleinerer Texte (Molly von Grävemeyer, Friederike Baldinger). Ausgesprochen selten sind Frauen anzutreffen, die mit dem eigenen Mann reisten. Dies ist eine Besonderheit, die nur für deutsche, nicht jedoch für englische Frauen gilt. Hierzulande entstanden bedeutendere Reisebeschreibungen in aller Regel dann nicht, wenn eine Frau nur mitgenommen worden war (z. B. Clara von Gerstner, Marie von Fahnenberg). Unter den bedeutenderen Schriftstellerinnen gibt es, anders als unter englischen, nur wenige, die sich neben einem mitreisenden Ehepartner behaupten konnten. Im wesentlichen sind dies die beiden Sonderfälle Fouqué und Düringsfeld. Hier arbeiteten beide Partner zusammen, beide waren schriftstellerisch tätig.

Im 18. und 19. Jahrhundert wurden häufig Ehen zwischen altersmäßig sehr ungleichen Partnern geschlossen. Waren die Kinder groß genug, um von der Mutter alleine gelassen werden zu können, so befand sich der Gatte schon nicht mehr in einem reisefähigen Alter. Maria Belli, verheiratet mit einem begüterten Frankfurter Kaufmann, reiste 1845, nur in Begleitung von Bediensteten, bis nach Konstantinopel. Auch Emma von Niendorf fühlte sich durch ihren 20 Jahre älteren Mann, der noch dazu Invalide war, nicht zuhause angebunden. Kinder bedeuteten insbesondere dann ein Mobilitätshindernis, wenn es galt, erst ihre berufliche Bildung finanziell sicherzustellen. Ida Pfeiffer – auch sie war mit einem wesentlich älteren Mann verheiratet –[16] war nicht begütert und mußte warten, bis die Söhne ihre Ausbildung

---

[14] Zu nennen ist hier der exzentrische Karl Theodor von Hallberg-Broich, der mit seiner Familie z. T. sogar zu Fuß unterwegs war. Einige Reiseschriftsteller erwähnen beiläufig ihre mitreisenden Ehefrauen, so G. H. Schubert und Kotzebue in Italien.

[15] *Ausflug an den Niederrhein*, Tl. I, S. 120–123.

[16] In ihrer Biographie, die, nach ihren eigenen Aufzeichnungen vom Sohn redigiert, der *Reise nach Madagaskar* vorgeschaltet ist, gibt sie an, den 24 Jahre älteren Mann ohne Liebe aus Gründen der Vernunft geheiratet zu haben (S. XXI). Da er später nie mehr erwähnt wird und die Gatten schon seit 1835 mit Rücksicht auf die Erziehung der Söhne getrennte Haushalte hatten (in Lemberg bzw. in Wien), muß fraglich bleiben, wie intakt diese Ehe war.

beendet hatten, bevor sie sich auf ihre Reisen rund um die Welt machen konnte, durch die sie, die schon bejahrte Frau, so bekannt werden sollte.

So konnte es bis zu den Witwenjahren dauern, ehe die Gelegenheit kam, sich die Welt zu besehen. Am deutlichsten wird es uns im Falle von Sophie von La Roche, wie bitter es für eine Frau, die von Herzen gerne reisen wollte, gewesen sein mußte, diesen Wunsch aus familiären Gründen immer wieder aufzuschieben. Bereits 1775 spielte sie mit dem Gedanken, mit den beiden Jugendfreunden Wieland und Julie Bondeli eine Reise nach Amsterdam zu unternehmen.[17] 1783 berichtet sie an eine Freundin, eine Engländerin kennengelernt zu haben, die dabei war, in die Schweiz zu reisen. »Wie gern wär ich mitgereist; sie wollte mich in die Schweiz, von dort nach Lyon, nach Paris und Calais nehmen und mir England weisen – aber Pflicht ist mehr als Vergnügen wert. Reisen würde meine herrschende Leidenschaft geworden sein.«[18] Früher schon hatte sie geklagt: »Ich opferte das Glück, die Schweiz mit dem La Roche zu besuchen, meinen zwei jüngsten Söhnen auf«.[19] Als diese schließlich aus dem Hause waren,[20] unternahm sie ihre Reisen ohne den wesentlich älteren Gatten. Auf ihren letzten beiden Reisen war sie bereits Witwe. Die dichte Folge ihrer Unternehmungen (1784. 1785. 1786. 1791. 1799) zeigt, welche Leidenschaft ihr das Reisen bedeutete. Befriedigt konstatierte sie in der Einleitung zu ihrer Frankreichreise, daß sie den »Genuß dieses Vergnügens als eine Belohnung für treu erfüllte Mutterpflichten erhalten habe«.[21]

Therese Huber hatte das große Glück gehabt, daß sie im Alter von 19 Jahren ihren Onkel Professor Karl Johann Friedrich Blumenbach und dessen Frau auf einer Reise in die Schweiz begleiten durfte, wobei unterwegs prominente Vertreter des deutschen Geisteslebens besucht wurden.[22] Nach ihrer Verheiratung aber mußte sie warten, bis ihre Kinder aus dem Haus erwachsen und versorgt waren, ehe sie als eine verwitwete »Matrone«[23] eine größere Reise selbständig planen und vornehmlich zur eigenen Bildung unternehmen konnte. Jahrelang hatte sie für Ludwig Huber, unter dessen Namen oder anonym geschrieben. Ihre Reise nach Holland end-

---

[17] Christoph Martin Wieland an Sophie von La Roche am 16. Jan. 1775: »In Ihrem vorletzten Briefe schon luden Sie mich ein, diesen Sommer mit Ihnen und Julien eine Reise nach Amsterdam zu machen.« *Wielands Briefwechsel.* Bd. V: *Briefe der Weimarer Zeit.* Bearb. v. H. W. Seiffert. Berlin 1983, Nr. 349.
[18] *Ich bin mehr Herz als Kopf* (1983), S. 262.
[19] Ebd. S. 210.
[20] Aus Sophie von La Roches Zeitschrift *Pomona für Teutschlands Töchter* 2 (1784) H. 8, S. 859 erfahren wir, wie es zu der ersten Schweizerreise gekommen war: »Ich wollte nur meinen geliebten jüngsten Sohn über Zürch nach Kolmar in die Hände des edlen Herrn Pfeffels begleiten, und in drey Wochen zurück seyn. Zufälle, die meine Gesundheit betrafen, und die Güte einiger Freunde verzögerten meine Rückkunft«.
[21] *Journal einer Reise nach Frankreich* S. 2.
[22] Vgl. B. Hahn/ B. Fischer (1993) S. 14. Höhepunkt war Weimar mit einer Aufwartung bei Goethe.
[23] Als »einfältige Matrone« bezeichnet sich die damals 46jährige in der »Vorerinnerung« zu ihrer Reisebeschreibung *Bemerkungen über Holland* (1811) S. IV.

lich sollte sie auch als Autorin befreien: Ihr Reisebericht war das erste Werk, das – freilich ohne ihr eigentliches Einverständnis – ihre Autorschaft kenntlich machte.

Mit einem Literaten war auch Karoline Woltmann verheiratet gewesen. Auch sie war stark an dessen Arbeiten beteiligt, wie überhaupt ihr Leben einige überraschende Parallelen zu dem Therese Hubers aufweist. Als sie 1832–1833 mit einer Freundin eine Reise in die Schweiz und nach Italien unternahm, die sie in zwei Bänden beschrieben hat, war sie schon seit vielen Jahren Witwe.

Nicht unerwähnt bleiben dürfen schließlich die Unverheirateten unter den Reiseschriftstellerinnen, die zahlenmäßig eine bedeutende Gruppe darstellen. »Wir reisen – das ist ja der Vortheil des nicht Verheurathetseyns«[24] – auf diesen kurzen Nenner bringt Nina Engelbronner d'Aubigny die Frage nach der Vereinbarkeit von Mobilität und Familie. Sie, die lange Zeit in England und später in Indien lebte, war ebenso ledig wie ihre Schwester Emilie. Auch Fanny Lewald machte ihre großen Touren nach Italien, Paris, England und Schottland in der Zeit, als sie noch nicht verheiratet war. Bis an ihr Lebensende ehelos blieben die mecklenburgische Schriftstellerin und Rußlandreisende Fanny Tarnow und die Hl.-Land-Pilgerin Maria Schuber. Gerade ihre Ungebundenheit erlaubte diesen Frauen höchst ungewöhnliche Unternehmungen.

Überblicken wir noch einmal die Situation, so ist es im wesentlichen die alleinstehende oder allein, d. h. ohne ihren Gatten reisende Frau, die sich entschließt, ihre Erfahrungen in literarischer Form niederzulegen. Zwar konnten sich Lebens-, Liebes- oder Reisegemeinschaften mit Männern, besonders wenn diese ebenfalls literarisch tätig waren, auf die Produktion einer Frau förderlich auswirken (Fanny Lewald,[25] Elisa von der Recke, Caroline von Fouqué), insgesamt aber spielen Männer und insbesondere Ehemänner im Zusammenhang mit Reisen und Reisebeschreibungen von Schriftstellerinnen eine sehr untergeordnete Rolle. Als Adressaten von Reisebriefen treten sie so gut wie gar nicht zu Tage. Der Grund für dieses zunächst merkwürdige Phänomen ist in der Trennung weiblicher und männlicher Lebensbereiche zu suchen, die nur in jenen wenigen Fällen aufgehoben ist, in denen beide Partner gleiche Interessen teilen. In der herkömmlichen Konstellation sind die Wirkungsbereiche aber so getrennt, daß sich ein Mann nicht für die Erfahrungen (s)einer Frau auf Reisen zu interessieren braucht und die Frau keine gleichberechtigte Position neben ihrem Mann auf Reisen einnehmen kann.

Erstaunlich viele Frauen waren ohne eine nahe Bezugsperson unterwegs. Sie schlossen sich einer kleinen Gruppe an oder reisten mit einer beliebigen weiblichen Bekannten. Sei es, daß für das Empfinden der reisenden Frau diese Begleitung keine Bedeutung hatte, sei es, daß sie sich lieber als allein Reisende darstellen wollte: In der überwiegenden Mehrzahl der Fälle findet diese Begleitung in der Beschreibung der Reise nur eine beiläufige oder gar keine Erwähnung.

---

[24] »Reise von London nach Teutschland« (1806) S. 98.
[25] Adolf Stahr und Fanny Lewald haben sich gegenseitig dazu ermutigt, ihre italienischen Reiseerlebnisse niederzuschreiben. Vgl. Fanny Lewald: *Römisches Tagebuch* (1927) S. 1 u. 204f.

Insbesondere in der Postkutschenzeit war es ratsam, wenigstens eine weibliche Begleitperson mitzunehmen, um aus Gründen der Dezenz zu vermeiden, nur mit Männern in einer Kutsche sitzen zu müssen. Fanny Lewald mußte so lange in Berlin ausharren, bis sie für ihre geplante Italienreise eine den Wünschen ihres Vaters gemäße Begleiterin gefunden hatte: eine ältere Frau, von der sie sich, als einer unliebsamen Aufpasserin, in Rom allerdings wieder trennte.[26]

Die Reise im eigenen Wagen war zwar frei von möglichen Peinlichkeiten und wesentlich komfortabler, aber auch unverhältnismäßig viel teurer. Friederike Brun, die z. T. mit Kindern, deren Lehrern und Erziehern und natürlich weiteren Bediensteten unterwegs war, schildert in ihrer *Reise von Genf nach Martigni* (1806), wie schwierig, kostspielig und langwierig es allein schon sein konnte, die eigenen Pferde durch den Zoll zu schleusen. Nur betuchte Damen konnten sich also die Bequemlichkeit einer eigenen, nach ihren Bedürfnissen eingerichteten Karosse leisten. Die Gesellschaft Elisa von der Reckes auf ihrer zweijährigen Reise durch Deutschland (1784–1785) bestand aus zwei Gesellschafterinnen, Sophie Becker und Julie Reichardt, einem Arzt namens Hofrat Lieb sowie einem eigenen Kutscher, da man den riesigen Wagen nicht einem Lohnbediensteten anvertrauen konnte.[27]

Mit dem Vorhandensein von Personal, zumindest einer Zofe, müssen wir wohl öfter rechnen, als dies erwähnt wird: Bedienstete tauchen, als gewissermaßen zum Inventar gehörig, nur in besonderen Fällen auf.[28] Auch unterwegs können Bediente angeworben werden. So teilen Maria Belli und gleichermaßen Esther Gad-Bernard mit, man habe ihnen dringend zugeraten, einen »Courier« als männlichen Schutz mitzunehmen. Beide waren unzufrieden mit den Diensten, die dieser ihnen leistete. Esther Gad-Bernard stellte vor allem zu ihrer Überraschung fest, daß in Großbritannien männlicher Schutz überflüssig war. »In England kann jedes Frauenzimmer ohne Begleiter reisen; sie hat nirgend eine unanständige Begegnung, oder auch nur ein unanständiges Wort zu befürchten.«[29] In England und Frankreich könne man jederzeit mit höflicher Behandlung und Rücksichtnahme rechnen, auch im öffentlichen Reisewagen. In Deutschland suche man hingegen vergebens »die allgemeine Urbanität und Anerkennung einer allgemeinen Höflichkeit, die es Leuten von feinern Sitten und ehrbaren Frauen erleichtert, oder erlaubt, sich der Diligence zu bedienen«, klagt 1822 ein Beitrag im Literarischen Conversationsblatt.[30]

---

[26] Zu den väterlichen Bedenken vgl. *Meine Lebensgeschichte*, Bd. II (1989) S. 226f.
[27] Vgl. [Sophie Schwarz:] *Vor hundert Jahren* (1905) S. 6.
[28] Ida Hahn-Hahn erwähnt ihre Kammerjungfer in *Reiseversuch im Norden* (S. 53) nur ein einziges Mal; hier nämlich fragte sie sie kurioserweise »zum ersten Mal in meinem Leben um etwas, das nicht die Garderobe betraf.« »Nur ausnahmsweise haben ungebildete Menschen einen Blick für die Kunst und Natur.« Ebd. S. 54. – Von Johanna Schopenhauer wissen wir aus einem Brief, daß sie bei ihrem *Ausflug an den Niederrhein* ihre Wirtschafterin »Griseldis« (eigentlich: Grisern) mit dabei hatte. *Im Wechsel der Zeiten* (1986) S. 435.
[29] *Briefe aus England*, Bd. I, S. 154. Die gleiche Beobachtung machte 1848 Ida Hahn-Hahn: »Dann ist man ungeniert, sieht nichts Unpassendes darin, wenn eine Frau allein auf der Landstraße geht, reitet oder allein im Eilwagen fährt. [...] Freiheit beruht auf Sicherheit.« *Meine Reise in England*. Hg. v. B. Goldmann (1981) S. 178f.
[30] Nr. 50, Extrabeilage.

Allmählich fanden auch deutsche Frauen den Mut, alleine zu reisen. Emma von Niendorf war bei ihrer ersten Unternehmung noch mit einer kleinen Gruppe unterwegs gewesen. Bei ihren weiteren Reisen verzichtete sie auf Begleitung, »da man mir betheuert«, erklärt sie, »daß es nicht wider Herkommen und hinzugesezt: ›Alles was Sie riskiren, ist – für eine Engländerin gehalten zu werden.‹«[31]

Gleichwohl waren die meisten der selbständig reisenden Damen nach ihrer Ankunft nicht eigentlich allein. Sie, die in der Regel fest in einen Familienverbund oder Freundeszirkel eingebunden waren, fühlten sich entfernt von zuhause in besonderer Weise von Einsamkeitsgefühlen bedroht[32] und wußten diese zu vermeiden. Besuche und Gegenbesuche gehörten zum selbstverständlichen guten Ton. Oft wurde am Zielort die Reisende von alten Bekannten umsorgt; mitgebrachte Empfehlungsschreiben ermöglichten interessante neue Begegnungen. Zu Besichtigungen mietete man sich einen Führer, für die täglichen Bedürfnisse wurden Dienstboten angeworben, da es bei längeren Aufenthalten üblich war, eine kleine Wohnung zu nehmen. In sehr entfernten Ländern konnte die reisende Dame mit der Höflichkeit und Gastfreundschaft des Konsuls rechnen.[33] Erst wenn all diese selbstverständlichen Kontakte wegfielen, weil eine Frau unkonventionell, unprivilegiert und mittellos unterwegs war, fällt auf, wie nötig eine Reisende im 19. Jahrhundert dieses soziale Netz hatte.

Ida Pfeiffer hatte sich bewußt entschlossen, »ohne alle Begleitung« zu reisen.[34] Dies bedeutete Schutzlosigkeit, Unbill und Einsamkeit, nicht nur in exotischen Territorien, wohin die Weltreisende unter den abenteuerlichsten Umständen vorstieß.

---

[31] *Wanderleben* S. 199.

[32] Am extremsten formuliert hat diese Erfahrung Therese Huber, die doch zur Zeit ihrer Reise nach den Niederlanden schon eine Frau mit reicher Lebenserfahrung war. Sie schreibt von der »Wirkung der gänzlichen Vereinzelung, die ein Weib auf Reisen in ganz fremden Gegenden empfindet. Wir haben gleichsam keine Bürgen unsrer eignen Persönlichkeit, wenn wir von unsern gewohnten Umgebungen getrennt, sei es auch noch so sicher geschützt, in der Welt stehen.« S. 32.

[33] Friederike Brun hatte in der Schweiz und Italien einen großen, meist aus Literaten bestehenden Freundeskreis. Sophie von La Roche erhielt als berühmte Schriftstellerin nicht nur ehrenvolle Einladungen, sondern auch überraschende Besuche von dankbaren Leserinnen. Charlotte von Ahlefeld knüpfte auf ihrer *Reise durch Baiern* (1828) in Wien Kontakt zu Caroline Pichler und ihrem Kreis. Ida Hahn-Hahn besuchte Frederika Bremer in Arsta. »man ist doch immer ein wenig gespannt seines Gleichen zu begegnen« (*Reiseversuch im Norden*, S. 78). Fanny Lewald fand in London alte Bekannte vor, die ihr auch eine Wohnung mieteten, desgleichen Emma von Niendorf in Paris. Ida Hahn-Hahn genoß in Damaskus und Kairo selbstverständlich die Gastfreundschaft und Hilfe der Konsulate; umso bitterer beklagt sich Ida Pfeiffer über den österreichischen Konsul in Beiruth, der diese Höflichkeitspflicht vernachlässigte: »Leider war dieser Herr für mich unbedeutende Person nicht zu sprechen.« *Reise einer Wienerin* Bd. II, S. 167.

[34] *Reise einer Wienerin* (1845) S. VI. Wie kompromißlos sie in diesem Vorsatz verharrte, erfahren wir durch eine Zufallsbegegnung Maria Schubers. Die Pilgerin traf in Beirut eine Wienerin, Therese Graf, die mit Ida Pfeiffer hatte ins Hl. Land reisen wollen. Diese wollte jedoch alleine bleiben. Also reiste auch Therese Graf alleine; sie verheiratete sich und blieb in Beirut. M. Schuber: *Meine Pilgerreise* (1850) S. 441f.

Besonders hart traf das Bewußtsein, »ohne eine freundliche, theilnehmende Seele« zu sein, sie auf ihren ersten beiden Reisen, auf denen sie die Fremdheit der Umgebung und die ungewohnten Lebensbedingungen noch sehr schreckten.[35] So konnte sie z. B. auf dem Donauschiff nicht, wie wenige Jahre später Maria Belli, den erheblichen Aufpreis für eine Vorzugskabine bezahlen. Nicht nur schlechter Service, sondern für eine Frau auch unzumutbare Bedingungen waren die Folge. »Von Pest abwärts sind die Frauen gezwungen, mit den Männern in einer Kajüte die Nacht zuzubringen. Dieß ist unangenehm und auch unschicklich.«[36] Zwar legte Ida Pfeiffer zu jeder Zeit großen Wert auf ihre Eigenständigkeit als Frau, doch erwartete sie selbstverständlich die ritterliche Hilfe von mitreisenden Männern. Wo sie diese nicht fand, werden ihre Kommentare sehr bitter, wo ihr aber männliche Hilfe angeboten wird, nimmt sie diese sehr dankbar an. So legte sie z. B. große Strecken ihrer Reise im Hl. Land und auch bei ihren späteren Reisen in Begleitung von Herren zurück. Sätze wie: »und so stand ich nicht ohne Schutz in der weiten Welt, ich war geborgen bis Jerusalem – was wollte ich mehr?«[37] zeugen davon, daß auch eine Frau, die in ihren Unternehmungen äußersten Mut bezeugen konnte (und darauf in ihrer Selbststilisierung größten Wert legte), nicht frei war von geschlechtsspezifischen Stereotypen. Da sie sich zu Fahrten in die abgelegensten Gebiete entschlossen hatte, mußte sie auch erst lernen, die den Frauen ihres Standes selbstverständlichen Formen der Geselligkeit zu entbehren. Bitter klagt sie in Island: »Keine der Frauen hatte so viel Gemüth oder Zartgefühl zu denken, daß ich ganz allein stehe, und daß Umgang mit gebildeten Menschen mir ein Bedürfnis sein könne.«[38]

Maria Schuber, die Lehrerin aus Graz und Hl.-Land-Pilgerin, war nicht nur ebenfalls ganz alleine unterwegs, sondern wohl auch die einzige Frau, die sehr weite Strecken (z. B. von Ferrara bis Rom) zu Fuß zurücklegte. Fußreisen waren in der Zeit der Romantik in Mode gekommen, schienen aber nur für Männer opportun. Maria Schuber hatte freilich keinen romantischen Anknüpfungspunkt für ihre Fußreise: Sie ging als Pilgerin. Der Mut, der zu einem solchen Unternehmen gehörte, sollte nicht unterschätzt werden. Maria Schuber mußte ihn sich erst langsam erwerben, wie sie selbst schildert. Im Verlauf ihrer großen Pilgerreise gelang es ihr, sich schrittweise von gesellschaftlichen Konventionen und persönlichen Hemmungen freizumachen. War es ihr in Italien noch unmöglich, in einem Gasthof abzusteigen, weil ihre »natürliche Schüchternheit« sie dort »davoneilen« machte,[39] so fand sie auf der Reise von Alexandrien nach Kairo nichts mehr dabei, auf einer ägyptischen Nilbarke zwischen Männern aller Nationen eine Schlafstelle einzunehmen.[40]

Auch an die körperliche Anstrengung des langen Fußwanderns hatte sich Maria Schuber erst allmählich gewöhnen müssen. Für die bürgerliche oder gar vornehme

---

[35] *Reise einer Wienerin* Bd. I, S. 65.
[36] Ebd. S. 6f.
[37] Ebd. S. 67.
[38] *Reise nach dem skandinavischen Norden* S. 98.
[39] *Meine Pilgerreise* S. 14.
[40] Ebd. S. 190.

Dame des 19. Jahrhunderts kamen allenfalls Spaziergänge in Frage, einerseits wegen der verbreiteten Furcht, sich Wind und Wetter auszusetzen, andererseits wegen ihrer unpassenden Kleidung. Gerade in diesem Punkt wird nicht nur der Kontrast zur Männerwelt, sondern auch der Nonkonformismus bestimmter Touristinnen besonders deutlich. Ließ sich eine Dame gewöhnlich über steile und gefährliche Stellen von Trägern schleppen oder vertraute sich einem Muli mit Führer an, so legte Charlotte von Ahlefeld ihrer Ehre drein, sich im Gebiet von Chamonix als tapfere Bergsteigerin zu erweisen.[41] Kleinere Klettereien oder gewagte Pferderitte wurden als Akte der Emanzipation empfunden und genossen.[42] Auf ihrer ersten Tour *Jenseits der Berge* klagte Ida Hahn-Hahn noch, es sei auf Reisen »recht unbequem, kein Mann zu sein«, denn Männer könnten doch mehr aushalten und demzufolge oft mehr sehen.[43] Diesen Nachteil hat sie später ausgeglichen. Zwar sorgte sie im Orient für alle Mittel äußerlicher Bequemlichkeit; aber auf ihren Wüstenritten gab sie den Männern in nichts nach. Mit ihrem Entschluß, Knabenkleider anzuziehen,[44] steht sie freilich unter den deutschen Reisenden weitgehend allein. Auch auf Reisen wollten Frauen bewußt Frauen bleiben und deshalb nicht auf ihre weibliche Kleidung verzichten.[45] Eine praktische Reisekleidung speziell für Damen setzte sich erst viel später durch, als sportliche Unternehmungen auch für das weibliche Geschlecht keine Ausnahme mehr waren.[46]

Durch die Möglichkeit, wenigstens auf größeren Strecken die Eisenbahn zu benützen, wurde es für Frauen leichter, alleine zu reisen. Sie taten dies auch eifrig, obwohl die Benützung des neuen Massenverkehrsmittels zunächst auch abenteuerlich sein konnte. Bei ihrer Nordlandreise wollte sich Ida Pfeiffer für die erste Strecke von Wien aus der Eisenbahn bedienen, mußte aber wegen Überschwemmungen zuerst mit einem völlig überfüllten Omnibus vorlieb nehmen und schließlich zu Fuß

---

[41] *Briefe auf einer Reise durch Deutschland und die Schweiz im Sommer 1808*, 20. und 21. Brief. Just diese beiden Briefe bringt *Urania. Taschenbuch für das Jahr 1810*, S. 42–65 als Vorabdruck.

[42] Vgl. z. B. F. Brun: »Reise von Genf […] nach Martigni«, S. 512ff.

[43] Bd. I, S. 194.

[44] Vgl. *Orientalische Briefe* Bd. II, S. 3. Ihr »costume de gamin« wurde offenbar zu einem geflügelten Ausdruck – vgl. Therese von Bacheracht, *Paris und die Alpenwelt*, S. 57.

[45] Ida Pfeiffer berichtet in ihrer *Reise einer Wienerin* Bd. I, S. 64, daß sie den ihr erteilten Rat, in Männerkleidern zu reisen, ausgeschlagen und in der Folge nur gute Erfahrungen mit ihrem Bekenntnis zu ihrem wahren Geschlecht gemacht habe. Aus den gleichen Gründen behielt Maria Schuber im Orient ganz bewußt ihr schwarzes Nonnenkleid an. Annegret Pelz' These »Dort, wo die Reisende als Frau identifizierbar ist, läuft ihre Erscheinung dem Prinzip der Reise entgegen« (1988, S. 151), wird durch das Zeugnis verschiedener Touristinnen eindeutig falsifiziert.

[46] Das *Joural des Luxus und der Moden* bringt einmal eine Anzeige über »Neueste Moden für Reisende«. Teilnachdruck aus den Bänden 1–40, 1786–1825 in 4 Bden. Ausw. u. Einl. v. W. Schmidt. Leipzig 1967–70, Bd. III, S. 65ff., mit dem Hinweis: »Die Anzeige der neuesten Modereisekleider, Amazonen, Tuch- und seidene Oberröcke, dürfte wohl denen in Bäder oder sonst reisenden Damen, willkommen seyn.« O. Morellis einschlägiger Aufsatz (1988) verfügt nur über Belege aus der 2. Jahrhunderthälfte und merkt an, die Forschung stehe erst ganz am Anfang.

gehen.[47] Auch Ida Hahn-Hahn berichtet von dem ungeheuren Gedränge auf der Wiener Eisenbahn: »Nach Baden allein fahren an Sonn- und Feiertagen zuweilen 20 bis 30 000 Menschen.«[48] Für Damen brachte der Massenbetrieb auf der Bahn besondere Schwierigkeiten mit sich: Man war gezwungen, mit lauter fremden Personen, sogar mit Herren, die womöglich rauchten, in einem Abteil zusammen zu sitzen. Begüterte Frauen konnten diese Peinlichkeit zur Kutschenzeit vermeiden.[49] Ida Hahn-Hahn hebt sehr lobend hervor, daß in England eigene Coupés »For Ladies« existierten; an größeren Stationen stehe »immer ein besonderer Damensalon mit einem Toilettenkabinett und zuweilen eine Kammerjungfrau zur Verfügung […] Wer denkt an so etwas in Deutschland?«[50] Fanny Lewald macht die gleiche Beobachtung und resümiert: »Es ist ein charakteristischer Zug, daß man bei uns, im Gegensatze zu England, die Frauen von vielen Annehmlichkeiten des Lebens ausschließt, während man sie für alle Unbequemlichkeiten ohne Weiteres emancipirt.«[51]

Reisebeschreibungen sind in der Regel monoperspektivisch. Nur die Sicht des erzählenden Ich ist von Interesse und wird mitgeteilt. Erfährt der Leser schon über die Identität der Mitreisenden oft wenig, so noch weniger über deren Reiseerlebnisse. Anders jedoch ist es, wenn eine Mutter, die an den geistigen Fortschritten ihrer Kinder naturgemäß regen Anteil nimmt, mit ihrem Sohn oder ihrer Tochter unterwegs ist. Dies freilich war bei deutschen Frauen selten genug, und wenn, so geschah es meist gezwungenermaßen, wie etwa bei Esther Gad-Bernard oder Klara Thilenius. Sie mußten ihre Kinder mit nach England bzw. Amerika nehmen, denn sie hatten vor, sich dort anzusiedeln. Auch Johanna und Floris Schopenhauer hatten ihren Sohn Arthur auf ihre großen Reise nur mitgenommen, um ihm durch diese Gunst das Versprechen abzuringen, die den Eltern erwünschte Kaufmannslaufbahn einzuschlagen. In der Reisebeschreibung der Mutter spielt das mitreisende Kind keine Rolle.[52]

Die Frage, ob es sinnvoll sei, Kinder auf Reisen mitzunehmen, wurde im ausgehenden 18. Jahrhundert allerdings keineswegs eindeutig negativ beantwortet. Kleinere Reisen und vor allem Fußwanderungen waren integraler Bestandteil des Salzmannschen Erziehungssystems. Und auch Sophie von La Roche vertrat die Ansicht, daß Kinder auf Reisen viel lernen könnten. In ihrer Zeitschrift *Pomona* läßt sie »Karoline« in einem Beitrag die Absicht äußern, mit ihren Kindern auf Reisen zu gehen. »Ich gewinne viel dabei, meine Kinder lernen spielend Gottes Welt, Gottes

---

[47] *Reise nach dem Skandinavischen Norden*, S. 8f.
[48] *Orientalische Briefe* Bd. I, S. 62.
[49] Johanna Schopenhauer hatte 1818 große Bedenken, statt mit einem gemieteten kleinen Boot im Passagierschiff zusammen mit lauter fremden Leuten auf dem Rhein zu fahren. *Ausflucht* S. 210ff.
[50] *Meine Reise in England*. Hg. v. B. Goldmann (1981) S. 179.
[51] *England und Schottland*, Bd. II, S. 154.
[52] Daß Arthur Schopenhauer damals mit wachen Augen beobachtete, beweisen seine *Reisetagebücher aus den Jahren 1803–1804*. Hg. v. Ch. Gwinner. Leipzig 1923.

Menschen und Thiere kennen«, und die Mutter kann »ohne Zwang und Unmuth ihre Vernunft auf einen Weg wahrer Freuden« leiten.[53]

In diesem Sinne, mehr englischem als deutschem Lebensstil folgend, durchquerte Friederike Brun weite Teile von Deutschland, Italien, Frankreich und der Schweiz: Unterwegs im eigenen, häuslich eingerichteten Wagen, hatte sie häufig ihre Tochter Ida und/ oder die Tochter Charlotte sowie den Sohn Carl mit dabei. Die Kinder waren bei den ersten Reisen etwa zwischen fünf und zehn Jahre alt und bekamen ihre Erziehung und ihren Unterricht zum Teil unterwegs. Friederike Bruns Bücher zeichnen sich nun dadurch aus, daß immer wieder auch mitgeteilt wird, wie die Kinder die Reise erleben und verarbeiten. Und auch die Kinder schreiben Tagebuch.[54] Ein vergleichbarer Fall wird in dem Reisebericht eines Mannes wohl schwerlich zu finden sein. Da die Tochter Ida noch zu klein war, um die Eindrücke ihrer italienischen Reise recht zu behalten, widmete ihr die Mutter dreißig Jahre später große Teile ihres zweibändigen Werkes *Römisches Leben* (insgesamt über 450 Seiten), teils, um die Erinnerungen der Tochter wissensmäßig zu vertiefen, teils, um festzuhalten, was das geliebte Kind empfand, wie es die Impressionen im fremden Land zu verstehen suchte und kommentierte.

Häufiger als das Mitnehmen kleiner Kinder war die Reisegemeinschaft mit einem erwachsenen Kind. 1809 begleitete Therese Huber ihre damals 24jährige Tochter Therese von der Schweiz nach Holland, wo sie eine Stellung als Erzieherin übernehmen sollte.[55] 1826 bereiste sie mit der Tochter Luise und deren Gatten den Thüringer Wald.[56] Johanna Schopenhauer freute sich herzlich, »nach jahrelanger Trennung« die Tochter Adele auf ihrem *Ausflug an den Niederrhein* dabei zu haben und zu sehen, wie sie sich unter ihrer Pflege erholte.[57] Auch Sophie von La Roche war auf einigen ihrer Reisen mit einem ihrer Kinder unterwegs, so auf ihrer ersten Reise in die Schweiz mit ihrem jüngsten Sohn, auf ihrer Reise nach England wieder

---

[53] (1784) Nov.: »Über Reisen«, S. 1005–1010, hier S. 1010. Autorin dieses mit »Karoline« gezeichneten Beitrags ist höchstwahrscheinlich Karoline von Beulwitz, spätere von Wolzogen. Mit »Karoline« ist im gleichen Jahrgang der *Pomona* auch der Reisebericht »Schreiben einer jungen Dame, auf ihrer Reise durch die Schweiz« gezeichnet. Die Verfasserschaft Karoline von Beulwitz' für diesen Artikel kann durch Vergleich mit ihrem Beitrag zum *Schweitzerischen Museum* (1784) und dem Tagebuchfragment »Reise nach der Schweiz 1783« von Charlotte von Lengefeld (in: *Charlotte von Schiller und ihre Freunde*. I. Bd. Hg. v. L. Urlichs. Stuttgart 1860, S. 37–46) als gesichert gelten. Hinfällig ist somit der ohnedies nicht begründete Einwand von Ulrike Böhmel Fichera: »›Wir und unsere Fähigkeiten wurden immer nur zu der Hausdienerschaft gerechnet‹ Sophie von la Roches literarische Frauenzeitschrift ›Pomona‹«. In: Studi tedeschi 29 (1986) S. 7–47, hier S. 14, Anm. 18.

[54] Vgl. *Tagebuch einer Reise durch die Schweiz* (1800) S. 512 u. ö.; »Reise von Genf« (1805f.) S. 481f. u. ö.

[55] Vgl. L. Geiger (1901) S. 188.

[56] Der Bericht wurde im *Morgenblatt* (1826) Nr. 257–263 veröffentlicht. Zu den Reiseumständen vgl. Therese Hubers Brief an Caroline Pichler vom 29. 1. 1827, in: Dies.: *Briefe*, hg. v. L. Geiger, S. 256.

[57] J. Schopenhauer: *Im Wechsel der Zeiten*, S. 436.

mit einem Sohn, auf ihrer Reise nach Weimar mit ihrer Enkelin Sophie Brentano. Während aber bei Therese Huber und Johanna Schopenhauer das mitreisende erwachsene Kind in der literarischen Verarbeitung der Reiseerfahrungen keine Rolle spielt, teilt Sophie von La Roche auf ihrer ersten Schweizerreise den Töchtern zuhause voll Stolz und Freude mit, wie der jüngere Bruder beobachtet und beurteilt. Dies geschieht natürlich in pädagogischer Absicht in Hinblick auf die Leser(innen)schaft.

2.2 Bildungsstand

Wollte man den Urteilen von Reiseschriftstellerinnen über sich selbst glauben, so bekäme man den Eindruck, sie seien allesamt ungelehrt, ja ungebildet gewesen. Solche Selbstbezichtigungen sind freilich als für Frauen typische Demutsäußerungen zu werten und können so pauschal keine Geltung haben. Die überwiegende Mehrzahl der hier zu diskutierenden Reiseschriftstellerinnen war immerhin in größerem Umfang, ja sogar professionell, schriftstellerisch tätig. Freilich ist den Bildungschancen und dem Bildungsgang der einzelnen Schriftstellerinnen im Rahmen der zeitgenössischen Mädchenerziehung nachzufragen.

Angehörige der unteren Stände, denen der Zugang zu höherer Bildung von vornherein erschwert gewesen wäre, sind in der Reihe der hier zu behandelnden Schriftstellerinnen nicht zu finden. Etwa die Hälfte war adelig, der Rest entstammte eher großbürgerlich zu nennenden Haushalten. Ihre Väter waren bedeutende Kaufleute (Maria Belli, geb. Gontard, Johanna Schopenhauer, geb. Trosiener, Esther Bernard-Domeier, geb. Gad, Ida Pfeiffer, geb. Reyer, Fanny Lewald, urspr. Marcus), Militärs, Beamte oder Diplomaten (Fanny Tarnow, Therese von Bacheracht-Lützow, geb. von Struve, Elise von Hohenhausen, geb. von Ochs, Nina und Emilie Engelbronner d'Aubigny, Luise Mühlbach, eigentlich Klara Mundt, geb. Müller, Emilie von Berlepsch-Harms, geb. von Oppel), höhere Geistliche (Friederike Brun, geb. Münter), Professoren (Therese Forster-Huber, geb. Heyne, Dorothea Schlözer), Ärzte (Sophie von La Roche, geb. von Gutermann, Karoline Woltmann, geb. Stosch, Luise von Plönnies, geb. Leisler).

Freilich war die Herkunft aus einem gesellschaftlich höhergestellten Haus noch keine Versicherung für eine gute Bildung, zumindestens nicht für eine Tochter. Allein den Eltern oblag die Sorge um die Ausbildung der Tochter, da öffentliche Einrichtungen (von Elementarschulen abgesehen) noch weitestgehend fehlten.[58] Eine

---

[58] Die sog. deutschen Schulen vermittelten wenig mehr als die Anfangsgründe in Rechnen, Schreiben und Lesen. Da sie aber oft in keinem guten Ruf standen, stellten bessere Häuser auch schon für den Elementarunterricht Privatlehrer an. Seit 1800 etablieren sich hie und da meist aufgrund privater Initiative höhere Institute für Mädchen sowie Versuchsschulen. – Über die Geschichte der Mädchenbildung sind in jüngerer Zeit eine Reihe von Untersuchungen veröffentlicht worden. Genannt seien: Elisabeth Blochmann: *Das*

gründliche Bildung wurde für Mädchen aber keineswegs für erforderlich angesehen. Zwar gab es einige spektakuläre Vorstöße in frühaufklärerischer Zeit, diese scheiterten jedoch sehr bald an ihrer Unverträglichkeit mit den gesellschaftlichen Bedingungen.[59] Als obere Norm setzte sich durch, was etwa die Moralischen Wochenschriften oder Joachim Heinrich Campe in *Väterlicher Rath für meine Tochter* (1789) als Bildungsziel definierten: eine gesellschaftlich repräsentable, aber keine gelehrte Frau. Die Bezeichnung »gelehrte Frau« ging ins Arsenal der beleidigenden Namen ein. Keine einzige Schriftstellerin wollte als eine solche gelten. Die wiederholten Selbstbezichtigungen, ganz ungebildet zu sein, werden aus der Angst vor dem geschlechtslosen »Blaustrumpf« verständlich.

Erklärtes Ziel weiblicher Bildung war eine Frau, die zu den geselligen Unterhaltungen beitragen konnte und nicht durch Verständnislosigkeit dem Repräsentationsbedürfnis des Hauses schadete.[60] Für diese »gesellige Bildung« genügten Grundbegriffe in Geographie und Geschichte, Naturkunde, Musik und Belletristik;[61] daneben spielte die »Bildung des Herzens« – Frömmigkeit, Klugheitslehre – und die Beförderung »weiblicher Fertigkeiten« eine Rolle. Daß ein humanistisches Ideal, wie etwa Wilhelm von Humboldt es zur Voraussetzung der Bildung des Menschen machte, auf die Gattung »Weib« keine Anwendung fand,[62] kann nicht ohne Wirkung für das weibliche Selbstverständnis geblieben sein und relativierte die Bedeutung des Gefühls, das der Frau als Domäne zugewiesen wurde. Auf den Gebieten des geistigen Wissens herrschte Oberflächlichkeit. Tiefe war nur in der Region des Gefühls angesagt. »Jetzt kann ein Weib mit nichts in ihrer Seele groß sein, als nur mit ihren Wünschen«, läßt Jean Paul seine Klotilde im *Hesperus* klagen, und Esther Gad-Bernard zitiert ihn zustimmend in einem kritischen Artikel gegen Campes oben erwähntes Buch.[63] Noch weniger als an gründliche Bildung war freilich an Ausbildung zu denken – ein Umstand, der bei der zunehmenden Professionalisie-

---

»Frauenzimmer« und die »Gelehrsamkeit«. Eine Studie über die Anfänge des Mädchenschulwesens in Deutschland. Heidelberg 1966 (=Anthropologie und Erziehung 17). Ulrich Herrmann (1976). *Frauen in der Geschichte IV. »Wissen heißt leben...«Beiträge zur Bildungsgeschichte von Frauen in 18. und 19. Jahrhundert.* Hg. v. I. Bremer, J. Jacobi-Dittrich, E. Kleinau, A. Kuhn. Düsseldorf 1983 (= Geschichtsdidaktik. Studien und Materialien 18).

[59] Vgl. z.B. *Gründliche Untersuchung der Ursachen, die das weibliche Geschlecht vom Studiren abhalten, Darin deren Unerheblichkeit gezeigt, und wie möglich, nöthig und nützlich es sey, Daß dieses Geschlecht der Gelahrtheit sich befleisse, umbständlich dargeleget wird von Dorotheen Christianen Leporinin. nebst einer Vorrede ihres Vaters D. Christiani Polycarpi Leporin, Med.Prac. in Quedlinburg.* Berlin 1742.

[60] Vgl. E. Schön (1990) S. 34–36 und die dort zitierten Quellen.

[61] In diesem Sinne schrieb Johanna Charlotte Unzer *Grundriß einer Weltweißheit für das Frauenzimmer* (Halle 1751) und *Grundriß einer Natürlichen Historie und eigentlichen Naturlehre für das Frauenzimmer* (Halle 1751).

[62] Vgl. W. Rasch (1993).

[63] »Einige Äußerungen« (1798) S. 584.

rung des Reisens und Reisebeschreibens insbesondere seit der Jahrhundertmitte Frauen schließlich aus der Gattung verdrängte.[64]

Der Blick auf die Reiseschriftstellerinnen des ausgehenden 18. und des 19. Jahrhunderts zeigt, wie sehr es für ein junges Mädchen Glückssache war, einen einigermaßen ausreichenden Grundstock an Wissen von zuhause mitzubekommen. In welchem Umfang wurden Inhalte vermittelt, die den späteren Reisenden zustatten kamen, allem voran Fremdsprachen? Johanna Schopenhauer lernte Polnisch, Englisch und Französisch, und damit ging sie schon weit über das Übliche und Schickliche hinaus. »Ein Mädchen und Englisch lernen! Wozu in aller Welt sollte ihr das nützen? Die Frage wurde täglich von Freunden und Verwandten wiederholt, denn die Sache war damals in Danzig etwas Unerhörtes. Ich fing am Ende an, mich meiner Kenntnisse der englischen Sprache zu schämen, und schlug deshalb einige Zeit später es standhaft aus, auch Griechisch zu lernen, so sehr ich es innerlich wünschte, und so freundlich auch Jameson [der Lehrer] deshalb in mich drang. Der Widerwille gegen den Gedanken, für ein gelehrtes Frauenzimmer zu gelten, lag schon damals, wie eben noch jetzt, in meiner jungen Seele, so viel Rühmliches mir auch mein Kandidat von Madame Dacier und Frau Professorin Gottsched sagte, die obendrein meine Landsmännin war.«[65]

Gerade ihre gute Beherrschung des Englischen war für Johanna Schopenhauer später von großem Nutzen, ebenso wie ihre Kenntnis des Niederländischen[66] und des Italienischen.[67] Sie eignete sich ein bedeutendes kunsthistorisches Wissen an und wurde zu ihrer Zeit als Expertin geschätzt. Allgemein galt sie als außerordentlich geistreiche Gesellschafterin. Und doch hatte sie das Bedürfnis, in der Einleitung zu ihrer Autobiographie zu schreiben: »nach dem Zeugnis derer, die mich persönlich näher kennen, bin ich eine heitere, anspruchslose alte Frau, der man im geselligen Umgange die Schriftstellerin gar nicht anmerkt. Und darauf bilde ich mir etwas ein.«[68]

Das Bedürfnis, sich selbst als ungebildet zu stilisieren, scheint im Alter noch zugenommen zu haben, verlangte das Decorum für eine alte Frau doch noch mehr häusliche Bescheidenheit. Das Strickzeug wird zum Symbol. Sophie von La Roche, die überall, wohin sie kam, als berühmte Schriftstellerin gefeiert wurde (worüber sie

---

[64] In der Ablehnung einer weiblichen Berufsausübung waren sich beide Geschlechter weitgehend einig. Als Beispiel sei die sehr fortschrittliche Betty Gleim genannt, die allenfalls eine der ursprünglichen Hausfrau- und Mutterrolle analoge Tätigkeit für passend halten konnte: *Erziehung und Unterricht des weiblichen Geschlechts. Ein Buch für Eltern und Erzieher.* Leipzig 1810. Neudruck mit einer Einleitung v. Ruth Bleckwenn. Paderborn 1989 (= Quellen u. Schriften zur Geschichte der Frauenforschung 4).
[65] J. Schopenhauer: *Jugendleben* (1958) S. 56f.
[66] Vgl. Brief an Böttiger, 8. 5. 1821. J. Schopenhauer: *Im Wechsel der Zeiten* (1986) S. 408.
[67] Der Dichter und Übersetzer J.D. Gries in einem Brief vom 14.4.1815 an Heinrich Abeken über Johanna Schopenhauer: »Ihre gründliche Kenntniß der franz[ösischen] engl[ischen] u. ital[ienischen] Sprache, ihre großen Reisen, ihre Leichtigkeit in der Unterhaltung, ihr mitunter freilich etwas scharfer Witz, machen den Umgang mit ihr, wenigstens für mich, sehr anziehend.« Cit. *Damals in Weimar* (1929) S. 226.
[68] J. Schopenhauer: *Jugendleben* (1958) S. 9.

dann – in aller Bescheidenheit – auch gerne berichtet), konterkariert ihr Image als bedeutende Frau auf ihrer *Dritten Schweizerreise*: »So wie ich im Ganzen sehr froh bin, daß ich von dem Mangel meines Wissens überzeugt, gerne bescheiden schweige, und in den glänzenden Soirees meist nur auf mein Strickzeug bedacht bin.«[69] In gleicher Weise stellt Therese Huber sich vor den Bildern der Alten Niederländer – über die sie dann doch sehr viel Interessantes zu berichten weiß – als unwissend und »mit meinem Strickzeug beschäftigt« dar.[70]

1789 hatte Joachim Heinrich Campe in *Väterlicher Rath für meine Tochter* geschrieben, daß »einem jungen Frauenzimmer *deines Standes und deines Berufs* – des Berufs, nicht zur Françoise oder zur Hofdame, sondern zur bürgerlichen Hausmutter – die Erlernung fremder Sprachen nicht nur *unnütz*, sondern auch *schädlich* ist.« Denn wozu sollte sie auch nützen? »Um auf Reisen in fremde Länder dich mit Ausländern verständigen zu können? Aber zu solchen Reisen bist du nicht bestimmt.«[71] Campe lehnt den professionell-utilitaristischen Standpunkt in der Mädchenbildung kategorisch ab. Freilich war dieser Aspekt in der Lebenswirklichkeit nicht auszuschließen: Fremdsprachenkenntnisse eröffneten die Möglichkeit zu Übersetzungsarbeiten und damit zu zusätzlichem Verdienst. Auf diesem Feld betätigten sich z. B. Esther Gad-Bernard, Therese Huber, Fanny Tarnow, Emilie von Berlepsch (sie galt als Ossian-Spezialistin[72]), vor allem aber Elise von Hohenhausen, die sich als Übersetzerin von Sir Walter Scott und Lord Byron einen bedeutenden Namen machte.[73] Dazu wäre Elise von Hohenhausen, hätte sich ihre Mutter durchgesetzt, niemals in der Lage gewesen. Diese nämlich verbot ihr das Lesen und wollte sie nicht einmal die Elementarschule besuchen lassen. Erst nach dem Umzug nach Kassel erlaubte ihr der Vater, sich Kenntnisse, vor allem in den neueren Sprachen, zu erwerben.[74]

Sehr anschaulich berichtet Fanny Lewald in ihrer Autobiographie *Meine Lebensgeschichte* von ihrem Unterricht und ihrem häuslichen Bildungsprogramm.[75] Sie hatte das Glück, in Königsberg eine ganz ungewöhnliche Schule besuchen zu können, wurde aus dieser aber vorzeitig herausgenommen. Auch hier war es wieder die Mutter, die verhindern wollte, daß aus ihrer Tochter »ein gelehrtes, unpraktisches Frauenzimmer« würde.[76] Ihren höchst öden Stundenzettel zuhause nahm Fanny Lewald in ihre Autobiographie auf – ein Beweis für die tiefsitzende Verstörung, die ihr die Verweigerung der so sehr ersehnten Bildung bedeutete.[77] Daß die Erziehungs-

---

[69] S. 84.
[70] *Bemerkungen über Holland* (1811) S. 168.
[71] S. 121.
[72] Vgl. die Rezension der *Caledonia* in den Göttingischen Gelehrten Anzeigen (1803) S. 220 sowie eine Notiz über die Autorin in *Der Freimüthige* (1808) S. 346.
[73] Vgl. M. Hänsel (1984) S. 40, 47.
[74] Ebd. S. 16f.
[75] Buch I, Kap. 6–12.
[76] Ebd., hg. v. U. Helmer (1988) Bd. I, S. 117.
[77] Ebd. S. 140f. Wie wenig sich an der rigiden bildungsfeindlichen Haltung von Müttern seit der Mitte des 18. Jahrhunderts geändert hat, zeigt die erschütternde Autobiographie der Friederike Baldinger (1791), bes. S. 25f.

prinzipen der Mütter als der gleichgeschlechtlichen Vorbilder meist rigider und einschränkender waren als die der Väter, dürfte von bestimmender Wirkung auf das Selbstverständnis der Frauen gewesen sein. Psychologisch betrachtet, könnte die Geringschätzung des eigenen Geschlechtes, die sich immer wieder beobachten läßt und die fast einer autoaggressiven Selbstverachtung gleichkommt, aus dieser Erfahrung gespeist sein.

Auch für Mädchen aus einem Gelehrtenhaushalt war Bildung nicht selbstverständlich. Therese Huber, Tochter des berühmten Altphilologen und Göttinger Professors Christian Gottlob Heyne, berichtet in einem autobiographischen Abriß über ihre Kindheit und ihre gegenüber der Haushaltung, besonders aber gegenüber der Tochter gleichgültige Mutter: »Wir liefen in der Irre herum, erhielten von armen Studenten schlendrianmäßigen, schlechten Unterricht, mein Selbstgefühl ward durch den meinen Geschwistern gegebenen Vorzug erbittert, mein Stolz durch die Unordnung, den Schmutz, die Ärmlichkeit unseres Hauses gedemütigt.«[78] Während also nicht einmal von ordentlicher Erziehung, geschweige denn von planmäßigem Unterricht die Rede sein konnte, wußte sich das lebhafte Mädchen Zugang zur väterlichen Bibliothek zu verschaffen, las, was ihm unter die Händ kam und lernte, wo und von wem es konnte. Nachdem sich der Vater ein zweites Mal verheiratet hatte, kam Therese in ein französisches Pensionat nach Hannover. Hier war sie wenigstens in geordneten Verhältnissen, aber gelernt scheint sie auch hier nicht viel zu haben.[79]

Friederike Brun, obgleich die Tochter eines Superintendenten und Kirchenlieddichters, erhielt ebenfalls nur eine ungenügende Ausbildung. Sie besuchte eine Privatschule für Kinder aus besserem Haus, wo sie bei sehr mittelmäßigen Lehrern wenig mehr als Französisch lernte.[80] Während ihr älterer Bruder planmäßigen Unterricht bei einem Hauslehrer genoß, wurde ihr die Teilnahme daran versagt. Trotz dringlicher Bitten des Lehrers, der Grafen von Stolberg, ja später Herders, die die überraschende Begabung des Mädchens für die alten Sprachen erkannten, durfte sie weder Latein noch Griechisch lernen. »Mein Vater antwortete kurzweg: ›Sie soll mir keine gelehrte Närrin werden!‹«[81] So war das wißbegierige Kind im wesentlichen auf Autodidaxe angewiesen. Da im Hause Brun die Bildungselite verkehrte, fehlte es nicht am Umgang mit Gelehrten und Dichtern. Friederike las alle neueren Schriftsteller und mit Vorliebe Reisebeschreibungen. Sie lernte Englisch, um den Ossian, Italienisch um den Tasso lesen zu können. Sie bemühte sich um Naturwissenschaften und Altertumskunde[82] und galt später in Italien, wie Fürst Pückler be-

---

[78] Cit. L. Geiger (1901) S. 6. Vgl. ebd. S. 8 ihren Brief an Böttiger vom 10. 1. 1816: »Ich lernte als Kind fast gar nichts. […] Aber *hören* tat ich bloß Wissenschaftliches«.
[79] Vgl. ebd. S. 15f.
[80] F. Brun: *Wahrheit aus Morgenträumen*, S. 43f.
[81] Ebd. S. 32, 176.
[82] Ebd. S. 74, 145, 148, 153. Vgl. auch R. Olbrich (1932) S. 6–9.

richtet, als »so unterrichtet über Rom, wie über Alles, was in das Fach der Kunst einschlägt [...], daß man in ihrer Begleitung den Vasi entbehren kann.«[83]

Ziemlich eigenwillig waren die Erziehungsmethoden des Vaters von Ida Pfeiffer. Er hielt auf spartanische Zucht und ließ seine kleine Tochter Knabenkleider tragen und mit militärischem Spielzeug hantieren. Ohne es zu wissen, unterstützte er damit Wesenseigenschaften seiner Tochter, die diese später zu ihren extremen Unternehmungen befähigen sollten: »Muth, Ausdauer, Gleichgiltigkeit gegen Schmerz und Entbehrungen«.[84] Das älter werdende Kind mußte freilich mit großen Schwierigkeiten lernen, die eigene Weiblichkeit zu akzeptieren. Nun mußte auch der Wunsch nach einer gediegenen Bildung der Notwendigkeit aufgeopfert werden, sich mit der Geschlechtsrolle abzufinden. »Oft lag ihr der Gedanke nahe, mit Naturwissenschaften sich zubeschäftigen; sie unterdrückte ihn aber immer wieder, weil sie darin nur Rückkehr zu den verkehrten Ideen witterte.«[85] Später war dieser Mangel an fundierten biologischen, zoologischen und geologischen Kenntnissen ein großes Hindernis auf ihren Reisen. In vorgerückten Jahren hatte die Reisende aber »weder die Zeit noch die Geduld«, die Wissenslücke zu füllen.[86] Ohnedies mag das Erlernen der jeweils nötigen Fremdsprachen vor ihren Unternehmungen sie schon genug Energie gekostet haben.[87]

Am meisten in ihrer Erziehung benachteiligt waren gerade die beiden Schriftstellerinnen, die höhergestellten Adelsfamilien entstammten. Karl Friedrich Graf Hahn, der berühmt-berüchtigte »Theatergraf«, lebte nur seiner bizarren Neigung für die Bühne und vernachlässigte seine Familie vollständig. Für eine Ausbildung der Tochter zu sorgen, erschien vollends überflüssig, weil sie »ja nach den dort herrschenden Standesbegriffen keiner solchen bedurfte, um ihren Platz in der vornehmen Welt, der sie angehörte, gehörig auszufüllen.«[88] Gleichwohl verschwor sie sich mit ihrer zehn Jahre jüngeren Freundin, der späteren Autorin Luise Mühlbach, daß sie beide Schriftstellerinnen werden wollten, und dies, obwohl Luises Vater gewarnt hatte: »Es gibt nichts Widerwärtigeres und Abscheulicheres, als so ein Frauenzimmer, welches die Gelehrte spielt und sich eine Schriftstellerin und Dichterin zu sein dünkt, während sie doch ihren höchsten Ruhm darin suchen sollte, eine tüchtige Hausfrau zu sein.«[89]

Als geborene Reichsgräfin von Medem gehörte Elisa von der Recke dem höheren kurischen Adel an; ihre jüngere Schwester Dorothea wurde Herzogin von Kurland. Trotz dieses hohen Standes blieb ihr in ihrer Kindheit eine angemessene Erziehung völlig versagt.[90] Mit vier Jahren Halbwaise, hatte sie später das Glück, eine

---

[83] *Jugend-Wanderungen*, S. 158.
[84] Ida Pfeiffers Biographie, vorangestellt ihrer *Reise nach Madagaskar* (1861) Bd. I, S. IX.
[85] Ebd. S. XV.
[86] Ebd. S. XLIX.
[87] Ida Pfeiffer lernte Dänisch, Holländisch, Malaiisch, Spanisch und ein wenig Russisch. Sie fertigte sich Glossare für Arabisch, Persisch und Hindi an. Vgl. H. Jehle (1989) S. 191–194.
[88] E. Le Maître (1869) S. 13.
[89] *Erinnerungsblätter aus dem Leben Luise Mühlbachs* (1902), S. 138.
[90] Vgl. Ch. A. Tiedge (1818) S. 10ff.

Stiefmutter zu bekommen, der sie wenigstens vorlesen durfte. Darin bestand der Hauptteil der »Bildung«, die ihr zuteil wurde. Doch das war schon viel, denn ihre Großmutter, bei der sie vorher untergebracht war, hatte ihr das Lesen vollständig verboten. »Großmama sagt: Weiber werden durch Lesen zum Narren – die Bücher sind nur für die Männer gemacht! – recht, als hätten wir keine Seele, als wären die Weiber nur ein Stück Fleisch«, klagte sie noch Jahre später einer Freundin gegenüber.[91] Es war nur konsequent, daß sie, als sie selbst zur gebildeten Schriftstellerin geworden war, sich intensiv für die Förderung weiblicher Selbständigkeit und weiblicher Bildung, etwa in Versuchsschulen, einsetzte. »Sie sprach mit Eberhard von Rochow, Campe, Caroline Rudolphi, Ernst Christian Trapp; sie sah das Dessauer Philanthropinum und versäumte keine Gelegenheit, erzieherische Ideen der Frauen zu fördern.«[92]

War die Mehrzahl der Schriftstellerinnen durch ihre Erziehung für spätere Geistesarbeit wenig prädestiniert, so gibt es doch auch Gegenbeispiele. Von den Geschwistern Engelbronner, von Karoline Woltmann und von Therese von Bacheracht ist überliefert, daß sie durch Privatlehrer und Gouvernanten eine vergleichsweise gründliche Ausbildung bekommen hatten. Die außergewöhnliche Sprachbegabung der jungen Luise von Plönnies wurde zeitig erkannt und speziell gefördert. Maria Belli, geb. Gontard, erhielt nicht nur Unterricht beim Hauslehrer ihrer eigenen Familie, sondern durfte zusätzlich die verschiedenen Hofmeister der Gontardschen Großfamilie aufsuchen, unter denen sie Hölderlin als besonders »freundlich gegen uns Kinder« hervorhebt.[93]

Stellt man die durchschnittliche Ausbildung eines Mädchens um die Jahrhundertwende in Rechnung, so werden stilistische Mängel, fehlendes Interesse und tatsächliche Bildungslücken, die sich da und dort in den Reisebeschreibungen zeigen, leicht verständlich. Besonders auffallend treten Defizite übrigens dort zu Tage, wo Kenntnisse über außereuropäische Kulturen gefordert gewesen wären (z. B. bei den Orientreisen von Ida Hahn-Hahn, Ida Pfeiffer und besonders Maria Schuber). Diese Wissensgebiete ließen sich kaum durch Autodidaxe erschließen. Gleichwohl muß man den hohen Grad an Bildung bewundern, den eine ganze Reihe der in dieser Untersuchung besprochenen Reiseschriftstellerinnen aufzuweisen haben. Er ist hauptsächlich ein Produkt intensiven Selbststudiums. Von daher wird auch verständlich, warum vieler dieser Frauen so sehr nach geistigen Kontakten strebten. Der Kreis ihrer Freundschaften, Bekanntschaften, Korrespondenzen bezieht eine erstaunlich große Zahl der Vertreter des damaligen literarischen Geisteslebens ein. Man traf sich bei Johanna Schopenhauer oder zur Teestunde bei Elise von Hohenhausen. Therese von Bacherachts Hotelzimmer war Treffpunkt einer »Kotelettenbruderschaft«.[94] Von den intensiven persönlichen und geistigen Verbindungen legen auch die Reisebeschreibungen beredtes Zeugnis ab. Immer wieder wird hier auf

---

[91] E. v. d. Recke: *Aufzeichnungen und Briefe* (1901) Bd. I, S. 212.
[92] G. Schulz (1976) S. 159.
[93] M. Belli: *Lebens-Erinnerungen,* S. 44f.
[94] Alexander von Sternberg: *Erinnerungsblätter aus der Biedermeierzeit* (1919), S. 220.

andere Literaten und Literatinnen verwiesen, werden sie besucht, ihre Bücher diskutiert, ihre Aufenthaltsorte gefühlvoll memoriert.

2.3 Finanzielle Situation

Es muß sich die Frage aufdrängen, wie wohl alle diese Reisen finanziert werden konnten. Man blieb ja wenigstens Wochen, meist Monate, manchmal Jahre aus. Nun ist freilich zu bedenken, daß das Leben auf Reisen unter Umständen billiger sein konnte als zuhause. Dies war einer der Gründe, warum englische Familien solch ausgedehnte Touren unternahmen. Rom z.B. galt als besonders »wohlfeil«. Verbrachte man längere Zeit an einem Ort, so mietete man dort eine eigene Wohnung – möglichst samt einer Aufwärterin –, was billiger war als das Leben im Hotel. Gleichwohl dürfen die Kosten nicht unterschätzt werden.

Es fällt auf, wie viele Frauen in ihren Reisebeschreibungen über ihre finanziellen Aufwendungen berichten. Hier liegt ein deutlicher Unterschied zu Reisebeschreibungen von Männern vor. Ein Grund mag wohl darin zu suchen sein, daß Männer im Durchschnitt mehr Geld zur Verfügung hatten. Ihnen standen zumindest Möglichkeiten offen, die den meisten Damen verschlossen blieben: das unentgeltliche Reisen als Begleiter eines begüterten Herrn von Stande (vor allem im 18. und frühen 19. Jahrhundert) und das von einem Verlag vorfinanzierte Reisen. Letzteres wurde gefördert durch das Zunehmen der Korrespondenzen im Zuge des Aufschwungs, den das Zeitungswesen im 19. Jahrhundert nahm.[95] Besonders Cotta ließ sich schöngeistige Berichte aus dem Ausland für das *Morgenblatt* etwas kosten.[96] Aber auch förmliche Verlagsverträge, in denen sich der Reisende zur Abfassung einer Reisebeschreibung bestimmten Umfanges verpflichtete, wurden abgeschlos-

---

[95] Im Unterschied zu früher wandte sich das Interesse des Lesepublikums mehr und mehr der aktuellen Berichterstattung zu. Freilich konnten sich nur größere Zeitungen regelmäßig berichtende Korrespondenten halten. Ansonsten druckte man gern Berichte von Reisenden oder von ortsansässigen Deutschen oder entsandte bei politischen Spannungen Sonderberichterstatter. Aus solchen Korrespondenzen entstanden die Reisebücher von Ph. Fallmerayer, *Fragmente aus dem Orient* (ursprünglich eine Artikelserie für die *Allgemeine Zeitung*) und H. Stieglitz, *Erinnerungen an Rom und den Kirchenstaat* (ursprünglich für die *Kölnische Zeitung* als Berichte über die italienischen Revolutionswirren).

[96] 1826 unterstützte Cotta Waiblingers italienische Reise mit 200 Talern in der Hoffnung auf Beiträge für das *Morgenblatt* (Wilhelm Waiblinger: *Werke und Briefe*. Textkrit. u. komm. Ausg. in 5 Bden. Hg. v. H. Königer. Bd. V, 2: *Sämtliche Briefe. Textkritik und Kommentar, Lebenschronik*. Stuttgart 1985, S. 1080.) Platens zweijährigen Aufenthalt in Italien finanzierte Cotta im gleichen Jahr sogar mit 250 Gulden vierteljährlich (P. Brumm: *August Graf von Platen. Eine Biographie*. Paderborn 1990, S. 401.403). Und auch Börne bekam für Korrespondenzen aus Paris, die er für das *Morgenblatt* einliefern sollte, hohe Vorschüsse, die er allerdings nicht einlöste (*Cotta und das 19. Jahrhundert*, S. 86). Franz Freiherr Gaudy hielt sich 1838–1839 ein ganzes Jahr lang als Korrespondent für Cotta in Italien auf (vgl. A. Mueller: »Franz Freiherr Gaudy's Leben«. In: *Sämtliche Werke*. Bd. I, Berlin 1844, S. LVIIf.).

sen.[97] Unten (3. 4.) wird darüber zu berichten sein, welche Möglichkeiten Frauen zur Veröffentlichung in Zeitschriften offen standen. Keine jedoch konnte sich durch Verlagsverträge ihre Reise vorfinanzieren lassen. Im englischsprachigen Raum war das immerhin möglich, wie das Beispiel der Lady Morgan zeigt, die im Auftrag eines Londoner Verlages berichtete. Daß der Erlös einer Schrift benützt wurde, um weitere Reisen zu bezahlen, wird uns jedoch häufig berichtet.

Manchmal fanden sich Mäzene. Luise von Plönnies' Reise nach Belgien wurde finanziert, weil sie dort nach dem Wunsche ihrer Gönner die flämische Literatur studieren sollte.[98] Elise von Hohenhausen reiste an die Nordsee auf Einladung des wohlhabenden Altonaer Advokaten Jacobsen, der von ihr die Mitarbeit an einer Anthologie aus englischen Dichtern erhoffte.[99] Mehr als irgendeine andere Frau nach ihr erhielt Sophie von La Roche immer wieder finanzielle Unterstützung – ein besonderes Glück in ihrer bedrängten finanziellen Lage. Am 21. Febr. 1788 schrieb sie an Johannes von Müller: »Sollte jemand sagen, daß meine Reisen kosteten, so sagen Sie nur: *Ja, aber* die in *die Schweiz* zahlte Graf Werthern mit 80 alten *Louis d'or*, und ich bekam für den Bogen vom Buchhändler einen Karolin. Die nach *Frankreich* zahlte meine Freundin Bethmann, mit der ich reiste und wieder von Richter [der Verleger] einen Karolin vom Bogen hatte. Die *nach England* war auf Kosten einer sehr edlen Freundin, und mein Journal zahlt sich aus. Von diesem Ertrag stütze ich eine Schwester und mich in allem, was ich brauche, neben einer Nièce von La Roche. Unsere Kapitalien sind weg. Wenn La Roche so verfällt, so fällt die Pension. [...] ich bin in der Wittibkasse.«[100] Aus Sophie von La Roches Brief ist zu erfahren, welche Kosten eine dreimonatige Reise in die Schweiz 1784 verursachte: ca. 450 Taler.[101] Damit dürfte eher eine untere Grenze an finanziellem Aufwand angegeben

---

[97] Hierüber, als einer Unsitte, klagt schon der Anonymus in der *Berlinischen Monatsschrift* 1784: »man reist nicht mehr um zu schreiben, man schreibt zum Theile, um zu reisen. Man läßt sich vom Buchhändler oder Publikum vorausbezahlen, und stellt mit diesem Gelde dann die Reise an.« (»Über die vielen Reisebeschreibungen in unseren Tagen«, S. 325f.) Goethe mokiert sich über Karl Philipp Moritz, der sich 1787 von Campe seinen römischen Aufenthalt durch einen Vorschuß auf die zu erstellende Reisebeschreibung finanzieren ließ, wie er das auch schon 1782 in England getan hatte (*Italienische Reise*, August 1787, Bericht. HA, Bd. 11, S. 391). Auch ein halbes Jahrhundert später war dieses Verfahren immer noch im Schwange. Prutz findet es niederträchtig (»Über Reisen und Reiseliteratur der Deutschen« (1847). In: Prutz (1973) S. 45). K. Gutzkow teilt in seinen *Rückblicken auf mein Leben* mit: »Mit F. A. Brockhaus hatte ich einen Vertrag über zwei Bände ›Briefe aus Paris‹ abgeschlossen« (*Werke*, Bd. III, S. 243).

[98] *Reiseerinnerungen* (1845), Vorwort, S. VII.

[99] Vgl. M. Hänsel (1984) S. 37–39. Vgl. Friedrich Johann Jacobsen: *Briefe an eine deutsche Edelfrau über die neuesten englischen Dichter. Hg. mit übersetzten Auszügen vorzüglicher Stellen aus ihren Gedichten und mit Bildnissen der jetzt berühmtesten lebenden Dichter Englands.* Altona 1820.

[100] *Ich bin mehr Herz als Kopf* (1983) S. 305f. Georg Michael von La Roche starb noch im gleichen Jahr.

[101] Zum Vergleich: Wilhelm Waiblinger erbat 1826 von Cotta 2000 fl. zur Finanzierung eines zweijährigen Aufenthalts im preiswerten Italien. Für eine »größere Land- und Meerreise« von Rom nach Sizilien zwei Jahre später gedachte er, »etwa 1000 fl. [zu] verwenden«. *Briefe an Cotta*, Bd. II, S. 472 und 482 Fußn. 28.

sein, denn Sophie von La Roche reiste zwar nicht dürftig, aber mit dem Vorsatz: »so sparsam [...] als möglich, ohne Bedienten, ohne Jungfer, wenig Kleider zu Prunk, nur Verstand und Freundschaft die Fülle.«[102]

Natürlich gab es auch wohlhabende Reiseschriftstellerinnen. Maria Belli reiste nicht nur sorglos, sondern sie konnte in Wien auch ohne finanzielle Rücksichten wertvolle Autographen und in Konstantinopel teuren Schmuck einkaufen.[103] Den großzügigen Lebensstil im Hause Belli in Frankfurt schildert Gutzkow anschaulich in seinen *Rückblicken auf mein Leben*.[104]

Ida Hahn-Hahn hatte bei der Scheidung ein Jahresgehalt von 1500 Talern in Gold zugesprochen bekommen. Auch wenn sie für die Pflege ihrer geisteskranken Tochter aufkommen mußte, so war dadurch doch ein sehr bequemes Auskommen gesichert.[105] Dazu verdiente Ida Hahn-Hahn mit ihren Schriften sehr gut (vgl. unten S. 93), pflegte allerdings einen aufwendigen Lebensstil. Ihr Troß auf ihrer Orientreise bestand aus sieben Pferden, einigen Knechten, einem Dragoman und einem Bedienten. Die »gezierte Kammerjungfer« war in Konstantinopel zurückgeschickt worden.[106]

Friederike Brun hätte mit den 2000 Reichstalern, die ihr Gatte ihr im Falle einer dauernden Trennung anbot, sicher bestens leben können. Auch sie war es gewohnt, bequem zu reisen: im eigenen, gut ausgestatteten Wagen, mit dem Hauslehrer und Bedienten. Ihre Ausgaben pflegte sie genau aufzuzeichnen, und zwar in ein »Börsenbüchlein« mit Kolumnen »für die Detailrechnung, die ich meinem Eheherrn bei der Rückkunft abzulegen willens war«, wie sie etwas süffisant bemerkt.[107] Unter Geldmangel hat sie aber nie zu leiden gehabt. Auch Therese von Bacheracht lebte sorgenfrei mit dem Unterhalt, den ihr getrennt lebender Gatte ihr zukommen ließ.

---

[102] Brief an Jakob Sarasis vom 20. 7. 1786 über die geplante Englandreise. Cit. *Ich bin mehr Herz als Kopf* (1983) S. 282.

[103] *Meine Reise nach Constantinopel*, S. 21–34, S. 298f. Der Inhalt der Autographen wird in der Reisebeschreibung abgedruckt »aus einem Grunde, dessen leidige Gültigkeit ich allen Lesern, die ihn nicht errathen, versichern darf.« Gemeint ist wohl die Zensur, die etwa gegen die gesonderte Wiedergabe eines Börne-Briefes Einwände erhoben hätte.

[104] *Werke* Bd. III, S. 247. Gutzkow notiert in der ihm eigenen unterkühlten Art: »Ein Fallissement ihres Gatten brachte die reiche [...] Dame plötzlich aus der gewohnten Bahn ihres Wirkens [...] unliebsam heraus.«

[105] Bei E. Le Maître (1869) S. 22 – die Autorin war eine Freundin der Gräfin – heißt es, das Jahresgeld sei von den Pflegekosten fast ganz aufgezehrt worden. Vgl. hingegen K. van Munster (1929) S. 50, die keinen Erwerbszwang durch Schreiben annimmt. Zieht man einen Vergleich, so wird Le Maîtres Annahme sehr unwahrscheinlich: 1864 stand nur 1,31 % der Bevölkerung Preußens ein jährliches Einkommen von mehr als 1000 Talern zur Verfügung. Vgl. R. Wittmann (1976) S. 238. Wilhelm Chezy (1863) S. 10 nennt das Jahrgeld, das seine Mutter Helmina 1810 nach ihrer Trennung von Chezy bekam, ein »überaus anständiges Einkommen«, mit dem sie nur nicht zu wirtschaften verstand. Es handelte sich um 2400 Franken, was etwa 720 preußischen Talern oder 1100 österreichischen Gulden entspricht. (Helmina von Chezy selbst spricht in *Unvergessenes. Denkwürdigkeiten aus dem Leben.* Leipzig 1858, I. Tl., S. 11 von 90 Gulden monatlich.)

[106] *Orientalische Briefe* Bd. II, S. 3f.

[107] »Reise von Genf« (1805) S. 482.

Nicht alle getrennt Lebenden oder Geschiedenen kamen aber in den Genuß einer noblen finanziellen Unterstützung. Die Vermögensverhältnisse Elisa von der Reckes waren nach ihrer Scheidung sehr beschränkt und besserten sich erst, als die russische Kaiserin Katharina ihr 1795 das Domänengut Pfalzgrafen in Kurland anweisen ließ.[108] Charlotte von Ahlefeld war nach der Trennung von ihrem Gatten auf den Erlös ihrer Schriften angewiesen.[109]

Muster rigoroser Sparsamkeit waren die beiden Österreicherinnen Ida Pfeiffer und Maria Schuber. Die Pilgerin Maria Schuber ging große Strecken zu Fuß und übernachtete in Klöstern. Bewußt gestaltete sie ihre Reise als Demonstration dafür, daß »nicht nur lauter Reiche mit allen Bequemlichkeiten und großen Unkosten nach Palästina reisen« können.[110]

Weniger fröhlich, vielmehr mit etwas Bitterkeit betrachtete Ida Pfeiffer ihre finanzielle Beschränktheit.[111] Ihr Mann war ohne Schuld in finanzielle Not geraten. Das kleine Vermögen, das sie von ihrer Mutter geerbt hatte, war z. T. durch die Ausbildung der beiden Söhne aufgezehrt. Als sie sich 45jährig zum Reisen entschloß, war sie »zur größten Sparsamkeit« gezwungen.[112] Die Honorare für ihre Reisebücher und den Erlös der mitgebrachten Naturalien bildeten jeweils die Grundlage für weitere Unternehmungen. Sie selbst schreibt: »Durch meine Ersparnisse erhielt ich Summen, welche einen Fond bildeten, mit dem Reisende wie der Fürst *Pückler-Muskau* oder wie *Chateaubriand* und *Lamartine* höchstens auf einer vierzehntägigen Badereise ausgekommen wären, die mir, der einfachen Pilgerin, aber zu zwei= und dreijährigen Fahrten genügend schienen und, wie die Folge zeigte, es auch waren.«[113] 1850 erhielt die inzwischen berühmt gewordene Weltreisende von der österreichischen Regierung eine einmalige Zuwendung von 1500 Gulden, das entspricht etwa 1000 Talern. Vergleicht man diese Summe mit den jährlichen Unterhaltszahlungen für Ida Hahn-Hahn oder Friederike Brun, so erscheint sie nicht hoch. Zum Sparen war Ida Pfeiffer also auch weiterhin angehalten. Anschaulich schildert sie, wie sie immer wieder unerwartet Hilfe – etwa in Form von Freifahrten – bekam und nur so ihre Reisen durchführen konnte.[114] Sparsamkeit war aber auch ein Teil ihrer Selbststilisierung. Ihre Reisebeschreibungen sind voll von Hinweisen auf Preise, von Klagen über Überforderungen, von Beschwerden über mangelnde Zuvorkom-

---

[108] Ch. A. Tiedge (1818) S. 58. Die Angaben bei *Henriette Herz in Erinnerungen* (1984) S. 115 sind nicht ganz korrekt.
[109] F. Brümmer (1876) Bd. I, S. 4.
[110] *Meine Pilgerreise* (1850) S. 241.
[111] Zum ökonomischen Fundament von Ida Pfeiffers ausgedehnten Reisen vgl. H. Jehle (1989) S. 72–83.
[112] I. Pfeiffer: *Reise nach Madagaskar*. Vorangestellte Biographie der Autorin, S. XXVI–XXXI.
[113] A. a. O. S. XXXV. Zum Vergleich: Um 1800 zahlte Karoline Rebenack für eine Schiffsreise von London nach Cannanore in Ostindien 6000 fl. *Reise eines jungen Frauenzimmers von Stuttgart nach Kananore, auf der malabarischen Küste in Ostindien, aus ihren eigenen Briefen. Hg. von einem ihrer Freunde* [i. e. Carl Philipp Lohbauer]. Stuttgart 1801, S. 77.
[114] Vor allem in der Widmung zu *Meine Zweite Weltreise*, die sich an die stets hilfreichen Holländer wendet.

menheit ihr gegenüber und von Berichten über ihre Bedürfnislosigkeit. »Meine Freunde werden mir vergeben,« entschuldigt sie sich schon in ihrer ersten Reisebeschreibung, »daß ich meine Leiden so genau beschreibe, allein es geschieht nur, um alle Jene abzuschrecken, die etwa Lust zu solch' einer Reise hätten, und nicht reich, vornehm oder doch abgehärtet sind, denn ohne den Besitz wenigstens einer dieser Eigenschaften möge Jeder lieber zu Hause bleiben.«[115]

2.4 Ziele, Dauer und Motive einer Reise

Bedenkt man die familiären Hindernisse, die gesellschaftlichen Vorurteile, die praktischen Schwierigkeiten, die dem Reisewunsch einer Frau des 19. Jahrhunderts entgegentraten, so ist es höchst verwunderlich, für welch lange Dauer und zu welch entfernten Zielen diese Damen unterwegs waren. Vorbei waren die Zeiten, als noch die »vom Arzte verordnete Badereise nach Pyrmont, Karlsbad oder Aachen« die einzige war, die Frauen von zuhause weg brachte, und als selbst diese ihnen fast als »Todesurtheil« erschien.[116] Auch in der ersten Hälfte des 19. Jahrhunderts aber spielen gesundheitliche Gründe als Reisemotiv für Frauen noch die bedeutendste Rolle, wobei freilich der Begriff »Gesundheit« sehr weit gefaßt ist. Persönlichkeitsentwicklung, Erweiterung des Wissens und der Bildung werden von Frauen, anders als von Männern, als Reisemotive so gut wie nie angegeben. Eine gewisse Ausnahme macht, noch in der Tradition der Aufklärung stehend, Sophie von La Roche, die aber weiblich-bescheiden lieber von ihrer »Wißbegierde« spricht.[117] Ida Hahn-Hahn, die – ähnlich wie Fürst Pückler – ihre Reisen zur Erhaltung ihres seelischen Gleichgewichts als eine Art Lebenselexier benötigte und dies bisweilen auch unumwunden zugab,[118] tendierte zu philosophischer Selbstüberhöhung. In einem Brief an Pückler analysiert sie als Motiv für alle ihre Unternehmungen einen »tiefe(n), heilige(n) Ernst, um zur Wahrheit, das heißt zur Erkenntniß des innewohnenden Geistes der Erscheinungen zu kommen.«[119] Mit dieser metaphysischen Legitimation steht sie weitgehend allein. Frauen haben sich solch einer goetheschen Diktion ungern bedient.

Von jeher war dem Reisen eine heilende Wirkung für die Seele zugeschrieben worden. Sophie von La Roche fügt ihren *Erinnerungen aus meiner dritten Schweizerreise* als Untertitel bei: »Meinem verwundeten Herzen zur Linderung, vielleicht

---

[115] *Reise einer Wienerin* Tl. II, S. 170.
[116] Johanna Schopenhauer: *Ausflug an den Niederrhein* S. 121.
[117] *Tagebuch meiner Reise durch Holland und England*, S. 1 der Einleitung u. ö.
[118] »Ich reise nicht um zu sehen und zu hören; nicht um zu bewundern und bewundert zu werden; nicht um mich zu bilden und Kenntnisse und Wissenschaft zu erwerben; nicht um zu Hause mündlich und schriftlich allerliebste Märchen von meinen Reisen zu liefern; nicht um Menschen, Sitten, Gebräuche des Auslandes als Stoff zu künftigen interessanten Medisancen einzusammeln: ich reise, um zu leben.« *Jenseits der Berge*, I. Bd., S. 14.
[119] 22. 1. 1845. In: *Briefwechsel des Fürsten Hermann von Pückler-Muskau*. Hg. v. L. Assing. 1. Bd. Hamburg 1873 (= Bern 1971) S. 285. Vgl. Ida Hahn-Hahn: *Von Babylon nach Jerusalem*, S. 26, 35 u. ö.

auch mancher traurenden Seele zum Trost geschrieben«. Ihre Kinder hatten ihr die Reise anempfohlen als »eine Art heilenden Balsams« nach dem Tod des jungen Franz Wilhelm von La Roche, mit dem die Mutter damals die erste Schweizerreise unternommen hatte.[120] Die Überwindung ihrer Melancholie nach dem Tod des einzigen Kindes suchte Therese von Bacheracht auf ihrer Reise nach dem Süden. Die Beobachtung des eigenen Gemütslebens ist denn auch in der Niederschrift vorherrschend. Allerdings war sie zu ich-zentriert, um eine Einwirkung der Außenwelt auf ihr Gemüt zu erleben. Andere Reisende beobachteten an sich den läuternden, erhebenden und korrigierenden Einfluß, den nach der communis opinio der Zeit etwa der Anblick der Natur auf das Gemüt ausübt.[121]

Die Reise zum Bad war neben der Pilgerreise lange Zeit das einzig gesellschaftlich akzeptierte Motiv für eine Frau zu einer Flucht aus der häuslichen Umfriedung oder Bedrängnis. So scheint es oft auf den ersten Blick schwer auszumachen, ob für die vielen Reisen in Deutschland, Österreich oder Böhmen, deren Beschreibungen uns überliefert sind, die Kur Vorwand oder Grund gewesen sein mag. Immer wieder begegnet man den großen Badeorten der damaligen Zeit: Bad Schwalbach und Schlangenbad schon 1783 bei Emilie von Berlepsch, später wieder bei Johanna Schopenhauers *Ausflucht an den Rhein*; Karlsbad bei Esther Gad-Bernards *Beschreibung einer Wasserreise* sowie schon in Elisa von der Reckes mit Sophie Schwarz unternommener großer Tour nach Deutschland; Marienbad in Therese von Bacherachts *Reise nach Wien;* Teplitz in den *Reiseerinnerungen* des Ehepaars Fouqué. Einen bedeutenden literarischen Niederschlag haben diese Badeaufenthalte freilich nicht gefunden. In den Reisebeschreibungen stehen sie eher am Rande. Das Bad wurde nicht als berichtenswertes touristisches Ziel verstanden.[122] Als jährlich wiederkehrender gesellschaftlicher Fixpunkt hatte es freilich eine hohe Bedeutung, gerade für intellektuelle Frauen, wie aus einer Reihe von Briefen hervorgeht.

Nicht das Bad und der Kuraufenthalt waren also Beweggrund für die große Zahl von Reisen im deutschsprachigen Gebiet, sondern das Bedürfnis, das eigene Land mit seiner Vielfalt an Landschaften und Staatsgebilden kennenzulernen. In England waren »home travels« als Kontrapunkt zu den obligatorischen Auslandsreisen bereits seit längerem Mode geworden.[123] Nun wurden sie auch in Deutschland propagiert.[124] Die Motive im einzelnen sind grundverschieden: sei es das Erleben großar-

---

[120] Vorwort, S. 1.
[121] Vgl. z. B. Sulzers Artikel in der Pariser Enzyklopädie, den Sophie von La Roche mit begeisterter Zustimmung zitiert: *Briefe über Mannheim*, Zehnter Brief, S. 136–138. Die gleiche Auffassung ist noch in den Reisebüchern von Emma von Niendorf anzutreffen.
[122] Keine eigentliche Reisebeschreibung ist Johanna Schopenhauers »Das Badeleben in Karlsbad während der Monate Julius und August 1815« in: *Jugendleben und Wanderbilder* (1839) S. 286–308.
[123] Vgl. R. Omasreiter (1982) S. 25.
[124] In der *Deutschen Monatsschrift* 2 (1796) März S. 247 notiert der Herausgeber anläßlich einer Beschreibung der Westfälischen Pforte: »Die gegenwärtige Beschreibung aber hat insbesondere den Wunsch in uns rege gemacht, bald von mehrern deutschen Gegenden dergleichen Beschreibungen zu erhalten, damit die Kenntniß des Grundes und Bodens,

tiger Naturszenen in den Alpen, der Sächsischen oder Holsteinischen Schweiz, das Kennenlernen deutscher Kulturzentren wie Frankfurt, Köln oder Wien oder das Aufsuchen von Dichterkolleginnen und -kollegen. Daß das Reisen im eigenen Lande auch eine patriotische Konnotation haben konnte, beweist Helmina von Chezys *Norika*. Die Verfasserin schreibt im Vorwort zu diesem ihrem *Handbuch für Alpenwanderer*: »Es ist eine, dem Deutschen besonders eigene Neigung, das Fremde, Entfernte zu ersehen, zu überschätzen und das Heimathlich Schöne minder anzuschlagen, und dennoch gibt's nichts Herrlicheres, als unsern deutschen Boden mit seinen vollen Strömen und weiten, leuchtenden Seen, unsere Felsen und Eichen, und es weht kein reinerer Lebenshauch, als deutsche Luft. Warum zur Fremde hin, ehe die geliebte Heimat nach allen Richtungen durchpilgert worden?«[125]

Traditionell vorzüglichster Gegenstand deutscher Sehnsucht nach der Fremde ist Italien, sicherlich seiner Kunstschätze, von reisenden Frauen aber vornehmlich (oder vorgeblich) auch seines milden Klimas wegen aufgesucht. Friederike Brun brachte während der nahezu 20 Jahre, in denen sie aus Rücksicht auf ihre zarte Gesundheit unterwegs war, die meiste Zeit in Italien zu. Jedoch war ihr jahrelanger Aufenthalt im Süden nicht nur diktiert von den Vorzügen des dortigen Klimas; was sie suchte, war der Umgang mit gebildeten Menschen, mit denen sie schwärmerische Freundschaftsbünde schloß, die Freiheit zum Außergewöhnlichen, die Mischung aus Geborgenheit und Abenteuer, wie sie vor allem das Leben in der damaligen deutschen Kolonie in Rom bot. War die »römische Freiheit« schon für männliche Reisende ein überwältigendes Erlebnis, so betont Friederike Brun demgegenüber die Bedeutung Italiens für die weibliche Psyche. 1806, als die dringend gesuchte Genesung für die hochbegabte, aber schwächliche Tochter Ida sie wieder nach Italien trieb, hat sie deutlich ausgesprochen, daß sie nur im Süden eine Entfaltungsmöglichkeit für ein »*weibliches Wesen*« mit »reifem Geiste, und glühender Einbildungskraft« sehe: »Hier sind alle Hüllen leichter gewoben. [...] *Hier kann man ungestraft Genie haben, und es entwickeln!*«[126]

Fanny Lewald hielt sich eineinviertel Jahre (1845/46) im Süden auf. Für sie bedeutete die Reise Orientierung. Nachdem sie beschlossen hatte, unabhängig zu le-

---

worauf wir wohnen, sich wenigstens unter unsern gebildetern Ständen allgemeiner verbreite, und bey den Gegenden, die man vor Augen hat oder durch die man durchreist, man sich doch auch etwas denke!« Esther Gad-Bernards »Beschreibung einer Wasserreise, von Aussig nach Dresden« im gleichen Journal ist Teil dieses Programms.

[125] S. XIII. Vgl. auch Esther Gad-Bernard: »Beschreibung einer Wasserreise« (1799) S. 189: »kaum ein Fünftheil von den Deutschen, die in Frankreich und Italien waren, [haben] die beyden durch Schönheit und Nachbarschaft verschwisterten Länder, Sachsen und Böhmen recht gesehen«.

[126] *Episoden* Bd. III, S. 73f. – Offenbar auf diese Stelle spielt Ernst Raupach an, der in seiner satirischen Reisebeschreibung *Lebrecht Hirsemenzels, eines deutschen Schulmeisters, Briefe aus und über Italien* (Leipzig 1823) das Klischee vom Land der Bildung konterkariert. In der Vorrede (S. XII) zitiert er mit deutlich ironischem Unterton die vor zwanzig Jahren geäußerte Meinung einer »Dame«, »die eigentliche Bildung sey nur in Italien zu holen«, um zu zeigen, wie alt und abgesunken (schon von Frauen benützbar) dieses Klischee sei.

ben, wollte sie in Italien erste Schritte der Selbständigkeit erproben.[127] Während es aber für einen Mann selbstverständlich war, sich zu Reisemotiven wie Bildungsbedürfnis, Emanzipation vom Elternhaus und Selbstfindung auf der Schwelle zum Eintritt ins Berufsleben bekennen zu dürfen, stellte Fanny Lewald unter Wahrung des Kind-Frau-Topos ihre Fahrt im *Italienischen Bilderbuch* als Erfüllung eines kindlichen Märchentraums dar.[128] Psychologisch getreuer und freimütiger wagte sie sich erst viele Jahre später in ihrer Autobiographie zu äußern. – Noch länger als Fanny Lewald hielt sich Elisa von der Recke in Italien auf (Herbst 1804 bis Sommer 1806). Mit einer Italienreise von ca. einem halben Jahr begnügten sich Ida Hahn-Hahn und Karoline von Woltmann. Italien wurde von allen diesen Frauen als Lebensalternative empfunden, ja als die Möglichkeit, erst richtig zu leben. »Ich bin in Italien! Ich bin frei!« Dieser Ausruf Fanny Lewalds darf stellvertretend für das Gefühl vieler Frauen stehen, die wie sie den Eindruck hatten, in Italien »sich auf einem Grund und Boden zu befinden, auf welchem man sich frei von den Schranken gesellschaftlichen Übereinkommens bewegen könne.«[129]

Die Routen und der Reiseverlauf waren nahezu stereotyp. Hatte man Rom bereits im Spätherbst erreicht, so war es üblich, während der Wintermonate nach Süditalien zu fahren. Sizilien hingegen war – anders als für Männer – kein Reiseziel für Frauen. Fanny Lewald stattete nur Palermo und seinem Rosalienfest einen kurzen Besuch ab; Ida Pfeiffer standen auf ihre Heimreise von Palästina lediglich kurze Stunden für Landausflüge zur Verfügung. Therese von Bacheracht hat sich zwar in Messina, Catania und Syrakus umgesehen, sich »auf den fast überall ungebahnten Wegen«[130] in einer Letiga, einem mit Glöckchen behangenen Tragsessel zwischen zwei Maultieren, herumtragen lassen und sogar einen Vorberg des Ätna »bestiegen«. Von Relikten der Graecia Magna, die seit Riedesel (1767) ersehntes Ziel der deutschen Klassizisten war, hat sie jedoch nichts besichtigt. – Während Sizilien als »klassischer Boden« für Frauen nicht in Frage kam, waren andererseits Kuraufenthalte auf dem eben erst »entdeckten« Ischia eine spezifisch weibliche Sache. Friederike Brun und Elisa von der Recke gebrauchten dort ausführlich die Bäder, und auch Fanny Lewald hielt sich eine ganze Weile auf der kleinen Insel auf.

Eine erste Station auf der Reise nach Italien konnte die Schweiz sein. Damit wäre jedoch ihre selbständige Bedeutung als Reiseziel unterschätzt. Die Schweiz wurde noch häufiger von Frauen besucht als Italien, und dies sicher nicht nur wegen ihrer größeren räumlichen Nähe zu Deutschland. In der Schweiz stand – anders als in Italien – das Naturerleben im Vordergrund.[131] Stärke des Gefühls, ein Auge für malerische Landschaften, Freude an der Ursprünglichkeit des Lebens waren hier die

---

[127] Rückblickend heißt es in *Meine Lebensgeschichte* (1989) Bd. III, S. 295f: »Ich war meiner Freiheit, meiner Verhältnisse, meiner selbst Herr geworden«.
[128] Bd. I, S. 3. 11. 15.
[129] Dieses Bekenntnis steht bezeichnenderweise erst im postum veröffentlichten *Römischen Tagebuch* (1927) S. 65.
[130] *Theresens Briefe aus dem Süden*, S. 206.
[131] Zur Wahrnehmung der Alpen vgl. P. Raymond (1993).

Haupterfordernisse für eine gelungene Reise. Frauen, deren Domäme seit Rousseau Natur und Gefühl sein mußte, hatten in diesen Punkten mehr Zutrauen zu sich. Landschaftserleben, gespiegelt in einer schönen Seele, das war, auf einen kurzen Nenner gebracht, was die literarische Kritik von einer Reisebeschreibung erwartete, die von einer Frau verfaßt war.[132] Charlotte von Ahlefeld, Therese von Bacheracht, Friederike Brun, Emma von Niendorf, Sophie von La Roche entsprachen mit den Berichten von ihren ausgedehnten Schweizerreisen diesen Erwartungen weitgehend. Auch Luise Mühlbach beruft sich auf den Primat des Gefühls, ihre Darstellung der Schweiz sperrt sich aber gegen die übliche Begeisterung und die durchweg positiven Urteile. Die Erhabenheit der Bergwelt nimmt in ihrer Beschreibung nicht die erste Stelle ein. Ihre für eine Frau überraschend politische und kritische Position, die die Schweiz von einem jungdeutschen Standpunkt aus entmythologisiert, hat viele Anklänge an Theodor Mundts, ihres Gatten, *Spaziergänge und Weltfahrten*.[133]

Die um 1800 in Europa, v. a. aber in Deutschland herrschende Anglomanie stellte zeitweilig sogar Italien als Reiseziel in den Schatten. England erschien seit der Mitte des 18. Jahrhunderts als gelobtes Land der Demokratie und der Freiheit.[134] Damit verbunden war die Meinung, daß diese politischen Rahmenbedingungen eine höherstehende bürgerliche Moral und sittliche Verantwortung erzeugten. Analysen der englischen Staatsverfassung und ihrer Auswirkungen, wie sie für männliche Englandreisende des ausgehenden 18. Jahrhunderts bezeichnend waren, verboten sich selbstverständlich für eine Frau. Sophie von La Roches Verehrung für England, die in ihren moralisch-pädagogischen Romanen ebenso ihren Niederschlag fand wie in vielen Stellen ihrer Zeitschrift Pomona, hatte einen mehr schwärmerischen Charakter. Als sie 1787 endlich das Land ihrer Sehnsucht als Begleiterin einer Adeligen besuchen konnte, standen ihr überdies nur sechs Wochen zur Verfügung – zu wenig zur Befriedigung ihrer allumfassenden »Wißbegierde«. Mehr erachtete der Mäzen, Baron Hohenfeld, nicht für nötig, zumal die Reise über den Kanal als außergewöhnliches Unternehmen nur zugestanden werden sollte, »wenn wir als gescheute Weiber uns aufführen, nicht krempeln, nicht delikat tun wollen«.[135] Hohenfeld unternahm während dessen mit dem La Roche-Sohn Carl eine gründliche Englandreise.

Als eine Art Wahlheimat betrachtete der republikanisch gesinnte Heinrich Floris Schopenhauer die britische Insel und wählte sie daher zum ersten Ziel seiner dreijährigen Tour, auf der ihn seine Frau begleitete. Johanna Schopenhauers Bericht hat wenig von der politischen Begeisterung ihres Mannes. Die Besonderheiten der englischen Gesellschaft schildert er nicht selten durch einen feinen Schleier von Ironie. Dagegen beweist die Autorin bereits hier, wie auch in ihren späteren Reisebeschrei-

---

[132] Vgl. die Rezension von S. v. La Roches *Tagebuch einer Reise durch die Schweiz* in: Allgemeine deutsche Bibliothek 81 (1788) S. 212.
[133] Vgl. z. B. Bd. III (1839) S. 84–89 und 94ff.
[134] Vgl. M. Maurer (1987).
[135] Cit. *Ich bin mehr Herz als Kopf* (1983) S. 262.

bungen ihre Empfänglichkeit für landschaftliche Schönheiten, vor allem die herbe Natur der Highlands und des Lake District.

Bereits in den Jahren 1799–1800 hatte als erste deutsche Frau Emilie von Berlepsch Schottland bereist und war, geführt von dem aus den Hebriden gebürtigen James Macdonald, bis Oban vorgedrungen. Inneres Motiv für diese Reise war – wie bei so vielen Frauen – der Wunsch nach seelischer Heilung durch das Erlebnis von reiner Natur und durch Befreiung vom krankmachenden heimischen Alltag.[136] Emilie von Berlepsch erlebte und suchte vor allem die heroische Natur, wobei ihr Ossian vor Augen schwebte. Wie sonst die Schweizer Bergwelt wurde auch hier eine Landschaft zum idealischen Garanten für Freiheit, Reinheit und Natürlichkeit. Das Leben in den großen Städten erschien demgegenüber als dekadent und korrupt, als der negative Kontrast zu der Romantik der Highlands.

Im 19. Jahrhundert wurde Großbritannien durchaus differenziert betrachtet. Vor allem das englische Wirtschaftsleben mit seiner Kommerzialisierung und Industrialisierung beurteilten weibliche Beobachter zunehmend kritisch, ja ablehnend (Fanny Lewald, Emma von Niendorf, Ida Hahn-Hahn). Hinzu kommt das für Frauen typische Unbehagen gegenüber dem Stadt-Moloch London (vgl. oben S. 31). Übereinstimmung herrschte hingegen im Lob der Stellung der englischen Frauen. Diese Erfahrung zu machen, lohnte allein schon die Reise.

Fahrten nach Frankreich, Belgien oder den Niederlanden zur Beobachtung der dortigen Revolutionswirren – man denke etwa an Joachim Heinrich Campe, Georg Forster oder Gerhard Anton von Halem, später Börne und Heine – wurden von Frauen nicht unternommen, mit einer Ausnahme: Fanny Lewalds Reisen in das revolutionäre Paris und Deutschland des Jahres 1848. Zwar bleibt offen, ob schon bei der Abreise in Oldenburg feststand, daß Paris das Reiseziel sein sollte. Es wurde aber nach der Nachricht vom Ausbruch der Revolution ganz bewußt gewählt, ebenso wie später die Rückreise nach Berlin von dem Anliegen diktiert war, »in dem ersten großen Augenblicke, den die Geschichte Deutschlands bietet«, mit dabei zu sein.[137] Johanna Schopenhauer, die das Frankreich des Jahres 1803 erlebte, und große Hoffnungen in die neue Zeit setzte, betont in ihren Lebenserinnerungen, daß sie es für eine Frau als nicht schicklich empfände, politische Gesinnungen und revolutionären Enthusiasmus zur Schau zu stellen.[138] Die meisten reisenden Damen teilten diese Ansicht, ohne freilich generell unpolitisch und unkritisch zu sein. Sophie von La Roche, Therese Huber, Therese von Bacheracht, Emma von Niendorf und Ida Hahn-Hahn widmeten auf ihren Reisen nach Frankreich, Belgien und den Niederlanden ihre Aufmerksamkeit vor allem der Gesellschaft und ihrer Kultur. Ein spezielles Interesse verfolgte Johanna Schopenhauer mit ihrem 1828 unternommenen *Ausflug an den Niederrhein und nach Belgien*: die Vervollständigung ihrer

---

[136] Vgl. A. Gillies (1969) S. 105: Auch Herder und Böttiger erwarteten für sie von der Reise eine heilende Wirkung.
[137] *Erinnerungen aus dem Jahr 1848* Bd. I, S. 206.
[138] *Im Wechsel der Zeiten,* S. 268 (im Kapitel »Im Banne der Revolution« von *Jugendleben und Wanderbilder*). Mit deutlicher Kritik an Therese Huber im revolutionären Mainz.

Kenntnis der niederländischen Malerei, über die sie bereits sechs Jahre vorher ein zweibändiges Werk vorgelegt hatte.[139]

Sich weiter nach Norden vorzuwagen, hatte bereits den Charakter des Extraganten oder Abenteuerlichen, wenngleich Ida Hahn-Hahn schreibt: »Man fängt sehr an, ein Reiseinteresse für den Norden zu gewinnen, denn bei der allgemein grassirenden Reisewuth, von der auch ich als ein ächtes Kind unsrer Zeit und unsrer Welt ergriffen bin, reicht der Süden nicht mehr aus.«[140] Sie selbst scheiterte mit ihrem *Reiseversuch im Norden* und betrachtete es als ihre Aufgabe, positive Vorurteile gegenüber dem Norden in den Köpfen ihrer Leser zu beseitigen. Freilich war die Gräfin, wie immer, höchst mangelhaft auf ihre Tour vorbereitet gewesen. So fand sie keine subjektive Befriedigung und brach die Reise konsequenterweise ab. Hauptsächlich hatte sie sich in Stockholm und Kopenhagen aufgehalten. Norwegen wurde nicht mehr besucht. Schon nach zwei Monaten war sie wieder zu Hause. »Ach,« lautet der abschließende Rat an den Leser, »wer so glücklich ist, diesseits der Ostsee geboren zu sein, der gehe nicht hinüber, wenn er nicht etwa ein Mann der Wissenschaft ist.«[141]

Es konnte freilich auch eine wissenschaftlich ambitionierte Frau sein: Ida Pfeiffer, die wenige Jahre später, 1845, bis nach Island vordrang. Ida Hahn-Hahn fand den Norden nicht inspirierend, ihr fehlten die Blumen und Farben und die Kultur. Ida Pfeiffer wählte Island mit der gleichen Absicht, mit der man 50 Jahre früher nach der Schweiz gereist war: »weil ich da eine Natur zu finden hoffte, wie nirgends in der Welt. Ich fühle mich in der Anschauung erhabner Naturscenen so überirdisch glücklich, meinem Schöpfer so nahe gebracht, daß in meinen Augen keine Beschwerde, keine Mühe zu groß ist, wenn ich solche Empfindungen darum erkämpfen kann.«[142] Mit nach Hause brachte sie nicht nur die Befriedigung, eine ganz außerordentliche Tour alleine bestanden zu haben, sondern – und dies war ein novum – auch eine Sammlung von Insekten, Schmetterlingen, Blumen und Kräutern.

Zu den ungewöhnlichen Reisezielen zählte in der ersten Hälfte des 19. Jahrhunderts durchaus auch Rußland, das man nicht leicht als Bestimmungsland für eine zweckfreie touristische oder eine Bildungsreise ausgewählt haben würde.[143] So hatte es auch mit den Rußlandreisen von Fanny Tarnow, Marie von Fahnenberg und Therese von Bacheracht eine besondere Bewandtnis. Letztere unternahm zusammen mit ihrem Gatten, einem russischen Legationssekretär, eine Reise nach Italien und dem östlichen Mittelmeerraum und berührte hier Gegenden, die wohl noch keine Frau vor ihr beschrieben hatte (in Malta und Kleinasien). Den Abschluß bildete – für Herrn von Bacheracht beruflich bedingt – St. Petersburg. Auch Marie von Fahnenbergs Gatte war in russischen Diensten. Fanny Tarnows Reise in die Zaren-

---

[139] *Johann von Eyck und seine Nachfolger.* Frankfurt a. M. 1822.
[140] *Reiseversuch im Norden* (1843), S. 28.
[141] Ebd. S. 248.
[142] *Reise nach dem skandinavischen Norden*, S. V.
[143] Rußland war erst durch die Entdeckungsreisen von Johann Georg Gmelin (1751), Peter Simon Pallas (1776) und Erich Laxmann (1779) ins westeuropäische Blickfeld gerückt.

stadt 1816 müßte eigentlich ein Umzug genannt werden. Sie gab allerdings den Versuch, dort seßhaft zu werden, nach einem Aufenthalt von einem Jahr wieder auf.

Spanien war als Reiseziel für das frühe 19. Jahrhundert wesentlich ausgefallener als Italien, und gar für eine Frau mußte es als ein höchst ungewöhnliches Unternehmen gelten, über die Pyrenäen vorzudringen. Ida Hahn-Hahn hat es gewagt und reiste in den Jahren 1840/41 von Frankreich durch die Iberische Halbinsel bis nach Gibraltar. Den literarischen Ertrag dieser Tour, die *Reisebriefe*, riß ihr ihr Verleger Duncker gleichsam aus der Hand; erzählten sie doch von einem »gar merkwürdigen Lande [...], das Niemand kennt, und für das sich Alle interessieren.«[144]

Freilich war Ida Hahn-Hahn keineswegs die erste deutsche Frau jenseits der Pyrenäen. Bereits 1801 war Esther Gad-Bernard ihrem nachmaligen Gatten Wilhelm Friedrich Domeier nach Portugal gefolgt. Ihre *Briefe*, die von sehr eingehender Kenntnis der Bevölkerung und der Soziologie Portugals zeugen, wurden bei Campe zweimal aufgelegt (1802f. und 1808), aber von Ida Hahn-Hahn nicht zur Kenntnis genommen.

Konnten in einem aufgeklärten und säkularisierten Jahrhundert, in dem man lieber zu Dichtergräbern wallfahrtete, noch Pilgerreisen unternommen werden? In der Tat haben die beiden Österreicherinnen Ida Pfeiffer und Maria Schuber ihre Reisen nach Palästina und den Vorderen Orient eindeutig als Pilgerschaften deklariert und verstanden. Die genannten Autorinnen sind zugleich die einzigen Katholikinnen in der Reihe der hier zu behandelnden Autorinnen.[145] Aber auch Ida Hahn-Hahn, die später zum Katholizismus konvertierte, begründet ihre Absicht, nach Palästina zu reisen, religiös, wenn auch mit mehr Distanz: »Ich will nach Palästina, ich will den Boden betreten, auf den das Wort Gottes wie ein himmlisches Samenkorn fiel. Was unter der Hand der Menschen daraus geworden ist, das sehe ich genugsam um mich herum in unsrer Welt«.[146] Palästina war freilich für sie nicht der Hauptzweck der Orientreise wie für die beiden Österreicherinnen; die Gräfin verfolgte insgesamt das hochgesteckte Ziel, die Ursprungsstätten der europäischen Zivilisation kennen zu lernen.[147]

Keine Frau hätte freilich eine solch gefährliche Unternehmung je gewagt ohne eine gewisse Lust am Abenteuer. Am deutlichsten wird dies im Falle von Ida Pfeiffer, die ein legitimes Ziel für ihr jahrelang aufgestautes Bedürfnis zu reisen suchte. Von März bis Dezember 1842, also für eine so weite Reise relativ kurz, war sie unterwegs: über Konstantinopel und Beirut nach Jaffa, auf dem Pferderücken nach Je-

---

[144] Widmung S. III.
[145] Die von Ruth Klüger (1990) aufgestellte These, daß im Gegensatz zu den männlichen Literaten, die durch ein protestantisches Milieu begünstigt waren, unter den Frauen Katholikinnen eher Kreativität und Selbständigkeit entwickeln konnten, läßt sich am Beispiel der Reisen und Reisebeschreibungen nicht erhärten. Wenn überhaupt, so zeichnen sich die beiden Jüdinnen, Esther Gad-Bernard und Fanny Lewald, durch Mut zum Unkonventionellen vor ihren Geschlechtsgenossinnen aus.
[146] *Orientalische Briefe* Bd. I, S. 313.
[147] Ebd. S. 280.

rusalem; von Beirut nach Alexandria und Kairo, mit dem Kamel nach Suez. Die Rückreise ging über Malta, Sizilien und durch ganz Italien.

Maria Schubers erklärte Absicht war es gewesen, in Anbetracht des allgemeinen religiösen Zerfalls eine Wallfahrt um den Bestand des Glaubens zu machen. Die Ungeheuerlichkeit ihres Vorhabens war ihr jedoch sehr bewußt. Bestärkt und ermuntert fühlte sie sich in ihrem Vorsatz durch die Lektüre von Ida Pfeiffers *Reise einer Wienerin* sowie später in Alexandrien durch das Vorbild Ida Hahn-Hahns.[148] Dabei ist es rührend und imponierend zugleich, wie diese Frau sich allmählich an das Wagnis der großen Reise herantastet. Sie selbst stellt dies freimütig auf den ersten Seiten ihrer Reisebeschreibung dar. Um sich an den Gedanken an eine so weite Reise allmählich zu gewöhnen, unternahm sie zunächst noch in Begleitung einer Magd eine kleine Wallfahrt zu einem österreichischen Gnadenort. Dann reiste sie nach Venedig, um auf Schiff ihre Seetauglichkeit zu prüfen, und schließlich bestieg sie zum erstenmal eine Eisenbahn.[149] Jetzt erst fühlte sie sich gerüstet für eine fast einjährige Tour über Rom und Griechenland nach Ägypten und durch den Sinai nach Palästina, von der sie im Herbst 1848 in die Steiermark zurückkehrte.

Ida Hahn-Hahns *Orientalische Briefe* datieren zwischen dem 8. August 1843 aus Wien und dem 14. April 1844 aus Triest. Ihre Route war der Ida Pfeiffers sehr ähnlich, nur daß sie Ägypten von Palästina aus auf dem Landweg erreichte (großenteils auf dem Kamel reitend) und sich eine zweimonatige Nilfahrt bis Wadi Halfa leisten konnte. Auch sie zeigte, wie alle Frauen, kein Interesse, Griechenland zu besuchen. Dies braucht auch nicht zu verwundern, denn die klassisch-griechische »Bildung« von Frauen beschränkte sich auf das oberflächlich Sentimentale. Der Klang der Namen der griechischen Orte und Inseln befriedigte schon die Bedürfnisse. Zudem gab es in Griechenland – anders als in Rom – keine ortsansässigen deutschen Führer und kaum gut zugängliche Grabungsgelände. Auch die Behinderung durch die Quarantäne spielte eine Rolle.

Reges Interesse bestand demgegenüber für Konstantinopel. Bezeichnenderweise hatte Ida Pfeiffer es nicht gewagt, ihren Angehörigen ihre Absicht zu gestehen, nach dem Hl. Land reisen zu wollen und statt dessen das harmlosere Reiseziel Konstantinopel angegeben.[150] Durch die außerordentlich weit verbreiteten *Briefe aus dem Orient* der Lady Mary Wortley Montagu (1763), durch den Reisebericht von Lady Craven (1789) und endlich durch die 1837 erstmals erschienene ausführliche Stadtbeschreibung von Julia Pardoe war die Hauptstadt des Osmanischen Weltreiches auch deutschen Frauen nähergerückt. Immerhin vier Reiseschriftstellerinnen besuchten vor 1850 die Stadt am Goldenen Horn: außer den schon genannten Therese von Bacheracht, Ida Hahn-Hahn und Ida Pfeiffer auch Maria Belli.[151]

---

[148] Ebd. S. 2–4, 176.
[149] Ebd. S. 5–10. Solche Vorübungen durch kleinere Reisen werden empfohlen von Franz Ludwig Possell in seiner *Apodemik* (1795), Bd. II, S. 76ff.
[150] *Reise nach Madagaskar.* Biographie, S. XXXIf.
[151] Nicht zu ermitteln war die Identität von Karoline Waldna, die im Oktober 1807 im *Morgenblatt* (S. 967f. 970f., 983, 991f.) über einen Haremsbesuch in Konstantinopel berichtete.

Ihre Reise dauerte vom Juli bis zum Oktober 1845. Auch sie wohnte, wie alle reisenden Damen, bei Frau Balbiani, dem Treffpunkt der gebildeten Deutschen in Konstantinopel. Ein eigentliches Motiv für Maria Bellis Reise zum Bosporus gab es nicht. Sie wollte in den Süden, um den Sommer zu verlängern und war »zum Reisen [...] entschlossen, ohne eigentlich zu wissen, wohin.«[152] Seit Jahren kränklich, suchte die reiche Bankiersgattin auf zahlreichen kleinen Touren Ablenkung und Abwechslung, wie aus ihren *Lebens-Erinnerungen* hervorgeht.

Mit Kleinasien und dem Vorderen Orient sind jedoch längst noch nicht die weitesten Reiseziele abgesteckt. Klara Thilenius schilderte 1849 in 13 Briefen an ihren Bruder ihre Fahrt nach Amerika, offenbar eine Auswanderung, die sie zusammen mit einem Gefährten und einem kleinen Kind unternahm. Näheres über die Reiseumstände und die weiteren Schicksale dieser Frau sind leider nicht zu ermitteln.[153] Selbst Indien wurde von einigen wenigen deutschen Damen bereist. Die Geschwister Engelbronner d'Aubigny, beide unverheiratet und darauf angewiesen, ihren Lebensunterhalt selbst zu verdienen, hielten sich dort jahrelang auf und versuchten ihr Glück zu machen. Die immer wieder angekündigte vollständige Reisebeschreibung ist leider nie erschienen, was bei den reichen Erfahrungen und den umfänglichen Interessen der Schwestern sehr zu bedauern ist. Recht trivial, weder stilistisch noch inhaltlich von Bedeutung ist hingegen die anonym veröffentlichte *Reise eines jungen Frauenzimmers von Stuttgart nach Cannanore, auf der malabrischen Küste in Ostindien, aus ihren eigenen Briefen*. Verfasserin ist, gemäß einer handschriftlichen Notiz im Exemplar der Stuttgarter Landesbibliothek, die angenommene Tochter eines Stuttgarter Friseurs. 1798 war sie ihrem Verlobten Friedrich Rebenack, einem Offizier der ostindischen Kompanie, nach seinem Einsatzort gefolgt. Der Herausgeber mit Namen Carl Philipp Lohbauer, ein Freund der Familie, bewahrte bei der Veröffentlichung den persönlichen Charakter der Originalbriefe von Karoline Rebenack, weshalb sie mit viel Privatem belastet sind.

Wissenschaftliche Forschungs- und Entdeckungsreisen oder Reisen mit professionellem Spezialinteresse,[154] die in der Geschichte des Reisens zwischen 1800 und 1850 eine höchst bedeutende Rolle spielten, waren Männern vorbehalten. Nur sie verfügten über die Kompetenz und die berufliche Position in den betreffenden Disziplinen. Immerhin ist bei zwei Frauen ein Berufsinteresse zu beobachten: Sophie

---

Das Redaktionsexemplar gibt nur an: »aus Freiburg«. (Freundliche Auskunft von Herrn Dr. J. Meyer, Cotta-Archiv.)
[152] *Meine Reise nach Constantinopel*, Vorrede.
[153] Die Darstellungen sind von links-liberaler und emanzipatorischer Gesinnung getragen. Klara Thilenius, geb. Schulze war bereits vor ihrem Reisebuch mit einem Gedichtbändchen hervorgetreten: *Religiöse Meinungen des Glaubens an einen Gott*. Rostock 1848.
[154] Nach dem Untergang der enzyklopädischen Reisebeschreibungen des 18. Jahrhunderts wurden solche »Nutzreisen« nicht nur gefordert (»Die deutschen Reisebeschreibungen über Italien«. In: *Deutsche VierteljahrsSchrift* 1840), sondern in fast allen Fächern eifrig unternommen und z.T. auch von Regierungen und Berufsverbänden unterstützt. Leider ist dieses Phänomen innerhalb der Entwicklung der Gattung Reisebeschreibung so gut wie nicht erforscht.

von La Roche und Maria Schuber richteten ausdrücklich unterwegs ihr besonderes Augenmerk auf ihr jeweiliges Fachgebiet, die Mädchenerziehung bzw. das Schulwesen für Mädchen.

Die einzige Frau unseres Berichtszeitraumes, die, wenn auch mit Abstrichen, unter die Forschungsreisenden gezählt werden darf, ist Ida Pfeiffer.[155] Nach ihren Reisen nach Palästina 1842 und Island 1845 machte sie sich 1846 wieder auf den Weg und gab als Ziel – um ihre Angehörigen zu schonen – nur Brasilien an. In Wahrheit wurde aus diesem Unternehmen eine Weltreise von fast zweieinhalb Jahren Dauer. Ida Pfeiffer ging von Rio de Janeiro nach Chile, dann nach Tahiti, China, Singapur, Ceylon und Indien. Die Rückreise führte – höchst abenteuerlich und gefährlich – mit einer Karawane über Persien und das Zweistromland nach Täbris, sodann über Georgien, Armenien, Odessa, Konstantinopel und Griechenland zurück nach Wien, wo sie Anfang November 1848 ankam. Ihr Entschluß, sich jetzt zur Ruhe zu setzen, hielt keine drei Jahre. Bereits im März 1851 machte sie sich wieder auf den Weg, diesmal ohne festen Vorsatz einer Route. Sie entschloß sich dann in London, die Sunda-Inseln zu bereisen. Auf Java und Sumatra drang sie so weit ins Gebiet der Kopfjäger ein wie kaum ein Europäer zuvor. 1853 traf sie nach einer zweimonatigen Seereise in Kalifornien ein, erwanderte dann weite Gebiete in Südamerika und kehrte über Nordamerika, Kanada und die Azoren (wo ein Sohn lebte) nach London zurück. Diese Reise hatte gute vier Jahre gedauert und brachte ihr bedeutende Anerkennung ein. Von ihrer letzten Reise, die sie bereits im Mai 1856 antrat und die sie nach Madagaskar führte, kehrte sie zwei Jahre später so krank zurück, daß sie bald darauf starb.

Wenn Ida Pfeiffer auch nicht die wissenschaftliche Ausbildung besaß, die sie zu einer regelrechten Forschungsreise und zur Niederschrift eines naturwissenschaftliche Berichts befähigt hätten, so rücken sie doch die spektakulären Ausmaße ihrer Touren, ihr Vordringen in unbekannte Gebiete und ihre mitgebrachten mineralogischen, botanischen, zoologischen und ethnologischen Funde in die Nähe der großen Forscherpersönlichkeiten des 19. Jahrhunderts. Sowohl von ihrer persönlichen Motivation (sie bereitete sich aufs Gründlichste vor, lernte die Landessprachen und sogar das Daguerreotypieren) als auch von ihrer Wirkung her nimmt sie unter den hier zu besprechenden Reiseschriftstellerinnen eine Sonderstellung ein.

---

[155] Nur sie ist von allen hier zu behandelnden Frauen in Friedrich Embachers *Lexikon der Reisen und Entdeckungen* (Leipzig 1882, S. 230f.) vertreten.

3. Der literarische Markt

3.1. Die Popularität der Gattung

Seit der Mitte des 18. Jahrhunderts erlebte die Gattung Reisebericht in Produktion wie auch in Rezeption einen bedeutenden Aufschwung.[1] Diese wachsende Beliebtheit hatte sicher mannigfaltige Gründe: Der Hunger nach interessantem Lesestoff spielt hier ebenso eine Rolle wie das zunehmende bürgerliche Bedürfnis nach Orientierung im internationalen Vergleich. Die Reisebeschreibung als Publikationsform profitierte aber auch von der Entwicklung und ersten Blüte des Journalismus. Zusätzlich zu den Einzelveröffentlichungen wurden einschlägige Werke in Dutzenden von Sammelreihen wieder abgedruckt.[2] Auch die Übertragung der Bezeichnung »Reise« auf Werke ganz anderer Art belegt, welche Zugkraft Autoren und Verleger der Reisebeschreibung zuschrieben.[3] Da nicht nur auf dem deutschen Markt die Zahl der Titel in der Rubrik »Länder- und Erdbeschreibungen« immer mehr zunahm, sondern das Ausland mit seiner zahlenmäßig und oft genug auch qualitativ überlegenen Produktion den deutschen Markt überschwemmte, geriet die Frage nach guten deutschen Reisebeschreibungen zu einem Momentum nationaler Ehre. Ein nationaler Minderwertigkeitkomplex spricht etwa aus den folgenden Zeilen: »Die vielen Reisebeschreibungen, womit Deutschland seit einigen Jahrhunderten, gleich als mit einer Sündfluth überschwemmt worden, haben unserm Vaterlande bey den Ausländern wenig Ehre gemacht. Diese Klage ist desto gerechter, je mehr die meisten alle ächte Merkmaale von ungestalten Misgeburten an sich tragen. Das Unwahrscheinliche, das Kriechende, das Lächerliche, so in denselben herrschet, hat

---

[1] Vgl. R. Wittmann: »Die frühen Buchhändlerzeitschriften als Spiegel des literarischen Lebens« (1973) bes. Sp. 841: Der Anteil der Reise- und Erdbeschreibungen am deutschen Buchmarkt betrug 1740 1,86 %, 1780/82 2,75 %, 1800 4,15 %. *Die Blätter für literarische Unterhaltung* rezensierten in den Jahren 1818–1835 bei einer Gesamtzahl von 16511 besprochener Werke ca. 1079 Bücher über Reisen, Länder- und Völkerkunde. Damit liegt diese Gruppe nach den vermischten Schriften, historischen Werken und den Romanen an vierter Stelle. Hauke (1972) S. 172.
[2] Diese Sammlungen sind verschiedensten Charakters, teils mehr unterhaltend, teils mehr literarisch oder wissenschaftlich. Die wohl gründlichste Zusammenstellung bietet Wilhelm Engelmanns *Bibliotheca geographica* (1858 = 1965).
[3] Vgl. z. B. Ludwig Tiecks Schauspiel *Prinz Zerbino oder die Reise nach dem guten Geschmack* (Leipzig und Jena 1799), Otto Heinrich Graf von Loebens Gedichtsammlung *Blätter aus dem Reisebüchlein eines andächtigen Pilgers* (Mannheim 1808), E. T. A. Hoffmanns Erzählband *Phantasiestücke in Callot's Manier* mit dem Untertitel *Blätter aus dem Tagebuche eines reisenden Enthusiasten* (Bamberg 1814f.).

selbst bey unsern Landsleuten einen billigen Ekel erwecket. Wie darf man sich denn verwundern, daß die Ausländer in ihren niederträchtigen Vorurtheilen, welche sie von dem schlechten Witze der Deutschen haben, sind bestärket worden?«[4]

Ohne sich von dem Vorwurf irre machen zu lassen, »Weiber« und andere »Menschen ohne Kopf und Sinn und Kenntniß und Beobachtungsgeist« seien für den Qualitätsabfall verantwortlich,[5] verstand es Sophie von La Roche, das nationale Anliegen für die Legitimation weiblichen Schreibens fruchtbar zu machen. In ihrer Zeitschrift *Pomona* hielt sie ihren deutschen Leserinnen den Spiegel ausländischer Leistungen vor und verband damit die Aufforderung an namentlich genannte, reisende deutsche Frauen, ihre Erfahrungen niederzuschreiben, um das Ausland in die Schranken zu weisen: »Da könnten wir würklich andre Nationen auffordern, eine solche Menge interessanter Frauenzimmer=Briefe zu zeigen.«[6] Damit war eine idealistische Begründung für eine sehr praktische Aufforderung geliefert, für die Ermunterung nämlich, sich marktgerecht zu verhalten: Zu Ende des 18. Jahrhunderts wurde es höchste Zeit, daß auch deutsche Autorinnen von der gesteigerten Nachfrage nach Reiseberichten profitierten. Dies galt umso mehr, als der Markt für Schriften von Frauen für Frauen und für Bücher mit pädagogischen Ambitionen (und durch solche zeichneten sich Reiseschriften für Frauen nicht selten aus) ganz allgemein günstig war.[7] So gelang es Reiseschriftstellerinnen immer mehr, sich durchzusetzen, zunächst überwiegend in Journalen, seit 1800 mehr und mehr in Buchform. Der Hunger des Publikums nach weiblichen Lesestoffen war so groß, daß selbst Briefe und Tagebücher von literarisch gänzlich unerfahrenen Autorinnen Drucker und sogar Raubdrucker fanden.[8]

Ein wichtiges Dokument für die Beliebtheit der Gattung stellt Heinrich Ludwig de Marées' *Anleitung zur Lektüre* dar (1806, wieder 1817). Der Autor fügt am Ende

---

[4] Johann Georg Keyßler: *Neueste Reisen durch Deutschland, Böhmen, Ungarn, die Schweiz, Italien und Lothringen.* Neue u. verm. Aufl., hg. v. G. Schütze. Hannover 1751. Vorwort des Herausgebers, S. I.

[5] »Über die vielen Reisebeschreibungen in unsern Tagen«. In: *Berlinische Monatsschrift* (1784) S. 321. Die ersten Reisebeschreibungen von Frauen waren 1780 und 1783 erschienen. Die Kritik reagierte also prompt.

[6] *Pomona* (1783) 2. Bd., S. 545.

[7] Insbesondere von 1770 bis 1800 ist ein starkes Interesse an Erziehungsschriften zu verzeichnen. Vgl. R. Wittmann: »Die frühen Buchhändlerzeitschriften als Spiegel des literarischen Lebens« (1973) Sp. 842.

[8] 1786 unternahm Anna Helene Krook (fälschlich Krock, Hamberger/Meusel Bd. XIII, 1834, S. 282) eine sechswöchige Reise in die Schweiz. Die Briefe an ihren Gatten erschienen 1786 anonym und in ganz kleiner Auflage in Straßburg, wurden aber 1787 mit der Ortsangabe Frankfurt und Leipzig und ohne Nennung eines Verlages in kleinerem Format nachgedruckt und sogar ins Holländische übersetzt (vgl. Schindel Bd. III, 1825, S. 189f.). Nur ein enormes Publikumsinteresse kann erklären, daß diese stilistisch öde, weder informative, noch unterhaltende Reisebeschreibung überhaupt zum Druck kam. Ein ähnlicher Fall liegt uns mit der ebenfalls anonym erschienen *Reise einer Tante* von Elisabeth Eleonore Bernhardi (1817) oder der *Reise eines jungen Frauenzimmers von Stuttgart nach Cannanore* (1801) vor. Frau Bernhardi konnte mit ihrer Publikation sogar noch Geld »zum Besten der Armen in Sachsen« erlösen (Titel).

seiner zweibändigen Abhandlung über Rhetorik, Ästhetik und Poetik ein 109 Seiten starkes »Verzeichniß einer kleinen Handbibliothek« an, in dem Reisewerke überproportional stark vertreten sind. In der 11 Seiten umfassenden Titelliste sind immerhin auch schon einige Frauen erwähnt: Esther Gad-Bernards *Briefe während meines Aufenthalts in England und Portugal,* Emilie von Berlepschs *Caledonia,* Sophie von la Roches *Tagebuch meiner Reise durch Holland und England* und ihre *Erinnerungen aus meiner dritten Schweizerreise,* Friederike Bruns *Tagebuch einer Reise durch die Schweiz,* sowie als Kuriosum die *Berufsreise nach Amerika* der Generalin von Riedesel. Friederike Bruns italienische Reisebeschreibungen tauchen merkwürdigerweise nicht auf, obgleich sie in der Abhandlung der Poetik der Reisebeschreibung als einige der wenigen Muster der Gattung im deutschen Sprachraum hervorgehoben worden waren.[9] Alle die erwähnten Reisewerke liegen in ihrer Entstehungszeit vor dem Jahr 1804. Ihr Erscheinen in Marées' Liste zeigt die mit dem neuen Jahrhundert einsetzende Etablierung der weiblichen Autoren in dieser populären Gattung.

Mit der zahlenmäßigen Zunahme der Produktion läßt sich auch eine Diversifizierung weiblicher Reiseschriften beobachten. Reisebücher unterschiedlichsten Charakters deckten im Verlauf der kommenden Jahrzehnte die verschiedenartigsten Bedürfnisse. Der Schwerpunkt konnte auf Moral und Erziehung liegen (Sophie von La Roche) oder auf bildender Kunst (Elisa von der Recke), es konnte mehr das persönliche Abenteuer (Ida Hahn-Hahn) oder die schöne Empfindung im Vordergrund stehen (Therese von Bacheracht), ob politisch eingefärbt (Fanny Lewald) oder nur ganz persönliches Dokument (Espérance von Schwartz) – offenbar ließ sich alles verkaufen. Der biographische Aspekt, den Reisebeschreibungen immer bieten, die Möglichkeit, Einblick zu tun in das Leben einer womöglich berühmten, jedenfalls aber wagemutigen Frau, mag einen zusätzlichen Anreiz geboten haben. Jedenfalls erfüllten manche Zeitschriften offenbar ein Bedürfnis ihrer Leserschaft, indem sie Nachrichten über den jeweiligen Aufenthalt einer Reisenden brachten.[10]

---

[9] Heinrich Ludwig de Marées: *Anleitung zur Lektüre.* 2 Bde. Wien 1817 (1. Ausg. Hamburg 1806), S. 412.
[10] Der von A. v. Kotzebue hg. *Freimüthige* bringt in Bd. 4 (1806) S. 347f. in der »Nicht-politischen Zeitung« einen kleinen Artikel mit der Überschrift »Wandernde Musen«: »Die auswandernden oder kunstpilgernden Frauen machen schon längst eine eigne Rubrik in den Supplementsbänden unserer neuesten Literatur aus. Ich will Ihnen melden, was ich seit kurzem über einige der vorzüglichsten in Erfahrung bringen konnte.« Es folgen Mitteilungen über Emilie von Berlepsch, Elisa von der Recke und Friederike Brun sowie über Caroline Rudolphi. Leider kam der Korespondent seiner Ankündigung nicht nach, »das nächstemal [...] von unsern geistreichen Landsmänninnen in London und Paris« zu erzählen. Das *Morgenblatt* notiert 1807, S. 225 in der Spalte »Literarische Spaziergänge«: »Sie fragen mich, ob die geistreiche und gemüthvolle Gräfin von der Recke [...] aus Hesperiens Gärten zurückgekommen sey?« 1844 erschienen in der *Zeitung für die elegante Welt* verschiedentlich Notizen über Ida Hahn-Hahn (z. B. Nr. 5, S. 79 über den Verlauf ihrer Orientreise oder Nr. 23, S. 363 über einen Besuch des türkischen Gesandten bei ihr in Berlin). In den *Sonntagsblättern* hält L. A. Frankl das Wiener Publikum auf dem Laufenden über Ida Pfeiffers Unternehmungen (5. Jg. 1846, S. 1ff. und S. 420f.) Das gleiche tun *Der Sammler* (1854) Nr. 99, S. 394–396 und das *Frankfurter Konversationsblatt* (1855) S. 1090f. und 1094f.

Untersuchungen zur Lesergeschichte des Romans um 1800 haben gezeigt, daß Frauen den größten Anteil an der Rezeption von Belletristik hatten.[11] Männer lasen Romane eher von Berufs wegen, als Literaten oder Rezensenten; sonst griffen sie zu Fachbüchern und politischer Literatur. Freilich lassen sich diese Ergebnisse nicht ohne weiteres auf die Reisebeschreibung übertragen, auch nicht auf die belletristisch geprägte Ausformung der Gattung. Verschiedene Hinweise sprechen dafür, daß touristische Reisewerke, selbst wenn sie von Frauen verfaßt waren, auch von Männern gelesen wurden, wenigstens von den männlichen Freunden der Autorin (vgl. unten Kap. 4.7). Gleichwohl richteten sich Schriften von Frauen vornehmlich an Frauen und profitierten somit vom stetigen Ansteigen des weiblichen Publikums. Allerdings kamen für die Rezeption von Reisewerken nur die Angehörigen der gehobeneren Schichten in Frage; weibliche Personen der Unterschicht brachten weder die nötige Bildung – etwa die in vielen Reisebeschreibungen selbstverständlich vorausgesetzten Kunst-, Landes- und Fremdsprachenkenntnisse – noch oft genug die nötige Lesefähigkeit mit.[12] Doch gerade bei den Angehörigen der gebildeten Stände waren Interesse, Muße und Geld zu extensiver Lektüre vorhanden.[13] Zudem konnte ihnen die Lektüre als willkommenes Substitut für reales Reisen dienen. Zwar sollten nach Ansicht Joachim Heinrich Campes Personen weiblichen Geschlechts überhaupt keine Reisebeschreibungen lesen, diese restriktive Haltung bezog sich aber vor allem auf die in der Aufklärungszeit üblichen enzyklopädischen und staatspolitisch orientierten Schriften.[14] Im Sinne einer Entwicklung zur Konversationsfähigkeit, dem Ziel weiblicher Bildung, konnten gegen die Lektüre schöngeistiger und belehrender Reisedarstellungen keine pauschalen Einwände erhoben werden. Einsprüche kamen jedoch gegen einzelne, allzu pikante männliche Vertreter der Gattung, bezeichnenderweise die beiden beliebtesten Autoren: Heine und Pückler.

Varnhagen von Ense äußerte in seiner Rezension von Heines *Reisebildern* Zweifel, ob diese für Damen akzeptabel seien.[15] Rücksichtnahme auf die besondere

---

[11] E. Schön (1990) S. 21. L. Muth (1972) S. 32. Vgl. auch unten S. 89 Anm. 16.
[12] Vgl. etwa F. Lewald: *Osterbriefe für die Frauen*. Berlin 1863, S. 27: »Ich habe seit den fünfzehn Jahren, die ich in Berlin haushalte, jetzt das fünfte Mädchen in unserm Hause, drei von ihnen haben Stadtschulen, zwei Landschulen besucht. Alle klagten, daß sie ihre Schulzeit nicht genug benutzt, daß ihre Eltern ›nicht genug auf die Schule gegeben‹ hätten, und ich habe in meinem ganzen Bekanntenkreise unter den Dienstmädchen, welche jetzt etwa zwanzig bis achtundzwanzig Jahre alt sind, nur ein einziges Mädchen gefunden, das geläufig und orthographisch schreiben konnte. Schon geläufiges Lesen, ein Lesen, das ihnen selbst Vergnügen macht, ist nicht gewöhnlich unter ihnen.«
[13] Zur Situation weiblichen Lesens vgl. E. Schön (1990) S. 24–28.
[14] *Väterlicher Rath für meine Tochter*, S. 110. Die Lektüre von Reisebeschreibungen ginge weit über die für Frauen erforderliche »allgemeine Übersicht« in Geschichte und Erdbeschreibung hinaus. Gleichzeitig war Campe einer der wichtigsten Förderer von Reiseschriften für (männliche) Kinder. Vgl. Bärbel Panzer: *Die Reisebeschreibung als Gattung der philanthropischen Jugendliteratur in der 2. Hälfte des 18. Jahrhunderts*. Frankfurt a. M. u. a. 1983 (= Europ. Hochschulschriften Reihe I, Bd. 697).
[15] Rezension der 2. Aufl., cit. in: H. Heine: *Sämtliche Schriften*, hg. v. K. Briegleb (1976) S. 747. Vgl. auch oben S. 36, Anm. 133.

weibliche Delikatesse und weibliche Sittsamkeit spielte eine bedeutende Rolle.[16] So rühmte Gutzkow *Theresens Briefe aus dem Süden*, weil sie sich mit ihrer zarten Weiblichkeit wohltuend abhöben von dem »Ragout von Literatur, Reisebeschreibung und pikantesten Indiskretionen« à la Pückler-Muskau, das zum Schaden der weiblichen Leserschaft die Publikumserwartung prägte.[17]

Johanna Schopenhauer diagnostizierte zwar schon 1821 eine Übersättigung mit Schriften speziell für Frauen.[18] Ihr Schluß aber, »die Zeiten, wo man für Frauen wie für Kinder eigene Bücher schreiben durfte, sind längst vorüber«, war voreilig.[19] Diese Zeilen waren möglicherweise diktiert von dem Wunsch, das weibliche Bildungsghetto zu sprengen. Mögen auch »die gebildetsten und geistreichsten Leserinnen« in Johanna Schopenhauers sehr freisinnigem Weimarer Zirkel bei Frauenbüchern »schon von weitem Langeweile und zum Überdruß wiederholtes moralisches Geschwätz« gewittert haben,[20] so zogen doch Schriftstellerinnen noch über Jahrzehnte hinweg Nutzen daraus, daß die herrschende Meinung den Stil, der für das weibliche Geschlecht passend war, eher Frauen zutraute. Mit deutlich neidischem Unterton vermerkt Joseph von Eichendorff, daß »Leserinnen natürlicherweise wieder am liebsten zu Frauenbüchern, als den ihnen verständlichern, und Frauen von Talent daher auch lieber zur Feder als zum Strickstrumpf greifen, um der hitzigen Nachfrage und Bildungswuth ihrer Mitschwestern zu begegnen«.[21]

---

[16] Vgl. etwa die folgende Passage aus Emilie von Berlepschs *Caledonia*: »Da es nun hauptsächlich das weibliche Geschlecht ist, welches Romane liest und lesen muß, so dünkt es mich für die Sittlichkeit günstig, wenn es, wie in Brittannien, weibliche Federn sind, die ein so unentbehrliches Product verarbeiten, und ich wünschte, daß auch in Deutschland Frauen von Stande, Erziehung und gutem Ton ihre Talente so anwenden möchten.« Bd. IV, S. 32f.

[17] Karl Gutzkow: »Vermittlungen. Kritiken und Charakteristiken«. In: *Vermischte Schriften*. Bd. II. Leipzig 1842, S. 275, vgl. S. 271. – Pückler selbst rechnete mit einem weiblichen Publikum. Nachdem der 1. Thl. seiner *Briefe eines Verstorbenen* wegen pikanter Inhalte Anstoß erregt hatte, erklärt er im 3. Thl. ausdrücklich seinen Willen zur Rücksichtnahme auf die »schönen Leserinnen«, indem er etwa »zu interessante chronique scandaleuse« weglasse. 2. Aufl. Stuttgart 1836, S. 102f. Anm.

[18] Joachim Kirchners *Bibliographie der Zeitschriften des deutschen Sprachgebietes*, Bd. I: *Von den Anfängen bis 1830* (Stuttgart 1969) verzeichnet 884 Frauenzeitschriften, die Modezeitschriften nicht mitgerechnet. E. Krull bespricht in ihrer Dissertation (1939) für die Zeit bis 1800 allein 17 Blätter, bei denen Frauen als alleinige Herausgeber oder Mitherausgeber fungierten. Die meisten dieser Zeitschriften waren nur kurzlebig, was aber auch für andere Periodika der Epoche gilt. Außerdem erschienen zwischen 1800 und 1850 36 Almanache für Damen. Vgl. *Fürs schöne Geschlecht. Frauenalmanache zwischen 1800 und 1850*. Hg. v. Lydia Schieth. (=Katalog der Ausstellung Bamberg 1992/93). Bamberg 1992, S. 253–258.

[19] *Im Wechsel der Zeiten* (1986) S. 416 (Brief zum Projekt einer Frauenzeitschrift).

[20] *Im Wechsel der Zeiten* (1986) S. 416.

[21] »Novellen von Ernst Ritter« (1847) S. 642.

3.2 Autorenhonorare, Buchpreise, Absatz

Eine beliebte Gattung wie die Reisebeschreibung mußte die Aufmerksamkeit von Autorinnen umso mehr erregen, als eine große Zahl von ihnen auf Einkünfte aus literarischer Produktion angewiesen war.

Als Beispiel sei die finanzielle Situation Therese Hubers nach dem Tod ihres zweiten Mannes (1804) dargestellt.[22] Fährnisse wie Verluste durch einen Bankkonkurs und Zahlungsrückstände oder gar Zahlungsverweigerung durch die Regierungen in Mainz und München, an die Therese Huber berechtigte Ansprüche gehabt hätte, gehörten im 19. Jahrhundert zur Routine. Trotzdem blieb der Witwe materielle Not erspart. Sie konnte seit 1805 bei einem Schwiegersohn wohnen und verbrauchte mithin wenig für die täglichen Bedürfnisse. An festen Bezügen hatte sie 300 Gulden bayrische Pension jährlich sowie 100 Gulden Erziehungsgeld für die beiden unmündigen Huberschen Kinder. Nun stellten aber 10 Jahre lang die 700 Gulden für die Pension ihres Sohnes Aimé, der sich in Hofwyl im Internat Philipp Emanuel Fellenbergs befand, eine ziemliche Belastung dar. 1809 berichtet sie an ihren schweizerischen Freund Usteri über ihre Holland-Reise: »Ich habe vieles aufgezeichnet und habe es unter dem bescheidensten Titel Sauerländer angeboten [...]. Ich wollte, er nähm' es an, denn es sollte meines Aimés Pension bezahlen helfen.«[23] 1817 übernahm Therese Huber die Redaktion des Cottaschen *Morgenblattes*. Sie bezog ein Redaktionsgehalt von 700 Gulden jährlich.[24] Damit hatte sie zwar deutlich weniger als ihre männlichen Vorgänger[25] und befand sich auch Cotta gegenüber in einer rechtlosen Position, weil nie ein Kontrakt abgeschlossen wurde (ein Faktum, das sich 1824 beim Bruch mit dem Baron als sehr ungünstig erweisen sollte), die 700 Gulden kamen aber doch wenigstens für Aimés Pension auf. – Da Therese Huber nun als Redakteurin nach Stuttgart umzog, stiegen ihre Lebenshaltungskosten. Nach einer Rechnung, die sie selbst 1820 aufmachte, brauchte sie allein für Wohnung und Heizung 350 Gulden. Jedoch konnte sie mit schriftstellerischen Ar-

---

[22] Vgl. L. Geiger (1901) S. 148f.
[23] Ebd. S. 190. Freilich konnte Therese Huber nicht hoffen, 700 Gulden für das Buch zu erhalten, denn dies hätte ein Bogenhonorar von über 20 Talern bedeutet. Cotta pflegte ihr 13 Taler zu bezahlen.
[24] Ebd. S. 283.
[25] Rückert, der sich die Redaktion mit Friedrich Haug teilte, bezog ein Jahresgehalt von 800 Gulden. Vgl. seinen Brief an Cotta vom 6. 1. 1817, in dem er seinen Abschied ankündigt und Mdm. Huber als Nachfolgerin empfiehlt. *Briefe an Cotta* (1925) Bd. I, S. 419. – Cotta zahlte bei seinen großen Blättern vergleichsweise gut: Karl August Böttiger erhielt für die Redaktion des *Modenjournals* nur 100 Taler, für die Redaktion von London und Paris 400 Taler und für die Redaktion des *Teutschen Merkur* 350 Taler jährlich. Vgl. E. F. Sondermann (1983) S. 105f. Noch 1842 bekam Ludolf Wienbarg für die Redaktion des Altonaer *Merkurius* von Campe nur 400 Taler. Vgl. M. Werner (1978) S. 64. Hingegen hatte Ludwig Huber als Chefredakteur der *Allgemeinen Zeitung* von Cotta mehr als 1300 fl. erhalten. Vgl. Sondermann S. 106. Welche Unterschiede in der Bezahlung möglich waren, zeigt das Extrembeispiel Heine. Er erhielt von Cotta 1828 für die Redaktion der *Annalen* ein Jahresgehalt von 2000 Gulden (HSA Bd. XX, S. 307) bzw. 100 Louisd'or bis Juli (ebd. S. 320).

beiten jährlich 400–500 Gulden dazuverdienen.[26] Das Gros floß ihr aus den Erträgen für Zeitschriftenbeiträge zu. In einem Brief teilte Therese Huber ihrer Freundin Karoline Pichler mit, welches Honorar die Korrespondenten des *Morgenblattes* erhielten: »Das gewöhnliche ist für die Corr. 44 fl. (16 Spalten) wenig genug!«[27] Die Höhe der Entlohnung richtete sich allerdings nach dem Bekanntheitsgrad des Autors. Heinrich Heine schrieb 1828 an Wit von Dörring, das vom *Morgenblatt* entrichtete Honorar belaufe sich auf »3 bis 4 Louisd'or per Bogen, in außerordentlichen Fällen für außerordentliche Aufsätze aber weit mehr.«[28] Damit, mit 15 bis 20 Talern, zahlte Cotta großzügig, denn 1840, als die Honorare einem Höhepunkt zustrebten,[29] warb die *Wiener Theaterzeitung* damit, daß sie »für den Druckbogen nach unserm Formate acht Dukaten« gebe (entspricht ca. 17 Talern).[30]

Da ein Schriftsteller nicht vom Ertrag seiner Bücher leben konnte, sondern auf das tägliche Zubrot aus Journal-Artikeln angewiesen war, bemühte sich Therese Huber während ihrer Zeit als Redakteurin, besonders Frauen eine Chance zu geben. Denn die Konkurrenz war groß. Von den 1838 angenommenen 18000 Schriftstellern in Deutschland arbeiteten nach zeitgenössischer Schätzung ca. 10000 in Journalen mit.[31] Unter anderem setzte sich Therese Huber auch für Fanny Tarnow ein,[32] aus deren Tagebüchern wir wissen, wie wichtig für sie die regelmäßigen Einkünfte aus Stuttgart waren. »Ich glaube, daß 80 Louisd'or jährlich mir genügen und da ich auf 40 Louisd'or, so lange Cotta lebt, wie stehend rechnen darf, so kann mir das übrige nicht fehlen.«[33] Welch genaues Rechnen ein freies Schriftstellerleben erforderte, sieht man aus der Aufstellung in diesen Tagebuchblättern. Ein Konzertbesuch, eine kleine Einladung – dies alles mußte sich Fanny Tarnow von dem einen Louisd'or absparen, den sie sich wöchentlich zum Lebensunterhalt ausgesetzt hatte. Am Ende ihrer Rechnungslegung kann sie zwar konstatieren: »Ich bin jetzt als Schriftstellerin sehr geachtet und beliebt«, muß aber gleichzeitig zugeben: »Ich komme mir erschöpft vor; – man erlebt ja nichts mehr, was kann man also darstel-

---

[26] Vgl. L. Geiger (1901) S. 239.
[27] Brief vom 8. 1. 1819, *Briefe* (ed. L. Geiger) S. 202.
[28] HSA Bd. XX, S. 317f. Heine selbst drückte für seine Reiseartikel aus Italien einen Satz von 8 bis 9 Louisd'or durch (40–45 Taler) – vgl. HSA Bd. XXI, S. 23f.; Bd. XXIV, S. 101f. Cotta hatte ihm nur 55 Gulden geben wollen.
[29] Autorenhonorare und Buchpreise erreichten 1843 einen Höhepunkt – vgl. Wittmann (1976) S. 206.
[30] Vgl. A. Estermann: *Die deutschen Literatur-Zeitschriften 1815–1850*. Bd. I (1978) S. 327f.
[31] Die *Mitternachtszeitung* 13 (1838) S. 316 bringt die folgende Notiz: »Die Zahl der deutschen Literaten (männlichen und weiblichen Geschlechts) beläuft sich nach den Notizen des verstorbenen Carl Büchner auf 18000 Stück. Unter diesen giebt es 27 Autoren mit ›sämmtlichen Werken‹; 6940, die nur *ein* Werk producirt; 183, die 20–100 Bände und Broschüren geschrieben haben […] 3810 Übersetzer. 10000 von der Totalsumme arbeiten mit an Journalen.«
[32] Vgl. L. Geiger (1901) S. 293.
[33] A. Bölte: *Fanny Tarnow* (1865) S. 248. 40 Louisd'or entsprechen ca. 200 Talern oder 300 Gulden.

len?«[34] Welche unmittelbaren finanziellen Folgen ein solcher Inspirationsmangel haben konnte, zeigt eine im Cotta-Archiv aufbewahrte Abrechnung für die Monate April, Mai und September 1846 des *Morgenblattes*. Fanny Tarnow hatte die Erzählung *Ein schöner Mann* eingesandt, die Cotta zwar druckte, aber mit dem Vermerk »Ist Plagiat« versah und deshalb die Autorin mit nur 11 Gulden den Bogen abspeiste. Für den Artikel *Englische Touristinnen* erhielt sie 33 Gulden pro Bogen, was ebenfalls unterhalb der Norm lag.[35] Um vieles willkommener, weil reicher an Nachrichtenwert, konnten die Briefe sein, die die Autorin 1817 aus Rußland schickte. Das *Morgenblatt* erhielt regelmäßig ihre *Korrespondenz-Nachrichten aus Petersburg*, Hitzig bekam darüberhinaus Tagebuchblätter zugesandt. 1819 konnte sie aus ihren russischen Erlebnissen ein zweites Mal finanziellen Nutzen ziehen: Die *Briefe auf einer Reise nach Petersburg, an Freunde geschrieben* erschienen in Buchform.

Welche Erträge waren nun aber mit Reisebüchern zu erzielen? Allgemein gilt die Regel, daß Prosa niedriger honoriert wurde als Poesie. Ein weniger bekannter Schriftsteller konnte etwa mit 4 Talern pro Bogen rechnen. Das ergab für ein durchschnittliches Buch von 15 Bogen bei einer Auflage von 750 Exemplaren 60 Taler für den Autor.[36] Spitzenverdiener wie Goethe,[37] Heine[38] oder vordem schon Schlözer[39] brachten es auf 40 Taler pro Bogen und noch weit mehr. Für Frauen waren solche Honorare kaum erreichbar. Sophie von La Roche erhielt für ihr *Tagebuch einer Reise durch die Schweitz* (1787) und ihr *Journal einer Reise durch Frankreich* (1787) jeweils Bogenhonorare von einem Karolin (6 1/2 Talern). Sophie Mereau gehörte mit Bogenhonoraren zwischen 10 und 20 Talern schon zu den besser bezahlten Schriftstellerinnen.[40]

Leider haben sich nicht viele Verlagsverträge oder briefliche Mitteilungen über Honorare erhalten. Eine gewisse Delikatesse haftete der Entlohnung geistiger Arbeit wohl immer an. Für Frauen, die dazu verurteilt waren, ihre weibliche Scheu zu wahren, mußte die Sache besonders heikel sein. Dies jedenfalls scheint die Meinung des Fürsten Pückler-Muskau gewesen zu sein, der – völlig fälschlich – die Gräfin Ida Hahn-Hahn für zu seelenvoll erachtete, als daß sie sich um Geld hätte bekümmern

---

[34] Ebd. S. 250.
[35] Ich danke dem Cotta-Archiv für die freundliche Genehmigung des Zitierens.
[36] Vgl. Wittmann (1976) S. 206f. Dieses Musterhonorar gilt für das Jahr 1856, nach dem Überschreiten der finanziellen Pike Mitte der 40er Jahre. Es entspricht etwa den Verhältnissen vor diesem Gipfelpunkt und schon denen der letzten beiden Jahrzehnte des 18. Jahrhunderts. 1847 gibt Adolf Stahr an, für seine Bücher nie mehr als 1 Frd'or (ca. 5 Taler) pro Bogen bei einer Auflage von 750 Exemplaren erhalten zu haben. »Aus dem Nachlaß von Fanny Lewald und Adolf Stahr« (1930) S. 210. Vgl. auch die Angaben bei Engelsing (1976) S. 129 und Göpfert (1977) S. 121.
[37] Goethe erhielt für die 40 Bände seiner *Werke*, die sich allerdings hervorragend verkauften, von Cotta 64000 Taler. Vgl. *Cotta und das 19. Jahrhundert* (1980) S. 153.
[38] Heine erzielte sein höchstes Honorar für den *Romanzero*, nämlich 31 Frd'or pro Bogen (155 Taler). Begonnen hatte er als Prosaschriftsteller mit 14 Talern pro Bogen für den 1. Band der *Reisebilder*. Vgl. M. Werner (1978) S. 66f.
[39] Vgl. Engelsing (1976) S. 131.
[40] Vgl. E. Walter (1985) S. 46f.

können. In einem seiner Briefe (vom 28. März 1845) geht es um die Motivation zum Schreiben: »*Sie haben* einen Beruf dazu, und darum macht es sie glücklich, und Sie vervollkommnen sich und Andere damit, eben weil es Ihnen redlicher Ernst damit ist. Doch ich! Ich glaube, Sie geben mir eine Ohrfeige, wenn ich die Aufrichtigkeit so weit treibe Ihnen zu gestehen, daß ich sogar ein wenig um's Geld schreibe. Es ist mir so amüsant komisch vorgekommen, daß ich für meine bisherigen Scharteken zwischen 30 bis 40000 Thlr. gezogen habe, ich und in *Deutschland*, wo es Schiller und Herder und Jean Paul, selbst Vulpius nie so weit gebracht haben, und Goethe erst am Ende seiner Laufbahn. Es war ein Sündengeld«.[41] Doch auch die Gräfin verdiente mit ihren Schriften nicht schlecht. Ein kleiner Artikel in den Wiener *Sonntagsblättern* von 1846 weiß zu berichten, daß sich »der Ertrag ihrer Feder [...] auf 5000, mindestens auf 3000 Thaler jährlich beläuft.«[42] Für ihre drei Bände *Orientalische Briefe* erhielt sie von Duncker ein Bogenhonorar von 10 Frd'or (ca. 50 Taler)![43] Für ihr erstes Reisewerk, *Jenseits der Berge*, hatte sie vier Jahre vorher von Duncker die Hälfte erbeten und war wegen der zu hohen Forderung abgewiesen worden. Brockhaus gab ihr schließlich 75 Louisd'or (ca. 375 Taler),[44] was bei der Stärke des zweibändigen Buches einem Bogenhonorar von ca. 1 1/2 Louisd'or entspricht. Schon bei ihrem im gleichen Jahr erschienen Roman *Gräfin Faustine* wollte die Schriftstellerin nicht unter ein Bogenhonorar von 2 Frd'or zurückgehen. Diesmal lehnte Brockhaus ab und Duncker übernahm die Produktion.[45]

Eine andere Spitzenverdienerin des 19. Jahrhunderts war Johanna Schopenhauer. Die erhaltenen Briefe und Verlagsverträge (Schopenhauer-Archiv der Stadt- und Universitätsbibliothek Frankfurt a. M.) zeigen uns das Bild einer Frau, die mit zunehmender schriftstellerischer Erfahrung selbstbewußter und sich auch ihres Marktwertes sicherer wurde. 1816 schreibt sie an ihren Verleger Bertuch über ihre (bis dahin zweibändigen) *Erinnerungen von einer Reise in den Jahren 1803, 1804, 1805*: »Das Buch hat mehr Beifall gefunden, als wir beide erwarteten«. Sie bietet dem Verleger den zweiten Band ihrer *Novellen* an, zieht aber aus den bisherigen schriftstellerischen Erfolgen den Schluß: »nur muß ich Sie dann bitten, mir in Zukunft für den Bogen zwei Louisdor in Gold zu geben. Die Anerbieten mehrerer angesehner Buchhändler, die unaufgefordert in dieser Zeit an mich ergangen sind, mir für alles, was ich ihnen gebe, wenigstens soviel Honorar zu zahlen, bestimmen mich zu dieser Forderung, die auch nicht unbillig ist, wenn Sie bedenken, daß Sie meine Reisen und die Novellen bis jetzt zu so sehr niedrigem Preise erhalten haben.«[46] Da Bertuch auf diese neuen Konditionen offenbar nicht eingehen wollte, wandte sich

---

[41] *Briefwechsel*, hg. v. L. Assing (1873) Bd. I, S. 327.
[42] S. 868.
[43] Vgl. ihren Brief an Cotta vom 24. Juli 1848, in dem sie ihm zu gleichen Bedingungen ihre Reise nach England anbietet. Abgedruckt in B. Goldmann (1980) S. 44ff.
[44] Vgl. K. van Munster (1929) S. 127. Friedrichsd'or ist eine andere Bezeichnung für den in Deutschland üblichen Louisd'or.
[45] Ebd. S. 102.
[46] *Im Wechsel der Zeiten* (1986) S. 396f.

Johanna Schopenhauer zu Beginn des Jahres 1817 an Friedrich Arnold Brockhaus. »Sie fragen, warum ich jetzt auf höheres [sic!] Honorar bestehe, da ich früher Bertuchen meine Arbeiten fast für gar nichts hingab.« Die Antwort ist höchst bezeichnend für die Situation einer schreibenden Frau: Selbst ganz unerfahren, habe sie die Scheu zu publizieren daran gehindert, Freunde zu fragen, welches Honorar angemessen sei.[47] Des weiteren erklärt die Autorin ihre höheren Forderungen mit einer noch intensiveren und effektiveren Arbeitsweise. »Ich bin mir bewußt, jetzt weit besser zu schreiben als vor zwei Jahren. [...] Ich bin also entschlossen, kein neues Werk in Oktavformat unter drei Louisdor den Bogen wegzugeben, wenn nicht die Not mich dazu zwingt, was nicht wahrscheinlich ist. Meine Rheinreise [d. i. *Ausflucht an den Rhein*] aber soll in kleinerem Taschenbuchformat erscheinen [...] Diese biete ich mich an, Ihnen Johannis zu liefern, etwa 250 bis 200 Seiten stark; für den Bogen zu 16 Seiten gerechnet, fordere ich 2 Louisdor in Gold.«[48] Bei dieser Honorarforderung blieb Johanna Schopenhauer offenbar für ihre kleineren Veröffentlichungen, dehnte sie aber auch auf Wiederabdrucke aus. Ein zwischen der Autorin und J. D. Sauerländer 1825 geschlossener Vertrag über die Herausgabe einer Sammlung von *Erzählungen* vereinbart ein Bogenhonorar von zwei Frd'or, im Falle einer zweiten Auflage einem Frd'or (ca. 10 bzw. 5 Taler).[49] 1829 wurde zwischen der Autorin und den beiden Verlagen Sauerländer in Frankfurt sowie Brockhaus in Leipzig ein Vertrag abgeschlossen über die Edition einer Gesamtausgabe der *Werke* in Taschenformat (»in dem ohngefähren Taschenformate wie die Schiller's, Göthe's, Herder's, Tschokke's und Anderer Schriften«, wie es in §4 ausdrücklich heißt). Für die 24 Bändchen (hierin enthalten sind auch die drei Bände *Erinnerungen von einer Reise* sowie *Ausflucht an den Rhein*) wurde ein Gesamthonorar von 8400 Talern preußisch vereinbart, und zwar bei einer vergleichsweise sehr hohen Auflage von 4000 Stück.[50] Das ergibt für die projektierten 250 Bogen ein Bogenhonorar von 33 Talern pr. bzw. 38 Rtln. 1835 wendet sich Johanna Schopenhauer schriftlich an Sauerländer mit dem Vorschlag, drei ihrer bereits in Taschenbüchern erschienenen Erzählungen (zusammen 308 Seiten) sowie eine nicht von ihr geschriebene Novelle zu veröffentlichen. »Für alles dieses fordere ich nicht mehr als 250 Thaler«, schreibt sie – in Anbetracht einer Wiederveröffentlichung bei sicher kleiner Auflage jedoch kein schlechter Preis (schätzungsweise 25 Taler pro Bogen).[51]

Mit Übersetzungen war verständlicherweise weniger verdient. Üblich waren zwei bis drei Taler für den Bogen. Freilich gab es auch hier besser honorierte Personen und Werke. Forster bekam für seine Übersetzung von James Cooks Reisen sie-

---

[47] Ebd. S. 399.
[48] Ebd. S. 400f. Der Zusatz »in Gold« bezieht sich auf den damaligen Wert eines Louisd'or, der 5 Talern in Gold entsprach, aber seit 1830/31 auch 5 2/3 Talern Kurant entsprechen konnte.
[49] Nr. 1538 des Schopenhauer-Archivs.
[50] Nr. 1539 des Schopenhauer-Archivs. Der Vertrag wurde kurze Zeit später unter den gleichen Bedingungen erneuert und präzisiert – Nr. 1540 des Schopenhauer-Archivs.
[51] Nr. 1174 des Schopenhauer-Archivs.

ben Reichstaler.[52] Ungefähr ebensoviel verlangte Schiller für eine Übersetzung von Erzählungen von Cotta mit dem Hinweis, der Übersetzer habe »bißher aus meinem Beutel gelebt.« Das war tatsächlich zutreffend, denn es handelte sich um Schillers Frau.[53] Eine für englische Literatur besonders geschätzte Übersetzerin war Elise von Hohenhausen. Für ihre Walter Scott-Übersetzungen erhielt sie nicht nur einen auf 30 Jahre geschützten Kontrakt, sondern auch die erstaunliche Summe von 1000 Talern, was einem Jahresgehalt ihres Gatten als Beamter in Minden entsprach.[54]

War einerseits die Übersetzungstätigkeit für viele Schriftstellerinnen eine sichere Einnahmequelle, so bedeutete andererseits die Übernahme zahlreicher fremdsprachiger Reisewerke eine bedrohliche Konkurrenz für die einheimische Produktion. Das Ausland bot mehr und oftmals interessantere, spektakulärere Werke an. Fanny Tarnow vermutet, britische Autorinnen hätten »das lesende Publikum in den lezten fünf bis sechs Jahren mit 15000 gedruckten Seiten beschenkt«.[55] Ein großer Teil dieser Reisen wurde übersetzt – für den Verleger ein lukratives Geschäft, denn für ihn waren Übersetzungen meist konkurrenzlos billig zu erhalten. Bis zum Berner internationalen Urheberrechtsabkommen von 1886 gab es keine Autorenrechte, die vor Übersetzung schützten.[56] Vergeblich wetterte Robert Prutz gegen die Billigpreise, mit denen Übersetzungen auf den Markt geworfen wurden und mit denen »das fremde, aber billige das vaterländische, aber teure Produkt notwendig verdrängen« mußte.[57] Vergeblich auch betonten deutsche Schriftsteller den prinzipiell nationalen Charakter von Literatur und die Grenzen der Austauschbarkeit von Erfahrungen.[58] Nachdem Reisebeschreibungen oft hauptsächlich in Hinblick auf ihren informativen Gehalt gelesen wurden, konnten sprachspezifische Literarizität und nationale Aktualität und Individualität als weniger wichtig erscheinen.

Der durchschnittliche Verkaufspreis einer ca. 200 Seiten starken deutschen Reisebeschreibung betrug 1 1/2 Taler. Zu diesem Preis wurden schon zu Ende des 18. Jahrhundert die Bücher Sophie von La Roches angeboten. Werke einer Anfängerin konnten billiger abgegeben werden, wie z. B. Ida Pfeiffers *Reise einer Wienerin ins Heilige Land*. Dirnböck verkaufte die beiden Bände für nur einen Reichstaler. Allerdings war in Österreich und Süddeutschland der Preisstandard für literarische

---

[52] Vgl. W. Krieg (1953) S.88. Krieg gibt an: Reinhold Forster. Tatsächlich war aber Georg Forster der Übersetzer.
[53] Brief vom 12. 10. 1799. *Schillers Briefe. Kritische Gesamtausgabe.* Hg. v. F. Jonas. Bd. 6. Stuttgart u. a. 1895, S. 94.
[54] Vgl. M. Hänsel (1984) S. 68.
[55] »Englische Touristinnen«. In: *Morgenblatt für gebildete Leser* 1846, Nr. 224, S. 493. – Eine Zusammenstellung fremdsprachiger Reisebeschreibungen von Frauen bis 1850 und deren Übersetzungen befindet sich in der Bibliographie 6.1.1.1.
[56] Vgl. Wittmannn (1976) S. 166.
[57] »Die deutsche Belletristik und ihr Publikum« (1859). In: R. Prutz (1973) S. 95, vgl. auch S. 94.
[58] Vgl. Theodor Mundt: *Geschichte der Literatur der Gegenwart*. 2., neu bearb. Aufl. Leipzig 1853, S. 567. Levin Schücking: »Rückblicke auf die schöne Literatur seit 1830«. In: *Jb. der Lit.* 1 (1839) S. 189f.

Produkte allgemein etwas nieriger. Dirnböck hatte mit seiner neuen Autorin Glück. Schon nach einem Jahr konnte er eine zweite Auflage herausbringen und stolz eine Übersetzung ins Französische annoncieren.[59] 1856 kam bereits die 4. Auflage auf den Markt. Mit weiteren Übersetzungen ins Tschechische, Englische und Holländische war die *Reise einer Wienerin* wohl das meistgefragte Reisebuch aus der Feder einer Frau. Natürlich stiegen mit dem wachsenden Bekanntheitsgrad der Autorin auch die Preise für ihre Produkte.[60] Auch Ladenhüter lassen sich ausmachen: Maria Bellis Konstantinopel-Buch wurde von Sauerländer von 1 1/2 Taler auf 20 Silbergroschen herabgesetzt. Berühmtere Autorinnen, wie Friederike Brun oder Johanna Schopenhauer ließen neben den Exemplaren auf normalem Druckpapier eine kleine Stückzahl auf feinem Velinpapier drucken. Besonders teuer verkauft wurden mit 4 Talern 16 Groschen die ersten zwei Bände von Friederike Bruns *Episoden* (1808) sowie mit 6 1/2 Talern die drei Bände von Ida Hahn-Hahns *Orientalischen Briefen* (1844). In beiden Fällen hatten die Verleger gut kalkuliert, denn die Werke fanden hervorragenden Absatz. Friederike Bruns *Episoden* waren bald vergriffen, sodaß sich die Autorin 1833 entschloß, Teile daraus in einem neuen Buch unter dem Titel *Römisches Leben* wieder abzudrucken.[61] Ida Hahn-Hahns *Orientalische Briefe* wurden bereits 1845 ins Englische übersetzt – eine Seltenheit bei einem Reisewerk einer deutschen Frau. Welche finanziellen Möglichkeiten einem Verleger im Falle eines sehr gefragten Buches offen standen, zeigen die *Briefe eines Verstorbenen* von Pückler-Muskau. Nach dem Erfolg, den die erste Auflage erbracht hatte, veranstaltete Hallberger eine zweite, mit Stahlstichen geschmückte. Auf vier Bände erweitert, kostete diese 2. Auflage neun Taler und damit fast dreimal so viel wie die Erstausgabe.

Die isolierte Betrachtung einzelner Publikumserfolge auf dem Buchmarkt darf freilich nicht dazu verleiten, die Situation allzu rosig zu sehen. Auch wenn im 19. Jahrhundert die Alphabetisierung Fortschritte machte, die zeitgenössische Kritik immer wieder über eine »Lesewut«, besonders bei Frauen, klagt und in der Wissenschaft von einer »Leserevolution« die Rede ist,[62] so vermochten all diese Veränderungen doch die Zahl der Lesefähigen und Lesewilligen umgerecht auf die Gesamtbevölkerung nicht wesentlich zu heben. »Realistisch erscheint eine Schätzung, die für das Jahr 1800 einen Alphabetisierungsgrad, der auch die tatsächliche Rezeption von Lektüre ermöglicht, in Höhe von 10 % der Bevölkerung annimmt, und diesen bis 1850 auf knapp ein Viertel der Gesamtbevölkerung ansteigen läßt – dies ent-

---

[59] Vorwort des Verlegers zur 2. Auflage, S. VIII.
[60] Die zwei Bände der Skandinavien-Reise wurden von Heckenast (Pest) und Wigand (Leipzig) zu 2 Reichstalern vertrieben. Die drei Bände der *Frauenfahrt* kosteten bei Gerold in Wien 2 Rtl. 26 Ngr. und die vier Bände der *Zweiten Weltreise* beim gleichen Verleger 4 Rtl.
[61] Vgl. das Vorwort. Der größere Teil des zweibändigen Werkes ist eine Übernahme aus den *Prosaischen Schriften*.
[62] Zur Lesesucht-Diskussion vgl. D. v. König (1977), E. Schön (1987) und die dort S. 318–320 diskutierten Quellen sowie E. Schön (1990) S. 28–30. Der Terminus »Leserevolution« wurde von Engelsing (1970) Sp. 983 geprägt.

spricht etwa dem Anteil des Mittelstandes.«[63] Längst nicht alle diese potentiellen Leser waren allerdings Buchkäufer. Zeitungen, Zeitschriften und die neuen Groschenhefte genügten vielfach als Lesefutter. Bücher waren für weiteste Kreise der deutschen Bevölkerung in Anbetracht des sehr niedrigen Einkommens unerschwinglich. Bezeichnend ist der Wanderweg des von mir benützten Exemplars von Sophie von La Roches *Tagebuch einer Reise durch die Schweitz.* Es trägt zunächst das Ex libris der Baronin von Lerchenfeld Siesbach (ca. 1804), geriet von da in die Bibliothek des Grafen Bentheim und wurde schließlich ins Cassianeum Donauwörth übernommen.[64] Während sich Adelsbibliotheken und Institute solch vergleichsweise teure Bücher leisten konnten, hätte für eine einfache Lehrersfamilie, die zu Anfang des Jahrhunderts mit einem Grundgehalt von ca. 100 Reichstalern auskommen mußte, eine solche Anschaffung das jährliche Budget um 2 % geschmälert.[65]

Anstatt sich Bücher selbst zu kaufen, bezogen 90 % des Publikums sie aus Leihbibliotheken. In diesen gewerblich betriebenen Instituten, die seit Jahrhundertbeginn die exklusiveren und nur Männern zugänglichen Lesegesellschaften ablösten,[66] konnten Bürger beiderlei Geschlechts gegen einen Jahresbeitrag Druckwerke entleihen. Doch selbst hier riß der Jahresbeitrag ein finanzielles Loch: »Ein Handwerksgeselle, wollte er sich ein Jahresabonnement in einer Leihbücherei leisten, mußte dafür um 1800 zwischen drei und fünf Prozent seines jährlichen Einkommens ausgeben, um 1850 waren es zwei bis acht Prozent«.[67]

Da die Verleger für ein durchschnittliches Buch nicht mit einem nennenswerten Absatz an Privatpersonen rechnen konnten, wurden die Auflagen klein gehalten. Sie lagen in unserer Berichtszeit in der Regel bei 750 bis 1000 Stück, wobei sich die Kalkulation wesentlich an den Bedürfnissen der Leihbibliotheken orientierte.[68] Al-

---

[63] R. Wittmann (1991) S. 232.

[64] Das von mir benützte Exemplar von Sophie Schwarz' *Briefe einer Curländerinn* entstammt der Bibliothek der Fürsten von Oettingen-Wallerstein.

[65] Vgl. H. Göpfert (1977) S. 123.

[66] Vgl. M. Prüsener (1973) Sp. 409. Nach Prüsener waren Frauen von Lesegesellschaften ausgeschlossen. Aus Henriette Herz' *Erinnerungen* erfährt man jedoch von einer Ausnahme: die gegen Ende des 18. Jahrhunderts in Berlin durch Ignaz Feßler gegründete »Mittwochs-Gesellschaft«. In dieser Diskussionsrunde für gelehrte Männer der verschiedensten Fächer waren Frauen »nicht ausgeschlossen, ja sie waren tätige und gern gesehene Mitwirkende.« H. Herz (1984) S. 50. Im Unterschied zu dieser ersten Mittwochs-Gesellschaft duldete die 1824 durch Hitzig, Eichendorff und Alexis wiederbelebte »Literarische Mittwochs-Gesellschaft« keine Frauen.

[67] R. Wittmann (1991) S. 233.

[68] Über die Zustände in den 50er Jahren berichtet Gottfried Keller, der Verleger Vieweg, der sich auf wissenschaftliche Literatur spezialisiert hatte, ergänze sein Angebot nur noch um »ein paar Damenromane, von Lewald und Therese Bacheracht, wobei auf 800 Leihbibliotheken gerechnet wurde, die das Buch nach damaliger Mode rasch anschaffen mußte. Hiermit war das Geschäft in der Hauptsache fertig und Vieweg dachte nicht an künftige Auflagen.« *Gesammelte Briefe.* Hg. v. Carl Helbling. Bern 1953, Bd. III,2, S. 257, Brief vom 25. Juli 1875. – In der Tat muß Fanny Lewalds Werk in Leihbibliotheken stark gefragt gewesen sein. Hermann Hettner berichtet am 6. April 1850 an die Autorin: »Der Leihbibliothekar

lein in Preußen existierten 1846 nicht weniger als 656 solcher Institute.[69] An ihren Beständen läßt sich der Geschmack der Leser und die Beliebtheit bestimmter Gattungen deutlich ablesen. Angehörige aller Stände und Bildungsschichten gehörten zu ihrer Klientel,[70] und Prutz beklagt, daß »selbst die vornehmste Frau es nicht unter ihrer Würde hält, ein interessantes neues Buch nicht aus dem Buchladen, sondern aus der Leihbibliothek holen zu lassen«.[71]

Am häufigsten waren in den Leihbibliotheken Romane vertreten, doch auch Reisebeschreibungen durften nicht fehlen. Ein aus dem Jahre 1847 stammender Vorschlag für die Anlage einer Volksbibliothek führt als dritte Abteilung auf: »Erd- und Reisebeschreibungen«.[72] Reisebeschreibungen mochten etwa 7 % des Gesamtbestandes ausmachen.[73] Titel von Frauen finden sich vereinzelt. Das Verzeichnis einer Wiener Leihbibliothek aus dem Jahre 1790 enthält Sophie von La Roches *Tagebuch einer Reise durch die Schweitz.*[74] Das *Handbuch für Leih-Bibliotheken* aus dem Jahre 1833, eine Art Übersicht über den Idealbestand eines solchen Instituts, führt in der Abteilung »Schöne Wissenschaft« als einzige weibliche Autorin Friederike Brun auf, und zwar mit folgenden Schriften: *Briefe aus Rom, Episoden auf Reisen* (4 Bände), *Tagebuch einer Reise durch die Schweiz, Prosaische Schriften* (4 Bände).[75] In der Abteilung »Romane« (!) treten die gesammelten Schriften zu 24 Bänden von Johanna Schopenhauer auf sowie zusätzlich die *Ausflucht an den Rhein* und die *Erinnerungen.*[76] Ferner empfiehlt dieses *Handbuch* die *Reiseerinnerungen* des Ehepaars Fouqué und Fanny Tarnows *Briefe an Freunde.*[77] In einer Tabelle der 100 in Leihbibliotheken zwischen 1815 und 1848 meistvertretenen Autoren rangiert Johanna Schopenhauer immerhin auf Platz 37 zwischen Schiller und Tieck, und Fanny Tarnow kommt auf Platz 43.[78] Daneben dürfen Karoline de la Motte Fouqué und Luise Mühlbach bis zur Jahrhundertmitte als Erfolgsschriftstellerinnen gelten.

---

in Mannheim, bei dem ich die ›Lebensfrage‹ entnahm, erzählte mir, daß Ihre Bücher zu den gelesensten Büchern seiner Bibliothek gehören.« »Aus Hermann Hettners Nachlaß« (1928) S. 444.

[69] Vgl. R. Wittmann (1976) S. 188.
[70] Vgl. A. Martino (1977) S. 1 u. 15ff.
[71] »Die deutsche Belletristik und ihr Publikum« (1859). In: R. Prutz (1973) S. 95. Vgl. auch Fanny Lewalds Klage über die deutsche Sparsamkeit beim Bücherkauf in *England und Schottland* Bd. II, S. 241: In England schaffe man sich großzügig Bücher an, in Deutschland aber hole man sich lieber die ekelhaften Exemplare aus der Leihbibliothek. Selbst »die Prinzessinnen des preußischen Hofes [bezögen] ihre Geistesnahrung zum Theile aus Leihbibliotheken.«
[72] R. Schenda (1977) S. 217.
[73] Vgl. die von G. Jäger (1977) S. 116ff. zusammengestellten Leihbibliotheksbestände verschiedener Orte. Etwas geringere Prozentzahlen ergeben die Untersuchungen von T. Sirges (1994).
[74] *Die Leihbibliothek der Goethezeit* (1979) S. 90, Nr. 627 des Faksimiles.
[75] Ebd. S. 351.
[76] Ebd. S. 182f.
[77] Ebd. S. 129. 197.
[78] Ebd. S. 276.

Nach 1850 geht das Interesse an den Werken aller dieser Autorinnen jedoch signifikant zurück.[79]

Die von mir benützten Exemplare von Friederike Bruns *Episoden*, Band III, von Charlotte von Ahlefelds *Briefe auf einer Reise durch Deutschland und die Schweiz*, von Ida von Düringsfelds Reiseskizzen *Aus der Schweiz*, von Elise von Hohenhausens *Minden und seine Umgebungen* sowie von Ida Pfeiffers *Reise nach Madagaskar* standen sämtlich ursprünglich in Leihbibliotheken. Nicht überrraschend ist, daß auch das spektakuläre zweibändige Buch der *schweizerischen Amazone* Regula Engel-Egli über ihre *AbentheuerReisen und Kreuzzüge* seinen Weg in eine Leihbibliothek fand: Das von mir benützte Exemplar entstammt der öffentlichen Bibliothek Hermes, Trier, 1830. Eigentlich eine Autobiographie und keine Reisebeschreibung, segelten die beiden Bände unter der Flagge einer abentheuerlichen Reise im Fahrwasser eines populären Genres. Sie mußten kurz hintereinander zweimal aufgelegt werden, und auch die zweite Auflage war binnen kurzem wieder vergriffen.[80] Der Fall Engel-Egli ist einer der wenigen, in dem eine Autorin es fertig brachte, sich durch die Herausgabe eines Buches finanziell zu salvieren – und dies auch zugab.[81]

3.3 Anonymität, Pseudonyme, männliche Herausgeber

Daß gerade Frauen – bis in die jüngste Zeit hinein – es vorgezogen haben, unter einem angenommenen Namen, unter dem Namen ihres Mannes oder gänzlich ohne Angabe ihrer Autorschaft zu veröffentlichen, ist ein bekanntes Phänomen mit komplexen sozial- und tiefenpsychologischen Implikationen.[82] Für das 19. Jahrhundert ist zunächst auf der Ebene des rein Faktischen aber eine differenzierende Betrachtung dieser Erscheinung geboten. Zum einen darf nicht außer acht gelassen werden, daß auch männliche Autoren in gar nicht seltenen Fällen anonym produzierten, wobei die verschiedensten Gründe vorliegen können: von der Scheu, den eigenen Namen auf einem Produkt des Buchmarktes zu finden bis zum Schutz vor möglichen Nachstellungen.[83] In einigen Zeitschriften war es darüber hinaus Usus, nur unter Angabe von Initialen, eines Schlüssels oder einer Nummer oder auch ganz anonym zu publizieren.

---

[79] Vgl. G. Jäger (1987) S. 264, 285, 287. Für den Bereich Hessen-Kassel T. Sirges (1994) S. 152, 233, 430f., 433f. Sirges' Angaben verweisen allerdings nicht auf bestimmte Werke der betreffenden Autorinnen.
[80] C. W. v. Schindel (1825) gibt in »Nachträge und Berichtigungen zum 1. Theile« S. 86 in einer Fußnote an, daß es ihm nicht möglich gewesen sei, das vergriffene Werk zu erhalten.
[81] Im Vorwort zum 2. Band erklärt die Autorin, bereits durch den 1. Teil hätten sich ihre Finanzen konsolidiert. Bezeichnenderweise verzichtet Frau Egli in der 2. Auflage darauf, einen männlichen Herausgeber zu nennen.
[82] Vgl. Barbara Hahn: *Unter falschem Namen. Von der schwierigen Autorschaft der Frauen.* Frankfurt a. M. 1991 (= es 1723).
[83] Vgl. »Etwas zur Verteidigung der Anonymität«. In: *Schweizerisches Museum* (1786) 2. Quartal, S. 319–336.

Blieben Damen in Zeitschriften also weitgehend anonym, sodaß es mitunter schwer wird, sie zu identifizieren, so überwiegt unter den Schriftstellerinnen, die mit Büchern hervortraten, die Zahl der mit vollem Namen publizierenden bei weitem. Häufig begannen Frauen ihre schriftstellerische Laufbahn ohne Namensnennung – aus Rücksicht auf sich selbst, aber auch auf die Angehörigen. Nachdem literarischer Erfolg eingetreten war und eine Kompromittierung nicht mehr zu befürchten stand, wurde der Name dem Publikum preisgegeben.[84] Freilich war der bei den Zeitgenossen in der Regel längst kein Geheimnis mehr.[85]

Besonders ältere Autorinnen wählten gern die Angabe: »Von der Verfasserin von...«, womit sie sich implizit als etablierte Schriftstellerin, die auf eine Leserfamilie rechnen kann, auswiesen. Eine Verhüllung der eigenen Identität ist damit kaum gemeint. Sophie von La Roche war selbstverständlich dem deutschen Publikum bestens bekannt, auch wenn sie sich in ihren ersten drei Reisebüchern als »Verfasserin von Rosaliens Briefen« tarnte. Charlotte von Ahlefeld brachte 1810 ihre *Briefe auf einer Reise durch Deutschland und die Schweiz* unter vollem Namen heraus, zog es aber 1828 vor, sich im Titel von *Tagebuch auf einer Reise durch einen Theil von Baiern, Tyrol und Oestreich* als »Verfasserin der Erna, Felicitas, Amadea, dem Römhildsstift u. s. w.« ihren Lesern zu empfehlen. Emilie von Berlepsch firmierte in ihren ersten, nur in Zeitschriften erschienen Reisebeschreibungen als »hannöverische Dame«, ihre *Caledonia* zeichnete sie als »Verfasserin der Sommerstunden«. Auch diese beiden Schriftstellerinnen waren in der literarischen Welt außerordentlich bekannte Persönlichkeiten. Es wäre verfehlt, ihnen das Verschweigen des Namens als Schüchternheit auszulegen. Eher ging es ihnen um die Darstellung ihrer kontinuierlichen publizistischen Arbeit.

Tatsächliche Scheu, mit ihrem Namen an die Öffentlichkeit zu treten, aber hatte Therese Huber. Kaum eine andere Frau hat mit solchem Nachdruck betont, wie sehr ihr an der Beschränkung auf die aus der »Natur« abgeleitete weibliche Rolle, an femininer Zurückgezogenheit liege.[86] Mag sein, daß sie damit ihren tatsächli-

---

[84] Sehr anschaulich läßt sich das fortschreitende Bekenntnis zum eigenen Namen etwa im Falle Ida Pfeiffers verfolgen. Ihre *Reise einer Wienerin* erschien in 1. (1844) und 2. (1845) Auflage anonym. Nur unter die Widmung an die Tante waren die Initialen gesetzt. Diese wichen in der 3. Auflage (1845) dem vollen Namen. Im gleichen Jahr nämlich war die *Reise nach dem skandinavischen Norden* erschienen, die mit vollem Namen gezeichnet und mit dem Zusatz ergänzt war: »Von der Verfasserin der Reise einer Wienerin in das heilige Land«. Von nun an publizierte die Autorin stets mit vollem Namen, der denn auch bei der 4. Auflage der *Reise einer Wienerin* (1854) auf dem Titelblatt stand.

[85] Sophie Schwarz, die, wohl weil so jung verstorben, nie ihren Autornamen nannte, verbarg ihre Identität unter dem Deckmantel »eine Curländerinn«. Die Besprechung ihrer *Briefe* in der *Allgemeinen deutschen Bibliothek* (1792) zeigt sich jedoch über ihre Person bestens unterrichtet. Rezensent war nach den Angaben in Partheys Nachschlagewerk (1842) Professor Bruns aus Helmstädt, der das Ehepaar Schwarz im nicht weit entfernten Halberstadt möglicherweise persönlich kannte.

[86] »Ein sehr lebhaftes, scharfgezeichnetes Bild weiblicher Liebenswürdigkeit und weiblichen Berufs, hatte mir von jeher Schriftstellerei als *entnaturend* und *entstellend* für mein Geschlecht ansehen lassen.« Vorwort Th. Hubers zu *Hubers gesammelte Erzählungen*, fortgesetzt von Therese Huber, geb. Heyne. Stuttgart/ Tübingen 1819. Bd. III, S. III. Vgl. auch

chen, von den Zeitgenossen sehr übel vermerkten Ausbruch aus den bürgerlichen Normen kompensieren wollte. In der Zeit ihrer Ehe mit Ludwig Huber schrieb sie jahrelang unter dessen Namen, dann, bereits eine erfahrene Schriftstellerin, blieb sie anonym. Ihre auffallend freisinnigen Bemerkungen über Litauen, ein Land, in dem sie von 1785–1787 an der Seite Georg Forsters lebte, tarnte sie als Briefe einer »Engländerin«. Die Vorabdrucke aus ihrem Reisebuch *Bemerkungen über Holland* im *Neuen Teutschen Merkur* 1810 waren erstmals mit »Th…« beziehungsweise sogar mit »Th. H.« gekennzeichnet.[87] Doch auch ohne diesen Hinweis wären die Beiträge wegen ihrer vielfältigen Bezüge auf Georg Forster leicht zuzuweisen gewesen. Als 1811 über der Buchausgabe die Angabe »von Therese H.« erschienen, war dies schon mehr, als die Verfasserin hatte zugestehen wollen.[88] Natürlich fiel es den Zeitgenossen leicht, diese Abkürzung zu entschlüsseln. Johanna Schopenhauer bemerkt in einer Fußnote ihrer Rezension im *Journal des Luxus und der Moden*: »Die Verfasserin dieses Werks ist nach den Anfangsbuchstaben zu urteilen, wahrscheinlich Madame Huber.«[89] Noch als Redakteurin des *Morgenblattes* wollte Therese Huber anonym bleiben. Ihr Name wurde offiziell niemals genannt, und ihre Redaktionsbriefe wurden von der Firma unterzeichnet. »Sagen Sie dem Publikum, daß ich lieber und besser Strümpfe stricke, als redigiere«, schrieb sie an Usteri.[90] Obgleich sie sich im Vorwort zum III. Band von Ludwig Ferdinand Hubers *Erzählungen*, die in Wahrheit ihre eigenen waren, zu ihrer Autorschaft bekannte, war sie auch später noch um Anonymität bemüht. 1826 erschienen im *Morgenblatt* ihre *Erinnerungen an eine Reise im Thüringer Wald, im Sommer 1826*. In einem Brief an die Freundin brachte Karoline Pichler ihre Freude darüber zum Ausdruck, daß dieser Beitrag mit »Th. Huber« gezeichnet war.[91] Diese aber antwortete, der Artikel sei »gegen meinen Willen bezeichnet – ich habe Scheu vor meinem eigenen Namen im Druck.«[92] In der Tat hatte sie in diesem Beitrag das Versteckspiel so weit getrieben, daß das Autor-Ich – fast – durchgehend ein männliches Genus annimmt. Nur einmal ent-

---

den Brief an Usteri, 25. 8. 1815, cit. Geiger (1901) S. 398; ferner das Bild, das Victor Aimé Huber von seiner Mutter zeichnet: Vorwort zu *Erzählungen von Therese Huber*. Ges. u. hg. v. V. A. H. 1. Theil. Leipzig 1840, S. V-VIII.

[87] Vorabdrucke sind nur die vier »Bruchstücke aus dem Tagebuch […]« betitelten Beträge im *Merkur* 1810. Nicht von Therese Huber, ja gar nicht von einer Frau, stammen die ihr fälschlich bei Starnes (1994) Prosa Nr. 705,2 u. 736 zugeschriebenen Artikel: »Fragment aus einer Schweizer-Reise, für den Teutschen Merkur bestimmt«. In: *Der neue Teutsche Merkur* (1808) Febr. S. 121–141. »Fragmente aus dem Tagebuche auf einer Reise am Rheine durch die Schweiz«. In: *Der neue Teutsche Merkur* (1809) Juli S. 162–175.

[88] An Böttiger, der mit denselben verhandelte, hatte sie am 4. Jan. 1811 geschrieben: »Mehr wie die Anfangsbuchstaben meines Namens darf ich mir erlauben – mein edler alter Vater würde es mißbilligen«. Cit. A. Hahn/ B. Fischer (1993) S. 53. Vgl. auch L. Geiger (1901) S. 418.

[89] August 1811, S. 540.

[90] Vgl. L. Geiger (1901) S. 286.

[91] [Karoline Pichler:] »Briefe von Caroline Pichler an Therese Huber« (1892) S. 364.

[92] [Therese Huber:] »Briefe der Therese Huber an Karoline Pichler« (1907) S. 257.

schlüpft der Erzählerin das Bekenntnis, ein »hausmütterliches Herz« zu haben.[93] Diese Verschleierung der eigenen Weiblichkeit ist – so weit ich sehe – ein Unikum in der Reiseliteratur der 1. Hälfte des 19. Jahrhunderts. Ein männliches Pseudonym hat keine der hier zu behandelnden Reiseschriftstellerinnen angenommen.

Als kurioses Gegenstück zu Therese Hubers männlichem Erzähler-Ich und als Beweis dafür, welche Zugkraft Reisebeschreibungen von Frauen inzwischen besaßen, seien zwei Fälle erwähnt, in denen sich ein männlicher Autor hinter einer weiblichen Maske versteckt: Karl Gottlieb Theodor Winkler, besser bekannt als Theodor Hell, ließ 1807 im *Morgenblatt* eine (unvollendete) Artikelserie mit dem Titel drucken: *Auszüge aus dem Tagebuch einer Deutschen in Paris*.[94] Ein Jahr später[95] erschien im gleichen Journal *Die Wasserfahrt von Zürich nach Baden*, ein Vorabdruck aus dem 1809 erschienen Buch *Briefe Eugenia's an ihre Mutter*. Der als »Eugenia« zärtliche Reisebriefe an die Mutter zu Hause richtende Autor hieß Heinrich Hirzel.[96] Das berühmte Vorbild solcher Schreibweise war natürlich Johann Timotheus Hermes' 1769ff. erschienener Roman *Sophiens Reise von Memel nach Sachsen*. – Amüsant ist auch auch, daß das *Morgenblatt* 1817 Auszüge »Aus der neuen französischen Reisebeschreibung der Frau von Stendahl« brachte, womit Marie-Henri Beyle, gen. Stendhal, gemeint war.[97]

Nicht als Mangel an Selbstbewußtsein ist die Annahme eines Künstlernamens zu bewerten. Wenn Klara Mundt es vorzog, als »Luise Mühlbach« zu veröffentlichen, so mag dies dadurch zu erklären sein, daß der Name Mundt bereits durch ihren Gatten literarisch besetzt war. Emma von Suckow wählte sich das Pseudonym »Emma von Niendorf«. Therese von Bacheracht, die von ihrem Mann getrennt lebte und ihn möglicherweise nicht kompromittieren wollte, verzichtete bei Veröffentlichungen auf ihren Familiennamen und schrieb von Anfang an als »Therese«. Später setzte sie gern dazu: »Von der Verfasserin von...«

Die Entwicklung einer schreibenden Frau von anfänglicher Schüchternheit hin zu größter Selbstverständlichkeit im Umgang mit literarischer Öffentlichkeit läßt sich bisweilen auch an der Bereitwilligkeit zur Preisgabe des eigenen Namens ablesen. Auch Friederike Brun brachte ihr allererstes Buch, den Privatdruck *Tagebuch meiner ersten Reise* (1782), anonym heraus. Sie gehörte später zu den selbstbewußtesten Autorinnen ihrer Zeit. Selbst ihre Beiträge im *Morgenblatt* und im *Merkur*, in Blättern also, in denen auch die meisten Männer anonym blieben, zeichnete sie mit vollem Namen. Das gleiche gilt für Johanna Schopenhauer, die ebenfalls selbst bei Journal-Beiträgen kaum je auf die Nennung ihres Namens verzichtete. Esther Gad-Bernard-Domeier ließ sogar ihrer Übersetzung von Leucadio Doblados *Briefen aus Spanien* ihren Namen beigeben.

---

[93] S. 1046.
[94] S. 995f., 999f., 1004.
[95] August 1808, Nr. 183, 184, 186, 188.
[96] Für freundliche Auskunft danke ich Herrn Dr. Jochen Meyer vom Deutschen Literaturarchiv, Cotta-Archiv, in Marbach.
[97] Nr. 300, S. 1198f. und Nr. 301, S. 1202f.

Mehr Identitätsverlust als das Verschweigen des eigenen Namens konnte für eine Autorin das Institut männlicher Herausgeberschaft bedeuten. Keineswegs beschränkten sich diese Editoren auf Vermittlerdienste zwischen Autorin und Verleger; vielmehr griffen sie oft erheblich in den Text ein (vgl. z. B. oben S. 33, unten S. 203, 211f.) Maxime war dabei, über die Wahrung »echter Weiblichkeit« zu wachen. Deren Gesetze und natürliche Grenzen, so die Präsupposition, seien Männer besser bekannt als Frauen. In diesem Sinne beschließt Goethe seine Rezension eines Frauenromans: »Sollten denn aber geistreiche und talentvolle Frauen nicht auch geist- und talentvolle Freunde erwerben können, denen sie ihre Manuscripte vorlegten, damit alle Unweiblichkeiten ausgelöscht würden und nichts in einem solchen Werke zurückbliebe, was dem naürlichen Gefühle, dem liebevollen Wesen, den romantischen herz-erhebenden Ansichten, der anmuthvollen Darstellung und vor allem dem Guten, was weibliche Schriften so reichlich besitzen, sich als ein lästiges Gegengewicht anhängen dürfte.«[98]

Merkwürdigerweise kam es durchaus vor, daß Frauen, die zwar mit Selbstbewußtsein und unter vollem Namen hervortraten, ihr Werk gleichwohl einem männlichen Herausgeber anvertrauten. Elisa von der Recke war so anerkannt, daß ihr Bild im 1. Stück der *Allgemeinen deutschen Bibliothek* von 1792 neben dem Titel prangte, an einer Stelle also, die sonst nur den berühmtesten Professoren zustand. Blumenbekränzt, mit Büchern und Lyra ist sie auf diesem Kupferstich zu sehen, dessen Unterschrift lautet: »Femina fronte patet/ vir pectore/ diva decore.« Gleichwohl ließ sie ihr vierbändiges *Tagebuch einer Reise* von Hofrat Böttiger herausgeben, dem Weimarer literarischen Faktotum und Mentor der Schriftstellerinnen. Er hat die Bücher mit Vorreden, gelehrten Anmerkungen und Berichtigungen ausgeziert.[99] In seinem 26 Seiten umfassenden Vorbericht zum ersten Band trug er dafür Sorge, daß die literarischen Bäume der berühmten kurländischen Dame nicht in den Himmel wuchsen. Er stellt die alleinige Bestimmung des Werks für »jüngere Leser ihres eigenen Geschlechts« sicher, rückt es in gebührenden Abstand zu den unvergleichlich reiferen Darstellungen männlicher Kollegen und lobt die »schöne Seele« und den echt weiblichen, »vermittelnden Charakter« seiner Schutzbefohlenen,[100] die in ihrem eigenen Vorwort betont, sie habe sich stets enthalten, »ein ent-

---

[98] Rezension von Eleutherie Holberg: *Wilhelm Dumont* in der *Jenaischen Allgemeinen Literatur-Zeitung* 1806. In: *Werke.* WA I. Abt. Bd. 40, S. 383f. Die Autorin hatte Goethes Widerspruch hervorgerufen, weil sie sich auf politisches und philosophisches Gebiet vorgewagt hatte.

[99] Gnädig gibt sich Böttiger in einem Brief an Kotzebue vom 30. März 1815: »Ich hab der Frau v. d. Recke, die ich seit 24 Jahren kenne und meine Freundin nenne, nicht wohl abschlagen können, Herausgeber ihres Tagebuchs von der Reise nach Italien im Jahre 1805 zu werden und etwas von eigner Sauce hinzuzuschütten. [...] Kommt Ihnen das Machwerk zu Gesicht, so bedenken Sie, daß es kein Produkt eigner Willkühr ist und daß bei Manchem sehr Überflüssigen manches doch wegblieb, was ich gesagt haben wollte.« *Der Briefwechsel zwischen August von Kotzebue und Carl August Böttiger.* Hg. v. B. Maurach. Bern u. a. 1987, S. 236.

[100] S. XVI, XXIIf.

scheidendes, ein anmaßendes oder ein belehrendes Wort zu sagen«.[101] Endlich schließt der Herausgeber seine Empfehlung des vorliegenden Buches mit einer passend der weiblichen Sphäre entnommenen captatio benevolentiae: »ich hab' es / Nur mit den Gästen allein, nicht mit den Köchen zu thun.«

Böttigers Herausgeberschaft lag insofern nahe, als er bereits Reiseberichte Elisa von der Reckes in den von ihm redigierten *Neuen Teutschen Merkur* aufgenommen und mit Anmerkungen versehen hatte. Ähnliches galt im Falle einer anderen, nicht minder berühmten Autorin: Auch bei Friedrike Brun fungierte Böttiger als Herausgeber, diesmal freilich, ohne daß sein Name auf dem Titelblatt in Erscheinung träte. 1816 edierte und bevorwortete er Friederike Bruns *Briefe aus Rom*, im gleichen Jahr die *Reise von Genf in das südliche Frankreich und nach Italien* (=*Episoden* III) und zwei Jahre später *Sitten- und Landschaftsstudien von Neapel und seinen Umgebungen* (=*Episoden* IV). Insbesondere Band III der *Episoden* ist, obgleich der Herausgeber nirgends genannt wird, durchsetzt mit z. T. impertinenten Anmerkungen desselben.[102] Zwei Jahre später hat sich die Haltung geändert. Im Vorwort Böttigers zum IV. Band der *Episoden* fällt die Bemerkung auf, niemand werde das Buch »ohne vielfache Belehrung [...] aus den Händen legen«.[103] Hier wird ersichtlich, welch einen Status die Autorin im Erscheinungsjahr 1818 – sie konnte damals bereits auf eine 20jährige Publikationstätigkeit zurückblicken – erreicht hatte. Nicht nur wird unterstellt, eine Frau dürfe belehren, sondern das zu belehrende Publikum ist auch nicht geschlechtsspezifisch eingeschränkt. Gleichwohl hat Böttiger auch in diesem Buch Anlässe wenigstens zu einigen gelehrten und berichtenden Anmerkungen gefunden. Sein Vorwort schloß er mit dem gleichen Bild von den kritischen Köchen, das er auch schon bei Elisa von der Recke gebraucht hatte.

In ganz anderer Weise als Böttiger bei Elisa von der Recke und Friederike Brun hat Friedrich Karl Strombeck als – ungenannter – Herausgeber in den Text von *Theresens Briefe aus dem Süden* durch seine Anmerkungen eingegriffen. Zwar behauptet er im seiner Vorrede, es habe ihm »nur eine Art Druck-Correctur« obgelegen,[104] doch beginnt er bereits im Vorwort mit Zurechtsetzungen wie: »Am wenigstens glücklich ist sie, wenn sie über Gegenstände der Architektur und Bildhauerkunst zu urtheilen übernimmt: den tiefern Sinn der Gemählde erforscht ein weibliches Auge schon eher. Dem Unterzeichneten ist es immer geschienen, als wenn der Marmor für Frauen zu kalt sey«.[105] Mit seinem Urteil, »Therese ist eine Schwärmerin« und der Bemerkung, ihre Reisebilder seien vor allem der Ausfluß »einer wahrhaft schönen Seele«,[106] prägte als erster für die damals noch völlig unbekannte Autorin das

---

[101] S. IXf.
[102] S. 149 bemerkt der Herausgeber zu dem Satz »Ida wie süß«: »Mit oder ohne Honig?« – eine Anspielung auf eine Notiz irgendwo im Text, man habe der schwerkranken kleinen Tochter Ida Honig gegeben.
[103] S. XV.
[104] S. V.
[105] S. IVf.
[106] S. III.

Stereotyp, dessen sich die Kritik forthin bedienen sollte. Seine Anmerkungen zum Text können nicht anders als schulmeisterlich bezeichnet werden und sind Resultat eines ungebrochenen Überlegenheitsbewußtseins. Keine der Rezensionen hat allerdings an ihnen Anstoß genommen. Lediglich Fanny Lewald bemerkt, »die wunderlich pedantische Vorrede« hätte »der warmen überflutenden Empfindung, welche das Werk charakterisirte, zu einer eigenartigen Folie gedient«.[107] In ihren späteren Veröffentlichungen verzichtete Therese von Bacheracht auf die Mithilfe eines männlichen Herausgebers.

Ist es im Falle der früh verstorbenen Sophie Schwarz nur allzu verständlich, daß ihr Gatte als Herausgeber ihres hinterlassenen Werks auftrat[108] (er blieb ungenannt und beschränkte sich tatsächlich auf die bloße Edition), so muß man sich fragen, was eine Dame vom Stand Therese von Bacherachts oder eine renommierte Schriftstellerin wie Elisa von der Recke oder Friederike Brun bewogen haben mag, sich einem männlichen Herausgeber anzuvertrauen. Nun spricht freilich einiges dafür, daß weit mehr Frauen männliche Vermittlung bei Verlagsverträgen suchten, als uns dies bekannt ist. Nur drängten sich nicht alle diese männlichen Freunde als Herausgeber in den Vordergrund, wie Hofrat Böttiger es tat. Auch Karoline von Wolzogen hatte ihren Roman *Agnes von Lilien* durch Vermittlung eines Mannes, nämlich ihres Schwagers Friedrich Schiller, bei dem Verleger Unger drucken lassen, und dieser erhielt sogar das Honorar dafür übersandt.[109] Ein oben (S. 94) zitierter Brief Johanna Schopenhauers, die als Witwe und couragierte Frau stets ihre Angelegenheiten in die Hand zu nehmen wußte, bezeugt, daß selbst sie sich anfangs scheute, mit dem Verleger um ein gerechtes Honorar zu feilschen und daß sie in dergleichen monitären Angelegenheiten unerfahren war. Noch deutlicher drücken sich die Schwierigkeiten einer Frau in einem Brief Therese Hubers an Karl August Böttiger aus: »Doch ich berühre jetzt ohne sie zu nennen, die verletzende Seite des Schriftstellens – es ist der Buchhändler Verkehr. Diese Unterhandlungen geziemen keinem Weibe – sie mag sie persönlich oder durch einen dritten vornehmen. Der Stolz, die Würde, das feine Gefühl leiden dabei – Sie lachen? ich fühle es *also* – ich fühle bei diesem Feilschen, Geldfordern, Gelderhalten, daß ich Wittwe bin – das heißt: […] ein schuzloses Weib«.[110] Solche Unsicherheit und Unbehaglichkeit in Geld- und Vertragsangelegenheiten hatte einen ganz realen juristischen Hintergrund: Es war dies die im (vergleichsweise liberalen) Allgemeinen Preußischen Landrecht und noch in schärferer Form in anderen Rechtskodizes festgeschriebene eingeschränkte Geschäftsfähigkeit der Frau. Der Ehemann oder Vater ist auf Grund seiner »Geschlechtsvormundschaft« Vertreter der Frau in allen Rechts- und Vertragsangele-

---

[107] *Meine Lebensgeschichte*, Bd. 3, S. 342.
[108] Das Tagebuch wurde nach Tiedge (1818) S. 29 hg. »von dem jetzigen Gerichtsdirektor Schwarz aus Halle, dem Verfasser des Adim«. Vgl. auch Diederichs Artikel in der ADB Bd. 33 (1891) S. 250.
[109] *Schillers Werke. Nationalausgabe.* Bd. 37.I: *Briefe an Schiller 1797–1798.* Weimar 1981, Nr. 141, ferner die Erläuterungen dazu in Bd. 37.II.
[110] Cit. E. Walter (1985) S. 46.

genheiten. Die Frau kann nicht ohne seine Einwilligung Verträge eingehen oder ein Gewerbe treiben. Auch war der Erwerb selbständigen Eigentums ausgeschlossen.[111] Unverheiratete oder verheiratete Frauen waren mithin bei Verlagsverträgen auf die Mitwirkung ihres Vormunds oder doch eines bei diesem im Vertrauen stehenden männlichen Unterhändlers angewiesen. Ida Pfeiffer lebte zwar von ihrem Mann getrennt, gleichwohl konnte sie die Verhandlungen mit dem Verleger ihrer *Reise einer Wienerin in das heilige Land* nicht selbst führen. Dies erledigte ihr Gatte bzw. dessen Unterhändler. Sie mußte sogar das bereits eingesandte Manuskript zurückfordern, damit ihr Mann es einsehen und prüfen konnte.[112] – Witwen waren zwar in Preußen geschäftsfähig, wie aber sollten sie gelernt haben, mit Selbstbewußtsein Verhandlungen zu führen? Die Abhängigkeit vom Vater oder Ehemann gehörte nachgerade zur weibliche Ehre. Fanny Lewald schildert in ihrem Buch *Für und wider die Frauen*, auf welche Widerstände ihr Entschluß, für sich selbst zu sorgen, traf. »Meinen eigenen Schwestern verbarg mein Vater es, *daß ich mich selbst unterhielt* – weil ihm die Selbstständigkeit einer seiner Töchter als eine Ungehörigkeit erschien.«[113]

3.4 Veröffentlichungsformen

Es mag naheliegen, bei der Gattung Reisebeschreibung vornehmlich an repräsentative, womöglich mit Illustrationen ausgestattete Bücher zu denken, etwa in der Art von *Das malerische und romantische Deutschland*. Öfter als in solchen Monumentalwerken erschienen Reiseberichte jedoch in bescheidenem Taschenbuchformat, in Almanachen und nicht zuletzt in Journalen. In der Tat kann die Rolle der seit dem 18. Jahrhundert aufblühenden Zeitschrift als Veröffentlichungsort nicht leicht überschätzt werden. Dies hat zum einen seinen Grund darin, daß Reiseberichte die Funktion von Korrespondenzen erfüllen und das Bedürfnis des Publikums nach aktueller Berichterstattung und Auslandsnachrichten und natürlich nach Unterhaltung decken konnten. Zum anderen eignet sich Reiseprosa wegen ihrer Segmentierbarkeit hervorragend zur Aufnahme in eine Zeitschrift, die auf Beiträge oder Fortsetzungsserien von wenigen Seiten angewiesen ist. 1987 hat Reinhart Meyer in einer verdienstvollen Studie auf die vielfältigen Beziehungen zwischen *Novelle und Journal* hingewiesen.[114] Für die Reisebeschreibung läßt sich eine womöglich noch innigere Verflechtung beobachten. Leider hat die Forschung seit Edith Krulls 1939 erschienener Dissertation über *Das Wirken der Frau im frühen deutschen Zeitschrif-*

---

[111] Vgl. Allgem. Preuß. Landrecht, §§ 195, 196, 211. Zu diesen juristischen Problemen vgl. U. Gerhard (1978) Kap. IV.
[112] Vgl. H. Jehle (1989) S. 27 mit Berufung auf den Briefwechsel.
[113] (1870) S. 17.
[114] Meyers These: »Kürzere Erzählprosa ist in der ersten Hälfte des 19. Jahrhunderts wesentlich Journalprosa.« S. 40. Vgl. auch die kleine Studie von H. Brandes (1990) über die Beziehungen von Frauenroman und Journal.

tenwesen dem Problem keine Beachtung mehr geschenkt. Sogar Personalmonographien machen sich nur in den seltensten Fällen die Mühe, auch nach Zeitschriftenbeiträgen zu suchen oder diese als Vorläufer einer Buchveröffentlichung zu identifizieren.[115] Durch vorschnelle Rückschlüsse von der sehr restriktiven und diskriminierenden Geschlechtstheorie des 19. Jahrhunderts auf die tatsächliche Praxis hat man sich vielmehr zu der völlig falschen Annahme verleiten lassen, Frauen seien von Zeitschriften ausgeschlossen gewesen.[116] In Wahrheit liegt in den unzähligen Journalbänden der Zeit ein so reiches Material an weiblichen Beiträgen, daß seine Sichtung ein lohnendes Projekt für ein Forscherteam wäre. Im Rahmen dieser Darstellung war es unmöglich, die einschlägigen Beiträge in absoluter Vollständigkeit zu erfassen, denn dazu hätte es der systematischen Durchsicht aller Journale zwischen 1770 und 1850 bedurft. Trotzdem dürfte das aufgefundene Material, das in der Mehrzahl bislang völlig unbekannt ist, schon ein ziemlich umfassendes, jedenfalls aber deutliches und überzeugendes Bild von den Veröffentlichungsstrategien geben.

Die große Masse der deutschen Autoren war aus finanziellen Gründen auf ein Zubrot aus Journal-Arbeiten angewiesen. Bei längeren Auslandsaufenthalten bot sich eine Korrespondententätigkeit an. Frauen wurden zwar wesentlich seltener als Männer als Korrespondenten akzeptiert und schon gar nicht zu Auslandsreisen zu diesem Zweck verpflichtet und bezahlt; gleichwohl waren einige als Korrespondentinnen tätig. Nur im Falle von Fanny Tarnow sind diese Journalartikel später zu einer Reisebeschreibung zusammengewachsen. Helmina von Chezy schrieb 1807–1808 regelmäßig für die Zeitschrift *London und Paris* wie auch für das *Modenjournal*. Diese Beiträge sind den kleinen, z. T. aus Briefen entstandenen Berichten in Chezys Sammelbänden *Leben und Kunst in Paris seit Napoleon dem Ersten* (1805. 1806) vergleichbar. Besprochen werden die unterschiedlichsten Ereignisse und Beobachtungen aus dem gesellschaftlichen und kulturellen Leben. Helmina von Chezy zeichnete, für das *Modenjournal* wie für *London und Paris* ungewöhnlich, ihre Zeitschriftenkorrespondenzen jeweils mit vollem Namen. In den Jahren 1806, 1807 besaß das *Journal des Luxus und der Moden* eine anonyme Korrespondentin in Kassel.[117] Amely Bölte, die Freundin nicht nur Varnhagen von Enses und Fanny Lewalds, sondern auch Carlyles und vieler Geistesgrößen in England, die 22 Jahre auf der Insel lebte, war in den vierziger Jahren (Klatsch-)Korrespondentin für Cottas

---

[115] Dies gilt für die Sekundärliteratur über Johanna Schopenhauer ebenso wie für die über Ida Pfeiffer, Friederike Brun und Fanny Lewald. Nicht einmal Hänsels Monographie über Elise von Hohenhausen (1984), sonst sehr gründlich, bietet eine vollständige oder zuverlässige Werkliste der Journalbeiträge. Ein besonders bezeichnendes Beispiel sind Fanny Lewalds *Erinnerungen an das Jahr 1848*. Obwohl die Autorin im Vorwort selbst darauf hinweist, daß es sich um eine Sammlung ursprünglicher Journalbeiträge handelt, ist die neue, kommentierte (Auswahl-)Ausgabe des Buches von Dietrich Schaefer (1969) diesen Quellen nicht nachgegangen.
[116] B. D. Dotzler (1986) S. 381.
[117] Einige Indizien sprechen dafür, daß es sich dabei um die jüngste Engelbronner-Schwester, Julie Charlotte, handeln könnte, die um diese Zeit noch in Kassel lebte.

Morgenblatt. Die Einsendungen der Exulantin Johanna Kinkel für das *Morgenblatt* der fünfziger Jahre beschäftigen sich hauptsächlich mit Londons Musikleben. Diese Korrespondentenberichte sind nun freilich keine Reisebeschreibungen. Von der Entwicklung des Journalismus her gesehen, sind sie in gewissem Sinne deren Nachfolger: spezialisierte, aktuelle und stets auf den gleichen Ort bezogene Reportagen.

Als sich Frauen im späten 18. Jahrhundert zum erstenmal an die Gattung Reisebeschreibung heranwagten, verfaßten sie hauptsächlich kleinere Reiseberichte für Journale. Besonders hervorzuheben sind hier das in Straßburg erscheinende, von David Christoph Seybold herausgegebene *Magazin für Frauenzimmer*, das zwischen 1772 und 1776 eine große Zahl von weiblichen Reisenden zu Wort kommen ließ und nachgerade eine Pionierfunktion innehatte.[118] An zweiter Stelle rangiert als bevorzugter Veröffentlichungsort die sehr beliebte Zeitschrift *Olla Potrida*.[119] Natürlich brachte Sophie von La Roche eigene Beiträge in ihrer *Pomona*, in der auch Karoline von Beulwitz-Wolzogens Bericht aus der Schweiz erschien. Im 19. Jahrhundert gehörte die kleine Reisebeschreibung zum Programmpunkt nahezu aller schöngeistigen Zeitschriften, auch derer für Damen.[120] Nicht die Frauen-Journale aber wurden zum hauptsächlichen Forum der Reiseschriftstellerinnen, sondern bedeutende Blätter wie Cottas *Morgenblatt*, die *Zeitung für die elegante Welt*, das *Journal des Luxus und der Moden*, die Zeitschrift *London und Paris* und der *Teutsche Merkur*, wobei sich für das erstgenannte die Redaktionstätigkeit Therese Hubers, für die drei letzten aber diejenige Karl August Böttigers günstig ausgewirkt haben mochte. Neben den großen, in ganz Deutschland verbreiteten Zeitschriften spielten auch regionale Blätter eine nicht unbedeutende Rolle. Das *Schweizerische Museum* Johann Heinrich Füßlis interessierte sich für Reisen durch die Schweiz und nahm auch Beiträge von Frauen bereitwillig an. Sonst sind es oft die Heimatregionen, deren Blätter als Veröffentlichungsorte in Frage kommen: Elisa von der Recke

---

[118] In der Erscheinungszeit des *Magazins für Frauenzimmer* und seines Nachfolgers, des *Neuen Magazins für Frauenzimmer*, lebte der Herausgeber Seybold als Gymnasialprofessor in Buchsweiler im Elsaß und unterhielt zahlreiche Beziehungen zu gebildeten Frauen im Westen Deutschlands. Das *Magazin für Frauenzimmer* war eines der langlebigen Frauenjournale.

[119] *Olla Potrida* erschien 1778–1797 in Berlin unter der Redaktion des gothaischen Literaten Heinrich August Ottokar Reichard. Reichard war auch Verfasser zahlreicher beliebter Reisehandbücher. Die Zeitschrift bot gehobene, aber nicht allzu anspruchsvolle Unterhaltung und räumte – wohl der persönlichen Neigung des Herausgebers folgend – Reisebeschreibungen einen größeren Raum ein. Seybold griff vielfach auf andere Zeitschriften zurück, um seine Rubriken zu füllen (vgl. Jürgen Wilke: *Literarische Zeitschriften des 18. Jahrhunderts*. Tl. II. Stuttgart 1978, S. 191). Vermutlich erklärt sich so, daß *Olla Potrida* Texte von Emilie von Berlepsch und Friederike Brun wieder abdruckte, die kurz zuvor in anderen Blättern erschienen waren.

[120] Johanna Schopenhauer in einem Brief vom 2. Dez. 1821, das Projekt einer von ihr zu redigierenden Frauenzeitschrift betreffend: »wirklich interessante kleine Reisen oder vielmehr Reiseabenteuer wären auch willkommen«. »Von Damen würde ich zuerst einladen Frau von Fouqué, von Chezy, Fanny Tarnow, Agnes Franz, Frau von Ahlefeldt, Therese Huber und so weiter.« *Im Wechsel der Zeiten* (1986) S. 416f.

hatte Verbindung zu den Mitauischen *Wöchentlichen Unterhaltungen*, Friederike Brun zu dem von ihrem Schwager C. U. D. Eggers herausgegebenen *Deutschen Magazin* aus Altona bzw. Hamburg. Emilie von Berlepsch veröffentlichte ihre ersten Reisebeiträge in einem Hannoveraner Blatt von offenbar überregionaler Reichweite; immerhin wurde Sophie von La Roche auf die Artikel aufmerksam und empfahl sie als Muster weiblicher Reisebeschreibungen.[121] Eine besondere Bedeutung haben Journal-Beiträge im Œuvre Elise von Hohenhausens, was sich aus ihren engen Bindung an die Redaktion des Mindener *Sonntagsblattes* erklärt.[122] Immerhin drei umfängliche Reisebeschreibungen hat sie als Fortsetzungsserien dort erscheinen lassen.

Im 18. Jahrhundert sind eine Anzahl von Frauen als Reiseschriftstellerinnen nur durch Journalbeiträge hervorgetreten, neben den vielen anonymen und anderweitig kaum bekannten auch bedeutendere wie Dorothea Schlözer und Caroline von Wolzogen. Im 19. Jahrhundert laufen Buch- und Journalpublikation eher parallel. Verfasserinnen großer Reisebücher haben auch für Journale kleinere Reiseaufsätze verfaßt. Nur Ida Gräfin Hahn-Hahn tat sich etwas darauf zugute, trotz »vielfache[r] Auffoderungen [...] nie eine Zeile für irgend ein Journal geschrieben« zu haben.[123]

Neben den kleinen Reiseberichten, die nur in Journalen erschienen, läßt sich beobachten, daß eine ganze Reihe von Frauen ihre Reisedarstellungen zuerst als Artikelserie in einem Journal erscheinen ließen, um sie später zu einem Buch zusammenzufassen. Das wesentliche Argument für dieses Verfahren war – vom Standpunkt der auf Geld angewiesenen Autorin , daß sich auf diese Weise ein Text mehrfach vermarkten ließ. Entweder wurde mit dem Verleger der Zeitschrift nur eine Sperrfrist von ein bis zwei Jahren vereinbart,[124] oder es existierte eine solche überhaupt nicht – letzteres scheint im 18. Jahrhundert überwiegend der Fall gewesen zu sein. Die hohe Zeit dieser Mehrfachveröffentlichungen liegt zwischen 1790 und 1820. Nach 1820 nimmt die Zahl der Reisebeschreibungen, die ursprünglich als Fortsetzungsserien in Zeitschriften erschienen, (jedenfalls bei Schriftstellerinnen) signifikant ab.[125]

---

[121] *Pomona* (1783) 2. Bd., S. 544f.
[122] Ihr Gatte hatte die Redaktion des von ihm gegründeten Blattes zwar nur 1817 inne (danach wurde es von dem Arzt und Goethefreund Nicolaus Meyer geleitet), doch war Elise von Hohenhausen weiterhin die »Seele« des Unternehmens. Vgl. M. Hänsel (1984) S. 39.
[123] *Von Babylon nach Jerusalem* (1851) S. 64.
[124] R. Meyer (1987) S. 46.
[125] Ob hier ein Zusammenhang besteht mit Zensurbeschränkungen durch die Karlsbader Beschlüsse (1819), wird schwer zu beweisen sein. Immerhin unterstellte die Karlsbader Bundesversammlung Veröffentlichungen mit weniger als 20 Bogen einer Vorzensur, womit das deutsche Zeitschriftenwesen getroffen werden sollte. Der Fragenkomplex, ob und inwiefern Frauen mit der Zensur in Konflikt gerieten und ob sich hier Differenzen zu ihren männlichen Kollegen beobachten lassen, ist - soweit ich sehe - völlig unerforscht. Bekannt ist lediglich der Fall Bettina – vgl. Heinrich Hubert Houben: *Verbotene Literatur von der klassischen Zeit bis zur Gegenwart*. Bd. I, Berlin 1924 (= Hildesheim 1965) S. 31–41. Die politische Selbstbeschränkung weiblicher Autoren spricht eher gegen Konflikte mit der Zensur. Sicher betroffen war Fanny Lewald. Ihre *Erinnerungen aus dem Jahre 1848* sind darüberhinaus eines der wenigen späten Beispiele für eine Doppeltveröffentlichung. Sie

Neben der Primärpublikation in einer Zeitschrift gab es selbstverständlich auch die zu Werbezwecken hilfreiche Vorveröffentlichung von Textauszügen aus einem im Druck befindlichen Buch. Es hat jedoch den Anschein, als ob Frauen nur in seltensten Fällen den Vorzug eines Vorabdruck genossen hätten. Entweder hatten Schriftstellerinnen keine so gute Lobby in den Redaktionen, oder ihre Bücher wurden nicht als so wichtig angesehen. Artikel, die etwa zur Erscheinungszeit des Buches in einem Journal erschienen, sind in den meisten Fällen nicht redaktionsbestimmte Vorveröffentlichungen, sondern genuine, von der Autorin oder deren Freunden eingereicht Zeitschriftenartikel. Sie erzielten natürlich den gleichen Werbeeffekt.[126]

Überblickt man die Möglichkeiten, einen Text zu vermarkten, so ergeben sich nach dem Erstdruck in einer Zeitschrift folgende Formen der Wiederverwertung:
1. Weiterer Abdruck in einer anderen Zeitschrift.
2. Sammlung mehrerer Artikel oder einer Artikelserie zu einem Buch.
3. Neuauflage dieses Buches.
4. Aufnahme dieses Buches in eine thematische Sammelreihe.
5. Aufnahme dieses Buches in gesammelte Werke der Autorin.
6. Wiederabdruck von einzelnen Textabschnitten zusammen mit anderen in einem neuen Buch.

Tatsächlich haben eine ganze Reihe der hier zu behandelnden Autorinnen diese verschiedenen Formen der Vermarktung ihrer Reiseprosa geschickt ausgenützt, wie aus der folgenden Aufstellung deutlich wird.

Autorin, Titel	In:	Wieder in:
Ahlefeld: *Chamouny*	Urania 1809	*Briefe auf einer Reise* 1810
[Bacheracht:] *Napoleoniden*	Telegraph für Deutschland 1842	*Am Theetisch* 1844
[Bacheracht:] *Ein Tag in Straßburg*	Telegraph für Deutschland 1842	*Am Theetisch* 1844
[Bacheracht:] *Weimar'sche Erinnerungen*	Telegraph für Deutschland 1842	*Am Theetisch* 1844

---

selbst berichtet in *Meine Lebensgeschichte* von Zensurangst ihres Verlegers Reimarus (1989, Bd. III, S. 113f.) sowie von einem Einspruch des Oberzensurkollegiums gegen ihre Novelle *Der dritte Stand* (ebd. S. 164). Die Behörde sah aber dann von Konsequenzen ab, weil die Novelle ja nur »von einer Frau« geschrieben sei (ebd. S. 166).

[126] In der nachstehenden Auflistung werden nur gleichlautende Veröffentlichungen berücksichtigt. Es sei jedoch darauf hingewiesen, daß parallel zu einem eben erschienenen Buch zu Werbezwecken auch Artikel publiziert werden können, die, ohne wörtlich mit dem Buch übereinzustimmen, von dem gleichen Gegenstand handeln. Dies trifft etwa auf drei Artikel zu, die Ester Gad-Bernard während der Jahre 1802 bis 1804 in deutschen Blättern erscheinen ließ und die – wie ihr Hauptwerk – über Portugal berichten.

Autorin, Titel	In:	Wieder in:
[Bacheracht:] *Weibliche Schriftsteller*	Blätter für lit. Unterhaltung 1843	*Menschen und Gegenden* 1845
[Berlepsch:] *Über Holstein*	Hannover. Mag. 1783	Olla Potrida 1784 *Neue Reisebemerkungen* 1786
[Berlepsch:] *Über Klöster*	Hannover. Mag. 1783	Olla Potrida 1785
[Berlepsch:] *Reise von Maynz*	Hannover. Mag. 1783	Olla Potrida 1785
[Berlepsch:] *Scene aus Caledonia*	Irene 1804	*Caledonia,* II, 1804
Brun: *Reise nach den Kullen*	Dt. Magazin 1791	*Prosaische Schriften* II, 1799
Brun: *Reise von Toulouse nach Montpellier*	Dt. Magazin 1793 Olla Potrida 1796	*Prosaische Schriften* I, 1799
Brun: *Reise von Montpellier nach Marseilles*	Dt. Magazin 1794	*Prosaische Schriften* I, 1799
Brun: *Reise von Marseille nach Lyon*	Dt. Magazin 1794 Olla Potrida 1796	*Prosaische Schriften* I, 1799
Brun: *Vaucluse*	Dt. Magazin 1793 Olla Potrida 1796	*Prosaische Schriften* I, 1799
Brun: *Reise von Lyon nach Genf*	Dt. Magazin 1794	*Prosaische Schriften* I, 1799
Brun: *Der Saleve*	Dt. Magazin 1793	*Prosaische Schriften* I, 1799
Brun: *Gex*	Dt. Magazin 1793	*Prosaische Schriften* I, 1799
Brun: *Reise von Genf nach Chamouny*	Dt. Magazin 1794 Neues Schweiz. Mus. 1795	*Prosaische Schriften* I, 1799
Brun: *Reise von Genf nach Bern*	Dt. Magazin 1793	*Prosaische Schriften* I, 1799
Brun: *Reise von Bern nach Meiringen*	Neues Schweiz. Mus. 1795 Dt. Magazin 1795	*Prosaische Schriften* II, 1799
Brun: *Reise von Luzern nach Zürich*	Dt. Magazin 1795	*Prosaische Schriften* II, 1799
Brun: *Reise von Zürich nach Konstanz*	Dt. Magazin 1795	*Prosaische Schriften* II, 1799

Autorin, Titel	In:	Wieder in:
Brun: *Constanz, Schaffhausen*	Dt. Magazin 1793	*Prosaische Schriften* II, 1799
Brun: *Reise über Lindau bis Chur*	Dt. Magazin 1799	*Tagebuch einer Reise*, 1800
Brun: *Chur, Via Mala*	Dt. Magazin 1799	*Tagebuch einer Reise*, 1800
Brun: *Reise über den Gotthard*	Dt. Magazin 1797	*Tagebuch einer Reise*, 1800
Brun: *Reise von Airolo nach Lugano*	Dt. Magazin 1798	*Tagebuch einer Reise*, 1800
Brun: *Mendrisinum*	Dt. Magazin 1798	*Tagebuch einer Reise*, 1800
Brun: *Reise von Lugano nach Locarno*	Dt. Magazin 1798	*Tagebuch einer Reise*, 1800
Brun: *Reise von Locarno nach Masera*	Dt. Magazin 1798	*Tagebuch einer Reise*, 1800
Brun: *Auszüge aus dem Tagebuche einer Reisenden*	Neuer Teutscher Merkur 1798. 1799	*Prosaische Schriften* III, 1800
Brun: *Reise von Neapel nach la Cava*	Dt. Magazin 1799	*Prosaische Schriften* IV, 1801
Brun: *Die Einsiedelei auf dem Vesuv*	Dt. Magazin 1797	*Prosaische Schriften* IV, 1801
Brun: *Aufenthalt auf Ischia*	Dt. Magazin 1798	*Prosaische Schriften* IV, 1801
Brun: *Reise über Tivoli nach Subjaco*	Irene 1803	*Episoden* II, 1809
Brun: *Reise von Genf auf dem See*	Isis 1805–1806	*Episoden* I, 1806
Brun: *Beleuchtung der Peterskirche*	Morgenblatt 1807	*Episoden* II, 1809
Brun: *Aufenthalt in Oneglia*	Morgenblatt 1816	*Episoden* III, 1816
Brun: *Szenen aus Neapel*	Morgenblatt 1816	*Episoden* IV, 1818
Brun: Teile aus *Episoden*		*Römisches Leben* 1833
Brun: *Über Reinhardt*	Morgenblatt 1818	*Römisches Leben* 1833
Brun: *Fragment von Ida's Erinnerungen aus Rom*	Dt. Blätter 1823	*Römisches Leben* 1833

Autorin, Titel	In:	Wieder in:
Fouqué: *Briefe über Berlin*	Der Freimüthige 1821	*Briefe über Berlin* 1821
[Gundlach-Stochhausen:] *Eine kleine Reise*	Magazin für Frauenzimmer 1783	*Kleine Reisen* 1785
Hohenhausen: *Blüthen aus Norddeutschland*	Abendzeitung 1819	*Natur, Kunst und Leben* II, 1820
Hohenhausen: *Rhein-Reise*	Sonntagsblatt 1818	*Natur, Kunst und Leben* I, 1820
Hohenhausen: *Briefe aus Norddeutschland*	Sonntagsblatt 1819	*Natur, Kunst und Leben* II, 1820
Hohenhausen: *Rheinstreifereien*	Sonntagsblatt 1820	*Natur, Kunst und Leben* I, 1820
Huber: *Bemerkungen über Holland*	Neuer Teutscher Merkur 1810	*Bemerkungen über Holland* 1810
[La Roche:] *Aus dem Tagbuch meiner Schweizerreise*	Pomona 1784 (unredigierte Fassung)	*Tagebuch einer Reise durch die Schweitz* 1787
[La Roche:] *Etwas aus dem Journal einer Reise durch Frankreich*	Ephemeriden 1787	*Journal einer Reise durch Frankreich* 1787
La Roche: *Beschreibung von Paris en miniature*	Ephemeriden 1787	*Journal einer Reise durch Frankreich* 1787
La Roche: *Herr und Frau Hastings*	Olla Potrida 1788	*Tagebuch meiner Reise durch Holland und England* 1788
Lewald: *Ein Minister-Salon in Berlin nach den Märztagen*	Neue Königsberger Zeitung 1848 Polit. Monatskalender 1848	*Erinnerungen aus dem Jahr 1848*. Bd. II, 1850
[Lewald:] *Der März in der französischen Republik*	Morgenblatt 1849	*Erinnerungen aus dem Jahr 1848*. Bd. I, 1850
[Lewald:] *Der Friedrichshain am Charfreitag 1849* (Berliner Briefe)	Morgenblatt 1849	*Erinnerungen aus dem Jahr 1848*. Bd. II, 1850
Nordenflycht: *Griechenland in den Jahren 1837–1842*	Literar. Monatsschrift 1846	*Briefe einer Hofdame.* 1845

Autorin, Titel	In:	Wieder in:
Pfeiffer: *Cavalcade nach Vatne*	Sonntagsblätter 1846	*Reise nach dem skandinavischen Norden* 1846, 2. Aufl.
Pfeiffer: *Aus Island*	Sonntagsblätter 1846	*Reise nach dem skandinavischen Norden* 1846, 2. Aufl.
Pfeiffer: *Aus Rio de Janeiro*	Sonntagsblätter 1847	*Eine Frauenfahrt* 1850
[von der Recke:] *Geschichte des Vesuvs*	Zeitung für die elegante Welt 1807	*Tagebuch einer Reise* III, 1815
[von der Recke:] *Herculaneum*	Zeitung für die elegante Welt 1807	*Tagebuch einer Reise* III, 1815
[von der Recke:] *Pompeji*	Zeitung für die elegante Welt 1807	*Tagebuch einer Reise* III, 1815
[von der Recke:] *Blick auf Rom*	Zeitung für die elegante Welt 1807	*Tagebuch einer Reise* II, 1815
[von der Recke:] *Briefe aus Italien, im Auszuge*	(Mitauische) Wöchentl. Unterhaltungen 1805f. (Unredigierte Fassung)	*Tagebuch einer Reise* I – III, 1815
[von der Recke:] *Über München*	Neuer Teutscher Merkur 1804	*Tagebuch einer Reise* I, 1815
[von der Recke:] *Über die Salzburgischen Tölpel*	Neuer Teutscher Merkur 1807	*Tagebuch einer Reise* I, 1815
S[chopenhauer:] *Bruchstück aus einer Reise nach England*	Morgenblatt 1812	*Erinnerungen* I, 1813 *Sämtl. Schriften* 1830f.
Schopenhauer: *Reise durch das südliche Frankreich* =*Erinnerungen* III, 1817	2., verm. Aufl. 1824 u. d. T. *Reise von Paris durch das südliche Frankreich*	2. Aufl. in: *Bibliothek der neuesten Entdeckungsreisen* 1825 *Museum der neuesten u. interessantesten Reisebeschreibungen* 1826
Schopenhauer: *Ferdinand Wallraf*	Bll. f. lit. Unterh. 1830	*Ausflug an den Niederrhein* 1831
Schopenhauer: *Reise-Erinnerungen aus früherer Zeit*	Minerva 1831. 1833	(geplant als *Erinnerungen* IV), postum: *Jugendleben und Wanderbilder* 1839
[Tarnow:] *Korrespondenz-Nachrichten aus Petersburg*	Morgenblatt 1817	*Briefe auf einer Reise nach Petersburg* 1819 *Ausgew. Schriften* 1830

4. Die Texte

4.1 Exordialtopik

Die meisten Reisebeschreibungen – nahezu alle in Buchform, aber auch viele der kleinen Reisen – setzen ihrem eigentlichen Text eine Vorrede oder Einleitung voran. In dieser äußert sich der Autor zu Umständen und Absicht der Reise selbst sowie zu ihrer schriftlichen Fixierung.[1] Viele der oben (Kap. 2) zusammengetragenen Informationen verdanken sich diesen einleitenden Erklärungen. Noch mehr Bedeutung als den Erläuterungen zu praktischen Reiseumständen legen die Autoren ihren Äußerungen zur Textabfassung bei. Selten versäumen sie hier ein klärendes Wort. Dienen Informationen über die Reiseumstände dazu, im Leser keinen Zweifel über die Authentizität der Reise aufkommen zu lassen, so soll die Erörterung der Abfassungsmotive eine captatio benevolentiae darstellen. Es gilt, eine Legitimierung für die vorliegende Schrift zu bieten. Eines der Haupterfordernisse des Exordiums ist es daher, den Wert des eigenen Werkes herauszustellen.

Die klassische Legitimation für ein Reisewerk ist die novitas des im Text Dargebotenen. Nach Ratzel definiert sich die Gattung als »Erzählung einer Reise mit dem Zwecke der Belehrung im höheren Sinn, besonders durch die Mittheilung neuer Thatsachen«.[2] Wirklich Neues freilich kann der Leser nur bei Forschungsreisen in bisher unbekannte Regionen erwarten. Da die Mehrzahl der Reisebücher sich mit Ländern befaßt, die seit Jahrhunderten bereist und beschrieben wurden, geraten die meisten Autoren in Legitimationsnot. Diese wird umgangen, indem der Autor die Verantwortung für die Abfassung seiner Schrift anderen aufbürdet oder indem er Ersatz bereithält für den Mangel an spektakulärer Neuheit des Inhalts. Reisebeschreibungen haben hierfür ein Gerüst von Strategien entwickelt. Untersucht man aber Reisetexte von Frauen, so muß man feststellen, daß diese exordialen Muster ergänzt, abgewandelt oder überlagert werden von den Erfordernissen und Konventionen weiblicher Schreibweise.

Der hauptsächliche Unterschied liegt bereits im Ansatz. Der männliche Autor, dessen Anliegen es ist, seine Schrift dem Leser nahezubringen, präsentiert sich in aller Regel selbstbewußt und von der Berechtigung seiner schriftstellerischen Arbeit voll überzeugt. Das Eingeständnis des Fehlens von echter novitas des Gegenstandes

---
[1] Zwischen den Ergebnissen dieses Kapitels und dem, was M. Heuser (1990) an Vorreden zu Frauenromanen feststellen konnte, gibt es in einigen Punkten Übereinstimmungen. Generell zur Exordialtopik vgl. H. Ehrenzeller (1955), bes. S. 109ff.
[2] (1898) S. 190 unter Berufung auf »scharfe Begriffszergliederer«, u. a. Schlözer.

wird in keinem Fall als künstlerisches Manko oder gar als persönlich vom Autor zu verantwortender Fehler dargestellt wird. Entschuldigungen vor dem Leser treten nicht auf. Hauptproblem der Schriftstellerin ist demgegenüber, zu allererst das Wohlwollen des Lesers für die Tatsache erbitten zu müssen, daß eine Frau das Wort ergreift. Dieses Anliegen drängt die in männlichen Reisebeschreibungen vorherrschenden Erörterungen zu den Abfassungsmotiven nicht selten weit in den Hintergrund.

Seit alters ist es ein beliebter Exordialtopos, zu versichern, nur auf Zureden anderer habe man sich dazu verstanden, das, was eigentlich für einen Freundeskreis gedacht gewesen war, einer breiteren Öffentlichkeit zu übergeben. Dieser Topos, der namentlich im Humanismus weite Verbreitung gefunden hatte, soll ein Doppeltes bewirken: Nicht nur bezeugt er die Dezenz des Autors, sondern er vermittelt dem Leser zugleich das Gefühl, gleichsam in einen privaten Zirkel Bevorzugter aufgenommen zu sein. Mit dem gleichen Effekt rechnen Reisebeschreibungen in Form intimer Briefe an Freunde und Angehörige, wobei hier zugleich Authentizität garantiert wird. Bei den meisten männlichen Autoren ist der Verweis auf die Freunde, die zur Drucklegung drängten, jedoch eine reine Floskel ohne jede apologetische Absicht[3] – wofern denn dieser Verweis überhaupt noch auftritt. Denn in der Regel verzichten männliche Autoren auf diese abgegriffene Veranlassungsformel.[4]

Anders liest sich der Topos, Freunde hätten zur Veröffentlichung gedrängt, bei weiblichen Autoren. Die Schriftstellerin sichert sich damit gegen den Vorwurf ab, sie habe die Grenzen weiblicher Scheu verletzt. Zugleich weist sie die Verantwortung für stilistische und andere Mängel im Text denen zu, die ihr die Veröffentlichung angeraten haben. Gehört es doch zu den unausbleiblichen Demutsgesten, zu betonen, daß man eigentlich der literarischen Aufgabe gar nicht gewachsen sei.[5]

Entschuldigend heißt es in Clara von Gerstners Vorwort zu ihrer *Beschreibung einer Reise durch die Vereinigten Staaten von Nordamerica*: »Da ich nie für den Druck geschrieben habe, so würde ich es auch nie gewagt haben, dieses Werkchen dem Druck zu übergeben, wenn mich nicht so viele meiner Freunde und Bekannten wiederholt und ernsthaft dazu aufgefordert hätten«.[6] Die Niederschrift legitimiert sich implicite als Legat des zu früh verstorbenen Ehemannes und berühmten Ei-

---

[3] Vgl. Friedrich Nicolai: *Beschreibung einer Reise durch Deutschland und die Schweiz in Jahre 1781. Nebst Bemerkungen über Gelehrsamkeit, Industrie, Religion und Sitte.* Bd. 1, Berlin 1783, Schreiben an Herrn Kriegsrath Dohm, S. XI. [Hermann Fürst von Pückler-Muskau:] *Jugend-Wanderungen. Aus meinen Tagebüchern; Für mich und Andere.* Vom Verfasser der Briefe eines Verstorbenen. Stuttgart 1835, Vorrede. Johann Gottfried Seume: *Mein Sommer 1805.* O. O. (Leipzig) 1806, Vorbericht an den Leser.

[4] Vgl. auch H. Ehrenzeller (1955) S. 117–122: Romanautoren verwarfen bereits seit der Mitte des 18. Jahrhundert die Formel als unaufrichtige »Autorenkoketterie«.

[5] Vgl. Wielands Vorrede zu Sophie von La Roches *Geschichte des Fräuleins von Sternheim* (Hg. v. B. Becker-Cantarino. Stuttgart 1983) mit der Fiktion einer Manuskript-Veruntreuung. Diese Fiktion soll die angeblichen stilistischen Mängel eines Werkes, das zur »eigenen Unterhaltung aufgesetzt« sei, entschuldigen. (S. 9). Vgl. die Untersuchung von B. Becker-Cantarino (1984).

[6] (1842) S. VII.

senbahnbauers, indem es schon im Titel heißt, die Reise sei unternommen »In Gesellschaft des Ritters Franz Anton von Gerstner«. Um seinetwillen mußte dem berechtigten Drängen der Freunde nachgegeben werden. – Clara von Gerstners besonders große Bescheidenheit mag sich aus der Situation einer Frau, die vorher schriftstellerisch noch nicht hervorgetreten war, erklären lassen. Der gleiche Fall begegnet uns bei Ida Pfeiffers Erstveröffentlichung[7] und bei Maria Schuber im Vorwort zu ihrer Palästinareise.[8] Johanna Schopenhauer aber hatte sich auf schriftstellerischem Gebiet schon ihre ersten Sporen verdient, als sie mit ihren *Erinnerungen* an die Öffentlichkeit trat. Gleichwohl glaubte sie, den Reisebericht als Salonplaudereien, die Gefallen gefunden hatten, stilisieren zu müssen.[9] Auch anerkannte Literatinnen wie Charlotte von Ahlefeld,[10] Caroline de la Motte Fouqué,[11] Fanny Tarnow,[12] Friederike Brun[13] und immer wieder Fanny Lewald[14] beriefen sich auf einen Anstoß von außen, um die Drucklegung ihrer Reiseschriften zu legitimieren. Der Wahrheitsgehalt dieser Aussagen ist nicht selten zweifelhaft, wenn etwa die in Frage stehenden Bücher bereits vorher wenigstens teilweise in Zeitschriften veröffentlicht worden waren. Nicht darauf kommt es aber an, sondern auf die Geste der Demut.

Eine weitere, typisch weibliche Spielart des Gemeinplatzes, das Buch sei eigentlich nur für die Privatsphäre des Freundeskreises gedacht, findet sich in Charlotte von Ahlefelds Widmung ihrer *Briefe auf einer Reise durch Deutschland und die Schweiz*. Sie begründet hier die Abfassung ihrer Schrift mit der inneren Notwendigkeit, alles mit der Freundin zu teilen, noch mehr: mit der Unfähigkeit, aus sich selbst heraus das Ich und die Welt zu begreifen. »Die Tiefe Deines Gemüths ist der Spiegel, worin ich erst mir selbst klar und deutlich werde«.[15] Mit diesen Worten greift die Autorin ein im 19. Jahrhundert gängiges Stereotyp auf: Die Unfähigkeit des weiblichen Geschlechts, sich aus sich selbst zu definieren. Meist sind es Gatte oder Kind, als deren Spiegelung die Frau erst zu sich selbst kommt, hier nimmt die Seelenfreundin diese Stelle ein – eine literarisch geschickte Wendung, denn die natürliche Adressatin einer weiblichen Schrift ist die Geschlechtsgenossin, die durch die Lektüre zur Freundin und Teilhaberin am Seelenleben der Reisenden wird.[16]

---

[7] *Reise einer Wienerin* (1845) Bd. I, S. VII, Vorwort des Verlegers.
[8] S. VIf.
[9] »Sie erschienen den Freunden, denen ich sie in ruhigen Winterabenden mittheile, ergötzlich und bedeutend genug, um mich aufzumuntern, sie in einem größeren Kreise zu verbreiten.« *Erinnerungen von einer Reise* (1813), Bd. I, S. III.
[10] *Tagebuch auf einer Reise durch einen Theil von Baiern* (1828) S. III.
[11] *Briefe über Berlin* (1822) S. 3.
[12] *Briefe auf einer Reise nach Petersburg* (1819) S. If.
[13] *Tagebuch einer Reise durch die Schweiz* (1800) S. 227.
[14] *Italienisches Bilderbuch* (1847) Zuschrift, S. Vf. *England und Schottland* (1864) Vorwort, S. VIIf. Noch in: *Reisebriefe aus Deutschland, Italien und Frankreich*. Berlin 1880, Vorwort.
[15] (1808) S. 5.
[16] Daß Intimität zwischen Autorin und weiblicher Leserschaft beschworen wird, stellt M. Heuser (1990) S. 56 auch für die Vorreden zu Frauenromanen fest.

Natürlich ist es nicht genug, auf Freunde zu verweisen und ihnen die Verantwortung dafür zuzuschieben, daß die Menge der Reisebeschreibungen um ein weiteres Werk angestiegen ist. Eine kursorische Durchsicht von Exordia soll zeigen, welche werkinternen Legitimationsmuster sich eingebürgert hatten und wie diese von männlichen und weiblichen Autoren gehandhabt wurden.[17]

»Pereant qui ante nos nostra dixerunt«, zitiert Hofrat Böttiger anläßlich einer italienischen Reisebeschreibung den Kirchenvater und Palästinareisenden Hieronymus.[18] Es gibt wohl kaum eine Reisebeschreibung über Italien, die nicht mit der Klage über die Masse der bereits zu diesem Thema vorliegenden Bücher beginnt. Nicht selten wird durch eine sermocinatio ein möglicher Einspruch des Lesers entkräftend vorweggenommen, wie z. B. bei Gustav Nicolai: »Ein Werk über Italien! ›Hat schon wieder Jemand die Anmaßung, uns mit seiner individuellen Ansicht über das bis zum Ekel gepriesene Wunderland zu quälen?‹ Also hör' ich von allen Seiten fragen.«[19]

Auch Frauen sahen sich bei Reisen in bekannte Länder mit Vorgängern konfrontiert. Wegen ihres Geschlechtes standen sie aber nicht ernstlich in Konkurrenz. Frauen hüteten sich davor, sich in eine Reihe mit anderen Reiseschriftstellern zu stellen[20] oder gar, diesen etwas hinzufügen zu wollen. Therese von Bacheracht und Ida Hahn-Hahn verweisen zwar in ihren Frankreichschriften auf die Reisenden, die vor ihnen über dieses Land schrieben. Problematisch erscheint ihnen aber weniger die erdrückende Hypothek der vielen Vorgänger in der Beschreibung Frankreichs, sondern die Frage, wie ihr weibliches Naturell mit dieser Aufgabe fertig werden wird. Ida Hahn-Hahn diskutiert die Sprunghaftigkeit ihrer Kompositionsweise,[21] Therese von Bacheracht ihre Neigung zu »einer enthusiastischen Auffassung«.[22]

Statt für die Vermehrung der umlaufenden Reisebücher glaubt sich eine Schriftstellerin womöglich dafür entschuldigen zu müssen, daß sie ihrer eigenen Schreib-

---

[17] Als männliche Beispieltexte herangezogen werden Beschreibungen von Italien. Da Italien wohl das von Deutschen am meisten dargestellte Land sein dürfte, ist ein Reiseschriftsteller hier am meisten gefordert, eine Begründung seiner Schrift abzugeben.
[18] Vorbericht zu Elisa von der Recke: *Tagebuch einer Reise* Bd. I, S. XIII, Anmerkung.
[19] Vgl. Gustav Nicolai: *Italien wie es wirklich ist* Bd. 1, S. 3 (Vorwort).
[20] Vgl. Therese Hubers Brief an Usteri (27. Dez. 1809) in bezug auf die bevorstehende Veröffentlichung ihrer holländischen Reisebeschreibung: »Ich habe vieles aufgezeichnet und es unter dem bescheidensten Titel Sauerländer angeboten, da ich Cotta nach Gustav Struvens zarten Briefen im ›Morgenblatt‹ und Nemnichs technisch-reell wissenschaftlich-unterrichtsvoll soliden Briefen nicht brauchbar war.« Cit. L. Geiger (1901) S. 190. Vgl. Therese von Bacheracht: *Eine Reise nach Wien* (1848) S. 58: »Ich kann keine gelehrten Übersichten wie Tschischka, wie Mathias Koch, Hormayr und Andre geben«.
[21] *Erinnerungen aus und an Frankreich* (1842) Bd. I, S. 11f. (Widmung).
[22] »Das Wenige, was ich über Paris sagen möchte, wird schon deshalb mangelhaft sein, weil ich mich vor einer enthusiastischen Auffassung zu hüten habe und in der Furcht, zu viel zu sagen, vielleicht wenig befriedigend, zu rhapsodisch und dürr bin.« *Paris und die Alpenwelt* (1846) S. 140. Die Vorrede zu dem Paris gewidmeten II. Abschnitt des Buches ist eine der wenigen Stellen, an denen sich eine Frau mit dem Stil eines Reisewerkes einer Vorgängerin auseinandersetzt: Therese von Bacheracht kritisiert Ida Hahn-Hahns Subjektivismus (ebd.).

freudigkeit erlegen ist. Ida Pfeiffer hätte allen Grund gehabt, ihr Islandbuch als Besonderheit anzupreisen. Während Gustav Nicolai den Stoßseufzer des Lesers über die anwachsende Fülle italienischer Reisebeschreibungen entkräftend antizipiert, hört sie ihre Kritiker darüber schimpfen, daß sie nun schon zum zweiten Mal ein Reisebuch auf den Markt bringt: »Abermal eine Reise, und noch dazu in Gegenden, die Jedermann eher flieht als aufsucht. Es scheint, diese Frau macht solche Reisen nur, um Aufsehen zu erregen.«[23] Über fünf Seiten wirbt die Verfasserin um das Wohlwollen des Lesers dafür, daß ihm schon wieder das Produkt einer Reisebegierde vorgelegt wird, »die sich nach den Begriffen der meisten Menschen für eine Frau nicht ziemt«.[24] Der Erfolg ihres ersten Buches führte nicht etwa dazu, daß die Verfasserin nun mit Selbstbewußtsein vor das Publikum getreten wäre. Vielmehr hat es den Anschein, als rechne sie als Wiederholungstäterin mit einer verschärften Abstrafung.

Die Fülle der bereits vorliegenden Reisewerke hat für den Autor einer neuerlichen Darstellung des gleichen Sujets zur Folge, daß er keine umfassende Darstellung versprechen kann. Nahezu alle Reiseschriftsteller enthalten sich deshalb ausdrücklich des Anspruchs auf Vollständigkeit, wie schon Goethe im Schlußwort zu seiner *Italienischen Reise* formuliert hatte: »wenn jeder Mensch nur als ein Supplement aller übrigen zu betrachten ist [...], so muß dies vorzüglich von Reiseberichten und Reisenden gültig sein.«[25] Statt Vollständigkeit in Aussicht zu stellen, bezeichnen Autoren ihre Schrift lieber als Ergänzung dessen, was bisher vorliegt. Der eigene Text soll dabei einen besonderen Akzent haben. August Kahlert z.B. verspricht eine katholische Darstellung, denn an solchen existiere keineswegs ein »gar zu großer Überfluß«.[26] Hermann Friedländer thematisiert seine Vorliebe für das Mittelalter, weil diese Zeit meist »fast ganz übersehen« werde.[27]

Wenn nun männliche Reisende ihre Schrift als wertvolle Ergänzung zu anderen Reisewerken anpreisen, so möchte man meinen, dieser Topos müßte sich als Legitimationsmuster für Reisebeschreibungen von Frauen in besonderer Weise anbieten – dies um so mehr, als, wie oben (S. 38) dargestellt, die zeitgenössische Literaturtheorie durchaus mit der Ansicht vertraut war, es könnte eine spezifisch weibliche Sehweise geben. Der Textbefund zeigt jedoch, daß dieses Argumentationsmuster

---

[23] *Reise nach dem skandinavischen Norden* (1855) S. I. Vgl. Sophie von La Roche: *Tagebuch meiner Reise durch Holland und England*, Beginn des Vorworts: »Wieder eine Reise! werden meine Freunde, meine Kinder und Bekannte sagen. – Ja es werden Alle staunen, daß eine Frau, in meinen Jahren, die Gelegenheit und den Willen hat, solche Reisen zu machen, welche sonst ganz allein die Sache der Jugend, des Reichthums, der Freiheit und der Geschäfte sind.«
[24] Ebd. S. V.
[25] HA, Bd. 11, S. 348f. Franz Freiherr Gaudy wählte dieses Goethewort als Vorspruch zu seiner italienischen Reisebeschreibung *Mein Römerzug* (1844). Tl. II, S. 40f. stellt Gaudy in seiner launig-übertreibenden Art die Bedrängnis dar, in die der »Reisescribent« gerät, wenn er – Exemplarfall der Abundanz – den von Goethe so vollendet beschriebenen Karneval in Rom erneut darstellen soll.
[26] *Erinnerungen an Italien besonders an Rom.* Breslau 1843, S. IV.
[27] *Ansichten von Italien während einer Reise in den Jahren 1815 und 1816* Tl. I (1819) S. VII.

kaum in Anspruch genommen wurde. Man verzichtete darauf, weil weibliche Meinungen und Interessen nicht nur als andersartig, sondern allzu oft auch als mangelhaft und untergeordnet galten.

Nur mit größter Vorsicht mutet Johanna Schopenhauer ihren Lesern die folgende Ansicht über ihre *Erinnerungen von einer Reise* zu: »Man wollte auch durch sie die Bemerkung bestättigt finden, daß Frauen die Dinge um sich herum anders erblikken, anders darstellen, als Männer, und auf eine Weise, die, vielleicht weniger gründlich, doch dadurch belehrend wird, daß sie die Gegenstände aus einem ganz anderen Gesichtspunkte zeigt.«[28] Die Autorin formuliert mit äußerster Delikatesse. In doppelter Weise sichert sie sich gegen die mögliche Behauptung ab, die These, daß Frauen anders sehen als Männer, sei ihre eigene: »Man wollte [...] die Bemerkung bestättigt finden...« Zudem bettet sie diesen gefährlichen Satz ein in vorangehende und nachfolgende Demutsbezeugungen, die dem Leser versichern, hier trete keineswegs eine Frau mit dem Anspruch auf einen vollwertigen Reisebericht auf.

Nicht als Ergänzung zu anderen Reisewerken wollen Frauen ihre Schriften verstanden wissen, sondern als Lektüre für andere unverständige Frauenzimmer (hierzu Näheres unten 4.7). Männer sind viel zu gelehrt für solches »Geschmiere«;[29] sie lesen die trefflichen Schriften anderer Männer, die von weiblichen Autoren nicht erreicht werden können.

Reisebeschreibungen von Männern empfehlen sich nicht nur als Ergänzung, vielmehr als Korrektiv bestehender Darstellungen (vgl. auch unten 4.4). In krasser Weise trifft dies auf Gustav Nicolais Italien-Demontage *Italien wie es wirklich ist* (1835) zu. Im Kontrast zu den beschönigenden und verfälschenden Italienbüchern, die den Reisenden allenthalben irreführen, stellt sich Nicolai als ehrlicher Warner dar. Natürlich mußte ein solches Werk seinerseits Gegendarstellungen auf den Plan rufen, z. B. August Lewalds *Praktisches Reise-Handbuch nach und durch Italien* (1840). Es will nicht nur Nicolais negatives Italienbild retuschieren, sondern zugleich Hilfen bieten, mögliche Unwirtlichkeiten im Süden zu vermeiden.

Für eine Frau war es ganz und gar unmöglich, daß sie etwa mit der Berufung auf ihre höhere Autorität und bessere Einsicht ihre Niederschrift als längst fällige Zurechtrückung von alten Fehl- und Vorurteilen ankündigte. Das Selbstbewußtsein, mit dem nicht nur der genannte Nicolai, sondern auch andere liberale, aufklärerische und antiklerikale Reisende wie Archenholtz, Seume, Rehfues das idealische Italienbild als Wunschbild demaskierten, wäre bei Frauen nicht toleriert worden. Selbst Ida Pfeiffer, deren »Mittheilungen [...] häufig das Verdienst des thatsächlich Neuen in der Länder- und Völkerkunde [haben], oder den Nutzen, daß sie irrige

---

[28] Ebd. S. IIIf.
[29] Dies die wiederholte Selbstbezichtigung bei Anna Helene Krook: *Briefe einer reisenden Dame aus der Schweiz* (1786). Vgl. Friederike Helene Ungers Bemerkung in der Vorrede zu *Julchen Grünthal*, der Roman sei »nicht für Gelehrte, sondern zunächst für ihr eigenes Geschlecht« gedacht. Cit. M. Heuser (1990) S. 59.

oder übertriebene Meinungen auf das richtige Maß zurückführten«,[30] vermeidet es, das Recht zu Urteil und Kritik zu beanspruchen und zeichnet sich sogar durch besonders bescheidene Vor- bzw. Schlußworte aus. So heißt es am Ende ihrer *Zweiten Weltreise*: »Sollten in meinem Tagebuch gegen das eine oder andere Volk, gegen Sitten und Gebräuche der verschiedenen Länder, die ich durchwandert, zu starke Ausdrücke vorkommen, sollten unrichtige Ansichten geäußert sein, so bitte ich meine Leser um große, sehr große Nachsicht. Ich rufe ihnen, wie bei Gelegenheit meiner ersten Reise nach dem gelobten Lande zu, daß ich weit entfernt bin, mich zu der Zahl der glücklich begabten Personen zu rechnen. Mein Wesen ist Einfachheit [...] Der Zweck meiner Schriften kann unter diesen Umständen kein anderer sein, als das von mir Gesehene und Erlebte ganz so wiederzugeben, wie es sich meinem Geiste und Gefühle darstellte.«[31] Es blieb ihrem Sohn überlassen, auf die wissenschaftlichen Verdienste der Reisebeschreibungen seiner Mutter hinzuweisen.

Wenn schon – was äußerst selten ist – eine Autorin die Diskussion mit anderen Reisebüchern aufnimmt und gar Kritik einfließen läßt, versteckt sie dies dezent in ihrem Text. Es in einer Vorrede anzukündigen, wäre unerhört.[32]

Das Vermeiden eines Konkurrenzanspruchs zeigt sich sogar in der Wahl des Titels. Im Unterschied zu weiblichen Autoren bezeichen Männer ihre einschlägigen Werke am häufigsten als *Reise* oder nennen nur das bereiste Land. Frauen bevorzugen subjektiv klingende Titel. Therese Huber wählte bewußt das unprätentiöse *Bemerkungen* als den »bescheidensten Titel«.[33] Johann Schopenhauer versichert im Vorwort: »Ich wollte eigentlich keine Reisebeschreibung geben, nur Erinnerungen«.[34]

Während männliche Autoren gern den gesellschaftlichen Nutzen, die aufklärende und kritische Absicht ihrer Reisewerke betonen,[35] gehört es bei Frauen zu

---

[30] Oscar Pfeiffer in der Biographie seiner Mutter, in: Ida Pfeiffer: *Reise nach Madagaskar* (1861) S. L.

[31] IV. Tl., S. 191. Vgl. damit z. B. Seume: *Mein Sommer 1805*. O. O. (Leipzig) 1806, Vorrede an den Leser: »Wenn meine Urtheile zuweilen etwa hart sind, so liegt dies leider in der Sache selbst; ich wollte, ich hätte überall Gelegenheit gehabt, das Gegentheil zu sagen.«

[32] Emilie von Berlepsch äußert im Text ihrer *Caledonia* wiederholt herbe Kritik an Dr. Johnsons Schottlandreise, erwähnt aber im Vorwort nur Garnetts *Tour through Scotland* sowie Faujas de St. Fond (*Voyage en Angleterre, en Écosse et aux Iles Hébrides*. Paris 1797) und geht einer Kritik an diesen beiden Reisebeschreibungen bewußt aus dem Wege. Näheres zur kritischen Auseinandersetzung mit anderen Reisewerken s. unten 4.4.

[33] Brief an Usteri vom 27. Dez. 1809, cit. L. Geiger (1901) S. 190.

[34] *Erinnerungen* (1813) Bd. I, S. III. Vgl. ferner das Vorwort Fanny Tarnows zu ihren *Briefen auf einer Reise nach Petersburg* (1819) S. II. Tatsächlich bezeichnen »Erinnerungen« bei Werken von Männern meist keine eigentlichen Reiseberichte. E. M. Arndts *Erinnerungen aus Schweden* (Berlin 1818) sind keine Reisebeschreibung, sondern die Frucht eines 4jährigen Aufenthalts. Das gleiche gilt für F. X. M. A. von Predls *Erinnerungen aus Griechenland 1832–1835* (Würzburg 1841). Keine eigenen, sondern fremde Reisen beschreiben die *Erinnerungen an die Reise des Königs Otto durch Ostgriechenland* von Ludwig Roß, eine Artikelserie im Morgenblatt 1835. Ein Gegenbeispiel sind Anton Prokeschs *Erinnerungen aus Ägypten und Kleinasien*. 3 Bde. Wien 1829–1831.

[35] Wenn Mark Twain im Vorwort zu seinem Reisebuch *The Innocents Abroad* (Hartford

den häufigsten Versicherungen in Vorworten, daß die Verfasserin der vorliegenden Schrift in keiner Weise beabsichtige, belehren oder urteilen zu wollen. Bezeichnenderweise findet man eben diese Zurückhaltung auch in zeitgenössischen Rezensionen oft lobend hervorgehoben. Den heutigen Leser muten jedoch Selbstherabwürdigungen wie diese aus der Feder Therese Hubers merkwürdig an: »Um sich zu unterrichten, finden sie [i. e. die Leser] die Nachrichten von Reisenden, vor denen die einfältige Matrone, welche diese Briefe schrieb, sehr beschämt stehen würde, wollte man sie mit ihren weiblichen Gefühlen, ihren phantastischen Ansichten vergleichen. Sie will nur die Empfindungen erwecken, jene wackern Männer mögen dann berichtigen und belehren.«[36] Gerade bei Therese Huber fällt ein außerordentlicher Hang zu weiblichen Demutsgesten immer wieder auf und dies, obgleich kein Geringerer als Wilhelm von Humboldt, ihr langjähriger Korrespondent, von ihr bezeugt: »Sie war von Geisteskräften gewiß eine der vorzüglichsten Frauen der Zeit. Sie wußte auch sehr viel, hatte unendlich viel in allen neueren Sprachen gelesen und besaß einen sehr hohen Grad von intellectueller Bildung.«[37] Gerade den Schein von Intellektualität aber wollten Frauen aus Angst um ihre Weiblichkeit tunlich vermeiden. Sich Kennerschaft anzumaßen, sei für eine Frau lächerlich, befindet Charlotte von Ahlefeld – damals ebenfalls längst eine anerkannte Schriftstellerin – in ihrem *Tagebuch auf einer Reise durch einen Theil von Baiern*. Nur Meinungen wolle sie aussprechen, keine Urteile. Intendiert sei »allenfalls eine flüchtige Unterhaltung, durchaus aber keine Belehrung, da Niemand unfähiger diese letzte zu geben und bedürftiger, sie selbst zu empfangen«.[38]

Eine ganz andere Form, novitas zu ersetzen, ist die Betonung der individuellen Möglichkeiten und der dadurch gewonnenen Einmaligkeit der Darstellung. Selbstbewußt hebt der nachmalige König Johann von Sachsen im Vorwort zu seiner italienischen Reise als Punkte des Interesses heraus: »der individuelle Eindruck, den das Gesehene auf ihn gemacht hat, und dasjenige, was seine persönlichen Verhältnisse ihn besonders in den Stand setzten zu beobachten.«[39] Mit letzterem sind die Gesellschaften des höheren und höchsten Adels gemeint. Da der Autor als hohe Standesperson zu ihnen Zugang hatte, verspricht sein Text hier Informationen, die von anderen Verfassern nicht zu bekommen sind. Als Leser zusammen mit dem adeligen Autor Zutritt zu den Häusern der höheren Gesellschaft zu erhalten, war auch eine

---

1869) diese Aussageziele selbstironisch unterläuft, so hat dies nichts mit Bescheidenheit zu tun, sondern trägt als bewußte Verfremdung wesentlich mit bei zum humorigen Grundton des Werkes.
[36] *Bemerkungen über Holland* (1811) S. IV.
[37] Wilhelm von Humboldts *Briefe an eine Freundin*. Zum erstenmale nach den Originalen hg. v. A. Leitzmann. Bd. 2. Leipzig 1909, S. 37. Humboldt bestätigt Therese Huber gleichzeitig die »liebenswürdigste weibliche Einfachheit«, ebd. S. 38.
[38] Vorwort S. X. Vgl. Elisa von der Recke: *Tagebuch einer Reise* (1815) Bd. I, S. IXf.: »durchaus fern blieb von mir die Ansicht, ein entscheidendes, ein anmaßendes oder belehrendes Wort zu sagen.«
[39] S. 3 (Vorwort zum Manuskript des nach der Reise von 1821/22 für die Braut verfaßten Tagebuches).

der Attraktionen bei der Lektüre von Fürst Pücklers Reisebüchern und einer der Hauptgründe von deren Erfolg.

Für die Mehrzahl der Reisebeschreiber war dieses Erfolgsrezept freilich nicht anwendbar. Sie beriefen sich vielmehr auf ihre ganz persönliche Sicht, ihre Individualität im Urteil, um ihren Lesern Interesse abzugewinnen. Dies taten nicht nur diejenigen Autoren, die in der Nachfolge Sternes unumschränkte Subjektivität als einziges Heilmittel gegen den um sich greifenden Ennui suchten und deren Reisebriefe daher »Briefe über mich selbst in Italien« heißen müßten, wie Ernst Raupachs satirische Figur Lebrecht Hirsemenzel zugibt.[40] Anrecht auf eine rein persönliche Sicht schreibt sich auch ein relativ konservativer Autor wie August Wilhelm Kephalides auf die Fahne angesichts der »Proteusveränderlichkeit des Gegenstandes selbst«.[41] Vornehmlich die Individualität der Sichtweise verbürgt die zum Tugendkanon des Reisebeschreibers gehörige Selbständigkeit des Urteils und Unbestechlichkeit aufgrund seiner Autopsie.[42]

In diesem Punkt kommen sich männliche und weibliche Schreibstrategien am nächsten. Nachdem die Reiseschriftstellerin ihr Werk allen Anspruchs auf Bedeutung (magnitudo) und Lehrhaftigkeit (docere – hier in Hinblick auf eine männliche Leserschaft verstanden) entkleidet hat, bleibt ihr im wesentlichen nur der Verweis auf ihre Individualität als Mittel, um Aufmerksamkeit zu erregen und zur Lektüre zu motivieren. Aufrichtigkeit, Unvoreingenommenheit und Wahrheit der Darstellung werden dem Leser zugesichert – freilich nicht als Resultat männlicher Urteilskraft und Unbestechlichkeit, sondern als Folge weiblicher Naivität und Seelenreinheit. Nicht objektive »Richtigkeit« der Beobachtungen wird daher postuliert, sondern subjektive »Aufrichtigkeit«, die treue Wiedergabe der »blos subjektive[n] Auffassung des Gesehenen«.[43] »Ich wollte nur darlegen wie mir die Dinge erschienen«, betont Elisa von der Recke.[44] Und noch pointierter, an Trivialität grenzend, drückt es Therese von Bacheracht aus: »ich kann nur die individuellen Eindrücke, nur jene Fäden schildern, an denen die Psyche hinauf- und hinabgeklettert und endlich zu dem Resultat: Wien ist doch schön! gekommen ist.«[45]

Weit entfernt davon, schwere wissenschaftliche Kost bieten zu wollen, stellen sich viele Reisewerke von Frauen als literarische Kleinigkeiten, als Plaudereien hin.

---

[40] *Lebrecht Hirsemenzel, eines deutschen Schulmeisters, Briefe aus und über Italien* (1823) S. VI.
[41] *Reise durch Italien und Sicilien*. Leipzig 1818, I. Tl, S. VII (Vorrede). Ebd.: »[...] daß wir deshalb keinen Tadel verdienen, wenn wir, was ja die Pflicht jedes Reisenden ist, die Dinge beurtheilen, wie sie uns vorkamen, unbekümmert, ob wir der großen Heerstraße der Meinungen folgten, die sonst vielleicht öfter, als es eigenthümliche Denker zugeben, die richtige ist.«
[42] Christoph Friedrich Karl von Kölle: *Rom im Jahre 1833* (1834) S. III (Vorrede) versichert, daß er »hier nur eigene Wahrnehmungen niedergelegt« habe.
[43] Maria Belli: *Meine Reise nach Constantinopel* (1846) Vorrede.
[44] *Tagebuch einer Reise* (1815) Bd. I, S. IX. Fast gleichlautend: Sophie Schwarz: *Briefe einer Curländerinn* (1791) S. 17. Vgl. auch Therese von Bacheracht: *Paris und die Alpenwelt* (1846) S. 161.
[45] *Eine Reise nach Wien* (1848) S. 58.

»Anspruchslosigkeit« lautet das stets wiederkehrende, sich auf Komposition, Stil und Inhalt beziehende Schlüsselwort.[46] Es ist nicht nur Ausdruck schriftstellerischer Demut, sondern soll zugleich dem Leser den Zugang zur Lektüre erleichtern. Besonders Therese von Bacheracht liebt dieses Understatement. Sie bietet ihre Bücher an wie leichten Zierrat, ebenso geschmackvollen wie überflüssigen Luxus für eine Lesegesellschaft, die entweder schon alles hat und weiß oder sich grundsätzlich nicht mit ernsthafter Lektüre belasten will. Im Vorwort zu ihrer Sammlung von kleinen Reiseberichten mit dem Titel *Am Theetisch* zeichnet sie die folgende Familienidylle: »Der Titel dieses Buches soll ausdrücken, daß sein Inhalt zwischen einer Tasse Thee und einem Besuch gelesen werden kann. Das siedende Wasser summt, der Hausvater ruht im Lehnsessel, die heranwachsende Kinderschaar fragt ungeduldig: ›was lesen wir?‹ Sorglich holt die Mutter ein Paket Bücher, das der Buchhändler geschickt hat, hervor, aber bald ist das Eine zu lang, bald das Andere zu skeptisch, oder ein Drittes zu gelehrt. So helfen vielleicht diese Blätter über das Wählen hinweg. Aus Zufall entstanden, sind sie dem Zufall geweiht.«[47]

Therese geht noch einen Schritt weiter und erklärt diese Schreibart zu der für Frauen einzig angemessenen. »Wenn alle Frauen so und nicht anders schriftstellern wollten, wenn sie laut denken und harmlos schwatzen, so wollte ich ihnen das Schreiben zugestehen. Da die meisten aber, über ihren Horizont hinweg, von Dingen, wie der Blinde von der Farbe, reden, da sie eitel, statt wahr sind, ist mir ihr Schreiben im Allgemeinen immer unweiblich erschienen.«[48]

Zwar sind es nicht »die meisten« Frauen, die Thereses Vorwurf der Unweiblichkeit verdienen, weil sie in ihren Reiseschriften mit einem gewissen Anspruch auftreten, aber auf einige trifft er immerhin zu. Sie bilden die Ausnahmen zu der eben dargestellten Regel, die für die breite Mehrzahl gilt. So fällt auf, daß Friederike Brun und Johanna Schopenhauer in ihrem Spätwerk auf Demutstopoi bisweilen verzichten.[49] Überhaupt haben beide Autorinnen im Alter beträchtlich mehr Selbstbewußtsein gewonnen. Von Anfang an auf Bezeugungen weiblicher Bescheidenheit verzichtet nur Ida Hahn-Hahn. Die Kritik verübelte ihr das als aristokratischen Dünkel. Schon in ihrer ersten Reiseschrift, *Jenseits der Berge*, wandelt sie den topi-

---

[46] »Anspruchslos biete ich die folgenden Blätter dem Publikum dar.« Johanna Schopenhauer: *Erinnerungen von einer Reise* (1813) Bd. I, S. III (erster Satz der Zuschrift an den Leser). Vgl. Therese von Bacheracht: *Paris und die Alpenwelt* (1846) S. V. Ida Pfeiffer: *Reise einer Wienerin* (1845) Bd. II, S. 338 (= Schluß): »es ist eine Sammlung Notizen, die ich anspruchslos niederschrieb, um mich an das Geschehene zu erinnern, und von denen ich nie glaubte, daß sie den Weg in die große Welt finden würden.« Vgl. Maria Belli: *Meine Reise nach Constantinopel* (1846) Vorrede: »[…] sie eben so nachsichtig aufzunehmen, als ich anspruchslos sie gebe.«

[47] (1844) Vorwort. Die Behauptung »aus Zufall entstanden« wird als absichtsvolle Selbststilisierung noch offensichtlicher, wenn man bedenkt, daß drei der hier versammelten Texte bereits in Zeitschriften veröffentlicht worden waren (vgl. oben S. 110).

[48] *Theresens Briefe aus dem Süden* (1841) S. 13. Als Muster für diese »weibliche Schreibart« wird erstaunlicherweise Frances Trollope angegeben.

[49] Friederike Brun: *Römisches Leben* (1833). Johanna Schopenhauer: *Ausflucht an den Rhein* (1818).

schen Verweis auf die zur Abfassung drängenden Freunde von einer demütigen in eine mehr als selbstbewußte Geste um: »Meine Freunde sind erwartungsvoll, was ich dort [in Italien] dichten und schreiben werde. Ich bin es noch mehr als sie. Ich meine, es müsse etwas ganz Extraordinäres werden.«[50] Anstatt sich mit einer möglichen Legitimierung dafür zu quälen, das längst bekannte Frankreich wieder zu beschreiben, verweist sie mit der größten Selbstverständlichkeit auf ihre individuelle »Schreiblust« als Begründung.[51] Da sie von vorneherein radikal dem Prinzip der Subjektivität und Unmittelbarkeit folgt, wird in ihrem Werk der Verzicht auf Lehrhaftigkeit zur Tugend. Ein Vergleich mit anderen Autoren kommt gar nicht in Frage, ebenso wie die Autorin auch angibt, auf jede vorbereitende Lektüre und die Anhäufung von Kenntnissen verzichtet zu haben.[52] Das Vorwort zu *Ein Reiseversuch im Norden* endet mit dem trotzigen Satz: »Dies zur Warnung für Andere, aber nicht zur Entschuldigung für mich, denn mir ist nicht zu Muth als ob ich sie brauche.«[53] In ihrem englischen Reisebuch ging Ida Hahn-Hahn sogar soweit, bereits im Vorwort eine politische und kritische Absicht anzugeben – freilich unter Betonung der rein subjektiven Sicht. Sie wollte Deutschland einen Spiegel vorhalten.[54] Allerdings wurde gerade diese Reisebeschreibung von den zeitgenössischen Verlegern abgelehnt und erst gut 130 Jahre später gedruckt.

Die spärlichen Beispiele weiblichen schriftstellerischen Selbstbewußtseins ändern nichts an den Konturen des sich ergebenden Gesamtbildes. Diese treten jedoch noch um so stärker zu Tage, zieht man ausländische Schriftstellerinnen zum Vergleich heran. Bei ihnen nämlich wird man exordiale Demutstopoi vergeblich suchen. Sie fehlen bereits in einem so frühen Werk wie der 1691 veröffentlichten *Relation du Voyage d' Espagne* von Madame du Bocage. Die Verfasserin, die sich im übrigen lediglich durch den Artikel in ihrer Widmungsunterschrift als Frau erkennen läßt – »la tres-humbles & tres-obeissante Servante« –, verzichtet in ihrem Vorwort auf jeden Verweis auf ihre besondere Situation als schreibende Frau und empfiehlt, weit davon entfernt, ihre Berechtigung zum Abfassen einer Reisebeschreibung zu problematisieren, ihre Schrift als wahr und auf Autopsie beruhend.[55] Die Durchsicht einer großen Zahl von englischen und französischen Reisebeschreibungen aus unserer Berichtszeit und früher läßt nirgendwo Bezeugungen weiblicher Demut erkennen. Im Gegenteil traten Frauen mit wissenschaftlichem Anspruch auf (Harriet

---

[50] Bd. I, S. 2.
[51] *Erinnerungen aus und an Frankreich* (1842) S. 1f. Rückschauend stilisiert die Autorin diese »Schreiblust« in *Von Babylon nach Jerusalem* als den »inneren Drang [...], den Durst meiner Seele nach Vervollkommnung auszusprechen und [...] ihn in Anderen anzuregen.« S. 35.
[52] *Ein Reiseversuch im Norden* (1843) S. 1ff.
[53] Vorwort S. VI.
[54] *Meine Reise in England*, hg. v. B. Goldmann (1981), Vorwort S. 8, 1. Abschnitt S. 10. Vergleichbar ist nur die biographisch verschollene Autorin Klara Thilenius, deren erklärtes Ziel in *Briefe und Erzählungen aus Amerika* (1849) die Beförderung sozialer und politischer Reformen in Deutschland ist. Vgl. den Vorbericht S. IIIf.
[55] Bd. I, Au Lecteur, Bl. A5^r, A5^v.

Martineau verstand ihre Berichte als Beträge zur Nationalökonomie), argumentierten wie kunsthistorische (Anna Brownell Jameson) oder altertumskundliche Kenner (Cornelia Knight), wagten politisches Engagement (Helen Mary Williams) oder verfochten die Frauenemanzipation (Mary Wollstonecraft, Anna Brownell Jameson). Hier trug man keine Scheu, fachliche und schriftstellerische Professionalität zu beweisen. Mary Morgan, eine sonst unbekannte Schriftstellerin des ausgehenden 18. Jahrhunderts, lehnt es in ihrer Vorrede ausdrücklich ab, sich wegen ihres Geschlechtes zu entschuldigen und verweist statt dessen stolz auf die Leistungen ihre berühmten Vorgängerinnen im Reisefach.[56] Dem selbstbewußten Vorwort der gelehrten Hester Piozzi stellt der Herausgeber der deutschen Übersetzung, Georg Forster, eine Einleitung an die Seite, die der Frau wieder die Stelle anweist, die sie nach deutscher Auffassung einzunehmen hat.[57]

Berühmtestes Beispiel für ein selbstbewußtes weibliches Vorwort ist schließlich Mary Astells Einleitung zu den *Embassy-Letters* ihrer Freundin Mary Wortley Montagu, in denen die Superiorität weiblicher Reisekunst behauptet wird. Während deutsche Frauen nicht einmal wagten, ihre Schriften als Ergänzung zu männlichen zu bezeichnen, preist Mary Astell die weibliche Fähigkeit zu wahrer Originalität und demzufolge ihre Überlegenheit über die beschränkte männliche Sichtweise. »I confess, I am malicious enough to desire the world should see to how much better purpose the Ladies travel than their Lords; and that, whilst it is surfeited with male Travels, all in the same tone, and stuffed with the same trifles, a lady has the skill to strike out a new path, and to embellish a worn-out subject with variety of fresh and elegant entertainment.«[58]

4.2 Komposition und Segmentierung

Eine bestimmte Form ist der Reisebeschreibung nicht vorgegeben. Ihr Aufbau richtet sich nach dem Darstellungsziel, dem in der Regel chronologischen Bericht über eine vom Autor selbst unternommene Reise. Die formale Einteilung nach den Reisestationen ist daher die naheliegende Art der Segmentierung. Freilich offenbart sich in der Komposition einer Reisebeschreibung auch ihr individueller Schwerpunkt. So entspricht eine kapitelweise Einteilung, die die Erlebnisse und Besichtigungen an den einzelnen Stationen systematisch zusammenfaßt und sie dem jeweili-

---

[56] *A Tour to Milford Haven* (1795) S. IX u. X, cit. M. Blondel (1984) S. 105.

[57] Während die im Stil recht barock-gelehrte Vorrede der Autorin selbst ohne jede Anspielung auf ihr Geschlecht und ohne Demutsformeln auskommt, beschäftigt sich Forsters Vorrede eingehend mit dem Problem weiblicher Autorschaft bei einem solchen Werk. Forster erklärt sie zunächst aus der für eine Frau ungewöhnliche Bildung, die Frau Piozzi Dr. Johnson zu verdanken habe, schiebt dann aber nach, die Verfasserin mache von dieser ihrer Bildung doch zu häufig Gebrauch, »um sie nicht zuweilen der Beschuldigung eines ihr Geschlecht so besonders verunzierenden Pedantismus auszusetzen.« *Bemerkungen auf einer Reise* S. X, XI u. XIII.

[58] *The Works*, Bd. II, S. VIIf. Vgl. Miss Rigby oben S. 37.

gen Aufenthaltsort als Kapitelüberschrift sachlich zuordnet, eher dem Ideal eines objektiven und informativen Berichts. Demgegenüber wird das unterscheidend Neue von Sternes *Sentimental Journey* schon beim Durchblättern kenntlich: Den üblichen Ortsangaben als Überschriften sind weitere Überschriften nachgeordnet. In ihrer scheinbar beliebigen Auswahl aus der Fülle der Reiseerlebnisse und ihrer Vorliebe für Nebensächliches (»Le Pâtisser«, »The Passport«) sowie ihrer kategorialen Verschiedenheit vom objektiven Bericht (»The Temptation«, »The Mystery«) zeigen sie an, daß der hier folgende Text einzig der Subjektivität des Autors verpflichtet ist.

Nachdem der Reisebericht in den letzten Jahrzehnten des 18. Jahrhunderts seine Orientierung an einem statistischen und nüchtern sachlichen Ideal abgestreift hatte, offenbart sich die Tendenzänderung programmatisch schon in den Titeln. Reisebeschreibungen geben sich als Auszüge, Notizen und Fragmente, mithin als subjektive Auswahl zu erkennen, machen mit Bezeichnungen wie Skizzen oder Bilder Anleihen bei der per definitionem unsystematischen bildenden Kunst oder bedienen sich als Briefe, Tagebücher oder Erinnerungen der Formelemente anderer literarischer Gattungen.[59]

Lassen sich diese Entwicklungen an der Gattung ganz allgemein beobachten, so kommt ihnen doch in Bezug auf Reisebeschreibungen von weiblicher Hand eine besondere Bedeutung zu. Die gängige Geschlechterpsychologie spricht der Frau die Begabung zur Systematik ab, der Sozialkodex würde ihr darüberhinaus – zumindest in Deutschland – einen Versuch in diese Richtung als Mangel an weiblicher Bescheidenheit ankreiden. Es braucht also nicht zu verwundern, daß nur zwei der in dieser Untersuchung herangezogenen Texte von Frauen es wagen, mit dem Titel »Beschreibung« einen gewissen Anspruch auf Sachlichkeit und Vollständigkeit zu erheben.[60] Während phantasievolle oder gar skurrile Titel wie »Reiseschatten« oder »Kreuz-und Querzüge« von Frauen vermieden werden und auch Termini aus der Welt der Malerei selten sind,[61] wählen Frauen ungleich häufiger als Männer für ihre Texte Bezeichnungen wie »Tagebuch« oder »Briefe«. Nun sollen freilich aus dieser Beobachtungen keine vorschnellen Rückschlüsse gezogen werden. Schließlich stammt eines der für die Entwicklung der Reisebeschreibung in Briefform wegweisenden Bücher von einem Mann: die *Briefe eines Verstorbenen* des Fürsten Pückler-Muskau. Vor allem aber ist zu berücksichtigen, daß weder der Titel zuverlässige Auskunft über die tatsächliche Konstruktion eines Textes gibt, noch die rein äußer-

---

[59] Vgl. Karl Gutzkow: »Vergangenheit und Gegenwart. 1830–1838«. In: *Jb. der Lit.* 1 (1839) S. 106: »Umfangreicher ist jene Mischgattung der Literatur, welche sich mit der Darstellung von Reisen, Zuständen und Bagatellen beschäftigt und sich dazu der Form des einfachen Berichtes oder der Bilder-Skizzen und Aquarellmanier bedient.«

[60] Clara von Gerstner: *Beschreibung einer Reise durch die Vereinigten Staaten von Nordamerica* (1842) und Esther Gad-Bernard: »Beschreibung einer Wasserreise, von Aussig nach Dresden« (1799).

[61] Das einzig eindeutige Beispiel sind Luise Mühlbachs *Federzeichnungen,* auch sonst eine Ausnahmeerscheinung. Fanny Lewalds *Italienisches Bilderbuch* spielt in typischer Untertreibung auf die Kinderliteratur an.

liche Segmentierung allein die Gestalt bestimmt. Die Formenmischung ist – insbesondere im 19. Jahrhundert – ein geradezu hervorstechendes Kennzeichen der Gattung.

Was Frauen mit ihrer häufigen Wahl von Titeln wie »Briefe« oder »Tagebuch« offenbar signalisieren wollen, ist die Subjektivität der Darstellung, deren »Anspruchslosigkeit«. Mit Abfassung eines Briefes oder Tagebuches bleibt »das Weib« in der Privatheit und verletzt nicht »durch öffentliches auftreten und lautwerden [...] seine angeborne sitte und würde.«[62] Beide literarischen Formen entsprechen dem von der Zeit behaupteten weiblichen Dilettantismus, der zur größeren Form nicht fähig ist und vor allem nie vom eigenen Ich absehen kann. Vorzüglich der Brief wurde aber auch als die Form gepriesen, in der Frauen stilistisch sogar Besseres leisten als Männer.[63] Zu den herausragenden Mustern der Briefstellerei gehören nach Meinung der Zeit die Werke von Frauen: der Französinnen de Sévigné und Beaumont und der Engländerin Montagu. So ist es nur konsequent, wenn Jacob Grimm rät: »alles glückliche, was frauen schreiben, sollte wie briefe behandelt und nur unter denselben bedingungen, mit denselben vorsichten öffentlich werden.«[64]

Was nun speziell den Bericht über eine Reise anlangt, so sind Brief wie auch Tagebuch darüber hinaus besonders dazu geeignet, Authentizität zu verbürgen. Das schreibende Ich ist in ihnen primärer Bezugspunkt, aber auch Garant einer gewissen innerer Einheit, die der nur objektsbezogene Bericht nicht aufweisen kann. In beiden Formen können die Schwerpunkte ganz beliebig gesetzt werden: ob auf Innen- oder Außensicht, ob auf Einzeldarstellung oder Überblick, ob auf Auswahl oder Gründlichkeit. Brief wie auch Tagebuch sind überdies offen für jede Art von Abschweifungen, Exkursen oder poetischen und epischen Einlagen.

All diese Konnotationen und Erwartungen mögen bei den Zeitgenossen aufgerufen worden sein, wenn ein Buch mit dem Titel *Briefe* oder *Tagebücher* auf den Markt kam oder sich schon auf den ersten Blick als so strukturiert zu erkennen gab. In der Tat wählte die überwiegende Mehrzahl der Frauen diese Art der äußeren Textgestaltung. Die Durchsicht einer sehr großen Zahl von Reisebeschreibungen ergibt, daß Männer auch nach 1800 noch doppelt so häufig ihre Reisen als kapitelweise gegliederte Berichte abfaßten, anstatt die mehr subjektive Segmentierung des Briefs oder Tagebuchs zu wählen. Bei Frauen dreht sich das Verhältnis fast um.

---

[62] Jacob Grimm: Rezension von Schindels *Die deutschen Schriftstellerinnen des 19. Jahrhunderts*. In: Ders.: *Kleinere Schriften* Bd. VI: *Recensionen und vermischte Aufsätze*. 1. Tl. Berlin 1869 (= Hildesheim 1965), S. 171–174, hier S. 172.
[63] Vgl. Christian Fürchtegott Gellert: *Briefe, nebst einer Praktischen Abhandlung von dem guten Geschmacke in Briefen*. Leipzig 1751. J. Grimm, ebd. S. 172. Sengle (1972) Bd. II, S. 203: »Diese Lehre ist in der Biedermeierzeit schon fast eine Ideologie«. Zur Bedeutung von Gellerts Brieftheorie vgl. R. Nickisch (1988) und – weniger aufschlußreich – Wolfram Malte Fues: »Die Prosa der zarten Empfindung. Gellerts Brieftheorie und die Frage des weiblichen Schreibens.« In: *Das achtzehnte Jahrhundert* 18.1 (1994) S. 19–32.
[64] Grimm ebd., S. 172.

Freilich handelt es sich bei der Einteilung in Briefe oder Kapitel oft nur um eine Äußerlichkeit. Auch Mischungen aus beiden Strukturprinzipien kommen vor. Reisebriefe und Reisetagebücher, als Reisebeschreibungen ediert, sind eben keine echten Briefe oder Tagebücher mehr.[65] Die Mißachtung dieser Tatsache führte in der Forschung nicht selten zu gravierenden Fehlurteilen. Durch den Willen zur Herausgabe, durch die Absicht, aus einem Briefkonvolut oder einer Sammlung von Tagebuchblättern eine Reisebeschreibung zu machen, ändert sich die Struktur eines Textes grundlegend. Es wird zu zeigen sein, daß die Gattung Reisebeschreibung sich überordnet, sodaß die Merkmale der Textsorte Brief, Tagebuch oder Autobiographie zurückgesetzt werden.

»Das erste, was uns bey einem Briefe einfällt, ist dieses, daß er die Stelle eines Gespräches vertritt. Dieser Begriff ist vielleicht der sicherste.« Aufgrund dieser, auch im 19. Jahrhundert unangefochten geltenden Definition wollte Gellert Frauen den besseren Stil in dieser Gattung zuerkennen; denn Frauen schreiben so wie sie sind: unverbildet und natürlich.[66] Der Charakter eines Briefes als »freye Nachahmung des guten Gesprächs«[67] basiert aber auf dem Briefwechsel, also auf einer Voraussetzung, die auf Reisen in aller Regel gar nicht gegeben ist. Die rhetorische Situation von Reisebriefen – wo sie denn überhaupt reale Adressaten haben – ist grundlegend anders als die von Originalbriefen. Der wirkliche Brief ist dialogisch. Es geht in ihm um den Austausch der Erlebnisse und Erfahrungen zwischen den Briefpartnern; ebenso wie im echten Gespräch spielt aber auch die metasprachliche Kommunikation eine bedeutende Rolle. Ist ein Brief geistreich, liebenswürdig und leicht geschrieben, so mag er selbst inhaltslos sein und wird doch als sehr schöner Brief empfunden werden, weil er der gegenseitigen Versicherung der Freundschaft und Wertschätzung dient. Gellerts Muster-Briefwechsel mit seiner Freundin macht eben dies deutlich.[68] Der Verfasser von Reisebriefen aber hat mit einer anderen, inhaltlich dezidierten Rezipientenerwartung zu rechnen.

Die für den Reisebrief typische Schreibsituation ist die des Ich unterwegs, das seine daheimgebliebenen Lieben an seiner Reise wenigsten im Geiste teilnehmen lassen möchte. Damit werden Reisebriefe per se monologisch, mögen auch manche Autoren ihre einsame Schreibsituation mit Apostrophen wie »Ich führe dich zu…« oder »Folge mir nach…« zu verschleiern suchen. Es mag der Beliebtheit des Reise-

---

[65] Der Unterschied läßt sich studieren an Grillparzers Tagebüchern (»Tagebuch auf der Reise nach Italien«. 1819. In: *Sämtliche Werke*. Hg. v. P. Frank u. K. Pörnbacher. Bd. IV. München 1965, S. 275–349) oder Felix Mendelssohn Bartholdys Briefen aus Italien (*Briefe aus den Jahren 1830–1847*. Bd. I.: *Reisebriefe aus den Jahren 1830–1832*. Hg. v. P. Mendelssohn Bartholdy. 6. Aufl. Leipzig 1864).

[66] *Von dem guten Geschmack in Briefen*. Leipzig 1751, S. 2f.

[67] Ebd. S. 3.

[68] Vgl. Regina Nörtemann: »Die ›Begeisterung eines Poeten‹ in den Briefen eines Frauenzimmers. Zur Korrespondenz der Caroline Christiane Lucius mit Christian Fürchtegott Gellert«. In: *Die Frau im Dialog* (1991) S. 13–32.

briefs im 19. Jahrhundert förderlich gewesen sein, daß der romantische Brief allgemein dazu tendierte, nur mehr »Spiegel der eigenen Subjektivität« zu sein.[69] Der Monologcharakter des Reisebriefs aber hat einen anderen, praktischen Grund: ihm fehlen die Rückmeldungen des Partners.

Im Korpus weiblicher Reisebeschreibungen gibt es einige wenige Beipiele für Briefe, in denen ein Minimum an Dialogizität anzutreffen ist. Es sind dies die Ausnahmen. An erster Stelle ist hier Therese von Bacheracht mit ihren *Briefen aus dem Süden* zu nennen, in jeder Hinsicht ein Extremfall innerhalb der Reiseliteratur von Frauen. Die Briefe richten sich an eine ungenannte Briefpartnerin, die Mutter. In einem Maße, das sonst in keiner anderen Reisebeschreibung wiederzufinden ist, tritt neben, oft genug vor die Verpflichtung zur Mitteilung des Gesehenen das Anliegen, die Briefpartnerin der Liebe und Verbundenheit zu versichern. »Ich schreibe Dir gleich nach unserer Ankunft hierselbst. Du weißt, daß das eben so eine süße Gewohnheit als eine wirkliche Nothwendigkeit meines Daseyns ist, Dir zu schreiben, – das heißt – oft Deine Hand zu küssen, – Dir zu sagen, wie ich Dich liebe. – Aber wie viel öfter denke ich Deiner, als ich Dir schreibe; wie ist nichts was mir begegnet, an das sich nicht Dein Bild reihete.«[70] Die Art, wie in dieser Passage die Emphase die Klarheit und Verständlichkeit des Stils zurückdrängt, ist bezeichnend für die Rhetorik des ganzen Buches. – Im Unterschied zu den meisten anderen Reisenden hat Therese von Bacheracht nicht nur auf ihrer ausgedehnten Reise vereinzelt Briefe empfangen, sondern geht in ihrem Text auch breit darauf ein. Bei solchen Gelegenheiten, wie auch sonst sehr häufig, konzentriert sich der Text ganz auf das Seelenleben der Verfasserin, bedient sich also der Freiheit des Briefes zu Exkurs und freier Assoziation in reichem Maße. Unversehens gerät er damit von der vorgeblich echt »weiblichen Natürlichkeit« des Gespräches in die Künstlichkeit der monologischen Spiegelung des eigenen Ich mit viel literarischer Rhetorik (vgl. unten S. 231ff.). Gutzkow hat in seiner Besprechung von Theresens *Briefen* das Artifizielle des hier angeschlagenen Stils, die oft schwindelerregende Kühnheit der Reflexionsketten und Gefühlsstilisierungen nicht erkennen wollen und das Buch mit großer Geste als Ausfluß reiner »Weiblichkeit« und »Naivität« charakterisiert.[71] Für ihn handelt es

---

[69] Vgl. Karl Heinz Bohrer: *Der romantische Brief. Die Entstehung ästhetischer Subjektivität.* München 1987, S. 47.
[70] S. 1.
[71] *Vermischte Schriften* Bd. 2 (1842) S. 270–278. Vgl. hierzu die treffende kurze Analyse bei F. Sengle (1972) Bd. II, S. 203. Allzu genau hat Gutzkow das Buch offenbar ohnehin nicht gelesen, sonst hätte er nicht den Vater als dessen geheimen Adressaten vermuten können. – Wie sehr Gutzkow von geschlechtsspezifischer Wertungstradition geprägt war, zeigt der Vergleich mit Wielands Vorwort zu La Roches *Geschichte des Fräulein von Sternheim.* Auch hier hatte der männliche Herausgeber »Originalität« und »Natur« an die Stelle der »Autors-Künste« treten lassen wollen. (Hg. v. B. Becker-Cantarino. Stuttgart 1983, S. 13–15.) Vgl. B. Becker-Cantarino (1984).

sich »auf den ersten Blick« fast um Originalbriefe, frei von dem Stigma unweiblichen Veröffentlichungsdranges.[72] Bei genauerer Betrachtung des Stils muß auch er aber zugeben: »sie schreibt fast wie eine Schriftstellerin.«[73]

Die *Briefe aus dem Süden* blieben eine Ausnahme, auch in Therese von Bacherachts eigenem Werk. Sie hat später wohl selbst den hier angeschlagenen Ton nicht mehr durchhalten können, sich auf kleinere Reisetexte beschränkt und auch hier die Briefform nur mehr ausnahmsweise benützt.[74] Thereses Gefühlskultur konnte das Publikum nur für kurze Zeit fesseln. Schon vier Jahre vor dem Erscheinen der *Briefe aus dem Süden* hatte Theodor Mundt Briefsammlungen, in denen Autoren »ihr Innerstes und Persönlichstes in Briefen zu ergießen« pflegen, wegen ihrer »Gehaltlosigkeit« gerügt und für endgültig tot erklärt.[75]

Im Unterschied zu Therese von Bacherach war das lesende Publikum in bezug auf Ida Hahn-Hahn nie im Zweifel darüber, daß es sich bei ihren Werken um literarische Kunstprodukte und nicht um Ergießungen weiblicher Natürlichkeit und Privatheit handle. Und doch hat die Gräfin mit ihrem *Reiseversuch im Norden*, den *Reisebriefen* und *Orientalischen Briefen* Texte geschrieben, die den Schein des Privatbriefs stärker wahren als die meisten anderen. Bei den Empfängern handelt es sich um reale Personen: Mutter, Schwester, Bruder oder Freundin der Verfasserin. Was aber den besonderen Reiz dieser Briefe ausmacht, ist die Art, wie die Absenderin auf ihre Adressaten eingeht.[76] Die Schwester Clärchen, die »gewisse mild und bequem unterrichtende Bemerkungen sehr gern« hat,[77] bekommt geographische, historische und mythologische Ausführungen; der Bruder empfängt Pikantes, z. B. einen Besuch auf dem Sklavinnenmarkt und muß auch einmal kleine Sottisen gegen das männliche Geschlecht hinnehmen; die Mutter, die den größten Teil der Briefe erhält, ist Adressatin von Berichten über praktische Dinge, weibliches Leben und Kleidung, der Freundin, Gräfin Schönburg-Wechselburg, schließlich sind anspruchsvollere Darstellungen zugedacht. Somit ergibt sich ein gewisses Maß an »Dialogizität«, das freilich künstlich und bewußt konstruiert ist, denn wahrer Empfänger dieser Briefe ist nicht etwa der jeweilige Adressat, sondern die Öffentlich-

---

[72] »Auf den ersten Blick scheinen diese Briefe das Recht, als Buch zu existieren, nicht zu haben. Sie erheben sich scheinbar nicht über die Sphäre des ›Manuskriptes für Freunde.‹« S. 272.
[73] S. 277.
[74] *Am Theetisch* und *Menschen und Gegenden* sind Zusammenstellungen kleiner Reisetexte und Rezensionen, *Paris und die Alpenwelt* sowie *Eine Reise nach Wien* sind kapitelweise gegliedert und beschreiben einzelne kleinere Reisen.
[75] *Die Kunst der deutschen Prosa. Ästhetisch, literargeschichtlich, gesellschaftlich.* Berlin 1837, S. 389f.
[76] Die Gräfin mag hierin von Immermanns Brief-Dialogen in seinem *Reisejournal* (1833) oder von den *Briefen eines Verstorbenen* (1830–1832) des Fürsten Pückler beeinflußt worden sein, beide Meister des »Originaltons«.
[77] *Reiseversuch* S. 111.

keit.[78] Die Briefform dient dazu, für diese die Lektüre angenehmer und abwechslungsreicher zu gestalten. Die Gräfin macht auch kein Hehl aus der Bestimmung ihrer Briefe: sie wurden gleich an Dunckers Verlagshaus gegeben. In der Widmung der *Reisebriefe* an die Schwester heißt es: »Da Ihr meint, daß sie sich nicht übel lesen lassen, und der Verleger auch: so mögen sie denn immerhin gedruckt werden«.[79]

Das von Ida Hahn-Hahn bevorzugte Stilmittel, ihr persönliches Kennzeichen schlechthin, ist die Unmittelbarkeit. Redaktionelle Überarbeitung und Glättung waren ihr nicht nur verhaßt, weil sie Mühe machten, sondern wurden auch prinzipiell verabschiedet. Die Briefform kam ihrer Schreibweise entgegen: Wegen »Unvollkommenheiten von Wiederholung, Nachlässigkeit, Persönlichkeit, überflüssigem Geschwätz, Verweilen bei Nebendingen« brauche sie sich nicht zu entschuldigen, schreibt die Gräfin im Nachwort zu den *Reisebriefen* an die Schwester Clärchen, weil all das zum Brief gehöre.[80] Allerdings wurde sie sogar des geringen Maßes an Formung und Gliederung, das Briefe beanspruchen, zwischendurch noch überdrüssig. In den *Erinnerungen aus und an Frankreich* diskutiert sie ihre Schreibart mit dem Leser und legt damit selbst die äußere Form als Konstrukt bloß: »Briefe werden es nicht; bei denen muß ich immer zu Anfang sagen: liebste Emy, und zum Schluß: Ade! – das ist langweilig, und wenn ichs nicht tue, siehts kahl und unvollständig, gar nicht wie ein ordentlicher Brief aus. Das sah ich mit Mißfallen an meinen ›Reisebriefen.‹ Jetzt kann ich, unbekümmert um Anfang und Ende, so recht vom Hundertsten ins Tausendste kommen. [...] Nebenbei muß ich mir ein wenig Mühe geben, um mich gehörig zu erinnern, zu ordnen, und nicht blos in größter Hast, wie in den Reisebriefen, Alles aufs Papier zu werfen, kreuz und quer, was ich hörte und sah. Das thut mir gut, denn ich habe von Natur nicht viel Neigung zum Besinnen.«[81] Offenbar konnte aber das Ergebnis – das ganze erste Buch von 200 Seiten steht ungegliedert da – doch nicht so ganz befriedigen, denn in ihrem nächsten Werk, den *Orientalischen Briefen*, kehrte die Autorin zur Briefform zurück.

Ida Hahn-Hahns Reisebeschreibungen in Briefform, insbesondere ihre spanischen *Reisebriefe*, sind insofern Extrembeispiele, als sie tatsächlich unterwegs fertiggestellt wurden. Wie gezeigt, handelt es sich gleichwohl um literarische Texte einer versierten Schriftstellerin. Sonst sind es meist die Dilettantinnen, die mehr oder weniger originale Korrespondenzen in den Druck geben. Die *Briefe einer reisenden Dame aus der Schweiz* von Anna Helene Krook sind nur als Privatdruck erschienen und tragen noch alle Merkmale des persönlichen Briefes an sich. Ein Beispiel für die von Gellert so gepriesene weibliche Natürlichkeit bietet der Reisebrief der noch nicht zwölfjährigen Dorothea Schlözer aus Rom. Vater Schlözer dürfte hier kräftig

---

[78] Friedrich Heinrich von der Hagen hatte in seinen *Briefen in die Heimath* den Fehler begangen, so sehr auf die jeweiligen Empfänger einzugehen, daß die Einheitlichkeit des Buches litt, was ihm von der Kritik sehr angekreidet wurde. Vgl. W. Müller in: *Hermes* 11 (1821) S. 189.
[79] S. III.
[80] Bd. II, S. 416. Vgl. Pücklers *Briefe eines Verstorbenen*. Stuttgart ²1836, III. Thl., S. 319, Anm.
[81] S. 11f.

unterstützend mitgewirkt haben. Der von Dorothea angeschlagene heitere, fast launische, aber stilvolle Plauderton erinnert an die im Hause Mendelssohn gepflegte hohe Briefkultur, die sich an den italienischen Korrespondenzen von Felix und Fanny offenbart.[82]

In der Regel werden erst nach Abschluß der Tour tatsächlich geschriebene Briefe gesammelt und gesichtet[83]. Noch häufiger aber entstand die Briefform erst bei der Niederschrift und bedeutet nicht anderes als eine verlängerte Widmung. Seume bekennt dies freimütig.[84] Frauen hingegen scheuten sich in der Regel, ihre Arbeitsbedingungen offenzulegen, weil sie den Anschein vermeiden wollten, als Schriftstellerinnen und nicht als bloße Privatpersonen aufzutreten. Mit dem Eingeständnis, die Briefform bloß fingiert zu haben, wäre der Schleier gefallen.[85]

Der Literaturwissenschaftler muß also bei der Rekonstruktion der Entstehung fast detektivisch kleinen Hinweisen nachgehen. Mit Sicherheit dürfen wir eine nachträgliche briefliche Bearbeitung bei den großangelegten Reisebriefen der Friederike Brun annehmen, mögen sie z.T. auch reale Vorlagen haben. Schließen läßt sich dies aus verstreuten Nebenbemerkungen, etwa Jahresangaben in Fußnoten, der Notiz: »Geschrieben im Jahre...« und den unterschiedlichen Zeitpunkten der schriftlichen Ausarbeitung verschiedener Reiseabschnitte. Von Esther Gad-Bernards *Briefen während meines Aufenthalts in England und Portugal an einen Freund* weist zwar der 2. Brief große Ähnlichkeit mit einem echten Schreiben an Jean Paul auf und verdankt sich wohl diesem Privatbrief,[86] das Werk als ganzes aber ist an die immer wieder angesprochenen Leserinnen gerichtet. Die Beispiele ließen sich noch vermehren (Johanna Schopenhauer: *Ausflucht an den Rhein*; Fanny Lewald: *England und Schottland*; Therese Huber: *Bemerkungen über Holland*).

Bezeichnend ist für alle diese Schriften ihre Mischung aus Tagebuch- und Briefcharakter. Die Erklärung für dieses Phänomen ist leicht zu geben. Die Primärquelle für die Abfassung des Reisebuches war das unterwegs geführte Journal. »Der Rei-

---

[82] Felix Mendelssohn Bartholdy: *Briefe* (wie Anm. 65). Fanny Mendelssohn: *Italienisches Tagebuch*. Hg. u. eingel. v. E. Weissweiler. 2. verb. Aufl. Frankfurt a. M. 1983 (im wesentlichen Briefe an Mitglieder der Familie).

[83] Dies ist bei Maria Schuber der Fall, deren Texte auch auf die Adressaten persönlich eingehen.

[84] *Mein Sommer 1805*, Vorrede an den Leser, S.1. »Mehrere wackere Männer [...] haben mich aufgefordert, über meine letzte Reise ihnen meine Bemerkungen nach meiner Weise mitzutheilen; das habe ich denn getan. Ich setzte mich hin und nahm das Wesentliche aus meinem Taschenbuche, und das Ganze war fertig. [...] Der Druck ist das gewöhnlichste und leichteste Mittel der Vervielfältigung.« Das formale Ergebnis dieser Bearbeitung ist ein Tagebuch mit briefartiger Du-Anrede.

[85] Von ganz anderem literarischen (Selbst-)Bewußtsein zeugt die folgende Passage aus Hester Lynch Piozzis *Observations and Reflections* (1789) Vorwort, S. VI: »I have not thrown my thoughts into the form of private letters; because a work of which truth is the best recommendation, should not above all others begin with a lie.« Unter den deutschen Autorinnen ist – sieht man von einem Hinweis bei Emilie Berlepsch, *Caledonia* S. Xf., ab – Ida Hahn-Hahn die einzige, die an der zitierten Stelle ihre Arbeitsweise offenlegt.

[86] Vgl. B. Hahn (1990) S. 10f., Abdruck des Briefes S. 40ff.

sende halte ein Journal oder Tagebuch, um andern oder wenigstens sich selbst eine getreue Rechenschaft von den Empfindungen und Eindrücken, die fremde Länder und Völker auf ihn gemacht, abzulegen, und die Summe von Kenntnissen und Erfahrungen, die er sich auf seinen Reisen erworben, entweder bloß zu seinem eignen Gebrauch, oder zum Nutzen der Welt aufzubewahren«, lautet unter ausdrücklicher Berufung auf Friedrich Nicolai[87] die Anweisung in Posselts Apodemik.[88] Zahlreiche Beispiele belegen, wie genau die hier besprochenen Reisenden diesen Rat befolgten, ja wie das Führen eines Tagebuches ihnen zum inneren Bedürfnis wurde. Nicht nur Gedächtnisstütze angesichts der Fülle des äußerlich Wahrgenommenen sollte diese tägliche Niederschrift sein, sondern auch innere Dokumentation, Rechnungslegung vor sich selbst.[89] Dieses treulich, oft noch in Nachtstunden geführte Journal[90] war – und dies dürfte wohl für nahezu alle Reisebeschreibungen, auch für die in Briefform, gelten – Grundlage der späteren Ausarbeitung. Da der monologische Charakter eines Journals der Veröffentlichungsabsicht, der Wendung an ein Publikum, schlecht entsprach, kam es oft zu einer Kombination der Schreibweisen von Tagebuch und Brief, und es entstand die für Reisebeschreibungen so bezeichnende Mischform. Ob monologischer Brief oder dialogisches Tagebuch, der Blick auf den Leser und seine Erwartung reduzierte die Introspektion und garantierte in fast allen Fällen Ausgewogenheit zwischen Reflexion und Information.[91] Auch Theresens *Briefe aus dem Süden* sind kein »journal intime«.

Zu den während einer Reise entstandenen und ad hoc veröffentlichten »Briefen« gehören auch journalistische Korrespondenzen. Sie sind »Briefe« genannte Zusendungen von Tagebuchauszügen an eine Zeitung bzw. deren Herausgeber. Für eine

---

[87] *Beschreibung einer Reise durch Deutschland und die Schweiz im Jahre 1781. Nebst Bemerkungen über Gelehrsamkeit, Industrie, Religion und Sitte.* Bd. I. Berlin 1783, S. 20f.
[88] Bd. II, S. 380f.
[89] Vgl. z. B. Elisa von der Recke: *Tagebuch einer Reise* Bd. I, S. 3. Vgl. auch ebd. Bd. III, S. XXXIII: »Noch befinden sich die Materialien zu diesem 4ten Bande größtentheils nur in den an Ort und Stelle schnell aufgezeichneten Denkblättern«. – Friederike Brun bezeichnet »die alteingewurzelte Gewohnheit, auf Reisen ein Tagebuch zu halten« sogar als Voraussetzung für Wahrnehmung. Vgl. »Reise von Genf auf dem See«. In: *Isis* (1805) S. 481 – 484. – Eine idyllische Familienszene malt die Autorin von einem Regentag auf dem Rigi: »Wir begeben uns alle an die Arbeit. Man schreibt an seinen Tagebüchern. B***t***n [= Bonstetten, der Reisegefährte] fängt an auszuarbeiten, und ich zu stricken. Karl [der Sohn] lernt auswendig und schreibt – und füttert seinen lieben Skorpion. Dann lesen wir uns wechselweise vor, was wir geschrieben. B***t***n entwirft mit fester Hand die großen Umrisse, ich fülle den Vordergrund.« *Tagebuch einer Reise durch die Schweiz* (1800) S. 512.
[90] Fanny Lewald: *England und Schottland* Bd. I, S. 453: »Ich habe mich so an das überfüllte, anstrengende Leben gewöhnt, daß ich fast immer noch um 12 Uhr Nachts diese Tagebuchblätter vornehmen, und jeden freien Augenblick zwischen einem Erlebniß und dem andern zum Schreiben und Lesen anwenden kann. Es ist die einzige Weise, in der ich mir selbst das Gesehene und Gehörte für die Zukunft festzuhalten und klar zu machen vermag.«
[91] Nicht in ihrem *Italienischen Bilderbuch*, sondern in ihrem erst postum edierten *Römischen Tagebuch* schildert Fanny Lewald ihre persönliche Entwicklung und die so entscheidende Begegnung mit Adolf Stahr.

spätere Buchveröffentlichung wurden solche unmittelbar gedruckten Journalbeiträge einer Redaktion unterzogen (vgl. unten 4.8). Elisa von der Recke stellte, ebenso wie ihr Reisebegleiter Tiedge, den Mitauischen *Wöchentlichen Unterhaltungen* Auszüge aus ihrem Tagebuch als *Briefe aus Italien* zur Verfügung, Fanny Tarnow versorgte das *Morgenblatt* mit *Korrespondenz-Nachrichten* bzw. *Briefen aus Petersburg*. Ihre Bezeichnung als Briefe »an Freunde« läßt sich, wofern man diese nicht überhaupt als journalistischen Euphemismus einstufen will, auch so verstehen, daß hier das Veröffentlichungsorgan zugleich als Brief-Multiplikator eingesetzt wurde. Denn natürlich konnte ein Artikel in einer vielgelesenen Zeitung auch als Lebenszeichen für die Lieben zu Hause dienen. Die Weltreisende Ida Pfeiffer berichtet, daß sie bei der Darstellung eines brasilianischen Abenteuers, die sie Ludwig Frankl für seine Wiener *Sonntagsblätter* zuschickte, die gefährlichste Szene wegließ, um ihre Wiener Freunde nicht zu ängstigen.[92]

Daß die Darstellung von Empfindungen durchaus extrovertiert sein kann, zeigen die in pädagogischer Absicht geschriebenen Reisetagebücher der Sophie von La Roche, die in Wirklichkeit lange Briefe an ihre Töchter sind. Auch in ihren Reiseschriften bleibt Sophie von La Roche, ebenso wie in ihren Briefromanen, Erzieherin von Mädchen. Die aufgezeichneten Gefühle und Reflexionen haben alle den Charakter des Exemplarischen. Aber auch die schier hemmungslose Darstellung des eigenen Innenlebens, wie sie bei Therese von Bacheracht anzutreffen ist, läßt sich als bewußte Demonstration der »schönen Seele« verstehen. Implizit erhebt die Autorin damit einen moralischen Führungsanspruch, der einer Frau, die für Frauen schreibt, von der Kritik auch gerne zugestanden wurde.[93] Kaum je allerdings läßt sich in der Darstellung des Seelenlebens eine Entwicklung ablesen, ein Prozeß, der dem inneren Gang einer Reiseschilderung ein gewisses Maß an Finalität verleihen könnte. Goethes *Italienische Reise* ist wohl eines der ganz wenigen Beispiele für die – wenigstens beabsichtigte – Unterordnung unter ein übergreifendes Entwicklungsprinzip. Von einer inneren Heilung, einer Gesundung nicht nur ihres Körpers, sondern auch ihres Gemütes, die viele Frauen auf ihrer Reise nach eigener Angabe gesucht haben (vgl. oben S. 74f.), ist in den Texten wenig zu spüren. Bei manchen Autorinnen (z. B. Ida Pfeiffer) läßt sich im Laufe der Lektüre eine Veränderung der Ansichten, eine Schärfung der Beobachtungsgabe und eine größere Gewandtheit der Darstellung feststellen. Diese persönliche Reifung wird aber offenbar von der Schriftstellerin selbst gar nicht wahrgenommen und daher für die Rezipienten auch nicht pädagogisch nutzbar gemacht.

Dort wo Niederschriften, mögen sie auch aus Tagebüchern entstanden oder in die Form von Du-Anreden gekleidet sein, in größere darstellende Einheiten gliedert und diese jeweils einem zusammenfassenden Thema untergeordnet wurden, ist

---

[92] »Aus Rio de Janeiro«. In: *Sonntagsblätter* Nr. 50 (1847) S. 601, vgl. *Eine Frauenfahrt* Bd. I, S. 72f.

[93] Vgl. Gutzkows Besprechung der *Briefe aus dem Süden* in: *Vermischte Schriften* (1842) bes. S. 275f. Ferner die Rezension von Sophie von La Roches *Tagebuch einer Reise durch die Schweitz* in: *Allgemeine deutsche Bibliothek* 81 (1788) 1. St, S. 212.

der Übergang zum chronologischen Bericht mit kapitelweiser Einteilung fließend. Friederike Brun hat für etwa die Hälfte ihrer Reiseschriften die Briefform, für die andere Hälfte die kapitelweise Gliederung gewählt. Im Duktus unterscheiden sich die beiden Teile des Œuvres aber kaum. Von der Freiheit, die die Briefform als das unsystematische Genre gewährt, haben Frauen nur mäßigen Gebrauch gemacht – und dies, obgleich sie doch als das Geschlecht galten, das von Hause aus der Systematik feind ist. Auch in den kapitelweise gegliederten Reisebeschreibungen ist die Komposition eher konservativ. Wenn Emilie von Berlepsch in ihrer *Caledonia* Auszüge aus Tagebüchern, Briefen, Aufsätzen und Gesprächen kombiniert, englische und schottische Literatur diskutiert und Sagen in ihren Text einflicht, so ist diese freie Komposition nicht im Sinne der »progressive digressions« Sternes zu verstehen. Sie entspringt vielmehr dem Bedürfnis, dem Leser ein möglichst vollständiges und facettenreiches Bild des bereisten Landes zu geben. Aus dem gleichen Grund fügten Emilie von Berlepsch ebenso wie Friederike Brun fremde Berichte über jene Gebiete ein, die sie selbst nicht gesehen hatten – eine im 18. Jahrhundert oft gepflegte Sitte, die bei den Verfechtern der unbedingten Individualität und Autopsie freilich verpönt war.[94]

Weibliche Reiseschriftsteller waren weniger experimentierfreudig als ihre männlichen Kollegen. Dies mag mit ihrem geringeren Selbstbewußtsein zusammenhängen. Nur Ida Hahn-Hahn nahm es auf sich, für ihren eigenwilligen Stil ähnlich kontroverse Kritiken zu riskieren wie Heine.[95] Die großen Reisebeschreibungen von Ida Pfeiffer, Maria Belli, Clara von Gerstner, Elisa von der Recke, Johanna Schopenhauer[96] folgen dem klassischen chronologischen Aufbau, vermeiden Abschweifungen und halten sich an den Primat des autoptischen und gleichmäßig informativen Berichts. Zwar zeigten sich auch Reiseschriftstellerinnen seit den dreißiger Jahren von »modernen« Schreibweisen beeinflußt, keine aber ging bis zu den extremen Positionen Heines, der mit seiner Entdeckung der Reisebeschreibung als Sammelbecken des Verschiedensten und seinem Horror vor jeder »Systematie«[97] seine Reiseschriften an den Rand der Gattung stellte. Fanny Lewalds *Italienisches Bilderbuch* richtet sich in seiner kapitelweisen Einteilung treulich nach dem Reiseverlauf, auch wenn die Rückreise nur sehr knapp geschildert wird – ein Phänomen, das sich als komposi-

---

[94] Vgl. F. Ratzel (1898) S. 199. Auch Goethe hat in den 3. Teil seiner *Italienischen Reise* fremde Texte integriert.
[95] Ludwig Roberts Rezension im *Morgenblatt* rügt die chaotische Komposition an Heines *Reisebildern* Bd. II, ebenso Moritz Veit für Band III (vgl. Heinrich Heine: *Sämtliche Schriften* Bd. II, S. 787f., 846). Heines Verweigerung herkömmlicher Komposition wird als Mangel an schriftstellerischer Sorgfalt interpretiert – der gleiche Vorwurf trifft auch immer wieder Ida Hahn-Hahn, und zwar in Hinblick auf ihren Stil. Vgl. z. B. die Rezension von *Ein Reiseversuch im Norden* in: *Zeitung für die elegante Welt* (1843) S. 397.
[96] Johanna Schopenhauer hatte zwar aus Bescheidenheit im 1. Bd. ihrer *Erinnerungen* vorgegeben, keine chronogische Reisebeschreibung bieten zu wollen. (»Dieses würde sich doch mehr auf meine Person beziehen, und sie ist zu unbekannt, um allgemeines Interesse zu erregen.« S. IV) Sie hält sich aber trotzdem innerhalb der Bände an den Reiseverlauf.
[97] »Briefe aus Berlin«. In: *Sämtliche Schriften*, 2. Bd., S. 10: »Nur verlangen Sie von mir keine Systematie; das ist der Würgengel aller Korrespondenz.«

torischer Spannungsabfall übrigens bei vielen Reisebeschreibungen beobachten läßt. Fiktive Einschübe sind ganz bewußt plaziert: Um eine neuerliche Darstellung des römischen Faschingstreibens zu vermeiden – nach Goethe scheint dies schon fast eine Blasphemie –, wird die Novelle »Aus dem Karneval«[98] erzählt, und statt einer weiteren Beschreibung der seit Kopisch berühmten Blauen Grotte auf Capri fügt die Autorin ein Märchen ein.[99] Auch die Schilderung Venedigs, die mehr Stimmung als Information bietet, vermeidet wohl in voller Absicht die Wiederholung des längst Bekannten und spielt statt dessen mit bewußter Zitierung Platens auf einen neuen literarischen Topos an: Venedigs Dekadenz.[100] Novellistische oder lyrische Intermezzi sind auch bei Ida Hahn-Hahn anzutreffen, besonders in ihrem Erstling *Jenseits der Berge*, desgleichen in Emma von Niendorfs Reisebüchern, die mit ihren Kollagen aus Plaudereien, Reflexionen, Gedichten und Geschichten einen impressionistischen Eindruck machen. Insbesondere die *Reiseszenen* sind nur mehr lose am Faden der Wanderung durch das Voralpenland aufgereiht.[101] Am zwanglosesten komponiert sind Luise Mühlbachs *Federzeichnungen auf der Reise*. Zwar folgt die kapitelweise Einteilung noch dem Reiseverlauf, was aber nicht interessiert, wird weggelassen oder stark gerafft. Dafür findet der Leser Novellen, Essays, Gedichte. Doch immer noch sind diese als Einlagen zu erkennen und nicht wie bei Laube, Heine, Glassbrenner u. a. zur Hauptsache erhoben. Auch kommt es nicht, wie für Heine typisch, zu einer unentwirrbaren Vermengung von fiktionalen und faktischen Texten.

Am Ende unserer Berichtszeit, im Jahre 1850, überrascht Ida Hahn-Hahn mit einer völlig neuen Vorstellung vom Zustandekommen der Struktur einer Reisebeschreibung. In ihrer – zu Lebzeiten nicht gedruckten – englischen Reise konterkariert sie die stillschweigende Voraussetzung, Strukturierung und Segmentierung eines Textes seien ins Belieben des Autors gestellt oder folgten historischen Konventionen, mit der These, der Charakter des bereisten Landes bestimme die Komposition und Schreibweise des Autors. »In Italien, in Spanien, im Orient war es mir ein Bedürfnis, die Gedanken Empfindungen und Erlebnisse meiner Tage in Briefen und Betrachtungen Schritt vor Schritt niederzulegen [...] Das war in London, überhaupt in England, ganz anders. Dies ist kein Land der Spontaneität, sondern der Umsicht, der Mäßigung, der weisen Berechnung, der Besonnenheit; daher kann ich auch nur ganz nachdenklich mich damit beschäftigen. [...] Unmöglich wäre mir's, mein Tagebuch zu schreiben [...] Eben so unmöglich, das darf ich guten Gewissens voraussetzen, würde es dem Leser sein, meinen ausführlichen Tagesberichten zu folgen.«[102] Nicht nur überrascht solch eine Aussage aus der Feder einer Autorin, die dafür berüchtigt war, jede Wahrnehmung ihrer Subjektivität unterzuordnen,[103] viel-

---

[98] Bd. II, S. 3–64.
[99] Bd. II, S. 231 ff.
[100] Bd. II, S. 329.
[101] Zu den Besonderheiten der Komposition im Reisewerk der Emma von Niendorf vgl. I. Scheitler (1991).
[102] *Meine Reise in England* S. 19–21.
[103] Vgl. Therese von Bacheracht: *Paris und die Alpenwelt*, S. 140: »[...] Subjektivität der Gräfin Hahn-Hahn, die ihrer bedeutenden Persönlichkeit die Thatsachen unterordnet [...]«.

mehr wirkt dieses passive produktionsästhetische Konzept wie ein Vorgriff auf Denkmodelle des 20. Jahrhunderts.

4.3 Bemerkungen, Reflexionen, Beschreibungen. Die Abfassung der nicht narrativen Passagen

Nahezu jede Gelegenheit im Verlauf einer Reise kann Anlaß bieten zu persönlichen Anmerkungen des schreibenden Ich, zu Betrachtungen und Kommentaren. Die Neigung zur Aphoristik war zeittypisch[104] und läßt sich auch bei Reisetexten von Männern beobachten. Für Georg Forster war die »philosophische Reisebeschreibung«[105] Programm: der durch seine Mitteilungen wie durch sein Räsonieren zur öffentlichen Diskussion einer aufgeklärten Gesellschaft anregende Text. Mit der radikalen Öffnung der Gattung und ihrer Wandlung zum Sammelbecken des Verschiedensten seit Heine und dem Jungen Deutschland war zusätzlich Raum gewonnen für reflexive Einschaltungen. Immermann hat sein *Reisejournal* nicht nur mit philosophischen Bemerkungen durchschossen, sondern dem eigentlichen Text noch eine »Grillen im Wagen« betitelte Aphorismensammlung angehängt. Theodor Mundts *Spaziergänge und Weltfahrten* bestehen zu weiten Teilen nur aus Aphorismen.

Die reflexiven Einschaltungen von Frauen verdanken sich jedoch nicht dieser Funktionsänderung der Gattung seit den zwanziger Jahren – setzen sie doch schon viel früher ein; sie erheben auch nicht den Forsterschen Anspruch, zur Standortbestimmung der politischen Öffentlichkeit beizutragen. Ihr Ausgangspunkt ist vielmehr zuallermeist die subjektive Innerlichkeit als Hauptforderernis weiblichen Stils (vgl. oben S. 31f.). Eine ausgeprägte Neigung zu aphoristischen oder philosophischen Reflexionen läßt sich bei Reiseschriftstellerinnen wie Emilie von Berlepsch, Friederike Brun, Elisa von der Recke oder Esther Gad-Bernard ebenso feststellen wie bei Therese von Bacheracht, Ida Hahn-Hahn, Fanny Lewald und Emma von Niendorf. Bei den literarisch weniger versierten Reiseschriftstellerinnen Ida Pfeiffer, Maria Schuber, Maria Belli oder Clara von Gerstner tritt sie hingegen weniger stark zutage. Eine auffallende Sonderstellung nimmt Johanna Schopenhauer ein, die eher sachbezogen, unsentimental und informativ schreibt. Die Kritik hat gerade diesen Zug lobend hervorgehoben,[106] obgleich er nicht ins weibliche Schema paßt, was an anderer Stelle den Rezensenten wieder Schwierigkeiten macht.[107]

Reflexionen können zur Überhöhung des eben Gesehenen dienen, indem diesem

---

[104] Vgl. Karl Frenzels Analyse der 30er und 40er Jahre in seinem Beitrag »Erinnerungen und Strömungen«, in: *Gesammelte Werke* Bd. I, Leipzig 1890, S. 148–161, hier S. 155: »Geistvoll über die Dinge zu sprechen, lebhaft zu schildern, der allgemeinen Sehnsucht nach einer neuen Ordnung der Welt einen zündenden Ausdruck zu verleihen: das allein war das Geheimnis der Schriftstellerei.«
[105] *Reise um die Welt.* Hg. u. m. e. Nachwort v. G. Steiner. Frankfurt a. M. 1983, S. 13.
[106] *Journal des Luxus und der Moden* 1814, S. 115 über die *Erinnerungen.*
[107] Vgl. die *Jenaische Allgemeine Literatur-Zeitung* (1813) zum gleichen Buch. Näheres unten, S. 228–231.

eine Wendung vom Besonderen zum Allgemeingültigen gegeben wird.[108] So liebt es Elisa von der Recke, ihre Tagebucheintragungen mit einer allgemeinen Betrachtung zu beginnen und zu schließen. Oft aber ersetzen allgemein-philosophische Bemerkungen auch eine eigentliche Beschreibung. Am stärksten durchwirkt mit Reflexionen der letzteren Art sind die Reisebücher Therese von Bacherachts. In ihren *Briefen aus dem Süden* nimmt die Wahrnehmung der Welt mitunter weit weniger Raum ein als die Beschäftigung mit sich selbst. Möglicherweise gab die Autorin der Besprechung des eigenen Seelenlebens und ihrer ausgedehnten Lektüre auf der Reise auch deswegen den Vorzug, weil sie sich hier auf vertrautem Terrain befand. Keine andere Reiseschriftstellerin hat eine so umfängliche Bibliothek unterwegs mitgeführt, hat so viele Bücher gelesen und besprochen und darüber die Welt um sich herum vergessen. In späteren Reisewerken schob Therese von Bacheracht Buchrezensionen zwischen ihre Tourenbeschreibungen; in ihren *Briefen aus dem Süden* treten sie an deren Stelle. Wie bei Friederike Brun das Landschaftserleben, bei Charlotte von Ahlefeld das Gespräch mit den Menschen des bereisten Landes, bei Elisa von der Recke die Geschichte Anlaß bot zu weiterführenden Reflexionen, so ist es bei Therese das Buch. In Mainz stellt sie, angestoßen von *Goethe's Briefwechsel mit einem Kinde* lange Betrachtungen an über Goethes »männliche Männernatur« und die unterschiedliche Liebe der Geschlechter.[109] In Neuchâtel verliert sie nur einen Satz über die Gegend und liest statt dessen »unterwegs im Wagen die Memoiren der liebenswürdigen Mahlerin Lebrun«, was zu Betrachtungen über die Unterschiede deutscher und französischer Schriftstellerei Anlaß gibt.[110] Auf dem Mt. Cenis bringt sie es fertig, Frances Trollopes Paris-Bücher zu studieren,[111] von Mailand bis Turin finden Wienbargs *Ästhetische Feldzüge* ihre begeisterte Zustimmung.[112] In Bergamo widmet sie eine halbe Seite ihrer Bewunderung für die Lage der Stadt, vier Zeilen genügen für die dortige Kunst, aber anderthalb Seiten lang sind die Reflexionen über Börnes Schriften und die Liebe.[113] Angesichts Veronas, das sie sich »größer, schöner und in jeder Hinsicht interessanter« vorgestellt hatte, flüchtet sie zu Balzac und problematisiert dessen Darstellung weiblicher Figuren.[114] Die Reihe ließe sich lange fortsetzen. In fast allen Fällen ist die »Buchbesprechung« nur Anlaß zu Betrachtungen über Weiblichkeit und Liebe; das Ich verharrt also im Umkreis der eigenen emotionalen Problematik. Die Autorin bringt es auf die Formel: »Wir bedürfen des äußeren Sehens nicht, denn die Seele lebt in der Seele«.[115] Wie sehr eine solche Prämisse den Sinn einer Reise auf den Kopf stellt, hat Therese selbst erkannt: »Was hilft es mir, daß

---

[108] Vgl. Frenzel (wie Anm. 104), S. 158: »Ohne die künstlerische Erhebung des Stoffes aus der ›gemeinen Deutlichkeit der Dinge‹ vermochte sich keiner damals eine Dichtung zu denken.«
[109] S. 2–6.
[110] S. 8f.
[111] S. 13.
[112] S. 14.
[113] S. 22–24.
[114] S. 26–28.
[115] S. 111.

ich reise, daß ich vor mir Griechenland, Asien und das schwarze Meer habe, daß hinter mir Afrika, Frankreich und Italien liegen, habe ich je Etwas gefunden, das dem Flug meiner Phantasie, den goldenen Träumen nahe käme, die ich schlafend gewebt habe?«[116] Hinter dem in der Vorstellung Antizipierten, vielleicht von Abbildungen schon Bekannten, muß die Wirklichkeit zurückbleiben. Erst im Orient, im Reiz des völlig Neuen, verdrängen die Eindrücke von außen die Lektüre und den Blick nach innen.

Gleichwohl haben auch die Reiseeindrücke aus Italien Spuren hinterlassen. Diese werden jedoch jeweils erst beim Abschied wahrnehmbar. Durch den Wehmut auslösenden Abschied geht ein Ort, eine Landschaft in die Erinnerung ein, die Seele hat ihn sich angeeignet. Erst in der sehnsuchtsvollen Erinnerung, nicht aber in der Unmittelbarkeit der Gegenwart, ist es möglich, die Schönheit eines Landes zu rühmen, den Reiz einer Stadt. Auch damit wird aber wieder eine Beschreibung vermieden. Der Leser erfährt vornehmlich die Emotionenen, die ein äußerer Eindruck in der Seele des reisenden Ich ausgelöst hat, nicht den äußeren Eindruck selbst.

Diese auffallende Bevorzugung des inneren Erlebens gegenüber dem äußeren steht in krassem Widerspruch zu der Behauptung der zeitgenössischen Geschlechtspsychologie, Frauen seien der Spiegel ihrer Umwelt (vgl. oben S. 31f., S. 38). Zunächst handelt es sich bei Thereses schöner Wehmut um ein Element ihres Personalstils, um ein Kennzeichen, das wesentlich zu ihrer Bekanntheit und ihrem literarischen Erfolg beigetragen hat. Ein Hauch von Wehmut freilich gehört für die Zeitgenossen mit zu den trivialen Merkmalen der schönen weiblichen Seele allgemein und der schriftstellernden Frau im besonderen (vgl. oben S. 30 Anm. 110). Es wäre also zu einfach, sie als Thereses persönliche Sentimentalität abzutun. Indem Frauen sich dieses Motivs bedienen, entsprechen sie einem bekannten Modell und können auf Zustimmung rechnen. Da Krankheit, Sehnsucht, Seelenschmerz bei Frauen zu den häufigen Motiven für eine Reise zählen, bieten sie auch Anlaß zu zahlreichen und ausführlichen Reflexionen.[117] In den Reisebüchern Friederike Bruns, bei der zur eigenen Kränklichkeit noch die mütterliche Sorge um die zarte Gesundheit der Tochter Ida hinzukommt, finden sich immer wieder Betrachtungen über das Kranksein und die Zusammenhänge zwischen Klima, Gesundheit und Charakter. Emilie von Berlepschs *Caledonia* schwelgt in Exkursen über Sehnsucht, Liebe und Metaphysik. Auch hier wird die Beschäftigung mit Literatur (Ossian, Burns) zum willkommenen Träger der eigenen Emotionen, des latenten Weltschmerzes. Anders als bei Therese, deren Lektüre neben ihrem Reiseerleben herlief, schafft für Emilie von Berlepsch die Literatur oftmals erst den Zugang zum fremden Land, eine Eigenart, die sie mit einer Reihe von anderen Frauen teilt. Zwar äußert die Reisende die Absicht, ihren Hang zu »melancholischen Träumereien«, »der meinen hiesigen Aufenthalt

---

[116] S. 222.

[117] Eben zu diesem Punkt äußert sich auch der Rezensent von Ida von Düringsfelds *Aus der Schweiz* in der Zeitschrift *Europa*, wenn er schreibt, es sei schlimm, Veröffentlichungen von Reisen zu lesen, die aus der »traurigen Veranlassung« einer Krankheit unternommen worden seien und nun darstellten, »wie einem getrübten Auge die Welt erscheint«. S. 558.

zwecklos machen würde«, zu bezwingen. Doch heißt es gleich im Anschluß: »In Verbindung mit Neugier und Beobachtungsgeist mag die Phantasie immer einige Feste feiern«.[118] Eben diese Freude an philosophischer Überhöhung von Beobachtungen gab in den Rezensionen zu Kontroversen Anlaß.[119]

Besonders reich an philosophischen Betrachtungen sind die Reisebücher Emma von Niendorfs. In ihrem Buch *Wanderleben am Fuße der Alpen* verleitet der Anblick der Erhabenheit der Berge die Autorin immer wieder dazu, sich ins Hochgeistige zu erheben. Zentraler Gedanke ist hier wie bei Therese die innere Aneignung äußerer Eindrücke. »Was ich schaue, was mein Auge mir spiegelt, das kann ich im Geiste besitzen, unveräußerlich. Verstehst du nun Wanderglück?«[120] Auch bei Emma von Niendorf hat man – vor allem in ihnen ersten beiden Wanderbüchern – den Eindruck, daß die Autorin das ihr vertraute Terrain des eigenen Seelenlebens den Anforderungen einer Beschreibung äußerer Eindrücke vorzieht. Sie selbst hat später das Erlebnis der Großstädte Paris und London als heilsame Kur gegen die Tendenz empfunden, sich von Gedanken mehr als von Wahrnehmungen ansprechen zu lassen.

Es mag verschiedene Gründe dafür geben, daß gerade in der Reiseliteratur von Frauen die Reflexion häufig mit der Beschreibung einhergeht oder gar deren Stelle einnimmt: mangelnde literarische Fähigkeit, Bescheidenheit, besondere Vertrautheit mit der eigenen Emotionalität durch geschlechtsbedingte soziale Einengung auf diese. Ein Hang zum Aphoristischen wie auch zum Persönlichen anstelle des Faktischen darf als ein besonderes Kennzeichen weiblicher Reiseliteratur angesehen werden. Im folgenden soll an drei Bereichen exemplarisch diesem Phänomen nachgegangen werden.

Ohne normativ die *Landschaftsbeschreibung* als unverzichtbaren Bestandteil eines Reiseberichts dekretieren zu wollen, läßt sich doch mit gutem Recht behaupten, daß sie nach dem Gattungsempfinden des 19. Jahrhunderts als bedeutendes Element der Beschreibung einer Reise galt. Alexander von Humboldts Kunst der Landschaftsschilderung wurde einhellig gerühmt (vgl. oben S. 16, 18). Er galt als Vollender des Genre. Schon vor Humboldt hatte die Landschaftsbeschreibung einige stilistische Modelle erworben: die Sicht von erhöhter Stelle, das Panorama, die Erfassung der Gegend als Kulisse, die pittoreske Sicht, die Unterordnung des Blicks in die Landschaft unter Gesetze der malerischen Komposition. Nur wenige Frauen verfügten allerdings über solche oder ähnliche Stilmittel und über den Wortschatz, der zu einer anschaulichen Darstellung nötig ist. Öfter bedienten sie sich literari-

---

[118] Tl. I, S. 131.
[119] Während die *Allgemeine Literatur-Zeitung* die Ansicht äußert, die Verfasserin lebe gar nicht in der Gegenwart, sondern in einer poetisch-ästhetischen Welt, und Schottland biete ihr allenfalls den Anstoß und Rahmen für ihre Betrachtungen, rühmen die *Göttingischen Gelehrten Anzeigen* die meisterhaften Beschreibungen und die ungemein treffenden Urteile in den eine willkommene Abwechslung bietenden Reflexionen.
[120] S. 52.

scher[121] und historischer[122] Reminiszenzen, um eine Szene zu erfassen und zu überhöhen, oder ein Anblick wird als Bild eines bestimmten Malers charakterisiert[123] – eine auch bei männlichen Autoren gern verwendete Hilfskonstruktion. Sehr häufig aber liest man anstatt einer Beschreibung das Bekenntnis, eine andere Feder möge die Schönheit des Ortes zu erfassen suchen, die eigne könne es nicht. Bei ungeübten Schriftstellerinnen wie Ida Pfeiffer oder Clara von Gerstner ist dieser Verstummenstopos durchaus ernst zu nehmen und nicht wie etwa bei Seume Ausdruck eines emotionalen Höhepunkts und Einleitung zu einer unmittelbar nachfolgenden sprachlichen Schilderung.[124] Angesichts des ersten Anblicks von Jerusalem ist Ida Pfeiffer nur zu der Erstkommunionformel vom »schönsten Morgen meines Leben« in der Lage.[125] Der Anblick des Nildeltas gibt anstatt zu einer Schilderung zu Gedanken über die Reisefaulheit anderer, sogar begüterter Menschen Anlaß und schließt mit jener für Ida Pfeiffer typischen Mischung aus Selbstmitleid und zähem Mut: »Wenn es mir oft recht schlecht ging, und ich, eine Frau, mit noch viel mehr Unannehmlichkeiten und Entbehrungen zu kämpfen hatte als ein Mann – – bei solchen Anblicken war jede Mühseligkeit vergessen, und ich pries Gott, daß er mir einen so festen Willen verliehen hatte, meine Wanderung fortzusetzen.«[126] Noch schneller wendet sich Therese von Bacheracht von der Ortsbeschreibung ihrem Lieblingsthema zu: »Turin ist eine wunderschöne Stadt, aber auch hier ruft überall die Stimme der Vergangenheit – ›vorüber‹ – auch hier ist die Erinnerung reicher als

---

[121] Emilie von Berlepsch assoziiert schottische Hochlandpoesie nicht erst in *Caledonia*, sondern schon in der Beschreibung ihrer Rheinreise im *Hann. Magazin* (1783) S. 84: »Mir deuchte ich komme durch wahre Ossianische Gegenden, wo aus Felsenhöhlen Geister hervorzuschweben schienen, wo die feierliche Stille nur das Rauschen des Wassers unterbricht, wo man glaubt, man höre die Harfe des Barden.«

[122] Emma von Niendorf: *Wanderleben*, S. 17 über Huttens Sterbeort Uffnau: »Uffnau schwimmt düster an uns vorbei wie ein Warnungsgeist der Vergangenheit. Mahnend fast erhebt sich der schwarze erste Thurm; öd erscheint die Insel, ohne Blumenschmuck – es ist beinahe wie ein Fluch oder ein Sühnopfer: hier kann und will die Erde nicht blühen! das ganze Bild […] drückt […] *Weltschmerz* aus […] wie nun Alles dahin […] auch Huttens Kraft – Alles nur ein Grab!«

[123] Bezeichnend für Friederike Bruns Stilideal wie auch für die Gewissenhaftigkeit ihres Ausdrucks ist eine Fußnote, die die Bezeichnung einer Ansicht als »classische Schönheit« erläutert: »›Was ist *classische Schönheit* bei einer Gegend‹? möchten meine *Leser* (die Leserinnen sind schon gutmüthiger) wohl fragen. Ja nun meine Herren! was *Claude Lorrain, Caspar Poussain, Salvator Rosa, Reinhart* und *Heß* aufgenommen hätten!« »Reise von Genf«. In: *Isis* (1806) S. 416.

[124] Andreas Bürgi: *Weltvermesser. Die Wandlungen des Reiseberichts in der Spätaufklärung* (= Abh. zur Kunst-, Musik- und Lit. Wiss. 386). Bonn 1989, S. 28–34 erklärt anhand einer Reihe von Beispielen den Verstummenstopos aus der Unfähigkeit der Sprache, Panoramen beschreibend zu erfassen, weil sie in das Metier des Malers gehörten. Die tatsächliche sprachliche Bewältigung von Rundblicken bei vielen Autoren, angefangen bei Goethe, beweist allerdings das Gegenteil.

[125] *Reise einer Wienerin* Tl. I, S. 99. Ebd: »Zu groß und mächtig war mein Gefühl – zu arm und kalt ist meine Sprache, es auszudrücken.« Vgl. Tl. I, S. 80 bei der Ankunft vor Beiruth: »Zwei Augen sind für diese Ansicht zu wenig«.

[126] Tl. II, S. 228.

die Gegenwart.«[127] – Auf etwas höherem Niveau vollziehen sich Verweigerung und Substitution der Landschaftsschilderung bei Ida Hahn-Hahn. Nur der Naturwissenschaftler, der Geograph und Ethnograph, könne eine Landschaft mit Worten zum Leben bringen; da sie »das Genie dieser Wissenschaften« nicht besitze, »darum behüte mich der Himmel vor Beschreibungen«.[128] Aus diesen Worten, ausgerufen angesichts des überwältigenden ersten Anblicks von Beiruth, ist deutlich die entmutigende Wirkung zu spüren, die von den genialen Naturbildern Humboldts ausgegangen war. Ida Hahn-Hahn müßte aber nicht sie selber sein, wenn sie nicht doch den Entschluß nachschickte: »ich werd' es aber doch beschreiben«. Nicht eine reale Landschaft läßt sie dann aber vor den Augen des Lesers entstehen, sondern ein aus Märchenfarben gewobenes Traumgebilde, einen silbrigen Morgen, dem der goldgekrönte Libanon entgegenlächelt, smaragdene Gärten, umspült von einem Meer aus Goldflittern.[129]

Die Beispiele scheinen extrem gewählt; sie sind es nicht. Vielmehr entspricht die in ihnen aufscheinende Haltung dem rollenkonformen Verhalten. Was Frauen schreiben, kann ruhig inhaltsleer sein, Hauptsache, es ist poetisch und nicht pedantisch. »Daher ist es den Frauen auch so natürlich, daß sie das eigentlich zwecklose Briefeschreiben, das Hin- und Herübertragen stiller Weltanschauungen und jeder Erfahrung des Herzens lieben, während doch die meisten Männer nicht ohne einen tüchtigen Grund die Feder zum Briefe ansetzen: es muß etwas bewegt, von seiner Stelle gebracht, erlangt, exprozessiert werden können, wenn ein männlicher Brief abgehn soll.«[130]

Freilich gibt es auch in Reisebüchern von Frauen das Bemühen um sprachliche Erfassung von Landschaft. Besonders hervorzuheben sind Johanna Schopenhauer und Friederike Brun.[131] Bei letzterer zeigt sich dieses Talent schon in ihrem frühesten, noch privat veröffentlichten Reisejournal. In ihren späteren Büchern arbeitet sie mit allen oben genannten Mitteln der Landschaftsdarstellung, ja sie kennt sogar das bewegte Bild, die Szenenfolge und das Bild mit wechselnder Beleuchtung, das

---

[127] S. 13.
[128] *Orientalische Briefe* Bd. I, S. 355.
[129] Ebd. S. 356f.
[130] Adam Müller: »Zwölf Reden über die Gelehrsamkeit und deren Verfall in Deutschland« (1812). In: *Brieftheorie des 18. Jahrhunderts. Texte, Kommentare, Essays.* Hg. v. A. Ebrecht, R. Nörtemann, H. Schwarz. Stuttgart 1990, S. 207.
[131] P. Raymonds Buch über *Die Romantisierung der Alpen* (1993) differenziert nicht zwischen männlichen und weiblichen Reiseschriftstellern. Von letzteren treten nur drei auf (Sophie von La Roche, Friederike Brun und Anna Helene Krook – hier fälschlich »Krock«) – bei einer Anzahl von insgesamt ca. 250 angeführten Titeln. Das in unserem Zusammhang interessanteste Kapitel C.5, »Sich verfestigende literarische Topoi und Verhaltensstereotypen«, bietet im wesentlichen eine Sammlung der Schreibmuster, ohne diese auszuwerten. Bei Darstellung des Stilmittels der Anthropomorphisierung (S. 155–159) wird F. Brun mit großem Abstand am häufigsten genannt. Raymond thematisiert zwar den Verstummenstopos (S. 162–165), nicht aber das Problem verweigerter oder defizienter Beschreibungen.

seit den dreißiger Jahren als von Daguerre erfundenes Diorama so beliebt wurde.[132] Die Besonderheit ihrer Darstellungen liegt dabei in der engen Beziehung zwischen betrachtendem Ich und beschriebener Landschaft. Der Betrachtungsgegenstand wird auf eine Ebene mit dem Betrachter gerückt, sei es durch Belebung, personale Auffassung und dadurch Einfühlung und Identifikation, sei es, daß die Landschaft als »begehbare« Kulisse oder »begreifbares« Bild verstanden und so dem Ich nahegerückt wird. Dieses Verfahren, in dem das Außenbild zu einem Teil der Ich-Welt wird, findet sich auch bei Elisa von der Recke und erinnert an die vollständige Vereinnahmung des Außen durch das Innen auf dem Weg über die Erinnerung bei Therese von Bacheracht.

Ein Vergleich soll dieses Verfahren Friederike Bruns erläutern. Zunächst ein Auszug aus ihrer Darstellung des Rheinfalles bei Schaffhausen:

> Bei Laufen hörten wir ein fernes dumpfgebrochenes in hohlen Absäzen hallendes Brausen, das nicht laut aber gewaltig dröhnte, und die Luft erschütterte. Wir erstiegen einen schattigen Hügel, und fanden uns auf der Höhe eines Weinbergs, den Rheinfall, der zwischen dem Felsen-Schlosse Lauffen und uns, herabstürzte, unter unsern Füssen. Von weitem wallet er her, der Mächtige, erst still, dann über Millionen kleiner Felsenstücken, rauschend beunruhigt aber nicht getrübt; Die vollen Fluthen, wogten grün wie eine Wiese mit Silber die wallenden hohen Halme besäumt. Nun verschwindet der Grund unter ihm: erstaunt scheint er zu verweilen: und stürzt dann mit Donnergewalt unter uns herab, indem er sich mit hohlen Schlägen an den dreien Felsruinen bricht, die in simmetrischer Entfernung im Falle des Bettes aufragen; […] In vier Arme getheilt stürzt der Rhein herab: der lezte zunächst am Schlosse, ist der gewaltigste. Hier über den gestürzten Fluthen schwebend, einem erbebend, wohin wir eilten, ist das Gerüste angebracht, wohin wir eilten […] Ich flog hinein, Himmel und Erde verschwanden meinem Blicke; ich fühlte nur Gott in der Seele, sah ihn in dem stürzenden Wogenmeer, hörte ihn im dumpfen Donnern, fühlte seine Nähe im frischen Säuseln des Windes, der von den Höhen der Felsen mit dem Strom herabwallte. Laut klopfte mein Herz, meine Knie wankten, und ich wäre vergangen unter dem Gewicht unaussprechlicher Gefühle, hätte nicht ein Thränenstrom mich erleichtert. Dieser wüthende Wogensturz, dieses brausende hochaufströmende Schaumchaos, auf mich einbrüllend, als wollt es mich verschlingen, vernichten! […] Wir standen zwei Stunden an diesem Heiligthume, und sahen dann die Sonne sinken, indem sie erst das Ganze mit sanfter gebrochenem Licht über den westlichen Hainhügeln beleuchtete; dann vom jenseitigen Ufer einen Arm des Stromfalls nach dem andern verdämmern lies, von unten erlöschend, während die Staubwolken und Duftgebilde wie Flammen glühten. Nun war nur noch der gröste, uns nahe Fall erhellt, aber mit welchem Wonneglanz! Aus dem azurblauen Himmel schien das Purpur und Rosengedüfte, das stäubend und wehend über dem Sturze schwebt, herabzusinken; Während die unteren dichten Massen bald Gold, bald roth, bald wie Pfauenaugen spielten: das Bette des Falles war jezt unbeglänzt, und nur oben lächelte himmlische prismatische Farbenmischung. Eine nach der andern erlosch; nun war die große Scene ganz nur aus sich selbst schön. O wie gros, wie herrlich dieses Schneemeer! dies wallende Wogen, dies zarte Grau, diese Milchfluthen, die nach und nach in die eigenthümliche Farbe des Stroms verschmelzen.[133]

---

[132] Z. B. »Reise von Lyon nach Genf«. In: *Deutsches Magazin* 8 (1794) S. 187ff. Schilderung einer Landschaft mit einbrechendem Sonnenuntergang S. 190. Vgl. auch das Ende der nachfolgend zitierten Passage.

[133] »Fragment aus dem Tagebuch meiner Reise durch die Schweiz«. In: *Deutsches Magazin* (1793) 5. Bd., S. 612–617 (eindeutige Druckfehler, die im *Deutschen Magazin* sehr häufig sind, wurden korrigiert).

Die folgende Beschreibung des gleichen Sujets stammt von einem anonymen männlichen Autor aus *einem Briefe an eine Freundin* und ist nur wenige Jahre früher erschienen.

> Ja, meine Freundin! da hätten Sie neben mir stehen sollen – auf dem hölzernen Gerüste, ganz nahe an dem Falle des Stroms, um meine Empfindungen mit mir zu theilen. Sie waren wirklich namenlos. Blikt man so ganz in den Strudel hinein, und überläßt sich ganz dem Anschauen desselben, so glaubt man, die Natur seie in Aufruhr, und in dem Augenblik werden izt Berg und Felsen und Wasser und Ufer in ein Chaos zusammen stürzen. –
> Doch ich besinne mich, daß ich Sie auf einmal in einen Strudel hinein führe, ohne Ihnen zu sagen, in welchen, und wo? Nun so lesen Sie denn eine, wo möglich, ordentliche Erzälung. Sie wissen, daß der Rhein ein halbe Stunde von Schafhausen in der Schweiz über Felsen sich herunter stürzt, deren Höhe einige auf achzig Fuß berechnen. So hoch glaube ich nun wirklich nicht, daß der Fall ist. Doch lassen Sie ihn nur zwei Drittel so hoch herab fallen, so können Sie schon denken, daß dieses ein äußerst interessanter Anblick ist, einen ganzen Fluß sich von dieser Höhe herabstürzen zu sehen. Wirklich glaubt man auch, daß dieser Wasserfall der höchste in Europa ist. Breiter und mit einer größeren Wassermaße mag wohl der Dahlfluß in Schweden [an dieser Stelle ist eine ausführliche Anmerkung eingeschaltet] herabfallen: auch ist vielleicht das Geräusche des Imakra [Anmerkung] eben so groß. Allein alles, was in Erstaunen sezt, und gleichsam betäubt, finden Sie in Europa nicht so beisammen, wie hier, beim Rheinfalle.
> Ehe der Rhein, der hier wohl nicht um die Hälfte so breit ist, wie bei Strasburg, fällt, fließt er ungefehr eine halbe Stunde, von Schafhausen her, in hohen Felsenbette, und theilt sich endlich durch drei Felsen, von denen der mittlere der höchste ist, in vier Theile, in denen er sich herunter stürzt, wie ein Held mitten in der Aufruhr eines tobenden Volks. [...] Man kömmt ganz außer sich, schwindelt fast zulezt, glaubt sich in die Wirbel hinein, und mit ihnen dahin gerissen, und fühlt um sich herum, ob das Gerüste, auf dem man steht, noch veste ist? [...]
> O meine Freundin! wäre es Ihnen möglich, sich von den sanften Banden, die Sie an Ihr Hauß fesseln, loszureißen, um einmal die Reise nach Schafhausen zu machen, und sich da an den Felsen zu stellen! Was würden auch Sie fühlen bei diesem Bilde eines tobenden Volks-Aufruhrs. [...] Man glaubt, der Fels müße in einem Augenblick von der Gewalt des Stroms, da er ohnehin ausgehöhlt ist, herabgerissen werden, und den Neugierigen zerschmettern – und dann fühlt man sich wieder sicher und feste auf dem Felsen, indessen alles um uns herum stürmt und tobt! Wir gleichen einem Weisen, der unter allem Getümmel der Welt, ruhig bleibt, und mit Gleichgültigkeit in die Wogen sieht, die menschliche Leidenschaften um ihn herum erregt haben.[134]

Friederike Bruns Schilderung des Rheinfalls wurde zwar von der Kritik als »nicht sonderlich gelungen« gerügt,[135] gleichwohl bietet sie ein gutes Beispiel für das literarische Verfahren der Autorin. Das Erlebnis ist durchgehend als rein eigenes dargestellt und daher von Anfang an in der ersten Person, teils pluralis, teils singularis, gehalten. Im Unterschied dazu beginnt der anonyme männliche Briefsteller seinen Bericht mit der Wendung an die Freundin, der er etwas lehrhaft die ganze Szene zu zeigen gedenkt. Seine eigenen Empfindungen bezeichnet er nicht. Sie sind »namenlos«. Was angesichts dieses Naturschauspieles gefühlt werden kann, gehört entwe-

---

[134] »Der Rheinfall bei Schafhausen. In einem Briefe an eine Freundin«. In: *Magazin für Frauenzimmer* (1786) 2. Bd., 5. St., S. 103–109.
[135] *Jenaische Allgemeine Literatur-Zeitung* (1802) S. 396.

der einem unpersönlichen »man« oder wird von einem zukünftigen Erlebnis der Freundin erwartet. Das Bemühen des Autors richtet sich auf einen instruktiven Bericht. Zu diesem Zweck werden Daten, Zahlen und geographische Vergleiche herangezogen und mit wissensreichen Anmerkungen unterlegt. Der Rheinfall ist Objekt des begreifenden Intellekts. Demgegenüber will Friederike Brun eine sinnliche Darstellung bieten, die die visuellen und akustischen Eindrücke möglichst differenziert und präzise wiedergibt. Ihr Aufgebot an Wortschatz, Bildern und Vergleichen ist bemerkenswert. Auch die eigenen Gefühle werden mit großer Genauigkeit beschrieben. – Der anonyme Autor des Briefes behandelt den Rheinfall als ein Objekt, ein Phänomen aus der Welt der »Natur«.[136] An einer Stelle bedient er sich allerdings eines Bildes aus dem Bereich der menschlichen Gesellschaft, indem er den Vergleich zieht zum Helden im Volksaufruhr, ein Bild, das er gegen Ende weiter benützt, um die Erfahrung des Individuums angesichts dieses Naturphänomens metaphorisch einzukleiden. – Friederike Brun begreift den Rheinfall als Drama eines Subjektes – denn als Subjekt wird der Rhein durchaus dargestellt. Wie-Vergleiche erübrigen sich in diesem Text. Die heftigen Gefühle der Betrachterin sind hervorgerufen durch Identifikation mit dem Naturereignis und werden bis zur Gotteserfahrung gesteigert (angespielt wird auf die Elia-Erzählung der Bibel in 1 Kön 19, 11f.). Das ans Ende gesetzte Diorama des Rheinfalls im Sonnenuntergang trägt noch einmal dazu bei, den Fluß als beseelt erscheinen zu lassen.

Selbstverständlich ist es nicht möglich, aus dem Vergleich dieser beiden Texte Punkt für Punkt Unterschiede zwischen männlicher und weiblicher Landschaftserfassung herauszudestillieren. Schließlich spielt der Individualstil eine bedeutende Rolle. Tendenziell sind diese beiden Passagen aber durchaus aussagekräftig und typisch. Lehrhaftigkeit und Gelehrtheit galten als unweiblich, waren jedoch eine Zierde für das männliche Geschlecht. Mit Zahlen, Daten und vergleichendem Wissen angereicherte Beschreibungen, die eine Freude an gelehrten Mitteilungen verraten, stammen – im deutschsprachigen Raum – daher mit großer Wahrscheinlichkeit von männlicher Hand. Frauen galten als unbegabt für den Umgang mit Objekten und wurden daher auf Subjekte verwiesen.[137] So gewöhnten sie sich daran, auch Sachen personal zu begreifen, und eben dies galt im Umkehrschluß als besonders poetisch und weiblich. Gefühle zu haben und zu zeigen war zwar keineswegs ein weibliches Privileg, zumal nicht in der Epoche, der die beiden Beispieltexte entstammen, gleichwohl zeigten Frauen sich hierin unbefangener und versierter.

Während die zeitgenössische Kritik der schreibenden Frau durchaus die Fähigkeit zuerkannte, Landschaften darzustellen, reagierte sie auf *Kunstbetrachtungen* von Schriftstellerinnen gereizt. Selbst Johanna Schopenhauer hatte es schwer, ob-

---

[136] S. 104.
[137] Vgl. die Rezension von Ida von Düringsfelds *Aus der Schweiz*, in: *Europa* (1850) Nr. 70, S. 558f.: Schriftstellernde Touristinnen seien hilflos »Weltbegebenheiten und Land und Leuten gegenüber«, weil ihr Geist »niemals Stoffe, die als Objecte außer ihnen liegen«, umspannen könne. »Sie thun deshalb gut, wenn sie sich auf Reisen – man deute den Ausdruck nicht übel – an Subjecte machen.«

gleich ihre Kennerschaft durch die Reisebeschreibung *Ausflucht an den Rhein* und ein zweibändiges Werk über *Johann van Eyck und seine Nachfolger* ausgewiesen war. Auf ihrem *Ausflug an den Niederrhein* verfolgte sie das Studium der Kunstsammlungen in Frankfurt, Bonn und Köln als ausgedehntes Spezialinteresse, auf das sie sich sehr gründlich vorbereitet hatte. Gleichwohl kam es der Kritik sichtlich hart an, ihre Kunstbetrachtungen zu loben. Dies mag damit zusammenhängen, daß Johanna Schopenhauer, anders als ihre Geschlechtsgenossinnen wirklich fachmännisch, einen ebenso profunden wie aktuellen Wissensstand beweisend, über Bilder oder andere Kunstgegenstände schrieb, anstatt sich von diesen lediglich zu Reflexionen anregen zu lassen. Johanna Schopenhauer war damit die große Ausnahme, zumal kein Zweifel darüber bestehen konnte, daß sie ihr eigenes Wissen niederlegte.[138] Der Rezensent von Johanna Schopenhauers *Ausflug* in den *Blättern für literarische Unterhaltung* leitet seinen Beitrag gleich mit dem Bekenntnis ein, nichts auf der Welt so zu hassen wie »1. schriftstellernde Damen, und 2. schriftstellernde Damen, die über Kunst schreiben«, muß aber in der Folge »ganz angenehm überrascht« zugestehen, daß die »Bemerkungen fast durchgehend wahr und treffend« seien.[139] Eine zweite Rezension desselben Werkes in der gleichen Zeitschrift gibt sich, wohl zum Ausgleich für die Grobheiten des Kollegen, von Anfang an sehr positiv und empfiehlt diese Reisebeschreibung sogar »als Muster«: dies aber nicht primär wegen ihrer Qualität, sondern wegen der Feinfühligkeit der Autorin, die »einen mildernden, durchsichtigen Schleier auch über solche ihrer Gaben wirft, die der Mann in seinem Dünkel bei Frauen nicht recht gelten lassen will, die er aber, wo sie so bescheiden und doch begründet erscheinen, ehrerbietig anerkennen muß.«[140]

Angesichts dieser herrschenden Skepsis braucht es nicht zu verwundern, daß demütige Bezeugungen der eigenen Unfähigkeit und Unbildung zum Repertoire deutscher Reiseschriftstellerinnen gehören, wenn etwa eine Galerie oder ein Museum besucht werden sollen. Hatte doch selbst Johanna Schopenhauer von ihrer Monographie über die niederländischen Maler betont: »Mein Zweck ist durchaus nicht, für Kunstgelehrte zu schreiben, sondern nur für meinesgleichen, für Frauen, welche wie ich deutsche Art und Kunst lieben.«[141] Engländerinnen verhielten sich in diesem Punkt, wie überhaupt, wesentlich unbefangener. Anna Brownell Jameson, die Freundin Ottilie von Goethes, war eine Frau voll femininen Selbstbewußtseins, die in ihren zahlreichen Veröffentlichungen über Kunstgeschichte und Kunstkritik keinerlei weibliche Demut ausbreitete.[142] Hester Lynch Piozzi trug in

---

[138] Dies sei betont im Hinblick auf die Italienbücher Elisa von der Reckes, die ebenfalls voll sind von detaillierten Mitteilungen über Kunstgegenstände. Aber zum einen wußte jeder, daß die Italienreisende von der Recke Zoëgas Eckermann war, und zum anderen liefert sie kaum je eigentliche Beschreibungen, sondern läßt es mit Bemerkungen wie »zeichnen sich vortheilhaft aus« sein Bewenden haben.
[139] (1831) Nr. 116, S. 505, 506.
[140] (1831) Nr. 200, S. 874.
[141] An Böttiger, 8. 5. 1821 mit der Bitte um einen Vorabdruck in der *Abendzeitung*. Vgl. *Im Wechsel der Zeiten* (1986) S. 409.
[142] Hauptwerk: *Sacred and Legendary Art*. 2 Bde. London 1848.

147

ihren *Observations and Reflections* nicht die geringste Scheu, fachmännische Urteile und Vergleiche auszusprechen und auch einmal frei heraus geschmacklos zu nennen, was ihr geschmacklos vorkam. Angesichts der Preziosen in der kurbayrischen Hofkapelle bemerkt sie mit echt englischer Pointiertheit: »Lo! what huge heaps of littleness around!«[143]

»Wir Art Leute müssen nicht urtheilen, wir müssen uns begnügen wahrzunehmen, aufzufassen – freilich macht uns das Gesehene dann nicht ansehnlicher und bedeutender für die äußere Welt, aber unsere innre Welt wird reicher und größer«, heißt es dagegen programmatisch bei Therese Huber.[144] Anders als vielleicht bei Ida Pfeiffer oder Maria Schuber ist das Bekenntnis, keine Kunstkennerschaft zu besitzen, bei der Witwe Georg Forsters und Ludwig Hubers jedoch eine leere Demutsformel; denn obgleich sie sich selbst vor Rembrandts Bildern sitzend »mit meinem Strickzeug beschäftigt« stilisiert[145] und sich für einen einmal einfließenden Fachausdruck mit »Gott verzeih mir das gelehrte Wort!« entschuldigt,[146] so beweisen ihre Bildbeschreibungen doch durchaus Kennerschaft. Konzentriert sind die Betrachtungen Therese Hubers, ebenso wie die nahezu aller reisenden Frauen, auf Portraits. Da das Frauen zu Gebote stehende hermeneutische Mittel die Einfühlung in das Kunstwerk war, interessierten sie sich vor allem für Physiognomien, ganz besonders, wenn diese zu Personen gehörten, deren Geschichte bekannt war. Am meisten anziehend wirken Frauenportraits. Therese Huber war von Rembrandts »Jacoba« fasziniert,[147] Therese von Bacheracht von Niobes Mutterschmerz und dem Unglück der Anne Boleyn.[148] Nun ist freilich ein Mangel an Sachlichkeit in Kunstbetrachtungen, die Beschreibung der eigenen Gefühle statt der Beschreibung des Kunstwerks, im 19. Jahrhundert nicht nur bei Frauen zu beobachten. Georg Forster hatte in seinen *Ansichten vom Niederrhein* dies sogar ausdrücklich bevorzugt, wohl um einer allzusehr objektbezogenen Darstellung zu steuern.[149] Einige Jahrzehnte später, als die Reisebeschreibung eher zu gefühlslastig geworden war, geriet dieses Verfahren in Mißkredit. Wilhelm Müller bemängelt es als Schwärmerei und erklärt es aus dem Fehlen von fachgerechtem Wortschatz.[150]

Frauen umgingen die Charakteristik eines Kunstwerks nicht nur durch Konzentration auf die Darstellung der eigenen Gefühle, sondern besonders gerne dadurch, daß sie sich in die Seele des Portraitierten »hineinphantasirten«.[151] Wir begegnen hier also demselben Verfahren der Identifikation, das schon für die Landschaftsbeschreibung charakteristisch war. Ebenso wie bei dieser treffen wir auch hier wieder auf die Neigung, sich von der eigentlichen sprachlichen Erfassung des Gegenstan-

---

[143] Bd. II, S. 277.
[144] *Bemerkungen über Holland* S. 176.
[145] Ebd. S. 168.
[146] Ebd. S. 171.
[147] Ebd. und Fußnote.
[148] *Theresens Briefe aus dem Süden* S. 48.
[149] Hg. v. U. Schlemmer. Stuttgart/ Wien 1989, S. 86.
[150] »Reisebeschreibungen über Italien«. In: *Hermes* 11 (1821) S. 199ff.
[151] Therese von Bacheracht: *Paris und die Alpenwelt* S. 105.

des weg in metaphysische und allgemein-weisheitliche Betrachtungen zu flüchten. So liegt es nahe, angesichts der Ruinen des alten Roms über die Vergänglichkeit zu sinnieren, womit Elisa von der Recke im ersten Jahrzehnt des 19. Jahrhunderts durchaus der allgemeinen Stimmungslage Ausdruck verlieh. Auch Friederike Brun – obwohl nach Ausweis selbst kritischer Männer wie Pückler oder Wilhelm Müller eine der besten Kennerinnen Italiens und besonders Roms[152] – hat sich lieber schwärmerischen oder enthusiastischen Reflexionen hingegeben als sich um Kunstbeschreibungen zu bemühen.

Daß sich eine auf Emotion und Identifikation basierende Art der Kunstbetrachtung besonders gerne weiblichen Objekten zuwandte, liegt ebenso auf der Hand wie die Tatsache, daß sich hierbei oft Anlässe boten zu allgemeinen Reflexionen über Weiblichkeit und das Leben der Frau. Ein schönes Beispiel für eine geschlechtsspezifisch unterschiedliche Betrachtung ein und derselben Statue bieten die Beschreibungen der hl. Rosalie in ihrer Grotte bei Palermo durch Goethe und Fanny Lewald.

Von einem Geistlichen auf »ein besonderes Heiligtum« verwiesen, entdeckt Goethe, »wie durch einen Flor« verborgen, »ein schönes Frauenzimmer«. »Sie lag wie in einer Art von Entzückung, die Augen halb geschlossen, den Kopf nachlässig auf die rechte Hand gelegt, die mit vielen Ringen geschmückt war. Ich konnte das Bild nicht genug betrachten. Es schien mir ganz besondere Reize zu haben.« Entdeckung aus leiser Verborgenheit, Haltung und Schmuck der jungen Frau – Goethe komponiert eine fast erotische Szene und unterläßt es bewußt, die Identität des »Frauenzimmers« zu benennen. Zwar bewirkt die nachfolgende Erwähnung von »vergoldetem Blech«, weißem Marmor« und dem »hohen Stil« der Bildhauerarbeit eine gewisse rationale Abkühlung, gleich nachfolgend aber bekennt der männliche Betrachter, man glaube, »sie müßte Atem holen und sich bewegen [...] Ich überließ mich ganz der reizenden Illusion der Gestalt und des Ortes.« Und wenige Zeilen später heißt es noch einmal: »die Illusion, welche die Gestalt der schönen Schläferin hervorbrachte, auch einem geübten Auge noch reizend – genug, ich konnte mich nur mit Schwierigkeit von diesem Orte losreißen und kam erst in später Nacht wieder in Palermo an.«[153]

Während Goethes Beschreibung sich vornehmlich der Ästhetik überläßt, und auch die Tatsache, daß es sich bei dem »reizenden« Ort um eine katholische Kirche mit anwesender Geistlichkeit handelt, nur am Rande wahrnimmt, wird Fanny Lewalds Erlebnis von Anfang an von moralischen Erwägungen mitbestimmt. Anders als Goethe, der die katholische Sinnlichkeit als Ausdruck von »natürlicher Einfalt« toleriert, erweist sich die protestantische Konvertitin Fanny Lewald immer wieder als unversöhnliche Kritikerin des Katholizismus als des »vollendetsten Heiden-

---

[152] Wilhelm Müller: »Reisebeschreibungen über Italien«. In: *Hermes* 9 (1820) S. 258. Pückler-Muskau: *Jugendwanderungen* S. 158. Beide Autoren kritisieren ebd. aber auch Friederike Bruns Sentimentalität und Schwärmerei.
[153] HA, Bd. XI, S. 239f.

thums«.[154] Dieser Vorbehalt läßt eine ästhetische oder gar sinnliche Bezauberung wie bei Goethe gar nicht erst aufkommen. Goethes »schöne Schläferin« hinter dem »Flor« – hier ist sie einfach die hl. Rosalie mit einem Eisengitter davor. Auch die künstlerische Qualität der Statue, deren Beschaffenheit und Ausarbeitung werden, anders als von dem »geübten Auge« Goethes, nicht wahrgenommen. Fanny Lewalds Befriedigung entspringt aus anderen Quellen. Reflexion tritt an die Stelle von Kunstbetrachtung. »Da ich [...] vor dem Altar niederkniete, um durch das Eisengitter die hl. Rosalie besser sehen zu können, mochte er [der Geistliche] mich wohl für ein besonders andächtiges Gemüth halten, und in diesem Falle that er meinem Rationalismus nicht unrecht. Ich freue mich jedes Mal, wenn ich, sei es, in welcher Form es wolle, die Menge sehe, die sich vor der Macht reiner Weiblichkeit demüthigt. Was giebt es denn, außer der Liebe, Höheres in der menschlichen Natur als diese Kraft, die gewaltig ist in der Schwäche, die stark und siegreich, weise und sicher macht, wo Riesenkräfte erliegen und die Klügsten den Weg nicht finden?«[155]

Fanny Lewald war in Sachen Kunst nicht speziell bewandert, ein Mangel, den sie mit vielen Frauen ihrer Zeit teilte. Caroline de la Motte Fouqué schaltet anläßlich ihres Besuch der Dresdner Bildergalerie einen sehr aufschlußreichen Exkurs über ihren eigenen Weg zur Kunst ein. »In der damaligen weiblichen Erziehung spielte namentlich die bildende Kunst gar keine Rolle.« Erst durch das *Athenaeum* und die Sonette A.W. Schlegels habe sie, die gebildete Tochter aus gutem Hause, einigen Kunstverstand gewonnen; denn Schlegel drang »mit seiner angenehmen Stimme leicht bis in die Gemächer der Damen.« Ganz ungewöhnlich ist aber Caroline de la Motte Fouqués Axiom: »Mit der bildenden Kunst ist es bei weitem nicht, wie mit Musik und Poesie. Das sogenannte natürliche Gefühl hat hier so gut wie gar keine Stimme.«[156]

Diesen Grundsatz der Baronin de la Motte Fouqué teilten sicher nur wenige Männer, von Frauen ganz zu schweigen. Intellektuelles Erfassen galt nicht als Voraussetzung für eine genußreiche und erbauliche Betrachtung. »Es ist mit der Kunst, wie mit der Liebe; man versteht sie, man ist von ihr durchdrungen, aber man kann sie nicht beschreiben.«[157] Therese von Bacherachts Resümee nach ihren ausgedehnten Galeriebesuchen in Florenz entsprach wohl eher der weiblichen communis opinio. Auch Fanny Lewald glaubte nicht, »daß die Empfindung für Kunst das Privateigenthum einiger durch Kunststudium dafür Gebildeten sei. Das wahrhaft Schöne wirkt auf jeden Menschen.«[158] Im Unterschied zu den meisten ihrer Geschlechtsgenossinnen behielt sie sich aber trotzdem das Recht vor zu urteilen, ja sogar Negatives niederzuschreiben. Nachgerade revolutionär ist ihr Pochen auf Selbständigkeit gegenüber der herrschenden Meinung. Von der Mediceischen Venus

---

[154] *Italienisches Bilderbuch* Bd. II, S. 296.
[155] Ebd. S. 287.
[156] *Reiseerinnerungen* Bd. I, S. 143 f., 147.
[157] *Theresens Briefe aus dem Süden*, S. 62.
[158] *Italienisches Bilderbuch* Bd. I, S. 143.

kann sie sich nicht angezogen fühlen, weil diese nur hübsch sei,[159] die Darstellung von Marterszenen empfindet sie als abstoßend und angesichts der »krüppelhaften Verzeichnungen« eines Cimabue und Giotto erklärt sie ihr »herzliches Bedauern« für einen Künstler, »der so erfolglos mit der Technik rang.«[160] Natürlich blieben Fanny Lewalds Kunsturteile in ihrem Italienbuch nicht unwidersprochen. Der berühmte englische Literaturkritiker Monckton Milnes ist aber immerhin fair genug, sie im Zusammenhang mit der von ihm gerügten Lust der Jungdeutschen am Prinzip der Negation zu sehen und sie nicht deswegen zu verdammen, weil sie aus dem Munde einer Frau kommen.[161]

In Deutschland war man einige Jahrzehnte früher nicht so großzügig gewesen. Friederike Brun – obwohl sonst zurückhaltend mit Kritik – hatte es in Italien gewagt, einige lockere Worte über den Antinous, die Farnesische Flora, den Barberinischen Faun fallen zu lassen und über Raffaels »Verklärung« gar zu bemerken: »Es läßt meine Einbildungskraft leer, mein Herz kalt; meine naseweise Vernunft und mein Geschmack finden sogar manches daran zu tadeln.«[162] Obgleich hier keinerlei Kritik im eigentlichen Sinn ausgesprochen ist, hatte die schon berühmte Autorin damit Heinrich Meyers Unwillen erregt.[163] Später übernahm sie diese Kunstbetrachtungen in das 3. Bändchen ihrer *Prosaischen Schriften*.[164] Der Rezensent der *Allgemeinen Literatur-Zeitung* fand dergleichen »kecke Machtansprüche« »unverzeihlich«.[165] Goethe und Schiller aber straften die Frau, die sich zu weit vorgewagt hatte, mit einem *Xenion* ab, das der Schriftstellerin mit dem Verlust weiblicher Anmut droht:

273. An Mme B.. und ihre Schwestern

Jetzt noch bist du Sybille, bald wirst du Parze; doch fürcht' ich,
Hört ihr alle zuletzt gräßlich als Furien auf.[166]

Auch der Themenkreis *Geschichte, Politik und Gesellschaft* lenkt häufig von der pragmatisch-systematischen Beschreibungsebene hinüber zu Reflexionen. Zeitgeschichtliche, politische Erwägungen sind – im deutlichen Unterschied zu Reisetexten von Männern – bei deutschen Frauen selten. Revolutionsreisen nach Frankreich, wie sie Engländerinnen unternahmen,[167] wären für deutsche Frauen des 18. Jahrhunderts nicht denkbar gewesen. Zu den girondistischen Texten einer Helen

---

[159] Ebd.
[160] Ebd. S. 147. Das *Italienische Bilderbuch* erschien 1847, zur Hoch-Zeit präraffelitischer Begeisterung.
[161] Die Besprechung im Londoner *Athenaeum* Nr. 1092, 30. 9. 1848. Cit. in: *Die Briefe Richard Monckton Milnes'* (1922) S. 73. Fanny Lewald als typische Vertreterin des Jungen Deutschland zu charakterisieren, wie dies der Rezensent tut, ist freilich mehr als problematisch.
[162] *Prosaische Schriften* Bd. III, S. 130, 324, 388, 313.
[163] Vgl. den Brief Heinrich Meyers an Goethe aus Rom, 12.2.1796. *Goethes Briefwechsel mit Heinrich Meyer*. Hg. v. M. Hecker. Weimar 1902–1904, Nr. 66.
[164] 1802 vermerkt der Rezensent der *Jenaischen Allgemeinen Literatur-Zeitung* (vielleicht Meyer selbst?) diese Kunsturteile mit großem Mißfallen (S. 397).
[165] 1802, S. 397.
[166] *Xenien* von Goethe und Schiller, Nr. 273. In: *Goethes Werke,* WA Bd. V.1, S. 244.
[167] Vgl. S. Adickes (1991).

Maria Williams, der gefürchteten Sozialkritik einer Anne Royall oder den verfassungspolitischen Analysen in den ursprünglich französischen *Briefen einer Dame über England* gibt es keine Parallelen im deutschsprachigen Bereich, ganz zu schweigen von der Sensation, die Flora Tristan den Lesern ihrer *Promenades dans Londres* bieten konnte: Sie hatte, als Türke verkleidet, 1839 als die erste Frau überhaupt einer Sitzung des englischen Unterhauses beigewohnt. – Zwar bezeugen etliche Reisebeschreibungen von Frauen politisches Interesse (z. B. La Roche), politische Kommentare aber waren in Deutschland unwidersprochen Männersache.[168] In diesem Punkt besteht eine tiefe Kluft zwischen deutschen und englischen Konventionen. Als Miss Williams von einem Ungenannten wegen ihrer politischen Äußerungen angegriffen wurde,[169] konterte umgehend die Zeitschrift *Critical Review*, indem sie es für das freie England als ein Unding bezeichnete, einer Frau um ihres Geschlechtes willen das politische Urteil abzusprechen: »In fact, the great end of these letters is not that of proving Miss Williams to have writen badly on political subjects, but rather to shew that a woman ought not to write on politics, or even write or *think* upon any subject whatever [...]. The whole pamphlet, indeed is better calculated for the Meridian of *Circassia*, or any other female *slave-market*, than for that of Britain«.[170]

Am weitesten wagte sich die links-liberal orientierte Fanny Lewald auf das politische Gebiet vor. Jedoch stehen diese Veröffentlichungen strenggenommen schon jenseits der Grenze unserer Berichtszeit. Die *Erinnerungen aus dem Jahre 1848* (1850) sind ein durchaus politisches Buch, das einzige politisch geprägte Reisebuch von einer Frau aus der 1. Hälfte des 19. Jahrhunderts, in dem die Autorin aus ihrer republikanischen Gesinnung kein Hehl macht und mit großer Offenheit über die revolutionären Vorgänge schreibt. Aber es ist ein berichtendes und nicht ein theoretisierendes Buch, das sich im übrigen von Revolutionsreisen männlicher Schriftsteller auch dadurch unterscheidet, daß das politische Thema nur eines unter vielen anderen darstellt.[171] In ihrem *Reisetagebuch* aus *England und Schottland* (1851) geht Fanny Lewald noch einen Schritt weiter. Nicht nur bekennt sie sich offen zu ihrer Vision einer sozialistischen Gesellschaft, sondern sie schaltet viele Reflexionen über Fragen der Politik und Verwaltung ein und zieht Vergleiche zwischen den Verhältnissen in Deutschland und England. Kein anderer Text in dem hier zu behandelnden Korpus enthält eine solche Fülle kritischer Beobachtungen und stellt so mutige Forderungen auf.

---

[168] Therese von Bacheracht berichtet in *Paris und die Alpenwelt* (S. 297–305) ziemlich ausführlich von einem Besuch in der französischen Deputiertenkammer. Die Diskussionen zwischen Thiers und Guizot gibt sie z. T. wörtlich wieder, behandelt sie aber von einem rein rhetorischen Standpunkt. Sie schließt Reflexionen zum Nationalcharakter der Franzosen und Deutschen an, jedoch keinerlei politische Erwägungen.

[169] *Letters on the Female Mind, its Powers and Pursuits. Addressed to Miss H. M. Williams, with Particular Reference to her Letters from France.* 2 vol. London 1793.

[170] (1794) März S. 311. Cit. M. Blondel (1984) S. 116.

[171] Die moderne Auswahlausgabe bietet ganz verzerrte Proportionen.

Es gibt immerhin eine Figur der Zeitgeschichte, über die zu urteilen und zu reflektieren einige wenige Frauen gewagt haben: Napoleon Bonaparte. Interessant ist dabei, daß keine Stellungnahmen anzutreffen sind, die dem Strom der öffentlichen Meinung entgegenstünden. Dies gilt für die napoleonfreundlichen Andeutungen Therese von Bacherachts und Fanny Lewalds aus den vierziger Jahren ebenso wie für die gegenteiligen Äußerungen Friederike Bruns und Elisa von der Reckes aus der napoleonischen Zeit selbst. Die letzteren sind nun freilich getragen von einer vaterländischen Gesinnung, die auch Frauen zugestanden, ja von ihnen sogar gefordert wurde;[172] als frauenuntypische, weil negative und harsche Stellungnahmen verdienen sie aber besondere Beachtung.

Schon in ihrem *Tagebuch einer Reise durch die Schweiz*, das eine 1795 unternommene Tour aus der Sicht der Jahre 1798, 1799 darstellt, beweist sich Friederike Brun als geschworene Feindin der französischen Revolution und ihrer Folgen: der »Republikenbäckerey« der »Weltumwälzer«.[173] In der 1805–1806 in der Zeitschrift *Isis* erstmals veröffentlichten Beschreibung einer *Reise von Genf nach Martigni* wagt die Autorin gar, der öffentlichen Berichterstattung über die Einnahme des Wallis durch die Franzosen entgegenzutreten. »Die Wahrheit […] haben die furchtsamen und oft bestochenen deutschen Zeitungsschreiber verschwiegen. Es ist nicht der Hand eines Weibes anständig, diesen Schleier wegzuziehn.«[174] Freilich war dies bereits geschehen: Bereits 1798 hatte sich Helen Maria Williams in *A tour in Switzerland* analytisch mit den politischen Vorgängen in den Kantonen befaßt.[175] Um die weibliche Demut zu wahren, schaltet die deutsche Verfasserin Friederike Brun Berichte von Freunden über die wahren Vorgänge in ihren Text ein.[176] Selbstzensur macht stilistisch erfinderisch. Unausgesprochen, aber unverkennbar ist die Anspielung auf Napoleon, wenn es im Blick auf die Rhône bei Valence heißt: »Allein wir erkannten den hellen kristallklaren, pfeilschnell dahinschießenden Alpenstrom nicht wieder! Er war bereichert durch seine Eroberungen, aber zugleich getrübt worden.«[177] – Über die Bücher Friederike Bruns breitet sich an manchen Stellen ein Schleier der Resignation und Trauer angesichts der politischen Zustände. Nicht selten fließen die Klagen über Idas oder den eigenen schlechten Gesundheitszustand ins eines zusammen mit der Klage über die politischen Vorgänge.[178] In Italien

---

[172] Vgl. Christoph Martin Wieland: »Bei der Anzeige von Schillers Historischem Kalender für Damen«. 1791. In: *Sämmtliche Werke*. Hg. v. J. G. Gruber. 49. Bd. Leipzig 1826, S. 109–118, hier S. 114f.
[173] Vorrede, S. III.
[174] (1805) S. 509.
[175] Die bei Ebel (1809) Bd. I, S. 199 vermutete deutsche Übersetzung existiert nicht.
[176] Eine genaue Schilderung der Revolution und der politischen Umwälzung in der Schweiz lieferte Friederike Bruns Landsmann und Schwager Christian Ulrich Detlev von Eggers: *Bemerkungen auf einer Reise durch das südliche Deutschland, Elsaß und die Schweitz in den Jahren 1798 und 1799*. 6 Bde. Kopenhagen 1801–1806.
[177] *Episoden aus Reisen* Bd. III, S. 12.
[178] Ebd. S. 5: »Während ich an Ida's Krankenlager weinte, betete oft hoffnungslos – verlor mein *Mutterland Sachsen*, verlor das nördliche Deutschland, Daseyn und Ehre! Und drangen die unaufhaltsamen Fluthen der Weltmonarchie bis an die freien Gestade des balti-

äußert die Verfasserin immer wieder Verbitterung angesichts der »allgemeinen Verdumpfung«[179] »unter der Geissel des Tyrannen«.[180] Nicht eigentlich politische Erwägungen sind es, die die Verfasserin hier anstellt, sondern Gedanken über die Auswirkungen, die die gegebenen Zustände auf den Volkscharakter und die Volkswirtschaft haben werden. Durch ihren intensiven Umgang mit Italienern auch aus den Kreisen der Patrioten war Friederike Brun über die allgemeine Stimmung besser unterrichtet als viele andere Reisende, und es war selbstverständlich für sie, das eigene Ideal der Nationalstaatlichkeit auch für das italienische Volk gelten zu lassen.

Elisa von der Reckes Italienbücher sind wesentlich stärker als die Friederike Bruns auf Kunst und Antike Italiens konzentriert. Gleichwohl verweist sie in der Widmung ihrer Berichte gleich zu Beginn auf die seit der Reisezeit 1804–1806 bis zur Niederschrift eingetretenen politischen Veränderungen. »Mein Tagebuch erzählt, was sich und wie es sich meinen damaligen Anschauungen darbot; und daß es dies darf, verdanke ich meinem hochgefeierten Kaiser Alexander, dem erhabenen Erretter aus den Ketten einer vollendeten Tyrannei«. Dieser Satz aus dem Munde einer kurländischen Adeligen mag auch als Verneigung vor dem Souverän zu verstehen sein. Im Text selbst finden sich keine so scharfen Worte – wofür die Verfasserin ausdrücklich von ihrem Herausgeber Böttiger gelobt wird. Die wiederholten Stellungnahmen für den von den Franzosen vertriebenen Papst, einige Berichte politischen Inhalts und eine Lobesrede für George Washington, hervorgerufen von Reflexionen über den Tyrannen Cäsar, bestätigen jedoch die in der Vorrede geäußerte anti-napoleonische Haltung. In der Niederschrift des Haupttextes hatte sich die Autorin wohl stärker von Rücksichtnahme auf die Zensur und die »heilige Tugend der Mäßigung [...], die dem vermittelnden Charakter der Frauen so schön eignet«,[181] leiten lassen.

In den napoleonischen Jahren 1803–1805 bereiste Johanna Schopenhauer Frankreich. Auch sie war gegen die Revolution und gegen den Kaiser eingenommen, aber ihre Erinnerungen enthalten keine politischen Kommentare. Statt dessen beschreibt sie realistisch die barbarischen Folgen der politischen Umwälzungen insbesondere auf sozialem und humanitärem Gebiet. Auch in bezug auf Napoleons Unternehmungen verweigert sie Reflexionen über politische Hintergründe. Was interessiert, ist statt dessen die menschliche Seite: das Schicksal einzelner, deren Bekanntschaft die Reisende gemacht hatte, das Elend der Landbevölkerung, die Knechtschaft der Galeerensklaven. Böttiger hebt in seiner Rezension der zweiten, vermehrten Auflage der *Reise von Paris durch das südliche Frankreich* eben diesen Charakterzug der Reisebeschreibung lobend hervor. »Wie ganz anders geht Lady Morgan in ihren auch geistreichen, aber rücksichtslosen, ja frech zu nennenden Letters on France zu

---

schen Meeres hinab! [...] und ohne Rath und Trost mußte ich, nur dem Mutterherzen folgend, in ein fremdes Land gehen, *in das Land der Sieger!*«

[179] *Episoden aus Reisen* Bd. IV, S. 342.
[180] Ebd. S. 252.
[181] Böttiger in seinem Vorbericht, S. XXII. Böttiger verweist hier ausdrücklich zum Kontrast auf die Schonungslosigkeit eines männlichen, englischen Autors (S. XXIII).

Werke«, urteilt der Mentor.[182] Lady Morgan nun hatte freilich etwas geschrieben, »das den glatten Leutchen auf dem Sopha lange nicht so lieb ist« wie das »artige Buch« der Deutschen – so der überraschend kämpferische Kommentar Therese Hubers in einer brieflichen Gegenüberstellung beider Werke.[183] In ihrem Reisebuch *France* (1817) wie auch in ihren Italienbüchern[184] drang die Britin in Domänen der Männer ein. Sie besuchte La Fayette und verglich die politischen Ordnungen in England und Frankreich. Diese freie Sprache einer Frau wirkte auf deutsche Rezensenten äußerst befremdend. Lady Morgans unverblümte Kritik an den kirchlichen und sozialen Zuständen Roms – unerhört für eine deutsche Frau – entschuldigt der Rezensent im *Conversationsblatt* verlegen als »altenglische Freiheit«.[185]

Selbstverständlich gibt es auch männliche Reisende, bei denen man politische Einschaltungen vergeblich suchen würde. August Wilhelm Kephalides und Hermann Friedländer waren beide im Konfliktjahr 1815 in Italien, ohne in ihren Reisebüchern die politische Lage zu kommentieren.[186] Kein Rezensent aber hätte Seume, Fernow, Raumer oder Rehfues (um nur einige Beispiele für das Italien der napoleonischen Zeit anzuführen) deshalb angegriffen, weil sie den Finger in die Wunden des Staatswesens legten.[187] Seume vertritt in *Mein Sommer 1805* vielmehr die Auffassung, »jedes gute Buch müsse näher oder entfernter politisch sein. Ein Buch, das dieses nicht ist, ist sehr überflüssig oder gar schlecht [...]. Politisch ist, [...] quod bonum publicum promovet.«[188]

Für Frauen weniger verfänglich als politische Stellungnahmen sind historische Reminiszenzen, die in Reisebeschreibungen von weiblicher Hand zahlreich anzutreffen sind. Bezeichnenderweise ranken sie sich besonders gern und besonders ausführlich um Frauengestalten. Die Krone der Beliebtheit gebührt dabei Maria Stuart – wohl nicht zuletzt dank Schillers 1801 veröffentlichtem gleichnamigen Drama. Johanna Schopenhauer, Emilie von Berlepsch, Ida Hahn-Hahn und Therese von Bacheracht haben sich mit dem tragischen Streit der Königinnen befaßt. Fanny Lewald unternimmt in ihrem England-Buch eine 148 Seiten lange, gegen

---

[182] *Abendzeitung* (1825) S. 25.
[183] An Reinhold, 27. Nov. 1817. Vgl. [Therese Huber:] *Briefe der Therese Huber an Karoline Pichler* S. 279f. Anm. 7.
[184] Michael Werner: »Heines Reise von München nach Genua im Lichte ihrer Quellen«. In: *Heine-Jb* 14 (1975) S. 24–46, hier S. 31–34 würdigt Lady Morgans *Italy* als eine der Quellen Heines für seine politischen Äußerungen.
[185] *Literarisches Conversationsblatt* 3 (1823) Nr. 82, S. 331. Bezeichnenderweise wird die Stelle über den Cicisbeat vollständig abgedruckt, ebd. S. 327.
[186] August Wilhelm Kephalides: *Reise durch Italien und Sizilien*. 2 Tle. Leipzig 1818. Hermann Friedländer: *Ansichten von Italien während einer Reise in den Jahren 1815 und 1816*. 2 Tle. Leipzig 1819–1820.
[187] Johann Gottfried Seume: *Spaziergang nach Syrakus im Jahre 1802*. Braunschweig 1803. Carl Ludwig Fernow: *Sitten- und Kulturgemälde von Rom*. Gotha 1802. Friedrich von Raumer: *Herbstreise nach Venedig*. 2 Bde. Berlin 1816. Philipp Joseph von Rehfues: *Briefe aus Italien während der Jahre 1801–1805*. 4 Bde. Zürich 1809–1810.
[188] *Werke in zwei Bänden*. Ausgew. u. eingel. v. A. u. K.-H. Klingenberg. Berlin u. Weimar 1983, Bd. II, S. 8 (Vorrede an den Leser).

Schiller gerichtete Reinterpretation mit dem erklärten Ziel, »Vertheidiger aller der Frauen zu werden, die man schuldlos anklagte und verdammte, und die sich nicht selbst dagegen rechtfertigen konnten.«[189] Ob Fanny Lewalds moralische Verteidigung der schottischen Königin, die bei Schiller über weite Strecken schöne Sünderin bleiben muß, in Verbindung steht zur eigenen Lebenserfahrung in ihrer »unmoralischen« Beziehung zu Adolf Stahr, mag dahingestellt bleiben. Vielleicht steckt auch hinter Charlotte von Ahlefelds Mitgefühl für die unglückliche, von ihrem Gatten betrogene Kurfüstin Charlotte aus dem 17. Jahrhundert mehr als nur schwesterliche Parteinahme. Frau von Ahlefelds Ehe war eben erst seit einem Jahr getrennt, als sie diese acht Seiten historische Betrachtungen über das Leiden einer hintergangenen Frau niederschrieb.[190]

Deutlicher zieht Ida Hahn-Hahn die Parallele zwischen einstigem und heutigem Frauenleben. Auf ihrer Nilfahrt verzichtet sie aus kompositorischen Gründen bewußt auf die Beschreibung und gibt sich statt dessen allerlei Reflexionen hin, über den in Europa viel diskutierten Mehemet Ali ebenso wie über Historisches. Einen besonderen Platz nimmt dabei die Passage über Kleopatra VII. ein. Durch die *Erinnerungen aus Ägypten und Kleinasien* des Grafen Anton von Prokesch-Osten war Ida Hahn-Hahn auf diese letzte ptolemäische Herrscherin aufmerksam geworden, denn er vergleicht – wie die Gräfin erfreut zitiert – das Bild der Ägypterin »an Reiz und entzückender Anmut mit Canovas Hebe«.[191] Doch nicht die von Prokesch hervorgehobene Schönheit der letzten Königin Ägyptens ist es, was die auf dem Nil reisende Gräfin ins Nachdenken bringt, sondern deren Sonderstellung als Frau. »Ach die Cleopatra muß glücklich gewesen sein! Königin – aber selbstherrschende Königin, nicht bloß Gemahlin eines Königs! – so schön, so geistvoll, so mächtig und so allmächtig – das ist beneidenswerth. [...] Was kann eine Frau mehr wünschen!«[192]

4.4 Autopsie und Originalität, Abhängigkeit und Konkurrenz

Wie kaum eine andere Prosaform ist der individuelle Reisebericht eingefügt in ein Geflecht von vergleichbaren Texten, von Vorgängern und möglichen Konkurrenten. Seine Originalität besteht dabei hauptsächlich in seiner je eigenen Sichtweise, wobei das Prinizip der Autopsie eine herausragende Bedeutung hat. Daß der Reisende nur über das berichten solle, was er selbst gesehen hat oder wofür er sich, sofern er einen Fremdbericht einlegt, jedenfalls verbürgen kann, galt seit alters als

---

[189] Bd. II, S. 333. Über Maria Stuart ebd. S. 336–484.
[190] *Briefe auf einer Reise durch Deutschland und die Schweiz im Sommer 1808,* S. 47–55.
[191] *Orientalische Briefe,* Bd. III, S. 128. Vgl. Anton Prokesch: *Erinnerungen aus Ägypten und Kleinasien.* Bd. II. Wien 1831, S. 9: »Zu Tentyra z. B. ist die Weichheit und Rundung der Formen, das Fleisch in dem Steine nicht minder wahr und warm, als in Canova's Hebe«. Die Stelle bezieht sich im engeren Sinn auf die zahlreichen Abbildungen Kleopatras auf dem Tempel von Tentyra.
[192] Ebd. S. 127.

mehr oder weniger stillschweigender Autor-Leser-Kontrakt. Bereits für Pausanias' *Perihegese* trifft dies zu.[193] Nicht tangiert wird dieses Prinzip freilich durch das Recht, ja die Pflicht des Reisenden, sich geographischer, historischer und anderer Spezialwerke als Quellen zu bedienen und auf sie zu verweisen. Andererseits muß ein Reisebeschreiber auch davon ausgehen, daß seine Leser andere vergleichbare Werke kennen, ja oft genug kommt es vor, daß auf diese Kenntnis Bezug genommen wird. Dies kann explizit geschehen durch einen Verweis oder implizit, indem etwas erschöpfend Behandeltes (wie etwa der Römische Karneval) nicht von neuem dargestellt wird. Wie sich weibliche Reisebeschreiber in diesem Spannungsfeld zwischen Autopsie und Originalität einerseits und der Auseinandersetzung mit anderen Reisewerken andererseits zurechtfanden, soll im folgenden Abschnitt näher untersucht werden.

Eine polemische Art der Abgrenzung gegenüber anderen Reisebeschreibungen läßt sich bei deutschen Frauen nicht beobachten. Sie ist Männersache. In einer Untersuchung über deutsche Amerika-Reiseberichte zwischen 1820 und 1850 (sämtlich von männlichen Autoren) stellt Raymond Jürgen Spahn fest, Grundtendenz der meisten Vorworte sei es, vor den verdrehten und irreführenden Ansichten ihrer Vorgänger zu warnen und eine erstmals autoptische und unvoreingenommene Darstellung zu versprechen.[194] Erinnert sei an die Grobheit, mit der Gustav Nicolai die bisherigen italienischen Reisebeschreibungen der gewissenlosen Beschönigung bezichtigt und den Autoren – an erster Stelle Goethe – vorwirft, in ihrem versponnenen Enthusiasmus keinen Blick für die Wirklichkeit mehr zu haben, so daß sie Hunderte von Landsleuten in die Irre leiteten.[195] Auch Kotzbue entledigt sich seiner Vorgänger und Konkurrenten, indem er ihnen unterstellt, es fehle ihnen Blick und Urteil: Sein auf Autopsie beruhender »getreuer Bericht« unterscheide sich von der Legion Beschreibungen anderer Reisender, von denen »die meisten nur nachplaudern [...]. Solche Leute haben die Form ihres Buches schon im Kopfe, ehe sie sich noch in den Wagen setzen; sie *wollen* jetzt empfindsam, oder gelehrt, oder witzig reisen, und was sie dann sehen, wird dieser Form angepaßt.«[196] Kotzebue steht auch nicht an, Namen zu nennen. »Ich habe nicht geschrieben, um einen trockenen Catalog von Merkwürdigkeiten zu liefern, wie Volkmann; oder um eine Belesenheit in den Alten auszukramen, wie Stollberg (der, so oft er eine Ziege erblickt, nicht unterlassen kann, ein paar Stellen aus dem Vergil zu citiren) oder um auf fremde Unkosten witzig zu scheinen, wie Gorani; oder um empfindsame Gemählde aufzustel-

---

[193] Vgl. Rudolf Heberdey: *Die Reisen des Pausanias in Griechenland*. Wien 1894, S. 5ff.
[194] »German Accounts of Early Nineteenth-Century Life in Illinois«. In: *Papers on Language and Literature* 14 (1978) H. 3, S. 473–488, hier S. 477. Vgl. auch Harold Blooms These vom »Vatermord« am literarischen Vorgänger: *The Anxiety of Influence. A Theory of Poetry*. New York 1973. Ders.: *A Map of Misreading*. New York 1975. Zur Tradition der Polemik gegen Vorgänger in Romanvorreden vgl. H. Ehrenzeller (1955) S. 123.
[195] *Italien wie es wirklich ist* (1835) Vorwort, S. 5f.
[196] *Erinnerungen von einer Reise aus Liefland nach Rom und Neapel*. 1. Tl. Berlin: Fröhlich 1805, S. IV (»Statt einer Vorrede«).

len, wie Meyer u.s.w.«[197] Nicht gerade zimperlich ist auch Adolf Stahr, wenn er in seiner Reisebeschreibung *Ein Jahr in Italien* über das Werk eines Vorgängers herfällt: Karl Anton Joseph Mittermaiers *Italienische Zustände* sei ein oberflächliches Buch, voll von Unwahrheiten, »in Sprache und Behandlung salopp, und in einem widerlichen süssen Lob- und Huldigungstone geschrieben«. Der Autor versage, »sobald es darauf ankommt, den eigentlichen Grund und die Wurzel des Elends in Italien bloßzulegen«.[198] Wesentlich vornehmer formuliert Kölle, der in seinem Rombuch versichert, »daß er redlich gestrebt habe, Vorurtheile und falsche Ansichten zu berichtigen.«[199] Nicht einmal zu dieser gemäßigten Höhe des Selbstbewußtseins haben sich deutsche Frauen kaum je verstiegen.

Als Fanny Lewald in Italien die Erfahrungen der »besten Geister«, eines Goethe, Byron oder Waiblinger, nicht ebenfalls machen konnte, zog sie daraus nicht etwa wie Gustav Nicolai den Schluß, es sei ihr von diesen Reisenden etwas vorgegaukelt worden. Vielmehr suchte sie die Schuld bei sich selbst: Es fehle ihr an »Sammlung« und »innerer Vorbereitung« für diese wichtige Reise.[200] Unter Anleitung Stahrs und mit dem Geliebten zusammen wird in Rom dieser Mangel behoben. Auf den Rasten bei den gemeinsamen Wanderungen liest man, »was große und schöne Menschenseelen hier in dem Lande der Schönheit vor uns empfunden hatten. Goethe und Platen waren fast immer unsere Begleiter, und ihr Geist war immer mit uns.«[201] Fanny Lewald zeigt sich hier in einer typisch weiblichen Rolle: derjenigen der Schülerin. Ob ihrem Vater, Bruder, Geliebten, Ehemann oder einem anderen männlichen Wesen gegenüber, die ideale Rolle der Frau ist diejenige der Schülerin, die begierig und dankbar von der Überlegenheit des männlichen Partners lernt. Deutsche Briefwechsel legen hundertfach Zeugnis von dieser Konstellation ab. Es ist wohl die Verinnerlichung dieser Rolle, die es Frauen so schwer macht, kritisch und selbstbewußt aufzutreten und die sie andererseits so bereitwillig die Gefühle und Ansichten anderer, insbesondere geliebter und verehrter Männer, übernehmen läßt. Fanny Lewald zeigt eine deutliche Übereinstimmung mit den literarischen, religiösen und politischen Ansichten Adolf Stahrs.[202] Diese tritt natürlich besonders deutlich bei Zwillingsproduktionen hervor: Parallel zu Fanny Lewalds zweibändigem *Italienischen Bilderbuch* (1847) veröffentlichte Adolf Stahr seine dreibändige Darstellung *Ein Jahr in Italien* (1847–1850). Fanny Lewald legte ihre Revolutionserfahrungen 1850 in zwei Bänden *Erinnerungen aus dem Jahr 1848* nieder. Adolf Stahr gab im gleichen Jahr seine ebenfalls

---

[197] Ebd. S. IIf. Angesprochen sind neben den berühmten Reisewerken von D. J. J. Volkmann (1770f.) und F. L. Graf Stolberg (1791f.) die italienischen Reisebücher von Giuseppe Gorani: *Mémoires secrets* (Paris 1793) und F. J. L. Meyer: *Darstellungen aus Italien* (Berlin 1792).
[198] *Ein Jahr in Italien.* Bd. II (1848) S.119f. Der gescholtene Mittermaier war ein prominenter Jurist. Seine italienische Reisebeschreibung war 1844 in Heidelberg erschienen.
[199] *Rom im Jahre 1833* (1834) Vorrede, S. III.
[200] *Römisches Tagebuch* S.53.
[201] Ebd. S.108.
[202] Stahr neigte der linkshegelianischen Richtung um die *Hallischen Jahrbücher* zu. Mit Prutz, Ruge und Echtermeyer verband ihn persönliche Freundschaft. Er konnte Heine nicht leiden und verehrte Goethe.

zweibändige, vom gleichen liberalen, aufgeklärten, aber nie radikalen politischen Geist beseelte Studie über *Die preußische Revolution* heraus. Auch wenn sich Fanny Lewald der männlich-strengen Urteile und der scharfen Kritik enthielt, so gehen die Parallelen doch manchmal bis in die Formulierungen hinein. Vor allem aber wurde Fanny Lewald von Stahrs persönlich wie wissenschaftlich begründeter Goethe-Verehrung[203] stark beeinflußt. Das eigentliche Vorbild ihres *Italienischen Bilderbuchs* war Goethes *Italienische Reise*. Damit ist nicht die Verneigung nahezu aller Italien-Reisenden, der männlichen wie weiblichen, vor dem Dichter des »Lands wo die Zitronen blühn« gemeint, auch nicht die verbale Hommage eines Friedländer oder Kölle für die Reisebeschreibung des Dichterfürsten,[204] sondern eine strukturelle Nachbildung im engeren Sinne. Wie dieser stilisiert Fanny Lewald ihren Aufbruch als den eigentlichen Neubeginn ihres Lebens (freilich ohne die eigene Persönlichkeitsentwicklung in goethescher Art zu thematisieren), wie er spart sie die persönlichen Umstände, die Liebe als Triebfeder aus der Reisebeschreibung aus (sie sind dem erst postum veröffentlichten *Römischen Tagebuch* vorbehalten), wie er spitzt sie die Darstellung auf den Einzug in Rom zu. Selbst der Stil ist an Goethe orientiert. »Goethe habe sie vollständig geführt und durchaus geleitet«, bekannte sie im Alter in Hinblick auf ihre literarische und persönliche Entwicklung.[205]

So wie Fanny Lewald mit Goethes *Italienischer Reise* in der Hand Rom durchwanderte und sich an den Empfindungen des großen Vorbilds orientierte, so bezeugt uns Friederike Brun, in Rom und Neapel auf Karl Philipp Moritz' und »des edlen Stollberg« Spuren gegangen zu sein.[206]

Luise Mühlbachs *Federzeichnungen auf der Reise* sind nicht nur in Stil und Kompositionsart den Reisebeschreibungen ihres Mannes sehr verwandt. Ihre skeptische Beurteilung der Schweiz findet eine direkte Vorläuferschaft im III. Teil von Theodor Mundts *Spaziergängen und Weltfahrten*;[207] das gleiche gilt für ihre umfangreichen Ausführungen über Rousseau, Voltaire und Louis Napoleon.[208]

Therese von Bacheracht verläßt in ihrer Paris-Beschreibung den ihr sonst eigenen Stil in höchst überraschenden Weise und äußert wiederholt Skepsis gegenüber allzuviel Subjektivität und Enthusiasmus. Während sie in ihren anderen Schriften

---

[203] Letztere erhellt aus der wiederholten editorischen Beschäftigung des ursprünglich als Aristoteles-Forscher hervorgetretenen Stahr mit Goethe, erstere aus seinen eigenen Schriften, nicht zuletzt der Reisebeschreibung *Ein Jahr in Italien*.

[204] H. Friedländer: *Ansichten von Italien während einer Reise in den Jahren 1815 und 1816*. Goethe gilt hier durchweg als der »erhabene Meister«. K. v. Kölle: *Rom im Jahre 1833* (1834) Vorrede S. III: »Ihm schwebte Goethe's Schilderung als unerreichtes Ideal vor.«

[205] Ludwig Geiger: »Fanny Lewald«. In: Ders.: *Dichter und Frauen. Vorträge und Abhandlungen*. Berlin 1896, S. 326–340, hier S. 326. Geiger stellt in diesem Aufsatz überzeugend die Parallelen zwischen Fanny Lewalds Autobiographie und Goethes *Dichtung und Wahrheit* heraus. Beide enden übrigens mit der Abreise nach Italien.

[206] *Tagebuch über Rom* Bd. I, S. 152, Bd. II, S. 66 und 144. Auf Ischia machte sie gar eine »Wallfahrt« nach Stolbergs Haus (Bd. II, S. 411).

[207] Vgl. *Spaziergänge und Weltfahrten* Bd. III (1839) bes. S. 84–86, 94ff.

[208] Louis Napoleon: vgl. Mundt Bd. III, S. 142ff., 204–214. Voltaire: vgl. ebd. S. 306, 317–321. Rousseau: vgl. ebd. S. 315–321.

auf Vorläufer so gut wie nicht eingeht, erwähnt und diskutiert sie in ihrem Paris-Abschnitt nicht weniger als sieben Paris-Berichte neuerer Zeit und bekennt sich zu Karl Gutzkows Verbindung von »objektive[n] Studien mit Gemüths-Eindrükken«, wie dieser sie in seinen *Briefen aus Paris* (1842) praktiziert habe.[209] Am 4. April 1846 war sie dem Geliebten, mit dem sie schon im Sommer des vorigen Jahres in der Schweiz zusammengewesen war, in die französische Hauptstadt nachgereist.[210]

Während deutsche Frauen sich in vornehmer Zurückhaltung gegenüber anderen Reisebeschreibungen übten, traten Ausländerinnen mit viel weniger Scheu auf. Bereits gegen Ende des 17. Jahrhunderts behauptete sich die Comtesse d'Aulnoy mit ihrer scharfen Kritik der Zustände am spanischen Hof gegen jeden Widerspruch, indem sie allen, die es besser wissen wollten, furchtlos entgegenhielt: »Je n'ay écrit que ce que j'ay vû«.[211]

150 Jahre nach der Comtesse d'Aulnoy trat George Sand mit dem Anspruch auf, Mallorca als Reiseland entdeckt zu haben und verteidigte den Wert ihres Buches *Un Hiver à Majorque* entschlossen gegen die Reisebeschreibung Laurens', der ihr mit der Veröffentlichung um ein weniges zuvorgekommen war. Die Auseinandersetzung mit dem Konkurrenten beendet sie, ihr Selbstbewußtsein mit ein wenig Ironie bemäntelnd, mit den Worten: »pour ne pas me départir de mon rôle de voyageur, je commence par déclarer qu'il est incontestablement superieur à tous ceux qui le précèdent.«[212]

Auch Lady Montagu zögerte nicht, ihre Überlegenheit hervorzuheben, wenn sie von ihr überzeugt war. »I am more inclined, out of a true female spirit of contradiction, to tell you the falsehood of a great part of what you find in authors; as, for instance, in the admirable Mr. Hill«, schreibt sie mit einem Hauch von Selbstironie in ihren Briefen aus dem Orient und wendet sich dabei gegen das 1703 erschienene, angesehende Werk Adam Hills, *Account of Turkey*.[213] Grundlage ihrer Kritik ist das Bewußtsein, als Frau die Dinge genauer gesehen zu haben und besser beurteilen zu können, die Frauen betreffen. »'tis also very pleasant to observe how tenderly he and all his brethren voyage-writers lament the miserable confinement of the Turkish ladies, who are perhaps more free than any ladies in the universe, and are the only women in the world that lead a life of uninterrupted pleasure exempt from cares«.[214] Gerade in ihrer Eigenschaft als Frau, das betont Lady Montagu immer wieder mit Stolz, hat sie die Möglichkeit, Beobachtungen zu machen, die einem Mann verwehrt sind. »I am sure I have now entertained you with an account of such a sight as you never saw in your life«, schreibt Lady Montagu nach einem Bericht über ein türki-

---

[209] S. 140.
[210] Vgl. W. Vordtriedes Ausgabe des Briefwechsels zwischen Therese von Bacheracht und Karl Gutzkow (1971) S. 29ff.
[211] *Relation du Voyage d' Espagne* Bd. I, S. 9 (»Au Lecteur«).
[212] *Œuvres complètes*. Bd. XVI, S. 12. Sand bezieht sich auf Joseph-Bonaventure Laurens: *Souvenir d'un voyage d'art à l'île de Majorque* (1840).
[213] *The Works*, 6. Aufl., Bd. III, London 1817, S. 2f.
[214] Ebd. S. 3f.

sches Frauenbad an ihre Freundin Lady Rich, »and no book of travels could inform you, as it is no less than death for a man to be found in one of these places.«[215] Wie unten (S. 183f.) zu zeigen sein wird, nehmen auch deutsche Frauen gern die sich ihnen bietende Gelegenheit zu einem Besuch im Harem oder Frauenbad wahr; sie scheuen sich aber, ihre auf geschlechtsspezifischer Autopsie beruhenden Erfahrungen in Kritik an bestehenden Meinungen umzumünzen.

Selbst Ida Pfeiffer, die als Weltreisende genügend Anlaß zu forscherem Auftreten gehabt hätte, hütete sich, mit Korrekturen an ihren Vorgängern glänzen zu wollen. Wenn sie etwas zurechtzurücken hat, so geschieht das in sachlicher Bescheidenheit.[216] Obwohl sie als reisende Frau viele Dinge mit eigenen Augen sehen konnte, die Männern verwehrt gewesen waren, läßt sich doch in ihren Büchern kein abschätziges Urteil über ihre männlichen Vorgänger finden. Besonders in ihren Vorworten, denen doch ein gewisser programmatischer und meinungsbildender Charakter eignet, ist sie bestrebt, dem Leser den Eindruck zu vermitteln, sie erwarte eher Korrektur als selbst andere korrigieren zu wollen (vgl. oben S. 119ff.).

Kritik zu üben, galt in Deutschland als unweiblich. Von diesem Grundsatz konnte offenbar nur dann eine Ausnahme gemacht werden, wenn es sich um Belange handelte, in denen man auf breitesten Konsens hoffen durfte: Belange des Vaterlandes und der Religion. Emma von Niendorf, die sonst nie die Auseinandersetzung mit anderen Reisebeschreibern sucht, bringt angesichts des Straßburger Münsters und des Rheins unvermittelt eine Spitze gegen Victor Hugo an: Er sei als Franzose einfach nicht in der Lage, dieses deutsche Bauwerk und diesen deutschen Strom zu beschreiben.[217] Sie spricht damit dem Werk eines der populärsten Schriftsteller Europas, *Le Rhin*, erschienen 1842, die Qualität ab.

Insbesondere an Konfessionsfragen schieden sich die Geister. Dies galt erstaunlicherweise nicht für Rom, über das männliche Reisebeschreiber so gern in Feuer gerieten,[218] sondern für das Heilige Land. Maria Schuber wendet sich in ihrem Pilgerbuch in überraschend scharfer Weise gegen die mit aufgeklärten Anmerkungen versehene Übersetzung von Chateaubriands *Itinéraire de Paris à Jérusalem* durch den würt-

---

[215] Ebd. Bd. II, S. 160.
[216] Z. B. *Frauenfahrt* Bd. II, S. 208 ihre Korrekturen an der ehrwürdiger Erdbeschreibung von Is. Bruckner: *Carte générale du globe terrestre, examinée et approuvée p. M. Dan. Bernoulli. Nebst e. franz. u. dt. Anweisung zum Gebrauch dieser Karte*. Basel 1755.
[217] *Wanderleben* S. 294–300.
[218] Am spektakulärsten ist das Duell zwischen Joseph Hippolyte Comte (»Santo Domingo«) mit seinem aggressivem Buch *Rom, wie es ist* (in dt. Übers. Leipzig 1825) und Christian Brentanos anonym veröffentlichter Schrift *Rom, wie es in Wahrheit ist* (Straßburg 1826). Eine breite katholische Gegenoffensive gegen die seit jeher üblichen protestantischen Angriffe wurde in den dreißiger Jahren eröffnet: Joseph Salzbacher (1837), Guido Görres (1841), August Kahlert (1843), Friedrich Hurter (1845), Franz Joseph Felsecker (1847). Vgl. J. Scheitler (1988).

tembergischen katholischen Pfarrer L. A. Haßler.[219] An anderer Stelle heißt es über die neueren Beschreibungen von Jerusalem von protestantischen Autoren, sie seien »von solcher Gehaltlosigkeit, daß es einem deucht, es sei um die Druckerschwärze schade.«[220] Während Maria Schuber wie gebannt auf den Protestantismus dieser Schriftsteller blickt, beurteilt die Protestantin Ida Hahn-Hahn die Franzosen Lamartine und Chateaubriand ihrerseits auch aus konfessionsbezogener Sicht und erklärt aus diesem Unterschied ausführlich die Differenzen zwischen ihrer eigenen und deren Darstellung – wobei es sie in ihrer Konfessionstheorie nicht stört, daß sie anfangs zu Lamartines Reise angemerkt hatte: »ich erinnere mich freilich nicht genau derselben«; am Ende bekennt sie genauso souverän in Hinblick auf Chateaubriand: »Übrigens habe ich seine Reise nach Jerusalem nicht gelesen«.[221]

In der Regel benützten deutsche Frauen Reisebeschreibungen ihrer Vorgänger als Quellen und Hilfsmittel. Sich anhand von Lektüre, vornehmlich von Reisehandbüchern, auf eine Tour vorzubereiten, gehörte zu den fundamentalen Empfehlungen der Apodemik. Der gründliche Reisende unterrichtete sich unterwegs aus dem Führer und hatte womöglich bei der Niederschrift seines eigenen Texten diesen daneben liegen. Selten freilich läßt sich die Abhängigkeit so gut nachweisen wie bei Ida Pfeiffers Neapel-Aufenthalt gegen Ende ihres Pilgerbuches. Station für Station wandert sie in ihrer Beschreibung die Sehenswürdigkeiten ab, wie sie der Reihe nach bei August Lewald aufgeführt sind.[222] Architektonische Daten werden wörtlich übernommen, Urteile jedoch mit »soll« wiedergegeben, getreu dem Bekenntnis der Autorin: »Ein Urtheil zu fällen über die Herrlichkeiten und Kunstschätze [...] wäre von mir, die ich keine Kennerin bin, eine Albernheit.«[223] Nicht übernommen hat Ida Pfeiffer kunsthistorische Anmerkungen, Angaben über Künstler etc., um sich nicht in ein Gebiet vorzuwagen, das erkennbar nicht das ihrige war.

Einen Reiseführer als Anleitung zu benützen, ja ihn womöglich den Lesern zur ergänzenden Lektüre zu empfehlen – was schon Goethe tat –, bedeutete für eine Reisebeschreibung keinen Eingriff in ihre ohnehin begrenzte Originalität. Es läßt sich beobachten, daß die meisten Frauen sich gewissenhaft und unter Heranziehung zuverlässiger und aktueller Werke auf ihre Tour vorbereitet haben. Ob Johann Gottfried Ebels *Anleitung, auf die nützlichste und genußvollste Art die Schweitz zu bereisen*, mit Sicherheit das umfangreichste und bestinformierte Kompendium zu diesem Land,[224] Hammer-Purgstalls berühmtes Standardwerk über Konstantino-

---

[219] Schuber S. 312. François R. v. Chateaubriand: *Tagebuch einer Reise von Paris nach Jerusalem durch Griechenland und von Jerusalem durch Egypten, durch die Staaten der Barbarei und durch Spanien zurück nach Paris. Übersetzt u. m. erläuternden u. kritischen Anmerkungen vers.* v. L. A. Haßler Freiburg 1817.
[220] S. 377.
[221] *Orientalische Briefe* Bd. II, S. 315f.
[222] *Reise einer Wienerin* S. 296–301. Vgl. A. Lewald: *Praktisches Reise-Handbuch nach und durch Italien* (1840) S. 449–453. Ida Pfeiffer deutet zu Beginn des Abschnitts die Abhängigkeit von Lewald an.
[223] S. 296f.
[224] Zürich 1809. Ebel benützten z. B. Friederike Brun und Charlotte von Ahlefeld.

pel[225] oder die Reisehandbücher Ernst Försters und August Lewalds[226] – reisende Frauen wußten durchaus, sich mit zuverlässiger Literatur zu versorgen.

Auch fremdsprachige Werke wurden zur Lektüre herangezogen. Oftmals waren sie ohnehin den deutschen überlegen. Viele von ihnen erschienen erstaunlich schnell in Übersetzung auf dem deutschen Markt; da die meisten reisenden Frauen aber über gute Kenntnisse im Französischen, oft auch im Englischen verfügten, griffen sie auch zu den Originalen. Maria Schuber erwähnt in der Vorrede zu ihrer *Pilgerreise* nicht weniger als elf Palästina-Beschreibungen und gibt an, diejenigen von Lamartine, Geramb und Chateaubriand im französischen Original gelesen zu haben.[227] Emilie von Berlepsch studierte im Zusammenhang mit ihrem Schottlandaufenthalt neun Reisebeschreibungen; darüber hinaus hatte sie zur literarischen Anregung einschlägige Belletristik dabei.[228] Obgleich Emilie von Berlepsch im Text der *Caledonia* mehrfach ihre Unzufriedenheit mit Dr. Johnsons *Reisen nach den westlichen Inseln bey Schottland* (Leipzig 1775) äußert, vermeidet sie doch einen direkten Vergleich mit den Reisewerken ihrer gelehrten Vorgänger. Lediglich gegenüber Professor Garnetts *Observations on a Tour through the Highlands and part of the Western Isles of Scotland* glaubt sie anmerken zu müssen, daß bei allen unvermeidlichen Übereinstimmungen wegen der identischen Reiseroute ihr Buch doch »Individualität in den Gemälden und Bemerkungen« aufweise.[229] Ihrem Mentor, Freund und Kritiker Macdonald blieb es überlassen, die besonderen Qualitäten der *Caledonia* herauszustreichen: »She mentions many things and reasons of them, which former travellers allowed to pass unnoticed. Her work by no means resembles Garnett's, for, though they partly travelled the same road, they have very different tastes, ears and eyes. *His* is a compilation, *hers* almost all original and self-derived. Even her little dab of metaphysics, though out of place for a woman's pen, pleases by its novelty of application to Highland manners.«[230]

---

[225] *Constantinopolis und der Bosporus* (1822). Maria Belli hielt sich in Konstantinopel an diesen Führer.

[226] E. Förster: *Handbuch für Reisende in Italien*. München 1840. A. Lewald: *Praktisches Reise-Handbuch nach und durch Italien*. Stuttgart 1840. Beides benützt von Fanny Lewald. – E. Förster: *Handbuch über München*. München 1840. August Lewald: *Panorama von München*. 2 Tle. Stuttgart 1835, 2. Aufl. 1840. Benützt und empfohlen von Therese von Bacheracht: *Menschen und Gegenden* S. 319.

[227] Vorwort S. V. S. 312.

[228] Beatties *Minstrel*, Macphersons *Ossian*, Burns Gedichte und Thomsons *Jahreszeiten*. Eine genaue Auflistung der bei Emilie von Berlepsch erwähnten Reisebücher gibt A. Gillies (1975/76) S. 79.

[229] Vorrede S. VIII. Thomas Garnett Professors der Physik und Chemie zu London Reise durch die Schottischen Hochlande und einen Theil der Hebriden. Aus dem Englischen übersetzt und mit Alexander Campbells Abhandlung über die Dicht- und Tonkunst der Hochländer wie auch über die Ächtheit der dem Ossian zugeschriebenen Gesänge vermehrt von L. Th. Kosegarten. Lübeck u. Leipzig 1802. Emilie von Berlepsch hatte dieses Werk erst nach ihrer Rückkunft gelesen.

[230] Brief an Böttiger vom 29. 9. 1801, cit. bei Gillies (1969) S. 111. Der überraschend positive Grundtenor in diesem Brief ist dadurch zu erklären, daß Macdonald gerade eben die Rolle eines Verlagsvermittlers für Frau von Berlepsch übernommen hatte.

Ida Pfeiffer schließlich gehörte sicherlich zu den fleißigsten Reisenden. In der Gründlichkeit, mit der sie sich aus in- und ausländischen Werken bildete, aber auch in der Beflissenheit, mit der sie ihre Lektüre angab, steht sie in krassem Gegensatz zu Ida Hahn-Hahn – jedenfalls seit ihrer Nordlandfahrt, der ersten von Pfeiffers Unternehmungen mit (populär-)wissenschaftlichem Anspruch. Auch Ida Hahn-Hahn zog es nach Skandinavien; für sie mußte eine Reise jedoch »eine feurige Improvisation« sein, weshalb sie vorbereitende Studien als Beeinträchtigung ihrer Spontaneität ablehnte.[231] »Man kennt den Norden ja so wenig«, behauptet sie ungeachtet der Tatsache, daß vor ihr Alexis, Arndt, Hallberg-Broich, Otte und Strombeck Bücher über diese Region der Erde verfaßt hatten, von den ausländischen und wissenschaftlichen Werken, die Ida Pfeiffer zu Rate gezogen hat, ganz zu schweigen. »Ich meines Theils hab' ihn nur aus *Dahls* poetischen Gemälden gekannt – daß man unwillkürlich Lust hat ihn mit den Farben des Südens zu schmücken«, fügt die Gräfin hinzu.[232] Diese »Farben« konnte Ida Hahn-Hahn im Norden dann nicht finden, weshalb sie ihre Reise enttäuscht abbrach. Ida Pfeiffer kehrte zurück mit einem sehr informierten Tagebuch, aus dem ein zweibändiges Werk erwuchs, einer großen Sammlung von wirbellosen Tieren und isländischen Pflanzen und – einer Aufstellung über die Jahresgehälter der dänischen Beamten auf Island.

Ida Pfeiffer hat sich auf ihren Reisen außergewöhnlich konsequent bemüht, ihre eigenen Beobachtungen zu machen. Treulich gibt sie dem Leser Auskunft, auf welche Schwierigkeiten nicht nur rein physischer Art sie traf, sondern welche psychologischen Hürden oftmals zu überwinden waren, um etwa das Vertrauen der Bevölkerung zu gewinnen, das die Voraussetzung zu ethnologischen Studien ist. Gleichwohl stand sie nicht an, hin und wieder aus zuverlässigen Werken zu zitieren.[233]

Für Ida Hahn-Hahn hingegen war in allen ihren Reisebüchern oberstes Prinzip ihre ungetrübte Individualität und Originalität. Ihre Weigerung, sich durch Lektürestudium auf Reisen vorzubereiten, war Teil ihrer Selbststilisierung. Ihr Bemühen ging darauf, sich alleine und ohne Vorgängerschaft auf möglichst unbekanntem Boden zu präsentieren. Auf ihrer Frankreichreise war sie nicht umhin gekommen, der Reisebeschreibungen von »Raumer und Börne, Lewald und Mundt«, die jedermann kannte, zu gedenken, sodaß in ihr schon Zweifel am Sinn einer neuerlichen Beschreibung aufgestiegen waren.[234] Deshalb steigerte sie die Entfernung ihrer Reiseziele von Italien und Frankreich auf Spanien, Skandinavien und den Orient. Daß sie auch dort reichlich Vortreter hatte, darüber sah sie – jedenfalls vor ihrem Publikum – souverän hinweg.

---

[231] *Reiseversuch* S. 39.
[232] Ebd. S. 28.
[233] Z. B. *Reise nach dem skandinavischen Norden* S. 78–84 ein langes Zitat aus G. H. Mackenzie: *Reise durch Island*. Leipzig 1821.
[234] *Erinnerungen aus und an Frankreich*, Widmung S. 1. – Freilich war auch Spanien nicht mehr ganz so unbekannt, wie die Gräfin ihre Leser glauben machen will. Nicht nur hatte es Wilhelm von Humboldt in seinen Briefen an Goethe meisterhaft geschildert, sondern es lagen auch Reisebeschreibungen von W. Alexis (1842), C. O. L. v. Arnim (1841), J. v. Auffenberg (1835) und Rehfues (1813) vor.

Das Prinzip unbedingter Originalität hielt die Gräfin für eine Entlastung. Reisen sollte nicht Arbeit sein: »bei mir ist alles Liebhaberei und nichts Handwerk«, lautete ihr Grundsatz.[235] In Wirklichkeit bedeutete dieses Prinzip aber eine beträchtliche Belastung, denn die Qualität des Textes hing ja nun einzig von der Genialität der Reisenden im Beobachten und Schreiben ab. Mit ihrer Skandinavienreise war Ida Hahn-Hahn gescheitert. Ihre Orientreise, bei der sie ihr Autonomieprinzip – jedenfalls nach außen hin – auf die Spitze trieb, sollte ihre Leserschaft in bisher nicht dagewesener Weise polarisieren.

»Die heilige Schrift war fast meine einzige Lektüre« behauptet die Autorin noch Jahre später von ihrer großen Orientreise.[236] Wie zu zeigen sein wird, war diese Behauptung stark übertrieben; gleichwohl aber dürften wenige Reisende den Mut besessen haben, Konstantinopel so völlig bar von Kenntnissen zu betreten – und zu verlassen. »Ich hoffe,« schreibt sie aus der türkischen Hauptstadt an die Mutter, »daß all meine Beschreibungen von Constantinopel sehr der Wahrheit getreu sind, weil ich ganz Neuling, ohne Vorurtheil für oder wider, hergekommen bin. Das ist in Europa fast unmöglich! auf irgend eine Weise interessirt man sich dort bereits lange vorher für das Land in das man reist; aber dieses ist uns im Grunde gänzlich fremd, oder war es wenigstens mir dermaßen, daß ich nicht weiß, ob schon irgend Jemand eine Beschreibung von Constantinopel gemacht hat. Nun, ich wünsche, daß Du keine kennen mögest, himmlische Mutter, dann hat die meine doch wenigstens den kleinen Reiz der Neuheit für Dich.«[237]

Es zeugt schon von erstaunlicher Freiheit, zwanzig Jahre nach dem Erscheinen von Hammer-Purgstalls zweibändigem, in ganz Europa berühmten Werk *Constantinopolis und der Bosporus* die Frage zu stellen, ob schon jemand die Stadt am Goldenen Horn beschrieben habe. Kein Reisender konnte ohne Hammers Standardwerk auskommen, und auch Ida Hahn-Hahn hat es selbstverständlich gekannt.[238] Sie kannte auch Lady Montagus Briefe und Schuberts *Reise in das Morgenland*, wie aus sehr beiläufig fallengelassenen Bemerkungen hervorgeht,[239] machte jedoch keinen Gebrauch davon. Hammer hingegen hat sie exzerpiert. Dies läßt sich für ihren Exkurs über byzantinische Frauenfiguren zweifelsfrei nachweisen. Die Byzantiner seien ihr insgesamt »nicht angenehm«, schreibt sie aus Konstantinopel an die Schwester;»nur für ein Paar Frauen in der byzantinischen Kaisergeschichte vermag ich mich zu interessiren.«[240] Nun folgen Betrachtungen über Pulcheria, Eudoxia,

---

[235] *Reiseversuch* S. 39.
[236] *Von Babylon nach Jerusalem* (1851) S. 118.
[237] *Orientalische Briefe* Bd. I, S. 294f.
[238] Sehr viel später (Bd. II, S. 113) entschlüpft ihr die Bemerkung, »im ›Hammer‹ gelesen« zu haben. Dabei könnte allerdings auch eines der anderen Werke des Gelehrten gemeint sein.
[239] Ebd. Bd. I, S. 284 zu Lady Montagu: »Wer englisch gelernt, hat ihre wunderhübschen Briefe aus Constantinopel gelesen, und es ist wirklich schade, daß man sie immer nur als Schulbuch behandelt – so weit ich mich erinnere.« Bd. III, S. 392 wird Schuberts Buch erwähnt, das 1840 schon in 2. Auflage erschienen war und sich für die Darstellung Konstantinopels ganz an Hammer hält.
[240] Ebd. Bd. I, S. 246f.

Irene und Anna Komnena,[241] die die Verfasserin unschwer den Seiten 273 bis 293 im I. Band Joseph von Hammers hatte entnehmen können. Auch ein Mißverständnis, das später Fallmerayer mit großer Häme als historischen Lapsus in seiner Rezension aufspießte, hat sie dieser Passage zu verdanken.[242] Ida Hahn-Hahn kannte also jedenfalls einzelne Passagen aus Hammers Werk – vielleicht hatte ihr gelehrter und fleißiger Reisebegleiter Bystram sie für sie ausgesucht. Was die Gräfin von Hammer aber nicht übernehmen wollte, war dessen auf profunder Kenntnis gegründete Auffassung des alten und neuen Konstantinopel. Sie wollte von ihm nicht sehen lernen, sondern beharrte auf ihren individuellen und »originalen« Gefühlseindrücken. »Ich werde, so Gott will! immer mein gutes unbestechliches Auge behalten, und nur das schön finden, was auf mich diesen Eindruck macht«, lautete ihr Grundsatz.[243] Es gibt nicht wenige Stellen, aus denen deutlich wird, daß die Reisende, während sie das fremde Gängelband vermeiden wollte, in sich selbst gefangen blieb. So frönt sie dem Vorurteil, die Byzantiner seien allesamt weichlich und dekadent gewesen, ihre Bauten seien demzufolge kleiner, schlampiger und schlechter als die römischen,[244] obgleich sie sich durch den Augenschein wie aus der Literatur eines Besseren hätte belehren lassen können. Weil sie Konstantinopel in erster Linie als eine Stätte des Verfalls begreifen will, so macht ihr auch der wegen seiner Schönheit viel gepriesene Friedhof von Skutari nur »den allerkläglichsten Eindruck«;[245] und von dem in Wirklichkeit drei Stockwerke hohen und sogar besteigbaren Hebdomon-Palast[246] sieht sie nur einen »Schutthaufen mit ein Paar zierlichen Fensteröffnungen«. Die Pointe – damals Purpurgemächer, jetzt die Hütten von »bettelhaftem Judengesindel« – war ihr wichtiger als die Wahrnehmung.[247]

Das Bestreben, sich zur Reisenden ohne Vorgänger, unbeeinträchtigt von Vorgaben anderer zu stilisieren, ein Bestreben, das weder von Erfolg gekrönt sein konnte, noch unbedingt nutzbringend war, bestimmte auch den weiteren Verlauf der Orientreise. In ihrem letzten Brief aus Konstantinopel weiß die Gräfin ihrer Mutter »zum Schluß noch etwas Komisches« zu berichten: Bei der Ausstellung des Reisefirmans hatte es Schwierigkeiten gegeben. »Und nun rathe weshalb! – Weil noch nie eine Frau einen Reisefirman begehrt hat. Es war mir vorbehalten diesen in den Annalen des osmanischen Reiches unerhörten Fall herbeizuführen und ich werde nicht ermangeln dies außerordentliche Document mit mir nach Europa zurückzubringen,

---

[241] Ebd. S. 247f.
[242] Hammer Bd. I, S. 293 hatte Anna Komnena als »Geschichtsschreiberinn der Regierung ihres Vaters Alexius I. und der in diese Zeit fallenden ersten Kreuzzüge« bezeichnet. Bei Ida Hahn-Hahn (Bd. I, S. 248) wird daraus »die Eroberung von Byzanz durch die Kreuzfahrer« – welche aber bekanntlich erst 1204 durch den 4. Kreuzzug erfolgte. Kaiser Alexios I. Komnenos regierte bis 1118.
[243] *Orientalische Briefe* Bd. I, S. 302.
[244] Ebd. S. 243.
[245] Ebd. S. 203.
[246] Vgl. Hammer Bd. I, S. 194–204 und Schubert Bd. I, S. 203.
[247] Bd. I, S. 242.

weil es vielleicht einzig in seiner Art auf der Welt ist.«[248] Einzig konnte es freilich schwerlich sein. Natürlich hatten bereits vor Ida Hahn-Hahn viele Frauen das Territorium des Osmanischen Reiches bereist. Von Hester Stanhope, die im Libanon lebte, erzählt die Gräfin selbst;[249] Therese von Bacheracht war ebenfalls in Konstantinopel und Kleinasien gewesen, und Ida Pfeiffer hatte gerade erst 1842, also vor Jahresfrist, einen Firman beantragt[250] – ganz zu schweigen von den vielen englischen Touristinnen (Egerton, Elwood, Londonderry, Montefiore, Pardoe, Poole, Roberts). Doch diese kleinen Unrichtigkeiten waren ebenso wie die Unterschlagung von Vorgängerschriften Opfer auf dem Altar der Originalität.

Jakob Philipp Fallmerayer hat 1845 in seiner süffisanten Rezension der Gräfin vorgehalten: »Gräfin Ida Hahn-Hahn ist auf der bezeichneten Wunderbahn im Orient weder als Entdeckerin noch als erste Beschreiberin aufgetreten. *Viele* waren schon vorhin da, und *jeder* Schritt ist längst und zum Theil in gutem Styl gezeichnet und ausgemalt. Wer wollte es etwa heute noch wagen seine flüchtigen Besuche in Konstantinopel, in Jerusalem, bei den Pyramiden von Memphis, oder selbst bei den ärmlichen Lehmhütten von Wadi-Halfa noch als Gegenstände öffentlicher Neugierde auszubeuten? Frau *Ida* weiß vielleicht besser als mancher Andere welchen Reichthum guter Notizen man z. B. über Konstantinopolis und den Bosporus in *Hammers* noch nicht übertroffenem Werke finde. Ebensowenig, scheint es, hat sie übersehen daß über Jerusalem, Aegypten und Nubien *Prokesch* ein tüchtiger und verlässiger Nothhelfer und Präceptor ist. Dessenungeachtet sagt Frau Ida, ihre Beschreibungen seyen nicht nur wesentlich *treu*, sondern auch durchgehends *originell*, und so gehalten als wäre ihr auf diesem Felde noch Niemand vorangegangen. Gegen die Treue der Frau Gräfin ist nichts einzuwenden [...]. Daß sie aber hie und da den Concepten der genannten beiden berühmten Oesterreicher in Ordnung und Farbe bis zum Verwechseln gleichen, ist offenbar nur Spiel des Zufalls.«[251]

Vielleicht konnte nur einem so intimen Kenner des Orients und seiner Literatur wie Fallmerayer die Abhängigkeit der *Orientalischen Briefe* von Hammers und Prokeschs Büchern auffallen. Die Gräfin leugnete diese ja offen ab. Sie habe, liest man, in Kairo zwar ein Werk von Clot Bey[252] und Anton Prokeschs *Erinnerungen aus Ägypten und Kleinasien* (1829–1831) gekauft, wolle diese aber erst zu Hause anschauen. »Ich bin nun einmal dazu geboren, durch sehen zu lernen, und nicht durch lesen.«[253] Der Leser erhält von der Autorin auch keine Berechtigung anzunehmen, sie habe Prokeschs Werk für ihre Redaktion zu Hause benützt; dies widerspräche der schriftstellerischen Intention der Gräfin vollkommen. Nicht nur vermeidet sie jeglichen Anschein von redaktioneller Überarbeitung, sondern sie hat auch außer-

---

[248] Ebd. S. 301. Ida Hahn-Hahn behauptete auch, als erste Frau bei den Nil-Katarakten von Wadi-Halfa gewesen zu sein. Ebd. Bd. III, S. 187.
[249] *Orientalische Briefe* Bd. II, S. 93, 98f.
[250] *Reise einer Wienerin* Bd. I, S. 62.
[251] In: *Beilage* zur *Allgemeinen Zeitung* (1845) S. 137.
[252] Gemeint muß sein: *Aperçu général sur l'Egypte*. 2 Bde. Paris 1840.
[253] *Orientalische Briefe* Bd. III, S. 124.

ordentlich geschickt die Stellen zu verbergen verstanden, die sich tatsächlich Prokesch verdanken.

Nicht weniger als drei Briefe behandeln die Nilfahrt entlang den großen ägyptischen Monumenten. Dieser merkwürdige kompositorische Pleonasmus scheint zunächst durch schriftstellerische Rücksichten oder durch das Eingehen auf die Bedürfnisse der verschiedenen Adressaten begründet zu sein. Bei näherem Hinsehen erweist er sich jedoch als Kunstgriff, als sehr effizientes Mittel, Abhängigkeiten zu verschleiern. Wer vermöchte, wenn schließlich im dritten Brief die Baudenkmäler in umgekehrter Reihenfolge beschrieben werden, noch den Vergleich mit Prokeschs systematischer Abhandlung zu ziehen? Gleichwohl gehen die Ähnlichkeiten teilweise bis zur wörtlichen Entlehnung. Die auffallendsten Übereinstimmungen bestehen bei den Beschreibungen der Gräber im Tal der Könige[254] und der Tempelanlage von Tentyra (=Denderah)[255]. Die beiden Abschnitte gehören zu dem großen Brief der Reisenden an ihre Freundin, die Gräfin von Schönburg-Wechselburg. In diesem Brief erzählt die Autorin zu Beginn, sie habe sich einen Morgen lang mit wissenschaftlichen Büchern in der Bibliothek der Ägyptischen Gesellschaft abgeplagt, um zuletzt die Finger von diesem Unterfangen zu lassen.[256] Nicht diese Folianten – wie man annehmen möchte – hat Ida Hahn-Hahn jedoch für ihre Beschreibung letztendlich benützt, sondern Prokeschs Standardwerk. Vor allem entnahm sie architektonische Details, Fachausdrücke, Vergleiche mit anderen Kunstwerken, treffende Beiwörter. Prokeschs Grundstimmung jedoch wollte sie nicht teilen. Dieser war durchwegs begeistert von der ägyptischen Kunst, als deren bester Kenner auf deutsch-sprachigem Gebiet er wohl gelten durfte. Die Gräfin hatte eine eher skeptische Grundeinstellung. Sie brachte ihren an europäischen Mustern geschulten Geschmack mit und hielt an ihm fest, unbeeinflußt von den Lehren der Ägyptologen.[257] Ähnlich wie oben im Fall Konstantinopels aufgezeigt, bestand die Gräfin auch hier auf ihrer »Originalität«. Ein Textvergleich macht dies deutlich. Liest man bei Prokesch über die Königsgräber: »Hier kann man die Kraft und Frische der Farben bewundern; sie scheinen mit Glanzfirnis überzogen und übertreffen weit Alles, was man in dieser Art auf irgend einem Monumente in Ägypten oder Nubien sehen kann«,[258] so heißt es bei Ida Hahn-Hahn: »Hier sind die Farben von der schneidendsten Grellheit und die Bilder so barock, daß ich mich wirklich entsetzte.« Und wenig weiter unten merkt sie – jetzt mehr ins Detail gehend als der sonst weit ausführlichere Prokesch – zu Isis an: »Sie trägt ein Kleid schwarz und feuerfarben gestreift, jeder Streif kaum so breit als ein Strohhalm, und allerlei Krimskrams und Schmuck

---

[254] *Orientalische Briefe* Bd. III, S. 314–318. Prokesch: *Erinnerungen* Bd. I, S. 382–396.
[255] *Orientalische Briefe* Bd. III, S. 126–128, 305–307. *Erinnerungen* Bd. II, S. 1–11.
[256] Ebd. S. 241.
[257] *Orientalische Briefe* Bd. III, S. 256: »Warum soll ich Ungelehrte mir nicht eben so gut meine Hypothesen machen als Gelehrte – da die eigenen mir doch viel mehr Spaß machen als die fremden.«
[258] *Erinnerungen* Bd. I, S. 387.

an Busen, Armen und Haupt. In den schreiendsten Farben tritt die typische Mißgestalt in ihrer ganzen Verschrobenheit und Dürftigkeit hervor.«[259]

An dieser Stelle fällt gegenüber Prokesch nicht nur die negative Grundeinstellung gegenüber der ägyptischen Kunst auf, sondern auch das weibliche Interesse an Kleidung und Schmuck. Weibliches Spezialinteresse, weibliche Sicht, läßt sich auch an den anderen wenigen Stellen als Grund angeben, an denen die Autorin über Prokeschs Text hinaus geht.[260] Besonders interessant ist, wie in Denerah die Person der Kleopatra durch weibliche Augen eine ganz andere Beurteilung erfährt als durch männliche. Kleopatras Bild ist am Haupttempel vielfach vorhanden. Prokesch widmet dem Erscheinungbild der Königin eine detaillierte und recht erotisch gefärbte Beschreibung, eingeleitet von dem Bekenntnis: »Wenn ich diese Kleopatra betrachte, so begreife ich die Schwäche der Cäsare.«[261] Die Gräfin dagegen schweift von der konkreten Darstellung ganz ab in die Macht-Sehnsüchte des weiblichen Geschlechts, wobei ihr Kleopatra als sehr privilegierte und beneidenswerte Figur vorkommt. Am Ende verrät sie aus einer momentanen Unvorsichtigkeit heraus ihren Gewährsmann, weil sie sich einen kleinen Seitenhieb auf den enthusiasmierten Prokesch nicht verkneifen kann.[262]

Ida Hahn-Hahns Verabsolutierung des Prinzips der Autopsie, ihr Bestreben nach Originalität um jeden Preis, auch um den Preis der bewußten Verschleierung von Abhängigkeiten, ist Kennzeichen ihrer rein persönlichen Schreibweise und nicht typisch weiblicher Stil. Sie erkannte offenbar darin ihre Nische auf dem übervollen Markt der Reiseliteratur. Kaum jemand kommt ihr in der konsequenten Ausblendung der Vorgänger gleich.[263] Für die Mehrzahl der Reisebeschreiber war es nicht nur praktische Norm, für ein so extravagantes Unternehmen wie eine Reise Quellenwerke aller Art zu Rate zu ziehen. Die eigene Sicht mit der anderer zu vergleichen, war vielmehr auch ein Gebot der Wahrhaftigkeit. Esther Gad-Bernard ging sogar so weit, ihren Lesern bewußt eine Mannigfaltigkeit der Ansichten durch häufiges Zitieren anderer Reisender vorzulegen.[264]

Der scharfsinnige Fallmerayer hatte 1839 in einem kritischen Beitrag, *Semilasso und die ägyptischen Fellahs*, die Relativität der Autopsie betont, indem er bei den verschiedenen Ägypten-Berichten einen »diametralen Widerspruch der Augenzeugen« feststellte.[265] Seine Schlußfolgerung, die Perspektive verändere sich je nach

---

[259] *Orientalische Briefe* Bd. III, S. 315f.
[260] Vgl. ebd. S. 317, wo sie lange bei Einzelheiten des Hausgeräts verweilt.
[261] *Erinnerungen* Bd. II, S. 9f.
[262] *Orientalische Briefe* Bd. III, S. 127f. Die Stelle über Kleopatra ist oben S. 156 zitiert.
[263] Am ehesten noch läßt sich Kotzebue ihr an die Seite stellen. Er vertrat ebenfalls die Überlegenheit des allerersten Eindrucks und behauptete, vorbereitende Lektüre von sich gewiesen zu haben, »um mein Urtheil nicht gängeln zu lassen«. *Erinnerungen von einer Reise aus Liefland nach Rom und Neapel.* Berlin 1805, Bd. I, S. IX. Während der Reise zog Kotzebue aber dann doch Volkmann, Adler, Venuti und Vasi zu Rate.
[264] *Briefe während meines Aufenthalts in England und Portugal* Bd. I, Vorrede S. XIIIf.
[265] *Gesammelte Werke.* Hg. v. G. M. Thomas. Leipzig 1861 (Amsterdam 1970). Bd. I, S. 53ff., hier S. 56.

dem Kenntnisstand des Betrachtenden, bedeutet im Grunde nichts anderes als die Mahnung für den Reisenden, den eigenen ersten Augenschein nicht zum Maß aller Dinge zu machen. Johanna Schopenhauer hatte diese Erkenntnis in ihrer Autobiographie in die Worte gefaßt: »Wie neugeborene Kinder das Sehen durch Übung erst erlernen müssen, so will auch das Sehen auf Reisen erst erlernt werden«.[266]

Während nun das Gros der Reiseschriftstellerinnen bei allem Bemühen um Autopsie auch andere Werke bereitwillig zu Rate zog, sich womöglich auch an Vorbilder anschloß, so läßt sich daraus doch keine Zugehörigkeit zu einer Schriftstellerschule ableiten. Frauen gehörten auch nicht zu literarischen Bünden, Zirkeln oder Freundeskreisen. Vor allem aber nimmt es wunder, wie wenig sich schriftstellernde Frauen aneinander anschlossen. Von einer weiblichen literarischen Traditionsbildung gar, etwa in dem Sinne, daß man Schreibweisen übernommen oder aus den literarischen Leistungen anderer Frauen Selbstbewußtsein abgeleitet, sich aufeinander berufen hätte, kann keine Rede sein.

Hier ist freilich eine nationale Einschränkung zu machen. In England läßt sich sehr wohl beobachten, daß Reiseschriftstellerinnen die Werke anderer Frauen in diesem Genre bewußt heranziehen, sie für ihr eigenes Schreiben als Muster nehmen und sie dem Publikum als Vorgängerinnen weiblicher Schriftstellerei präsentieren.[267] Mrs. Hanway beruft sich im Vorwort zu ihrer Schottlandreise auf Lady Miller und Lady Montagu,[268] Mrs. Piozzi gibt an, sich die *Remarks upon the English Nation* der Mme. Du Bocage als Vorbild genommen zu haben.[269] Mary Morgan rückt ihre *Tour to Milford Haven* zwar bescheiden von den geistvollen Reiseschriften einer Lady Craven, Miller oder Montagu ab, bietet aber in ihrer Vorrede ein Beispiel dafür, wie weibliche Traditionsbildung dem eigenen schriftstellerischen Selbstbewußtsein aufhelfen kann: »As a female, I have certainly no occasion to excuse my temerity; so many of my sex have shown they are capable of the most admirable compositions on the most important subjects. I therefore am not afraid of being accused of going out of my sphere in publishing this trifling work.«[270]

Wohl hatte Sophie von La Roche in ihrer Zeitschrift *Pomona* einmal die Anregung gegeben, deutsche Frauen mögen sich auf die Leistungen der Ausländerinnen im Reisefach besinnen und, an deren Beispiel geschult, selbst zur Feder greifen, um diese Gattung für die Damenwelt zu erschließen. Als eifrige Leserin verfügte sie über eine gute Kenntnis der in- und ausländischen Literatur, die sie an das deutsche weibliche Publikum zu vermitteln suchte.[271] Sophie von La Roches Anstöße blieben aber ohne Wirkung. Ein literarischer Dialog der deutschen Reiseschriftstellerinnen

---

[266] *Jugendleben und Wanderbilder* (1958) S. 201.
[267] Vgl. auch M. Blondel (1984) S. 105f.
[268] (1777) S. III.
[269] (1789) Bd. I, S. 17f. Der von der Autorin angegebene Titel ist nicht authentisch. Gemeint sind die 1770 in englischer Übersetzung erschienen *Letters concerning England, Holland, and Italy* (2 Bde., London).
[270] (1795) S. IV. IX.
[271] Vgl. v. a. *Reise von Offenbach nach Weimar*. Dort wird S. 9 auch Friederike Brun erwähnt.

kam nicht zustande. Dabei kannten sich viele Schriftstellerinnen untereinander.[272] Gerade für ihre Reisebücher nahmen sie aber die Erfahrungen anderer Frauen kaum zu Kenntnis, sondern hielten sich an die einschlägigen Werke von Männern. Dies gilt nicht nur für Ida Hahn-Hahn, die sich in keiner Weise um die Orientbücher der Generalin von Minutoli, Therese von Bacherachts oder Ida Pfeiffers kümmerte. Letzteres hätte sie nach ihrer Rückkunft in Wien lesen können, wo es immerhin eine kleine Sensation machte. Sie griff aber – von einem künstlerischen Standpunkt aus sehr verständlich – lieber zu Pücklers *Aus Mehemet Ali's Reich*, wohl auch, weil sie mit dem Autor in brieflicher Verbindung stand. Fanny Lewald zog in England nicht Sophie von La Roche oder Johanna Schopenhauer zu Rate, ebenso wenig wie Therese von Bacheracht in Italien Friederike Brun oder Elisa von der Recke. Dies mag nun wegen des Generationsunterschiedes noch verständlich sein. Immerhin berichtet Fanny Lewald, in ihrer Jugend die Reisebücher Johanna Schopenhauers gern gelesen zu haben.[273] Warum aber nahmen Zeitgenossinnen voneinander so wenig Notiz? Maria Belli war nur wenige Jahre nach Ida Hahn-Hahn und Ida Pfeiffer in Konstantinopel, zeigte aber kein Interesse an deren Erfahrungen. Caroline de la Motte Fouqué und Elise von Hohenhausen schrieben, ohne sich um die wechselseitigen Darstellungen zu kümmern, Briefe über Berlin im Abstand von kaum einem Jahr. Esther Gad-Bernard und Emilie von Berlepsch ließen im gleichen Jahr 1802 beim gleichen Verleger Campe Großbritannien-Bücher erscheinen, ohne in den folgenden, später veröffentlichten Bänden die Darstellung der anderen zu erwähnen. Und auch Ida Pfeiffer, so fleißig sie sonst las, interessierte sich nicht für andere, ausländische Frauen, die vor ihr schon über die fernen Länder geschrieben hatten, in die sie sich wagte, wie z. B. Flora Tristan, die über ein Jahr in Peru zugebracht hatte, Anne Royall und ihre USA-Bücher, Emma Roberts Indieneindrücke. Schwesterliche Solidarität, spezielles Interesse für die Erfahrungen, die Geschlechtsgenossinnen machten, sind so gut wie nicht zu finden.

Ausnahmen von dieser Regel gibt es so selten, daß sie Erwähnung verdienen: Einzig die Heilig-Land-Pilgerin Maria Schuber gibt an, durch die Reisebeschreibung einer anderen Frau, ihrer Landsmännin Ida Pfeiffer nämlich, in ihrem eigenen Vorhaben bestärkt worden zu sein.[274] Sie berichtet auch, der österreichische Generalkonsul Laurin habe ihr in Alexandrien von Ida Hahn-Hahn erzählt, »wie sie mit unerschütterlicher Beharrlichkeit ihr Vorhaben ausführte, und [er] stellte sie mir als Beispiel vor.«[275] Es bleibt freilich offen, ob die fromme Pilgerin mit diesem Vorbild zufrieden war. Immerhin gibt es Grund anzunehmen, daß sich ihre scharfe Kritik an

---

[272] Dies bezeugen zahlreiche Belege aus Briefen, jedoch nur sehr wenige Stellen in Reisebeschreibungen. Fanny Lewald, die mit Therese von Bacheracht eng befreundet war, erwähnt Therese als Person ein paarmal, wobei sie selbstverständlich voraussetzt, daß ihre Lesergemeinde diese kennt: *Italienisches Bilderbuch* S. 11; *England* Bd. I, S. 255; *Erinnerungen aus dem Jahr 1848*, Widmung. – Emma von Niendorf zeigt sich hoch erfreut, als sie im Salon der Gräfin d'Agoult in Paris Thereses Bild entdeckt: *Aus dem heutigen Paris* S. 22.
[273] *Römisches Tagebuch* S. 47.
[274] *Meine Pilgerreise* S. 4.
[275] Ebd. S. 176.

religiös schwärmerischen Freigeistern, die sie anläßlich ihrer Lektüretage in Jerusalem gegen eine Ungenannte schleuderte, auf Ida Hahn-Hahn und ihre Carmel-Romantik richtete.[276]

In der Tat ist die Gräfin Hahn-Hahn die relativ am häufigsten Erwähnte, weil auch am meisten Umstrittene. Nicht daß sie bei anderen Schriftstellerinnen Schule gemacht hätte; eher gelten ihr negative Kommentare. Die junge Mathilde Franziska Tabouillot (später Anneke) setzt sich in ihrer ersten Reisebeschreibung von der Veröffentlichungswut der berühmten Autorin ab.[277] Therese von Bacheracht kritisiert – wohl unter Gutzkows Einfluß – die unbedingte Subjektivität der Gräfin.[278]

Unter den häufigen Lektüreempfehlungen in Reiseschriften von Frauen kommt es nur ein einziges Mal vor, daß die Leser auf das Werk einer anderen Reisenden als Ergänzung verwiesen werden. In *Römisches Leben* rät Friederike Brun der Tochter und Adressatin in einer Fußnote: »Lies über die Geschichte der Familie Cenci in dem trefflichen Werke der Frau von der Recke nach.«[279]

Bedenkt man, wie üblich es im 19. Jahrhundert war, auf einer Reise die Bekanntschaft mit berühmten Persönlichkeiten zu suchen, so fällt auf, daß Reisebeschreibungen nicht sonderlich häufig über Besuche von Schriftstellerin zu Schriftstellerin zu berichten wissen. Emma von Niendorf suchte in Paris George Sand auf;[280] Charlotte von Ahlefeld verkehrte in Wien bei Karoline Pichler;[281] Elise von Hohenhausen bedauerte, daß sie Friederike Brun nicht hatte kennenlernen können;[282] und Ida Hahn-Hahn bekennt von einem Besuch bei Friederika Bremer: »Ich freute mich außerordentlich, sie kennen zu lernen, denn ich kenne überhaupt gar keine Schriftstellerin, und man ist doch immer ein wenig gespannt seines Gleichen zu begegnen.«[283] Höchst aufschlußreich sind die Reflexionen, die die Gräfin nun anschließt. Sie liefern vermutlich den Schlüssel zu dem merkwürdigen Phänomen, daß schriftstellernde Frauen einander so wenig Beachtung schenkten. Ida Hahn-Hahn, die sich sehr angenehm überrascht zeigt von der Persönlichkeit Friederika Bremers, überlegt: »Ich weiß nicht warum man solch ein Vorurtheil gegen Schriftstellerinnen hat, daß man im Allgemeinen sogleich die Idee von Lächerlichkeit und Verschrobenheit mit ihnen in Verbindung bringt.«[284] Dieses Vorurteil hatte auch Ida Hahn-Hahn verinnerlicht und mit hoher Wahrscheinlichkeit nicht nur sie, sondern das Gros der

---

[276] Ebd. S. 375f.
[277] *Eine Reise im Mai 1843* (1846) S. 377.
[278] *Paris und die Alpenwelt* S. 57, 140. Etwas positiver ist der Tenor in der großen Rezension über Ida Hahn-Hahn, die ursprünglich in den *Blättern für literarische Unterhaltung* (1843), dann wieder in *Menschen und Gegenden* als Kapitel I gedruckt wurde.
[279] Bd. I, S. 51 Anm. Friederike Brun ihrerseits kommt die Ehre zu, daß Hermann Friedländer (*Ansichten von Italien*, Leipzig 1820, 2. Tl, S. 119) auf sie verweist. Für den Unterschied zwischen den römischen und neapolitanischen Krippen empfiehlt er, in ihren *Sitten- und Landschaftsstudien von Neapel und seinen Umgebungen* (= *Episoden* Bd. IV) nachzulesen.
[280] Ebd. S. 270.
[281] *Tagebuch auf einer Reise durch einen Theil von Baiern* S. 212.
[282] *Natur, Kunst und Leben* S. 137.
[283] *Reiseversuch im Norden* S. 78.
[284] Ebd. S. 79.

anderen Schriftstellerinnen. Die Furcht, mit blaustrümpfigen Spottfiguren auf eine Stufe gestellt zu werden, hinderte Frauen wohl daran, sich mit den Werken ihrer Vorgängerinnen und Geschlechtsgenossinnen auseinanderzusetzen. Lieber berief man sich auf die ernstzunehmenden Werke von Männern. Ida Hahn-Hahn entlarvt diese fixe Idee als Einflüsterung der dünkelhaften Männerwelt, die nicht zugeben könne, daß eine Frau berühmt werde. »Ich weiß aber auch recht gut, wer's erfunden hat, daß die schriftstellerischen Frauen abgeschmackt sein sollen: die mittelmäßigen Männer haben es gethan, und es giebt deren weit mehr als sie selbst es ahnen.«[285] Ida Hahn-Hahn zog aber für sich und ihr Verhältnis zu anderen Schriftstellerinnen aus dieser Erkenntnis ebensowenig Konsequenzen wie ihre Zeitgenossinnen.

4.5 Interesse und Informiertheit

Worauf der vernünftig und nutzbringend Reisende sein Augenmerk zu richten habe, darüber gaben im 18. Jahrhundert Apodemiken und Enzyklopädien erschöpfend Auskunft. Dank der Anleitung eines Frageregisters konnte kaum ein Punkt des allgemeinen und besonderen Interesses unberücksichtigt bleiben.[286] Für den im doppelten Sinne »wohl unterwiesenen Passagier«[287] bedurfte es selbstverständlich einer gründlichen Vorbereitung vor Antritt der Reise und gewissenhafter und zeitlich nicht beengter Studien im Lande selbst.

Keine der Frauen, die in dieser Untersuchung behandelten werden, hätte den Anforderungen der Apodemiken oder etwa von Zedlers *Universal-Lexikon* entsprechen können. Dazu fehlten ihnen die Voraussetzungen: ein solides humanistisches und naturwissenschaftliches Grundwissen und viel Zeit. Jedoch kam ihnen die kulturgeschichtliche Entwicklung zu Hilfe. Während in Deutschland Friedrich Nicolai in 11 Bänden die enzyklopädischen Erträge seiner Reise vorlegte (1783–96), während Franz Posselt (1795) und Heinrich August Ottokar Reichard (1803) noch apodemische Listen niederschrieben, war der Typus des Touristen erschienen, jenes um seines eigenen Vergnügens und seiner eigenen (vielleicht noch so spärlichen) Bildung willen Reisenden, der nicht mehr unter dem Anspruch stand, zur Summe

---

[285] S. 79f. Angesprochen ist bezeichnenderweise der Bruder. – Auf diese Stelle, die im folgenden den Gründen für die Überheblichkeit der Männerwelt nachgeht, reagierte der Kritiker in den *Blättern für literarische Unterhaltung* (1843) Nr. 225 mit äußerster Gereiztheit. Auf die kleine Stichelei gegen männliche Privilegien antwortete er mit der totalen intellektuellen Abfertigung der Frauen.

[286] Johann Heinrich Zedler: *Großes Universal-Lexicon Aller Wissenschaften und Künste, welche bishero durch menschlichen Verstand und Witz erfunden und verbessert worden*. 31. Bd. Leipzig/Halle 1742, Sp. 366–385 s. v. »Reisen« gibt dem Reisenden nicht weniger als 91 Regeln zu bedenken.

[287] So der Titel des Aufsatzes von Justin Stagl in: *Reisen und Reisebeschreibungen im 18. und 19. Jahrhundert als Quellen der Kulturbeziehung*. Hg. v. B. I. Krasnobaev, G. Robel, H. Zeman. Berlin 1980 (= Studien zur Geschichte der Kulturbeziehungen in Mittel- und Osteuropa 6), S. 353–384.

des Wissens Wesentliches beizutragen. Erst diese Entwicklung hatte dem weiblichen Teil der Bevölkerung überhaupt die Möglichkeit des Reisens und Reisebeschreibens eröffnet.

Es ist bemerkenswert, mit welcher Konsequenz sich Reiseschriftstellerinnen von Anfang an dem in gewissen Kreisen immer noch herrschenden enzyklopädischen Ideal entzogen und dafür auch negative Kommentare hinnahmen.[288] Anklänge an das umfassende Interesse des aufgeklärten »Passagiers« finden sich freilich noch bei der Ahnfrau der Frauenreisen, Sophie von La Roche. Auf ihrer Frankreichreise berichtet sie beflissen über Dampfmaschinen und Anlagen zur Steinkohleaufbereitung ebenso wie über die Zahl der in Bordeaux einlaufenden Schiffe. Nicht diese Einrückungen aber bestimmen den Charakter des Buches. Was vielmehr seine Eigentümlichkeit ausmacht, sind Gespräche mit Frauen aller Stände. Gewiß war Frau von La Roche beseelt von umfassendem Interesse; ihre Schriften insgesamt legen dafür beredtes Zeugnis ab. Darüber hinaus ist die Thematisierung der »Wißbegierde, welche in meiner Seele glüht«[289] Teil ihrer Selbststilisierung. Im *Tagebuch meiner Reise durch Holland und England* erträumt sich die Verfasserin unbegrenzt viel Zeit. Dann »sollte mir nichts ungesehen bleiben, was aus den Händen der Natur oder der Menschen kam. Ich würde jede Manufaktur besuchen, Große und Kleine bei ihren Festen und bei ihrer Trauer beobachten; auch die Sprache mir so eigen machen, daß ich alle Reden im Parlament verstehen könnte. Landwirtschaft des armen und reichen Bauern, – das Leben des Edelmannes, des Pfarrers und Richters – Alles wäre Gegenstand meiner Aufmerksamkeit; so wie die Arbeit der Bäuerin, der Handwerksfrau, und besonders auch der Kindsmägde, neben dem allgemeinen Ton der Erziehung.«[290] Auch hier unterscheidet sich jedoch die Aufzählung in wesentlichen Punkten von den Erfüllungskatalogen der Aufklärer.[291] Das Hauptaugenmerk liegt nicht auf Bauwerken und immobilen Bildungsgütern, sondern auf dem Leben aller Stände. Dazu kommen als bezeichnende Ergänzung Frauenschicksale und Kindererziehung – Beobachtungsgegenstände, die erst Sophie von La Roche »erfunden« hatte. Beide Neuerungen, das besondere Interesse für das wirkliche Leben und für weibliche Wirkungsfelder, sollten bezeichnend bleiben für den Charakter der Reisebeschreibungen von Frauen.

Bedenkt man den Stand der Mädchenbildung im ausgehenden 18. Jahrhundert, so braucht nicht zu verwundern, daß Reisebeschreibungen von Frauen auf vielen

---

[288] Z.B. Sophie von La Roche von seiten der von Friedrich Nicolai geführten *Allgemeinen deutschen Bibliothek*.
[289] *Tagebuch meiner Reise durch Holland und England* S.319.
[290] Ebd.
[291] Bei Zedler sind eigene Punkte den Beobachtungen von Wäldern, Flüssen, Gesundbrunnen, Bergen, Bergwerken, Manufakturen und Adelshöfen gewidmet. Im 82. Punkt ist aufgeführt, worauf man in Städten sein Augenmerk zu richten habe: Gebäude, Straßen, Gewerbe, Regierung, Gottesdienst, Schulen, Hospitäler, Waisenhäuser, Zuchthäuser, Bräuche und Feste, Künstler, Altertümer, Monumente, Bibliotheken, Münzkabinette, Erdreich, Befestigungen, Häfen, Trachten, Märkte, Preise für Lebenshaltung, Geschichte, berühmte Leute, Dialekt, Fabriken.

Gebieten des Wissens enttäuschend wenig oder gar nichts bieten. Botanische oder mineralogische Mitteilungen, wie sie etwa Goethes Reisen auszeichnen, wird man allenfalls bei Friederike Brun oder – vom Rezensenten als für eine Dame nicht schicklich vermerkt[292] – bei Emilie von Berlepsch finden. Selbst Ida Pfeiffers Bücher bieten hier erstaunlich wenig. Offen gibt ihr Sohn und Biograph Oscar Pfeiffer zu: »Hätte sie in ihrer Jugend mehr sich mit Natur-Wissenschaften beschäftigt und in dieser Richtung positive Kenntnisse besessen, so wären ihre Reisen allerdings noch von weit größerem Nutzen gewesen.«[293]

Politik, als den Männern vorbehaltenes Gebiet (vgl. oben S. 28 f. und 151 f.), ist bei deutschen Frauen so gut wie ganz ausgeklammert. In der Geschichte waren sie sehr unterschiedlich gut bewandert. Nicht selten ist historischen Passagen anzumerken, daß erst unterwegs Angelesenes in geballter Ladung dem supponierten, ungebildeten weiblichen Leser vorgesetzt wird. Mit der Unsicherheit auf klassischem Gebiet hängt wohl auch zusammen, daß keine einzige Reisende die Chance zu einem Besuch der klassischen Stätten Griechenlands wahrgenommen hat (vgl. oben S. 82). Teils scheuten sie – für eine weibliche Reisende verständlich – die Unterbrechung der vorgezeichneten Route. Ida Hahn-Hahn gibt als Grund einfach an, keine Lust gehabt zu haben.[294] In Italien stehen Kunst und Altertum nur bei Elisa von der Recke im Vordergrund. Friederike Brun hatte sich auf diesem Gebiet zwar ebenfalls erstaunliche Kenntnisse erworben, wandte aber in ihren späteren Texten ihr Interesse mehr den Menschen als den Kunstgegenständen zu. Reine Kunstreisen kamen in der Gattung seit den zwanziger Jahren ohnehin mehr und mehr in Mißkredit,[295] waren aber auch nie die Sache deutscher Reiseschriftstellerinnen gewesen. Johanna Schopenhauers Spezialinteresse an der altdeutschen und altniederländischen Malerei ist die einzige Ausnahme.

Auch technische Beobachtungen wird man meistens vergeblich suchen. Vorherrschend bei der Besichtigung von Fabriken ist nicht die Wahrnehmung der Produktionsvorgänge, sondern der Begleitumstände: Lärm, Staub, Gestank beeindrucken am meisten und rufen sehr schnell physisches Mißbehagen hervor.[296] Weiblicher Lebensraum ist nach der Geschlechterkonvention die Natur. Es braucht also nicht zu verwundern, wenn für weibliche Beobachter Maschinen negative Assoziationen hervorrufen.[297] Die Besichtigung eines Bergwerkes mochte noch angehen.[298] Ida

---

[292] *Göttingische Gelehrte Anzeigen* (1803) S. 223.
[293] *Reise nach Madagaskar* S. XLIX.
[294] *Orientalische Briefe* Bd. III, S. 394 f. sowie Widmungsvorrede.
[295] Vgl. z. B. Ernst Magnusson: »Über Reisen in Italien« (1822) S. 838 f.
[296] Vgl. F. Lewald: *England und Schottland* Bd. II, S. 568 ff.
[297] Bezeichnend ist die folgende Stelle aus Emma von Niendorf: *Wanderleben* S. 78, in der sowohl Maschinen als auch Natur personal aufgefaßt und gerade dadurch positiv bzw. negativ besetzt werden: »Die Schwester des Besitzers führte uns – ich glaubte an italienische Ruinen zu kommen – zu der angrenzenden Wollenspinnerei. Mir war's wohl als ich wieder von den stöhnenden Maschinen weg kam, und hinaufsteigen durfte im Park, wo durch junges Gehölz die kleine rieselnde Cordonne dem Leman zuhüpft.«
[298] Therese von Bacheracht versäumte nicht den Besuch des Salzbergwerkes von Hallein. *Paris und die Alpenwelt* S. 57.

Hahn-Hahn berichtete ausführlich über die Minen von Dannemora,[299] den Besuch der Eisenhüttenwerke im schwedischen Motala verweigerte sie aber: »Ich guckte nur flüchtig hinein. Es herrschte ein infernalisches Getöse und ein widerlicher Geruch darin; und hauptsächlich: es unterhält mich gar nicht Dinge zu sehen, die ich nicht verstehe; und das Prinzip, nach welchem Maschinen in Bewegung gesetzt werden, versteh' ich nicht.«[300]

Während in der überwiegenden Mehrzahl der Fälle eine Reisebeschreibung nur die Interessen und den Bildungsstand der Verfasserin widerspiegelt, verdanken sich die umfassenden Beobachtungen[301] Johanna Schopenhauers auf ihren 1803–1805 unternommenen Reisen durch England und Frankreich der Anleitung ihres Mannes. Auf ihren späteren Reisen als Witwe hat sie keine Fabriken und Bergwerke mehr besucht. Auch Emilie von Berlepsch interessierte sich nur auf der mit ihrem Gatten unternommenen Holsteinreise (1783) für Kanäle und die Bauart von Schleusen. In ihrer *Caledonia* finden sich hingegen lehrreiche Abschnitte über die Landwirtschaft, das Hauptinteressensgebiet ihres schottischen Begleiters und Freundes Macdonald.[302] Einen extremen Sonderfall stellt die Amerika-Beschreibung Clara von Gerstners dar. Was sie an technischen Zahlen, Tabellen und statistischen Angaben in ihr spärliches persönliches Tagebuch einfügte, aber auch die gesamte ingenieurtechnisch bestimmte Route durch die Vereinigten Staaten, war Vermächtnis ihres Mannes, des in Philadelphia verstorbenen Eisenbahnpioniers Franz Anton von Gerstner.

»Daß Frauen die Dinge um sich her anders erblicken, anders darstellen, als Männer,«[303] war eine im 19. Jahrhundert wenn auch nur zögerlich eingestandene communis opinio. Doch tatsächlich war nicht nur der Gesichtspunkt, aus dem heraus die Gegenstände betrachtet wurden, ein anderer, sondern auch die ins Blickfeld genommenen Gegenstände selbst. Hier mögen angeborene und durch Sozialisation erworbene »typisch weibliche« Interessen zusammengespielt haben mit dem, was die literarische Öffentlichkeit von einer Reisebeschreibung aus der Feder einer Frau erwartete: »Das Leben ist's, was die Frauen am feinsten und lebendigsten auffassen«.[304] Die erhöhte Aufmerksamkeit für das »Interieur«, die Brunhilde Wehinger bei den französischen Touristinnen des 19. Jahrhunderts feststellt,[305] läßt sich im übertragenen Sinn ausdehnen auf die gesamte »Innenseite« der Gesellschaft: Ernährung, Kleidung, Behausung, Erziehung, Moral, Hygiene werden in Reisebeschreibungen von Frauen wesentlich häufiger thematisiert als bei Männern, und dies nicht erst, als sich seit den zwanziger und dreißiger Jahren ein Interessenswan-

---

[299] *Reiseversuch im Norden* S. 130–137.
[300] Ebd. 186.
[301] Johanna Schopenhauers Beschäftigung mit Gegenständen der Wissenschaft und Technik erregte das Mißfallen des Kritikers in der *Jenaischen Allgemeinen Literatur-Zeitung* Nr. 69, Sp. 72.
[302] Vgl. A. Gillies (1975/76) S. 82.
[303] J. Schopenhauer: *Erinnerungen* Bd. I (1813) S. III.
[304] Rezension von J. Schopenhauer: *Erinnerungen* Bd. I (1813) in: *Allgemeine Literatur-Zeitung*. Halle (1814) S. 433.
[305] (1986) S. 366.

del vom Zeitüberdauernden zum Aktuellen eingestellt hatte. Aus den Worten, die Fanny Lewald als Aufforderung zur Niederschrift ihres *Italienischen Bilderbuches* überliefert, spricht nicht nur der Zeitgeist, sondern auch die spezielle Erwartung an eine Frau: »Erzählen Sie uns möglichst wenig von Kirchen und Bildern und möglichst viel von Land und Menschen. Sagen Sie uns, woran das Volk sich erfreut, worunter es leidet, erzählen Sie uns von seinem täglichen Leben und Treiben, von seinem Essen und Trinken, seinen Spielen, Festen und Arbeiten, so weit Sie als Frau dies Alles überblicken können«.[306]

Sophie von La Roche hatte, wie bereits erwähnt, für Frauen die Tür zur Reisebeschreibung aufgestoßen, indem sie ihnen geschlechtsspezifische Beobachtungsgegenstände anwies. Sophie von La Roche hätte sich dabei an das anschließen können, was bereits 150 Jahre früher eine andere Frau, Lady Montagu, für sich und ihre Geschlechtsgenossinnen in Anspruch genommen hatte. Mit einem erstaunlichen Selbstbewußtsein, das deutschen Frauen noch lange Zeit nicht möglich war, bestand die englische Lady auf einem alternativen und unkonventionellen Besichtigungsprogramm. Ohne den Zwang der Formalität, der auf vielen Männern (auch Lady Montagus Gatten) lastete, gebildet, aber nicht voreingenommen durch akademischen Ballast, wandte sie sich konsequent dem Alltag und der Gegenwart im fremden Land zu. Sie spürte die Menschen auf und beobachtete das Privatleben.[307] In Deutschland blieben sowohl der von ihr gesetzte literarische Qualitätsmaßstab als auch das Selbstbewußtsein, mit der sie ihre eigene Art zu beobachten vertrat, lange uneinholbar. Deutsche Frauen litten unter ihrer vermeintlichen oder wirklichen Unbildung, und scheuten sich, ihre Vorzüge herauszustreichen: Den unverstellten Blick für das Leben, für die menschliche Seite und die leicht übersehenen kleinen Dinge.

In der Tat haben Reiseschriftstellerinnen in der Zeichnung von Menschen Beachtliches geleistet. Technische Details wird man im Kapitel »Das Dampfschiff« von Johanna Schopenhauers *Ausflug an den Niederrhein* vergeblich suchen, dafür aber sehr präzise Angaben finden über die Inneneinrichtung des Schiffes (nicht zuletzt der Küche) und anschauliche Szenen aus der Beobachtung der Passagiere. – In Ida Hahn-Hahns *Reiseversuch im Norden* vermißt man zwar Landschaftsstudien ebenso wie naturwissenschaftliche Mitteilungen. Ihre Darstellung des Kopenhagener Volksfests aber ist einer der Höhepunkte in ihrer sonst wenig glanzvoll geschriebenen Skandinavienreise.[308] Das gleiche gilt für Emma von Niendorfs Paris-Buch, besonders ihr eindrückliches Kapitel »Physiognomie der Straßen«, das mit seiner unglaublichen Vielfalt der Impressionen einen sehr intensiven Eindruck vom pulsierenden Leben der Boulevards zu geben vermag.[309] Johanna Schopenhauer hat mit ihrer ironischen Studie über Bath ein höchst amüsantes Gemälde des fashionablen Kurbetriebs gegeben.[310] Man darf wohl annehmen, daß gerade das Auge einer

---

[306] Zuschrift S. Vf.
[307] Vgl. I. Kuczynski (1987).
[308] *Reiseversuch* S. 237–242.
[309] *Aus dem heutigen Paris* S. 28–47.
[310] *Erinnerungen* Bd. I, 45. Abschnitt.

Frau, zu deren Privilegien die jährliche Reise ins Bad gehörte, für die Beobachtung des gesellschaftlichen Treibens dort besonders geschult war.

Ein großer Teil der reisenden Schriftstellerinnen hatte nur durchschnittliches Interesse und Wissen auf dem Gebiet der Kunst. Atelier-Besuche aber ließen sie sich nicht entgehen. In Rom gehörten sie selbstverständlich für alle Reisenden zum Standardprogramm, wurden aber auch andernorts nicht versäumt. Die persönliche Begegnung mit dem Künstler war dabei der Zielpunkt des Interesses. Ida Hahn-Hahn suchte Thorvaldsen in Kopenhagen auf und begeisterte sich über diese Begegnung mehr als über alle anderen Besichtigungen.[311] Charlotte von Ahlefeld war in Stuttgart in den Werkstätten von Dannecker und Scheffauer, auf ihrer Schweizreise besuchte sie eine ganze Reihe von Malern. Mit Emma von Niendorf und Elise von Hohenhausen gehörte sie zu den Frauen, die den Reiseschriftstellerinnen insgesamt den Ruf eintrugen, allzusehr hinter berühmten Leuten her zu sein. Kaum ein Künstler, Dichter oder Wissenschaftler, zu dem sich die Genannten nicht Zugang zu verschaffen wußten. Das Mitführen von Empfehlungsschreiben war zwar als spießbürgerliche Einschränkung der Freiheit des Reisenden in Mißkredit gekommen; aber für eine vom gesellschaftlichen Komment bestimmte Frau war es – anders als für einen Mann – kaum möglich zu sagen: »Wenn *ich* wandre, so ist der Geldbeutel mein Empfehlungsbrief, der Lohnbediente mein Freund, die Straße mein Sozietätssaal.«[312] Auch sehr selbständige Reisende, wie Fanny Lewald in England, bemühten sich eifrig um Kontaktpersonen, die ihnen Zutritt zu angesehenen gesellschaftlichen Kreisen verschaffen konnten.

Der Besuch von Spitälern, Irrenhäusern oder Gefängnissen[313] gehörte zwar schon für den Reisenden der Aufklärung zum Pflichtprogramm, weibliche Reisende nahmen diese Besuche aber besonders ernst. Daß sie damit nicht nur einer gesellschaftlichen Erwartung genügten, die von Frauen ein besonderes soziales Interesse verlangte, zeigt das Engagement, das oft aus solchen Beschreibungen spricht. Mag Reiseschriftstellerinnen in vielen Punkten auch mangelnde Bildung nachzuweisen sein, so zeichnen sich doch die meisten von ihnen durch mitmenschliche Sensibilität aus. Immer wieder zeigt sich, daß Frauen eher als Männer in der Lage sind, Details wahrzunehmen und auch die persönlichen Hintergründe von Erscheinungen aufzufassen. Schon Georg Forster hatte dies als entscheidenden Vorzug weiblicher Beobachtungsgabe hervorgehoben und hierin eine wertvolle Ergänzung zu Darstellungen von männlicher Hand gesehen.[314]

---

[311] *Reiseversuch* S. 205–231.
[312] Vgl. Karl Immermann, *Reisejournal*. In: *Werke in fünf Bänden*. Hg. v. B. v. Wiese. Frankfurt a. M. 1973, Bd. IV, S. 21.
[313] Zu diesem Themenbereich vgl. auch den kulturwissenschaftlichen Aufsatz von Harro Zimmermann: »Irrenanstalten, Zuchthäuser und Gefängnisse«. In: *Reisekultur* (1991) S. 207–213. Ferner Anke Bennholdt-Thomsen u. Alfredo Guzzoni: »Der Irrenhausbesuch. Ein Topos in der Literatur um 1800«. In: *Aurora. Jahrbuch der Eichendorff-Ges.* 42 (1982) 82–110.
[314] Vorrede zu E. L. Piozzi: *Bemerkungen auf der Reise durch Frankreich, Italien und Deutschland*, S. XI: »Der Beobachtungsgeist des andern Geschlechts, auch da, wo er die Gegen-

Im Grunde ist es die persönliche Betroffenheit, die Neigung zu Identifikation, die zu Genauigkeit in Beobachtung und Darstellung führt. Aus der Perspektive einer Mutter, noch dazu einer Mutter von Töchtern, läßt sich das Phänomen der Prostitution in Paris nicht mehr verbal bannen, reichen die bei männlichen Berichterstattern häufig anzutreffenden poetischen Sublimierungen durch mythologisierende Vergleiche wie »Feerie«, »Venusberg« oder »modernes Babylon« nicht mehr aus.[315] Tiefe Betroffenheit ist den Schilderungen Sophie von La Roches über Frauen, Mädchen, ja selbst Kinder am Rande der Gesellschaft anzumerken.[316] Entsetzt über die Selbstverständlichkeit, mit der man in Marseille mit Ehebruch und Prostitution umgeht, zeigen sich Friederike Brun und Johanna Schopenhauer. Beide reagieren mit Rückzug: Eine Gesellschaft, in der jede Frau als potentiell käuflich angesehen wird, empfinden sie als ganz persönliche Bedrohung.[317]

Das offene Auge für soziale Not, das in zeitgenössischen Frauen-Biographien immer als besondere Tugend hervorgehoben wird, beweisen viele Reiseschriftstellerinnen auch in ihren Büchern.[318] Charlotte von Ahlefeld gibt zwar auf ihrer Reise durch Süddeutschland als ihre Hauptinteressen Kunst und Geschichte an, was ihren Text aber auszeichnet, ist ihre Sensibilität für die unscheinbaren Dinge im Hintergrund und ihre herausragende Begabung, spontane Bekanntschaften zu machen, mit Leuten aller Schichten ins Gespräch zu kommen. Ihre Bereitschaft, an Schicksalen Anteil zu nehmen, auch wenn sie die Betroffenen eben erst kennengelernt hatte, ist anrührend.[319] Johanna Schopenhauer beschrieb viele Jahre vor Bettina mit herber Sozialkritik das Elend der schlesischen Weber.[320] Im Arsenal von Toulon interessierte sie sich weniger für dessen militärische Ausstattung, als vielmehr für das Schicksal der Galeerensklaven, das ihr wie Dantes Inferno vorkam.[321] Friederike Brun konnte bei aller Begeisterung für den Süden nicht übersehen, wie viele Menschen im Rom des Jahres 1810 einem stillen und unbeachteten Hungertod zum Opfer fielen.[322]

Auch die Anfänge der industriellen Revolution in England und die damit zusammenhängende Verelendung breiter Bevölkerungsschichten seit den vierziger Jahren ließen reisende Frauen nicht unkommentiert. Ida Hahn-Hahn stellte, ihrem Ruf als prätentiöse Adelige zum Trotz, in ihrem *Reiseversuch im Norden* lange mitfühlende

---

stände in ihrem großen Zusammenhange faßt, verschmäht nicht jene kleinen Schattierungen, jene feinen Details, welche, zumal bei charakteristischen Schilderungen der so nahe mit uns verwandten europäischen Völker und ihrer Sitten, von der wesentlichsten Wichtigkeit ist.«

[315] Vgl. Gerhard R. Kaiser (1988).
[316] *Journal einer Reise durch Frankreich* S. 113, 397f.
[317] *Episoden* Bd. III, S. 50f. *Erinnerungen* Bd. III, S. 257.
[318] Vgl. z. B. »Charlotte von Ahlefeld. Ein Erinnerungsblatt«. In: *Europa* 35 (1851) S. 275–279.
[319] Vgl. z. B. S. 26–30.
[320] »Reise-Erinnerungen aus früher Zeit«. In: *Minerva* (1831) S. 312–315.
[321] *Erinnerungen* Bd. III, S. 279ff.
[322] *Episoden* Bd. IV, S. 340.

Erwägungen über die Arbeiterklasse und die sozialen Unterschiede an.[323] In London ließ sie sich zur »Rug Fair« und in die Elendsviertel der »Courts« führen. In Manchester, Sheffield und Birmingham interessierte sie sich für die Zustände in den Fabriken und für die Lebensbedingungen der Beschäftigten.[324] Eindringlich sind Fanny Lewalds Darstellungen des Pauperismus in Manchester. Schon in Rom hatte sie soziale Mißstände in einer für eine Frau ungewöhnlich scharfen Weise angeprangert. Als geborene Jüdin interessierte sie sich auch für das Schicksal der Juden dort, das sonst in Reisebeschreibungen wenig Beachtung findet.[325] In der Folge wurde ihre Neigung zu sozialistischen Ideen durch ihr Verhältnis zu Adolf Stahr noch bestärkt. Auf ihrer Englandreise bezeugt sie durchgehend ein starkes Interesse für die Lebensverhältnisse der unterprivilegierten Klassen, besucht Arbeiterwohnungen und bekennt sich offen zum Sozialismus. Im Unterschied zu anderen Reiseschriftstellerinnen sind ihre Darstellungen nicht vorwiegend emotional, von Mitleid bestimmt, sondern eher sachlich begründet und um die Einsicht in Zusammenhänge bemüht. – Gleichwohl hält der Text Fanny Lewalds in keiner Weise einem Vergleich mit dem Englandbuch Flora Tristans stand, weder was die sozialkritische Klarsichtigkeit, noch was die selbstbewußte Darstellung anbetrifft. Von den *Promenades dans Londres* ihrer Geschlechtsgenossin nahm Fanny Lewald keine Notiz, obwohl dieses aufsehenerregende Buch zwischen 1840 und 1842 vier Auflagen erlebte.[326]

Sophie von La Roche hatte ihre Apologie der Frauenreisen vornehmlich damit begründet, daß die Hausfrau, Erzieherin und Mutter gerade auf den ihr angestammten Gebieten viel lernen könne. »Meine vorzüglichste Aufmerksamkeit richte ich auf das Innere der Haushaltungen, und suche durch Vergleichung Kenntnisse zu erhalten, die mich in den Stand setzen, das Beste mir zu eigen zu machen«, gibt die junge Sophie Schwarz an. Auch wenn erfahrenere Frauen sich nicht auf dieses eine Gebiet beschränken wollten, so läßt sich doch bei nahezu allen ein besonderer hausmütterlicher Fokus beobachten. Hygiene und Reinlichkeit werden als Tugenden gesucht, familiäre Ideale hochgehalten, Beispiele häuslichen Glücks beschrieben.[327] Ida Pfeiffer legt ihre europäischen Maßstäbe von Moral, Ordnung, Familiensinn und Kinderzucht selbst noch bei den Kopfjägern an.[328] Ein lange geübter haushälterischer Sinn ließ Frauen auch auf Reisen immer wieder Lebensmittelpreise verglei-

---

[323] S. 57ff.
[324] (1981) S. 65–73, 193–201.
[325] *Italienisches Bilderbuch* Bd. II, S. 96 die Darstellung der Taufe eines Juden.
[326] Die Bedeutung dieses Buches beweisen auch moderne Neuauflagen: *Promenades dans Londres.* Hg. v. F. Bédarida. Paris 1978. *The London Journal.* Hg. v. J. Hawkes. London 1982. *Im Dickicht von London.* Hg. v. P. B. Kleiser und M. Pösl. Köln 1993.
[327] Muster häuslichen Glücks zu suchen, hatte zuerst Sophie von La Roche in ihrer Erzählung *Die glückliche Reise* als Reisezweck formuliert. Ein Kuriosum innerhalb dieses Topos stellt Esther Gad-Bernards Schilderung eines englischen Haushalts dar, der von einem einarmigen Hausmann geführt wird. »In der ganzen Gegend giebt es keine glücklichere Familie als wir sind«, wird der Reisenden versichert. *Briefe während meines Aufenthalts* Bd. I, S. 21.
[328] Zum Eurozentrismus bei Ida Pfeiffer vgl. H. Jehle (1989) S. 195ff.

chen. Ihr spezielles Interesse gilt der Erziehung oder vielmehr den Kindern allgemein. Die Spontaneität und Wärme, mit der Kinder beobachtet werden (Fanny Lewald bildet hier die einzige Ausnahme), zeigt deutlich die geschlechtspezifische Prägung der Wahrnehmung.

Einer besonderen Disposition entspringt das auffallende Interesse, das viele Reiseschriftstellerinnen für Frauenklöster bezeugen: Hier befanden sie sich ausnahmsweise in der Situation, daß ein Ort nur für sie und nicht für Männer zugänglich war. Doch lenkte wohl nicht nur das Bewußtsein, hier der eigenen Reisebeschreibung ein Stück novitas verleihen zu können, die Aufmerksamkeit der Reiseschriftstellerinnen auf die Klöster. Das emotionale Engagement, das aus den Darstellungen spricht, läßt auf ein hohes Maß an persönlicher Betroffenheit und Identifikation schließen. Dies alles trifft freilich nur auf die Protestantinnen unter den Reiseschriftstellerinnen zu. Emilie von Berlepsch schrieb einen ganzen Artikel *Über Klöster und Klosterleben*. «Eine heimliche Neigung und Verehrung» für das Klosterleben,[329] wie sie Emilie von Berlepsch von sich bekennt, hegte auch Ida Hahn-Hahn. Ihre schwärmerische Beschreibung des Carmel, in dem sie sich während ihrer Orientreise längere Zeit aufhielt, erregte größtes Aufsehen.[330] Schließlich galt im aufgeklärten Deutschland das monastische Leben als Inbegriff papistischer Verirrung. Um so auffallender ist es, mit welcher Ausführlichkeit und welcher persönlichen Anteilnahme eine überzeugte Protestantin wie Elisa von der Recke die Einkleidung einer jungen Nonne beschrieben hat.[331] Fanny Lewald widmete der Darstellung des Frauenklosters Trinità dei Monti und seinen Damenexerzitien nicht weniger als 20 Seiten in ihrem *Italienischen Bilderbuch.*[332]

Besonders deutlich läßt sich die Verschiedenheit in Interesse und Informiertheit bei Orientreisen männlicher und weiblicher Autoren beobachten. Es lohnt sich daher, bei diesem exemplarischen Vergleich etwas zu verweilen. Gerade im Orient, wo der Mangel an Vertrautheit mit der Kultur des bereisten Landes ein besonderes Maß an Bildung und Vorbereitung erfordert hätte, fallen Frauen in ihren Darstellungen in bezug auf Archäologie, Kunst, Geschichte, Politik im Vergleich zu Männern weit ab. Ihre Hilflosigkeit an antiken Grabungsstätten, ihre Verständnislosigkeit gegenüber islamischer Kunst, ihr Mangel an politischer Einsicht und die Oberflächlichkeit ihrer literarischen und historischen Konnotationen sind eklatant.

Nicht nur die wissenschaftlichen Ansprüchen genügenden Darstellungen von Hammer oder Prokesch, von Josef von Russegger,[333] John Lewis Burckhardt[334]

---

[329] Ebd. in: *Olla Potrida* (1785) S. 139.
[330] *Orientalische Briefe* Bd. II, S. 93ff.
[331] *Tagebuch einer Reise* Bd. II, S. 245–249.
[332] Bd. I, S. 284–304.
[333] *Reisen in Europa, Asien und Afrika.* 4 Bde. (mit Atlas) Stuttgart 1841–50. Der Verfasser war als Geologe 1835 von Mehemed Ali mit der geognostischen Untersuchung seines Landes betraut worden.
[334] *Reisen in Nubien.* Weimar 1820 (= Bibl. der wichtigsten Reisebeschreibungen). – *Reise nach Syrien und Jerusalem und dem gelobten Lande.* Jena 1823. Der schweizerische Arabist (seit 1806 in England) machte 1814–1817 zahlreiche Entdeckungen in Ägypten zusammen mit Belzoni.

oder Eduard Rüppell,[335] die jeweils auf jahrelangen Aufenthalten ihrer Verfasser im bereisten Land fußten, sondern auch die Bücher der »Touristen« Gotthilf Heinrich Schubert,[336] Friedrich Wilhelm von Hackländer,[337] Jakob Fallmerayer oder Hermann Fürst von Pückler-Muskau zeichnen sich durch außerordentlich gründliche Kenntnisse aus. Fürst Pückler beispielsweise war enorm belesen, fleißig und von nachgerade wissenschaftlichem Ehrgeiz im Vermessen und detaillierten Beschreiben antiker Monumente, er sammelte Naturalien und besaß vor allem durch seinen vertrauten Umgang mit Mehemet Ali und anderen Großen des Landes einen hervorragenden Einblick in die politischen Verhältnisse. So sehr Fallmerayer ihn in seiner berühmten Rezension angriff,[338] er konnte ihm jedenfalls nicht, wie wenig vorher der Gräfin Hahn-Hahn, den Vorwurf mangelnder Kenntnis machen. Pücklers positive Beurteilung der bekanntlich in vielen Zügen grausamen Regierung Mehemet Alis, von Fallmerayer als Ausfluß aristokratischer Blasiertheit gebrandmarkt, erklärt sich aus dem Bestreben des Fürsten, die Staatsführung und die sozialen Verhältnisse Ägyptens von einem nüchtern-realpolitischen Standpunkt aus zu sehen. Ida Hahn-Hahn hingegen erlebte und beurteilte den Orient emotional und poetisch und fällte ihre Urteile radikal subjektiv. Wenn die Gräfin nach der Lektüre von *Aus Mehemet Alis Reich* glaubt, feststellen zu können, daß ihre *Orientalischen Briefe* damit »im wesentlichen ganz übereinstimmen«, so spricht dies für eine vollkommene Verkennung der Verschiedenheit der Ausgangsstandpunkte, Interessen und Informiertheit. Grund für diese Annahme sah sie vor allem in ihrer Weigerung, miteinzustimmen in die Lamentationen der »philanthropischen Reisebeschreiber« über die armen Fellahs, und so hörte sie, »sehr damit zufrieden«, aus Pücklers Darstellung nichts anderes heraus als »eine sehr willkommene Verstärkung meines Lobgesanges auf das alte wunderherrliche Ägypten«.[339]

»Um Ägypten interessant zu schildern bedarf's doch einer größeren Gelehrsamkeit als die Verfasserin besitzt, und um es richtig zu schildern, bedarf es eines längeren Aufenthaltes und einer gründlicheren politischen Bildung. Dieser Band der Verfasserin wäre viel erwünschter, wenn wir nicht schon so viele Beschreibungen Ägyptens hätten.«[340] Dieses Urteil der *Zeitung für die elegante Welt* braucht nicht zu überraschen. Welches Leserinteresse konnten, nachdem nahezu ein Dutzend ge-

---

[335] *Reisen in Nubien, Kordofan und dem Peträischen Arabien.* Frankfurt 1829. Der Naturforscher, der auch einen Atlas zur Reise im nördlichen Afrika herausgab, war Zielscheibe heftigster Angriffe des Fürsten Pückler.
[336] *Reise in das Morgenland in den Jahren 1836 und 1837.* 3 Bde. Erlangen 1938f.
[337] *Daguerreotypen. Aufgenommen während einer Reise in den Orient in den Jahren 1840 und 1841.* 2 Bde. Stuttgart 1842.
[338] »Semilasso und die ägyptischen Fellahs« (1839). In: *Neue Fragmente aus dem Orient* (1970) S. 53–69. »Noch ein Wort über die ägyptischen Fellahs, über den ›Verstorbenen‹ und über deutsche Colonien im Orient« (1845). In: Ebd. S. 70–84.
[339] An den Fürsten, 21. Okt. 1844. In: *Frauenbriefe* (1912) S. 228f. Ebd. S. 229: »Gottlob, daß meine Briefe schon erschienen sind, sonst würden mir die Kritiker gewiß vorwerfen, ich hätte dem Fürsten Pückler nachgeschrieben.«
[340] Rezension der *Orientalischen Briefe* in: *Zeitung für die elegante Welt* (1844) S. 619.

scheiter und gut geschriebener deutscher Reisebücher vorlagen (von den ausländischen ganz zu schweigen), die Reisebeschreibungen von Frauen beanspruchen, wenn diese Frauen selbst bekannten, an ernsthaften Studien uninteressiert zu sein,[341] wenn sie für die Besichtigung von Moscheen kein Geld ausgeben wollten, da diese ohnehin »nicht viel Anziehendes« haben[342] oder wenn ihnen der Gang durch die Straßen wegen einer falsch gewählten Schleierfarbe verleidet werden konnte?[343]

Nicht wegen ihres informativen Gehalts fanden die Orientreisen von Therese von Bacheracht, Ida Hahn-Hahn, Maria Belli, Maria Schuber oder Ida Pfeiffer Absatz. Ihr Spezifikum war vielmehr, daß diesen reisenden Frauen, mögen ihre Darstellungen in vielen Punkten auch von sehr beschränktem Wert sein, doch Dinge auffielen, die Männer nicht bemerkt hatten und daß ihnen Türen offenstanden, die Männern verschlossen bleiben mußten. Von Fürst Pückler erfahren wir wenig über Leben, Ernährung und Behausung der einfachen Leute. Tiere hat er häufiger und genauer beobachtet als die Lebensweise der Landesbewohner. Gräfin Hahn-Hahn jedoch trieb ihre weibliche Neugier in die Hütten und Beduinenzelte, sie interessierte sich für die alltäglichen Verrichtungen der Frauen, für die Art, wie sie ihre Säuglinge pflegten und trugen, für ihre Rangordnung und die Details ihrer Kleidung.[344] Ida Pfeiffer lebte und kochte während ihrer Nilreise mit den einfachen Araberinnen im Frauenkämmerchen der Nilbarke, lernte von ihnen und freundete sich mit ihnen an.[345] Ihr Mitleid mit den hart und gefährlich arbeitenden Nilmatrosen ließ sie deren Tagewerk beobachten und ihre Verpflegung genau verzeichnen.[346] In einfachen Häusern untergebracht, hatte sie reichlich Gelegenheit, das Familienleben zu studieren.[347] Während männliche Reisende ihre Beobachtungen weiblicher Schönheit oder Kleidung meist auf oberflächliche erotische Konnotationen beschränkten, zeichnen sich Frauen durchwegs durch genaue Schilderungen aus. Tracht, Schmuck, Körperbau, Haltung, Gang, Teint, Schminke, Frisur wurden kritisch und detailliert dargestellt.

Seitdem Lady Montagu die englische Aristokratie mit ihren Berichten über türkische Harems und Frauenbäder in Erstaunen versetzt hatte, besaßen reisende Frauen in ihren Darstellungen des Orient ein Monopol, das ihnen kein Mann streitig machen konnte: den Haremsbesuch. Kaum eine Frau ließ sich diese exzeptionelle Möglichkeit, endlich den Männern einmal etwas voraus zu haben, entgehen. Es versteht sich, daß ein solcher Besuch in den abgeschirmten Gemächern Anlaß bot zu Reflexionen über Vielweiberei, Frauenleben und Emanzipation. Die oft hef-

---

[341] Ida Hahn-Hahn, *Orientalische Briefe* Bd. III, S. 241 u. ö.
[342] Ida Pfeiffer, *Reise einer Wienerin* Bd. I, S. 40f.: »Auch ich hatte gedacht, Konstantinopel unmöglich verlassen zu können, ohne die vier Wunder-Moscheen [...] gesehen zu haben. Ich war so glücklich, gegen eine ganz kleine Gabe hinein zu kommen, und heute noch würde es mich reuen, wenn man fünf Colonati dafür gezahlt hätten.«
[343] *Theresens Briefe aus dem Süden* S. 265.
[344] *Orientalische Briefe* Bd. II, S. 272–281. Vgl. auch S. 252.
[345] *Reise einer Wienerin* Bd. II, S. 224–226.
[346] Ebd. S. 227.
[347] Z. B. ebd. Bd. I, S. 81f. Bd. II, S. 166f., 207 u. ö.

tige Emotionalität dieser Darstellungen legt beredtes Zeugnis von der persönlichen Betroffenheit der Berichterstatterin ab. Hier kann nun auch einmal deutliche Kritik an männlichen Auffassungen laut werden.

Das *Literarische Conversationsblatt* veröffentlichte 1823 *Beobachtungen über die Vielweiberei in der Türkei, von einem Reisenden mitgeteilt*.[348] Die in wissenschaftlichem Stil abgefaßten Betrachtungen über Sexual- und Eheleben diskutieren ihren Gegenstand zum einen mit rein rationalen und pragmatischen Argumenten und betrachten ihn zum anderen von ausschließlich männlicher Warte. Die Frau ist als Objekt behandelt. Von diesen Voraussetzungen ausgehend, würdigt der Verfasser das Haremswesens als Schöpfung der nationalen Kultur und positive Einrichtung. Dieser kleine theoretisierende Aufsatz eines männlichen Reisenden kann als durchaus typischer Beitrag zur zeitgenössischen Diskussion gelten. Ihm diametral entgegengesetzt, sowohl in der Anschaulichkeit und Emotionalität des Stils als auch im Standpunkt, ist die folgende Passage aus Ida Hahn-Hahns *Orientalischen Briefen*, geschrieben nach einem Haremsbesuch: »Lieber sehe ich eine Heerde Kühe oder Schafe. Der Harem erniedrigt das Weib zum Vieh. Nimm nicht übel den starken Ausdruck, Herzensmama! ich kann's nicht sehen, nicht denken ohne Empörung. Die Männer, die sich die Erlaubniß nehmen über Dinge zu schreiben, die sie nicht kennen, haben denn auch oft behauptet, die Orientalinnen fühlten sich gar nicht unglücklich im Harem. Desto schlimmer für sie! hat sich je eine Kuh auf der grünen Wiese unglücklich gefühlt? Der Harem ist eine Wiese, die den Bedürfnissen des animalischen Lebens genügt. Basta. Ich kann nicht darüber sprechen. Das Herz im Leibe kehrt sich mir um. Ach, welche Wonne, zu den alten sogenannten nordischen Barbaren, zu den Völkern germanischen Stammes zu gehören, bei denen bis in die grauseste Vorzeit hinein das Weib den Platz eines Menschen einnahm. Die Polygamie ist eine Mauer, welche den Orient gegen das Christenthum absperrt.«[349]

Das diesem Text zugrundeliegende Erschrecken darüber, daß hier Geschlechtsgenossinnen nicht nur in einer als unwürdig empfundenen Lage gehalten werden, sondern sich ihr auch anpassen, findet sich, wenngleich weniger emotional gefärbt, auch in Ida Pfeiffers *Reise einer Wienerin*. »Unwissenheit« und »Trägheit«[350] der Orientalinnen fallen ihr besonders auf. Der Vergleich zum eigenen Leben ist unabweisbar. Nicht nur bei Ida Pfeiffer ist aber auch ein gewisser Neid zu spüren, wenn das untätige Leben dieser Frauen mit der Mühe der Europäerinnen verglichen wird.[351] Schon Lady Montagu hatte die sorglose Existenz der Orientalinnen bewundert.[352] Und auch Ida Hahn-Hahn meinte, die reichen Jüdinnen in Damaskus hätten in ihrer Untätigkeit vielleicht die bequemste Existenz der Welt.[353] Was aber das ei-

---

[348] Mai 1823, Nr. 116, S. 464.
[349] Bd. II, S. 74.
[350] Bd. I, S. 161 (nach einem Haremsbesuch).
[351] Bd. I, S. 81f.
[352] »Turkish ladies [...] are perhaps more free than any ladies in the universe, and are the only women in the world that lead a life of uninterrupted pleasure exempt from cares.« *The works* (1817) Bd. III, S. 3.
[353] *Orientalische Briefe* Bd. II, S. 53. Ein ausführlicher Bericht S. 48–52.

gentliche Leben im Harem betraf, so erweckte – anders als bei Lady Montagu – die Untätigkeit dieser Damen bei deutschen Frauen ungute Gefühle. Sie witterten Apathie und Indolenz. Mit Schauer, aber auch mit dem Gefühl europäischer Überlegenheit diagnostizieren sie den Zustand glücklicher Zufriedenheit, in dem sich Frauen im Orient selbst dann noch befinden, wenn sie im Harem eingesperrt oder auf dem Sklavenmarkt verkauft werden, als eine Folge äußerster Abgestumpftheit, ja des Verlusts von Menschenwürde.[354]

Wie gegensätzlich das Thema Polygamie aus männlicher und weiblicher Perspektive gesehen werden konnte, zeigt ein Text Arthur Schopenhauers. Ida Hahn-Hahn hatte in ihrer oben zitierten Passage die Einehe zum Kriterium der kulturellen Überlegenheit der germanischen über die orientalischen Völker erhoben. Das gleiche Denkmodell wendet bemerkenswerterweise Arthur Schopenhauer in seinen Reflexionen zum Thema an, nur mit genau umgekehrtem Vorzeichen: »Da folglich jeder Mann viele Weiber braucht, ist nichts gerechter, als daß ihm freisteht, ja obliege, für viele Weiber zu sorgen. Dadurch wird auch das Weib auf ihren richtigen und natürlichen Standpunkt, als subordiniertes Wesen, zurückgeführt, und die *Dame*, dies Monstrum Europäischer Civilisation und christlich-germanischer Dummheit, mit ihren lächerlichen Ansprüchen auf Respekt und Verehrung, kommt aus der Welt, und es giebt nur noch *Weiber*, aber auch keine *unglücklichen Weiber* mehr, von welchen jetzt Europa voll ist.«[355] Aus Schopenhauers Sicht erklärt sich das Problem zufrieden wirkender Haremsbewohnerinnen auf sehr einfache Weise als Folge naturgemäßer Lebensverhältnisse.

Der Unterschied zwischen europäischem und orientalischem Leben stellt sich am Beispiel des Harems und der Sklavenhaltung reisenden Autorinnen besonders kraß dar. Einige von ihnen stehen aber nicht an, hier auch kritische Bemerkungen über die europäischen Verhältnisse anzuknüpfen. Maria Belli warnt vor abendländischer Überheblichkeit: »Unsere ärmeren Klassen sind sogar noch viel schlimmer daran, als die Sclaven. Sie sind brodlos, weil sie herrnlos, und dabei doch unterdrückt sind.«[356] Und Therese von Bacheracht fragt angesichts des eingesperrten Lebens im Harem: »Ist es nicht ebenso in Europa? – Haben unsere katholischen Klöster viel vor den Harems voraus?«[357]

Angesichts der Fülle von Belegen für geschlechtsspezifische Wahrnehmungsraster stellt sich die Frage, ob Frauen die spezielle Auswahl ihrer Beobachtungen und die Vorzüge und Defizite ihrer Interessen und Informiertheit reflektiert und disku-

---

[354] Vgl. auch *Theresens Briefe aus dem Süden* S. 248, 282f. Maria Belli: *Meine Reise nach Constantinopel* S. 118f., 176ff. – Keine der deutschen Reiseschriftstellerinnen erreichte in ihrer Darstellung die Sensibilität, Präzision und analytische Scharfsinnigkeit von Harriet Martineau in *Eastern Life. Present and Past* (1848). Ihre an Informiertheit wie auch (selbst-)kritischer Überlegtheit vorbildliche Beschreibung der ägyptischen Verhältnisse in und um den Harem ist wieder abgedruckt in *Ladies on the Loose* (1981) S. 99–114.
[355] »Über die Weiber« (=*Parerga und Paralipomena* Bd. II, § 370). In: *Sämtliche Werke*. Hg. v. A. Hübscher. Bd. VI, Leipzig 1939, S. 661.
[356] *Meine Reise nach Constantinopel* S. 120.
[357] *Theresens Briefe aus dem Süden* S. 248.

tiert haben. In der Tat fällt im Vergleich zu männlichen Autoren auf, daß Frauen sich ihrer Geschlechtsrolle sehr bewußt waren und sie immer wieder thematisierten. Insofern ist ihre spezifische Sichtweise, sind ihre Interessen eng verknüpft mit dem Bild, das sie in ihren Texten von sich zeichnen.

4.6 Selbstreflexion und Selbststilisierung, Weiblichkeit und weibliches Ich

Wer reist, verläßt den Schutz des Gewohnten und stellt sich der Konfrontation von Eigenem und Fremdem. Eine solche Exposition mußte von Frauen, für die, anders als für Männer, das Leben ohne den Schutz des eigenen Hauses keine Selbstverständlichkeit war, als eine völlig ungewohnte Situation, als eine Probe auf ihre Identität empfunden werden. Dies gilt besonders intensiv für allein Reisende. Wie stark Frauen die Neuheit ihrer Lage auf Reisen empfanden, geht aus der Häufigkeit ihrer Anmerkungen zur eigenen Befindlichkeit, zu ihrer Ausnahmesituation als reisende *Frau* hervor.

Nun ist es freilich für jeden Reiseschriftsteller, der nicht eine rein statistische oder wissenschaftliche Abhandlung verfassen will, notwendig, den Leser für seine eigene Person zu interessieren. Die Sympathie mit dem Autor, ja die Bewunderung für ihn sind wesentliche Voraussetzungen, den Leser bei Interesse zu halten. So erklärt sich auch das Stereotyp des mit Gefahren und Abenteuern prahlenden Reisenden. Frauen neigen nicht zu derartigem Aufschneiden. Dafür thematisieren und stilisieren sie ihre eigene Rolle in weit stärkerem Maße als Männer.

Schon der Titel kann das Geschlecht der Autorin hervorheben. Da ein Reisebericht einer Frau Außergewöhnlichkeitswert hatte, pflegten insbesondere die Journale solche Artikel mit einem Zusatz zu kennzeichnen, der etwa lautet:»Aus dem Tagebuch eines Frauenzimmers«. Bei Büchern unterblieb dieser Hinweis zumeist, besonders bei jenen aus der Feder ausgewiesener Schriftstellerinnen. Dafür hatte die Verfasserin im Vorwort reichlich Gelegenheit, sich als schreibende Frau kenntlich zu machen. Aber auch im Text selbst trat dem Leser an vielen Stellen die Geschlechtszugehörigkeit der Verfasserin deutlich vor Augen.

Die Konfrontation mit der neuen Umgebung erlebte eine Reisende zu allererst in ihrer Eigenschaft als Frau. Nur vor dem Hintergrund der weiblichen Unmündigkeit wird ein Hochgefühl verständlich, wie es die vierunddreißigjährige Fanny Lewald auf ihrer Italienreise empfand. Eine ähnliche Bedeutung für ihre Entfaltung als Frau maß auch Friederike Brun dem Leben jenseits der Alpen zu (vgl. oben S. 76). Wenn männliche Reisende die Ungezwungenheit des Lebens in Rom rühmten, so hatten sie zu geschlechtsspezifischer Präzisierung keinen Anlaß.

Mit humorvoller Selbstironie hat Emma von Niendorf die emanzipatorische Wirkung der Reisesituation beschrieben. War sie zu Beginn ihrer Tour in die Alpenländer noch dem »Eilwagenconducteur« übergeben worden »wie ein Muttersöhnchen beim ersten Ausfluge in die Welt«,[358] so mußte sie schon am Schaffhausener Rhein-

---

[358] *Wanderleben* S. 1.

fall erkennen, daß der mitreisende Hofmeister, dem sie sich spontan als männlichem »Beschützer« anvertrauen wollte, noch unbeholfener war als sie. »Da begriff ich zum Erstenmale, wie Frauen, die mit schwachen Männern verheirathet sind, entschlossen, ja heroisch werden müssen, und rannte immer ritterlicher voran.«[359] Bezeichnend ist die Wendung ins Allgemeine, die lebenspraktische Erkenntnis, die die Reisende aus dieser trivialen Episode ableitet. Die Bereitschaft, wichtige und unwichtige Erlebnisse und Beobachtungen in Überlegungen über die Stellung der Frau im allgemeinen zu überführen, ist typisch für nahezu alle Reiseschriftstellerinnen. Emma von Niendorf gibt sich bei solchen Gelegenheiten gern ironisch, wohl um nicht in den Geruch zu kommen, eine Emanzipierte zu sein. »Ach, es ist etwas Schönes um die Wahlfreiheit! besonders für eine Frau, die anfangs schüchtern wohl, aber doch mit innerstem Hochgefühle ihre Selbständigkeit, die dargebotene Emancipation kostet.«[360] Dieser Seufzer bezieht sich nicht etwa auf die Diskussion um das Frauenwahlrecht, sondern beendet eine Passage, in der die Paris-Reisende genußvoll darstellt, wie herrlich ungewohnt es ist, allein ins Restaurant gehen zu können.

Freilich ist eine solche euphorische Auffassung nur *eine* mögliche Reaktion auf die ungewohnte und exponierte Situation. »Herausgetreten aus der friedlichen Begränzung gücklichen Familienlebens in die kältere, unruhige Atmosphäre der Öffentlichkeit«,[361] empfanden manche Schriftstellerinnen große Verunsicherung, statt sich befreit zu fühlen. Zu Hause hatte eine Frau sich, wenn nicht ausschließlich, so doch zu einem wesentlichen Teil, als Gattin ihres Mannes, als Mutter ihrer Kinder, als Vorsteherin ihres Hauses definiert. Diese von außen vorgegebene Identität ist auf Reisen nicht mehr vorhanden. Therese Huber empfand die Absonderung von ihrer Familie als Verlust der Persönlichkeit, so als trennte man ein Weichtier von seiner formgebenden Schale.[362] Wenn Frauen auf Reisen immer wieder ihresgleichen aufsuchten, wenn sie sich mit Vorliebe der Beschreibung des Frauenlebens, der Beobachtung von Kindern zuwandten, so diente dies sicherlich nicht zuletzt dazu, dieser bedrohlichen »Vereinzelung« und dem Gefühl der Fremdheit entgegenzuwirken. Eine genau festgelegte Konvention des Besuchens und des Empfangens von Besuchen, wie sie zu Hause einen wesentlichen Bestandteil des weiblichen Lebens ausmachte, wurde auch am fremden Ort eingehalten. Sie schien so international gültig, daß Emma von Niendorf George Sand treuherzig in den Schwarzwald einlud[363] und Maria Belli ihr tiefes Bedauern darüber ausdrückte, die freundlichen Haremsbewohnerinnen nicht zu einem Gegenbesuch bitten zu können.[364] Einladungen verdanken Reiseschriftstellerinnen nicht nur die interessantesten Passagen in ihren

---

[359] Ebd. S. 5f.
[360] *Aus dem heutigen Paris* S. 60.
[361] F. Lewald: *Italienisches Bilderbuch* Bd. I, S. 208.
[362] *Bemerkungen über Holland* S. 32f.
[363] *Aus dem heutigen Paris* S. 270.
[364] *Meine Reise nach Constantinopel* S. 189.

Büchern,[365] sondern auch ein Gefühl der Geborgenheit, das viele von ihnen in der Fremde immer wieder suchten. Gerade bei der scheinbar forschesten unter den Reisenden der ersten Hälfte des 19. Jahrhunderts, bei Ida Pfeiffer, finden sich dafür vielfach Beispiele (vgl. oben S. 59).

Der Verlust einer durch gesellschaftliche Konvention und durch häusliche Vertrautheit vorgezeichneten Selbstdefinition auf Reisen bedeutet nicht nur, daß die Reisende für sich selbst ihr eigenes Ich neu zu entwerfen hat, sondern auch, daß sie sich dem lesenden Publikum ohne den schützenden Hintergrund ihres Hauses vorstellen muß. Die schriftstellerische Bewältigung dieser Aufgabe (von der etwa die Autorin einer Autobiographie ganz verschont bleibt) ist eine der wesentlichen Triebfedern bei der Abfassung einer Reisebeschreibung. Neben denjenigen Stellen, an denen die Autorin ihre eigene Weiblichkeit offen thematisiert und sich erkennbar *selbst stilisiert*, gibt es noch andere Topoi, an denen sie dem Leser anbietet, sich ein Bild ihrer Persönlichkeit zu machen: dort, wo sich *Entwürfe eines Weiblichkeitsideals* finden, wo *Vergleiche mit anderen Frauen* gezogen werden oder Fragen der *Emanzipation* diskutiert werden.

Die Häufigkeit der Stellen, an denen Reiseschriftstellerinnen von sich selbst als Frauen sprechen, ist wohl das Moment, das die Reisebeschreibungen der verschiedenen Geschlechter am deutlichsten voneinander abgrenzt. Freilich werden Frauen auch von ihrer Umgebung immer wieder auf die Besonderheit ihrer Rolle hingewiesen. Von Mitreisenden bewundert oder bemitleidet, von Einheimischen begafft und von jedermann als absonderliche Erscheinung angesehen zu werden, war eine Erfahrung, die reisende Frauen immer wieder machen mußten und die viele von ihnen als erhebliche Belastung empfanden. Allerdings konnte bei solchen Klagen auch ein gewisser Stolz mitschwingen, eine Ausnahmefrau zu sein.

Erfüllte das Bewußtsein, in einer exzeptionellen Situation zu sein, schon die Inlands- und Europatouristinnen, um wieviel mehr die Fernreisenden. Ausdrücklich weisen sie darauf hin, wie selten eine Frau noch bis zu diesem oder jenem entlegenen Punkt vorgedrungen sei – nicht nur Emilie Engelbronner in Indien[366] oder Ida Pfeiffer,[367] sondern auch, wenngleich nicht mit derselben Berechtigung, Ida Hahn-Hahn.[368] Den beiden letztgenannten ist gemeinsam, daß sie von allen Reisenden im hier zu diskutierenden Korpus die meiste Selbststilisierung betrieben. Ida Pfeiffer hebt an unzähligen Stellen den Mut, die Ausdauer und die körperliche Zähigkeit her-

---

[365] Vgl. das Urteil J. D. Gries' in einem Brief an Heinrich Abeken (22. Dez. 1820) über Johanna Schopenhauer: »Ihre Reise durch England halte auch ich für das beste von ihren Werken. Es hat einige Ähnlichkeit mit den Briefen der berühmten Lady Worthly Montague. Denn wie diese, uns zuerst das Innere eines türkischen Harems schildern konnte, so ist die Schopenhauer, meines Wissens, die erste, die uns von dem häuslichen Leben der englischen Frauen zuverlässige Nachricht gegeben hat, zu welchem bekanntlich kein fremder Mann Zutritt erlangt.« *Damals in Weimar* (1929) S. 285.
[366] *Auszug aus den Briefen* S. 500.
[367] Z. B. *Eine Frauenfahrt* Bd. II, S. 32: »…sah ich mehr, als je eine Frau in China gesehen hatte.« Ebd. S. 43: »Bisher hatte noch keine Frau diesen Gang gewagt.«
[368] Vgl. *Orientalische Briefe* Bd. I, S. 301, Bd. II, S. 41, Bd. III, S. 178.

vor, die sie als schwache Frau kennzeichneten. Obgleich sie nicht versäumt, den Leser daran zu erinnern, daß sie noch viel mehr Unannehmlichkeiten zu tragen hatte als männliche Reisende, so war sie andererseits auch davon überzeugt, daß gerade ihr Geschlecht ihr auch manchen Weg ebne und ihr manche Rücksichtnahme einbrachte.[369] Sie lehnte es aus eben diesem Grunde wann irgend möglich ab, in Männerkleider zu schlüpfen. In Erwartung einer Begegnung mit Menschenfressern auf Borneo schrieb sie launig: »Ich hoffe, mein Fleisch wird ihnen schon zu alt sein […] Auch hält man diese Canibalen für so artig, daß sie einer hilflosen Frau nichts anhaben werden.«[370] Auch sonst bedient sich die Autorin gern des Understatements, um ihren Mut und ihre Unerschrockenheit herauszustellen. Gerade als Frau, so lautet ihre Botschaft an die Leserinnen, müsse man sich durch selbstbewußtes, ja forsches Auftreten schützen. Da es viele Elemente gibt, die die berühmte Wienerin eher als unweibliches Individuum einscheinen lassen könnten – sie legt größten Wert darauf, durch keinerlei weibliche Schwäche behindert zu sein, sondern alle Strapazen ertragen zu können, sie präsentiert sich als durch keine Familie gebundene, höchst selbständige Forscherin –, ist es nur verständlich, daß sie immer wieder die Gelegenheit wahrnimmt, sich auch als Frau zu bezeugen. Sie, die bereits in der Kindheit davon bedroht war, kein richtiges Mädchen zu werden,[371] achtete genau darauf, sich neben ihrer Rolle als Weltreisende, die es mit jedem Mann aufnimmt, auch als »ganz einfache Frau« zu präsentieren und in ihren Leserapostrophen als demutsvolle Schriftstellerin zu zeigen. Obgleich sie sich einerseits furchtlos allein bis in die entlegensten Gebiete der Erde vorwagte, finden sich doch in ihren Büchern immer wieder Stellen, an denen sie sich als »hülflos einzeln stehende Frau« bezeichnet. Als solche fordert sie den Schutz und die stets bereitwillige Hilfe mitreisender Männer[372] und reagiert sehr gereizt und ungehalten, wenn diese Ritterlichkeit ausbleibt.[373]

Auch andere Autorinnen setzten sich durchaus gern in dieses Licht. Therese Huber bezeichnet sich nicht nur in ihrer Vorrede als »häusliche Mutter« und »einfache Matrone«.[374] Auch im Haupttext ihrer Hollandreise stellt sie wiederholt Betrachtungen an über ihre feminine Identität, etwa wenn sie die »zwei herrlichen Triebe« deutscher Frauen hervorhebt, »unsre *Weiblichkeit*, und unsre *Kindlichkeit*«.[375] Ähnliches begegnet auch bei Sophie von La Roche, wie Therese Huber eine Frau, die sich durch unkonventionelles Leben und Tun in der deutschen Öffentlichkeit ein vielleicht allzu »männliches« Image erworben hatte.

Frauen wie Sophie von La Roche, Johanna Schopenhauer, Ida Pfeiffer, Therese Huber oder Caroline de la Motte Fouqué, scheinen von der Angst geplagt gewesen

---

[369] Vgl. *Reise einer Wienerin* Bd. I, S. 64. Ferner Brief an A. Petermann bezüglich des Projekts einer Expedition ins Innere Afrikas, in: *Athenaeum* (1851) S. 1281.
[370] Brief an Herrn v. Winter 1. Jan. 1852, cit. H. Jehle (1989) S. 145.
[371] *Reise nach Madagaskar*. Biographie S. IXff.
[372] *Reise einer Wienerin* S. 2, 27, 67, 78, 82.
[373] Ebd. S. 64, 167.
[374] *Bemerkungen* S. IV, VI.
[375] Ebd. S. 163.

zu sein, als allzu »männlich« mißverstanden zu werden. Jedenfalls war es ihnen ein Anliegen, die eigene weibliche Identität nachdrücklich zu thematisieren. Besonders liebenswürdig selbstironisch lesen sich die entsprechenden Auslassungen der berühmten Gattin Friedrich da la Motte Fouqués. Ihre Bereitschaft, die Bedingtheit der eigenen Urteilskraft zur Diskussion zu stellen, geht weit über das sonst übliche Maß kritischer Distanz zu sich selbst hinaus.[376] Das Bild, das sie dem Leser von sich übermittelt, ist das einer feingebildeten, poesievollen, warmherzigen, »lebhaften«, »alternden« Frau – ein merkwürdiger Gegensatz zu der abträglichen Charakterisierung aus der Feder Varnhagens von Ense.[377] In den Augen des männlichen Beobachters erscheint sie kokett, herrschsüchtig, eingebildet und egozentrisch, die personifizierte Beleidigung der Mannesehre ihres Gatten.

Durch besonders intensive und eigenwillige Selbststilisierung zeichnen sich die Bücher Ida Hahn-Hahns aus. Schon die Zeitgenossen empfanden das hohe Maß der Ichbezogenheit ihres Schreibens, noch mehr aber die kantigen Umrisse ihres Selbstportraits als irritierend. Es gehört zum Individualstil der Gräfin, sich mit scheinbar negativen Charaktereigenschaften auszustaffieren, diese aber so offensiv darzustellen, daß Bewunderung für so viel Eigenständigkeit hervorgerufen wird. Vor den Augen der Leserschaft entsteht das Bild eines »en costume de gamin« durch ferne Länder reisenden adelsstolzen enfant terrible, das sich weder um das Urteil anderer bekümmert, noch sich dem Kodex weiblicher Tugenden wie Häuslichkeit, Fleiß, Beständigkeit, Anschmiegsamkeit, Bescheidenheit unterordnet. An deren Stelle werden andere Eigenschaften betont: Mut, Erfahrungshunger, Aufgeschlossenheit, Selbstvertrauen, Wahrheitsliebe, Spontaneität. Der Erfolg, den die Gräfin erzielte, spricht dafür, daß sie wohl verdeckte Identifikationswünsche erfüllte. Die männlichen Rezensenten standen vor dem Paradox, daß sie mit ihren Verrissen den Umsatz der geschmähten Autorin noch steigerten. Diese konnte sie um so unbekümmerter gewähren lassen, als die Angriffe auf ihre Bücher das von ihr angestrebte Image der unbequemen und ungewöhnlichen Frau nur unterstützten. Gewehrt hat sie sich allerdings gegen den Vorwurf der Herzlosigkeit.[378]

Therese von Bacherachts Ich-Ideal, das sie dem Leser ihrer *Briefe aus dem Süden* darbietet, ist das der schönen Seele, der Dulderin. Hier liegt der Schlüssel zum Verständnis des Buches. Der wehmütige Grundton, der die Schrift vom Anfang bis zum Schluß durchzieht, das merkwürdige, ja einzigartige Phänomen, daß diese mit therapeutischer Absicht unternommene Reise scheinbar völlig ohne Wirkung auf die verwundete Seele der Reisenden blieb, werden begreiflich, wenn man sich das Idealbild von Weiblichkeit vor Augen hält, das in diesen Briefen ausgebreitet wird. »Selbstversagung und Opfer« werden als »das innerste Bedürfen« der weiblichen

---

[376] Vgl. *Briefe über Berlin* S. 4. *Reise-Erinnerungen* Tl. 1, S. 110f., 143ff., 152, Tl. 2, S. 32ff.
[377] In Varnhagens *Denkwürdigkeiten des eigenen Lebens*. 1. Tl. Hg. v. J. Kühn. Berlin 1922, S. 224 heißt es über sie, sie sei sehr schön, aber auch sehr stolz, eitel und herrschsüchtig gewesen, sodaß, in Verkehrung der angestammten Rollen, ihr Mann neben ihr erschien wie »ein argloses Kind«.
[378] Vgl. z. B. *Meine Reise in England* (1981) S. 72.

Seele bezeichnet. Diese Behauptung steht freilich in einem, von der Autorin selbst unerkannten, direkten Widerspruch zu ihren ursprünglichen Wünschen, zu den »blühenden Gedanken meiner Jugend«. Sie ist ein Produkt der »Schlangenbisse der Erfahrung«. »Als Mann hätte ich den Krieg, den Ruhm, die Wissenschaft geliebt; als Frau bleibt mir nichts übrig, als meine Thränen im Stillen zu vergießen, meinen Stolz zu verleugnen und meine Sehnsucht in den Schlaf zu lullen.« Selbst wenn Therese von ihrem Leiden am »Kampf gegen den eigenen Willen« berichtet, so bekennt sie sich doch – autosuggestiv – zu der Überzeugung, daß letztlich Befriedigung nur das »Bewußtseyn giebt, sich untergeordnet [...] zu haben.«[379] Wieviel dieses literarische Festhalten am Ideal »biblischer Sanftmuth«[380] mit der wirklichen Therese zu tun hat, ist unwichtig. Es handelt sich hier ja nicht um ein nach der Natur gezeichnetes Selbstportrait, sondern um ein Identifikationsangebot für die Leserschaft.

Diese virtuelle Differenz ist in allen Selbststilisierungen mit zu berücksichtigen. Reisebeschreibungen sollten erzieherisch wirken; das in ihnen gezeichnete Frauenbild sollte Vorbildcharakter haben. Dies gilt für die angepaßten Züge ebenso wie für Facetten, die »revolutionären« Charakter tragen. Keine der hier zur Diskussion stehenden Autorinnen war frei von einem Anspruch auf Einwirkung vor allem auf die weibliche Leserschaft. Wenn sie sich selbst als gemütstief, sensibel, aber auch tapfer, selbständig und intelligent zeichnen, so ist dies primär als Imperativ an die Leserschaft gedacht.

Doch nicht nur aus *direkten Selbstaussagen*, sondern womöglich noch mehr auf *indirektem Wege* konturiert sich für den Leser das Bild, das die Autorin ihm von sich selbst vermitteln möchte.

Auf Reisen liegt es nahe, den eigenen Standpunkt, die eigenen Lebensumstände mit der er-fahrenen, neuen Umgebung zu kontrastieren. Wenn Frauen immer wieder Frauen aufsuchen, so entspringt dies nicht nur dem Bedürfnis nach menschlichem Umgang, sondern ebensosehr dem Interesse am Vergleich mit Geschlechtsgenossinnen, mit ihrer Haushaltsführung, ihrem Lebensstil, ihrer Kindererziehung, ihrer Freiheit oder Beschränktheit. Der Gemeinplatz, daß Frauen die strengsten Richterinnen über die Tugendhaftigkeit ihrer Geschlechtsgenossinnen seien,[381] bewahrheitet sich an einigen scharfen Beobachtungen über Sitten und Unsitten der weiblichen Bevölkerung des jeweiligen Gastlandes aus der Feder Johanna Schopenhauers,[382] Friederike Bruns[383] oder immer wieder Ida Pfeiffers.[384]

Besonders die praktischen Tugenden wie Fleiß, Hausmütterlichkeit, Hygiene, Sparsamkeit lassen sich gut durch Vergleich mit einem Gastland herausstellen. Das reinliche Holland wird von allen weiblichen Reisenden als vorbildlich empfun-

---

[379] S. 162f., 181.
[380] Ebd. S. 243.
[381] Vgl. die Klage Fanny Lewalds im *Italienischen Bilderbuch* Bd. I, S. 306f.
[382] Vgl. z. B. *Erinnerungen* Bd. III, S. 65–68.
[383] Vgl. z. B. *Episoden* Bd. III, S. 50f.
[384] Vgl. z. B. *Eine Frauenfahrt* Bd. III, S. 125f.

den.[385] Aber auch in Portugal, Frankreich, England oder im Orient – wo immer sie hinkamen, erwiesen sich reisende Frauen als kompetente, kritische, aber auch wißbegierige und lernbereite Beobachterinnen fremder Haushaltsführung.

Es gibt eine ganze Reihe von Beispielen dafür, daß eben jene Frauen, die für sich selbst den Freiraum selbständigen Lebens und Reisens erobert haben, sich nachdrücklich zum Ideal eines stillen, hausmütterlichen Lebens bekennen.[386] Man hat diese Diskrepanz als Tribut der Ausbrecherin an das patriarchalische System gedeutet.[387] Vielleicht handelt es sich aber gar nicht um einen Widerspruch, sondern um eine Rückversicherung der eigenen Weiblichkeit, um das Bedürfnis nach Übereinstimmung mit dem herrschenden, sehr hoch angesetzten Ideal. Am Erweis der eigenen Weiblichkeit war allen Schriftstellerinnen gelegen; diese aber war im Diskurs der Zeit eben auf diese Weise definiert.

Freilich beschränkt sich das Ich-Ideal der Autorinnen nicht auf die Erfüllung eines vorgezeichneten Bildes. Von besonderem Interesse sind vielmehr jene Stellen, die nach vorbildlichen Ergänzungen des zuhause gewohnten Weiblichkeitsstereotyps suchen.

Sophie von La Roche machte auf ihren Reisen eine große Zahl von Bekanntschaften. Verkörperungen weiblicher Tugend zu begegnen, ganz gleich in welchem Stand, bewegte sie tief. Besonderes Anliegen aber war ihr der Umgang mit Frauen, deren Form der intellektuellen Selbstverwirklichung ihr exemplarisch schien. Als gleichsam archetypisches Vorbild fungiert die immer wieder zitierte Julie Bondeli. Sie, die Sophie von La Roche nie persönlich kennenlernen konnte, verkörperte für sie eine ganz neue Form des Frauenlebens, in dem neben den Tugenden der Bescheidenheit und Häuslichkeit auch das Bewußtsein der eigenen Intellektualität und geistigen Selbständigkeit Raum finden konnte. Mehr als irgendeine Frau in unserem Textkorpus hat Sophie von La Roche weibliche Solidarität als Stütze des eigenen Selbstverständnisses gesucht. »Ihre Julie Bondeli«, d.h. ihr besseres Selbst, erkannte sie wieder im Umgang mit den vielen intellektuellen Frauen, Schriftstellerinnen und Erzieherinnen, die sie auf ihren Reisen eifrig aufsuchte: Mme. de Genlis, Mme. Fielding (die Oberhofmeisterin der englischen Prinzessinnen), die Erzieherinnen an den großen Mädchenschulen St. Cyr in Versailles oder Queen's Square in London, die Romanschriftstellerin Miss Burney in England oder Mme. La Fite, die Übersetzerin ihrer *Sternheim*. Wie schon in ihrer Zeitschrift *Pomona*, so hob Sophie von La Roche auch in ihren Reisebüchern die Bildungsmöglichkeiten im Ausland als vorbildlich für Deutschland und die dortigen Femmes de Plume als Leitsterne für ihre deutschen Geschlechtsgenossinnen heraus.

Besonders England steht hier in deutlichem Kontrast zur Heimat. Nicht nur Sophie von La Roche hat dies so empfunden, sondern alle England-Reisenden nach

---

[385] Vgl. z.B. die enthusiastische Darstellung »Über die Reinlichkeit der Holländer« in: *Journal des Luxus und der Moden*, Bd. I des Teilnachdrucks, Leipzig 1967, S. 202–207.
[386] Deutlich hat diesen Gegensatz für Ida Pfeiffer herausgearbeitet H. Schutte Watt (1991).
[387] S. Weigel (1988). Weigel geht von »Verstellungen, Maskierungen und Anpassungen« aus (ebd. S. 96). Desgl. H. Schutte Watt (1991) S. 349 u. ö.

ihr. Nie bleibt der Vergleich zwischen dem Gastland und den eigenen Lebensumständen nur im kühl Verstandesmäßigen. Ebenso wie die Unterdrückung der Frauen im Orient als Schmach empfunden wurde, so wirkt die verbesserte Stellung der Frau in England als Herausforderung. Von besonderer Bedeutung ist der Vergleich mit anderen Schriftstellerinnen und ihren Chancen.

Emilie von Berlepsch gibt im 4. Band ihrer *Caledonia* ausführlich Nachricht »über wissenschaftliche Ausbildung und Geistesarbeiten unsers Geschlechts« sowie »von den brittischen Schriftstellerinnen«.[388] Nachdem sie über eine Reihe von Dichterinnen berichtet hat, kommt sie am Ende auf ihren »Liebling«, Mary Wollstonecraft, zu sprechen.[389] Die Lektüre von deren *Vindication of the Rights of Women* hatte für die Deutsche geradezu ein Erweckungserlebnis bedeutet. »Wie flog meine Seele der Schwesterseele zu, die sich mir in dem Sinne und Geist, in der ganzen Tendenz des Buchs offenbarte.«[390] Mit dem Lobpreis Mary Wollstonecrafts begibt sich die Autorin in den Bannkreis des Emanzipationsgedankens – ein gefährliches Territorium, will man vor dem konservativen deutschen Publikum bestehen. Die Art, wie Emilie von Berlepsch sich absichert, ist programmatisch für die Rezeption des Emanzipationsgedankens durch deutsche Frauen allgemein: Propagiert wird nur eine seelische, intellektuelle Befreiung, die vornehmlich durch eine Verbesserung der Bildungschancen erreicht werden soll. »Ich weiß, und es ist mir ein großer, froher Gedanke«, schreibt Emilie von Berlepsch, ihren möglichen Kritikern den Wind aus den Segeln nehmend, »daß man in Deutschland weit eher, als in Brittannien, das eben Gesagte versteht, und es fühlt, daß ich nicht im ominösen, politischen Sinn, noch in dem einer frechen Zügellosigkeit das Wort Freiheit hier gebrauche; sondern einzig die moralische Kraft, ihre Selbstthätigkeit und Herrschaft auf das Denken, Wollen und Thun des Menschen, damit bezeichnen will.«[391]

Es gibt keine Reisende, die nicht in Feuer geriete, wenn es um mehr intellektuelle Freiheit und Bildung für Frauen geht. Selbst die konservative Österreicherin Maria Schuber, die angesichts der Emanzipationsbestrebungen im Zuge der Revolution von 1848 nur naives Unverständnis zeigt,[392] wagt beim Thema Bildung Kritik an ihrem Allerheiligsten, der Kirche: Angesichts der abgeschiedenen Mädchenerziehung in Cairoer Klöstern klagt sie mit emphatischer Unterstreichung, man lasse im Christentum, das doch die höchste menschliche Bildung verwalte, »*den Frauen noch zu wenig Recht* widerfahren.«[393]

---

[388] S. 219, 220. Die Verfasserin gibt an, damit der ausdrücklichen Bitte einer Freundin zu entsprechen.
[389] S. 250.
[390] S. 251.
[391] S. 266f.
[392] In Innsbruck hatte eine Baronin eine silberne Verdienstmedaille vom Kaiser erhalten, was Maria Schuber zu der Bemerkung anregt: »Wenn Österreich *auch Frauen* auf solche Art zu ehren weiß, so weiß ich nicht, auf welche Art die Emancipation der Frauen noch soll errungen werden, oder *kennt und weiß man nicht*, was man *ohnehin schon hat*?« *Meine Pilgerreise* S. 487.
[393] *Meine Pilgerreise* S. 222.

Nicht nur Maria Schuber, die Leiterin einer höheren Mädchenschule in Graz, hat sich brennend für Bildungsinstitute interessiert, sondern auch alle anderen reisenden Schriftstellerinnen zeigen hier größte Aufmerksamkeit und messen die Möglichkeiten zuhause und ihre eigenen, nur allzu oft versäumten Chancen an dem, was sie nun sehen. Schier unfaßlich kommt Ida Hahn-Hahn die Hebammenschule des französischen Arztes Clot Bey in Ägypten vor, »in der Frauenzimmer wissenschaftlich für diesen Beruf gebildet, und mit medizinischen und chirurgischen Kenntnissen so weit ausgerüstet werden um ihrem Geschlecht ärztliche Hülfe leisten zu können. Stelle Dir vor! Muhammedanerinnen werden wissenschaftlich unterrichtet in Anatomie, Physik, Chemie – und zwar von Männern!«[394] Die Aufregung, mit der die Gräfin über mehrere Seiten hinweg in aller Ausführlichkeit ihrer Mutter von dieser unerhörten Institution berichtet, von ihren Zielen und Leistungen, von der Herkunft der Zöglinge, ihrer Unterbringung und der leider mangelnden finanziellen Absicherung des Unternehmens, steht in schärfstem Gegensatz zu den flüchtigen Honneurs, die Fürst Pückler den »Gebärkünstlerinnen« macht. Für den Fürsten stellt das ganze Institut, in dem es »übrigens einige sehr hübsche Mädchen gab«, eine einzige Burleske dar. Die praktische Demonstration dessen, was die Mädchen schon gelernt haben, übersteht er nur mühsam mit »verbissenem Lachen«. Daß hübsche kleine Araberinnen Kenntnisse über Knochen, Blutkreislauf und Insemination herunterschnurren, als würden sie einen »Wäschezettel ablesen«, steigert seine Heiterkeit »fast bis zum Lachkrampf«.[395]

Alle Reiseschriftstellerinnen stimmen überein in der Forderung nach verbesserten Bildungschancen für Frauen. Freilich wird diese Forderung global begründet: Nicht die einzelne Frau allein soll durch bessere Bildung glücklicher werden, sondern im Zuge dessen die Gesellschaft als ganze. Damit argumentieren Frauen von der gleichen Warte aus und mit den gleichen eudaimonistischen Begründungen wie ihre Gegner. Während diese das Menetekel eines von Hausmüttern entleerten Vaterlandes an die Wand zu zeichnen pflegten,[396] argumentierten Fanny Lewald, Ida Hahn-Hahn und andere,[397] die ganze Gesellschaft sei in Mitleidenschaft gezogen, wenn die Hälfte ihrer Mitglieder in ihrer Unbefriedigtheit und Unfreiheit leichte Beute für allerhand Laster werde. Weibliche Bildung oder Unbildung aber entscheide über den allgemeinen Bildungsstand; »man braucht zum Beweis dafür nur England zu nen-

---

[394] *Orientalische Briefe* Bd. III, S. 335.
[395] *Aus Mehemet Alis Reich* (1985) S. 236f.
[396] Vgl. noch Wilhelm Heinrich Riehl: *Die Familie* (=*Die Naturgeschichte des Volkes als Grundlage einer deutschen Social-Politik*. 3. Bd.) 6. uneränd. Aufl. Stuttgart 1862 (1. Aufl. 1854), S. 54: »Die Geschichte unseres politischen Elendes läuft parallel mit unserer Geschichte der Blaustrümpfe. Wo aber das öffentliche Leben einen kräftigen neuen Aufschwung nimmt, da sind allezeit die Frauen in den Frieden des Hauses zurückgetreten.«
[397] Luise Mühlbach hat in ihren *Federzeichnungen* das ganze Kapitel »Auf dem Rhein« der Beobachtung einer von ihrem Mann geknechteten Frau und ihren Reflexionen dazu gewidmet. Ida Kohl beschäftigt sich im III. Bd. von *Paris und die Franzosen* ausführlich mit der Emanzipationsbewegung.

nen«, schreibt Emilie von Hohenhausen. »Sollen die Frauen nicht Priesterinnen des Wahren, Guten und Schönen sein«, ruft sie angesichts der Kulturfeindlichkeit der Münchnerinnen aus, »und können sie sich dazu erheben, wenn sie ihr Leben verwaschen, verstricken, verkochen. Können sie nur den thierischen Bedürfnissen des Lebens genügend, ihre Männer aus dem Niedrigen und Gemeinen erheben, den Keim des Edlen, Schönen und Heiligen in die Seele ihrer Kinder legen?«[398]

Daß bei der geforderten Öffnung für ein breites Angebot »männlicher« Bildungsinhalte die Pflege »weiblicher Beschäftigungen« und Tugenden nicht vernachlässigt werden darf, versteht sich von selbst. Ida Hahn-Hahn verbindet aus gegebenem Anlaß mit dem Lob der englischen Freiheit eine Apologie der englischen Hausfrau, die bei den Deutschen in keinem guten Ruf stand.[399] Ida Pfeiffer kritisiert die amerikanische Form der Frauenemanzipation wegen ihrer Vernachlässigung der weiblichen Arbeiten in der Erziehung.[400] Stets ist die eigene Erfahrung der Wienerin, sind ihre eigenen Normen in bezug auf die der Frau angestammte Hausfrauen- und Mutterrolle in diesen Ausführungen mit zu spüren. Trotzdem läßt sie die Gedanken weit, fast über den eigenen Horizont vorausfliegen, wenn sie z. B. die Überzeugung äußert, Frauen sollten durchaus »Professoren und Doktoren« werden dürfen, während ihrer Berufstätigkeit aber »dem Ehestand entsagen.«[401]

Fanny Lewald, die in ihren Reiseschriften außerordentlich wenig Neigung zur Selbststilisierung und zu frauentypischer Perspektive zeigt, entwickelt ihr Weiblichkeitsideal vornehmlich im Kontrast zu den Lebensmöglichkeiten anderer Frauen. Sie, die sich gerade aus ihrer eigenen schmerzlichen Erfahrung heraus schon früh für eine verbesserte Möglichkeit zum Schulbesuch für Mädchen aller Stände eingesetzt hat,[402] sieht in England viele ihrer Ziele realisiert. Das Londoner Queen's College ist ein erster Ansatz zu einer wirklichen Frauenuniversität, wie er in Hamburg eben erst gescheitert war.[403] Im Whittington-Club, in dem Frauen und Mädchen als Teilnehmer zugelassen sind, erkennt sie erste Ansätze zu einer stärkeren Vergemeinschaftung des alltäglichen Lebens. Denn einzig in »socialistischen Einrichtungen« zur Erleichterung des Hausfrauenalltags ist nach Fanny Lewalds Überzeugung die Verbesserung der Bildungsmöglichkeit für Frauen und so die Voraussetzung für ein menschenwürdigeres Dasein zu erreichen.[404] Zugleich bietet der Club »Colle-

---

[398] »Blätter aus meinem Reisetagebuche 1848«, in: Mindener *Sonntagsblatt* (1850) S. 28.
[399] *Meine Reise in England* (1981) S. 56–61, 135f.
[400] *Meine zweite Weltreise* Bd. IV, S. 133f.
[401] Ebd. S. 136. Wie verletzlich Ida Pfeiffer sein konnte, wenn es um konkrete Chancen für Frauen ging, zeigt ihre Erbitterung über die Statuten der Royal Geographic Society in London, die Frauen nicht zuließen. Mit unverhohlener Enttäuschung über das auf dem Kontinent als Eldorado der Chancengleichheit geltende England klagt sie: Frauen »nur deßhalb auszuschließen, weil sie Frauen sind, würde ich höchstens im Oriente begreiflich finden, wo das weibliche Geschlecht noch wenig geachtet ist, aber gewiß nicht in dem auf seine Civilisation und seinen Zeitgeist so stolzen England.« *Reise nach Madagaskar* S. 70.
[402] »Einige Gedanken über Mädchenerziehung« (1843).
[403] *England und Schottland* Bd. I, S. 284–289.
[404] Ebd. Bd. I, S. 382–386.

gia« an, um Arbeiter wie auch Frauen »nach der Arbeit zu geistigem Genusse zu erheben«. Ja, Frauen halten hier sogar Vorlesungen wie die Männer.[405] Der »größte Vorzug dieses Vereines« aber liegt »in der aus dem freien Verkehr sich entwickenden Gesittung beider Geschlechter«.[406] Mit bitteren Worten setzt Fanny Lewald die tagtägliche Einschränkung im gesellschaftlichen Umgang, die der Komment Frauen und Mädchen in Deutschland auferlegt, den englischen Verhältnissen gegenüber. In der in Deutschland üblichen sklavenhaften Beschränkung des weiblichen Lebens, die jeden Angriff gegen sie »mit Galeerenstrafe und Pranger bestraft«, sieht sie den Keim gelegt zu einer »Welt der Lüge« und eigentlichen Unmoral. »Mir schwindelt vor unsern Ehrbegriffen und Sittenregeln.«[407] Die Engagiertheit und der Umfang dieses (sieben Seiten langen) Lobpreises englischer Freiheit erinnert an Fanny Lewalds bittere Klage über die Beschränkung weiblichen Glücks in der Grotte der Egeria zu Rom.[408] Hier wie da geht man wohl nicht fehl, hinter den Worten persönliche Erfahrungen, eigenes Schicksal zu erkennen. Erlebte sie doch über Jahre hinweg die Einschränkungen, die ihrem Umgang mit Adolf Stahr auferlegt waren, so wie sie auch aus nächster Nähe die Leiden Therese von Bacherachts mit Gutzkow hatte ansehen müssen.

Mit alledem wollte Fanny Lewald nicht der Laszivität das Wort reden. Sie distanziert sich in ihrem Englandbuch nicht nur »von dem widerwärtigen Anstrich äußerer, renommierender Emanzipation« und deren sexuellen Exzessen,[409] sie verwahrt sich auch vor jedem Angriff auf Ehe und Familie und vor der Einebnung der Unterschiede zwischen Mann und Frau. Ihr unbedingtes Festhalten an dem Ideal der selbstlosen weiblichen Liebe[410] steht nur scheinbar im Gegensatz zu ihrer Forderung nach einer Befreiung der Frau. Es ist vielmehr die eigene Rückversicherung, eine wirkliche Frau zu sein und sich in Übereinstimmung mit jenen Idealen zu befinden, die von den großen Geistern der Nation als die edelsten gepriesen wurden. Wie groß Fanny Lewalds Bedürfnis nach Einbindung in die kulturelle Elitegesellschaft und nach Übereinstimmung mit dem Zeitgeist gewesen sein muß, zeigen ihre frühzeitige Orientierung an Goethe, vor allem aber ihre begeisterte Annahme der Gattinnen- und Mutterrolle nach ihrer endlich erfolgten Verheiratung 1855, später ihre goetheähnliche Selbstinszenierung und patriotische Bismarckbegeisterung.[411] Die Position des Außenseiters vermochte sie auf die Dauer nicht durchzuhalten.

Zeitweilige Erlösung aus ihrer Position als Außenseiterin hatte Fanny Lewald schon auf ihrer Englandreise erfahren. Nicht zuletzt deshalb beurteilte sie die dortigen Verhältnisse so nahezu kritiklos und so vorbehaltlos positiv. Hier auf der Insel

---

[405] Ebd. Bd. II, S. 122, 127.
[406] Ebd. Bd. II, S. 122.
[407] Ebd. Bd. II, S. 126.
[408] *Italienisches Bilderbuch* Bd. I, S. 305–308.
[409] Bd. I, S. 289, 324.
[410] Vgl. z. B. *Italienisches Bilderbuch* Bd. II, S. 325f.
[411] Vgl. den bissigen Aufsatz von K. Bäumer (1989) sowie die kritischen Anmerkungen S. Weigels (1988), bes. S. 112f.

hatte sie endlich das Gefühl, keine Ausnahmefrau zu sein. Ob dieses Gefühl berechtigt oder unberechtigt war – Fanny Lewald bewegte sich vornehmlich in intellektueller Umgebung –, mag dahingestellt bleiben. Was sie begeisterte, war die gesellschaftliche Akzeptanz ihres eigenen, intellektuellen Lebensstils. »Ich kann Dir nicht genug wiederholen,« schreibt sie nach Hause, »wie es sich hier von selbst versteht, daß Frauen sich mit geistiger Arbeit beschäftigen; und wie wenig man sie deshalb als ein Phänomen, als einen Gegenstand der Neugier betrachtet! Es giebt kaum einen Bereich der Wissenschaft, in dem sie sich nicht versuchen, und wo sie irgend etwas Tüchtiges leisten, werden sie von den Männern ohne allen Rückhalt freudig als Mitstrebende aufgenommen. […] Niemand fiel es ein, an dem Werth der Arbeit schon um deshalb zu zweifeln, weil eine Frau sie ausgeführt hatte, oder umgekehrt, die Genauigkeit und Trefflichkeit der Arbeit zu bewundern, weil eine Frau sie gemacht, was im Grunde auf dieselbe Nichtachtung herausläuft.«[412]

Die Konfrontation mit dem fremden Land läßt keine kalte statistische Katalogisierung zu. Sie wird für reisende Frauen zur Konfrontation mit den eigenen Vorstellungen von Weiblichkeit, zum Prüfstein für die eigenen Lebensmöglichkeiten. Gerade als Reiseschriftstellerinnen befinden sich Frauen in doppelter Weise in einer exzeptionellen Rolle: als Reisende und als Schreibende. Ob befeindet, verlacht oder bestaunt, selten kamen sie aus ihrer Außenseiterposition heraus, die ihnen immer wieder die Bestimmung ihres eigenen Platzes als Frau in der Gesellschaft abverlangte. Wie schwer es gerade zuhause in Deutschland war, die eigene Stellung zu wahren, bezeugt Fanny Lewalds Résumée: »Die Frauen befinden sich […] auf dem Continente immer noch in der selben Lage, wie häßliche Menschen und wie die Juden. Sie müssen sich überall erst dokumentiren, damit man ihre Vorzüge glaubt, und nachher noch dafür Verzeihung fordern, daß sie diese Vorzüge besitzen.«[413]

4.7 Adressaten und Zielpublikum

> Immer für Weiber und Kinder! Ich dächte, man schriebe für Männer,
> Und überließe dem Mann Sorge für Frau und für Kind![414]

Mit diesem Distichon machten sich die Weimarer Dioskuren Luft angesichts eines wachsenden Marktes von Literatur für Frauen von Frauen. Dabei wurde es aber offenbar immer noch als das kleinere Übel angesehen, wenn Frauen – mußten sie schon schreiben – sich wenigsten an ihre Geschlechtsgenossinnen hielten. Dies zeigte doch wenigstens, daß die betreffende Schriftstellerin auf dem Boden weiblicher Selbstbescheidung blieb und daß von ihr wenigstens keine Bedrohung des übrigen Literaturbetriebs zu befürchten war. Wie bereitwillig Frauen sich – wenigstens vordergründig – in dieses Reservat begeben und so die Akzeptanz ihrer Schriften erleichtert haben, soll im folgenden Abschnitt dargelegt werden.

---

[412] *England und Schottland* Bd. II, S. 6 f.
[413] Ebd. Bd. II, S. 128.
[414] »Xenien« von Goethe und Schiller, Nr. 150. In: Goethes *Werke*, WA Bd. V.1, S. 226.

Bereits eine flüchtige Durchsicht der einleitenden Seiten von Reisebeschreibungen zeigt einen merkwürdigen Unterschied zwischen den Texten von männlichen bzw. weiblichen Schriftstellern. Bei weiblichen Autoren finden sich wesentlich häufiger Widmungen, Zueignungen, namentlich genannte Adressaten. Was die letzteren anlangt, so mag ihr Fehlen teilweise dadurch erklärt sein, daß Männer weit seltener die Briefform für ihre Reisetexte wählen (vgl. oben S. 127f.). Doch selbst wo sie das tun, vermeiden sie fast stets, bestimmte Adressaten anzugeben. Ein männlicher Autor wendet sich ganz selbstverständlich an die literarische Öffentlichkeit, ohne den Schein von Privatheit aufbauen zu müssen. In gleicher Weise erstrebt ein männlicher Autor mit einer Widmung, wofern er denn eine solche überhaupt für nötig hält, nicht, seiner Schrift den Charakter von Intimität zu verschaffen. Zwar haben Pückler und Kephalides ihre Italienbücher den einstigen Reisegefährten zugeeignet, mit dieser Widmung aber keine persönlichen Bemerkungen verknüpft. Häufiger ist die Zuschrift an eine Persönlichkeit des bereisten Landes, deren großer Name zugleich einen Schmuck des eigenen Buches bedeutet: Peter von Cornelius (Stieglitz: *Erinnerungen an Rom* 1848), Schnorr von Carolsfeld (Schubert: *Reise durch das südliche Frankreich und durch Italien* 1831), Thorvaldsen und Reinhart (Menzel: *Reise nach Italien* 1835). Adolf Stahr hebt sein *Jahr in Italien* durch Kapitels-Vorsprüche aus Goethe, Platen und antiken Schriftstellern auf den Kothurn.

Der männliche Autor wendet sich ohne Einschränkungen an das Publikum. Er braucht weder Demut noch Scheu vorzutäuschen. Bezeichnend ist Pücklers Vorrede zu seinen *Jugendwanderungen*. Dieser Bericht über eine in jungen Jahren unternommene Italienreise war ursprünglich nur für Lucie Pückler gedacht. Nun wünscht die Lebensgefährtin die Veröffentlichung, weshalb der Autor in seiner Vorrede begründet, das Buch habe trotz seiner ursprünglich privaten Bestimmung ein Interesse für die Öffentlichkeit. Genau umgekehrt läuft die Argumentation in Fanny Tarnows *Briefen auf einer Reise nach Petersburg*. Diese Beschreibung eines längeren Aufenthaltes in Rußland war zu großen Teilen aus Korrespondenzen kompiliert, die die Autorin in Cottas *Morgenblatt* hatte erscheinen lassen. Die Texte waren also von Anfang an für die Öffentlichkeit bestimmt. Bei ihrer Zusammenfassung zu einem Buch unter dem Namen der Verfasserin – als Artikel waren sie anonym erschienen – glaubte sich Fanny Tarnow für die Publizierung entschuldigen zu müssen. Sie tat es, indem sie vorgab, die Briefe seien nur für Freunde gedacht und gehörten »nicht für's Publikum«. Sie seien gegen die »Neigung« der Autorin veröffentlicht worden, die sie nur mit »Schüchternheit« gedruckt sehe.[415]

Schüchternheit ist in der zeitgenössischen Geschlechterethik eine Zierde der Frauen; sie ist ihnen, gemäß der herrschenden Naturphilosophie, zugleich angeboren und somit ein Ausweis wahrer Weiblichkeit. Diese konventionelle Festlegung steht allerdings in Widerstreit mit einer der sinngebenden Grundvoraussetzungen schriftstellerischen Arbeitens: der Wendung ans Publikum. Hilfskonstruktionen

---

[415] »An die Leser« S. 1f.

werden notwendig. Es sind im wesentlichen drei, die sich in der literarischen Tradition der weiblichen Reisebeschreibung gebildet haben:

die Beteuerung, man habe nur für sich selbst geschrieben,

die Evokation einer intimen Idylle von Mitteilungen für den Familien- oder Freundeskreis sowie

die Bestimmung der Schrift für ein weibliches Publikum.

Zu unterscheiden ist freilich jeweils zwischen den verbalen Versicherungen, die meist auf das Vorwort konzentriert sind (vgl. oben Abschnitt 4.1), und deren Niederschlag im Text.

Daß das Führen eines Reisetagebuches wesentlich dazu beiträgt, die Fülle der Erlebnisse auf einer Reise besser zu behalten, zu ordnen und zu verarbeiten, versteht sich von selbst. Eben aus diesem Grunde wird es von allen Apodemiken empfohlen. Friederike Brun, neben Elisa von der Recke die eifrigste Tagebuch-Schreiberin und wie sie lebenslang an diese Art der Rechenschaft vor sich selbst gewöhnt,[416] hat im ersten Band der *Episoden* anschaulich dargestellt, welche psychische Bedeutung das Niederlegen ihrer Reiseerfahrungen für ihr seelisches Gleichgewicht hat.[417] In diesem Sinne ist es nur konsequent, wenn eine Schriftstellerin angibt, ihr Reisetagebuch »für sich« geschrieben zu haben. Allerdings lautet die Formel, wo immer man sie liest, stets: »für mich und meine Freunde«.[418] Ein per se streng persönliches Tagebuch an die Freunde zu geben, zerstört aber dessen intimen Charakter, bedeutet bereits die Ausweitung der Bestimmung über das Persönliche hinaus. Damit ist ein erster Schritt in die Öffentlichkeit getan, obgleich mit der zitierten Wendung diese Intention geleugnet werden soll.

Wir müssen davon ausgehen, daß wesentlich mehr Reisetagebücher im Freundeskreis von Hand zu Hand gingen, als schließlich zum Druck und somit an die Nachwelt gelangten. War es doch Pflicht des Reisenden, die eigenen Erlebnisse aufzuzeichnen – eine Pflicht, die wohl Frauen angesichts eines so außergewöhnlichen Ereignisses in ihrem Leben kaum versäumt haben werden. Auch die junge Friederike Münter, später verheiratete Brun, fertigte ein solches Tagebuch über ihre Deutschlandreise 1782 an. Mit ihm besitzen wir ein Zwischenglied zwischen jenen inoffiziellen Aufzeichnungen und den Publikationen, die dem Buchhandel übergeben wurden. Vater Münter hatte das Tagebuch seiner Tochter drucken lassen, aber »bloß für einige Freundinnen und Freunde [...] mit der angelegentlichsten Bitte um Geheimhaltung«.[419] Aus brieflichen Äußerungen der Boie-Braut Luise Mejer und der jungen Caroline Michaelis erfahren wir, wie das Tagebuch herumgereicht wurde und die gemeinsame Entschlüsselung der Namenskürzel zum Gesellschaftsspiel für

---

[416] Elisa von der Recke: *Tagebuch einer Reise* Bd. I, S. 3: »Früh habe ich mich gewöhnt, ein Rechnungsbuch über mein Leben zu führen«.
[417] »Reise von Genf auf dem See«, Vorabdruck in: *Isis* (1805) S. 481–484.
[418] Ida Pfeiffer: *Reise einer Wienerin* S. VII. Charlotte von Ahlefeld: *Tagebuch auf einer Reise durch einen Theil von Baiern* S. IVf. Elisa von der Recke: *Tagebuch einer Reise* Bd. I, S. 3.
[419] *Tagebuch meiner ersten Reise* (1782), Vorwort.

die unterbeschäftigten Höheren Töchter geriet.[420] Tatsächlich ist das *Tagebuch meiner ersten Reise* ein wertvoller Beleg für den ursprünglichen sozialen Ort der Lektüre einer Reisebeschreibung. Hier ist die Bestimmung »für mich und meine Freunde« noch wörtlich zu nehmen. Bei Publikationen ist sie zu einer Formel verkümmert. Mit ihrer Hilfe soll erreicht werden, daß das Buch den Anschein vertraulicher Plauderei im intimen Kreis behält. Nur eine Autorin vom Format Esther Gad-Bernards brachte es fertig, die eigene Entwicklung aufzudecken: »den ersten Brief richtete ich wirklich an *einen* Freund, beym zweiten dachte ich schon an mehrere Freunde und bey den folgenden – dachte ich an ein Publikum. Und betrachten wir dies nicht als einen Freund, wenn es unsere Werke liest?«[421]

Ida Hahn-Hahn, in jeder Hinsicht eine Autorin von extremen Positionen, war es vorbehalten, zu behaupten, sie schreibe einzig für sich und ohne Rücksicht auf das Publikum. Die Kritik hat ihr diese Äußerung als aristokratischen Snobismus ausgelegt. »Läßt jemand drucken, um sein Manuscript besser lesen zu können? In *diesem* Betracht also ist die Äußerung vornehmer Autoren, sie schrieben nur für sich, eine ganz thörichte, wenn man nicht überhaupt glauben will, daß sie sich selbst damit belügen. Und nun gar Schriften wie die der Gräfin Hahn-Hahn, welche auf jeder Seite in die Bestrebungen der Zeit hineinreden und rathen und drohen, welche sich durchweg mit dem Stempel beabsichtigter Wirkung geben!«[422] Nun ist freilich klar, welche Aussageabsicht hinter der für eine Berufsschriftstellerin höchst erstaunlichen Bemerkung steht, sie schreibe nur für sich selbst. Die Gräfin wollte damit die Unbekümmertheit ihrer Komposition und die Eigenwilligkeit ihres Stils legitimieren. »Grämen kann ich mich nun einmal gar nicht, wenn die Leute meine Schriften nicht mögen. Das ist *ihre* Sache. *Meine* Sache ist – sie zu schreiben.«[423] Wie hier in einem Brief an Pückler legte die Gräfin durchwegs großen Wert auf ihre vollständige Unabhängigkeit von der Meinung des Publikums.[424] Nur in diesem Sinne also

---

[420] Vgl. Luise Mejers Brief an Boie vom 28. 10. 1783. In: *Ich war wohl klug, daß ich dich fand.* Heinrich Christian Boies Briefwechsel mit Luise Mejer 1777–1785. Hg. v. I. Schreiber. München. 2. Aufl. 1963, S. 253. – Caroline Michaelis an Luise Gotter, 6. 2. 1783. In: *Caroline. Briefe aus der Frühromantik.* Nach G. Waitz verm. hg. v. E. Schmidt. Leipzig 1913 (= Bern 1970), Bd. I, S. 69 f.

[421] *Briefe aus England und Portugal* Bd. I, Vorrede S. X. Vgl. auch Fanny Lewald: *England und Schottland*, Vorwort S. VIII. Sehr treffend hat Johanna Schopenhauer die Evokation eben dieses Gefühls »von geselliger liebenswürdiger weiblicher Häuslichkeit« an Therese Hubers Hollandbuch herausgearbeitet. In: *Journal des Luxus und der Moden* (1811) S. 540 f.

[422] *Zeitung für die elegante Welt* 1843, S. 70. – Vgl. Sternbergs Urteil in seinen *Erinnerungsblättern* (1919) S. 151: »Sie hatte eine souveräne Verachtung für das Publikum, und da sie, wie sie sagte, keine einzige Zeile für andere, sondern alles für sich schrieb, um ›die Leere in ihrem Innern‹ auszufüllen, so war es ihr auch völlig gleichgültig, wer sie las und bewunderte. […] Nie hab ich – weder bei Mann noch Frau, die Selbstgenügsamkeit auf diese Spitze getrieben gesehen als bei diesem weiblichen Narziß.«

[423] *Frauenbriefe von und an Hermann Fürsten Pückler-Muskau* (1912) S. 223.

[424] So äußerte sie auch wiederholt, keine Rezensionen zu lesen – was umso leichter für sie gewesen sein mag, als Baron Bystram, der Lebensgefährte, dieses mißliche Geschäft für sie pünktlich und gewissenhaft erledigte.

ist Ida Hahn-Hahns Schreiben »einzig für sich selbst« zu verstehen. Der Befund ihrer Texte spricht, wie vom zitierten Rezensenten richtig moniert, von selbst gegen die Behauptung.

Ida Hahn-Hahn hat wie viele andere Schriftstellerinnen ihre Reiseschriften in Briefform an bestimmte Adressaten gerichtet. Als enge Vertraute sind diese gleichsam eine Erweiterung des eigenen Ich. Am konsequentesten ist hierin die erste Reisebeschreibung der Gräfin, das Italienbuch *Jenseits der Berge*. Es sei nur für den Geliebten gedacht, beteuern die einleitenden Seiten. »Ich weiß nicht, wie ich mich benehmen würde, wollte ich dem gesammten Publicum erzählen, was mir jenseits der Berge widerfährt.«[425] Wenig später freilich wird revidiert: »Darum schreibe ich Dir und für Dich, und ein Büchlein wird nur deshalb daraus, weil ich in der Lesewelt bekannte und unbekannte Freunde habe, die mich durch ihre Theilnahme verpflichten, ihnen Freude zu machen, so viel ich kann.«[426] Der Geliebte – gemeint ist natürlich Bystram, der Reisebegleiter – wird deshalb als Adressat eingesetzt, weil er der ideale Leser ist, der »unlangweilbare Leser«, den man sich »aus tiefster Seele« wünscht.[427]

In späteren Reisebüchern hat die Gräfin den Adressatenkreis auf die Mitglieder ihrer Familie und ihre engste Freundin erweitert. Auch im Hinblick auf sie ist jene Vertrautheit der Sprechsituation aufgebaut, die die Autorin in *Jenseits der Berge* in den biedermeierlichen Satz gekleidet hat: »Ich mag gern in ein Paar liebe Augen sehen, wenn ich spreche«.[428] Um diese Sprechsituation möglichst realistisch erscheinen zu lassen, ist die Gräfin sogar so weit gegangen, ihre Texte auf die Empfänger abzustimmen (vgl. oben S. 131f.). Widmungen gehen an die Schwester (*Reisebriefe*) oder die Mutter (*Orientalische Briefe*). Die Autorin wollte mit dieser konsequenten Einbindung in den Familienkreis ihren Veröffentlichungen ein Flair von Intimität verleihen, wozu auch ihr familiärer, leicht nachlässiger Stil paßt. Fallmerayer hat in seiner berühmten Rezension der *Orientalischen Briefe* dieses schriftstellerische Kalkül bewußt übersehen und die Zuschriften beim Wort genommen: »Für den engern und eigensten Leserkreis, das ist für ›Herzensmamachen‹, für ›Lieb-Clärchen‹, für ›Luischen‹, ›Emma‹ und ›Fratello Dinand‹, mögen die orientalischen Briefe [...] ja als einzige Autorität, als Familienchronik und Sibyllenbuch von Geschlecht zu Geschlecht gepriesen seyn, vorausgesetzt daß sie nichts anderes lesen und mit dem wandernden Hausorakel überall zufrieden sind. Nur vermögen *wir* in unserer Kurzsichtigkeit nicht zu errathen wie man das *große* Publicum mit drei Bänden heimsuchen kann, in denen es weder etwas Neues noch etwas besser Gesagtes findet als man vorher hatte.«[429]

Bemerkenswert ist die Auswahl der Personen, die als Briefempfänger von Ida Hahn-Hahn oder anderen Reiseschriftstellerinnen genannt werden. In der überwie-

---

[425] Tl. I, S. 5.
[426] Ebd. S. 6.
[427] Ebd. S. 5.
[428] Ebd. S. 4.
[429] *Beilage* zur *Allgemeinen Zeitung* 1845, S. 137.

genden Mehrzahl handelt es sich um Frauen. Emilie Engelbronner schreibt an ihre Schwester, Elise von Hohenhausen richtet ihre *Briefe aus der Residenz* ebenso an eine Freundin wie Luise Mühlbach ihre *Federzeichnungen auf der Reise*, Karoline von Beulwitz-Wolzogen adressiert ihr *Schreiben einer jungen Dame* an Sophie von La Roche und Fanny Lewald weihte ihre *Erinnerungen aus dem Jahr 1848* dem Andenken der Freundin und Reisegefährtin Therese von Bacheracht. Caroline de la Motte Fouqué schließlich spricht mit ihren *Briefen über Berlin* ihre »liebe Caroline« an. Eine Freundin eben dieses Namens ist auch Empfängerin von Charlotte von Ahlefelds *Reise durch Deutschland und die Schweiz*. Die beiden letztgenannten Autorinnen zeichnen im Vorwort ein lebendiges Bild von dem herzlichen, schwesterlichen Verhältnis zu der Adressatin, die als das in der häuslichen Befriedung verbliebene alter ego erscheint. In der Mitteilung an sie, der Spiegelung in der schwesterlichen Seele, findet die eigene Ausflucht erst ihren produktiven Niederschlag (vgl. auch oben S. 117) Ähnliches gilt von *Theresens Briefen aus dem Süden*, die an die Mutter gerichtet sind. Ob die Adressatin nun eine reale Person war oder ein imaginiertes zweites Ich (wie offenbar bei Friederike Brun in ihrem *Tagebuch über Rom*), ist unerheblich. Frauen waren durch ihre Sozialisation viel weniger daran gewöhnt, Erlebnisse alleine zu machen und zu verarbeiten, waren stärker auf Mitteilung und Gemeinschaftlichkeit angewiesen.

Ein besonderer Fall sind jene Schriften, die vornehmlich für die eigenen Kinder gedacht sind. Nach dem Vorbild Sophie von La Roches, die alle Reisebücher ihren Töchtern widmete, weil sie ihre schriftstellerische Arbeit als verlängerten Arm ihrer mütterlichen Erziehungs- und Bildungsaufgabe verstand, widmete auch Therese Huber ihr Holland-Buch den Kindern zuhause, d. h. den Töchtern. Auch Friederike Brun wandte sich in einer Reihe von Textpassagen an die eigenen Kinder, allerdings weniger, um sie zu belehren als vielmehr, um sie teilhaben zu lassen.

Nur Schriftstellerinnen mit überdurchschnittlich ausgeprägtem Selbstbewußtsein erweiterten den Kreis der Adressaten um männliche Freunde: Friederike Brun, Esther Gad-Bernard, Fanny Lewald, Emilie von Berlepsch, Johanna Schopenhauer. Lediglich ein einziges der Bücher des hier behandelten Textkorpus aber ist an den Ehemann gerichtet: die schriftstellerisch ganz unbedeutenden *Briefe einer Dame aus der Schweiz 1786* der Anna Helene Krook, eine anonym erschiene Kompilation aus echten Briefen. Im Unterschied zu Engländerinnen (vgl. die sehr kritischen Briefe Mary Wollstonecrafts an ihren Gatten) haben es deutsche Frauen bewußt vermieden, den eigenen Ehemann mit ihrer Schriftstellerei zu behelligen. Wozu auch ihm ein Buch widmen? Ihn damit unterhalten zu wollen, wäre frivol, ihn damit belehren zu wollen, ungebührlich gewesen.

Männer als Empfänger von Reiseschriften einzusetzen, war schon gewagt genug. Friederike Bruns Briefe an namentlich genannte männliche Freunde gehören in den Rahmen ihres ausgedehnten Freundschaftskults. Andere Autorinnen ersparten ihren männlichen Adressaten die Preisgabe ihrer Identität, und auch im Text selbst bleibt der Angeredete ohne Konturen. Johanna Schopenhauer, die sonst Widmungen und Anreden vermied, wandte sich in ihrer *Ausflucht an den Rhein* an einen ungenannten »lieben Freund«, worunter man vielleicht ihren Hausfreund Georg

Friedrich von Gerstenbergk verstehen mag. Völlig anonym bleiben auch Adolf Stahr, Adressat von Fanny Lewalds Englandbriefen,[430] und Jean Paul, an den Esther Gad-Bernard Briefe aus England schrieb (die Widmung geht an eine Frau).[431] Von besonderem Interesse aber ist die Zuschrift von Emilie von Berlepschs *Caledonia* an Herder. Herder erscheint in der Vorrede als der idealische Leser, als die von der Autorin verinnerlichte, geheime Kontrollinstanz. Die Widmung, so betont die Autorin, ist nicht so zu verstehen, als ob Herder der Schrift bedürfe, sondern sie geschah um der »schönen Idee« willen, »die mir Haltung gebe, mir zur Norm diene«.[432]

Muß die zahlenmäßige Prävalenz von Frauen als Adressatinnen und Empfängerinnen von Widmungen als Hinweis darauf gewertet werden, daß Autorinnen sich tatsächlich vorwiegend an ein weibliches Publikum wandten? Eine exklusive Bestimmung ist interessanterweise aus der Feder der Autorinnen selbst nur äußerst selten ausdrücklich bezeugt. Johanna Schopenhauer gibt in einem Brief an Böttiger an: »Mein Zweck ist durchaus nicht, für Kunstgelehrte zu schreiben, sondern nur für meinesgleichen, für Frauen, welche wie ich deutsche Art und Kunst lieben […] höchstens für Kunstfreunde«, die zu genaueren Studien keine Zeit haben.[433] Johanna Schopenhauer nimmt damit eine Formulierung ihres Briefpartners auf: 1815 hatte Hofrat Böttiger im »Vorbericht des Herausgebers« zu Elisa von der Reckes *Tagebuch einer Reise* klargestellt: »Nicht für Gelehrte […] auch nicht für eigentliche Künstler und Kunstkenner schrieb die Verfasserin. […] Auch nicht für geistige Schmecker. […] Unsere Verfasserin dachte sich zunächst für ihre Bemerkungen aus ihrem Reisetagebuche jüngere Leser ihres eigenen Geschlechts.«[434] Und wenn Elisa von der Reckes selbst in ihrem Vorwort bemerkt, sie widme ihre Schrift »einzig denjenigen Personen meines Geschlechts, die, so wie ich, ohne eigentlich gelehrte Bildung, einen Sinn für das Alterthum und dessen Geschichte in der Seele tragen«, so dürfte auch dies mehr oder weniger von Böttiger diktiert sein.[435] Es sind mehr die männlichen Rezensenten und die Vorreden männlicher Herausgeber, in denen sich der Hinweis findet: »für Frauen«[436] oder verschärfend: »für junge Frauen«, »für die heranwachsende Jugend«.[437] Eine einzige Rezension versteht sich

---

[430] Vgl. M. Weber (1921) S. 34. Fanny Lewalds Vorwort S. VIII erwähnt nur den »Empfänger«.
[431] Vgl. B. Hahn (1990) S. 10f.
[432] Vorrede S. XI.
[433] 8. 5. 1821. *Im Wechsel der Zeiten* (1986) S. 409.
[434] S. XIV–XVI.
[435] *Tagebuch einer Reise* Bd. I, S. VI.
[436] So z. B. in bezug auf J. Schopenhauers Gesamtwerk, *Blätter für literarische Unterhaltung* (1832) S. 1281. Desgleichen sieht der Verleger und Herausgeber von Ida Pfeiffers *Reise einer Wienerin* das Buch »vorzüglich dem Frauengeschlechte« gewidmet (S. VII).
[437] Der Herausgeber nennt Sophie Schwarz' Reisebuch »ein Lesebuch zur Bildung des Herzens für junges Frauenzimmer« (S. *5). Vgl. auch die Rezension von Sophie von La Roches erster Schweizerreise, die aber den bereits verheirateten Töchtern der Autorin und nicht der »heranwachsenden Jugend« gewidmet war. In: *Allgemeine deutsche Bibliothek* (1788) S. 212. – Auch hier ist wieder, wie schon oben S. 116 Anm. 5 und S. 130 Anm. 71 auf die Parallele zu Sophie von La Roches *Sternheim* zu verweisen, in deren Vorrede Wieland eben-

dazu, einem Reisebuch von weiblicher Hand auch männliche Leser zu wünschen. Es ist Johanna Schopenhauer in ihrer Besprechung von Therese Hubers *Bemerkungen über Holland*.[438]

Freilich haben Schriftstellerinnen mit ihrer vorgeblichen Publikumsscheu und ihren Demutsbezeugungen die Karte »nur für Frauen« ihren Rezensenten bewußt in die Hände gespielt. Damit war größere Nachsicht zu gewinnen. Undenkbar für eine Schriftstellerin deutscher Zunge wäre das Selbstbewußtsein, das aus Hester Lynch Piozzis lapidarer Widmung spricht: »to my countrymen in general«.[439] Gingen aber deutsche Autorinnen nicht trotzdem von einem breiten Publikum, einer nicht eingeschränkten Leserschaft aus? Wirklichen Aufschluß darüber geben nur die Texte selbst, ihre Leserapostrophen und Implikationen.

Die Wendung an einen geschlechtsspezifisch bestimmten Teil der Leserschaft ist bei männlichen Autoren selten und eigentlich eine Besonderheit von Pücklers Salonstil. Paradoxerweise mußte solch eine stellenweise Spezialisierung auf Männer deshalb sein, weil Pückler mit einem gemischten Publikum rechnete: Er setzte – sicher realistisch – auch auf Leserinnen, teils um seinen Schriften ein galantes Flair zu geben, teils um den Absatz zu steigern. So finden sich in seinen Büchern immer wieder Passagen, vor die der Autor gleichsam jenes Schild aufpflanzt, das reisenden Frauen in Italien so oft zum Ärgernis wurde: »Le donne non entrano!« Solche »Nicht für Damen!« bezeichnete Stellen werden »chaldäisch« gedruckt (auf dem Kopf und von unten nach oben) oder mit griechischen Lettern verschlüsselt. In den *Briefen eines Verstorbenen* kommt sogar das Kuriosum des für Frauen *Nicht*-Schreibens vor, des Schweigens über einen Berichtszeitraum von 20 Tagen mit Rücksicht auf die weibliche Leserschaft, der eine »zu interessante chronique scandaleuse« nicht zugemutet werden sollte.[440]

Bei weiblichen Autoren sind die Anreden an »meine lieben Leserinnen« zahlreich. Ohne daß damit eine Spezialisierung präjudiziert wäre, zeigt sich doch, daß selbst jene Autorinnen, die in ihrem Vorwort oder in ihrer Widmung keine Anhaltspunkte für ein Schreiben für Frauen erkennen lassen, offenbar doch damit rechneten, daß sich viele, vielleicht sogar vorwiegend, Mitschwestern unter ihrem Publikum befänden.

Es gebietet die Rücksichtnahme auf die männliche Eitelkeit, jene Stellen, in denen etwa Nachhilfe in Geschichte oder Mythologie erteilt wird, ausdrücklich nur an Leserinnen zu richten.[441] Die Erbitterung über die beschämende weibliche Unbildung auf diesem Gebiet verleitet Esther Gad-Bernard zu folgendem scharfen Ausfall: »da es hie und da eine Leserin geben möchte, die sich hat überreden lassen, daß

---

falls die Bestimmung für eine weibliche Leserschaft betont. (Hg. v. B. Becker-Cantarino. Stuttgart 1983, S. 10.) Vgl. B. Becker-Cantarino (1984).
[438] *Journal des Luxus und der Moden* (1811) S. 540.
[439] *Observations and reflections*, »Preface«, S. IV.
[440] 2. Aufl. Stuttgart 1836, III. Thl., S. 102f. Anm.
[441] Vgl. Maria Belli: *Meine Reise nach Constantinopel* S. 199f.

es der Weiblichkeit schade, etwas von der römischen Geschichte zu wissen, und die folglich den obigen Vergleich nicht verstehen kann, so rathe ich ihr, irgend einen Mann, dem nichts daran liegt, ob ihre Weiblichkeit erhalten wird oder verlohren geht, oder auch nur irgend einen *Schulknaben* zu fragen [...]«.[442] Der größere Teil der Anreden an die Frauen unter der Leserschaft basiert aber eher auf dem Gefühl der Interessensgleichheit,[443] der Solidarität[444] und des Einverständnisses. Friederike Brun beispielsweise wendet sich an ihre »sanften Leserinnen«, wenn sie auf Einfühlsamkeit, auf Verständnis mit ihren Gefühlen hofft und keine hyperkritischen Einwände von »störrigen« Männern brauchen kann.[445] Nun demonstrieren gerade solche Leserinnen-Apostrophen, daß eine Autorin nicht mit einem homogen weiblichen Publikum rechnete. Im Werk Ida Hahn-Hahns, das sich sicher nicht nur an die eine Hälfte der literarischen Öffentlichkeit wandte, gibt es die Anrede direkt an »meine deutschen Damen« ebenso wie kritische Adressen an die Herren.[446] Die Texte von Johanna Schopenhauers Reisebeschreibungen lassen trotz ihrer brieflichen Beteuerung und ihrer vereinzelten Anreden an Leserinnen keine Zeichen von Bestimmung nur für Frauen erkennen. Kein Zweifel, daß sie für ein großes Publikum geschrieben sind. Auch auf Widmungen und Zuschriften hat die Autorin verzichtet. Mehr einen Kotau vor dem strengen Mentor Böttiger als ein persönliches Anliegen wird man auch in der oben zitierten Äußerung Elisa von der Reckes sehen dürfen. Der Text ihrer drei Bände deckt die Behauptung, die Reisebeschreibung sei nur für Frauen gedacht, in keiner Weise. Vielmehr wirken die zahlreichen kunsthistorischen Ausführungen gerade dieser der Autorin eher so, als könnten sie durchaus allgemein interessierende Informationen bieten. Auch verträgt sich die angeblich ausschließliche Bestimmung für Frauen schlecht mit den Vorveröffentlichungen etlicher Teile in renommierten Zeitschriften wie etwa dem *Teutschen Merkur*.

In den Reisebüchern Therese von Bacherachts, die in der zeitgenössischen Kritik als der Inbegriff von Weiblichkeit in der Schriftstellerei gefeiert und aus eben diesem Grund Leserinnen angelegentlich empfohlen wurden,[447] findet sich nicht ein Hinweis auf eine intendierte weibliche Leserschaft. Statt dessen scheint die Autorin von einer nicht näher spezifizierten Gemeinde auszugehen, die alle ihre Schriften liest.[448] Ähnliches gilt wohl von Ida Pfeiffer. Sie wollte, ehrgeizig wie sie trotz ihrer Demutsbezeugungen war, sicher nicht nur für ein weibliches Publikum schreiben.

---

[442] *Briefe aus England und Portugal* Tl. I, S. 413 Anm.
[443] Vgl. z. B. Johanna Schopenhauer: *Ausflug an den Niederrhein* S. 59, wo Verständnis für das Interesse der Autorin an der Schiffsküche vorausgesetzt wird.
[444] Esther Gad-Bernard teilt »der Leserin [...], die mit Kindern und mit Sparsamkeit reisen muß«, ihre Erfahrungen mit. *Briefe aus England und Portugal* Tl. I, S. 29 Anm.
[445] *Tagebuch einer Reise durch die Schweiz* S. 73, 538.
[446] *Meine Reise in England* S. 136. *Reiseversuch im Norden* S. 80.
[447] Vgl. etwa Gutzkows Rezension der *Briefe aus dem Süden*, in: *Vermischte Schriften* (1842) S. 276.
[448] Vgl. das Vorwort zu *Paris und die Alpenwelt* S. VI oder den Textverweis in *Eine Reise nach Wien* S. 38.

Ihre zahlreichen, allgemein gehaltenen apodemischen Hinweise, schon in ihrem Palästina-Buch und noch mehr in ihren Weltreisen,[449] widerlegen diese Annahme, obgleich ihr Verleger behauptete, die Pilgerreise sei »vorzüglich dem Frauengeschlechte« gewidmet.[450] Und wenn gegen Ende des Jahrhunderts E. Richter in der *Allgemeinen Deutschen Biographie* feststellt, ihre Bücher hätten zwar keinen wissenschaftlichen Wert, seien aber »besonders als Jugendlectüre [...] einst nicht unbeliebt gewesen«[451], so entspricht ein solcher Minimalismus nicht der Intention der Autorin, wie sie sich in den Texten selbst zeigt. Vielmehr läßt sich in Leben und Werk eine fortschreitende Entwicklung zu mehr Öffentlichkeit beobachten. War die *Reise einer Wienerin* noch anonym erschienen und der Tante gewidmet gewesen, so tritt die Reisende seit ihrer Nordlandtour mit Naturalien-Ausstellungen an die Wiener Öffentlichkeit, gestattet Vorveröffentlichungen, schreibt, obgleich eine Verächterin des Korrespondierens, auch vereinzelt einen öffentlichen Brief. Ihre *Frauenfahrt* widmete sie neben der Cousine aus Dankbarkeit auch dem österreichischen Konsul in den USA, ihre *Zweite Weltreise* den hilfreichen holländischen Beamten. Soviel »Welthaltigkeit« in einer Widmung ist ohne Beispiel in dem hier zu untersuchenden Korpus.

Überblickt man die Aussagen über ein Zielpublikum für Reisebeschreibungen von Frauen , so ergibt sich weder eine Kongruenz zwischen den Urteilen der Autorinnen und denen der literarischen Beobachter, noch zwischen den expliziten Äußerungen und dem impliziten Textbefund. Widmungen, Zuschriften und Absichtserklärungen haben offenbar zum Ziel, weibliche Demut und Scheu vor der Öffentlichkeit zu demonstrieren. Daß für Autorinnen Frauen einen beträchtlichen und natürlich willkommenen Teil des Publikums ausmachten, auf den man eher zählen konnte als auf Männer, bleibt unbenommen. Letztlich wollten sie aber doch gern wie die Männer sein und auch für Männer schreiben. Das weibliche Publikum galt schließlich als das minderwertigere, weniger anspruchsvolle. Deutsche Schriftstellerinnen waren weit davon entfernt, sich stolz zu diesem Publikum zu bekennen. Ganz anders klingt Mary Astells Vorwort zu Lady Montagus Briefen. Erfüllt von der Überzeugung, das Werk einer herausragenden Schriftstellerin vorlegen zu können, wendet sie sich an den weiblichen Teil der Leserschaft. Mary Astell plädiert für einen neuen Stil literarischer Rezeption; ihre Vision ist ein besseres, ein weibliches Publikum: Wenn auch von männlichen Kritikern schlechte Urteile, Neid und Boshaftigkeit zu erwarten seien, denn dies sei deren Art des Umgangs auch untereinander, so sollten die Leserinnen wenigstens mehr Einsicht zeigen. Sie sollten hellsichtig genug sein, die Kunst ihrer Geschlechtsgenossin richtig einzuschätzen. »In short, let her own sex, at least, do her justice; lay aside diabolical Envy, and its *brother* Ma-

---

[449] Vgl. z. B. die Passage für die Auswanderungswilligen in *Eine Frauenfahrt* Bd. I, S. 55f.
[450] *Reise einer Wienerin* S. VII. Vgl. auch das Vorwort des Verlegers zur 2. Auflage, in dem es heißt, das Buch sei besonders von Damen – aber auch von Gelehrten – günstig aufgenommen worden (S. VIII).
[451] Bd. XXV (1887), S. 792.

lice [...] Let the men malign one another, if they think fit, and strive to pull down merit, when they cannot equal it. Let us be better-natured«.[452]

4.8 Redaktion

Es hängt von den poetologischen und ästhetischen Zielsetzungen ab, ob eine Reisebeschreibung von ihrer ersten Niederschrift als Sammlung von Tagebuchnotizen oder Briefen bis zu ihrer endgültigen Druckfassung einen langen Weg mit Veränderungen zu durchlaufen hat oder nicht. Rückblickend auf die 1. Hälfte des 19. Jahrhunderts schreibt Wilhelm Heinrich Riehl im Jahre 1869: »Es gab eine schöne Zeit, wo man solch ein Tagebuch kurzer Hand drucken lassen konnte«.[453] Riehl evoziert mit seiner Wortwahl bewußt jene mythische »schöne alte Zeit«, deren Entschwinden man wohl mit einem melancholischen Blick verfolgen mag, während man zugleich froh ist über den endlich erreichten Stand des Fortschritts. Literarhistorisch tut Riehl den Autoren jener Zeit freilich unrecht. Er übersieht, daß Unmittelbarkeit der Darstellung nahezu zu allen Zeiten zu den Tugenden der Reisebeschreibung gehörte. Nach Goethes Tod, da »manche andere Formen der litterarischen Darstellung [...] abgemattet und erschöpft« wirkten, wurde dieser »Vortheil der unmittelbarsten Lebensfrische« besonders freudig wahrgenommen.[454]

Die deutsche Reisebeschreibung des 18. Jahrhunderts hatte sich in der Regel an folgende redaktionelle Grundsätze gehalten:

Unvollständiges wurde ergänzt, wobei auch Fremdinformation herangezogen werden konnte.

Widersprüche, Wiederholungen und stilistische Unebenheiten wurden ausgemerzt.

Rein Persönliches, auf jeden Fall Namen, Anreden und Briefschlüsse, wurde emendiert.

Da nun freilich für die Reisebeschreibung von jeher das Gebot der Autopsie galt, konnte es tunlich sein, zum Erweis der Echtheit der eigenen Aufzeichnungen die Urform in einem gewissen Maß durchschimmern zu lassen.

Die allmähliche Verschiebung der ästhetischen und kommunikativen Ziele der Gattung, wie sie seit den siebziger Jahren des 18. Jahrhunderts von England ausging, hatte zur Folge, daß diese redaktionellen Vorgaben ins Wanken gerieten. Fragmentarischer Charakter, Sprünge, individuell gefärbte Passagen erhielten eine eigene Wertigkeit. Zusätzlich mag seit den zwanziger Jahre in vielen Fällen die neue Ten-

---

[452] Mary Wortley Montagu: *The Works.* Vol. II, »Preface«, S. IX. »Malice« hat bei Astell ausdrücklich männliches Geschlecht (Originalunterstreichung von »brother« im Text), wogegen sich der männliche Editor von 1817 etwas pikiert in einer Fußnote wehrt.
[453] *Wanderbuch* (=*Naturgeschichte des Volkes als Grundlage einer deutschen Sozialgeschichte* Bd. IV) Stuttgart/ Berlin. 2. Aufl. 1925, S. 20.
[454] Theodor Mundt an Fürst Pückler, 5.4.1834. Vgl. Fürst Hermann von Pückler-Muskau: *Briefwechsel* (1971) Bd. VIII, S. 421.

denz zur Tagesschriftstellerei eine Rolle gespielt haben. Angesichts eines interessanten Stoffes sparte man sich gern die Arbeit redaktioneller Ausgestaltung. Viele Reisebeschreibungen wurden rasch geschrieben, um rasch zu Geld zu werden.

Bei Frauen kommen journalistische Beiträge als Fundament einer Reisebeschreibung nur vergleichsweise selten vor. Dieses textgenetische Argument gegen eine glättende Redaktion spielt bei ihnen kaum eine Rolle. Reiseschriftstellerinnen greifen aber schon sehr früh die Zeittendenz zu subjektiver Authentizität statt schriftstellerischer oder gar wissenschaftlicher Akribie deshalb gerne auf, weil sie das unmittelbare Gespräch mit dem Leser als Kennzeichen ungezwungener »weiblicher« Kommunikationsweise suchen.

Bezeichnenderweise stammt einer der wohl frühesten Belege für eine kompromißlos unmittelbare Darstellungsweise, für den Verzicht auf redaktionelle Glättung von einer Frau. Anne Miller schreibt im Vorwort zu ihren *Letters from Italy* (1776): »Much of the matter now before us, was thrown upon paper immediately after; and not a little of it whilst the recorded incidents were yet passing; the greater part of it was wrote in the midst of fatigue, in moments unfavourable to precision and unfriendly to reflection, save only to such reflections as naturally rose out of the occuring events.«[455] Genauigkeit und Überlegung werden bewußt vernachlässigt um eines höheren Gutes willen: der Authentizität, Frische und Unmittelbarkeit. Millers Adressatin soll – ihrem Wunsch gemäß – die Illusion verschafft werden, sie nähme an jedem Schritt teil. Auch Mary Wollstonecraft bekennt im »Advertisement« zu ihren *Letters* (1796), daß sie auf eine distanzierende Umarbeitung verzichtet habe, weil sie den Stil ihrer Briefe vor Steifheit bewahren wollte.

Währenddessen huldigte man in Deutschland noch dem Ideal gründlichster, womöglich jahrelanger redaktioneller Nachbereitung (vgl. Friedrich Nicolai). 1803 noch glaubte sich Seume erklären zu müssen, weil er lieber den ästhetischen Wert seiner Niederschrift geringer veranschlagen wollte, als »Charakteristik und Wahrheit […] durch ängstliche Glättung zu sehr leiden« zu lassen.[456]

Der seltene Fall, Urfassung und Bearbeitung vorliegen zu haben, begegnet uns bei Sophie Beckers (verh. Schwarz) Darstellung ihrer Deutschlandreise mit Elisa von der Recke. Das ursprüngliche Tagebuch[457] hat die Autorin in Briefe umgegossen, wesentlich gekürzt und den Text »gereinigt«. Leitlinie war die Absicht, ein »Lesebuch zur Bildung des Herzens für junges Frauenzimmer« zu schaffen.[458] Vielen Mitteilungen über Persönlichkeiten des damaligen gelehrten Deutschland wurden mit Rücksicht auf lebende Personen gestrichen, persönliche Notizen durch moralisierende Erwägungen ersetzt, Reflexionen über die Vereinbarkeit von Aufklärung und Christentum mußten ebenso fallen. Obwohl auf diesem Weg viel von dem ursprünglichen individuellen Charakter des Tagebuches verloren gegangen war, stellten die *Briefe einer Curländerinn* auch nach der Endredaktion immer noch ein Do-

---

[455] Bd. I, Vorwort S. VII.
[456] *Spaziergang nach Syrakus.* Ende der Vorrede an den Leser.
[457] *Vor hundert Jahren* (1885). Vgl. auch die Einleitung der Herausgeber S. 7f.
[458] Vorwort des Hg. der *Briefe einer Curländerinn* S. *5.

kument dar, das wesentlich persönlicher war, als es der Gattungserwartung entsprach. Immerhin glaubte sich der Herausgeber, ihr hinterbliebener Gatte Johann Ludwig Schwarz, dafür entschuldigen zu müssen, daß die Briefe »weder statistische noch physikalische Merkwürdigkeiten« brächten und der Leser in ihnen nichts von dem finde, »was sich in einer zweckmäßigen Reisebeschreibung erwarten läßt«. Vielmehr enthielten die *Briefe* dieser Frau »einen Theil von der Geschichte ihres eigenen Herzens«.[459]

Sehr persönliche Mitteilungen wurden erst allmählich in Reisebeschreibungen akzeptiert. Auch eine so selbstbewußte Schriftstellerin wie Esther Gad-Bernard tilgte bei der Redaktion ihrer *Briefe aus England und Portugal* (1802–1802) Privates aus dem Text. In der Autographensammlung der ehemaligen Preußischen Staatsbibliothek, heute in Krakau aufbewahrt, hat sich ein Schreiben der Autorin an Jean Paul erhalten, das die Vorlage zum zweiten Brief des Reiseberichts darstellt.[460] Während der Originalbrief viele persönliche Mitteilungen enthält, erfährt der Leser von Esther Gad-Bernards Buch weder etwas über den Zweck ihrer Reise, der Vereinigung mit ihrem zukünftigen Gatten Wilhelm Friedrich Domeier, noch über die Kinder, die mit dabei waren. Im Buchtext ist nur aus einer Fußnote zu erfahren ist, daß die Verfasserin mit Kindern reiste; im Brief werden diese ebenso mit Namen genannt wie Domeier. Aber auch spontane Gefühlsäußerungen fielen der Bearbeitung zum Opfer.

Ziel der Endredaktion ist ein stilistisch ausgewogenes und kompositorisch abgerundetes Reisebuch. Auch Sophie von La Roche bemühte sich – trotz ihrer Produktionsfülle – sehr darum. Das Kriterium »Unmittelbarkeit« ist auch für sie noch ohne Bedeutung. Aus der Schweiz zurückgekehrt, bietet sie den Lesern ihrer Zeitschrift *Pomona* nicht nur eine Kostprobe des Reisetagebuches, sondern teilt auch mit, daß sie dieses im bevorstehenden Winter überarbeiten wolle.[461] Die Tochter Brentano habe schon eine erste Abschrift erhalten. Maxie Brentano war also nicht nur Adressatin des *Tagebuchs einer Reise durch die Schweitz,* sondern half durch Probelesen auch bei der Redaktion.

Von Johanna Schopenhauer wissen wir durch eine briefliche Äußerung, daß sie an ihren Veröffentlichungen genauestens arbeitete. »Ich bin mir bewußt, jetzt weit besser zu schreiben als vor zwei Jahren«, teilt sie 1817 ihrem Verleger Brockhaus mit. »Ich arbeite jede Zeile, die ich für den Druck bestimme, drei- bis viermal durch, darum schreibe ich auch für kein Journal mehr; nichts soll aus meinen Händen kommen, dem ich nicht die mir möglichste Vollkommenheit gebe.«[462] Nicht nur sprachlich, auch inhaltlich wurden die Manuskripte ausgefeilt. Johanna Schopenhauer versäumte nicht, den für seine profunde Kenntnis in der Altertumswissenschaft und

---

[459] Ebd. S. *4.
[460] Vgl. B. Hahn (1990) S. 10f. Abdruck des Briefes vom 11. April 1801 ebd. S. 40–42.
[461] 2 (1784) 9. H. Aus der Presse kam das Buch erst 1787.
[462] 24. Febr. 1817. *Im Wechsel der Zeiten* (1986) S. 400f.

Archäologie bekannten Hofrat Böttiger um Empfehlung von Fachbüchern anzugehen.[463]

Eine Veränderung der Arbeitsweise bzw. der ästhetischen Vorstellungen läßt sich aber bereits bei Friederike Brun feststellen. Rosa Olbrich konnte für ihre Breslauer Dissertation (1932) über die Autorin die nachgelassenen handschriftlichen Tagebücher in der Königlichen Bibliothek Kopenhagen einsehen. Sie stellen die Urform der meisten von Friederike Bruns Reisebeschreibungen dar. Olbrich kommt zu dem folgenden Ergebnis: Die Verfasserin folgte in ihren Buchfassungen den handschriftlichen Aufzeichnungen mit großer, oft wörtlicher Genauigkeit. Ihre redaktionelle Leistung bestand im wesentlichen in der stilistischen und logischen Ausarbeitung, der Einteilung in Sinnabschnitte und der Tilgung allzu intimer Bekenntnisse (hiermit ist vor allem das Verhältnis zu Bonstetten gemeint).[464] Friederike Brun ließ aber alle jene Stellen bewußt stehen, die über ihre persönlichen Reiseumstände Aufschluß geben, auch die »Beschreibungen von Kinderkrankheiten, Muttergeschäften, und überhaupt ihre Familiengemälde«, wie Wilhelm Müller rügend anmerkt.[465] Müller war nicht der einzige, der daran Anstoß nahm, daß die erfolgreiche Autorin auf eine redaktionelle Bearbeitung nach hergebrachten Mustern verzichtete. Auch ihr Freund Bonstetten mahnte noch 1812, als bereits eine ganze Reihe von Reisebeschreibungen erschienen waren: »Du schreibst wie ein Engel. Ich freue mich, Deine Prosa zu lesen. Mit ein wenig Arbeit schreibst Du schön; aber doch glaube ich nicht, daß man im ersten Guß ein gutes Werk schreibt, besonders in Prosa. Deine Poesien sind Ergießungen des Herzens und können improvisirt erscheinen; aber Prosa kann nicht ohne Arbeit gelingen.«[466]

Nicht zur Verfügung standen Rosa Olbrich die Fassungen ein und des gleichen Textes in einer Zeitschrift bzw. später in Buchform. Auch hier treten kaum Differenzen auf.[467] Der 1807 im *Morgenblatt* erschienene Artikel *Beleuchtung der Peterskirche* steht zwei Jahre später vollkommen unverändert im 2. Band der *Episoden*.[468] Lediglich die Überschrift ist leicht ergänzt. Vergleicht man die Reise durch die Schweiz und Südfrankreich im 1. Band der *Prosaischen Schriften* oder die *Reise durch die östliche, südliche und italienische Schweiz* mit der jeweils ursprünglichen

---

[463] Vgl. ihren Brief vom 1. Juli 1816 an Böttiger im Zusammenhang mit der Ausarbeitung des 3. Teils der *Erinnerungen*. Cit. in: *Damals in Weimar* (1929) S. 242f.
[464] (1932) S. 118–120. Vgl. auch S. 34.
[465] »Reisebeschreibungen über Italien«. In: *Hermes* (1821) S. 258.
[466] *Karl Viktor von Bonstettens Briefe an Friederike Brun.* Hg. v. Friedrich von Matthisson. II. Tl. Frankfurt a. M. 1829, S. 34 (Brief ohne Datum, spät im Herbst 1812).
[467] Eine gewichtige Ausnahme bildet allerdings der Artikel »Über Genf. Genf, dem 17ten Januar 1802«. In: *Der neue Teutsche Merkur* (1802) Febr. S. 150–153. Diese Darstellung zeichnet sich durch gedrängte Kürze und Sachlichkeit aus. Die entsprechende Passage in *Episoden* (1806) Bd. I, S. 181–197, ein Brief an den Bruder, ist wesentlich gründlicher und freimütiger in der Schilderung der Zustände in Genf, flicht Zitate und Reflexionen ein; auch erzählt sie von persönlichen Lebensumständen und Gefühlen in der bei F. Brun gewohnten Weise. Offenbar war diese Fassung die ursprüngliche; die sachliche Version für den *Merkur* entstand wohl unter dem Druck der Redaktion.
[468] *Morgenblatt* (1807) S. 902–903. *Episoden* S. 148–154.

Zeitschriftenfassung, so besteht die Veränderung nur in einer chronologisch sinnvollen Umgruppierung. Die ursprünglichen Aufsätze in Eggers *Deutschem Magazin* waren so veröffentlicht worden, wie sie die Autorin, nach »Laune, Erinnerung und Gefühl« einzelne Abschnitte herausgreifend,[469] ausgearbeitet hatte. Doch nicht einmal die Mühe der Umschichtung nach dem Reiseverlauf machte sich die Schriftstellerin immer. So ist die Lektüre des II. Bandes der *Episoden* nicht einfach, weil der Titel allzusehr beim Wort genommen und keine chronologisch fortlaufende Darstellung geboten wird. Eine weitere Schwierigkeit bei der Lektüre der Reiseschriften Friederike Bruns besteht in dem großen Abstand zwischen der Niederschrift und der erlebten Zeit. Bisweilen kommt als dritte Ebene noch die Zeit der Veröffentlichung hinzu. Dadurch sah sich die Verfasserin immer wieder zu Ergänzungen und Erläuterungen gezwungen.[470] Diese werden teils in Fußnoten vorgetragen, teils in Zusätze verwiesen, teils erscheinen sie im Text selbst. Noch komplizierter wird es, wenn die Schriftstellerin, die ja zu wiederholten Malen in der Schweiz und in Italien war, in einer Reisebeschreibung sich früherer Reisen erinnert und diese Andenken mit dem aktuellen Verlauf verflicht.[471] Eine durchgreifende Endredaktion hätte alle diese komplexen Verschachtelungen zugunsten klarer Information beseitigen können, damit freilich auch den Eindruck der Unmittelbarkeit getilgt. Friederike Brun sah sich zu einer solchen Maßnahme nicht herausgefordert. Offenbar konnte sie einer eingeschworenen Lesergemeinde sicher sein, die ihr selbst in diesen Dschungel der Zeitebenen gerne folgte.

Einen völlig anderen Fall stellt Elisa von der Reckes *Tagebuch einer Reise durch einen Theil Deutschlands und durch Italien* dar. Obwohl auch hier eine große zeitliche Lücke zwischen der Reise und dem Bericht in Buchform klafft (es sind elf Jahre), hat Elisa von der Recke im Unterschied zu Friederike Brun auf aktualisierende Nachträge und Fußnoten verzichtet. Sie hat aber im Gegensatz zu der Kopenhagenerin sehr eingreifend redigiert.

Dies zeigt schon der erste Blick auf die Strukturierung des Textes. Die täglichen, unermüdlichen Berichte über Besichtigungen (Ruhetage erscheinen in den Datierungen nicht) erwecken den Eindruck, daß hier Arbeitsleistung auf viele Tage gleichmäßig – aber unrealistisch – verteilt wurde, um Sinnabschnitte zu schaffen. Den Beweis erbringt denn auch der Vergleich mit den »ursprünglichen« Briefen in den Mitauischen *Wöchentlichen Unterhaltungen*, die noch während der Reisezeit, 1805 und 1806, gedruckt wurden, ebenso wie eine Gegenüberstellung mit den »Auszügen«, die in der *Zeitung für die elegante Welt* und im *Neuen Teutschen Merkur* er-

---

[469] *Tagebuch einer Reise durch die östliche, südliche und italienische Schweiz* S. II (Vorrede).
[470] Das *Tagebuch einer Reise durch die östliche, südliche und italienische Schweiz* erzählt von einer Reise aus dem Jahre 1795, wurde 1798 und 1799 ausgearbeitet (und teilweise schon publiziert) und erschien 1800 in Buchform. *Episoden* Bd. II, Tl. 1 beschreibt eine Reise von Genf nach Nizza aus den Jahren 1806/1807 mit Beilagen von 1812 und wurde 1816 veröffentlicht.
[471] *Episoden* Bd. IV berichtet von einer Reise aus den Jahren 1809/1810 mit Erinnerungen an 1796 und Zusätzen aus späterer Zeit. Publiziert wurde der Band 1818.

schienen waren.[472] Die Tagesangaben des Buches stimmen sehr häufig mit denen der Erstveröffentlichung nicht überein. Sie sind ein Werk der redigierenden Hand. Wesentlich interessanter noch aber sind die gravierenden textlichen Abweichungen, die an manchen Stellen von einer Revision der Aussagetendenz zeugen.

Inwieweit diese Revision unter dem Diktat des Herausgebers Böttiger vorgenommen wurde, inwieweit sie der Selbstzensur folgte, wird sich nicht mit Sicherheit sagen lassen. Immerhin lassen sich einige Indizien für eine lenkende Hand des Herausgebers anführen. So sind bezeichnenderweise die Unterschiede zwischen der Buch- und der *Merkur*-Veröffentlichung von 1807 relativ gering; sie beschränken sich auf einige Kürzungen und Umstellungen. Hatte doch der Herausgeber des Buches auch die Redaktion des *Merkur* inne, griff also vielleicht schon hier ein. Die Duktus der Artikel aus dem *Merkur* des Jahres 1804 ist dagegen in der Buchausgabe wesentlich gemildert; vornehmlich die Ausfälle gegen die bayerischen Katholiken sind weitgehend gestrichen. Im Buch ganz wegfallen mußte ein sehr kritisches Resümee über die politischen und sozialen Mißstände Italiens aus dem *Merkur* 1805.

Durchweg erheblich sind die Differenzen zwischen den Tagebuchauszügen in der *Zeitung für die elegante Welt* und der endgültigen Fassung. Der Text ist teilweise nicht mehr wiederzuerkennen. Zweifellos war Böttiger an der in diesen Passagen angeschnittenen archäologischen Thematik (Geschichte der Vesuv-Ausbrüche, Herculaneum, Pompeji) besonders interessiert. Neben den erheblichen stilistischen Veränderungen und Umstellungen fällt besonders auf, daß an einer Stelle ein ganzer Paragraph mit mineralogischen Ausführungen gestrichen und durch eine historische Interpolation ersetzt wurde.[473] Man wird bei solchen Veränderungen mit großer Sicherheit Böttigers Einfluß annehmen müssen, zumal der Text gerade hier mit Anmerkungen des Herausgebers gespickt ist.

Vergleicht man die Buchfassung mit den der Reisezeit am nächsten stehenden Briefen in den Mitauischen *Wöchentlichen Unterhaltungen*, so fällt besonders auf, wie genau die tiefgreifenden Veränderungen den Grundlinien entsprechen, die Böttigers Vorrede aufzeichnet: Milde und Zurückhaltung im Urteil, besonders in politicis, keine »Anmaßung« in Kunstsachen, Bescheidenheit und weibliche Demut. Der Text der Briefveröffentlichungen wirkt viel kräftiger, forscher, selbstbewußter. Er setzt schon mit einem Paukenschlag ein: »Schrecklich sind die Spuren der Raub- und Mordsucht, die der französische Krieg in Italien zurückgelassen hat.«[474] Solche Stellen sind in der Buchveröffentlichung emendiert; kritische Anmerkungen gegen die Franzosen spielen auch hier noch eine bedeutende Rolle, sind aber wesentlich milder abgefaßt. Nicht anders verhält es sich mit den Schilderungen der Mißwirtschaft und Verelendung im Kirchenstaat. In einem Brief vom 24. Januar 1805, der

---

[472] *Zeitung für die elegante Welt* (1807) Nr. 51. 52. 67. 69. 71 74 entspricht *Tagebuch* Bd. III, S. 95–120 und Bd. II, S. 373–375. *Merkur* (1807) März S. 187–200 entspricht *Tagebuch* Bd. I, S. 49–53, 73–79. *Merkur* (1804) Okt. S. 141–143 entspricht *Tagebuch* Bd. I, S. 12–15. *Merkur* (1804) Dez. S. 292–307 entspricht *Tagebuch* Bd. I, S. 6–11, 17–19.
[473] *Tagebuch* Bd. III, S. 102–104 vs. *Zeitung für die elegante Welt* S. 411–413.
[474] (1805) S. 101.

ca. ein halbes Jahr später in den *Wöchentlichen Unterhaltungen* erschien, steht die Verfasserin noch unter dem unmittelbaren »Kulturschock«, den das Nebeneinander von gegenwärtigem Elend und ehemaliger Pracht in ihr ausgelöst hat:

> Daß Roms Alterthümer ein so hohes Interesse für mich gewinnen könnten, dieß glaubte ich nie; aber an jede Ruine ist das Andenken einer merkwürdigen, oft grausen Vergangenheit geknüpft. Dieß wirkt auf Kopf und Gemüth, und wirklich kann man hier keinen Schritt thun, ohne daß Verstand und Einbildungskraft beschäftigt und das Herz bewegt werde, und ohne daß das Auge angenehme, majestätische, aber auch höchst unangenehme Gegenstände wahrnimmt. Die schmutzige Wäsche, die in allen Straßen aus den Fenstern der Palläste und der Hütten über den Vorübergehenden und Fahrenden weht, ist eben so ekelhaft, als das geschlachtete Vieh, welches man in allen Straßen und auf allen Plätzen unter der oft lumpigen Wäsche hängen sieht. Die Schlächter wandeln in langen, weißen, oft blutigen Gewändern neben diesen zerstreuten Fleischbänken umher, und haben ganz das Ansehen der alten Opferpriester, wie man sie auf den Basreliefs abgebildet sieht. An diesen eckelhaften Anblick kann ich mich eben so wenig gewöhnen, als an den Hinblick auf die Menge kostbarer Trümmer von Säulen, Kapitälern, Basreliefs und sogar Statuen, die in den Straßen und auf den Plätzen zerstreut umher liegen. [...] Die großen weißen Tafeln von karrarischem Marmor, welche zu beyden Seiten dieser engen Straße als Fischbänke angebracht sind, worauf todte Fische verkauft werden, rufen in die Seele das Bild von der glänzenden Pracht, die zu Augustus Zeiten diesen jetzt eckelhaften Ort [i. e. den Portikus der Oktavia] schmückte. Wo sonst der Weihrauch der Schmeicheley duftete, stinkt einem nun der eckelhafte Geruch todter Fische entgegen.[475]

Der Brief, aus dem das obige Zitat nur einen kleinen Auszug darstellt, ist nicht nur in seiner Unverblümtheit von dokumentarischem Wert; er läßt auch einmal – im Buch ist das selten genug – einen Blick in das Empfinden und die geistige Entwicklung der Reisenden tun läßt. Im *Tagebuch* ist diese ganze Passage nicht mehr zu finden. Kraß negative Darstellungen galten als unweiblich.

Weiter unter im gleichen Brief, der ganz unter dem Eindruck des »sic transit gloria mundi« steht, berichtet Elisa von der Recke über die Überschwemmung des Tiber. Nahezu zwei Seiten widmet sie dem Grauen, das diese Katastrophe im jüdischen Ghetto ausgelöst hat. Die Schilderung steht am Ende des Briefes und bildet gewissermaßen seinen Höhepunkt.[476] In der Buchfassung wird sie fast vollständig emendiert. Nur zu zwei Sätzen reicht es an anderer Stelle für die »unglücklichen Überbleibsel des Israelitischen Volks.«[477]

Auch das Pantheon ist von der Überflutung des Tiber in Mitleidenschaft gezogen. »Etwas Schauerlicheres sah ich nie. Mit Mühe erreichten wir trocken den Altar. An diesen gelehnt, blickten wir auf die runde Wasserfläche hin, auf welche durch die Kuppel des Pantheons das Licht herabfiel. [...] Es war mir, als habe diese Fluth allen alten Götzendienst aus dem Tempel verbannt und die Kraft des Einen, Ewigen, sichtlich dargestellt, dem alle Elemente und alle Wesen unterthan sind.«[478] Die entsprechende Berichtstelle in der Buchfassung erwähnt die Überschwemmung mit

---

[475] Ebd. S. 202f.
[476] Ebd. S. 206–208.
[477] *Tagebuch* Bd. II, S. 82f.
[478] Mitauische *Wöchentliche Unterhaltungen* (1805) S. 205f.

keinem Wort.[479] Erst viel später wird sie unter anderem Datum beschrieben und auch der Pantheonsbesuch hier eingebaut. Doch welch eine Metamorphose hat diese Darstellung durchgemacht. Nicht nur erscheint die etwas holprige Sprache der Briefe in gemeißelt-klassischer Form. Vielmehr ist jetzt aus einem schauerlichen Erlebnis mit christlich-frommem Schluß ein erhebendes Schauspiel geworden, das in einen Hymnus auf die Natur mündet.[480]

In ihrem Brief von 26. Januar schildert die Autorin einen Besuch in der Kirche Santa Maria sopra Minerva. Die einleitende Passage mit der Anrede an den Brieffreund, den persönlichen Angaben über die Begleiter T. (=Tiedge) und den »Kernmenschen R.« (=Reinhart) ist, wie zu erwarten, in der Buchfassung emendiert. Höchst interessant ist hingegen die Veränderung der Kunstbeschreibung. Aus beißenden Bemerkungen über den ungeliebten Michelangelo ist ein zurückhaltender, abwägender »Ausdruck meines Gefühls« geworden. Die etwas süffisanten Hinweise auf katholische Verirrungen sind gestrichen. Dafür fügt die Buchfassung eine ausführliche Beschreibung der Kirche und ihrer sonstigen Sehenswürdigkeiten an, die in der Urform des Berichtes – aus Gründen mangelnden Interesses – fehlt.

> Gestern, mein guter K., machte ich, wie gewöhnlich, mit Freund T. und dem Kernmenschen R. eine Spazierfahrt, die immer unterrichtend und genußreich ist. Wir besuchten die Kirche sopra Minerva. Sie ist nur dadurch interessant, daß im vormaligen Tempel der Göttin der Weisheit den Dominikanern das Recht der Inquisition eingeräumt wurde, und daß daselbst die Statue eines Christus, von Michael Angelo, steht, von welchem die Andacht den einen Marmorfuß schon ganz weggeküßt hat. Auch die Zehen, des an die Stelle gesetzten bronzenen Fusses sind schon ziemlich abgeküßt. Die ganze Figur hat für mich durchaus nichts Schönes, nichts Interessantes. Einen [sic!] Anatomiker mögen diese dürren, angeschwollenen Muskeln, mit ihren über ihnen liegenden Adern interessant seyn. Aber ein Freund des Schönen begreift es nicht, wie dieß Werk von Kunstfreunden so gepriesen werden kann. Selbst Angelo's Moses weckt nur durch seinen anmuthlosen Ernst Bewunderung in mir, ohne mein Auge zu ergötzen. Ich weiß nicht, warum die Menschen so geneigt sind, alle Werke eines großen *Künstlers* zu vergöttern, und über die Tugenden großer *Menschen* Staub zu streuen. Auch scheint es mir, daß verstorbene Künstler mehr, als lebende, gepriesen werden. [...][481]

Der gleiche Text liest sich in der Buchfassung so:

> Das erste bedeutende Kunstwerk von Canova veranlaßte uns, diesen großen Künstler mit sich selbst zu vergleichen; unser heutiger Besuch in der Kirche *Maria sopra Minerva* gab Gelegenheit, ihn einem andern berühmten Meister früherer moderner Zeit gegenüber zu stellen. Ein stehender unbekleideter Christus, das Kreuz und die Marterinstrumente haltend, von weißem Marmor, ist ein nicht wenig gepriesenes Werk von *Michel Angelo*. War es aber, daß ich mit zu großen Erwartungen hinzutrat, oder liegt es in der verfehlten Ausführung selbst; die Darstellung machte keinen befriedigenden Eindruck auf mich: statt einer mit Würde verbundenen Kraft, fand ich in der Schwerfälligkeit übergehende Derbheit. Man hat Canova'n zu große Weichheit vorgeworfen, wodurch es seinen Heldenfiguren an Kraft mangle; mit weit mehr Recht, glaube ich, könnte man sagen, daß Michel Angelo's Figuren die Zartheit abgehe, welche die Derbheit würde zur Kraft erhoben haben. Dies soll

---

[479] *Tagebuch* Bd. II, S. 300.
[480] Ebd. Bd. II, S. 360f.
[481] *Wöchentliche Unterhaltungen* (1805) S. 244f.

kein Urtheil seyn, sondern nur der Ausdruck meines Gefühls. – Die Andacht hat übrigens den vorgestreckten Fuß der Christusgestalt so weit hinweggeküßt, daß ein bronzener Ersatz dem Marmor angefügt werden mußte.[482]

Neben den Briefen Elisa von der Reckes aus Italien veröffentlichten die Mitauischen *Wöchentlichen Unterhaltungen* auch eine Reihe von Briefen ihres Reisegefährten August Tiedge – auch diese ohne Nennung des Namens. Vier dieser Briefe fügte die Autorin dem 3. Band ihrer Buchveröffentlichung bei. Auffallend ist nun, daß die Wandlung, die diese Texte durchgemacht haben, in genau umgekehrter Richtung verläuft wie bei der schriftstellernden Frau. Während diese sich durchgehend mäßigte, veranlaßte die Veränderung der Verhältnisse – inzwischen war Napoleon besiegt – Tiedge, seine politischen Äußerungen weit schärfer abzufassen als elf Jahre früher. Besonders auffällig ist diese Tendenz in seinem letzten Bericht, der Rückkehr in den Kirchenstaat nach einem längeren Aufenthalt im Neapolitanischen. Die Buchfassung fügt der Urform nahezu eine halbe Seite rückhaltloser Schelte der schlechten Regierung in Neapel an. Das päpstliche Rom, schon in der Briefen geschont, kommt jetzt noch besser weg.[483] Vergleicht man die redaktionellen Veränderungen, hie bei dem männlichen Autor, dort bei der Frau, so liegen die Grundsätze geschlechtsspezifischer »Zensur« deutlich zu Tage: Die Schriftstellerin mußte, um der Bewahrung ihrer Weiblichkeit willen, Bescheidenheit und Zurückhaltung lernen, während ihr männlicher Kollege die Gunst der Stunde nutzen durfte, um politisch einmal so recht vom Leder zu ziehen.

Solch einschneidende Veränderungen beobachten zu können, ist freilich ein philologischer Glücksfall und auch die Ausnahme. Einerseits sind nur selten Urfassungen oder handschriftliche Notizen erhalten, andererseits beschränkt sich die Redaktion oft auf harmlose Veränderungen.

Hiltgund Jehle konnte im Vergleich der Handschrift mit dem Druck von Ida Pfeiffers *Reise einer Wienerin* nur wenige Abweichungen feststellen.[484] Die Reisende hat sie zudem selbst vermerkt. Womöglich erfolgten die Streichungen aufgrund von familiärem Druck.[485] Emendiert wurden neben Namensnennungen kritische Bemerkungen: Klagen über schlechte Aufnahme und eine Stelle, die ein ungutes Licht auf kirchliche Praktiken wirft.

Je länger Ida Pfeiffer schriftstellerisch tätig war, desto weniger Mühe machte sie sich offenbar mit der Überarbeitung ihrer Reisetagebücher. Während in der *Reise einer Wienerin* durchgehende kapitelsweise Gliederung und einige (unbeholfene) Prolepsen von häuslicher Redaktion zeugen, wechseln in den Weltreisen kurze Tagebuchnotizen mit ausgeführten Kapiteln, und etliche Selbstkorrekturen im laufenden Text beweisen, daß eine nachträgliche Glättung unterblieben war. Die Nei-

---

[482] *Tagebuch* Bd. II, S. 298.
[483] *Tagebuch* Bd. III, S. 314f. *Wöchentliche Unterhaltungen* (1806) S. 251.
[484] (1989) S. 5. Allerdings handelt es sich bei dieser Handschrift um eine Druckvorlage und nicht um das – wie Jehle annimmt – ad hoc geschriebene Tagebuch!
[485] Vgl. Jehle (1989) S. 27.

gung, einmal Geschriebenes stehen zu lassen, zeigt sich auch, zieht man die spärlichen Einsendungen Ida Pfeiffers an Zeitschriften zum Vergleich heran. Allenfalls ist hernach im Buch die Ausdrucksweise verbessert. Auch kurze Notizen, die die Autorin zur Veröffentlichung freigab, verwendete sie später für ihre Reisebeschreibungen.[486] In einem ihrer wenigen Briefe nach Hause differiert der Text allerdings von der Endfassung: Um die Wiener Freunde nicht zu ängstigen, ließ die Weltreisende die Tatsache ihrer Verwundung in einem Bericht aus Rio de Janeiro in Frankls *Sonntagsblättern* weg. Später im Buch merkt sie dies selbst in einer Fußnote an.[487] Die ganze Szene, die von einem Mordanschlag berichtet, ist in *Eine Frauenfahrt um die Welt* genauer und dramatischer erzählt.

Ida Pfeiffer, mehr Reisende als Schriftstellerin, stand im Grunde außerhalb des Literaturbetriebs. Jedoch läßt sich auch bei ihr eben jene Tendenz zu größerer Unmittelbarkeit der Darstellung erkennen, die für die Gattung Reisebeschreibung in der 1. Hälfte des 19. Jahrhunderts bestimmend wurde. Daß gerade Frauen hierin eine Vorreiterrolle zufällt, braucht nicht zu verwundern. War ihnen doch besonders daran gelegen, den Schein der professionellen Schriftstellerei erst gar nicht aufkommen zu lassen.

Eines der frühesten Beispiele für das Bekenntnis zum Primat der Unmittelbarkeit stammt bezeichnenderweise von Therese Huber, die sich jederzeit sehr um Verschleierung ihrer Position als Berufsschriftstellerin bemühte. Der Vergleich der Buchfassung mit den Vorabdrucken zeigt zwar eindeutig die glättende und ergänzende Redaktion. Die Berichte im *Merkur* – obgleich sie ihrerseits sicherlich schon Ergebnisse von nachträglicher Überarbeitung sind – wirken wesentlich spontaner und lassen auch einmal ungestüme Gefühle zu Wort kommen. Erst die Buchfassung mit ihren sekundär eingeschobenen Reflexionen bemüht sich um weibliche In-sich-Gekehrtheit und Bescheidenheit.[488] Gleichwohl gelingt es der Verfasserin, ihren *Bemerkungen über Holland* den Eindruck persönlicher und unmittelbarer Erzählung in hohem Maße zu erhalten. Sie läßt viel rein Privates stehen – sonst zuallererst Gegenstand redaktioneller Emendation. Auch Vollständigkeit des Berichtes ist kein Wert an sich mehr. Hatten Elisa von der Recke und Friederike Brun noch zuhause aus anderen Reisewerken nachgearbeitet und, wo es der Information dienlich war, sogar fremdes Material aufgenommen, so bemerkt Therese Huber: »Leset in irgend einer Reisebeschreibung die Namen der Orte und wie sie einander folgen [...] all diese Dinge haben mich nicht sehr beschäftigt neben der Magie des scheidenden Sommers. Ich will sie einmal an meinem Schreibpult studiren«.[489] Mit der Anspie-

---

[486] Am 30. Okt. 1853 schrieb die Autorin aus San Francisco an Herrn Petermann in London. Der Brief wurde abgedruckt in: *Gartenlaube* (1854) Nr. 1, S. 12. Seine Formulierungen kehren in *Meine zweite Weltreise* z. T. wörtlich wieder.
[487] *Sonntagsblätter* 6 (1847) S. 599ff. Vgl. *Eine Frauenfahrt* Bd. I, S. 72f. und Fußnote S. 72.
[488] *Der neue Teutsche Merkur* (1810) Apr. S. 212–273 entspricht *Bemerkungen* S. 31–115. Hier ist am meisten verändert, geglättet und erweitert. *Merkur* Juni S. 106–129 entspricht *Bemerkungen* S. 126–163. *Merkur* Sept. S. 16–69 entspricht *Bemerkungen* S. 163–250. *Merkur* Oct. S. 112–138 entspricht *Bemerkungen* S. 254–278.
[489] S. 394f. – Ähnliche Verweise auf den von der Adressatin mitzulesenden Reiseführer finden

lung auf das, was eigentlich Aufgabe des Reiseschriftstellers wäre, die Nacharbeit zuhause, gelingt der Verfasserin besonders geschickt und wirkungsvoll, den Eindruck hervorzurufen, sie berichte unmittelbar auf der Reise.

Die Evokation eben dieser Illusion des direkten Miterlebens, der Ausblendung der Tatsache einer literarischen Vermittlung, war zum anerkannten Stilmittel geworden. Das Erzeugen dieses Scheins konnte selbst redaktionelles Arbeitsziel sein. Prominentestes Beispiel dafür ist Pückler. Er arbeitete mit professionellem Fleiß an der Erreichung eines Stilideals, das er treffend »graziös originelle Natürlichkeit« nannte und das er an Heine bewunderte.[490]

Für Frauen war Pücklers Vorbild aber wenig stilbildend; noch weniger war es Heine (vgl. oben S. 35f.). Den weiblichen Schriftstellerinnen ging es nicht darum, Esprit zu beweisen. Pücklers salonhafte Geschliffenheit wäre als unweiblich abgelehnt worden. Nach dem Urteil Gutzkows war vorbildliche weibliche Schreibweise gerade das Gegenteil von Pücklers Stil: Naivität und Mangel an Professionalität. Wenn Gutzkow über Therese von Bacherachts *Briefe aus dem Süden* sagt, daß sie »auf den ersten Blick [...] das Recht, als Buch zu existieren, nicht zu haben« scheinen,[491] so vornehmlich deshalb, weil in diesem Buch gerade jene Passagen stehenblieben, die sonst als erste emendiert worden wären: solche, die von keinem anderen als von rein persönlichem Interesse sein konnten.[492]

Einen ganz eigenen Weg ging Fanny Lewald, Thereses Freundin. Sie hatte sich Goethe als Vorbild gewählt. Dessen redaktionellen Grundsätzen folgend, eliminierte sie Persönliches weitestgehend aus ihrer italienischen Reisebeschreibung und nahm es erst in ihre Autobiographie und ihr (postum veröffentlichtes) *Tagebuch über Rom* auf. Heines Schreibweise der spontanen Einfälle verachtete Fanny Lewald. In ihrem *Italienischen Bilderbuch* hat sie Brüche, Sprünge und andere Genialitäten bewußt vermieden und sich um eine konsistente Erzählweise und um einen elaborierten, gepflegten Stil bemüht. Auch die Einteilung in Kapitel erforderte als nachträgliche Segmentierung redaktionelle Eingriffe. Andererseits entsprach das *Bilderbuch* mit vielen emotionalen Passagen, bewußt individueller Auffassung und novellistischen Einlagen der zeitgenössischen Erwartung an eine Reisebeschreibung von weiblicher Hand: Das Buch bewies »Frische« und »Bunt-

---

sich in der Urfassung von Goethes *Italienischer Reise*, dem *Tagebuch* von 1786. Beispielsweise heißt es unter dem Datum des 17. Okt. 1786 aus Cento: »Siehe Volckm[ann]«. *Tagebuch der Italienischen Reise 1786*. Hg. u. erl. v. Ch. Michel. Frankfurt a. M. 1977, S. 151.

[490] Jost Hermand, Einleitung zum Nachdruck von Pückler-Muskau: *Briefe eines Verstorbenen*. New York/London 1968, Bd. 1, S. XXIX.

[491] Vgl. Gutzkows Rezension von Therese von Bacherachts *Briefe aus dem Süden* in: *Kritiken und Charakteristiken* (1842) S. 272.

[492] Vgl. Vorwort des Hg. S. V: »Die hier folgenden *Briefe* sind sämtlich Kinder des Augenblicks; sie entstanden auf der Reise selbst. Dem Herausgeber hat nur eine Art Druck-Correctur [...] oblegen.« Obgleich der zweite Satz sich am Text nicht bewahrheitet, trifft der erste wohl zu. S. 29 z. B. nimmt der Dank für einen empfangenen Brief eine ganze Seite in Anspruch. Was hier dargestellt wird, sind rein private Gefühle der Tochter für die Mutter.

heit«, ja ein Kritiker sprach bewundernd sogar von einem »phantasmagorische[n] Kaleidoskop«.[493]

In einem Brief vom vom 3. Dezember 1849 klagte Fanny Lewald dem Freund Hettner ihren Kummer mit der Herausgabe der *Erinnerungen aus dem Jahre 1848*. Sie solle auf Verlangen von Stahr und Jacoby aus ihren journalistischen Beiträgen im *Morgenblatt* ein Buch machen, »obwohl ihr dieses lockere Tagebuchwesen nicht angenehm sei und ihr Trieb überall plastische Rundung erfordere.«[494] Allerdings ist diese Formulierung eher als ein öffentliches Bekenntnis zu einer bestimmten literarischen Strömung zu verstehen, denn als Beschreibung der Realität. Schon im *Italienischen Bilderbuch* war »plastische Rundung« nicht das alleinige Ziel gewesen. Für die *Erinnerungen* ließ sich das Ideal vollends nicht mehr durchhalten. Zum Zeitpunkt der brieflichen Klage war das Werk bereits so gut wie fertig. Das Vorwort datiert vom 18. Januar 1850. Hier wird zwar das Desiderat einer »plastisch abgerundeten Form« wiederholt, der Entschluß zur Buchausgabe aber damit begründet, »daß oft kleine Züge, welche unter dem Eindruck des Augenblickes wahrheitsgetreu festgehalten wurden, später eine größere Bedeutung haben können.«[495] Tatsächlich hat Fanny Lewald die Serie von Artikeln, die unter dem Titel *Der März in der französischen Republik. Reisetagebuch von Fanny Lewald* 1849 in rascher Folge bei Cotta erschienen war, als »Briefe« 1–14 ihres Buches fast unverändert übernommen. Lediglich an einigen Stellen wurde ein Ausdruck präzisiert, ein Name herausgenommen. Auch die Segmentierung ist gleich geblieben. Allerdings sind drei größere Passagen eingefügt, die nichts mit der aktuellen Berichterstattung zu tun haben. Der neu dazu gekommene zweite Brief bietet dem Leser eine in der Konstellation ausgerechnet an Heine erinnernde literarische Szene im Bremer Ratskeller. Im Abschnitt über Belgien wird eine Kunstbetrachtung und in Paris ein längerer Abschnitt über Louis Philippe interpoliert. Besonders auffallend ist, daß die Schriftstellerin keine ihrer oft sehr kritischen Kommentare und unbequemen politischen Meinungen für die Buchfassung abgemildert hat. Damit hat sie mehr Mut und Standfestigkeit bewiesen als irgend eine andere der hier untersuchten Schriftstellerinnen. – Größere redaktionelle Mühe als die ersten 171 Seiten des 1. Teils mag Fanny Lewald der Rest ihrer *Erinnerungen* gekostet haben. Hier konnte sie nur mehr auf einen Artikel aus dem *Morgenblatt* und einen Beitrag zu Samters *Politischem Monatskalender* zurückgreifen.[496] Ansonsten dienten ihr offenbar Privatbriefe als Vorlage.[497]

---

[493] *Blätter für literarische Unterhaltung* (1849) S. 1225.
[494] Diplomatische Wiedergabe des Briefes in: *Aus dem Nachlaß von F. Lewald und A. Stahr* (1930) S. 222.
[495] Vorwort S. VII, VIII.
[496] Brief 4 des II. Bds. entspricht *Morgenblatt* (1849) Nr. 114, S. 453f.: »Der Friedrichshain am Charfreitag 1849«. In der Chronologie des Berichts handelt es sich dabei um eine Prolepse. Der 1. Teil des 2. Briefes im II. Bd. (S. 14–24) entspricht: »Ein Minister-Salon in Berlin nach den Märztagen«, gedruckt mit voller Namensnennung der Autorin in Samters *Politischem Monatskalender* (1848) Juli-H., S. 412–418. Der Verweis ebd. auf die *Neue Königsberger Zeitung* konnte nicht verifiziert werden.
[497] »Aus dem Nachlaß von F. Lewald und A. Stahr« (1930) S. 224 wird ein Brief vom 8. Febr.

Auch über die redaktionelle Arbeit an ihrer englischen Reisebeschreibung hat Fanny Lewald an Hettner berichtet. »Der Stoff ist so überwältigend, daß ich mich oft recht zusammennehmen mußte, mich davon nicht umwerfen und verwirren zu lassen – und auch die Darstellung hat im Hinblick auf England sowohl als auf Deutschland, so große Schwierigkeiten, daß ich oft ziemlich besorgt bei der Arbeit gewesen bin«, schreibt sie dem Freund am 17. Februar 1851 nach Abschluß des 1. Bandes.[498] Wenn auch die Autorin all das getilgt hat, was ihre Beziehung zu dem – völlig anonym bleibenden – Adressaten betrifft, so hat sie doch durchaus kein unpersönliches Buch geschrieben. So ließ sie – man muß wohl annehmen, bewußt – kleine Momentaufnahmen und manches Situationsbezogene stehen, auch wenn dies ohne Informationswert für den Leser war. Damit sollte die Schrift ein wenig von jenem Flair des Intimen bekommen, das andere Reiseschriftstellerinnen in so reichem Maße über ihre Bücher ausgossen. Auffallend ist eine Stelle, an der der Leser durch eine Selbstkorrektur der Autorin Einblick in den Schreibensprozeß gewinnt.[499] Solche Durchbrechungen der Erzählsituation erzielen genau die gleiche Aufhebung der Autor-Leser-Distanz, die Fanny Lewalds Erzrivalin, Ida Hahn-Hahn, in ihren Büchern anstrebte.

Während Fanny Lewald das Kriterium der Unmittelbarkeit der Darstellung als eines unter mehreren Gattungsmerkmalen einsetzte, erhob die Gräfin Ida Hahn-Hahn es zum summum bonum. Ihr Ziel war es, vermittelnde Instanzen möglichst weitgehend zu eliminieren. Der schriftstellerische Akt sollte zum zwanglosen persönlichen Erzählen, der Leser zum intimen Vertrauten und Teilhaber, die Autorin aber zur ersten Leserin ihres Buches umfunktioniert werden. Mit dieser Tendenz stand die Gräfin, wie wir gesehen haben, nicht allein. Keine andere Schriftstellerin aber ist mit solch radikaler Konsequenz vorgegangen.

Bereits die erste Reisebeschreibung, *Jenseits der Berge*, legt ein eindeutiges Bekenntnis ab. Weil die Gedanken, die der Verfasserin wie »leuchtende Kometen« im Kopf herumschweifen, »auf dem Wege durch die Feder auf das Papier immer blässer und blässer« werden, kommt sie zu der Schlußfolgerung: »Zu Dir laß mich reden! [...] Was gehen mich all die Leute an, was gehe ich sie an!«[500] Die Fiktion, nur für den Geliebten, nicht aber für die Öffentlichkeit zu schreiben – bzw. zu »reden« – wird ergänzt durch die Vorspiegelung, der Rezipient sei Zeuge der Reise und deren – noch ungewisser – Niederschrift: »Vielleicht langweilt es mich in Italien [...] zu schreiben. Das muß ich abwarten.«[501] Am Ende kann die Autorin – jetzt in der Leserrolle – befriedigt feststellen: »Ich habe dies Buch während des Drucks Bogen für

---

1850 wiedergegeben, in dem Fanny Lewald noch einmal auf das »unglückliche Buch« zurückkommt und jetzt von einer Zusammenstellung wirklicher Briefe (an Stahr, Heinrich Simon, Therese von Bacheracht und ihren Bruder Otto) spricht. Der scheinbare Widerspruch zum Brief vom Dezember 1849 wird wohl so zu lösen sein, daß hier vom 2. Teil der *Erinnerungen* die Rede ist, in dem fast keine *Morgenblatt*-Artikel mehr auftauchen.
[498] *Aus dem Nachlaß von F. Lewald und A. Stahr* (1930) S. 238.
[499] Bd. I, S. 500.
[500] 1. Tl., S. 2, 4.
[501] Ebd. S. 2.

Bogen gelesen und mich recht dabei gefreut. Das passirt mir sonst nicht«.[502] Stilistischer Niederschlag dieser erlebnisästhetischen Haltung ist der weitgehende Verzicht auf jede redaktionelle Überarbeitung. Sie würde nur »Steifes, Starres, Gezwungenes« zum Ergebnis haben.[503] »Wie rasch und heftig Alles in meine Seele und aus ihr heraus geströmt sein möge – dennoch könnt' ich nichts ändern, zurücknehmen, auf eine andre Weise erzählen, hinzufügen; und spräche irgend jemand: ›Aber das Buch ist unvollständig, berührt nicht dies, erzählt nicht das‹; – so erwidre ich: ›Ein allumfassendes Buch gibt's nicht!‹«[504]

Ob es eine Folge der teilweise recht positiven Aufnahme ihres Italienbuches war, daß Ida Hahn-Hahn bei ihren weiteren Reiseschriften in dieser Schreibhaltung verharrte, muß dahingestellt bleiben. Eher wohl muß man davon ausgehen, daß die Gräfin konsequent an einem Konzept festhielt. Die *Deutsche VierteljahrsSchrift* hatte die »anmuthige Plauderei« und die »Unmittelbarkeit der Auffassung« in ihrem Buch gelobt und es sogar zu einem »Muster natürlicher Auffassung« erhoben.[505] Ganz ähnlich äußerte sich Wolfgang Menzel im *Literaturblatt*.[506] Anderwärts erregte der Mangel an redaktioneller Sorgfalt aber bereits Ärger.[507] Doch die Gräfin ließ sich nicht beirren. Schon ein Jahr nach dem Italienbuch erschienen die *Reisebriefe*, deren zwei Bände schon an den Verleger abgingen, als die Autorin noch nicht zuhause war. Der letzte Brief aus Perpignan trägt dasselbe Datum wie die Widmung. »Zwei Dinge standen mir frei«, heißt es hier an die Adresse der Schwester gerichtet, »entweder diese Briefe nach meiner Heimkehr zu einem Buch umzuschmelzen, oder sie frischweg herauszugeben wie sie geschrieben worden sind. Da ihr meint, daß sie sich nicht übel lesen lassen, und der Verleger auch: so mögen sie denn immerhin gedruckt werden«.[508] Vier Monate später lagen beide Bände fertig vor. Wenn sie voll von »Unvollkommenheiten, von Wiederholung, Nachlässigkeit, Persönlichkeit, überflüssigem Geschwätz, Verweilen bei Nebendingen« seien, meint die Autorin, so gehöre dies eben zum Brief.[509] Ein wenig unzufrieden muß sie letztlich aber doch gewesen sein, denn für die Ausarbeitung ihrer *Erinnerungen aus und an Frankreich* nahm sie sich vier Monate Zeit, »um mich gehörig zu erinnern, zu ordnen, und nicht blos in größter Hast, wie in den Reisebriefen, Alles aufs Papier zu werfen, kreuz und quer, was ich hörte und sah.«[510]

Das Vorwort der *Erinnerungen* zeigt keinen Tendenzwandel an. Nach wie vor blieb es das herausragende Kennzeichen von Ida Hahn-Hahns Individualstil, redaktionelle Überarbeitung als unpoetische Philisterhaftigkeit zu verachten und nie anders als

---

[502] Tl. II, S. 436, Nachwort.
[503] Ebd. Tl. I, S. 5.
[504] Ebd. Tl. II, S. 437, Nachwort.
[505] »Die deutschen Reisebeschreiber über Italien« (1840) S. 90.
[506] Rezension von *Jenseits der Berge* (1840) S. 229.
[507] *Literarische Zeitschrift* (1841) Nr. 9.
[508] Bd. I, S. III.
[509] Bd. II, S. 416, Nachwort.
[510] Widmung S. 11.

»mit fliegender Feder und brausendem Herzen« zu schreiben.[511] Mit einem entsetzten »Schämen Sie sich, Pückler!« reagiert sie auf des Fürsten Bekenntnis zu einer handwerklichen Produktionsweise: Er schreibe Reiseberichte, hatte er zugegeben, um »Tagebücher aufzuarbeiten«.[512] Da Ida Hahn-Hahn mit einer Art religiöser Überzeugung an Inspiration als einzige Quelle schriftstellerischen Schaffens glaubte, blieb sie ungerührt durch die immer lauter werdende Kritik an ihrer literarischen Nachlässigkeit, ganz gleich, ob diese von wohlmeinenden Freunden[513] oder von Rezensenten ausging.[514] Auch in dem letzten von ihr selbst veröffentlichten Reisewerk, den anspruchsvoll auftretenden *Orientalischen Briefen*, findet der Leser gleich auf den ersten Seiten ein trotziges Bekenntnis zu »Widersprüchen und Inconsequenzen«, zu Leerstellen, wenn der »Animo« fehlte, zu Wiederholungen und zur »vollkommensten Unbefangenheit«.[515] Das Buch wurde – ungeachtet aller Kritik – ein großer Erfolg; aber von diesem Gipfel aus ging es nicht weiter. Ida Hahn-Hahns nächstes (und letztes) Reisebuch fand keinen Verleger mehr. Ihre genialische Behandlung des Reisestoffes wurde zwar von Emma von Niendorf in gewisser Weise weitergeführt, war jedoch bei dieser auf einen stilistischen Manierismus zusammengeschrumpft.[516] Nun ließ auch die Nachfrage nach schöngeistigen und spontanen Reiseberichten nach. Objektivität und Wissenschaftlichkeit hielten Einzug. Unter weiblichen Reisenden wuchs der Konkurrenzdruck rapide an. Die »schöne Zeit, wo man solch ein Tagebuch kurzer Hand drucken lassen konnte«,[517] war endgültig vorbei.

4.9 Rezeption

Eine Rezension ist in der Regel in zweifacher Weise aufschlußreich: zum einen informiert sie über das besprochene Buch und seinen Autor, zum anderen läßt sie Rückschlüsse zu auf die Tendenz des Rezensenten und seiner Zeitschrift. An die hier zur Diskussion stehenden Reisebeschreibungen von Frauen ist jedoch noch ein

---

[511] *Frauenbriefe* (1912) S. 274.
[512] Ebd.
[513] Ebd. S. 294: Pückler an Ida Hahn-Hahn: »Sie haben keine Rivalin in Deutschland [...] Also geben Sie sich dem Vergnügen des Schreibens nicht so rückhaltlos hin, es ist der Stoff in Ihnen, noch Bedeutenderes zu leisten als bisher.«
[514] Die nach den ersten Erfolgen überwiegend negativ eingestellten Rezensenten sahen Ida Hahn-Hahns Arbeitsweise in ihrer aristokratischen Verachtung für das Publikum begründet. Vgl. Alexander von Sternberg: »Die Hahn schrieb ihre Bücher mit großer Nachlässigkeit. Sie feilte nicht, überlas das Gelesene nicht wieder, sie wollte sogar nichts davon wissen, wenn es einmal gedruckt war. Sie war überzeugt, es war gut so wie es war; und wenn es auch nicht gut war, gut genug war es immer für das Publikum«. *Erinnerungsblätter* (1919) S. 151.
[515] *Orientalische Briefe* Bd. I, S. 1f. Widmung an die Mutter.
[516] Emma von Niendorf erzielt den Eindruck einer rasch hingeworfenen Reisebeschreibung noch mehr durch defiziente Sätze als durch Zusammenhanglosigkeit und Ungeordnetheit der Komposition.
[517] W. H. Riehl: *Wanderbuch*. Stuttgart/ Berlin 1925, S. 20.

dritter Parameter anzulegen: das Geschlecht der Autorin und in Folge dessen das Regelsystem weiblichen Schreibens. Dieses Kriterium war für die kritischen Organe des 19. Jahrhundert von solcher Bedeutung, daß es unter Umständen die beiden anderen ausstechen konnte. Es gibt so gut wie keine Rezension, in der nicht expressis verbis auf die Tatsache eingegangen würde, daß es sich bei der besprochenen Verfasserin um eine schriftstellernde Frau handle.

Die Frage, inwieweit Reisebeschreibungen, weil sie von Frauen stammten, weniger von den deutschen Rezensionsorganen beachtet wurden als solche von Männern, läßt sich in Anbetracht des enorm umfangreichen Materials nicht mit statistischer Präzision beantworten. Nach ausgedehnter Lektüre entsteht jedoch der gesicherte Eindruck, daß Frauen generell weniger rezensiert wurden. Der Grund dafür ist nicht nur darin zu suchen, daß Reisebeschreibungen von Männern prozentual häufiger auch von wissenschaftlichem Interesse waren und daher leichter Eingang fanden auch in jene Organe, die rein schöngeistige Literatur nicht besprachen. Ursache ist vielmehr – wie schon bei dem oben (vgl. S. 110) festgestellten Mangel an Voranzeigen in Zeitschriften – das Fehlen einer Lobby, einer Einbindung in literarische Freundeskreise. Persönliche Bekanntschaft mit den Rezensenten oder Journalherausgebern war die beste Versicherung, von der Kritik beachtet zu werden. Esther Gad-Bernards Reisewerk über England und Portugal fand wenig Resonanz, weil sich die Verfasserin nicht mehr in Deutschland befand und sich ihr Freund Jean Paul nicht für sie einsetzte.

Besonders schwierig war die Lage für Autorinnen aus Österreich. Daß Maria Schubers Pilgerreise keine Beachtung fand, braucht nicht zu verwundern; daß aber auch das umfangreiche Reisewerk Ida Pfeiffers einfach übergangen wurde,[518] obgleich sich die Reisende sogar im englischsprachigen Raum Respekt verschafft hatte, ist schwer zu verstehen. Keine andere deutsche Reiseschriftstellerin wurde so viel übersetzt.[519] Das bedeutende britische Rezensions-Journal Athenaeum befaßte sich mit ihren Vorhaben,[520] denn einer der wichtigsten Multiplikatoren für Ida Pfeiffers Leistungen, August Petermann, lebte in London. Auch wenn Wilhelm von Humboldt und der berühmte Geograph Carl Ritter sie schätzten und die Berliner

---

[518] Dies gilt auch für die Literaturgeschichten des 19. Jahrhunderts, wobei Heinrich Kurz mit seiner *Geschichte der deutschen Literatur von 1830 bis auf die Gegenwart* (1872) eine rühmliche Ausnahme macht. Er widmet dort im 4. Bd. S. 882 Ida Pfeiffer fast eine ganze Spalte.

[519] Die folgende Auflistung nach H. Jehle (1989) S. 282: *Visit to the Holy Land, Egypt and Italy.* London 1852. – *A Journey to Iceland and Travels in Sweden and Norway.* New York 1852. – *Visit to Iceland and the Scandinavian North.* London 1852, 2. Aufl. 1853. – *A Woman's Journey Round the World.* London 1851, wieder 1852, 1854, 1856. – *A Lady's Travels Round the World.* London 1852. – *A Lady's Voyage Round the World.* London 1851, New York 1852. – *A Lady's Second Journey Round the World.* London 1855, New York 1856. – *The Last Travels of Ida Pfeiffer.* London 1861, 2. Aufl. 1863. Dass.: New York 1861.

[520] (1851) S. 1281. Die Mitteilung wurde von einigen weniger bedeutenden deutschen Blättern nachgedruckt: *Magazin für die Literatur des Auslandes* (1852) S. 16. *Der Sammler* (1854) S. 395. – Eine Zusammenstellung der Presseberichte über Ida Pfeiffer bei H. Jehle (1989) S. 279–281.

Geographische Gesellschaft sie zum Ehrenmitglied ernannte,[521] so blieb ihr Widerhall in deutschen Zeitschriften doch sehr gering.[522] Eigentlich wäre Gersdorfs *Repertorium*, das sich auch im Reisefach auf eher wissenschaftliche Werke konzentrierte, das gegebene Forum gewesen. Hier werden aber die ersten beiden Bücher der Österreicherin gar nicht erwähnt und ihre *Frauenfahrt* lediglich mit dem Titel aufgeführt. Immer wieder versucht Ludwig August Frankl in den Wiener *Sonntagsblättern*, ihren Werken zu Publizität zu verhelfen. Sehr verständlich ist die Bitterkeit des Österreichers über die Zurücksetzung der Wienerin, die angesichts des deutschen Rummels um Ida Hahn-Hahn und Fürst Pückler aus seinen Worten spricht: »Ida *Pfeiffer* ist der Name der kühnen Frau, die vor drei Jahren durch die Wüste zog und nach Jerusalem pilgerte, und vor zwei Jahren den Hecla bestieg und am Gheiser schöpfte. Man sah die ›Reisendin‹, die den vergangenen Winter hier zubrachte, in keinem Salon, [...], man drängte sich nicht heran, um sie zu hören, sie forderte ja nicht für einen Sitz 8 fl. K.M., und hat auch ihre Reiseerinnerungen nicht in Noten gesetzt, und von Czerny für's Klavier einrichten lassen. [...] Aber es sind keine Rezepte darin, wie man in der Wüste eisigen Champagner trinken kann, sie schenkte mehr den Menschen, als der Pferdezucht ihre Aufmerksamkeit, sie kaufte keinen abessinischen Sklaven, und hätte *Fallmereier* ihre Schritte, wie die einer anderen ›Reisendin‹, kontrolliert, sie hätte gewiß keine unsterblichen Zurechtweisungen in der ›Augsburger Allgemeinen Zeitung‹ erlebt. Endlich ist sie eine Wienerin, deren Silhouetten in keinem englischen oder französischen Reisejournale erscheinen, wie die von der Tochter einer englischen Waschfrau.«[523]

Eine deutsche Autorin, die sich auf gute Beziehungen zu einflußreichen Literaten stützen konnte, hatte bessere Chancen, von deutschen Blättern beachtet zu werden. Dies galt schon für die Pionierin der weiblichen Reisebeschreibung, Sophie von La Roche. Ihre alte Freundschaft mit Wieland und ihre gesellschaftliche Umtriebigkeit hatten ihr soviel Ansehen verschafft, daß immerhin zwei ihrer Reisebücher von einer sehr bedeutenden Zeitschrift besprochen wurden, der *Allgemeinen deutschen Bibliothek*. Freilich beauftragte die Redaktion mit diesen Besprechungen nicht einen der sonst im Reisefach tätigen Gelehrten (zu ihnen gehörte etwa Reinhold Forster), sondern minder kompetente Männer. So fallen die beiden

---

[521] *Reise nach Madagaskar* S. XLV und 13.
[522] Bei den in der Bibliographie 6. 1. 2 angegebenen Zeitschriftenartikeln handelt es sich um Erwähnungen ihrer Reisen, nicht aber um Rezensionen im eigentlichen Sinn.
[523] *Sonntagsblätter* (1846) S. 421. Der Text ist voll von Anspielungen. »Reisendin« war das Kennwort für Ida Hahn-Hahn. Diese hatte sich 1836 und 1837 dem Wiener Publikum präsentiert. (*Sonntagsblätter* 1846, S. 868). Fallmerayer hatte ihre *Orientalischen Briefe* am 18. Jan. 1845 in der *Allgemeinen Zeitung* vernichtend kritisiert, wie er auch Pücklers *Aus Mehemet Ali's Reich* scharf anging. Auf Pückler beziehen sich die Anspielungen auf eiskalten Champagner, Pferde und abessinischen Sklaven (eigentlich Sklavin). Leider gibt die Czerny-Literatur keine Auskunft über eine Vertonung von Reise-Erinnerungen. Dunkel bleibt, wer mit der Tochter der »englischen Waschfrau« gemeint sein kann. Tatsächlich aber bestanden sehr lange Zeit Zweifel über die Identität von Ida Hahn-Hahns Mutter. – Frankl mußte übrigens wenig später wegen seiner Sticheleien gegen die Gräfin einen Widerspruch in seiner eigenen Zeitung hinnehmen: 1846, S. 868, gez. »de Paula«.

Rezensionen sehr unterschiedlich aus. Für ihr 1787 erschienenes *Tagebuch einer Reise durch die Schweitz* fand Sophie von La Roche einen außerordentlich wohlwollenden Kritiker.[524] Er rühmt, das Buch sei, gerade weil für die Töchter gedacht, der »treue Abdruck der Gedanken und Empfindungen, die in einer gebildeten und edeln weiblichen Seele [...] erregt werden«. Es sei als »wahre *empfindsame* Reise« vorbildlich und »besonders für die heranwachsende Jugend« zu empfehlen. Eine Notiz verweist dann noch auf die Beschreibung der Frankreichreise, die als gleich wertvoll erwartet wird.[525] Diese jedoch wurde nicht mehr besprochen. Inzwischen hatte sich der Wind gedreht. La Roches Zeitschrift *Pomona* war eingegangen, und mehr und mehr setzte sich in der öffentlichen Meinung die Ansicht durch, die bereits 1785 Luise Mejer ihrem Freund Boie kolportiert hatte: die La Roche sei »bis auf den letzten Odemzug ausgeschrieben«.[526] Die *Allgemeine deutsche Bibliothek* nahm in ihrer nächsten Rezension von Rücksichtnahme Abstand und verfolgte nun ihre eigentliche Linie: Unter Führung Friedrich Nicolais stehend, unterstützte sie in der Regel entschieden deskriptive, objektbezogene Reisebeschreibungen mit sachlichem Stil.[527] Keineswegs geschätzt wurde die »Empfindsame Reise«. So rügt der Rezensent der *Reise durch Holland und England*,[528] daß die Verfasserin auf ihrer nur dreimonatigen Tour gar nicht viel gesehen, aber um so mehr geschrieben habe. »Hätte es der würdigen Frau gefallen, nur das niederzuschreiben, was sie gesehen, und nicht alles, was sie dabey gedacht, empfunden, gesprochen, oder was ihr sonst bey den mancherley Gegenständen eingefallen, so würden [...] wenige Bogen hinreichend gewesen seyn.«[529] Die *Dritte Schweizerreise* (1793), deren gefühlvoller Tenor bereits im Titel anklingt (»meinem verwundeten Herzen zur Linderung, vielleicht auch mancher traurenden Seele zum Trost geschrieben«), wurde gar nicht mehr besprochen. Dagegen zieht die Rezension des essayistischen moralischen Lehrbuchs *Briefe über Mannheim* (1791) alle Register des Vorbehalts gegen weibliche Urteilskraft und findet ihren Höhepunkt in der Äußerung schwerster Bedenken gegen das Reisen und Reisebeschreiben von Frauen schlechthin.[530]

Im gleichen Jahr wie diese Aburteilung erschienen zwei Bücher des Freiherrn von Knigge, durch die sich die gealterte Schriftstellerin pikiert fühlte. Dünnhäutig geworden durch persönliche Schicksalsschläge, vor allem den Tod des Sohnes Franz, reagierte sie sehr gekränkt auf eine sie betreffende Stelle in Knigges *Des seli-*

---

[524] Nach Parthey (1842) verbirgt sich hinter der Sigle der Poseritzer Präpositus Pistorius, der sonst Werke aus den Gebieten der Theologie und Philosophie bearbeitete.
[525] *Allgemeine deutsche Bibliothek* (1788) S. 212, 213.
[526] Brief vom 21. Febr. 1785. In: *Ich war wohl klug* (1963) S. 444.
[527] Vgl. die Darstellung von Hentschel (1991) S. 58–62.
[528] Nach Parthey (1842) handelt es sich um Schatz aus Gotha, der auf dem Gebiet der Schönen Wissenschaften für die *Allgemeine deutsche Bibliothek* tätig war.
[529] *Allgemeine deutsche Bibliothek* (1790) S. 265.
[530] *Allgemeine deutsche Bibliothek* (1792) bes. S. 242f. Rezensent war nach Parthey (1842) der Wolfenbütteler Hofrat Langer, der viel für die *Allgemeine deutsche Bibliothek* schrieb und so wohl auf ihrer Linie lag. – Die *Briefe über Mannheim* wurden als einziges Buch der Sophie von La Roche in den *Göttingischen Gelehrten Anzeigen* rezensiert, und zwar positiv.

gen *Herrn Etatsraths Samuel Conrad von Schaafskopf hinterlassene Papiere* (1792). In dieser Satire auf alles Unaufgeklärte, Katholische und Schwärmerische heißt es, man habe längst »eine Dame [...] zur Dankbarkeit für die Menge ihrer geistreichen Schriften« in den »Pinsel-Orden«, die Vereinigung der ewig Gestrigen, aufnehmen wollen.[531] Die soeben von ihrer Schweizerreise zurückgekehrte Sophie von La Roche hätte auf diese im Kontext des Buches verhältnismäßig kleine und harmlose Anspielung wohl nicht so empfindlich reagiert, hätte der Freiherr nicht schon in seinem ebenfalls 1792 herausgegebenen satirischen Roman *Die Reise nach Braunschweig* das viele Schreiben mit wenig Substanz bei Reisebüchern aufgespießt, was Sophie von La Roche offenbar als eine Anspielung auf ihren Stil empfand.[532] Eine sehr bittere Einrückung über literarische Kritik und ihre Stellung dazu in den *Erinnerungen aus meiner dritten Schweizerreise*[533] war die Folge. Es wird hier ein Salongespräch inszeniert, in dessen Folge zwei von La Roches Lieblingsautorinnen mit scharfer Kritik überzogen werden. Sie selbst als Teilnehmerin an dieser Szene reagiert auf die Beleidigungen auf literarischem Felde mit dem Rückzug auf häusliche, weibliche Verhaltensweisen und Tugenden: bescheidenem Schweigen, Konzentration auf das Strickzeug, Bekenntnis der eigenen Unwissenheit. Und sie zieht daraus die Lehre, »ruhig den Tadel über mich zu ertragen«, sei er doch ein Ersatz für »manches Freudenfest«, das sie als gute Hausfrau geben würde, wenn sie Geld dazu hätte; »und so bin ich bei nahen und fernen Personen, Stifterinn angenehmer Stunden.« Die Bücher, ehemals verlängerter Arm der Erzieherin, werden jetzt zum Ersatz für die weibliche Gastgeberrolle. Vorlage für diesen Passus des Buches war ein Brief, den Sophie von La Roche bei ihrer Rückkunft aus der Schweiz an Knigge geschrieben hatte, in Reaktion auf seine literarischen Sticheleien.[534]

Es ist erstaunlich, wie schnell Sophie von La Roche von der literarischen Bühne verdrängt wird. In Heinrich Ludwig de Marées' *Anleitung zur Lektüre* (Hamburg 1806, 2. Aufl. Wien (!) 1817) sind noch zwei ihrer Bücher unter den Lektüreempfehlungen für Reiseschriften enthalten,[535] später wird sie so gut wie nicht mehr erwähnt.[536] Nicht bewahrheiten sollte sich die Prophetie Johann Heinrich Jung-Stil-

---

[531] Breslau 1792. *Sämtliche Werke*, hg. v. P. Raabe, Bd. 15. Nendeln 1978, S. 109.
[532] Hg. v. P. Raabe. Kassel 1972, v. a. S. 116 und 123, Schlußsatz.
[533] S. 84f.
[534] »Wenn der Genius des Herrn Baron von Knigge gewußt hätte – daß mein *vieles schreiben* – dem durch *ungerechtigkeit* gestürzten Cantzler von La Roche – und Studien-Jahren meiner jüngeren Söhne – zur Hülfe diente: So würde dieser Genius edelmütig den mir so äußerst schädlichen Seittenblick des geheimen rath Schafkopfs – unterdrückt haben – aber da es manchen Menschen vergnügen geben konte – so will ich denken die kosten eines kleinen Festes getragen zu haben.« *Dreihundert Briefe aus zwei Jahrhunderten*. Hg. v. K. v. Holtei. Hannover 1872 (= Bern 1971) Bd. I.2, S. 126. Brief vom Mai 1792.
[535] S. 615 (*Tagebuch einer Reise durch England und Holland*), S. 617 (*Dritte Schweizerreise*).
[536] J. G. Ebels *Anleitung, auf die nützlichste und genußreichste Art die Schweitz zu bereisen*. 3. ganz umgearb. u. sehr verm. Aufl. Zürich 1809, Tl. 1, S. 187 u. 191 erwähnt im Kapitel »Beurtheilung der Reisebeschreibungen«, einer vollständigen Auflistung der Schweizerreisen, die beiden einschlägigen Werke der Autorin, nennt sie aber nur lakonisch »unbedeutend«. Immerhin ist Sophie von La Roche noch 1833 in der Marburger Leihbibliothek Elwert, einer der bedeutendsten in Hessen-Kassel, mit 11 Bänden vertreten. Th. Sirges (1994) S. 152.

lings, der nach der Lektüre der ersten beiden Reisebücher der Autorin zurief: »sie sind die Krone aller Ihrer Arbeiten und machen Sie auch für dieses Leben unsterblich.«[537]

Ein ähnliches Schicksal wie Sophie von La Roche traf Emilie von Berlepsch, auch sie eine der Pionierinnen weiblicher Reiseschriftstellerei und zu ihrer Zeit mit allen literarischen Größen gut bekannt. Auch sie wird noch einmal bei Marées erwähnt,[538] zu einer Zeit, da ihre 1800–1804 erschienene *Caledonia* bereits fast vergessen war. Dabei hatte einst Goethe das Werk sogar in der von ihm protegierten *Jenaischen Allgemeinen Literatur-Zeitung* rezensieren wollen.[539] Die dann tatsächlich dort gedruckte, nicht von Goethe stammende Besprechung ist ein unendlicher Verriß, der auf einem rationalistischen Reisebeschreibungs-Ideal basiert und daher an dem gefühlvollen und epigrammatischen Stil der Autorin Anstoß nimmt. Das genaue Gegenteil befinden die *Göttingischen Gelehrten Anzeigen*. Hier werden die Reflexionen als willkommene Abwechslung gepriesen, die Beschreibung Edinburghs, die Eichstädts *Literatur-Zeitung* albern gefunden hatte, als Meisterwerk gerühmt und das ganze Werk als ein bedeutendes Stück Literatur herausgestellt. Sei es, daß die *Caledonia* unter die Räder des Kampfes der Romantiker gegen die *Literatur-Zeitung* geraten war – ihre Darstellungen werden als »zu romantisch, überspannt und mystisch« gerügt[540] – sei es, daß die Heirat der Autorin bald nach ihrer Rückkehr aus Schottland und ihr Umzug in die Schweiz ihr den Boden in Deutschland entzogen, jedenfalls blieb diese einst von den Weimarern mit so viel Interesse verfolgte Reise ohne Nachhall.[541] Kotzebues Zeitschrift *Der Freimüthige*, der 1806 die Autorin für die geplante Ossian-Übersetzung empfiehlt, nennt bei dieser Gelegenheit die *Caledonia* «ein Werk, das an Zartheit, Tiefheit und klassischem Ausdruck nur mit wenigen verglichen werden kann, aber fast gar nicht gekannt ist.«[542] Im Jahre 1808 ließ James Macdonald, Emilie von Berlepschs Freund und zeitweiliger Reisebegleiter in Schottland, seine *Reise durch Schottland und seine Inseln, Dänemark und einen Theil von Deutschland* in Übersetzung bei Göschen in Leipzig er-

---

[537] Brief vom 15. Juni 1788. Cit. *Ich bin mehr Herz als Kopf* S. 308.
[538] S. 614.
[539] Vgl. den Arbeitsplan als Beilage zum Brief an Eichstädt vom 13. 10. 1803. Goethes *Werke*, WA, IV. Abt. 16. Bd., S. 328.
[540] (1804) Sp. 325.
[541] Zu ihrer Beziehung zu Herder und zur Rolle Macdonalds in Weimar vgl. A. Gillies (1975/76). Ein Brief Herders an Macdonald vom 26. Mai 1799 betreffend die Reisende ist abgedruckt in Karl August Böttiger: *Literarische Zustände und Zeitgenossen* (1838) Bd. 2, S. 194. Bezeichnend für den Spaß, den man sich in Weimar gern mit der stets in Liebeshändel verwickelten, berühmten Schönheit machte, ist eine Briefnotiz Wielands an Böttiger (15. 6. 1796) ebd. S. 154 f.: »So eben höre ich, daß die Dame Emilie Berlepsch hier angekommen sey, um meinem Sohn Geßner seinen Reisewagen abzukaufen. Wohin sie aber darin zu reisen gedenkt, kann ich noch nicht sagen. Feen ihrer Art sollten von Rechtswegen in Schwanen=Wagen oder im Nothfall auch auf B...n=st..l.. [i. e. Besenstielen] reisen; so weit aber hat sie es, wie es scheint, noch nicht gebracht.«
[542] 4 (1806) S. 348. Hier wird auch der Umzug des Ehepaars Harms nach der Schweiz gemeldet.

scheinen. Er, der die *Caledonia* seiner ehemaligen Freundin sehr genau kannte, meldete gleich auf der ersten Seite dem deutschen Publikum, es existiere bisher noch keine Reisebeschreibung über Schottland von Wert.

Möglicherweise trug der lang anhaltende Ruhm der beiden Italien-Reisenden Elisa von der Recke und Friederike Brun mit dazu bei, die Vorgängerinnen, die sich zudem nicht mit hesperischen Reisebildern schmücken konnten, in den Schatten zu stellen. Beide entsprachen mit ihrer Mischung aus weiblichem Gefühl und Wissensreichtum einem Leitbild, das bei konservativen Kritikern noch in den zwanziger und frühen dreißiger Jahren propagiert wurde. Vor allem der einflußreiche Wilhelm Müller ist hier zu nennen. Selbst prominenter Verfasser eines Italienbuches (*Rom, Römer und Römerinnen*, 1820), trat er für die Firma Brockhaus als führender Italien-Rezensent auf. Aus seiner Feder stammt eine umfassende Darstellung *Reisebeschreibungen über Italien*, die 1820–1821 im *Hermes* erschien. Er ist auch Verfasser des Artikels *Italienische Reisen und Reisebeschreibungen* im *Conversations-Lexikon*.[543] Daß er an beiden Stellen Frauen erwähnt, nämlich Elisa von der Recke und Friederike Brun, ist schon viel. Im Artikel *Schweizer Reisen* des *Conversations-Lexikons* wird Friederike Brun als einzige Frau erwähnt.[544] Über Elisa von der Recke äußert sich Müller überwiegend anerkennend,[545] etwas zurückhaltender über Friederike Brun.[546] Freilich kann er nicht umhin, die beiden Frauen in die Schranken ihrer Weiblichkeit zu verweisen. Friederike Brun hätte mit dem Urteilen vorsichtiger sein sollen;[547] Elisa von der Recke aber sei vor allem für Leserinnen erbaulich, Männer könnten auf die Ausbreitung ihrer moralischen Grundsätze verzichten. Auch stehe ihr der »schwere Apparat geschichtlicher, artistischer und antiquarischer Kenntnisse« schlecht an.[548]

Friederike Brun gehörte zu den von der literarischen Welt am meisten beachteten Schriftstellerinnen. Wie Elisa von der Recke war sie mit so gut wie allen führenden Literaten der Goethezeit bekannt oder befreundet. Wie diese war sie Beiträgerin zum *Neuen Teutschen Merkur*, aber auch das *Morgenblatt* druckte gerne ihre Gedichte und bisweilen auch Reiseskizzen. So war ihr Beachtung durch den Kreis um Goethe und Wieland sicher. 1802 brachte die angesehene und sehr weit verbreitete *Allgemeine Literatur-Zeitung* (damals noch unter Wielands Ägide) eine zwar

---

[543] 7. Aufl. 1827, 8. Aufl. 1834.
[544] 7. Aufl. 1827, Bd. X, S. 51; 8. Aufl. 1834, Bd. XII, S. 602.
[545] *Conversations-Lexikon* Bd. V (1827) S. 653 = Bd. V (1834) S. 679: »Das Tagebuch der ehrwürdigen Frau von der Recke (1815–17, 4 Bde.), ins Französische übersetzt von Mdm. de Montolieu, ist eine compendiöse Reisebibliothek, welche fast Alles berührt, was den Geist und das Herz eines gebildeten Reisenden in Italien ansprechen kann«. Länger und differenzierter ist die Darstellung in *Hermes* 10 (1821) S. 254–257. – Die französische Übersetzung – eine Ehre, die deutschen Reiseschriftstellerinnen selten widerfuhr – war 1818 in Paris erschienen.
[546] *Conversations-Lexikon* ebd., *Hermes* 9 (1821) S. 257f.
[547] *Hermes* 9 (1821) S. 258.
[548] *Hermes* 10 (1821) S. 255, 256. – Daß Tiedge (1818) bes. S. 70f. in seiner Charakteristik der Freundin nur anerkennende Worte für die italienische Reisebeschreibung findet, ist nicht verwunderlich. Aber auch die *Allgemeine Literatur-Zeitung* Halle war begeistert.

nicht begeisterte, aber doch ausführliche Besprechung ihrer vier Bände *Prosaische Schriften*, der ersten Sammlung von Reisebeschreibungen. Besonders hervorgehoben wird die Befähigung – oder doch die Liebe – der Autorin zu Naturszenen. Kunsturteile, gar negative, will man der Autorin aber nicht zutrauen, und so gerät die Stelle, die sich mit diesen befaßt, zur schärfsten und hochmütigsten in der Rezension (vgl. oben S. 151).[549] Über die die Schweiz betreffenden Teile der *Prosaischen Schriften* hat sich wenig später J. G. Ebel, der genaueste Kenner der Schweiz und der Schweizerreisen, sehr positiv geäußert.[550]

Friederike Bruns Konflikt mit Goethes Kunst-Meyer und der *Allgemeinen Literatur-Zeitung* tat ihrer Stellung im Literaturbetrieb keinen Abbruch. Cottas *Morgenblatt* berichtete 1807 geradezu hymnisch über den 1. Band der *Episoden*. Hier wird ausnahmsweise ganz ohne Geschlechtsvorbehalt konstatiert, der Band zeichne sich »vor mancher neuern Reise-Beschreibung vortheilhaft aus.«[551] Schon ein Jahr früher hatte Marées in seiner mehrfach erwähnten *Anleitung zur Lektüre* Friederike Bruns italienische Reisebücher zu den wenigen Mustern der Gattung gerechnet.[552] Und noch 1844 empfiehlt Wilhelm von Humboldt die Italiendarstellungen seiner damaligen römischen Freundin.[553] Tatsächlich wurden die *Episoden* viel gelesen. Dies bezeugt nicht nur Böttiger im Vorwort zum IV. Band. Als Friederike Brun 1833 ihr letztes Buch, *Römisches Leben*, zusammenstellte, waren die *Episoden* vergriffen. Wie lange ihre Darstellungen in konservativen Kreisen geschätzt wurden, zeigt Wolfgang Menzels *Die deutsche Literatur*. Dort wird Friederike Brun noch in der 2. Auflage von 1836 als einzige deutsche Reiseschriftstellerin angeführt.[554]

In noch höherem Maße als die deutsche Reisende aus Dänemark war Johanna Schopenhauer über Jahrzehnte hinweg Inbegriff weiblicher Reiseschriftstellerei. Durch ihre Geselligkeit und Liebenswürdigkeit hat sie nicht nur die große literarische Gesellschaft Weimars für sich eingenommen, sondern gerade unter den jungen Schriftstellern der nachwachsenden Generation auffallend viele Verehrer gefunden.[555] Erstaunlich lange nahm sie am literarischen Leben aktiv teil. Noch Gutzkows *Phönix* ist stolz, sie in der Liste der Beiträger erwähnen zu können.[556]

Da Johanna Schopenhauer seit 1818 zu den Autoren des Verlagshauses Brockhaus gehörte – und sicherlich zu den einträglichen –, braucht nicht zu verwundern,

---

[549] (1802) S. 394. Verfasser dieser Rezension ist – wie oben S. 151 Anm. 164 erwähnt – wahrscheinlich Heinrich Meyer, Goethes Kunst-Meyer.
[550] *Anleitung, auf die nützlichste und genußreichste Art die Schweitz zu bereisen*. 3. ganz umgearb. u. sehr verm. Aufl. Zürich 1809, Tl. 1, S. 197 (im Kapitel »Beurtheilung der Reisebeschreibungen«).
[551] (1807) S. 549.
[552] 2. Aufl. 1817, S. 412.
[553] 20. Dez. 1843/ 7. Jan. 1844, Brief an Charlotte Diede. Die Adressatin wollte Therese von Bacherachts Reise mittels Lektüre mitverfolgen. *Wilhelm von Humboldts Briefe an eine Freundin*. Zum ersten Male nach den Originalen hg. v. A. Leitzmann. Leipzig 1909, Bd. II, S. 329f.
[554] Bd. II, S. 148.
[555] Vgl. die Erinnerungen Karl von Holteis in: *Vierzig Jahre*. Breslau 1845, Bd. V, S. 49–51.
[556] *Phönix* (1835) Nr. 285, S. 1137: »Einladung für 1836«.

daß die ebenfalls dort verlegten Journale mit ihren Schriften freundlich umgingen. Doch nicht nur diese lieferten günstige Besprechungen. Johanna Schopenhauer hatte nahezu keinen Verriß zu erleiden. Schon der 1. und 2. Band ihrer *Erinnerungen von einer Reise in den Jahren 1803, 1804 und 1805* wurden in bedeutenden Rezensionsorganen, der *Jenaischen Allgemeinen Literatur-Zeitung*, der *Allgemeinen Literatur-Zeitung* aus Halle und dem *Modenjournal*, sehr wohlwollend besprochen. Der Kritiker der ersteren nimmt den kleinen Hinweis der Autorin auf die besondere Sehweise der Frauen auf (vgl. oben S.120) und beginnt seine Besprechung mit Überlegungen zu den Möglichkeiten weiblicher Reisebeschreibungen. Dabei verweist er zwar die Frau wie gewohnt auf den Mikrokosmos, anerkennt aber wenigstens in diesem Fall das Geleistete. Besondere Beachtung verdient, daß dieser Rezensent, auch wenn er mit spitzer Feder hier und dort Wiederholungen, Oberflächlichkeiten, mangelnde Kompetenz und unweibliches Abdriften in das Wissenschaftliche oder Technische ankreidet, Johanna Schopenhauer doch zuerkennt, sie sei eine »sehr interessante und belehrende Reisegefährtin und eine unterhaltende Gesellschafterin.«[557] Damit wird – und das eben ist das Ungewöhnliche – einer schriftstellernden Frau neben dem delectare auch das docere zugestanden. Überhaupt vermerkt die immer noch vornehmlich klassizistisch orientierte Kritik der großen Blätter durchgehend positiv, wie informativ und wenig ich-zentriert Johanna Schopenhauer schreibt.

Geradezu begeistert äußerten sich die Weimarer Bekannten aus dem Goethekreis, Karl Ludwig von Knebel und Johann Diederich Gries. Endlich besaß Deutschland eine Frau, die man Mme. de Staël und Lady Montagu an die Seite stellen konnte.[558] Auch der große Mentor Böttiger hatte sich brieflich lobend geäußert. Dankbar und die weibliche Bescheidenheit nicht vergessend, antwortete ihm Johanna Schopenhauer: »Sie wißen zu gut wie viel Werth der Beifall eines Mannes wie Sie für mich haben muß und wie ermunternd er sein muß für eine Frau die denn doch immer mit einer gewißen Schüchternheit es wagt fürs große Publikum hinzutreten.«[559]

Auch der dritte, später nachgelieferte Band der *Erinnerungen* kam in der Kritik gut an. Ob die *Allgemeine Literatur-Zeitung* aus Halle zur 1. Auflage, ob zur 2. Auflage Böttiger in Hells *Abendzeitung* oder Friedländer im Brockhausschen *Literari-*

---

[557] (1813) Sp.90.
[558] Vgl. Johanna Schopenhauers Brief an Knebel vom 29. März 1813, in: *Damals in Weimar* (1929) S.201 (Knebel hatte sie mit Mme. de Staël verglichen). Gries' Briefe an Heinrich Abeken vom 10. April 1815 und vom 22. Dez. 1820 (hier der Vergleich mit Lady Montagu) in: Ebd. S.226f., 285. Im erstgenannten Brief heißt es u.a. über die Autorin: »Ihre Darstellungsgabe ist wirklich bewundernswerth. Haben Sie ihre Reise durch England nicht gelesen, so versäumen Sie ja nicht, es zu thun. Ich halte dieses Werk für eine wahre Bereicherung unsrer Litteratur. Als Wolf (nemlich der große Wolf) vorigen Sommer hier war, fand er das Buch bei Knebel. Er nahm es mit, las die ganze Nacht durch und war so entzückt, daß er sogleich beschloß, die Bekanntschaft der Verfasserin zu machen.«
[559] Brief vom 27. Juli 1814, in: *Damals in Weimar* (1929) S.219.

schen *Conversationblatt*,[560] die Urteile sind einhellig positiv und heben vornehmlich die »weibliche Individualität« der Verfasserin heraus.[561] Friedländer spricht in seiner geradezu hymnischen Kritik vom »Zauber edler Weiblichkeit«; Böttiger lobte vor allem, daß die deutsche Reiseschriftstellerin nicht wie Lady Morgan, die soeben in der literarischen Welt Furore machte, »frech« die Region des Weiblichen verlassen habe. In einer brieflichen Äußerung Therese Hubers allerdings fällt der Vergleich zwischen der forschen Engländerin, die sich für alles interessierte und über alles ungeniert schrieb, und der zurückhaltenden Deutschen mit ihrem »Lady liken Abscheuen« sehr zuungunsten der letzteren aus.[562]

Seit ihrer Erstveröffentlichung über *Carl Ludwig Fernow's Leben* (1810) hatte sich Johanna Schopenhauer für Kunstgeschichte interessiert. Nun benützte sie das Medium der Reisebeschreibung, um auf ihrem Lieblingsgebiet zu dilettieren. Damit jedoch kam sie der dem Weiblichen gesetzten Grenze zu nahe. Süffisant schreibt das erzkonservative Becksche *Allgemeine Repertorium*: »Die Verfasserin hat durch die artige und gefällige Aufnahme ihrer Reise nach England und in das südliche Frankreich Muth bekommen, dem Publicum von allen ihren kleinen Reisen Bericht zu erstatten.«[563] In der *Leipziger Literatur-Zeitung* und der *Allgemeinen Literatur-Zeitung* aus Halle entzünden sich an ihrer *Ausflucht an den Rhein* die gegensätzlichen Kunstmeinungen, um schließlich anläßlich der Besprechung ihres *Ausflugs an den Niederrhein* in dem Satz zu gipfeln: »Wir hassen auf diesem Erdenrunde [...] nichts so sehr als 2 Dinge: 1. schriftstellernde Damen, und 2. schriftstellernde Damen, die über Kunst schreiben.« Es nützt nur wenig, wenn dieser Rezensent der *Blätter für literarische Unterhaltung* sein Vorurteil mit einem »Pater peccavi« korrigiert, entschuldigte er doch die eine Grobheit mit einer anderen, womöglich noch größeren: Johanna Schopenhauer sei ihm bis dato ganz unbekannt gewesen.[564] Man fragt sich, ob es möglich gewesen wäre, auch einem Mann vom Bekanntheitsgrad Johanna Schopenhauers in einer verlagseigenen Zeitschrift solch einen Affront zuzumuten. Aber auch für Johanna Schopenhauer konnte Brockhaus die Angelegenheit nicht einfach auf sich beruhen lassen: Das gleiche Buch wurde im gleichen Journal noch zweimal besprochen und dabei wurden alle Unartigkeiten zurückgenommen.[565] Wie stark der erste Kritiker den Bogen überspannt hatte, zeigt auch die sehr positive Besprechung der *Sämmtlichen Werke* in der gleichen Zeitschrift durch den gemäßigten, der romantischen Schule zuneigenden Friedrich Wilhelm Neumann.[566]

---

[560] Zur Zuschreibung an Friedländer vgl. Goedeke Bd.X, S.28. Von Friedländer stammt wahrscheinlich auch die Besprechung des ersten Bandes im *Modenjournal*, gez. »F-l.-».
[561] *Allgemeine Literatur-Zeitung.* Erg.Bll. (1818) S.546.
[562] An Reinhold, 27. Nov. 1817. In: [Therese Huber] *Briefe der Therese Huber an Karoline Pichler* (1907) S.279f. Anm.7.
[563] Über *Ausflucht an den Rhein* (1818). In: *Repertorium* (1819) S.24f.
[564] (1831) Nr.116, S.505.
[565] (1831) Nr.200, S.873f.; Nr.237, S.1023.
[566] Zuweisung nach P.-S. Hauke (1972) S.166. Die Richtigkeit der Zuweisungen der drei oben genannten Rezensionen des *Ausflugs an den Niederrhein* an Hermes, Friedländer und Jacob durch Goedeke Bd.X, S.653 scheint aus mehr als einem Grunde sehr fraglich.

Die Rezension setzt gleich mit dem Bekenntnis ein: »Ref. gehört nicht zu der Zahl der Eiferer, welche die Schriftstellerei der Frauen verabscheuen und verurtheilen, und ihre Thätigkeit auf Küche und Waschhaus, auf die ämsige Sorge für das körperliche Bedürfniß beschränken möchten.«[567] Noch einmal werden hier die Reisebeschreibungen der berühmten Autorin als »Muster« empfohlen und in Anbetracht der fortschreitenden Veränderung der Gattung abgehoben von jenen Reisenden, »deren unbedeutendes Ich in ihren Beschreibungen immer als die Hauptfigur hervortritt.«[568]

Inzwischen nämlich hatte sich die Subjektivierung in Reisebüchern von Frauen verändert und vertieft. Die eigene Individualität rückte immer mehr in den Vordergrund. Seit den vierziger Jahren und den Reisebüchern Therese von Bacherachts, Ida Hahn-Hahns und später Fanny Lewalds wurde diese Tendenz von der Literaturkritik wenigstens teilweise auch akzeptiert. In seiner Rezension von *Theresens Briefe aus dem Süden* bemühte sich Gutzkow, diese einst ungeliebte Besonderheit zu einem Markenzeichen weiblichen Schreibens zu erheben (vgl. auch oben S. 130). Gutzkow hielt damals die Fäden der Literaturkritik in seiner Hand.[569] Eine positive Besprechung aus seiner Feder konnte eine unbekannte Schriftstellerin ins Rampenlicht heben. Gutzkow unterstrich vor allem die Unmittelbarkeit und Natürlichkeit von Thereses Stil, den er als direktes Abbild ihrer reinen Seele darzustellen versuchte. Über das ganze Buch breitete er eine dicke Decke von Weiblichkeitsstereotypen, unter der jede differenzierte Betrachtung unmöglich wird. Alles scheint ihm »an die Voraussetzungen einer rein weiblichen Natur geknüpft«.[570] Gutzkows Besprechung hatte dazu geführt, daß die *Briefe aus dem Süden* allgemein »sehr günstig aufgenommen worden« waren.[571] Therese blieb der Nimbus des »Liebenswürdigen«[572] und »echt Weiblichen«. Dazu kommt noch ein weiterer Faktor, der einzig bei der Beurteilung von Frauen eine Rolle spielt: Thereses Schönheit, obgleich sachlich gesehen ohne Belang für die Beurteilung ihrer Schriften, wird auffallend

---

[567] *Blätter für literarische Unterhaltung* (1832) S. 1281.
[568] Ebd. S. 1286. Ähnlich in der Rezension des *Ausflugs* in den *Blättern für literarische Unterhaltung* (1831) S. 873. Vgl. auch die Rezension der *Erinnerungen von einer Reise*, Bde. 1–2 durch den Klassizisten Friedländer im *Modenjournal* (1814) S. 115: Dort wird an Johanna Schopenhauer lobend hervorgehoben, sie teile nicht die Damen sonst eigene mißliche Neigung, die eigene Individualität überall durchblicken zu lassen.
[569] »*Gutzkow* ist jetzt der Unvermeidliche in der Literatur, wie Menzel vordem es gewesen ist. [...] Selbst seine Freunde und Genossen sind ihm nur Zahlen, mit denen er verwickelte Rechen-Exempel construirt; und die Zeittendenzen selbst nur Figuren im Brettspiel, so daß er bald mit Königinnen die Bauern und bald mit Bauern die Königinnen schlägt. [...] Jeder kennt ihn, Jeder mag sich in Acht nehmen.« Hermann Marggraff: *Deutschland's jüngste Literatur- und Culturepoche*. Leipzig 1839, S. 331.
[570] *Vermischte Schriften* Bd. II, S. 272. In seiner Besprechung von *Am Theetisch* verstieg sich Gutzkow in seinem Zwang zu loben zu der Aussage: »Die Auffassung ist weiblich und eben deßhalb oft männlicher, als sie sich bei Männern findet«. *Kölnische Zeitung* 29. 4. 1844.
[571] Fanny Lewald: *Meine Lebensgeschichte* (1871) Bd. III, S. 342.
[572] Vgl. ebd. S. 344. *Zeitung für die elegante Welt* (Rez. v. *Ein Tagebuch* von Therese) (1843) Nr. 14, S. 346. Gutzkow: *Vermischte Schriften* Bd. II, S. 277. Sternberg (1919) S. 220.

oft hervorgehoben. Fast möchte man meinen, daß alle jene Kritiker, die Therese persönlich kannten, von ihrer Schönheit so überwältigt waren, daß allein schon dieser überaus positive Eindruck sich mildernd auf die Kritik auswirkte.[573] »Anspruch und Tadel sind gegen sie viel bescheidener als es übrigens jetzt in der Schriftwelt Mode ist«, bekennt Laubes *Zeitung für die elegante Welt* anläßlich einer Besprechung der Reisebeschreibung *Am Theetisch*.[574] Der Mangel an formaler Fassung und Information, die eintönige Sentimentalität der Bücher wurde zwar mitunter vermerkt, aber mit der »wachsweiche[n] weibliche Empfänglichkeit« der Verfasserin entschuldigt.[575]

Genau diese Gefühlsbestimmtheit gefiel nun freilich in England überhaupt nicht. *Theresens Briefe aus dem Süden* erfuhren in dem renommierten *Quarterly Review* in einer Sammelbesprechung von Frauenreisen durch die selbstbewußte Miss Riby eine vernichtende Beurteilung. Nicht einmal eine halbe Seite widmet das Journal dem Buch, das wegen seiner mystischen Verschwommenheit, seiner alles überdeckenden Melancholie und seinem Mangel an Reiseinformation eingestuft wird als »in no way deserving notice«.[576]

In Deutschland blieb der seelenhafte Ton Thereses vorerst noch Mode. Erst mit dem Band *Paris und die Alpenwelt* (1846) setzte der Umschwung ein. Möglicherweise steht dieser in Zusammenhang mit dem »Wendepunkt«[577] in der Beziehung Gutzkows zu seiner Geliebten Ende 1845, dem Erkalten seiner Gefühle und seinen gewandelten Ansichten über deren literarische Fähigkeiten. Bislang war die schöne Adelige unter seinen Fittichen gestanden. Zwar lieferte der *Telegraph* noch eine ausgesprochen lobende Besprechung, bereits diese wirkt jedoch in ihrer offensichtlichen Schmeichelhaftigkeit hohl. Die anderen Journale wagen von nun an mit einem Male genau die Einwände, die auch Gutzkow – einem Brief Fanny Lewalds zufolge – neuerdings gegen Therese vorbrachte: ihre aristokratische Sichtweise, die Zerfahrenheit ihres Stils, der Mangel an Substanz.[578] Dabei zeigt gerade der Abschnitt *Paris* mehr Bemühen, »Gemüthseindrücke« durch »objektive Studien« zu ergänzen,[579] als alle anderen Bücher. Der Rezensent (»A. B.«) in den *Grenzboten*

---

[573] Das äußere Erscheinungsbild als artfremdes Kriterium einzusetzen, ist ein im wesentlichen auf die Beurteilung der Leistungen von Frauen beschränktes Phänomen. Auch Frauen verwenden dieses Kritierum ihren Geschlechtsgenossinnen gegenüber. Es dürfte nicht abwegig sein, Adele Schopenhauers Mißerfolge auf allen Gebieten in Zusammenhang mit ihrer auffallenden Häßlichkeit zu bringen. Vgl. z. B. F. Lewald: *Römisches Tagebuch* (1845/46) S. 47. *Briefe von Levin Schücking und Louise von Gall*. Hg. v. R. C. Muschler. Leipzig 1928, S. 75.

[574] (1844) S. 335. Vgl. Fanny Lewald an Gutzkow: »Das Publikum urteilt viel strenger über Th. als die Kritik«. Cit. *Therese von Bacheracht und Karl Gutzkow. Unveröffentlichte Briefe*, S. 69.

[575] Rez. v. Therese von Bacherachts *Ein Tagebuch* in: *Zeitung für die elegante Welt* (1843) Nr. 14, S. 345.

[576] »Lady Travellers«. In: *The Quarterly Review* 76 (1845) S. 136.

[577] *Therese von Bacheracht und Karl Gutzkow. Unveröffentlichte Briefe*, S. 29.

[578] Brief vom 17. 12. 1847. Ebd. S. 63–72, hier bes. S. 66–69.

[579] *Paris und die Alpenwelt* S. 140.

geht so weit, Therese für dieses Mal weder liebenswürdig noch weiblich zu finden und ihr somit ihre Hauptepitheta abzusprechen; er kritisiert ihre verschwommene Darstellung und ihren Mangel an Komposition. Wesentlich schärfer noch ist die lange Besprechung in den Hamburger *Literarischen und Kritischen Blättern* (»R.«- möglicherweise Ruge). Gutzkow, der offenbar Therese der Kritik freigegeben hatte, gerät nun selbst in deren Strudel hinein. Diese Besprechung liest sich wie eine verspätete Antwort auf die ominöse Rezension der *Briefe aus dem Süden* im *Telegraphen*. Nachdem erst der aufgeputzte Stil, der Mangel an Sachinformation und die selbstgefällige Sentimentalität von *Paris und die Alpenwelt* gerügt und das Buch als ganzes als »langweilig und ziemlich nichtig« ad acta gelegt worden waren, wendet sich der Rezensent – um den Schein der Höflichkeit zu waren – ins Allgemeine. Er geißelt eine Literaturkritik, die schont, wo nichts zu schonen wäre, »die Mittelmäßiges und Nichtiges vergöttert« und so zu »Selbstüberschätzung« Anlaß gibt. »Eine Frau, die das Unglück hat, zu Anfang ihrer Schriftstellerei einer Clique in die Hände zu fallen, wird bald in die unseligste Verschrobenheit hineingerathen.«[580] Damit war ein schriller Ton gegen Therese von Bacheracht und Gutzkow angeschlagen, der in seinem Grundtenor, Therese als von Gutzkow fehlgeleitet hinzustellen, ganz dem genannten Brief Fanny Lewalds an den Geliebten ihrer Freundin entsprach.

Mit solch einem Mißklang freilich wollte man die Schriftstellerin nicht ziehen lassen, als sie 1849 ihrem zweiten Gatten nach Java folgte. Und so klingen in der Besprechung ihres Abschiedsbandes *Novellen* in den *Blättern für literarische Unterhaltung* noch einmal alle jene Lobsprüche an, mit denen die Kritik die Autorin so lange begleitet hatte: Prägende Kräfte ihres Wesens und Schreibens seien Natürlichkeit, »Hingebung und Selbstverleugnung, welche die ureigenste Frauennatur ist«, »echt-weibliche Zurückhaltung.« Die »Anfechtungen«, welche die Verfasserin zu erdulden gehabt hatte, werden erklärt als die kalte Luft, die in jenen geistigen Sphären herrsche, zu denen eine Frau nicht emporsteigen könne, ohne vom Unglück dorthin getrieben worden zu sein. Die Charakteristik gipfelte in dem Satz, der alle Urteile über Therese zusammenfassen will: »Eine weiblichere Weiblichkeit, möchten wir sagen, kann man sich nicht vorstellen.«[581]

Der Ruhm der 1852 auf Java verstorbenen Therese von Bacheracht war von kurzen Dauer gewesen. Wohl durch Gutzkows Zutun war ihr Stern gleich nach der Veröffentlichung ihrer *Briefe aus dem Süden* (1841) kometenhaft aufgestiegen, aber schon nach wenigen Jahren verblaßt. Thereses Freundin Fanny Lewald hatte im Unterschied dazu einen eher schweren Start, danach aber einen lang anhaltenden schriftstellerischen Erfolg. Da sie sich vorgenommen hatte, mit der Schriftstellerei ihren Lebensunterhalt zu verdienen, war sie auf Resonanz besonders angewiesen.

---

[580] (1846) S. 1139.
[581] (1850) S. 41. – Ein spätes Lob wird Therese von Bacheracht in Rudolph Gottschalls *Die deutsche Nationalliteratur in der ersten Hälfte des 19. Jahrhunderts* zuteil. Dort wird im Romankapitel auch ihrer Reiseskizzen gedacht, »welche durch manche glückliche Beobachtung, durch frische Auffassung und Hingabe an den Reiz der Natur und die Erscheinungen des Volkslebens erfreuen.« Bd. II, Breslau 1855, S. 604.

Vor ihrer Italienreise hatte sie bereits zwei Romane veröffentlicht, ferner einige Novellen in der *Europa* ihres Onkels August Lewald.[582] Ihr Incognito hatte sie allerdings bis kurz vor ihrer Abreise nach Italien streng gewahrt. Vielleicht erklärt sich daraus, daß die Literaturkritik von ihrem 1847 erschienen *Italienischen Bilderbuch* nicht allzuviel Notiz nahm.[583] Die Italienbände ihres Freundes Adolf Stahr, die auf der gleichen Reise basierten, sich freilich eher gelehrt gaben, wurden ungleich öfter besprochen. Aus den erhaltenen Korrespondenzen zwischen Adolf Stahr und Fanny Lewald einerseits und Hermann Hettner andererseits ist deutlich ersichtlich, wie sehr das Rezensionswesen der Zeit von Freundschaftsdiensten, persönlichen Rücksichtnahmen und der Kalkulation von Tendenz und Wirkung bestimmter Journale bestimmt war.[584] Absprachen, welcher der drei Freunde welchen anderen in welchem Organ zu rezensieren habe, bilden einen substantiellen Teil der Briefe. Trotz des Bemühens der Freunde erschien eine Besprechung des *Italienischen Bilderbuchs* in den *Blättern für literarische Unterhaltung* erst am 22. Dezember 1849 im Zusammenhang mit einer Gesamtcharakteristik der Autorin. Hervorgehoben wird die »weibliche Anschauung« der Autorin.[585] 1850 veröffentlichte das gleiche Journal eine zweite Besprechung des Buches im Rahmen einer Serie über italienische Reisebeschreibungen. Diese stammt wohl aus der Feder Hermann Hettners.[586] Hettner war mehrmals von der Autorin um eine Rezension gebeten worden.[587]

Mit ihrem zweiten Reisewerk, *Erinnerungen aus dem Jahr 1848*, fand Fanny Lewald hingegen schon ziemlich große Resonanz. Hettner war es gelungen, seine Rezension des Buches im April 1850 in der Beilage zur einflußreichen *Allgemeinen*

---

[582] Eine launige Personalbiographie der deutschen Autorinnen unter dem Titel »Walhalla-Genossinen« in der Zeitschrift *Grenzboten* (1846) S. 409ff. nennt Fanny Lewald mit ihrem Roman *Jenny* an erster Stelle. Die *Grenzboten* waren an Fanny Lewald früh interessiert; dort erschien die erste Rezension des *Italienischen Bilderbuchs*. Der Artikel ist unterschrieben »H-n« und stammt möglicherweise von Moritz Hartmann, der viele Literatinnen kannte und später in Großbritannien mit Fanny Lewald zusammen war.

[583] 1847 wurde es von August Lewalds *Europa* und von den *Grenzboten* eingehend besprochen. Im *Telegraphen* steht nur eine kurze Notiz und im *Phönix* statt einer Rezension nur eine kleine briefliche Feuilleton-Nachricht darüber. Die anderen bedeutenderen Blätter übergehen das Buch ganz. Es taucht erst in den Gesamtdarstellungen wieder auf.

[584] Vgl. *Aus dem Nachlaß von Fanny Lewald und Adolf Stahr* (1930) und *Aus Hermann Hettners Nachlaß* (1828).

[585] S. 1225. Neben Lewalds Italienbuch wird auch das von Adolf Stahr besonders gelobt. B. v. Rheinberg (1990) führt diese Besprechung unter dem Autornamen Hermann Hettner auf. Dagegen spricht, daß Hettner noch in seinem Brief an Fanny Lewald vom 6. April 1850 nach einem Veröffentlichungsort für sein »Literaturbild« sucht (*Aus Hermann Hettners Nachlaß* S. 444), das dann am 25. Dez. 1850 in den *Blättern für literarische Unterhaltung* erschien. Fanny Lewald hatte ihn expressis verbis um einen Nachweis der Kontinuität in ihren Schriften gebeten: Brief an Hettner vom 3. Dez. 1849, cit. *Aus dem Nachlaß von Fanny Lewald und Adolf Stahr* (1930) S. 223. Dieser Bitte entsprach Hettner in seiner Rezension vom Dez. 1850.

[586] Vgl. *Aus Hermann Hettners Nachlaß* S. 427, Anm. 48.

[587] Briefe F. Lewalds an Hettner von 27. Aug. 1847 und vom 8. Sept. 1847, cit. *Aus dem Nachlaß von Fanny Lewald und Adolf Stahr* (1930) S. 216.

Zeitung zu plazieren.[588] Damit war ein Durchbruch geschafft.[589] Wieder sind es die *Blätter für literarische Unterhaltung*, die Fanny Lewalds Darstellungen 1850 im Rahmen einer Sammelbesprechung *Zur Literatur des frankfurter Parlaments* anerkennende Worte zollen. Wenn dabei die Rede ist von der »frischesten Freiheitsliebe« der Autorin, so ist ein Stichwort geprägt worden, das die republikanisch gesinnten Journale der Nachmärz-Zeit für Fanny Lewald als Auszeichnung immer wieder verwenden. Sie ist damit die erste Schriftstellerin, die nach ihrer Tendenz beurteilt wird.[590] In seiner Abhandlung über *Fanny Lewald's neueste Dichtungen* in der sehr links gerichteten Kolatschekschen *Monatsschrift* versteigt sich Hettner sogar zu der Behauptung: »*Fanny Lewald* ist die einzige deutsche Dichterin, welche vollständig der geistigen Freiheitsbewegung unserer Zeit angehört.«[591] Johannes Scherr nennt sie in seiner Literaturgeschichte »eine liebenswürdige Parteigängerin der Demokratie«.[592] Freilich konnte es nicht ausbleiben, daß Fanny Lewalds politische Interessen ihr den Vorwurf eintrugen, sie habe »die Sphäre der Weiblichkeit« überschritten, habe »männliches Wissen und männliche Ausdrucksformen« usurpiert.[593] Dessen ungeachtet hielten die politischen Freunde sie für »die größte dichterische Kraft Deutschlands«,[594] ja neben George Sand und George Eliot für eine der drei großen Schriftstellerinnen des Jahrhunderts.[595] Robert Prutz urteilt in seiner Litera-

---

[588] Vgl. *Aus dem Nachlaß von Fanny Lewald und Adolf Stahr* (1930) S. 228, Anm. 102.

[589] Vgl. E. Heyck (1898) S. 121: »daß, wer mit seinen Beiträgen vor der A. Z. Gnade fand, wessen Name in der Beilage erschien [...] sozusagen die wissenschaftliche und litterarische Feuertaufe als überstanden betrachten konnte, eingeführt galt in den anerkannten und exklusiven Kreis der deutschen Geisteswelt.«

[590] Hettners Kritik des gleichen Buches in der *Beilage* zur *Allgemeinen Zeitung* (1850) rühmt – dem Veröffentlichungsort gemäß etwas zurückhaltender – ihren »unverwüstliche[n] Glaube[n] an die Zukunft.« In »Fanny Lewald. Ein Literaturbild« prägt er für die Schriften der Autorin den Terminus »sociale Poesie«. *Blätter für literarische Unterhaltung* (1850) S. 1229. – Gersdorfs Leipziger *Repertorium*, sonst ganz der Wissenschaft und den männlichen Autoren vorbehalten, widmete den *Erinnerungen* in seiner Abteilung »Geschichte« eine vierseitige Besprechung. Freilich mußte diese negativ ausfallen. Sie nimmt direkt Bezug auf Hettners Kritik in der *Allgemeinen Zeitung*, z. B. greift sie den Terminus »Guckkasten« für die Kompositionsweise auf, wendet diese Beurteilung freilich ins Abträgliche und verurteilt »social-communistische Träumereien« (S. 163), umso mehr, als sie »aus weiblicher Feder« (S. 162) kommen.

[591] *Deutsche Monatsschrift* (1851) S. 140.

[592] *Geschichte der deutschen Literatur.* 2. Aufl. Leipzig 1854, S. 188.

[593] Carl Barthel: *Die deutsche Nationalliteratur der Neuzeit in einer Reihe von Vorlesungen.* 2., stark verm. Aufl. Braunschweig 1851, S. 523: Die Autorin habe »die Sphäre der Weiblichkeit« überschritten, indem sie »sich ganz in die Sozialistik versenkte«. Ein mit »v. L.« unterzeichneter Artikel »Alexander von Sternberg und Fanny Lewald« in: *Die Deutsche Reform* (1850) Mai S. 889 vertritt die Auffassung: »Fanny Lewald [...] erscheint in ihrer Kälte, Negation und Starrheit – *männlich*. Sie sucht sogar etwas darin, männliches Wissen und männliche Ausdrucksformen zu zeigen, die mitunter wirklich an einen rationalistischen Doktor der Philosophie erinnern.«

[594] Hermann Hettner in einem Brief an die Autorin vom 6. April 1850. »Aus Hermann Hettners Nachlaß« (1928) S. 444.

[595] K. Frenzel (1890) S. 148.

turgeschichte: »Fanny Lewald ist [...] eine vortreffliche Reisebeschreiberin; ihre vorhin genannten Skizzen aus England, Italien etc. gehören zu dem Besten, was unsere neueste Literatur in dieser Gattung hervorgebracht und übertreffen Vieles, was unsere männlichen Federn darin geleistet haben.«[596]

Erstaunlich regen Anteil nahm das englische Publikum an der literarischen Produktion Fanny Lewalds. Hier hatte die Schriftstellerin an ihrer alten Freundin Amely Bölte eine engagierte Propagandistin. Monckton Milnes, Varnhagens Freund und Korrespondent, rezensierte Lewalds Bücher im hoch angesehenen Athenaeum – wenn auch nicht immer sehr günstig.[597] Erstaunlich ist vor allem, daß das *Italienische Bilderbuch* sogar ins Englische übersetzt wurde.[598]

Angesichts der Fülle von Reisebeschreibungen aus der Feder englischer Frauen sowie deren inhaltlicher und meist auch stilistischer Überlegenheit muß verwundern, daß man jenseits des Kanals überhaupt noch ein Bedürfnis nach deutscher Literatur hatte. Tatsächlich war dieses auch sehr gering angesichts der Überzeugung von »the Englishwoman's superiority over all her foreign sisters«.[599] Man stellte lapidar fest, daß Ausländerinnen als Reiseschriftstellerinnen den englischen Frauen nicht das Wasser reichen können, schon allein deswegen, weil sie so gut wie gar nicht unterwegs sind, und schätzte – wo denn deutsche Reisen überhaupt beachtet wurden – die Gefühlsbetontheit deutscher Frauenschriften nicht.[600] Zwar wurden Ida Hahn-Hahns *Orientalische Briefe*[601] sowie die sämtlichen Schriften Ida Pfeiffers ins Englische übersetzt; die Zahl der Übersetzungen von Reiseschriften englischsprachiger Autorinnen ins Deutsche ist demgegenüber aber kaum mehr zu überschauen. Ungeachtet dieser regen Rezeption englischer Reisewerke durch das deutsche Publikum blieb für die deutsche Kritik aber doch die französische, nicht die zu freizügige englische Produktion vorbildlich.

Hatte in den ersten Jahrzehnten der Vergleich mit Mme de Staël als herausragende Auszeichnung für eine deutsche Schriftstellerin gedient, so wählte die Kritik

---

[596] *Die deutsche Literatur der Gegenwart. 1848–1858.* Bd. II, Leipzig 1859, S. 259. Dieser Satz kehrt wörtlich wieder in dem Artikel über Fanny Lewald in *Frauen der Zeit*, Suppl. zu *Männer der Zeit* (1862) S. 64.

[597] Vgl. *Die Briefe Richard Monckton Milnes'* (1922) S. 72–81. Monckton Milnes' wichtige Rezension des *Prinzen Louis Ferdinand*, die eine Ehrenrettung Varnhagens darstellte, wurde in deutscher Übersetzung sogar in den *Blättern für literarische Unterhaltung* abgedruckt (1850, Nr. 17, S. 67 f.), obgleich ihre Lewald-feindliche Tendenz dem damaligen Grundzug der Zeitschrift widersprach. – Zum Verhältnis Fanny Lewald/ Amely Bölte vgl. R. Ashton (1986) S. 52, 213 sowie Amely Böltes *Briefe* (1955) S. 81–83.

[598] *The Italians at Home* (Transl. Countess d'Avigdor). 2 vol. London 1848.

[599] E. Rigby: »Lady Travellers«. In: *The Quarterly Review* 76 (1845) S. 137.

[600] Ebd. S. 102: »Whether as traveller, or writer of travels, the foreign lady can in no way be measured against her. The only just point of comparison is why the one does travel, and the other does not.« – Anläßlich der Besprechung von Ida Hahn-Hahns *Orientalischen Briefen* wird die typisch deutsche Prävalenz von »internal experiences« bei Frauenreisen gerügt. Ebd. S. 131. Desgleichen das generelle Urteil über deutsche Reiseschriftstellerinnen S. 103: »Inward experiences and not outward impressions are their forte«.

[601] *Letters of a German Countess.* London 1845.

nun das Wort von der »deutschen George Sand«. Es wurde auf Fanny Lewald angewendet,[602] wesentlich öfter aber auf Ida Hahn-Hahn.[603] Die Gräfin muß eindeutig als die erfolgreichste und am meisten beachtete Reiseschriftstellerin der vierziger Jahre eingestuft werden. Zwischen 1835 und 1850 erhielt sie über hundert Rezensionen, fast so viele wie Heinrich Heine.[604] Diese Tatsache ist umso erstaunlicher, als Ida Hahn-Hahn so gut wie nie für Journale schrieb[605] und sich persönlich also keine Lobby in den Redaktionen schaffen konnte. Jedoch nicht nur in diesem Sinne trifft es zu, wenn die Schriftstellerin später sagte, sie habe »nicht *durch* die Journalistik, sondern *trotz* derselben« erreicht, daß ihre Bücher gelesen wurden.[606] Das Erstaunliche an Ida Hahn-Hahns Erfolgen war, daß sie schlechten Rezensionen trotzten. Das hohe Maß an Beachtung, das ihr zuteil wurde, war nämlich nicht mit einem positiven Qualitätsurteil gleichbedeutend. Allerdings streute die Gräfin das Gerücht aus, sie nehme von Kritikern keine Notiz – sehr zum Ärger der Journalistik.[607]

Von Anfang an nahm die literarische Kritik Anstoß an der Ungeformtheit von Ida Hahn-Hahns Schriften, an der impromptuhaften Schreibweise und dem Mangel an redaktioneller Überarbeitung, an ihrem demonstrativen Adelsstolz (»die Gräfin«[608]) und an ihrer Sprachmengerei – Kritikpunkte, die wie ein Bordunbaß durch alle ihre Rezensionen klingen.

In der *Literarischen Zeitung* beginnt schon die Anzeige ihrer ersten Reiseschrift, *Jenseits der Berge*, mit dem Satz: »Ist sie nun ein Buch, d. h. ein Werk, in welchem ein

---

[602] Näheres dazu bei Marieluise Steinhauer: *Fanny Lewald, die deutsche George Sand. Ein Kapitel aus der Geschichte des Frauenromans im 19. Jahrhundert.* Diss. Berlin 1937. Regula Venske: »Fanny Lewald – jüdische Preußin, preußische Jüdin, die deutsche George Sand«. In: Fanny Lewald: *Meine Lebensgeschichte.* (1989) Bd. III, S. 300–314. Einen Vergleich mit George Sand, der sogar zu Fanny Lewalds Gunsten ausfällt, zieht Adolf Stahr in seiner »Literarischen Charakteristik« in Kolatscheks *Monatsschrift* (1850) S. 314. Hettner brachte ebenfalls den Namen George Sand ins Spiel in »Fanny Lewald. Ein Literaturbild« in: *Blätter für literarische Unterhaltung* (1850) S. 1229.

[603] *Deutsche VierteljahrsSchrift* (1843) 4. Quartal, S. 343. *Zeitung für die elegante Welt* (1843) S. 70 (mit negativer Konnotation). Kuno Fischer (1846). Monckton Milnes in: *Athenaeum* (1847) Nr. 1029, Besprechung von *Diogena*. Julian Schmidt: *Geschichte der deutschen Nationalliteratur im 19. Jahrhundert.* Bd. II, Leipzig 1853, S. 355, Anm.

[604] Vgl. die Liste bei K. van Munster (1929) S. 208–210. Van Munsters Liste, obgleich unvollständig und leider fehlerhaft, ist bei der für Rezensionen desolaten Forschungslage eine große Hilfe. Sie wurde von G. Oberembt (1980) S. 484–490 für die Romane ergänzt – leider auch nicht vollständig fehlerfrei. Neben der wesentlich schmaleren Zusammenstellung M. Steinhauers (1937) S. 146–148 für Fanny Lewalds Romane stellen diese Listen die einzigen Sammlungen von Rezensionen für die hier behandelten Reiseschriftstellerinnen dar.

[605] Vgl. *Von Babylon nach Jerusalem* (1851) S. 64: »Es machte mir oft Spaß, eine grimmige Rezension eines meiner Bücher in demselben Journal zu finden, das mich kurz vorher als Mitarbeiterin gewünscht hatte.«

[606] Ebd. S. 65.

[607] Vgl. Alexander von Sternberg: *Erinnerungsblätter* (1919) S. 153. Wie ein Brief an die Redaktion der *Europa* (1840) S. 285f. zeigt, in dem die Autorin auf eine Rezension antwortet, hat sie diese Abstinenz nicht so streng gehalten.

[608] »Der Titel ›Gräfin‹ ist für unsre durchweg leidenschaftliche Kritik schon eine Handhabe üblen Empfangs.« *Zeitung für die elegante Welt* (1843) S. 69.

Hauptgesetz aller Kunst sich zu Tage legt, die Einheit?« Irritation über die ungehinderte Subjektivität der Autorin (»Es sind eben nur das Ennui und Amüsement, die Fatigue und die Emotion, welche dieses Buch geschrieben haben«), die ihre Capricen dem Leser als Kunstprodukt vorlegt, mischt sich mit dem Bedauern, daß es eine »nicht gemeine Kraft« ist, die sich hier so gehen läßt, »statt sich ernst zusammenzufassen.«[609]

Hätte ein männlicher Autor eine solch vernichtende Kritik ziemlich am Anfang seiner Karriere überlebt? Ida Hahn-Hahn überlebte es – als Frau.

Nun befand sich die Kritik im Falle Ida Hahn-Hahns in einer besonderen Situation. Die Gräfin nämlich liebte nicht nur mit beachtenswerter Hartnäckigkeit ihre Fehler, wie die *Literarische Zeitung* es formulierte, sie stellte sie selber bloß, bekannte sich zu ihnen mit provozierender Freimütigkeit. Damit gelang es ihr wenigstens anfangs, die Kritiker zu erstaunen und für sich einzunehmen. Ihr eigensinniger Subjektivismus wurde als »capriziös«, ihre Verweigerung literarischer Formung als »ungekünstelt«, ihr bewußtes Gegen-den-Strom-Schwimmen als »keck«, kurz ihre Eigenheiten als typisch »weiblich« erklärt. Merkwürdigerweise waren es gerade die konservativen Kritiker, die solche Lizenzen freigebig verteilten, während sie sonst gegen einen Mangel an künstlerischer Vollendung unduldsam zu Feld zogen. Das Leipziger *Repertorium*, sonst ein gestrenges Blatt, fühlte sich von *Jenseits der Berge* angezogen, weil es »mit vollstem Bewußtsein die Weiblichkeit an sich vertritt und ihre Rechte auf liebenswürdig-pikante Weise geltend macht.« Zwar werden die Kunsturteile mißbilligt, im Zusammenhang mit Michelangelo auch zurückgewiesen, denn »die weibliche Natur ist nicht vermögend, gewisse Phasen der männlichen Geistesentwicklung gehörig zu würdigen,« gleichwohl aber wird die »kecke Offenheit« gelobt. Das außerordentlich positive Gesamturteil gründet sich auf die Überzeugung: »Das Weib zeigt sich am bedeutendsten und liebenswürdigsten, wenn es den Eingebungen des Augenblickes folgt und allen Launen und Grillen seiner zauberhaften Natur sich ungenirt hingibt.«[610]

Der gleiche Rezensent zeigt sich auch noch von *Faustine* begeistert (hier fällt wohl zum erstenmal das Wort von der »deutschen George Sand«);[611] doch dann scheint er von Ida Hahn-Hahns Stil genuggekommen zu haben. Seine nächste Rezension beginnt – in boshafter Nachahmung des Hahn-Hahnschen Makkaronismus – mit dem Satz: »Die reich begabte Gräfin H. hat das Unglück gehabt, fashionable zu werden bei dem Lesepublicum; damit glaubt sie das Recht erworben zu haben, dieses nach Bequemlichkeit zu touchiren, zu ennuyiren und stellenweise zu amusiren«.[612] Die Besprechungen der *Erinnerungen aus und an Frankreich* und der *Orientalischen Briefe* – nun möglicherweise aus der Feder eines anderen Rezensen-

---

[609] (1841) Sp.167f. – Es verwundert nicht, daß Ida Hahn-Hahn später als Autorin des Hauses Duncker in der vom gleichen Verlag herausgegebenen *Literarischen Zeitung* besser kritisiert wurde.
[610] *Repertorium der gesammten deutschen Literatur* (1840) S.460f.
[611] Ebd. (1841) S.96.
[612] Ebd. (1841) S.567. Rezension des *Ulrich*.

ten – sind gewaltige Verrisse, die all jene Kritikpunkte anführen, die überall sonst auch wiederkehren. Was früher »ungekünstelt« genannt wurde, heißt jetzt »nonchalant« mit deutlich rügender Konnotation; aus dem liebenswürdig weiblichen »Capriccio« ist »pretentiöses Wesen« geworden.[613]

Ein auffallend treuer Anhänger Ida Hahn-Hahns war Wolfgang Menzel. Obgleich sonst ein strenger Richter über formale Mängel, zeigt er sich, wie anfangs das *Repertorium,* vom »weiblichem« Stil der Autorin begeistert und findet ebenfalls das »Kecke« in ihren Urteilen anziehend.[614] Menzel geht so weit, eine Lanze für seine Heldin gegen alle Ausländerinnen zu brechen: An »Liebenswürdigkeit«, an »weibliche[r] Grazie des Styles« übertreffe Ida Hahn-Hahn Lady Morgan und Frau von Staël bei weitem, an »Gemüthstiefe« sogar Frau von Sévigné und die Gräfin d'Aulnoy.[615] Damit waren die anerkannten Königinnen weiblicher Schriftstellerei in Europa auf den zweiten Platz hinter Ida Hahn-Hahn verwiesen. Worin freilich genau diese Vorzüge der Weiblichkeit im Schreiben bestehen, bleibt hier wie stets der Intuition des Rezipienten überlassen.

Während das *Literaturblatt* für Ida Hahn-Hahns Weiblichkeit schwärmte, saßen ihre Hauptgegner im Lager des Jungen Deutschland[616] und der Junghegelianer.[617] Gutzkow war mit seinem *Telegraphen* ein geschworener Feind der »naseweisen, aristokratischen, überspannten Schriftstellerin« und ihrer »aristokratischen Blaustrumpfliteratur«.[618] Aber auch die *Blätter für literarische Unterhaltung,* in denen nahezu alle Bücher der so rasch zu Berühmtheit gelangten Gräfin besprochen wurden, waren ihr nicht wohlgesonnen. In ihnen bestimmten seit den vierziger Jahren

---

[613] Ebd. (1842) S. 273f. (1845) S. 148–154. Die Anzeige der Skandinavienreise ebd. (1843) S. 66f. stellt wenig mehr dar als eine Inhaltsangabe, ist aber wohlwollend.

[614] Rezension von *Jenseits der Berge* (1840) S. 229. Der Artikel »Die deutschen Reisebescheiber über Italien« in der konservativen Cottaschen *Deutschen VierteljahrsSchrift* 1840 (gezeichnet P.S.M.), der Ida Hahn-Hahn als einzige Frau erwähnt (S. 90f.), lobt an *Jenseits der Berge* die »Unmittelbarkeit der Auffassung« und empfiehlt, Ida Hahn-Hahns Stil als »Muster natürlicher Auffassung und liebenswürdiger Wahrhaftigkeit nachzuahmen«.

[615] Rezension von *Reisebriefe* (1842) S. 37. In der Besprechung der *Reisebriefe* bezog das *Literaturblatt* zum *Morgenblatt* auch Position in der öffentlichen Auseinandersetzung um Ida Hahn-Hahns mißglückte Augenopereration, was ihm den Vorwurf der Parteilichkeit eintrug. Vgl. zu diesen Vorgängen I. Scheitler (1992).

[616] Aufschlußreich ist in diesem Zusammenhang, wer nach dem Erscheinen der *Diogena,* jener Persiflage auf Ida Hahn-Hahn aus der Feder von Fanny Lewald, als Verfasser vermutet wurde. Das Feuilleton des *Telegraphen* (1847) Nr. 139, S. 556 nennt folgende Namen: »A. v. Sternberg, Gutzkow, Mundt, Detmold.« Adolf Stahr berichtet in seiner »Literarischen Charakteristik« Fanny Lewalds in der Kolatschekschen *Monatsschrift* (1850) S. 311, Gutzkow, Laube, Mundt seien im Gespräch gewesen und »kein Einziger der als Verfasser Genannten protestirte dagegen.«

[617] Eine der boshaftesten Kritiken stammt von Carl Stahr, dem späteren Schwager Fanny Lewalds. In: *Allgemeine Literatur-Zeitung.* Halle (1844) Sp. 1257–1260, 1269–1272 (über *Sigismund Forster*).

[618] *Telegraph für Deutschland* 9 (1847) Nr. 74, S. 294 (Anzeige der *Diogena*). Vgl. auch das wenig schmeichelhafte Charakterbild, das Gutzkow in *Öffentliche Charaktere* von der Gräfin zeichnet. *Werke* Tl. XI (= Bd. IV) (1912 = 1974) S. 127–131.

Männer wie Laube, Mundt und Kühne die Tendenz.[619] Zwar enthielt sich die Zeitschrift, dem ursprünglichen Wunsch des Verlegers gemäß, weitgehend einer destruktiven Kritik. Auch druckte sie die wohlwollende Gesamtdarstellung Therese von Bacherachts über ihre Schriftstellerkollegin sowie eine intendierte Ehrenrettung für die *Orientalischen Briefe*. Die Mehrzahl der Rezensionen aber tadelt mit zunehmender Irritation das Beharren der Schriftstellerin auf einem Schreibstil der Formlosigkeit und bewußten Unbekümmertheit, obwohl sich dieser, nachdem er anfangs gefallen oder mehr frappiert haben mag, schon längst selbst überlebt hatte.[620] Laube und seine Freunde fühlten sich kompromittiert durch eine Frau, die ganz offensichtlich den Stil des Jungen Deutschland nachahmte, ohne dessen Ethos zu übernehmen.[621] Sie fühlten sich zugleich bedroht von dem schier unaufhaltsamen Erfolg der Gräfin, der sich gegen die Angriffe der Literaturkritik resistent erwies.[622]

In seinem eigenen Journal, der *Zeitung für die Elegante Welt*, schlug Laube einen härteren Ton an als in den *Blättern für literarische Unterhaltung*. Während die *Zeitung für die elegante Welt* dem Publikumsinteresse für die spektakulären Unternehmungen der Reisenden mit (etwas süffisant gehaltenen) Meldungen in der Rubrik »Nachrichten« entgegenkam, zog sie gleichzeitig gegen deren Bücher scharf zu Feld. Neben den schon bekannten und überall gerügten Mängeln wurde nun Ida Hahn-Hahns »Unkenntniß« angeprangert.[623] Damit war ein neues, schärferes Argument gefunden, das gleichzeitig die immer wieder zitierte »Weiblichkeit« der Autorin als positives Kriterium ausschaltete: Gerade als Frau sei Ida Hahn-Hahn unbedarft, ohne Wissen, ohne Urteilsfähigkeit.

Kein Wunder, daß sich dieser Ansatz besonders auf einem so schwierigen Terrain wie dem Orient bewährte. Für ihre *Orientalischen Briefe* erhielt Ida Hahn-Hahn ihre berühmteste, vernichtendste Kritik, die in der weit verbreiteten und überaus einflußreichen *Allgemeinen Zeitung* stand. Sie stammte aus der Feder des Orientalisten Jakob Philipp Fallmerayer. Es ist aber bezeichnend für die Tendenz, der diese

---

[619] Brockhaus hatte für sein Journal Unparteilichkeit gefordert. Weder die Gesinnung, noch die politische Haltung des Autors sollten ausschlaggebend sein. Allerdings war die Zeitschrift mehr und mehr in den Einflußbereich des Jungen Deutschland geraten. Vgl. P.-S. Hauke (1972) S. 30ff.

[620] »Das gefiel ein-, zwei-, dreimal, eine so liebenswürdig trotzige und dabei geistreiche Dame ihre Urtheile über Gott, Welt und Menschen und deren Machwerk sans façon aussprechen zu hören.« Rezension von *Erinnerungen aus und an Frankreich* in: *Blätter für literarische Unterhaltung* (1842) S. 1321.

[621] Ebd. S. 1321.

[622] Rezension von *Ulrich* in: *Blätter für literarische Unterhaltung* (1842) Nr. 43, S. 169. V. a. die Rezension von *Orientalische Briefe* in: *Zeitung für die elegante Welt* (1843) S. 71: »Das große Publikum entging uns. Der Gräfin Hahn-Hahn neigt es sich zu«. Vgl. auch den bissigen Kommentar der *Blätter für literarische Unterhaltung* zum finanziellen Erfolg der Gräfin: »Es gab einmal eine Zeit, wo der unsaubere Clauren stärker honoriert wurde als Schiller es jemals ward«. (1843) S. 903.

[623] *Zeitung für die elegante Welt* (1843) S. 69. 70. Ebd. (1844) S. 619. Ebd. in der Rezension von Pücklers *Aus Mehemet Ali's Reich* (1844) Nr. 43, S. 679. Es spricht alles dafür, daß alle drei Rezensionen von Laube selbst stammen.

Besprechung folgte, daß lange Zeit falsche Mutmaßungen über den Verfasser angestellt wurden. Man glaubte, ihn im Jungdeutschen Lager suchen zu müssen. Luise Mühlbach gibt in ihren *Jugenderinnerungen* ihren Gatten Theodor Mundt als Verfasser an.[624] Dieser war aber wohl eher für die gleichfalls absprechende Anzeige von *Erinnerungen aus und an Frankreich* in der gleichen Zeitung verantwortlich.[625] »Frauen-Ignoranz« ist das Stichwort hier wie auch bei Fallmerayer. Dessen fulminante Besprechung der *Orientalische Briefe* zeichnet sich freilich durch die Gelehrsamkeit aus, mit der der Nachweis geführt wird. Zusätzlich zu den inhaltlichen Mängeln kritisiert der streitbare Rezensent den Stil als platt, die Kommentare als dumm und die Grundhaltung als snobistisch und egozentrisch – dies alles aber in der beißenden Ironie des scheinbaren Lobes und der chevalresken Galantheit. Angesichts der Schärfe dieses Artikels fühlten sich sogar die *Blätter für literarische Unterhaltung* herausgefordert, nicht zwar zu einer »Antikritik«, aber doch zu einer Zurechtsetzung. Diese glaubt die Autorin verteidigen zu können, indem sie deren eigene minimalistische Absichtserklärungen wiederholt: sie wolle gar nicht politisieren, nicht urteilen, nicht beschreiben. Freilich verfängt sich der Rezensent bei diesem Versuch der Rettung: Wieviel Gutes läßt sich von einem Werk sagen, wenn man dessen Behauptung der absoluten Anspruchslosigkeit wörtlich nimmt? Die Verfasserin hatte sich endlich in ihrem Spiel mit der schriftstellerischen »Frische« abgemattet. Drei Bände über den Orient ließen sich nicht aus dem Stegreif schreiben, ohne den Tadel der Kritik herauszufordern. E. Rigby in *Quarterly Review* nennt diesen Stil unumwunden »vein«, »egotistical«, »insufferable«, obgleich sie die Gräfin für die begabteste Reiseschriftstellerin Deutschlands hält.[626]

Durch die Kritiken an Ida Hahn-Hahn, mögen sie auch noch so negativ und bisweilen beißend scharf gewesen sein, zieht sich gleichwohl wie ein roter Faden die Anerkennung eines außerordentlichen Talents. Auch ihre Gegner gestanden ihr zu, bedeutend zu sein, und wenn sie ihr diese Anerkennung auch nur indirekt zollten, indem sie sie – oft als einzige Frau – in ihren literaturhistorischen Darstellungen berücksichtigten. Für Julian Schmidt gehörte sie zwar zu den »sprechendsten Bildern von den Verirrungen unserer Zeit«, immerhin widmet er ihr aber in seiner Literaturgeschichte nicht weniger als 14 Seiten.[627] Ähnlich verhält es sich mit der Literaturgeschichte des misogynen Carl Barthel.[628] Und auch für Brockhaus' *Conversa-*

---

[624] S. 154. – Auch die Redaktion der *Blätter für literarische Unterhaltung* (1845) S. 609 hält einen anderen als Fallmerayer für den Verfasser (Redaktionsnotiz). Zur Verwirrung trug weiter bei, daß immer wieder fälschlich behauptet wurde, Fallmerayer habe (auch) in den *Gelehrten Anzeigen* der Bayerischen Akademie der Wissenschaften einen Verriß drucken lassen.

[625] Beilage zum 22. Sept. 1842, S. 2115f. Die Kritik ist sehr Gutzkow-freundlich. Mundt war seit den 40er Jahren Mitarbeiter bei der *Allgemeinen Zeitung*, vgl. E. Heyck (1898) S. 333.

[626] S. 131f.

[627] *Geschichte der deutschen Nationalliteratur im 19. Jahrhundert.* 2. Bd. Leipzig 1853, S. 348–362. Zitat S. 349.

[628] *Die deutsche Nationalliteratur der Neuzeit in einer Reihe von Vorlesungen.* 2., stark verm. Aufl. Braunschweig 1851, S. 518–521.

tions-Lexikon ist sie die einzige Frau, die der Artikel »Tourist« für erwähnenswert hält.[629]

Überblickt man die Aufnahme, die deutsche Reiseschriftstellerinnen in den kritischen Organen ihrer Zeit erlebten, so fällt zunächst auf, daß so gut wie jede Rezension auf die besondere Situation eingeht, eine Frau als Verfasserin vor sich zu haben. Häufig nimmt der Rezensent seine Besprechung zum Anlaß, über weibliches Schreiben ganz allgemein zu räsonieren, sich über dessen Schicklichkeit, Möglichkeit und dessen Grenzen Gedanken zu machen. Ein herablassender Ton, Bemerkungen wie »Gestatten wir nun einmal den Frauen, die Feder zu führen«[630] sind durchaus die Regel, nicht die Ausnahme. Zur communis opinio gehört, welches die gewissen »Schranken der Weiblichkeit« sind, die nicht überschritten werden dürfen. Weitestgehendes Einverständnis bestand auch über eine »weibliche« Schreibart, die in der Eigenheit des weiblichen Charakters gegründet ist und »Frauen liebenswürdig macht: Sanftmuth, Bescheidenheit, Innigkeit, Gefühl, Ergebenheit in die Schickungen, selbst den Flattersinn des Geschlechtes« nicht ausgenommen.[631] Wo diese Liebenswürdigkeit und Weiblichkeit angetroffen wird, reagieren Kritiker milde, ja, sie sind sogar bereit, durch die Finger zu sehen, der Auffassung folgend, »für die geringen Fähigkeiten, für die Unbedeutendheit einer Frau sei das Geleistete gut genug, sei das Nichtgelungene zu entschuldigen.«[632]

Obgleich Reisebeschreibungen von Frauen in der Mehrzahl von Frauen gelesen wurden, wurden sie zuallermeist von Männern rezensiert. Das kritische Fach galt nicht als eine Gattung, die von Frauen ausgefüllt werden kann. Einige wenige Frauen haben Besprechungen von Werken ihrer Kolleginnen geschrieben, z. B. Johanna Schopenhauer zu Therese Hubers *Bemerkungen über Holland* und Therese von Bacheracht über Ida Hahn-Hahn.[633] Auch Frauen übernehmen jedoch die oben (1.2.2.2) erwähnten Stereotypen, einzig mit dem Unterschied, daß bei ihnen die leidige Diskussion über die Bedingungen der Möglichkeit weiblicher Schriftstellerei unterbleibt und die Grenzen weiblicher Urteilsfähigkeit nicht ganz so eng gezogen werden. Das Gros der Besprechungen stammt aus der Feder von Männern mit ausgeprägt patriarchaler Gesinnung. Nur aus ihrem Standpunkt läßt sich das Ausweichen vieler Rezensionen auf eine gänzlich werkferne, geschlechtsspezifische Argumentationsebene erklären, die bei Rezensionen von Männern über Männer undenkbar wäre. Statt ein Literaturprodukt zu kritisieren, wird eine Grundsatzdiskussion über die Rolle der Frau in der Gesellschaft geführt. Die Härte, die hier zuweilen an den Tag gelegt wird, beweist, wie sehr sich manche Männer durch schrift-

---

[629] In die 10. Aufl. Leipzig 1851ff. neu aufgenommener Artikel. Vgl. oben S. 20.

[630] *Blätter für literarische Unterhaltung* 1830, Nr. 91, S. 362.

[631] *Blätter für literarische Unterhaltung* 1829, Nr. 270, S. 1078, hier gegen Lady Morgans Frankreichbuch gerichtet.

[632] Fanny Lewald: *Meine Lebensgeschichte* (1871) Bd. III, S. 234.

[633] *Menschen und Gegenden* S. 5–44. Ursprüngliche Veröffentlichungsorte: *Blätter für literarische Unterhaltung* (1843) Nr. 6, S. 21–23, Nr. 7, S. 25–26 (Mitte) = *Menschen und Gegenden* S. 5–21; *Blätter für literarische Unterhaltung* (1844) Nr. 56, S. S. 221–224 = *Menschen und Gegenden* S. 21–37.

stellerische Erfolge von weiblichen Konkurrentinnen in die Enge getrieben fühlten. Die Besprechungen von Sophie von La Roches *Briefen über Mannheim* in der *Allgemeinen deutschen Bibliothek* (1792), von Johanna Schopenhauers *Ausflug an den Niederrhein* in den *Blättern für literarische Unterhaltung* (1831) oder von Ida Hahn-Hahns *Reiseversuch im Norden* in der gleichen Zeitschrift (1843) diskutieren nicht nur völlig am Text vorbei, sondern legen auch einen Stil an den Tag, der in seinem verletzenden Hochmut nichts mehr mit jener Schärfe zu tun hat, die man jeder Rezension zugestehen wird. Mitunter genügt ein geringer Anlaß, der als Angriff auf männliche Privilegien empfunden wird (wie dies bei einer Bemerkung Sophie von La Roches und einer Passage Ida Hahn-Hahns der Fall war), um den Rezensenten zu reizen.

Die Position eines Rezensenten erinnert an die Erzieher- und Mentorenrolle, die Männer Frauen gegenüber generell einzunehmen pflegten. Männliche Überlegenheit und die Fähigkeit, weibliche Beobachtungen, Reflexionen und Anliegen beurteilen zu können, werden dabei als selbstverständlich vorausgesetzt. Obgleich allenthalben die geschlechtsabhängigen Schreibregulative bekräftigt werden, erhalten die Kritiker für ihre Person doch die Fiktion geschlechtsneutralen Lesens aufrecht.

Nicht beobachten läßt sich, daß etwa der geschlechtsspezifische Tenor davon abhängig wäre, welchem politischen oder literaturgeschichtlichen Lager ein Rezensent zuzurechnen ist. Unisono klingen die Stimmen des romantischen Konservativen Eichendorff,[634] des Junghegelianers Prutz[635] und des Jungdeutschen Mundt,[636] wenn es darum geht, ein Werk in Abhängigkeit vom Geschlecht des Verfassers zu beurteilen und Frauen generell auf die literarische Hinterbank zu verweisen. Auch tritt über die Jahrzehnte keine Veränderung ein, wie die oben angeführten drei Beispiele (La Roche, Schopenhauer, Hahn-Hahn) zeigen. Wohl gibt es Ausnahmen, Kritiker, die sich um Unvoreingenommenheit bemühen, wie beispielsweise Hermann Hettner. Im ganzen aber muß Fanny Lewald das letzte Wort behalten, die in ihrer Autobiographie feststellt: »Es scheint mir [...] ein Unrecht zu sein, wenn man an die Beurtheilung eines geistigen Produktes einen anderen Maaßstab anlegt, als denjenigen, der aus dem Kunstwerk selbst genommen wird [...]. Alles, was ich für den weiblichen Schriftsteller fordere, ist daß man ihn ohne Schonung, aber auch ohne Vorurtheil behandle, [...] daß man den weiblichen Schriftsteller dem männlichen gleich verantwortlich und damit gleichberechtigt an die Seite stelle, was noch lange nicht genug bei uns geschieht.«[637]

---

[634] »Die deutsche Salon-Poesie der Frauen« (1847). In: *Sämtliche Werke.* HKA, Bd. VIII,1: *Aufsätze zur Literatur.* Hg. v. W. Mauser. Regensburg 1962, bes. S. 67f.
[635] R. Prutz: »Die Literatur und die Frauen« (1859). In: *Schriften zur Literatur und Politik* (1973), bes. S. 105.
[636] Vgl. *Madonna, oder: Unterhaltungen mit einer Heiligen.* Leipzig 1835, S. 421.
[637] *Meine Lebensgeschichte* (1871) Bd. III, S. 232, 236.

5. Nachwort

Ziel der vorliegenden Untersuchung war es, ein Stück weit vorzudringen in die terra incognita der deutschen Reisebeschreibung von Frauen im späten 18. und frühen 19. Jahrhundert. Der Weg einer komplexen literarischen Form sollte sichtbar werden im Dickicht einer schwer durchschaubaren Epoche. Die Beschäftigung mit bislang wenig Bekanntem zeigt allerdings erst, was noch zu tun wäre. Wenn darum am Ende statt eines zusammenfassenden Schlußwortes einige Fragen gestellt und Forschungsanliegen benannt werden, so kann dies auch belegen, wie wenig abgeschlossen dieses Kapitel Literatur- und Kulturgeschichte immer noch ist.

Eine große Zahl der hier vorgestellten Autorinnen ist kaum bekannt. Auch wenn man nicht schon deshalb ein Œuvre für untersuchenswert halten muß, weil es von einer Frau stammt, so wäre doch bei einigen Autorinnen eine gründlichere Beschäftigung mit ihrem Leben und Werk lohnend. Der spektakuläre Lebenslauf der Geschwister Engelbronner, die, einzig auf ihre musikalische Begabung gestützt, in England und Indien ihr Glück machten, böte Stoff genug für eine kulturgeschichtlich hochinteressante Untersuchung; monographische Darstellungen über Autorinnen wie Friederike Brun, Esther Gad-Bernard, Luise Mühlbach oder Espérance von Schwartz wären dringend notwendig.

Die meisten Reiseschriftstellerinnen traten auch als Verfasserinnen von Romanen und Erzählungen hervor. Erst eine genauere Kenntnis ihres Gesamtwerkes könnte die Beantwortung von Fragen ermöglichen, die die Reiseschriften in den Kontext des Œuvres stellen: Welche Interaktion gibt es zwischen Reiseerfahrungen bzw. Erfahrungen mit Reiseschriftstellerei und dem fiktionalen Werk? Lassen sich etwa ähnliche Beobachtungsschwerpunkte feststellen, ähnliche Stilisierungen des Weiblichen, ähnliche Tendenzen bei Reflexionen und Beschreibungen? Werden Schreibstrukturen übertragen (kapitelweise Einteilung im Reisebericht – stationäre Einteilung im Roman)? Wie schlagen sich Reiseerfahrungen stofflich nieder? Erinnert sei in diesem Zusammenhang etwa an die in Rom spielenden Künstlerromane *Stella* (1883) und *Benvenuto* (1876) von Fanny Lewald, an *Cyane und Amandor. Eine Schweizer Geschichte* von Friederike Brun (1792) oder an Johanna Schopenhauers Novelle *Margaretha von Schottland* (1836). – Auch fiktionale Reisen sowie Mischformen von persönlichen Reiseerlebnissen und Fiktion böten einen philologisch interessanten Untersuchungsgegenstand, wie etwa Johanna Schopenhauers *Reise nach Italien* (1836) oder Amely Böltes *Louise, oder eine Deutsche in England* (1846). Keineswegs beziehen solche fiktionalen Verarbeitungen unbedingt eine weibliche Warte, wie Fanny Tarnows Roman *Zwei Jahre in St. Petersburg. Aus den Papieren eines alten Diplomaten* (1833) oder Amely Böltes *Visitenbuch eines deut-*

schen Arztes in London (1852) beweisen. Warum wurde hier eine männliche Maske vorgezogen?

Eines der Axiome der vorliegenden Arbeit entstand aus der Beobachtung, daß im Falle von Reisebeschreibungen aus weiblicher Hand Gattungsstrategien mit Geschlechtsstereotypen gemischt erscheinen. Die überkommen Weiblichkeitsmuster werden nicht nur von den Exponenten des Literaturbetriebs bekräftigt, sondern auch von den Autorinnen wo nicht voll übernommen, so doch keinesfalls grundsätzlich angezweifelt. Lediglich für die eigene Person wird eine gewisse Ausnahme postuliert. Es erhebt sich die Frage, ob sich solche komplex bestimmte Schreibsituationen nicht auch bei anderen literarischen Formen beobachten lassen. Die bisherige Forschung hat sich – wie das auch bei der Literatur zur Reisebeschreibung zu beobachten war – gerne auf Probleme der Mentalitäts- und Kulturgeschichte konzentriert.[1] Sicherlich ist es ein Vorzug der Reisebeschreibung, daß bei ihr vorgegebene weibliche Muster deutlicher faßbar werden, weil sie – bei aller Stilisierung – durch den Authentizitätsanspruch stärker zu Tage treten. Bei fiktionaler Prosa sind die Voraussetzungen eigenen Schreibens nicht so explizit formuliert und diskutiert, sondern müssen aus dem Erzähltext selbst dekodiert werden. Aber auch der mit der Reisebeschreibung kategorial wohl vergleichbare literarische Regelzwang, der etwa die Autobiographien von Frauen regiert, ist durch die Forschung noch keineswegs ausreichend analysiert.[2]

Noch völlig offen geblieben ist die Frage nach der Wirkung der hier besprochenen Werke auf die Zeit nach 1850, auf die Schriftstellerinnen und auf die weitere Entwicklung der Gattung. In der Tat hat es den Anschein, als sei mit der sich radikal verändernden Situation nach der Jahrhundertmitte auch die Reisebeschreibung in ihrer bisherigen Form zu einem Ende gekommen. Der aufkommende Massentourismus,[3] der Ausbau des Eisenbahnnetzes und die zunehmende Liberalisierung des Frauenbildes erleichterten das Reisen für Frauen ganz erheblich. Zugleich bedurfte es nun besonderer Anreize für das Publikum, sollte dieses noch Gefallen an der Darstellung einer Reise finden. Reiseerlebnisse in Deutschland wurden jetzt kaum mehr publiziert; es mußten schon entferntere Länder Europas sein. Die plaudernden, reflektierenden und belehrenden Reiseberichte im Stil der 1. Jahrhunderthälfte existierten noch eine Weile fort, waren aber im Grunde schon überlebt. Fanny Lewald veröffentlichte mit ziemlicher Regelmäßigkeit kleinere Reiseeindrücke in

---

[1] Helga Meise (1983). Vgl. aber Lydia Schieth (1987) sowie die geistesgeschichtlich orientierte und positivistisch vorgehende Arbeit von Christine Touaillon (1919) S. 635–649, deren Ergebnisse den hier vorgelegten vergleichbar sind.

[2] Kay Goodman: *German Women and Autobiography in the Nineteenth Century. Louise Aston, Fanny Lewald, Malwida von Meysenbug and Marie von Ebner-Eschenbach*. Diss. Univ. of Wisconsin, Madison 1977. – Marianne Vogt: *Autobiographik bürgerlicher Frauen. Zur Geschichte weiblicher Selbstbewußtwerdung*. Würzburg 1981. – *Women's Autobiography. Essays in Criticism*. Ed. by. E. C. Jelinek. Bloomington, Ind. 1980.

[3] Vgl. etwa den folgenden Titel: Mathilde Weber: *Durch Griechenland nach Konstantinopel. Eine Gesellschaftsreise in 35 Tagen*. Tübingen 1892.

verschiedenen Zeitschriften, um sie später in Buchform zusammenzufassen.[4] Auch Luise Mühlbach unternahm und beschrieb in späteren Jahren noch eine große Reise.[5] Diese beiden Autorinnen waren dem lesenden Publikum geläufig und konnten mit Resonanz rechnen. Aber auch unter den Autorinnen der jüngeren Generation fällt auf, daß viele derjenigen, die nur Reisen in Europa beschrieben, der Öffentlichkeit schon anderweitig bekannt waren: Die Malerin Klara Biller,[6] die Frauenrechtlerin Mathilde Weber[7] oder die Schauspielerin Maria Anna Löhn.[8] Spätestens seit der Jahrhundertwende bedurfte es spektakulärer Unternehmungen in sehr fernen Teilen der Welt, um Interesse zu erregen.[9] Nun ließen sich erstmals berufliche Karrieren mit Reisen verbinden, und auch Frauen konnten echte Forschungsreisen unternehmen.[10]

Um diesen Schriftstellerinnen und ihren Reisebeschreibungen auf die Spur zu kommen, bedürfte es einer eigenen Untersuchung.[11] Dabei wäre auch zu fragen, welche Rolle Geschlechtsstereotypen noch spielen. Immerhin finden sich bis in die Gegenwart in Titeln Hinweise auf das Geschlecht der Reisenden – ein sicheres Zeichen dafür, daß außergewöhnliche Touren, wenn sie von einer Frau unternommen werden, beim Lesepublikum mehr Aufsehen erregen.[12] Noch in den vierziger Jah-

---

[4] *Reisebriefe aus Deutschland, Italien und Frankreich.* Berlin 1880. – *Vom Sund zum Posilipp. Briefe aus den Jahren 1879–1881.* Berlin 1883. Der Rezensent W. Goldbaum bemerkt zu den *Reisebriefen* in der *Deutschen Rundschau* 24 (1880) S.147: »jeder Eindruck wird im didaktischen Interesse verwerthet.«

[5] *Reisebriefe aus Ägypten.* 2 Bde. Jena 1871.

[6] *Briefe aus Paris und Spanien. 1864–1870.* Dresden 1901.

[7] *Reisebriefe einer schwäbischen Kleinstädterin.* Stuttgart 1877.

[8] *Reisetagebuch einer alleinreisenden Dame in Italien* (= Bergson's Eisenbahnbücher 41). Leipzig 1861. – *Weitere Streifzüge in Italien* (= Bergson's Eisenbahnbücher 72). Leipzig 1864. – *Aus Norden und Süden. Reise-Erlebnisse* (= Bergson's Eisenbahnbücher 81). Leipzig 1865.

[9] Vgl. Sophie Döhner: *Weltreise einer Hamburgerin 1893–1894. Aus dem Reisetagebuch.* Hamburg 1895. – Cäcilie von Rodt: *Reise einer Schweizerin um die Welt.* Neuenburg 1903. – Dies.: *Aus Central- und Südamerika.* Bern 1907. – Marie von Bunsen: *Im fernen Osten.* Leipzig 1934 [z.T. Sammlung von Aufsätzen aus den Jahren 1914–1916]. – Hannah Asch: *Fräulein Weltenbummler. Reiseerlebnisse in Afrika und Asien.* Berlin 1927. – Alma Karlin: *Einsame Weltreise. Erlebnisse und Abenteuer im Reich der Inkas und im fernen Osten.* Minden/ Westf. 1932. – Dies.: *Erlebte Welt, das Schicksal einer Frau. Durch Insulinde und das Reich des weißen Elefanten, durch Indiens Wunderwelt und durch das Tor der Tränen.* Minden/ Westf. 1933.

[10] Anneliese Eilers: *Inseln um Ponape.* Hamburg 1934 [Ergebnisse einer Südsee-Expedition 1908–1910]. – Hilde Thurnwald: *Menschen der Südsee. Charaktere und Schicksale. Ermittelt bei einer Forschungsreise in Buin bei Bougainville, Salomo-Archipel.* Stuttgart 1937.

[11] Für den englischsprachigen Raum existieren schon biographische Arbeiten: Mary Russell (1987, zuerst London 1986). Dorothy Middleton (1965). Alexandra Allen (1980). Dea Birkett: *Spinsters Abroad. Victorian Lady Explorers.* Oxford 1989.

[12] Liegt in der Betonung der weiblichen Verfasserschaft ein Überraschungseffekt, so arbeiten eine Reihe von Titeln (zusätzlich) mit dem Kontrast, z.B. *Reisebriefe einer schwäbischen Kleinstädterin* (vgl. oben Anm.7) oder *Fräulein Weltenbummler* (vgl. oben Anm.9). Vgl. auch Louise Weil: *Aus dem schwäbischen Pfarrhaus nach Amerika. Reiseschilderungen.* Stuttgart 1860.

ren, als Elisabeth Schucht und Inge Stölting mit Beschreibungen von Flugreisen an die Öffentlichkeit traten, versäumten die Titel nicht, auf das Geschlecht der Berichtenden aufmerksam zu machen.[13] Auf den Besenstiel, den Wieland reisewilligen Frauen als Fluggerät anempfohlen hatte (vgl. oben S. 226, Anm. 541), konnte nun verzichtet werden. Bei aller grundlegenden Wandlung in vieler Hinsicht überrascht es aber doch, daß noch im Jahr 1987 eine Reiseschriftstellerin gleich zu Beginn ihres Buches mitteilt, Freunde versuchten ihr dringlich einzureden, eine Frau könne eine solche Reise, wie die von ihr geplante, unmöglich unternehmen.[14] Mit fast den gleichen Worten schilderte Ida Pfeiffer 150 Jahre früher die Schwierigkeiten, die ihr Freunde und Bekannte bei Antritt ihrer Pilgerfahrt ins Hl. Land machten.[15] Zumindest in dieser Beziehung hat sich für Frauenreisen im Laufe der Zeit wenig geändert.

Was die Zahl der Reisebeschreibungen angeht, so ist freilich seit dem 19. Jahrhundert eine bedeutende Veränderung zu beobachten; diese zeigt sich umso deutlicher, wenn man das Verhältnis zwischen beschriebenen und unternommenen Reisen in Rechnung stellt. Nur mehr die Fülle der Touristen kann heute allenfalls beklagt werden, nicht mehr die Fülle der Reiseberichte. Ferdinand Gregorovius, selbst ein passionierter Reisender und Reiseschriftsteller, hätte jedenfalls keinen Anlaß mehr zu seiner Klage: »Es macht heuer auch kein Blaustrumpf mehr eine Spazierfahrt über Wasser, ohne ein ästhetisches Gewäsch und touristisches Geschreibsel in einigen Bänden loszulassen – eine ganz erschreckende Art von Natur- und Kunstquälerei.«[16]

---

[13] Elisabeth Schucht: *Eine Frau fliegt nach Fernost*. Berlin 1942. – Inge Stölting: *Eine Frau fliegt mit... 30 Kapitel und 49 Photos von einem 44.000-km-Flug über Urwald, Wüste, Kordillere*. Oldenburg/ Berlin 1943.

[14] »Es ist komisch, wie sehr die Leute versuchen, eine Frau von einem derartigen Vorhaben abzubringen – es sei zu gefährlich, eine Frau könne leicht umgebracht werden, und was noch mehr.« Christina Dodwell: *Jenseits von Istanbul. Abenteuerliche Reisen einer Frau*. Stuttgart/ Wien 1989, S. 13 [urspr.: *A Traveller on Horseback*. London 1987].

[15] »Vergebens suchten meine Verwandten und Freunde mich von diesem Vorsatze abzubringen. Höchst lebhaft stellte man mir all' die Gefahren und Beschwerden vor, die den Reisenden dort erwarten.« *Reise einer Wienerin*, Tl. I, S. 1.

[16] »Zur Reiseliteratur« [Rezension von A. Pancritius: *Hägringar, Reise durch Schweden* [...]. Königsberg 1852]. In: *Deutsches Museum. Zeitschrift für Literatur, Kunst und öffentliches Leben* 2 (1852) 1. Bd. S. 212–215, hier S. 212.

6. Bibliographie

6.1 Quellen

6.1.1 Werke von Frauen

Ahlefeld, Charlotte von: Briefe auf einer Reise durch Deutschland und die Schweiz im Sommer 1808. Altona: Hammerich 1810.
Ahlefeld, Charlotte von: Chamouny. Ein Fragment aus einem Reisejournale. In: Urania. Taschenbuch für das Jahr 1810. Hg. v. Wilhelmine Spatzier. Leipzig und Altenburg: Brockhaus 1809.
[Ahlefeld, Charlotte von:] Tagebuch auf einer Reise durch einen Theil von Baiern, Tyrol und Oestreich, von der Verfasserin der Erna, Felicitas, Amadea, dem Römhildsstift u.s.w.. Neustadt a. d. Orla: Wagner 1828.
Anneke-Tabouillot, Mathilde Franziska: Eine Reise im Mai 1843. In: Producte der Rothen Erde. Westfälisches Jahrbuch. Hg. von M. F. Tabouillot. Münster: Coppenrath 1846, S. 375–494.
Aus dem Reisejournal eines Frauenzimmers. In: Magazin für Frauenzimmer 6.2 (1787) S. 197–205 [möglicherweise von Sophie von La Roche].
[Bacheracht,] Therese [von:] Am Theetisch. Von Therese, Verfasserin des »Falkenberg«, »eines Tagebuches«, der »Briefe aus dem Süden« u.s.w. Braunschweig: Vieweg 1844.
[Bacheracht,] Therese [von:] Eine Reise nach Wien. Von Therese, Verfasserin der »Briefe aus dem Süden« etc. Leipzig: Brockhaus 1848.
[Bacheracht,] Therese [von:] Menschen und Gegenden. Von Therese, Verfasserin der »Briefe aus dem Süden«, »eines Tagebuchs«, »Falkenbergs«, »am Theetisch«, »Lydia« u.s.w. Braunschweig: Vieweg 1845.
[Bacheracht,] Therese [von:] Napoleoniden. Erinnerungen von Therese. Verfasserin des Tagebuchs, der Briefe aus dem Süden etc. In: Telegraph für Deutschland (1842) Nr. 186, S. 741–743, Nr. 187, S. 745f.
[Bacheracht,] Therese [von:] Paris und die Alpenwelt. Von Therese, Verfasserin der »Briefe aus dem Süden« etc. Leipzig: Brockhaus 1846.
[Bacheracht,] Therese [von:] Ein Tag in Straßburg. Von Therese (Verfasserin der Briefe aus dem Süden). In: Telegraph für Deutschland (1842) Nr. 89, S. 252f., Nr. 90, S. 357–360.
[Bacheracht,] Therese [von:] Theresens Briefe aus dem Süden. Hg. v. einem Freunde der Verfasserinn. Braunschweig: Vieweg 1841.
[Bacheracht, Therese von:] Weibliche Schriftsteller [über Ida Hahn-Hahn]. In: Blätter für literarische Unterhaltung (1843) Nr. 6, S. 21–23, Nr. 7, S. 25–27.
[Bacheracht,] Therese [von:] Weimar'sche Erinnerungen. Von Therese. In: Telegraph für Deutschland 1842, Nr. 172, S. 683–687, Nr. 173, S. 690f.
Bacheracht, Therese von/ Karl Gutzkow: Unveröffentlichte Briefe 1842–49. Hg. v. W. Vordtriede. München 1971.
Die Bäder am Ostseestrande. Geschildert in malerischen Briefen einer Dame an eine Freundin. Leipzig: Kummer 1828.
Baldinger, Friedrike: Lebensbeschreibung, von ihr selbst verfaßt. Hg. u. m. e. Vorrede begleitet von Sophie von La Roche. Offenbach: Brede 1791.

[Baldinger, Friederike:] Über das alte Schloß Plesse, bei Göttingen. Ein Brief von Madame *** an H.K. zu L. In: Magazin für Frauenzimmer 2.1 (1783) S. 179–186.

Beck, Wilhelmine von: Memoiren eine Dame während des letzten Unabhängigkeitskrieges in Ungarn. Eine treue Schilderung ihrer abentheuerlichen Reisen und geheimen Missionen im Auftrage Kossuth's, in Ungarn, Gallizien, Oestreich und Deutschland; sowie ein zusammenhängendes Bild der Kriegsereignisse, Kämpfe und inneren Parteiungen bis zur Waffenstreckung bei Világos. 2 Bde. London: Thimm 1851.

Belli, Maria: Lebens-Erinnerungen. Frankfurt a.M.: Sauerländer 1872.

Belli, Maria: Meine Reise nach Constantinopel im Jahre 1845. Frankfurt a.M.: Sauerländer 1846.

Bemerkungen einer Dame aus Berlin über Catania und Sicilien 1805. In: Journal des Luxus und der Moden (1806) Juli, S. 444–450 [möglicherweise von Esther Gad-Bernard].

[Berlepsch, Emilie von:] Caledonia. Eine malerische Schilderung der Hochgebirge von Schottland. 4 Thle. Von der Verfasserin der Sommerstunden. Hamburg: Hoffmann 1802–1804.

[Berlepsch, Emilie von:] Einige Bemerkungen bei einer Reise von Maynz den Rhein hinunter. Aus den Briefen einer Hannoverischen Dame. In: Hannoverisches Magazin 21 (1783) 6. St., Sp. 81–86.

[Berlepsch, Emilie von:] Einige Bemerkungen bey einer Reise von Maynz den Rhein herunter. (Aus den Briefen einer Hannöverischen Dame.) In: Olla Potrida 10 (1785) S. 40–43.

[Berlepsch, Emilie von:] Scene aus Caledonia. In: Irene. Deutschlands Töchtern gewidmet (1804) 1. Bd., S. 234–236.

[Berlepsch, Emilie von:] Über Biberich, Schlangenbad und Schwalbach. Aus den Briefen einer Hannoverischen Dame. In: Hannoverisches Magazin 21 (1783) 5. St., Sp. 65–80.

[Berlepsch, Emilie von:] Über Holstein. Aus den Briefen einer Hannoverischen Dame. In: Hannoverisches Magazin 21 (1783) 7.–9. St., Sp. 97–144.

[Berlepsch, Emilie von:] Über Holstein und Beschreibung einiger Gegenden in Hostein. Aus den ungedruckten Briefen einer Hannöverischen Dame. In: Neue Reisebemerkungen in und über Deutschland. Von verschiedenen Verfassern. 2. Bd., Halle 1786, S. 307–359.

[Berlepsch, Emilie von:] Über Holstein und Beschreibung einiger Gegenden in Holstein. Aus den ungedruckten Briefen einer Hannöverischen Dame. In: Olla Potrida 9 (1784) 3. St., S. 37–70.

[Berlepsch, Emilie von:] Über Klöster und Klosterleben. Aus den Briefen einer Hannoverischen Dame. In: Hannoverisches Magazin 21 (1783) 4. St., Sp. 49–62.

[Berlepsch, Emilie von:] Über Klöster und Klosterleben. Aus den Briefen einer Hannöverischen Dame. In: Olla Potrida 10 (1785) S. 139–148.

[Bernhardi, Elisabeth Eleonore:] Reise einer Tante in vieler Herren Länder, von der Herausgeberin des Wochenblatts für die mitleidige Jugend. Zum Besten der Armen in Sachsen. Freiberg: Craz 1817.

Beulwitz, Karoline von s. Wolzogen, Karoline von

Bölte, Amely: Briefe aus England an Varnhagen von Ense (1844–1856). Hg. v. W. Fischer u. A. Behrens. Düsseldorf 1955.

Briefe der Therese Huber…s.: Huber, Therese.

Briefe eines teutschen Frauenzimmers, auf ihrer Reise durch Burgund nach Paris, im Sommer 1786. In: Neues Magazin für Frauenzimmer 6 (1787) 1. St., S. 109–118, 7 (1787) 11. St., S. 167–176, 8 (1788) 12. St., S. 246–256 [unvollständig; möglicherweise von Amalie Reichard].

Briefe über Berlin. In: Journal des Luxus und der Moden 6 (1791) S. 6–14, 175–189, 329–340, 359–373, 548–558, 633–645, 7 (1792) S. 109–121 [Stil und Inhalt machen die angegebene weibliche Autorschaft fraglich].

Briefe von Caroline Pichler…s. Pichler, Caroline.

Brun, Friederike: Aufenthalt in Oneglia. In: Morgenblatt für gebildete Stände (1816) Nr. 265, S. 1058f., Nr. 266, S. 1062f., Nr. 267, S. 1066–1068, Nr. 268, S. 1070f.

Brun, Friederike: Auszüge aus dem Tagebuche einer Reisenden. In: Der neue Teutsche Merkur (1798) Juli S. 242–258, Aug. S. 318–329; (1799) Febr. S. 115–129, März 208–217, Juni S. 113–124, Juli S. 211–231 (u. d. T. Reise nach Tivoli), Nov. S. 241–269.

Brun, Friederike: Beleuchtung der Peterskirche beym Peters- und Paul-Feste. Den 29. Juni 1807. In: Morgenblatt für gebildete Stände (1807) S. 902f.

Brun, Friederike: Briefe auf ihrer Reise im südlichen Frankreich, 1791 (Reise von Toulouse nach Montpellier. Vaucluse. Reise von Marseille über Avignon nach Lyon). In: Olla Potrida 19 (1796) S. 5–44.

Brun, Friederike: Briefe aus Rom: geschrieben in den Jahren 1808. 1809. 1810; über die Verfolgung, Gefangenschaft und Entführung des Papstes Pius VII. Dresden: Arnold 1816. Neue Ausg. Dresden: Arnold 1820 [alle Zitate nach dieser Ausg.].

Brun, Friederike: Episoden aus Reisen durch das südliche Deutschland, die westliche Schweiz, Genf und Italien in den Jahren 1801–1805. 2 Bde. Zürich: Orell u. Füßli 1808–1809. 3. Bd. (auch u. d. T. Reise von Genf in das südliche Frankreich und nach Italien) Mannheim u. Heidelberg: Schwan u. Götz 1816. 4. Bd. (auch u. d. T. Sitten- und Landschaftsstudien von Neapel und seinen Umgebungen, in Briefen und Zuschriften, entworfen in den Jahren 1809–1810 nebst spätern Zusätzen) Leipzig: Hartleben 1818. Pesth: Hartleben 1818.

Brun, Friederike: Fragment von Ida's Erinnerungen aus Rom. In: Deutsche Blätter für Poesie, Litteratur, Kunst und Theater 17 (1823) S. 65–67, 69–71.

Brun, Friederike: Meine letzten Tage in Neapel und Rom. (Auszug aus einem Tagebuche). In: Der neue Teutsche Merkur (1802) Juni S. 127–148.

Brun, Friederike: Prosaische Schriften. 2 Bde. Zürich: Orell u. Füßli 1799. 3. Bd. (auch u. d. T. Darstellungen von Neapel und dessen Umgegenden) Zürich: Orell u. Füßli 1799. 4. Bd. Zürich: Orell u. Füßli 1801.

Brun, Friederike: [Die Darstellungen der Schweizerreise 1791 sowie der Reise durch die Schweiz, nach Rom, Neapel und Ischia 1795–1796, später zusammengefaßt in Prosaische Schriften, Bde 1–4, sowie in Tagebuch einer Reise durch die östliche, südliche und italienische Schweiz, finden sich größtenteils zuerst] in: Deutsches Magazin. Hg. v. C. U. D. v. Eggers. Altona. [Reise in die Schweiz 1791:] Bd. 5 (1793) S. 607–617, 759–765, Bd. 6 (1793) S. 912–926, 1035–1042, 1073–1084, 1248–1264, 1339–1352, Bd. 7 (1794) S. 204–223, 286–306, 424–447, Bd. 8 (1794) S. 176–192, 299–321, 494–526, Bd. 9 (1795) S. 223–258, 335–358, 656–692, Bd. 10 (1795) S. 70–92. [Reise 1795–1796:] Bd. 14 (1797) S. 117–136, 565–582, Bd. 15 (1798) S. 39–93, 130–156, 253–282, 547–577, 624–665, Bd. 16 (1798) S. 59–89, 675–710, Bd. 17 (1799) S. 59–112, 157–179, 488–524, Bd. 18 (1799) S. 1–33.

[Brun, Friederike: Reise auf den Sempione. 1798. Holtzmann/ Bohatta Bd. III, Nr. 11453, nehmen hier fälschlich ein Buch von Friederike Brun an. In Wirklichkeit handelt es sich um einen unsignierten Aufsatz Karl von Bonstettens in: Deutsches Magazin 16 (1798) 257–266.]

[Brun, Friederike:] Reise nach dem Kullen in Schonen. (Aus dem Tagebuche eines Frauenzimmers.) In: Deutsches Magazin 1 (1791), S. 55–69.

Brun, Friederike: Reise über Tivoli nach Subjaco. In: Irene. Deutschlands Töchtern gewidmet (1803) 3. Bd., S. 81–135.

Brun, Friederike: Reise von Bern über Lauterbrunn und Grindelwald nach Meiringen (1791). In: Neues Schweitzerisches Museum 2 (1795) S. 660–701.

Brun, Friederike: Reise von Genf auf dem See nach Villeneuve und Martigni im Wallis, im Mai 1802. In: Isis. Eine Monatsschrift von Deutschen und Schweizerischen Gelehrten (1805) S. 481–517, (1806) S. 287–303, 413–430.

Brun, Friederike: Reise von Genf nach Chamouni. In: Neues Schweitzerisches Museum 2 (1795) S. 729–772.

Brun, Friederike: Der Rigiberg. In: Neues Schweitzerisches Museum 2 (1795) S. 685–660

Brun, Friederike: Römisches Leben. 2 Bde. Leipzig: Brockhaus 1833.

Brun, Friederike: Der Sarcophag in der Villa Mattei. In: Neues Schweitzerisches Museum 2 (1795) S. 799–800.

Brun, Friederike: Szenen aus Neapel. In: Morgenblatt für gebildete Stände (1816) Nr. 249, S. 993f., Nr. 250, S. 998f., Nr. 251, S. 1003f.
Brun, Friederike: Tagebuch einer Reise durch die östliche, südliche und italienische Schweiz. Ausgearbeitet in den Jahren 1798 und 1799. Kopenhagen: Brummer 1800.
[Brun, Friederike:] Tagebuch meiner ersten Reise. Kopenhagen: Privatdruck 1782.
Brun, Friederike: Tagebuch über Rom. 2 Thle. Zürich: Orell u. Füßli 1800, 1801 [identisch mit Prosaische Schriften Bde. 3 u. 4].
Brun, Friederike: Über den Landschaftsmahler Reinhard in Rom. In: Morgenblatt für gebildete Stände (1818) Nr. 284–286. S. 1135–1138, 1142f.
B[run,] F[riederike]: Über Genf. Genf, dem 17ten Januar 1802. In: Der neue Teutsche Merkur (1802) Febr. S. 150–153.
Brun, Friederike: Wahrheit aus Morgenträumen und Idas ästhetische Erziehung. Aarau: Sauerländer 1824.
Caroline s. Schlegel-Schelling, Caroline
Chezy, Helmina von: Gemälde von Heidelberg, Mannheim, Schwetzingen, dem Odenwalde und dem Neckerthale. Wegweiser für Reisende und Freunde dieser Gegenden. Heidelberg: Engelmann 1818. 2. Aufl. u. d. T. Handbuch für Reisende nach Heidelberg... Heidelberg: Engelmann 1821.
[Chezy,] Helmina [von:] Heloise. Büste von Deseine, Bildhauer in Paris. In: London und Paris 21 (1808) S. 193–198.
[Chezy,] Helmina [von:] Kunstausstellung in Paris, im Herbste 1808 (Aus Briefen einer teutschen Kunstfreundin in Paris). In: London und Paris 22 (1808) S. 3–31, 89–109, 193–202.
[Chezy, Helmina von] Helmina von Hastfer: Leben und Kunst in Paris seit Napoleon dem Ersten. 2 Thle. Weimar: Landes-Industrie-Comptoir 1805. 1806.
Ch[ezy,] H[elmina von:] Die Martyrer oder der Triumph der christlichen Religion von Chateaubriand. (Aus dem Briefe einer Frau, an Frauen). In: London und Paris 22 (1808) S. 169–193, 271–281.
Chezy, Helmina von: Nekrologie. Suvée. Winkler. Herbin. In: London und Paris 19 (1807) S. 173–178.
Chezy, Helmina von: Norika. Neues ausführliches Handbuch für Alpenwanderer und Reisende durch das Hochland in Österreich ob der Enns, Salzburg, Gastein, die Kammergüter, Lilienfeld, Mariazell, St. Florian und die obere Steiermark. München: Fleischmann 1833.
[Chezy,] Helmina [von:] Schilderungen vom Rhein, aus einem Briefe von Helmina. In: Journal des Luxus und der Moden (1814) S. 485–508, (1815) S. 131–147, 187–206.
Chezy, Helmina von: Unvergessenes. Denkwürdigkeiten aus dem Leben. 2 Thle. Leipzig: Brockhaus 1858.
Damals in Weimar. Erinnerungen und Briefe von und an Johanna Schopenhauer. Hg. v. H. H. Houben. 2. erw. Aufl. Berlin 1929.
Düringsfeld, Ida von: Aus der Schweiz (= Reiseskizzen Bd. I). Bremen: Schlodtmann 1850.
Düringsfeld, Ida von: Aus Italien (= Reiseskizzen Bd. II). Bremen: Schlodtmann 1851
Ebersberger, Thea: Erinnerungsblätter aus dem Leben Luise Mühlbachs. Ges. u. hg. v. ihrer Tochter. Leipzig: Schmidt u. Günther 1902.
Einige Erinnerungen von meinen Reisen in Rußland, der Türkei und Italien. Zur Unterhaltung für alle Leser, besonders für das weibliche Geschlecht von Frau E. B..., Geb. L.. in E... Augsburg: Kollmann u. Himmer 1831 [Titel nach Kayser Bd. II, S. 146, Werk verschollen].
Engel-Egli, Regula: Lebensbeschreibung der Wittwe des Obristen Florian Engel von Langwies in Bündten, geb. Egli von Fluntern b. Zürich, von ihr selbst beschrieben. 2 Thle. Zürich: Orell 1822. 2., verb. Aufl. u. d. T. Die schweizerische Amazone. AbentheuerReisen und Kreuzzüge einer Schweizerin durch Frankreich, die Niederlande, Egypten, Spanien, Portugall und Deutschland, mit der französischen Armee, unter Napoleon. Von ihr selbst beschrieben und hg. v. einem ihrer Anverwandten. 2 Thle. St. Gallen: Huber & Co 1825. 1828 [alle Zitate nach dieser Ausg.]. – Neuausg. u. d. T. Frau Oberst Engel. Von Cairo bis Neu-

york, von Elba bis Waterloo – Memoiren einer Amazone aus Napoleonischer Zeit. Zürich 1977.

[Engelbronner d' Aubigny, Emilie:] Auszug aus den Briefen des Fräulein d' Au- an ihre Schwester in London. Aus Indien im Januar 1805 geschrieben. In: Journal des Luxus und der Moden (1806) S. 500–510.

[Engelbronner d' Aubigny, Nina:] Amsterdam, im Herbst 98. In: Der neue Teutsche Merkur (1799) Febr. S. 172–175.

[Engelbronner d' Aubigny, Nina:] Bemerkungen über das Badeleben in England. (Briefe einer teutschen Dame in London an ihre Verwandten in Teutschland) In: London und Paris 18 (1806) 8. St., S. 309–344 [unterzeichnet: »O«].

[Engelbronner d' Aubigny, Nina:] Großes Fest bei der Taufe des Kindes von Mr. Sheridan in London. Aus den Briefen einer teutschen Dame in London. In: Journal des Luxus und der Moden (1807) S. 129–133 [unterzeichnet: »O«].

[Engelbronner d' Aubigny, Nina:] Land-Aufenthalt der Engländer. In: London und Paris 13 (1804) 1. St., S. 16–37 [unterzeichnet: »O«].

[Engelbronner d' Aubigny, Nina:] London. (Aus den Briefen einer Teutschen Dame in London). In: London und Paris 13 (1804) 4. St., S. 311–348 [2. Tl. S. 331–348 unterzeichnet: »O«].

[Engelbronner d' Aubigny, Nina:] Reise von London nach Teutschland (Briefe einer teutschen Dame). In: London und Paris 18 (1806) 6. St., S. 97–125, 7. St., S. 196–221 [mit einer Komposition der Vfin.].

[Fahnenberg-Hügel, Marie von:] Mariens Tagebuch. Reisebilder aus dem Schwarzwalde, vom Bodensee, Vorarlberg, Tyrol, aus Salzburg, Wien, Mähren, Polen und Rußland. Von M. v. F. 2 Bde. Pforzheim: Dennig, Fink & Co 1841.

[Forneris, Anna:] Schicksale und Erlebnisse einer Kärntnerin während ihrer Reisen in verschiedenen Ländern und fast 30jährigen Aufenthaltes im Oriente, als: in Malta, Corfu, Constantinopel, Smyrna, Tiflis, Tauris, Jerusalem, Rom, etc. Beschrieben von ihr selbst. Geordnet u. hg. v. M. S. Laibach: Blasnik 1849. M. e. Nachwort neu hg. v. Adolphine Misar. Klagenfurt 1985.

Fouqué, de la Motte, Friedrich und Caroline: Reise=Erinnerungen. 2 Thle. Dresden: Arnold 1823.

Fouqué, Caroline Baronin de la Motte: Briefe über Berlin. In: Der Freimüthige oder Unterhaltungsblatt für gebildete, unbefangene Leser (1821) Nr. 105, 107, 108, 109, 110.

Fouqué, Caroline Baronin de la Motte: Briefe über Berlin (geschrieben im Winter 1821). (Aus dem Freymüthigen abgedruckt) Berlin: Schlesinger 1822.

Fouqué, Caroline Baronin de la Motte: Briefe über Zweck und Richtung weiblicher Bildung. Berlin: Dümmler 1811.

Fouqué, Caroline Baronin de la Motte: Die Frauen in der großen Welt. Bildungsbuch beim Eintritt in das gesellige Leben. Berlin: Schlesinger 1826.

Fouqué, Caroline Baronin de la Motte: Ruf an die deutschen Frauen. Berlin: Dümmler 1813.

Frauen zur Goethezeit. Ein Briefwechsel Caroline von Humboldt – Friederike Brun. Briefe aus dem Reichsarchiv Copenhagen und dem Archiv Schloß Tegel-Berlin. Erstmalig hg. u. komm. v. I. Foerst-Crato. Düsseldorf: Selbstverlag 1975.

[Frisch, Pauline Dorothea:] Reise durch Teutschland, Holland, Frankreich in den Jahren 1797, 1803 und 1804. Nach dem Tode der Verfasserin hg. zum Andenken für Verwandte und Freunde. Altona: Hammerich 1816.

[Gad-Bernard-Domeier, Esther:] Bemerkungen über Portugal. (Mitgeteilt von einer reisenden Teutschen Dame). In: Journal des Luxus und der Moden 19 (1804) Sept. S. 431–437.

Gad-Bernard-Domeier, Esther: Beschreibung einer Wasserreise, von Aussig nach Dresden, in einem Brief an Herrn A. In: Deutsche Monatsschrift (1799) März S. 188–208.

Gad-Bernard-Domeier, Esther: Briefe während meines Aufenthaltes in England und Portugal an einen Freund. 1. Bd. Hamburg: Campe 1802. 2. Bd. auch u. d. T. Neue Reise durch England und Portugal. In Briefen an einen Freund. Hamburg: Campe 1803. – 2. Aufl. 2 Bde. Hamburg: Campe 1808 [alle Zitate nach dieser Ausg.].

[Gad-Bernard-Domeier, Esther:] Einige Äußerungen über Hrn. Kampe'ns Behauptungen, die weibliche Gelehrsamkeit betreffend. In: Der Kosmopolit, eine Monathsschrift zur Beförderung wahrer und allgemeiner Humanität (1798) Juni S. 577–590 [unterzeichnet: E. B.** geb. G.*].

Gad-Bernard-Domeier, Esther: Die Portugiesinnen. (Aus den Briefen der Mad. Domeyer in London.) In: Zeitung für die elegante Welt (1803) Nr. 122, Sp. 967–969.

Gad-Bernard-Domeier, Esther: Lissabon. In: Blätter für Polizei und Kultur (1802) 2. Bd., S. 745–750 [am Ende die redaktionelle Notiz: »Aus F. Bernard geb. Gadd Briefen a. m. O. zusammengestellt.«].

Gerstner, Clara von: Beschreibung einer Reise durch die Vereinigten Staaten von Nordamerica in den Jahren 1838 bis 1840. In Gesellschaft des Ritters Franz Anton von Gerstner. Leipzig: Hinrich 1842.

[Grävemeyer, Molly von:] Auszüge aus dem Tagebuche eines Frauenzimmers von einer im Jul. und August 1779. gemachten Reise. In: Deutsches Museum 5 (1780) 2. Bd., 12. St., S. 547–550, 6 (1781) 2. Bd., 9. St., S. 196–216.

Gundlach-Stochhausen, Philippine Sophie: Eine kleine Reise in einem Briefe von einem jungen Frauenzimmer. In: Magazin für Frauenzimmer (1783) S. 208–214 [unterzeichnet: Sophie St.. ...].

Gundlach-Stochhausen, Philippine Sophie: Eine kleine Reise in einem Briefe von einem jungen Frauenzimmer. In: Kleine Reisen. Lektüre für Reise-Dilettanten. Hg. v. H. Reichard. 2. Bd. Berlin: Unger 1786, S. 285–293 [unterzeichnet: Sophie St.. ...].

Hahn-Hahn, Ida Gräfin: Erinnerungen aus und an Frankreich. 2 Bde. Berlin: Duncker 1842.

Hahn-Hahn, Ida Gräfin: Gesammelte Schriften. 21 Thle. Berlin: Duncker 1851.

Hahn-Hahn, Ida Gräfin: Jenseits der Berge. 2 Thle. Leipzig: Brockhaus 1840 [alle Zitate nach dieser Ausg.]. Verm. Neuaufl. Leipzig: Brockhaus 1845.

Hahn-Hahn, Ida Gräfin: Meine Reise in England. Hg. v. B. Goldmann. Mainz: Hase u. Koehler 1981.

Hahn-Hahn, Ida Gräfin: Orientalische Briefe. 3 Bde. Berlin: Duncker 1844.

Hahn-Hahn, Ida Gräfin: Reisebriefe. 2 Bde. Berlin: Duncker 1841.

Hahn-Hahn, Ida Gräfin: Ein Reiseversuch im Norden. Berlin: Duncker 1843.

Hahn-Hahn, Ida Gräfin: Von Babylon nach Jerusalem. Mainz: Kirchheim & Schott 1851.

Henriette Herz in Erinnerungen, Briefen und Zeugnissen. Hg. v. R. Schmitz. Frankfurt a. M. 1984.

Hohenhausen, Elise von: Blätter aus meinem Reisetagebuche 1848. In: Das Sonntagsblatt (Minden) 33 (1849) 47. St.-34 (1850) 6. St.

Hohenhausen, Elise von: Blüthen aus Norddeutschland. In: Abendzeitung. Hg. v. F. Laun. (1819) Nr. 245, S. 1–3, Nr. 246, S. 1–3, Nr. 247, S. 1–3.

Hohenhausen, Elise von: Briefe aus Berlin. In: Das Sonntagsblatt (Minden) 6 (1822) 25.-27. St.

Hohenhausen, Elise von: Briefe aus Norddeutschland. In: Das Sonntagsblatt (Minden) 3 (1819) S. 297f., 307f., 315f., 321–323, 331–333, 341f., 345–347, 353–356.

Hohenhausen, Elise von: Briefe aus der Residenz. In: Das Sonntagsblatt (Minden) 4 (1820) 45.-50. St., 52.-53. St., 5 (1821) 2. St.

Hohenhausen, Elise von: Erinnerungen aus dem Winterleben in Berlin. In: Sonntagsblatt (Minden) 5 (1821) 26. St., S. 201–203.

Hohenhausen, Elise von: Minden und seine Umgebungen, das Weserthal und Westphalens Pforte etc. (Zum Besten der Armen). Minden (Hannover: Hahn) 1819.

Hohenhausen, Elise von: Natur, Kunst und Leben. Erinnerungen gesammelt auf einer Reise von der Weser zum Rhein, auf einem Ausfluge an die Gestade der Nord- und Ostsee. 2 Thle. Altona: Hammerich 1820.

Hohenhausen, Elise von: Reisestunden im Jahre 1846. In: Das Sonntagsblatt (Minden) 33 (1849) 27.-39. St.

Hohenhausen, Elise von: Rhein-Reise. In: Das Sonntagsblatt (Minden) 2 (1818) S. 13–18.

Hohenhausen, Elise von: Rheinstreifereien. In: Das Sonntagsblatt (Minden) 4 (1820) S. 129–131.

[Horstig, Suzette:] Einige Reisebriefe von der Porta Westphalica bis zu den Ufern des Neckar. In: Irene (1805) 3. Bd., S. 51–60 [unterzeichnet: S. H-g].

Horstig, [Suzette]: Reise ins Murgthal. In: Morgenblatt für gebildete Stände (1807) Nr. 156, S. 623f. – Nr. 157, S. 627f. [unvollständig].

[Huber, Therese:] Abentheuer auf einer Reise nach Neu-Holland. Rudolf*** an seine Freunde in Deutschland. In: Flora. Teutschlands Töchtern geweiht von Freunden und Freundinnen des schönen Geschlechts. Tübingen: Cotta 1793, 4. Bändchen, S. 241–274. 1794, 1. Bändchen S. 7–43, 209–275. Wieder in: Ludwig Ferdinand Huber: Erzählungen. 1. Sammlung. Braunschweig: Vieweg 1801, S. 84–252.

H[uber], Therese: Bemerkungen über Holland aus dem Reisejournal einer deutschen Frau. Leipzig: G. Fleischer d. J. 1811.

[Huber, Therese:] Briefe der Therese Huber an Karoline Pichler. Hg. v. L. Geiger. In: Jahrbuch der Grillparzer-Ges. 17 (1907) S. 190–291.

[Huber,] Th[erese:] Bruchstücke aus dem Tagebuche einer Reisenden auf einer Rheinfahrt bis Holland. In: Der neue Teutsche Merkur (1810) Apr. S. 212–273 [unterzeichnet: Th.].

H[uber,] Th([rese:] Bruchstücke aus dem Tagebuche einer teutschen Frau auf ihrer Reise durch Holland im Sommer 1809. In: Der neue Teutsche Merkur (1810) Juni S. 106–129, Sept. 16–69, Okt. 112–138 [unterzeichnet: Th. H. bzw. Th....].

Huber, Therese: Erinnerungen an eine Reise im Thüringer Wald, im Sommer 1826. In: Morgenblatt für gebildete Stände (1826) Nr. 257–263.

Huber, Therese: Fragmente über einen Theil von Polen. Aus Briefen einer Engländerin, im Jahr 1789 geschrieben. In: Erzählungen von Therese Huber. Ges. u. hg. v. V(ictor) A(imé) H(uber). 4. Tl. Leipzig: Brockhaus 1831, S. 321–371.

Im Wechsel der Zeiten s. Schopenhauer, Johanna.

Kohl, Ida u. Johann Georg Kohl: Englische Skizzen. Aus den Tagebüchern. 3 Thle. Dresden und Leipzig: Arnold 1845.

Kohl, Ida: Paris und die Franzosen. Skizzen. 3 Tle. Dresden und Leipzig: Arnold 1845.

[Krook, Anna Helene:] Briefe einer reisenden Dame aus der Schweiz 1786. Straßburg: Dannbach 1786. Frankfurt u. Leipzig (Basel: Serini) 1787.

[La Roche, Sophie von:] Aus dem Tagbuch meiner Schweizerreise. An Lina. In: Pomona für Teutschlands Töchter 2 (1784) 9. H., S. 824–851.

La Roche, Sophie von: Beschreibung von Paris en miniature. In: Ephemeriden der Litteratur und des Theaters 6 (1787) 36. St., S. 145–158, 40. St., S. 209–220, 44. St., S. 276–282.

La Roche, Sophie von: Briefe über Mannheim. Zürich: Orell, Geßner, Füßli & Co 1791. Mannheim: Schwan u. Götz 1791.

La Roche, Sophie von: Erinnerungen aus meiner dritten Schweizerreise. Meinem verwundeten Herzen zur Linderung, vielleicht auch mancher traurenden Seele zum Trost geschrieben. Offenbach: Weiß & Brede 1793.

[La Roche, Sophie von:] Die glückliche Reise. Eine moralische Erzählung von der Verfasserinn der Geschichte des Fräulein von Sternheim und Rosaliens Briefen. Basel: Serini 1783. Zuerst in: Pomona für Teutschlands Töchter 1 (1783) 7. H., S. 665–722.

La Roche, Sophie von: Herr und Frau Hastings. In: Olla Potrida 11.2 (1788) S. 11–24.

[La Roche, Sophie von] (Hg.:) Pomona für Teutschlands Töchter. 2 Bde. Speyer: Hennings in Reiße 1783f.

[La Roche, Sophie von:] Journal einer Reise durch Frankreich, von der Verfasserin von Rosaliens Briefen. Altenburg: Richter 1787.

La Roche, Sophie von: Reise von Offenbach nach Weimar und Schönebeck im Jahr 1799. (Auch u. d. T. Schattenrisse abgeschiedener Stunden in Offenbach, Weimar und Schönebeck im Jahr 1799). Leipzig: Wienbrack 1800.

[La Roche, Sophie von:] Tagebuch meiner Reise durch Holland und England. Von der Verfasserin von Rosaliens Briefen. Offenbach: Weiß & Brede 1788.

[La Roche, Sophie von:] Tagebuch einer Reise durch die Schweitz, von der Verfasserin von Rosaliens Briefen. Altenburg: Richter 1787.
[La Roche, Sophie von:] Etwas aus dem Journal einer Reise durch Frankreich von der Verfasserin von Rosaliens Briefen. In: Ephemeriden der Litteratur und des Theaters 6 (1787) 31. St., S. 68–80.
Leo, Sophie: Erinnerungen aus Paris. 1817–1848. Berlin: Hertz 1851.
Lewald, Fanny: Berliner Briefe. In: Morgenblatt für gebildete Leser (1849) Nr. 89, S. 353f., Nr. 90, S. 358f., Nr. 96, S. 381f., Nr. 114, S. 453f., Nr. 115, S. 458f., Nr. 116, S. 461f.
Lewald, Fanny: Ein Minister-Salon in Berlin nach den Märztagen. In: Politischer Monatskalender. Hg. v. Samter. Königsberg (1848) Juli S. 412–418.
[Lewald, Fanny:] Einige Gedanken über Mädchenerziehung, angeknüpft an die »Drei Briefe aus Berlin«, etc. im Märzheft des Archivs für vaterländische Interessen. In: Archiv für vaterländische Interessen oder Preussische Provinzialblätter. Königsberg (1843) H. 5, S. 390–395.
Lewald, Fanny: England und Schottland. Reisetagebuch. 2 Bde. Braunschweig: Vieweg u. Sohn 1851. 1852. Berlin: Janke 1851. 1852. 2. Aufl. Berlin: Janke 1864 [alle Zitate nach dieser Ausg.].
Lewald, Fanny: Erinnerungen aus dem Jahr 1848. 2 Bde. Braunschweig: Vieweg u. Sohn 1850 [alle Zitate nach dieser Ausg.]. – In Auswahl neu hg. v. D. Schaefer. Frankfurt a. M. 1969 (= Sammlung Insel 46).
Lewald, Fanny: Für und wider die Frauen. 14 Briefe. Berlin: Janke 1870.
Lewald, Fanny: Gefühltes und Gedachtes. 1838–1888. Hg. u. eingel. v. L. Geiger. Dresden: H. Minden 1900.
Lewald, Fanny: Italienisches Bilderbuch. 2 Thle. Berlin: Duncker 1847 [alle Zitate nach dieser Ausg.]. Dass.: neu hg. u. m. e. Nachwort vers. v. U. Helmer. Frankfurt a. M. 1992 (= edition klassikerinnen).
Lewald, Fanny: Lebenserinnerungen. In: Westermann's Jahrbuch der illustrierten deutschen Monatshefte 82 (1897) S. 440–454, 616–631, 702–726.
Lewald, Fanny: Der März in der französischen Republik. In: Morgenblatt für gebildete Leser (1849) Nr. 1–8, 12–15, 21–28, 34–39.
Lewald, Fanny: Meine Lebensgeschichte. 3 Bde. Berlin: Janke 1861–1863. Rev. Aufl. (= Ges. Werke Bde. 1. 2) Berlin: Janke 1871.
Lewald, Fanny: Meine Lebensgeschichte. 3 Bde. Hg. v. U. Helmer. Mit e. Nachwort v. R. Venske. Frankfurt a. M. 1988–1989 (= edition klassikerinnen).
Lewald, Fanny: Meine Lebensgeschichte. Hg. u. eingl. v. G. Brinkler-Gabler. Frankfurt a. M. 1980 [Auswahlausg.].
Lewald, Fanny: Nachlaß s. Aus dem Nachlaß von Fanny Lewald und Adolf Stahr, 6. 1. 3.
Lewald, Fanny: Osterbriefe für die Frauen. Berlin: Janke 1863.
Lewald, Fanny: Römisches Tagebuch 1845/1846. Hg. v. H. Spiero. Leipzig u. Berlin: Klinkhardt u. Biermann 1927.
Lewald, Fanny: Zwölf Bilder nach dem Leben. Erinnerungen. Berlin: Janke 1888.
Lustfahrt nach dem alten Schlosse im Walde von Montmorency und St. Leu. (Aus dem Briefe einer Dame.) In: London und Paris 21 (1808) S. 199–229.
Meysenbug, Malwida von: Eine Reise nach Ostende (1849). Berlin u. Leipzig: Schuster & Loeffler 1905. Wieder in: Dies.: Gesammelte Werke. Hg. v. Berta Schleicher. Bd. IV: Kulturbilder. Stuttgart u. a.: Dt. Verl.-Anstalt 1922, S. 181–277.
Mühlbach, Luise: Federzeichnungen auf der Reise. Novellen und Bilder. Berlin: Mylius 1846.
Niendorf, Emma von: Das Altmühlthal. In: Morgenblatt für gebildete Leser (1847) Nr. 146, S. 581f., Nr. 147, S. 586f., Nr. 148, S. 590f., Nr. 149, S. 593f., Nr. 150, S. 598f.
Niendorf, Emma von: Aus dem heutigen Paris. Stuttgart: Mäcken 1854.
Niendorf, Emma von: Aus der Gegenwart. Berlin: Duncker 1844.
Niendorf, Emma von: Aus London. Dissolving Views. Berlin: Stage 1855.
Niendorf, Emma von: Reisescenen in Bayern, Tyrol und Schwaben. Stuttgart: Ebner und Seubert 1840.

Niendorf, Emma von: Wanderleben am Fuße der Alpen. Den Reisenden am Genfersee gewidmet. Heilbronn: Drechsler 1843. Wieder u. d. T. Wanderungen durch die interessantesten Gegenden der Schweiz und des Elsaßes. Stuttgart: Lubrecht & Co. 1851.

[Nordenflycht, Julie von:] Briefe einer Hofdame in Athen an eine Freundin in Deutschland. 1837–1842. Leipzig: Hinrich 1845.

[Nordenflycht, Julie von:] Griechenland in den Jahren 1837–1842. Geschildert von einer Dame. In: Literarische Monatsschrift. Revue der Literatur der Gegenwart. 3 (1846) Bd. I, H. 2, S. 149–162 [= Teilabdruck aus Obigem].

Pfeiffer, Ida: Aus Island. In: Sonntagsblätter. Hg. v. L. Frankl. Wien. 5 (1846) Nr. 6, S. 126–131.

Pfeiffer, Ida: Aus Rio de Janeiro. In: Sonntagsblätter 6 (1847) Nr. 50, S. 599–602.

Pfeiffer, Ida: Cavalcade nach Vatne, zwei Meilen von Island's Hauptstadt Rejkiavik entfernt. In: Sonntagsblätter 5 (1846) Nr. 1, S. 1–4.

Pfeiffer, Ida: Ein Brief von Ida Pfeiffer aus Californien. In: Die Gartenlaube. Illustriertes Familienblatt 1 (1854) S. 12.

Pfeiffer, Ida: Eine Frauenfahrt um die Welt. Reise von Wien nach Brasilien, Chili, Otahaiti, China, Ost-Indien, Persien und Kleinasien. 3 Bde. Wien: Carl Gerold 1850 [alle Zitate nach dieser Ausg.]. – Neudruck u. d. T. Eine Frau fährt um die Welt. Die Reise 1846 nach Südamerika,, China, Ostindien, Persien und Kleinasien. Hg. v. G. Habinger. 2. überarb. Aufl. Wien 1992 (Ed. Frauenfahrten).

Pfeiffer, Ida: Meine Zweite Weltreise. 4 Tle in 2 Bden. Wien: Carl Gerold's Sohn 1856.

[Pfeiffer, Ida:] Reise einer Wienerin in das heilige Land, nämlich von Wien nach Konstantinopel, Brussa, Beirut, Jaffa, Jerusalem, dem Jordan und todten Meere, nach Nazareth, Damaskus, Balbeck und dem Libanon, Alexandrien, Kairo, durch die Wüste und das rothe Meer, und zurück über Malta Sicilien, Neapel, Rom u. s. w. Unternommen im März bis December 1842. Nach den Notaten ihrer sorgfältig geführten Tagebücher von ihr selbst beschrieben. 2 Thle. Wien: Dirnböck 1844. 2. verb. Aufl. Wien: Dirnböck 1845 [alle Zitate nach dieser Ausg.]. – Neudruck, bearb. v. L. Plakolb. Stuttgart 1969 (= Bibliothek der klassischen Reiseberichte).

Pfeiffer, Ida: Die Reise nach Madagaskar. Nebst einer Biographie der Verfasserin nach ihren eigenen Aufzeichnungen. [Hg. v. O. Pfeiffer]. 2 Bde. Wien: Gerold 1861 [alle Zitate nach dieser Ausg.]. – Neudruck Marburg 1980.

Pfeiffer, Ida: Reise nach dem skandinavischen Norden und der Insel Island im Jahre 1845. 2 Bde. Pesth: Heckenast 1846. 2. Aufl. Pesth: Heckenast 1855 [alle Zitate nach dieser Ausg.]. – Neudruck u. d. T. Nordlandfahrt. Eine Reise nach Skandinavien und Island im Jahre 1845. Wien 1991 (Ed. Frauenfahrten).

[Pichler, Caroline:] Briefe von Caroline Pichler an Therese Huber (mit einer Einl. u. Anm. v. C. Glossy). In: Jahrbuch der Grillparzer- Ges. 3 (1892) S. 271–365.

Plönnies, Luise von: Reiseerinnerungen aus Belgien. Nebst einer Übersicht der vlämischen Litteratur. Berlin: Duncker u. Humblot 1845.

[Rebenack, Karoline:] Reise eines jungen Frauenzimmers von Stuttgart nach Cannanore auf der malabarischen Küste in Ostindien, aus ihren eigenen Briefen. Hg. v. e. ihrer Freunde. 2 Bde. Stuttgart: Klett 1800. 1804. Bd. I auch Stuttgart: Metzler 1801. [Vf.-Nachweis: hs. Notiz im Exemplar 24: Geogr. oct. 5661].

von der Recke, Elisa: Aufzeichnungen und Briefe aus ihren Jugendtagen. Hg. v. P. Rachel. Leipzig: Dieterich 1900.

[von der Recke, Elisa:] Auszug eines Briefes aus München. München, d. 2. Sept. 1804. In: Der neue Teutsche Merkur (1804) Okt. S. 141–143.

[von der Recke, Elisa:] Auszug eines Tagebuches. Reise von Königsberg nach Memel. In: Der neue Teutsche Merkur (1799) Febr. S. 137–150.

[von der Recke,] E[lisa:] Blick auf Italien. (Aus der Schreibtafel einer Reisenden.) In: Der neue Teutsche Merkur (1805) Sept. S. 39–46 [unterzeichnet: E….].

[von der Recke, Elisa:] Blick auf Rom (Auszug aus dem Reisetagebuch einer deutschen Dame in Italien.) In: Zeitung für die elegante Welt (1807) Nr. 74, Sp. 585–587.

[von der Recke, Elisa:] Briefe aus Italien, im Auszuge. In: Wöchentliche Unterhaltungen für Liebhaber deutscher Lektüre in Rußland. Mitau. (1805), S. 101–103, 202–208, 244–250, 361–363, (1806) S. 89–92.

[von der Recke, Elisa:] Geschichte des Vesuvs. Aus dem Reisejounal einer deutschen Dame. In: Zeitung für die elegante Welt (1807) Nr. 51, Sp. 401–405, Nr. 52, Sp. 409–413 [voller Name der Vfin. in der Anm. des Hg.).

[von der Recke, Elisa:] Herkulaneum. (Aus dem Reisejournale einer deutschen Dame in Italien.) In: Zeitung für die elegante Welt (1807) Nr. 67, Sp. 529–532.

[von der Recke, Elisa:] Pompeji. (Aus dem Reisejournale einer deutschen Dame in Italien.) In: Zeitung für die elegante Welt (1807) Nr. 69, Sp. 545–540, Nr. 70, Sp. 555–560, Nr. 71, Sp. 563–566.

von der Recke, Elisa: Mein Journal. Elisas neuaufgefundene Tagebücher und Briefe aus den Jahren 1791 und 1793–1795. Hg. v. J. Werner. Leipzig: Köhler u. Amelang 1927.

von der Recke, Elisa: Tagebücher und Selbstzeugnisse. Hg. v. C. Träger. München 1984.

von der Recke, Elisa: Tagebücher und Briefe aus ihren Wanderjahren. Hg. v. P. Rachel. Leipzig: Dieterich 1902.

von der Recke, Elisa: Tagebuch einer Reise durch einen Theil Deutschlands und durch Italien in den Jahren 1804 bis 1806. Hg. v. Hofrath Böttiger. 4 Bde. Berlin: Nicolai 1815–1817.

v[on] d[er] R[ecke], E[lisa]: Über die Salzburgischen Tölpel. In: Der neue Teutsche Merkur (1807) März S. 187–200.

[von der Recke, Elisa]: Über München. (Aus einem Reisetagebuche, Anfangs Septemb. 1804). In: Der neue Teutsche Merkur (1804) Dez. S. 292–307.

[Reinhard, Christine Friederike:] Aus den Briefen einer Reisenden nach Paris. Nachtrag zu den Briefen aus Paris. In: Der Genius der Zeit 14 (1798) Mai S. 34–45, 125–128 [Vf.-Nachweis aus der Biographie ihres Gatten Karl Friedrich Reinhard, vgl. ADB 28, S. 52].

Reise einer Dame von Lyon nach Bern u. s. w. 1787. (Aus der Handschrift). In: Olla Potrida 13 (1790) S. 45–64 [unvollständig].

Riedesel, [Friederike Charlotte Luise von:] Die Berufs=Reise nach America. Briefe der Generalin von Riedesel auf dieser Reise und während ihres sechsjährigen Aufenthaltes in America zur Zeit des dortigen Krieges in den Jahren 1776 bis 1783 nach Deutschland geschrieben. Berlin: Haude u. Spener 1800.

[Schlegel-Schelling], Caroline: Briefe aus der Frühromantik. Nach Georg Waitz verm. hg. v. E. Schmidt. 2 Bde. Leipzig: Insel 1913–1921 (= Bern 1970).

[Schlözer, Dorothea:] Nachrichten von dem Andreasberg, und den Vergnügungen auf dem Harz überhaupt. Aus dem Tagebuch einer jungen Hannoveranerin. In: Neues Magazin für Frauenzimmer (1787) 10. St., S. 5–17.

[Schlözer, Dorothea:] Schreiben aus Neufchatell den 31. März 1782 betreffend eine Reise von Turin nach Genf, über den Mont Cenis. In: Neues Magazin für Frauenzimmer (1787) 7. St., S. 97–114.

[Schlözer, Dorothea:] Schreiben aus Rom vom 29. Jan. 1782. An die Frau Hofräthin L...in Jena. In: Neues Magazin für Frauenzimmer (1783) 5. St., S. 103–114.

Schopenhauer, Johanna: Ausflucht an den Rhein und dessen nächste Umgebungen im Sommer des ersten friedlichen Jahres. Leipzig: Brockhaus 1818.

Schopenhauer, Johanna: Ausflug an den Niederrhein und nach Belgien im Jahre 1828. 2 Bde. Leipzig: Brockhaus 1831 [alle Zitate nach dieser Ausg.]. – Dass. neu hg., komm. u. m. e. Nachw. vers. v. K. B. Heppe u. A. Fimpeler. Essen 1987.

Sch[openhauer], Johanna: Bruchstück aus einer Reise nach England im Jahr 1804. In: Morgenblatt für gebildete Stände (1812) Nr. 5, S. 17–19, Nr. 6, S. 22f., Nr. 7, S. 25–28.

Schopenhauer, Johanna: Erinnerungen von einer Reise in den Jahren 1803, 1804 und 1805. 1. Bd.: Reisen von London durch England und Schottland. Rudolstadt: Hofbuchh. 1813. 2. Bd. Rudolstadt: Hofbuchh. 1814. 3. Bd. Reise durch das südliche Frankreich. Rudolstadt: Hofbuchh. 1817. – 3. Bd. in verb. u. verm. Aufl. u. d. T. Reise von Paris durch das südliche Frankreich bis Chamouny. 2 Bde. Leipzig: Brockhaus 1824 [alle Zitate nach den Originalausg.]. – Auszugsweiser Neudruck von Bd. 1 u. 2 u. d. T. Johanna Schopenhauer: Reise nach England. Hg. v. K. Paul. 2. Aufl. Berlin 1982.

Schopenhauer, Johanna. Im Wechsel der Zeiten, im Gedränge der Welt. Jugenderinnerungen. Tagebücher. Briefe. Hg. u. m. e. Einl. vers. v. R. Weber. München 1986.

[Schopenhauer, Johanna:] Jugendleben und Wanderbilder. Aus Johanna Schopenhauers Nachlaß. Hg. v. ihrer Tochter. 2 Bde. Braunschweig: Westermann 1839.

Schopenhauer, Johanna: Jugendleben und Wanderbilder. (Mit einem biographischen Nachwort von W. Drost) Barmstedt/Holst. 1958 [=teilweiser Nachdruck des Obigen].

Schopenhauer, Johanna: Paris und seine Bewohner, wie sie sind, und wie sie waren. Ein Fragment. In: Journal für Literatur, Kunst, Luxus und Mode (1814) Mai, S. 292–318.

Schopenhauer, Johanna: Reise von Paris durch das südliche Frankreich bis Chamouny. 2 Bde. 2. verb. u. verm. Aufl. Leipzig: Brockhaus 1824 [alle Zitate nach dieser Ausg., vgl. oben Erinnerungen Bd. 3]. – Dass. Wien: Strauß 1825 (= Bibliothek der neuesten Entdeckungsreisen 11. u. 12. Bdchen.). – Dass. Wien: Kaulfuß u. Krammer 1826 (= Museum der neuesten und interessantesten Reisebeschreibungen für gebildete Leser 16. Bd.).

Schopenhauer, Johanna: Reise-Erinnerungen aus früherer Zeit. 1. Tl. in: Minerva. Taschenbuch für das Jahr 1831. 22. Jg.= 1. Jg. NF. Leipzig: Fleischer 1831, S. 263–342. 2. Tl. in: Minerva (1833) S. 239–296.

Schopenhauer, Johanna: Sämmtliche Schriften. 24 Bde. Leipzig: Brockhaus u. Frankfurt a. M.: Sauerländer 1830–1832.

Schuber, Maria: Meine Pilgerreise über Rom, Griechenland und Egypten durch die Wüste nach Jerusalem und zurück, vom 4. Oktober 1847 bis 25. September 1848. Gratz: Ferstl 1850.

[Schwartz, Espérance von:] Blätter aus dem africanischen Reise-Tagebuche einer Dame. 1. Theil: Algerien. 2. Theil: Tunis. Braunschweig: Vieweg 1849.

[Schwarz, Sophie:] Briefe einer Curländerinn auf einer Reise durch Deutschland. 2 Thle. Berlin: Vieweg d. Ä. 1791.

[Schwarz, Sophie:] Vor hundert Jahren. Elise von der Reckes Reisen durch Deutschland 1784–1786 nach dem Tagebuche ihrer Begleiterin Sophie Becker. Hg. v. G. Karo u. M. Geyer. Stuttgart: Spemann 1884 (= Collection Spemann 61).

Tabouillot, Mathilde Franziska von s. Anneke-Tabouillot, Mathilde Franziska.

Tarnow, Fanny: Briefe auf einer Reise nach Petersburg an Freunde geschrieben. Berlin: Enslin 1819.

T[arnow,] F[anny:] Englische Touristinnen. In: Morgenblatt für gebildete Leser (1846) Nr. 224, S. 893f., Nr. 225, S. 898f., Nr. 226, S. 901f.

Tarnow, Fanny: Hat sich die Lage unsers Geschlechts seit einem Jahrhundert verbessert, oder verschlimmert? In: Frauen-Spiegel. Vierteljahrschrift für Frauen. Unter Mitwirkung der beachtetsten Schriftstellerinnen hg. v. Luise Marezoll (1840) S. 71–80.

[Tarnow, Fanny:] Korrespondenz-Nachrichten aus Petersburg. In: Morgenblatt für gebildete Stände (1817) Nr. 2, 4, 17, 29, 31, 32, 33, 38, 56, 57, 59, 60, 97, 98, 99, 103, 105, 108, 120, 121, 123 (u. Beilage), 126, 127, 154, 157, 171 (Beilage), 189, 190, 194, 195, 241 (Beilage) [Artikelüberschriften variieren].

[Tarnow,] Fanny: Rahel und Bettina. Andeutungen. In: Zeitung für die elegante Welt (1836) Nr. 76, S. 301f., Nr. 77, S. 307, Nr. 78, S. 315, Nr. 79, S. 319, Nr. 80, S. 325.

Thilenius, Klara: Briefe und Erzählungen aus Amerika. Berlin: Springer 1849.

Thilenius, Klara: Fortsetzung von Briefen und Erzählungen. Berlin: Springer 1850.

[Unger, Friederike Helene] Briefe über Berlin aus Briefen einer reisenden Dame an ihren Bruder in H. In: Jahrbücher der Preußischen Monarchie (1798) Mai S. 17–33, Juni S. 133–143, Juli S. 287–302. – Neuausg. Berlin 1930.

Varnhagen, Rahel: Gesammelte Werke. Hg. v. K. Feilchenfeldt u. a. 10 Bde. München 1983.

[Waldenburg, Mathilde von:] Reise durch die Schweiz nach Mailand und München. (Als Manuskript gedruckt). Berlin: Duncker u. Humblot 1839.

Waldna, Karoline: Konstantinopel. In: Morgenblatt für gebildete Stände (1807), Nr. 242, S. 967f., Nr. 243, S. 970f, Nr. 246, S. 983, Nr. 248, S. 991f.

Woltmann, Karoline von: Menschen und Gegenden. Bd. I: Deutschland und die Schweiz. Bd. II: Italien. Breslau: Max u. Komp. 1835.
Woltmann, Karoline von: Über Natur, Bestimmung, Tugend und Bildung der Frauen. Wien: Wallishauser 1826.
Wolzogen-Beulwitz, Karoline von: Das Pays de Vaud. In: Schweitzerisches Museum 2.2 (1784) S. 396–405 [unterzeichnet: Caroline von B** Gebohrne von L***].
[Wolzogen-Beulwitz, Karoline von:] Schreiben einer jungen Dame, auf ihrer Reise durch die Schweiz. In: Pomona 2 (1784) H. 5, S. 477–487 [unterzeichnet: Karoline].
[Wolzogen-Beulwitz, Karoline von:] Über Reisen von Karoline. In: Pomona 2 (1784) H. 11, S. 1005–1010.

6.1.1.1. Fremdsprachige Reisewerke von Frauen und ihre zeitgenössischen Übersetzungen

Aulnoy, Marie Catherine d'. s. La Mothe, Marie Catherine.
Baillie, Marianne: First impressions on a tour upon the continent in the summer of 1818, through parts of France, Italy, Switzerland, the borders of Germany and part of French Flanders. London 1819.
Baillie, Marianne: Lisbon in the years 1821, 1822 and 1823. London 1824.
Deutsch: Lissabon in den Jahren 1821–1823. Aus dem Engl. 2 Thle. Stuttgart: Löfflund u. S. 1827
[Boddington, Mary:] Slight reminiscences of the Rhine, Switzerland and a corner of Italy. 2 vol. London 1834.
Bowdich, Sarah: Stories of strange lands and fragments from the notes of a traveller. London 1835.
Briefe einer Dame über England. In: Olla Potrida 16 (1793) S. 75–119 [die Verfasserin ist Französin].
Calderón de la Barca, Frances Erskine: Life in Mexico during a residence of two years in the country. London 1843.
Callcott, Maria Dundas Graham: Journal of a residence in Chile during the year 1822, and a voyage from Chile to Brazil in 1823. London 1824.
Callcott, Maria Dundas Graham: Journal of a residence in India. Edinburgh 1812.
Callcott, Maria Dundas Graham: Journal of a voyage to Brazil, and residence there, during part of the years 1821, 1822, 1823. London 1824.
Callcott, Maria Dundas Graham: Letters on India. London 1814.
Callcott, Maria Dundas Graham: Three months passed in the mountains east of Rome, during the year 1819. London 1820.
Castello, Louisa Stuart: Béarn and the Pyrenees. A legendary tour to the country of Henri Quatre. 2 vol. London 1844.
Castello, Louisa Stuart: The falls, lakes, and mountains of North Wales. with illustrations by Thomas and Edward Gilks, from original sketches by D. H. M'Kewan. London 1845.
Castello, Louisa Stuart: A pilgrimage to Auvergne from Picardy to Le Velay. 2 vol. London 1842.
Castello, Louisa Stuart: A tour to and from Venice, by the Vaudois and the Tyrol. London 1846.
Chatterton, Henrietta Georgiana Lady: The Pyrenees, with Excursions into Spain. 2 vol. London 1843.
Chatterton, Henrietta Georgiana Lady: Rambles in the south of Ireland during the year 1838. 2 vol. 2nd ed. London 1839.
Craven, Elizabeth Lady: A journey through the Crimea to Constantinopel. In a series of Letters. London 1789.
Deutsch: Briefe der Lady Elizabeth Craven über eine Reise durch die Krim nach Konstantinopel. Leipzig: Kummer 1789.

Damer, Mary Georgina Emma Dawson: Diary of a tour in Greece, Turkey, Egypt, and the Holy Land. 2 vol. London 1841.

D[eane], A.: A tour through the upper provinces of Hindostan; comprising a period between the years 1804 and 1814. With remarks and authentic anecdotes. To which is annexed, a guide up the river Ganges, with a map from the source to the mouth. London 1823.

Du Bocage, Marie-Anne: Lettres contenant ses voyages en France, en Anglettere en Hollande et en Italie, faits pendant les années 1750. 1757. & 1758. Dresden 1771.

Deutsch: Reisen durch Frankreich, England, Holland und Italien in Briefen. Dresden: Hilscher 1776.

[Eastlake, Elizabeth:] A residence on the shores of the Baltic. Described in a series of letters. 2 vol. London 1841 (seit der 2. Aufl. 1842 u. d. T.: Letters from the shores of the Baltic)

Deutsch: Baltische Briefe. 2 Thle. Leipzig: Brockhaus 1846.

Eden, Emily: Portraits of the princes and people of India. London 1844.

Eden, Emily: »Up the Country«. Letters written to her sister from the upper provinces of India. 2 vol. London 1866.

Egerton, Lady Francis (Gower, Harriet Catherine Leveson): Journal of a tour in the Holy Land, in May and June 1840. With lithographic views from the original drawings by Lord Francis Egerton. London 1841.

Elwood, Anna Katharine: Narrative of a journey overland from England, by the continent of Europe, Egypt, and the Red Sea, to India; including a residence there, and voyage home, in the years 1825, 1826, 1827, and 1828. 2 vol. London 1830.

Falconbridge, Anna Maria: Two voyages to the Sierra Leone during the years 1791, 1792, 1793, in a series of letters. London 1794.

Freygang, Friederike und Wilhelm von: Lettres sur le Caucase et la Georgie, suivies d'une relation d'un voyage en Perse, en 1812. Hamburg 1816.

Deutsch: Briefe über den Kaukasus und Georgien, nebst angehängtem Reisebericht über Persien vom Jahre 1812. Deutsch durch Hrn. v. Struve. Hamburg: Perthes 1817.

Gardiner, Marguerite Countess of Blessington: The idler in France. 2 vol. London 1841.

Gardiner, Marguerite Countess of Blessington: The idler in Italy (1823–1828). 3 vol. London 1839–1840.

Gardiner, Marguerite Countess of Blessington: Journal of a tour through the Netherlands to Paris in 1821. London 1822.

Gonzague, Prinzesse (Elisabetta Rangoni): Lettres sur l'Italie, la France, l'Allemagne et les beaux arts. 2., verm. Aufl. Paris 1796.

Deutsch: Briefe der Prinzessin von Gonzaga auf ihren Reisen. Aus der französischen Urschrift. Gotha: Ettinger 1791.

Graham, Maria s. Callcott, Maria

Grant, Anne: Letters from the Mountains. Being the real correspondence of a lady between the years 1773 and 1803. London 1803.

Gray, Elizabeth Caroline: Tour to the sepulcres of Etruria, in 1839. London 1840.

Grosvenor, Elizabeth Mary, Marchioness of Westminster: Narrative of a yacht voyage in the Mediterranean during the years 1840.1841. 2 vol. London 1842.

[Hanway, Mary Anne:] A journey to the Highlands of Scotland, with occasional remarks on Dr Johnson's tour. By a Lady. London 1777.

Harvey, Jane: A sentimental tour through Newcastle. Newcastle 1794.

[Holmes, Mrs. Dalkeith:] A ride on horseback to Florence through France and Switzerland. Described in a series of letters. 2 vol. London 1842.

Houstoun, Matilda C. Jesse Fraser: Hesperos: or, Travels in the West. 2 vol. London 1850.

Houstoun, Matilda C. Jesse Frazer: Texas and the Gulf of Mexico; or, Yachting in the New World. 2 vol. London 1844.

Jameson, Anna Brownell: Diary of an Ennuyée. London 1826.

Jameson, Anna Brownell: Sketches of Germany. Art – literature – character. Frankfurt a. M.: Jügel 1837.

Jameson, Anna Brownell: Visits and sketches at home and abroad. With tales and miscellanies now first coll. and a new edition of a Diary of an Ennuyée. 4 vol. London 1834.

Jameson, Anna Brownell: Winter studies and summer rambles in Canada. 3 vol. London 1838.

Deutsch: Winterstudien und Sommerstreifereien in Canada. Ein Tagebuch. Aus dem Engl. übers. v. A. W. 3 Bde. Braunschweig: Vieweg u. Sohn 1839.

Justice, Elizabeth Surby: A voyage to Russia, describing the laws, manners, and customs of that great Empire, as govern'd, at this present, by […] the Czarina […]. York 1739.

Kemble, Frances Anne (Fanny): Journal. London 1835.

Kemble, Frances Anne (Fanny): Journal of a residence in America. Paris 1835.

Kemble, Frances Anne (Fanny): A year of consolation. London 1847.

Kindersley, Jemima: Letters from the Island of Teneriffe, Brazil, the Cape of Good Hope, and the East-Indies. London 1777.

Deutsch: Briefe von der Insel Teneriffa, Brasilien, dem Vorgebirge der Guten Hoffnung und Ostindien. Aus dem Englischen der Mißtreß Kindersley. Leipzig: Weidmann 1777.

Dass. [ohne Autornamen:] Briefe eines reisenden Frauenzimmers über Ostindien. Aus dem Englischen. Grätz: Tusch 1787.

[Knight, Ellis Cornelia:] A Description of Latium, or La Campagna di Roma. With etchings by the author. London 1805.

Londonderry, Frances Ann Vane Tempest, Marchioness of: Narrative of a visit to the Courts of Vienna, Constantinople, Athens, Naples etc. London 1844

[La Mothe, Marie Catherine, Comtesse d'Aulnoy:] Relation du voyage d' Espagne. 3 tom. Paris 1691.

Deutsch: Der Frau von Aulnoi [sic] Reise durch Spanien an den Hof zu Madrid. 3 Thle. Nordhausen: Nitzsche 1782.

Dass.: Reise der Gräfin von Aunoy [sic] nach Spanien (Auszug). In: Deutsches Museum (1785) Nov., S. 385–437.

[Maitland, Julia Charlotte:] Letters from Madras, during the years 1836–1839, by a lady. London 1843.

[Martin, Selina:] Narrative of a three years' residence in Italy 1819–1822 with illustrations of the present state of religion in this country. London 1828.

Martineau, Harriet: Eastern life, present and past. 3 vol. London 1848.

Martineau, Harriet: Retrospect of western travel. 3 vol. London 1838.

Martineau, Harriet: Society in America. 3 vol. London 1837.

Deutsch: Die Gesellschaft und das sociale Leben in Amerika. Nach dem Engl. v. E. Brinkmeier. 2 Thle. Cassel u. Leipzig: Fischer 1838.

Maury, Sarah: An englishwoman in America. London 1848.

Meredith, Louisa Anne: Notes and sketches of New South Wales, during a residence in that colony from 1839 to 1844. London 1844.

[Miller, Anne Lady:] Letters from Italy, describing the manners, customs, antiquities, paintings, etc. of that country, in the years 1770 and 1771, to a friend residing in France. By an English woman. 3 vol. London 1776.

Minutoli, Wolfradine von: Mes souvenirs d' Egypte. Paris 1826.

Deutsch: Reise der Frau Generalin von Minutoli nach Egypten. Deutsch v. Wilhelmine von Gersdorf. Leipzig: Lauffer 1829. 2. Aufl. 1841.

[Montagu, Lady Mary Wortley:] Letters of the Right Hon. Lady M–y W–y M—e, written, during her travels in Europe, Asia and Africa to persons of distinction. London 1763 [preface: »M. A.«, i.e. Mary Astell].

Deutsch: Montague [sic], Marie Worthley: Briefe während ihrer Reisen. 3 Thle. Leipzig: Weidmann 1763.

Dass.: Briefe während ihrer Reise durch Europa, Asien und Afrika. Leipzig: Weidmann 1764. Nachtrag 1767.

Dass.: Briefe geschrieben während ihrer Reisen in Europa, Asien, Afrika, an Personen vom Stande, Gelehrte etc. Aufs neue nebst derselben poetischen Schriften aus dem Engl. übers. 2 Bde. Mannheim: Schwan 1784.

Montefiore, Judith Cohen, Lady: Private journal of a visit to Egypt and Palestine, by way of Italy and the Mediterranean. London 1836.

Morgan, Lady Sidney: France. London 1817.

Deutsch: Reisen der Lady Morgan. Thl.I: Frankreich. 2 Bde. Leipzig: Brockhaus 1821. 2. Aufl. 1825.

Dass. [Auszug]: Einige Anekdoten aus Lady Morgans Reisen. In: Morgenblatt für gebildete Stände (1817) Nr. 218, S. 871, Nr. 228, S. 911, Nr. 234, S. 935f., Nr. 241, S. 963, Nr. 251, S. 1003.

Morgan, Lady Sidney: France in 1829–1830. 2 vol. London 1830.

Deutsch: Frankreich. Übers. v. C. L. Reichard. 2 Bde. Aachen: Mayer 1830.

Dass.: Frankreich in den Jahren 1829 und 1830. Deutsch von F. Gleich. 2 Thle. Leipzig: Allgem. Niederländ. Buchh. 1831.

Morgan, Lady Sidney: Italy. 2 vol. London 1821.

Deutsch: Reisen der Lady Morgan. Thl. II: Italien. 4 Bde. Leipzig: Brockhaus 1822–1823.

Dass.: Italien. Weimar: Indust.-Compt. 1821.

Dass.: Italien. Jena: Bran 1822.

Morgan, Mary: A Tour to Milford Haven in the year 1791. London 1795.

Pardoe, Julia: The beauties of the Bosphorus. London 1838.

Deutsch: Malerische und romantische Ansichten und Schönheiten des Bosphorus. Mit eigens für dieses Werk aufgenommenen Zeichnungen von W. H. Bartlett... Aus dem Engl. übers. u. m. Anm. v. J. v. Horn. Hamburg: Berendsohn 1853.

Pardoe, Julia: The city of Magyar; or Hungary and her institutions in 1834–1840. 3 vol. London 1840.

Deutsch: Ungarn und seine Bewohner und seine Einrichtungen in den Jahren 1839 und 1840. Deutsch v. L. v. Alversleben. 3 Thle. Leipzig: Reclam 1842.

Pardoe, Julia: The city of the Sultan and domestic manners of the Turks. 2 vol. London 1837. 4. Aufl. 1854.

Pardoe, Julia: Pilgrimages in Paris. London 1857.

Pardoe, Julia: The river and the desert; or, Recollections of the Rhine and the Chartreuse. 2 vol. London 1838.

Pardoe, Julia: Traits and traditions of Portugal. London 1833.

Deutsch: Skizzen und Sagen aus Portugal. Dem Engl. der Miß Julia Pardoe nacherzählt. 2 Bde. Zwickau: Gebr. Schumann 1835.

Piozzi, Hester Lynch: Observations and reflections made in the course of a journey through France, Italy, and Germany. 2 vol. London 1789.

Deutsch: Bemerkungen auf einer Reise durch Frankreich, Italien und Deutschland. Aus dem Englischen m. e. Vorrede u. Anm. v. G. Forster. 2 Bde. Frankfurt: Varrentrapp 1790.

Plumptre, Anne: A narrative of three years residence in France, principally in the southern departments from the year 1802 to 1805. 3 vol. London 1810.

Plumptre, Anne: Narrative of a residence in Ireland during the summer of 1814 and that of 1815. London 1817.

Poole, Sophia: The Englishwoman in Egypt: Letters from Cairo, written during a residence there in 1842, 1843, & 1844 with E. W. Lane [...]. Letters during [...] 1845–46. Second series. 3 vol. London 1844–1846.

Radcliffe, Anne: A journey made in the summer of 1794, through Holland and the western frontier of Germany, with a return down the Rhine, to which are added observations during a tour to the Lakes of Lancashire, Westmoreland and Cumberland. London 1795.

Recollection of seven years residence at the Mauritius, or Isle of France. By a lady. London 1830.

A residence at Sierra Leone. Described from a journal kept on the spot and from letters to a friend at home. By a lady. Ed. by the Hon. Mrs. Norton. London 1849.

Riddell, Maria: Voyages to the Madeira, and Leeward Caribbean isles, with sketches of the natural history of these islands. Edinburgh 1792.

Deutsch: Beytrag zur Naturgeschichte der Caraibischen Inseln aus Mstß. Marie R.** Voyages

to the Madeira etc. London 1792. In: Magazin für das Neueste aus der Physik und Naturgeschichte 9 (1794) 4. St., S. 65–71.
Rigby, Elizabeth s. Eastlake, Elizabeth
Roberts, Emma: Hindostan. Its landscapes, palaces, temples, tombs, the shores of the Red Sea, and the sublime and romantic scenery of the Himalaya Mountains. London 1845–1847.
Roberts, Emma: Notes on a overland journey through France and Egypt to Bombay. London 1841.
Roberts, Emma: Scenes and characteristics of Hindostan with scetches of Anglo-Indian society. 3 vol. London 1835.
Romer, Isabella Frances: The Bird of Passage, or, Flying glimpses of many lands. Paris 1849.
Romer, Isabella Frances: A pilgrimage to the temples and tombs of Egypt, Nubia, Palestine in 1845–1846. London 1846.
Romer, Isabella Frances: The Rhone, the Darro, and the Guadalquivir: A summer ramble in 1842. 2 vol. London 1843.
Royall, Anne: Sketches of history, life and manners in the United States, by a traveller. New Haven, Conn. 1826.
Royall, Anne: The Black Book: or, A continuation of travels in the United States. 3 vol. Washington, D.C. 1828–1829.
Royall, Anne: Mrs. Royall's Pennsylvania: or, Travels continued in the United States. 2 vol. Washington, D.C. 1829.
Royall, Anne: Mrs. Royall's Southern Tour: or, Second series of Black Book. 3 vol. Washington, D.C. 1830–1831.
Sale, Florentia: A journal of the disasters in Affghanistan, 1841–1842. London 1843.
Deutsch: Tagebuch der Unfälle in Afghanistan 1841–1842. Aus dem Englischen v. T. Oelkers. Leipzig: Weigel 1843.
Dass.: Tagebuch über die Unfälle der Engländer in Affghanistan. 1841–1842. Aus dem Englischen v. A. Zoller. 4 Thle. Stuttgart: Franckh 1844 (=Weltpanorama. Eine Chronik der neuesten Reisen und Abentheuer bei allen Nationen der Welt […] Nach den besten Quellen des Auslandes. Bde. 40–43).
Sand, George: Un Hiver à Majorque. Œuvres complètes. Tom. XVI. Genève 1980 (= Paris 1863). (Erstveröff.: 2 tom. Paris 1842).
Shelley, Mary Wollstonecraft: Rambles in Germany and Italy in 1840, 1842, and 1843. 2 vol. London 1844.
Sinclair, Catherine: Shetland and the Shetlanders; or the northern circuit. Scotland and the Scotch; or the western circuit. 2 vol. 2nd ed. Edinburgh 1840. 1841.
Skene, Felicia Mary Frances: Wayfaring sketches among the Greeks and Turks, and on the shores of the Danube. London 1847.
Starke, Mariane: Letters from Italy between the years 1792 and 1798. 2 vol. London 1800. 2. Aufl. 1815.
Deutsch: Stark [sic], Mariane: Briefe über Italien in den Jahren 1792–1798. Gießen: Tasché u. Müller 1802.
Starke, Mariana: Travels on the continent: written for the use and particular information of travellers. London 1820. 8. Aufl. 1833.
Stothard, Anna Eliza: Letters written during a tour through Normandy, Brittany and other parts of France in 1818; including local and historical descriptions with remarks on the manners and character of the people. London 1820.
Stothard, Anna Eliza: The mountains and lakes of Switzerland;. with desriptive sketches of other parts of the continent. London 1841.
Taylor, Catherine: Letters from Italy to a younger sister. 2 vol. London 1840. 1841.
Tristan, Flora: Péregrinations d' une Paria (1833–1834). 2 Bde. Paris 1838.
Tristan, Flora: Promenades dans Londres. Paris und London 1840.
Trollope, Frances: Belgium and Western Germany in 1833, including visits to Baden-Baden, Wiesbaden, Cassel, Hannover, the Harz Mountains, etc.. 2 vol. London 1834.

Deutsch: Belgien und West-Deutschland im Jahre 1833. 2 Bde. Aachen: Mayer 1834.
Trollope, Frances: Domestic manners of the Americans. 2 vol. London 1832.
Deutsch: Leben und Sitte in Nordamerika. 3 Thle. Kiel: Univers.-Buchh. 1835.
Trollope, Frances: Italy and the Italiens. London 1842.
Trollope, Frances: Paris and the Parisians in 1835. 2 vol. London 1836.
Deutsch: Paris und die Pariser im Jahre 1835. 3 Bde. Aachen: Mayer 1836.
Trollope, Frances: Vienna and the Austrians, with some account of a journey through Swabia, Bavaria, the Tyrol, and the Salzbourg. 2 vol. London 1838.
Deutsch: Wien und die Österreicher, sammt Reisebildern aus Schwaben, Baiern, Tyrol und Salzburg. 3 Bde. Leipzig: G. Wigand 1838.
Trollope, Frances: A Visit to Italy. 2 vol. London 1842.
Vavasour, Mary: My last tour and first work; or, a visit to the baths of Wildbad and Rippoldsau. London 1842.
Vigor, Mrs. (geb. Ward, verh. Rondeau): Letters from a lady who resided some years in Russia, to her friend in England; with historicals notes. London 1775.
Deutsch: Briefe über Rußland von einem Frauenzimmer, das sich einige Zeit daselbst aufgehalten hat, an ihre Freundin in England. Mit historischen Anmerkungen. Leipzig: J. F. Junius 1775.
Dass. Briefe über Rußland von einem Frauenzimmer von Stande. Aus dem Engl. v. J. A. Engelbrecht. Leipzig: Brockhaus 1775.
[Voilquin, Suzanne:] Souvenirs d' une fille du peuple ou La Saint-Simonienne en Egypte, 1834–1836. Par Madame Suzanne V***. Paris 1866.
Williams, Helen Maria: Letters written in France in the summer of 1790, to a friend in England; containing various anecdotes relative to the French Revolution, and memoirs of Mons. and Madame du F-. London 1790.
Deutsch: Briefe aus Frankreich an eine Freundin in England im Sommer 1790, verschiedene Anekdoten die Revolution betreffend und die Geschichte des Herrn und der Frau F. 2 Thle. Leipzig: Reinecke in Halle 1793.
Williams, Helen Maria: Letters written in France in the summer 1790, to a friend in England: containing various anecdotes relative to the French revolution. 3rd ed. 4 vol. London 1792–1793.
Deutsch: Neue Briefe über die Französische Revolution; aus dem Englischen der H. Maria Williams, Th. Christje und Gfr. Stone; nebst St. Meard's 38stündiger Todesangst etc. und Paltier's Betrachtungen. 2 Thle. Berlin: Voß 1794–1795.
Williams, Helen Maria: Letters containing a sketch of the politics of France from the 31st of May 1793 till the 28th of July 1794. 2 vol. London 1795.
Deutsch: Briefe über die französischen Staatsangelegenheiten, aus der englischen Handschrift (v. L. F. Huber). 4 Thle. Leipzig: Schmidt 1795–1798.
Williams, Helen Maria: A narrative of the events which have taken place in France from the landing of Napoleon Bonaparte on the 1st of march, 1815 till the restoration of Louis XVIII. London 1815.
Williams, Helen Maria: Sketches of the state and manners and opinions in the French Republic, towards the close of the 18th century. 2 vol. London 1801.
Deutsch: Skizze von dem Zustande der Sitten und Meinungen in der französischen Republik gegen Ende des 18. Jahrhunderts. Aus dem Englischen. 2 Thle. Stuttgart: Cotta 1801.
Williams, Helen Maria: A tour in Switzerland, or A view of the present state of the governments and manners of those cantons. 2 vol. London 1798.
Wollstonecraft, Mary: An historical and moral view of the French Revolution; and of the effect it has produced in Europe. London 1794.
Wollstonecraft, Mary: Letters written during a short Residence in Sweden, Norway and Denmark. London 1796.
Deutsch: Briefe geschrieben während eines kurzen Aufenthalts in Schweden, Norwegen und Dänemark. Hamburg: Campe 1796.

Dass.: Natur- und Sittengemälde aus Schweden, Norwegen und Dänemark in Briefen von Marie Wollstonecraft an Hn. Imlay. (=Kleinere Länder- und Reisebeschreibungen Bd. VI, 2. Heft, Bd. VII, 1. Heft). Leipzig: Linke 1800.

6.1.2 Besprechungen

(Bacheracht, Therese von: Am Theetisch. 1844) In: Zeitung für die elegante Welt. Hg. v. H. Laube (1844) Nr. 21, S. 335.
- [Karl Gutzkow] In: Kölnische Zeitung 29. 4. 1844.

(Bacheracht, Therese von: Briefe aus dem Süden. 1841) Karl Gutzkow. In: Vermischte Schriften Bd. II: Vermittlungen. Kritiken und Charakteristiken. Leipzig 1842, S. 270–278. Zuerst in: Telegraph für Deutschland 4 (1841) Nr. 121.
- In: Europa. Chronik der gebildeten Welt (1842) Bd. I, S. 39f.
- [Elizabeth Rigby] In: The Quarterly Review 76 (1845) 136.

(Bacheracht, Therese von: Paris und die Alpenwelt. 1846) In: Die Grenzboten 5 (1846) S. 524 (u. d. T.: Neueste Touristenliteratur).
- [R.] In: Hamburger Literarische und Kritische Blätter 22 (1846) Nr. 145, S. 1137–1139.
- [K.] In: Telegraph für Deutschland 9 (1847) Nr. 4, S. 13f.

(Berlepsch, Emilie von: Caledonia. 1802–1804) In: Allgemeine Literatur-Zeitung. Jena. Hg. v. Schütz, Bertuch, Hufeland 141 (1804) Sp. 325–328.
- In: Göttingische Gelehrte Anzeigen (1803) 1. St., S. 219–224, (1804) 2. St. 1209–1214.

(Brun, Friederike: Briefe aus Rom. 1816) In: Allgemeine Literatur-Zeitung. Halle. (1817) Nr. 155, S. 402–406.

(Brun, Friederike: Episoden Bd. I. 1807) In: Morgenblatt für gebildete Stände (1807) Nr. 138, S. 549f.

(Brun, Friederike: Prosaische Schriften. 1799–1801) In: Allgemeine Literatur-Zeitung. Jena. (1802) Sp. 396–398.

(Brun, Friederike: Prosaische Schriften Bde. III-IV. 1800–1801. Episoden Bde. I-IV. 1807–1818) Wilhelm Müller. In: Hermes oder kritisches Jahrbuch der Literatur 9 (1821) 1. St., S. 257–259 (innerhalb des Literaturberichts *Reisebeschreibungen über Italien*).

(Düringsfeld, Ida von: Aus der Schweiz. 1850.) In: Das neue Europa. Chronik der gebildeten Welt. Hg. v. G. Kühne (1850) Nr. 70, S. 558f.

(Fouqué, Karoline de la Motte: Reiseerinnerungen. 1823) In: Jenaische Allgemeine Literatur-Zeitung 130 (1823) Sp. 79.
- In: Leipziger Literatur-Zeitung 301 (1823) Sp. 2402f.
- In: Literarisches Conversationsblatt (1823) Nr. 166, S. 664.

(Gad-Bernard, Esther: Briefe während meines Aufenthaltes in England und Portugal an einen Freund. 2 Bde. 1802. 1803) In: Allgemeine Literatur-Zeitung. Jena. (1803) Bd. 4, S. 545–548.
- In: Neue allgemeine deutsche Bibliothek 102 (1805) 1. St., S. 213–218.

(Hahn-Hahn, Ida Gräfin) [Therese von Bacheracht] In: Blätter für literarische Unterhaltung (1843) Nr. 6, S. 21–23, Nr. 7, S. 25–27 (u. d. Titel: »Weibliche Schriftsteller«).

(Hahn-Hahn, Ida Gräfin) In: Zeitung für die elegante Welt (1843) Nr. 3, S. 69–72.

(Hahn-Hahn, Ida Gräfin) Die Gräfin Ida Hahn-Hahn. Ein Silhouette. In: Das Rheinland (1843) Nr. 44, S. 174.

(Hahn-Hahn, Ida Gräfin) [K. B.] In: Mainzer Unterhaltungsblätter (1843) Nr. 266, S. 1061f.

(Hahn-Hahn, Ida Gräfin) In: Kölnische Zeitung 22. 9. 1843, Nr. 265.

(Hahn-Hahn, Ida Gräfin) [de Paula] In: Wiener Sonntagsblätter 5 (1846) S. 868.

(Hahn-Hahn, Ida Gräfin: Erinnerungen aus und an Frankreich. 1842) In: Allgemeine Zeitung. Beilage (1842) Nr. 265, 22. Sept., S. 2115–2117 (u. d. T. Touristenlitteratur. Gräfin Hahn-Hahn und Karl Gutzkow über Paris und Frankreich).
- In: Repertorium der gesammten deutschen Literatur (1842) S. 273f.

- In: Blätter für literarische Unterhaltung (1842) Nr. 328, S. 1321–1324.
(Hahn-Hahn, Ida Gräfin: Jenseits der Berge. 1840) [Wolfgang Menzel]. In: Morgenblatt für gebildete Leser. Literaturblatt (1840) S. 229–232, 236 (u. d. T. Neueste Werke über Italien).
- In: Repertorium der gesammten deutschen Literatur (1840) S. 460f.
- In: Literarische Zeitung. Red. v. C. Büchner. Berlin (1841) Nr. 9, S. 167.
(Hahn-Hahn, Ida Gräfin: Orientalische Briefe. 1844) G. F. Günther. In: Blätter für literarische Unterhaltung (1845) Nr. 152, S. 609–612, Nr. 153, S. 613–615, Nr. 154, S. 617f.
- In: Leipziger Repertorium der deutschen und ausländischen Literatur (hg. v. Gersdorf) (1845) H. 4, S. 148–154.
- [Jakob Philipp Fallmerayer]. In: Allgemeine Zeitung. Beilage (1845) Nr. 18, S. 137–140, Nr. 19, S. 145f.
- In: Zeitung für die elegante Welt (1844) 2. Bd., Nr. 39, S. 617–620.
- In: Literarische Zeitung (1844) Nr. 99, Sp. 1581f.
- [Wolfgang Menzel] In: Morgenblatt für gebildete Leser. Literaturblatt (1844) Nr. 127f., S. 505–510.
- [Elizabeth Rigby] In: The Quarterly Review 76 (1845) S. 130–136.
(Hahn-Hahn, Ida Gräfin: Reisebriefe. 1841) In: Literarische und kritische Blätter der Börsen-Halle. Deutsches Literaturblatt (Red. L. Wienbarg) (1841) Nr. 58, S. 177–180.
- [Heinrich Laube] In: Blätter für literarische Unterhaltung (1842) Nr. 82, S. 329f.
- In: Morgenblatt für gebildete Leser. Literaturblatt (1842) Nr. 10, S. 27–40, Nr. 11, S. 41–43.
(Hahn-Hahn, Ida Gräfin: Ein Reiseversuch im Norden. 1843) In: Zeitung für die elegante Welt (1843) 1. Bd. Nr. 16, S. 397.
(Hahn-Hahn, Ida Gräfin: Ein Reiseversuch im Norden. 1843) In: Blätter für literarische Unterhaltung (1843) Nr. 225, S. 901–903.
- In: Leipziger Repertorium der deutschen und ausländischen Literatur (1843) H. 15, S. 66f.
- In: Blätter für literarische Unterhaltung (1844) Nr. 56, S. 222.
(Hohenhausen, Elise von: Natur, Kunst und Leben. 1820) In: Allgemeine Literaturzeitung. Halle. Hg. v. F. J. Bertuch (1824) Erg. Bl. Nr. 18, Sp. 142–144.
- In: Allgemeines Repertorium der neuesten in- und ausländischen Literatur. Hg. v. C. D. Beck (1820) Bd. 3, S. 259.
- In: Leipziger Literatur-Zeitung (1821) Nr. 158, Sp. 1263f.
(Huber, Therese: Bemerkungen über Holland. 1811) [Johanna Schopenhauer]. In: Journal des Luxus und der Moden (1811) S. 540–542.
- [Friedrich Bouterwek]. In: Göttingische Gelehrte Anzeigen (1812) 11. St., S. 108–112.
(La Roche: Sophie von: Tagebuch einer Reise durch die Schweitz. 1787) [Pistorius] In: Allgemeine deutsche Bibliothek 81 (1788) 1. St., S. 212.
(La Roche: Sophie von: Tagebuch meiner Reise durch Holland und England. 1787) [Schatz] In: Allgemeine deutsche Bibliothek 95 (1790) 1. St., S. 265–271.
(La Roche, Sophie von: Briefe über Mannheim. 1791) [Langer] In: Allgemeine deutsche Bibliothek 108 (1792) 1. St., S. 241–244.
- In: Göttingische Gelehrte Anzeigen (1792) S. 1407.
(Lewald, Fanny) In: Blätter für literarische Unterhaltung (1849) Nr. 306, S. 1221–1223; Nr. 307, S. 1225f. (S. 1225 über Italienisches Bilderbuch).
(Fanny Lewald. Ein Literaturbild). [Hermann Hettner] In: Blätter für literarische Unterhaltung (1850) Nr. 308, S. 1229f., Nr. 309, S. 1233–1235, Nr. 310, S. 1237f., Nr. 311, S. 1241–1244.
Fanny Lewald. Eine literarische Charakteristik [Adolf Stahr] In: Deutsche Monatsschrift. Hg. v. A. Kolatschek 1 (1850) H. 5, S. 307–314.
(Lewald, Fanny) Alexander von Sternberg und Fanny Lewald. [v. L.] In: Die Deutsche Reform (1850) Mai S. 888f.
Fanny Lewalds neueste Dichtungen [Hermann Hettner] In: Deutsche Monatsschrift. Hg. v. A. Kolatschek 2 (1851) H. 4, S. 140–144.
(Lewald, Fanny: England und Schottland Bd. I. 1851) [Max Waldau] In: Blätter für literarische Unterhaltung (1851) S. 787.

(Lewald, Fanny: Erinnerungen aus dem Jahre 1848. 1850) [Hermann Hettner] In: Beilage zur Allgemeinen Zeitung. Augsburg. Nr. 95 (1850) Bd. 2, S. 1513.
- In: Leipziger Repertorium der deutschen und ausländischen Literatur. Hg. v. E. G. Gersdorf 8 (1850) Bd. 2, S. 161–165.
- In: Blätter für literarische Unterhaltung (1850) Nr. 200, S. 797 (u. d. T.: Zur Literatur des frankfurter Parlaments.)
- In: Blätter für literarische Unterhaltung (1850) Nr. 270, S. 1080 (u. d. T.: Fanny Lewald und die französische Kritik).

(Lewald, Fanny: Italienisches Bilderbuch. 1847) In: Die Grenzboten 6 (1847) IV. Bd., S. 123–125.
- In: Telegraph für Deutschland (1847) Nr. 195, S. 779 (im Feuilleton).
- [Hieronymus Lorm] In: Europa. Chronik der gebildeten Welt (1847) H. 47, S. 768f. (u. d. T. Literarische Südfrüchte).
- [Hermann Hettner] In: Blätter für literarische Unterhaltung (1850) Nr. 92, S. 365–367 (u. d. T.: Neue Reisewerke über Italien).

(Pfeiffer, Ida: Eine Frauenfahrt um die Welt. 1850) In: Europa. Chronik der gebildeten Welt. (1850) Nr. 70, S. 560.

(Pfeiffer, Ida: Meine zweite Weltreise. 1856) U. d. T. Ida Pfeiffer auf Borneo. In: Abendblatt zur Neuen Münchener Zeitung (1856) Nr. 80.
- U. d. T. Ida Pfeiffer bei den Batakern auf Sumatra. In: Abendblatt zur Neuen Münchener Zeitung (1856) Nr. 88, 89.
- A. Petermann. In: Der Sammler. Beilage zur Augsburger Abendzeitung. Nr. 99 (1854) S. 394–396 [Vorankündigung].

(von der Recke, Elisa: Tagebuch einer Reise. 1815–1817) Wilhelm Müller. In: Hermes 10 (1821) 2. St., S. 254–257.
- [Os.] In: Allgemeine Literatur-Zeitung. Halle (1818) Nr. 141, S. 290–294 [Beschluß fehlt].

(von der Recke, Elisa: Tagebuch einer Reise. 1815. Bde. I-III) In: Jenaische Allgemeine Literatur-Zeitung (1816) Nr. 18, Sp. 138–144, Nr. 19, Sp. 146–151.

(von der Recke, Elisa: Tagebuch einer Reise. 1815. Bde. I-II) In: Göttingische Gelehrte Anzeigen (1815) 142. St., S. 1401–1408.

(von der Recke, Elisa: Tagebuch einer Reise. 1815. Bd. III) In: Göttingische Gelehrte Anzeigen (1816) 140. St., S. 1395–1399.

(von der Recke, Elisa: Tagebuch einer Reise. 1817. Bd. IV) [Rpf.] In: Göttingische Gelehrte Anzeigen (1818) 94. St., S. 929–936.

(Schopenhauer, Johanna: Ausflucht an den Rhein. 1818) In: Allgemeine Literatur-Zeitung. Halle. Hg. v. F. J. J. Bertuch (1818) Nr. 115, Sp. 81–88.
- In: Leipziger Literatur-Zeitung (1819) S. 337–341.
- In: Allgemeines Repertorium der neuesten in- und ausländischen Literatur. Hg. v. C. D. Beck (1819) 1. St., S. 24f.
- In: Literarisches Wochenblatt. Hg. v. A. v. Kotzebue. 1 (1818) Nr. 12, S. 89f.

(Schopenhauer, Johanna: Ausflug an den Niederrhein. 1831) In: Blätter für literarische Unterhaltung (1831) Nr. 116, S. 505–507, Nr. 200, S. 873f.; Nr. 237, S. 1032.

(Schopenhauer, Johanna: Erinnerungen von einer Reise. Bde. 1–2, 1813–1814) [Hermann Friedländer] In: Journal des Luxus und der Moden (1814) Febr., S. 114–117 [unterzeichnet: F-l.-].

(Schopenhauer, Johanna: Erinnerungen von einer Reise. Bd. 1, 1813) [H. P. E.] In: Jenaische Allgemeine Literatur-Zeitung. Hg. v. H. K. A. Eichstädt. (1813) Nr. 199, Sp. 89–93.
- In: Allgemeine Literatur-Zeitung. Halle (1814) Nr. 55, Sp. 433–438.

(Schopenhauer, Johanna: Erinnerungen von einer Reise. Bd. 2, 1814) [H. P. E.] In: Jenaische Allgemeine Literatur-Zeitung (1815) Nr. 69, Sp. 71f.
- In: Allgemeine Literatur-Zeitung. Halle (1814) Erg. Bll. Nr. 122, Sp. 969–976, Nr. 123, Sp. 977–981.

(Schopenhauer, Johanna: Reise durch das südliche Frankreich. 1817) In: Allgemeine Literatur-Zeitung. Ergänzungsblätter. Halle (1818) Nr. 69, S. 546–549 [Beschluß fehlt].

- In: Journal des Luxus und der Moden (1817) Sept. S. 597–603.
(Schopenhauer, Johanna: Reise von Paris durch das südliche Frankreich. 1824) [Hermann Friedländer] In: Literarisches Converationsblatt für das Jahr 1825, Nr. 88, S. 352.
- Karl August Böttiger: In: Wegweiser im Gebiete der Künste und Wissenschaften. Hg. v. Th. Hell. = Beiblatt zur Abendzeitung. Dresden. (1825) S. 25.
(Schopenhauer, Johanna: Sämmtliche Schriften. 1830–1832) [Friedrich Wilhelm Neumann] In: Blätter für literarische Unterhaltung (1832) Nr. 304, S. 1281f., Nr. 305, S. 1285–1287.
(Schwartz, Espérance von: Blätter aus dem afrikanischen (Reise-)Tagebuche einer Dame. 1849) In: Blätter für literarische Unterhaltung (1850) S. 151.
(Schwarz, Sophie: Briefe einer Curländerinn. 1791) [Bruns] In: Allgemeine deutsche Bibliothek 112 (1792) 1. St., S. 194.
(Tarnow, Fanny: Briefe auf einer Reise nach Petersburg. 1819) In: Allgemeine Literatur-Zeitung. Halle. (1819) Erg. Bll. Bd. IV, Sp. 749–752.

6.1.3 Sonstige Quellen

Alexis, Willibald: Herbstreise durch Scandinavien. 2 Bde. Berlin 1828.
Alexis, Willibald: Andalusien. Spiegelbilder aus dem südspanischen Leben. Aus den Briefen eines jungen Deutschen. Berlin 1842.
Archenholtz, Johann Wilhelm von: England und Italien. 2 Bde. Leipzig 1785.
Aus dem Nachlaß von Fanny Lewald und Adolf Stahr. Adolf Stahr und Fanny Lewald an Hermann Hettner. Mitgeteilt von Rudolf Göhler. In: Euph. 31 (1930) S. 176–248.
Aus Hermann Hettners Nachlaß II. Hermann Hettner an Fanny Lewald und Adolf Stahr. Mitgeteilt von Ernst Glaser-Gerhard. In: Euph. 29 (1928) S. 410–466.
Börne, Ludwig: Briefe aus Paris. 1830 bis 1831. 2 Bde. Hamburg 1832.
Böttiger, Karl August: Literarische Zustände und Zeitgenossen. Hg. v. K. W. Böttiger. 2 Bde. Leipzig 1838 (= Frankfurt a. M. 1972).
Bonstetten, Karl Victor von: Voyage sur la scène de six derniers livres de l' Enéide. Genf 1804 (*deutsch* v. K. G. Schelle. Leipzig 1805).
Briefe an Cotta. Bd. I: Das Zeitalter Goethes und Napoleons 1794–1815. Hg. v. M. Fehling. Stuttgart u. Berlin 1925. Bd. II: Das Zeitalter der Restauration 1815–1832. Hg. v. H. Schiller. Stuttgart u. Berlin 1927.
Die Briefe Richard Monckton Milnes' s. Monckton Milnes.
Campe, Joachim Heinrich: Briefe aus Paris, zur Zeit der Revolution geschrieben. Braunschweig 1790.
Campe, Joachim Heinrich: Väterlicher Rath für meine Tochter. Ein Gegenstück zum Theophron. Der erwachsenen Jugend gewidmet. Braunschweig 1789.
Chamisso, Adelbert von: Reise um die Welt. Bemerkungen und Ansichten auf einer Entdeckungsreise. In: Werke. Hg. v. H. Tardel. Bd. III. Leipzig/ Wien 1908.
Chateaubriand, François: Reise nach Jerusalem, durch Griechenland und Kleinasien, und Rückreise nach Paris. Übers. u. m. Anm. vers. v. L. A. Haßler. Freiburg 1817.
Chezy, Wilhelm: Erinnerungen aus meinem Leben. Schaffhausen 1863.
Dreihundert Briefe aus zwei Jahrhunderten. Hg. v. K. v. Holtei. Bd. I.2 Hannover 1872 (= Bern 1971).
Ebel, Johann Gottfried: Anleitung, auf die nützlichste und genußvollste Art die Schweiz zu bereisen. 3., ganz umgearb. u. sehr verm. Aufl. 4 Thle. in 2 Bden. Zürich 1809–1810.
Eckermann, Johann Peter: Gespräche mit Goethe in den letzten Jahren seines Lebens. 2. Aufl. München 1984.
Fallmerayer, Jakob Philipp: Fragmente aus dem Orient. Stuttgart u. Tübingen 1845.
Fallmerayer, Jakob Philipp: Neue Fragmente aus dem Orient. Gesammelte Werke. Hg. v. G. M. Thomas. 1. Bd. Leipzig 1861 (= Amsterdam 1970).

[Fernow, Carl Ludwig:] Sitten- und Kulturgemälde von Rom. Mit einem Bildnisse des Kardinals Ruffo und neun andern Kupfern. Gotha 1802.
Fichte, Johann Gottlieb: Grundlage des Naturrechts nach Prinzipien der Wissenschaftslehre. Neu hg. v. F. Medicus. 2., durchges. Aufl. Leipzig 1922.
Frauenbriefe von und an Hermann Fürsten Pückler-Muskau. Aus dem Nachlaß hg. v. H. Conrad. München u. Leipzig 1912.
Friedländer, Hermann: Ansichten von Italien während einer Reise in den Jahren 1815 und 1816. 2 Thle. Leipzig 1819–1820.
Forster, Georg: Reise um die Welt. Hg. u. m. e. Nachwort v. G. Steiner. Frankfurt a. M. 1983.
Forster, Georg: Ansichten vom Niederrhein, von Brabant, Flandern, Holland, England und Frankreich, im April, Mai und Junius 1790. Hg. v. G. Steiner. Frankfurt a. M. 1989.
Gaudy, Franz Freiherr: Aus dem Tagebuche eines wandernden Schneidergesellen. (1836). In: Sämtliche Werke. Hg. v. A. Mueller. Berlin 1844, Bd. 2, S. 35–158.
Gaudy, Franz Freiherr: Mein Römerzug. (1836). 4 Thle. In: Sämtliche Werke. Hg. v. A. Mueller. Berlin 1844, Bde. 19–22.
Goethe, Johann Wolfgang von: Werke. Hamburger Ausgabe in 14 Bden. Hg. v. E. Trunz. München 1981 (=HA).
Goethe, Johann Wolfgang von: Werke. Hg. im Auftrage der Großherzogin Sophie von Sachsen. Abt. I-IV. Weimar 1887–1919 (= WA).
Gutzkow, Karl: Werke. Hg. m. Einl. u. Anm. v. R. Gensel. Berlin u. a. 1912 (= Hildesheim/ New York 1974).
Halem, Gerhard Anton von: Blicke auf einen Theil Deutschlands, der Schweiz und Frankreichs bey einer Reise vom Jahre 1790. 2 Bde. Hamburg 1791.
Hammer-Purgstall, Joseph von: Constantinopolis und der Bosporus, örtlich und geschichtlich beschrieben. 2 Bde. Pesth 1822.
Heine, Heinrich: Säkularausgabe. Werke. Briefwechsel. Lebenszeugnisse. Berlin, Paris 1970ff. (= SA).
Heine, Heinrich: Sämtliche Schriften. Hg. v. K. Briegleb. München 1976.
Heine, Heinrich: Historisch-kritische Gesamtausgabe der Werke. Hg. v. M. Windfuhr. Hamburg 1973ff. (= HKA).
Hettner, Hermann s. Aus Hermann Hettners Nachlaß
Holtei, Karl von: Vierzig Jahre. 8 Bde. Berlin/ Breslau 1843–1850.
Immermann, Karl: Reisejournal. Düsseldorf 1833.
[Johann, König von Sachsen:] Aus dem Nachlasse des Königs Johann von Sachsen. Hg. v. J. Petzholdt. 4 Bde. in 1 Bd. Dresden 1880.
[Kölle, Christoph Friedrich Karl von:] Rom im Jahre 1833. Mit einem Grundriß der Stadt. Stuttgart u. Tübingen 1834.
Lewald, August: Praktisches Reise-Handbuch nach und durch Italien. Mit Berücksichtigung aller dem Reisenden nothwendigen und wissenswerthen Angaben, auf Selbstanschauung begründet, und nach den neuesten und besten Quellen bearbeitet. Mit 2 Karten und 9 Plänen. Stuttgart 1840.
Monckton Milnes, Richard: Die Briefe Richard Monckton Milnes' ersten Baron Houghton an Varnhagen von Ense (1844–1854). Hg. v. W. Fischer (= Anglist. Forschungen 22). Heidelberg 1922 (= Amsterdam 1967).
Moritz, Carl Philipp: Reisen eines Deutschen in England im Jahr 1782. Hg. v. O. zur Linde. Berlin 1903 (= Nendeln 1968).
Moritz, Carl Philipp: Reisen eines Deutschen in Italien. In Briefen. 3 Bde. Berlin 1792–1793.
Müller, Wilhelm: Rom, Römer und Römerinnen. Eine Sammlung vertrauter Briefe aus Rom und Albano mit einigen spätern Zusätzen und Belegen. 2 Bde. Berlin 1820.
Mundt, Theodor: Spaziergänge und Weltfahrten. 3 Bde. Altona 1838–1839.
Nicolai, Friedrich: Beschreibung einer Reise durch Deutschland und die Schweiz im Jahre 1781. Nebst Bemerkungen über Gelehrsamkeit, Industrie, Religion und Sitte. 11 Bde. Berlin 1783–1796.

Nicolai, Gustav: Italien wie es wirklich ist. Bericht über eine merkwürdige Reise in den hesperischen Gefilden, als Warnungsstimme für Alle, welche sich dahin sehnen. 2., verm. u. verb. Aufl., nebst einem Anhange, enthaltend sämmtliche in öffentlichen Blättern erschienene Beurtheilungen des Werks, mit Anmerkungen vom Verfasser. 2 Thle. Leipzig 1835.

[Posselt, Franz Ludwig:] Apodemik oder die Kunst zu reisen. Ein systematischer Versuch zum Gebrauch junger Reisenden aus den gebildeten Ständen überhaupt und angehender Gelehrten und Künstler insbesondere. 2 Bde. Leipzig 1795.

Prokesch, Anton: Erinnerungen aus Ägypten und Kleinasien. 3 Bde. Wien 1829–1831.

Prutz, Robert: Schriften zur Literatur und Politik. s. 6.2. 2.

Pückler-Muskau, Hermann Fürst von: Briefwechsel und Tagebücher. Hg. v. L. Assing-Grimelli. 9 Bde. Hamburg 1873–76 (= Bern 1971).

Pückler-Muskau, Hermann Fürst von: Aus Mehemed Alis Reich. Ägypten und der Sudan um 1840. Mit e. Nachw. v. G. Jantzen u. e. biogr. Essay v. O. Flake. Zürich 1985.

[Pückler-Muskau, Hermann Fürst von:] Jugend-Wanderungen. Aus meinen Tagebüchern. Für mich und Andere. Vom Verfasser der Briefe eines Verstorbenen. Stuttgart 1835.

[Raupach, Ernst:] Lebrecht Hirsemenzels, eines deutschen Schulmeisters, Briefe aus und über Italien. Hg. v. D. Ernst Raupach. Leipzig 1823.

Riedesel, Johann Hermann von: Reise durch Sicilien und Großgriechenland. Zürich 1771.

Schlözer, August Ludwig: Vorlesungen über Land- und Seereisen, gehalten von Herrn Professor Schlözer. Nach dem Kollegheft des stud. jur. E. F. Haupt (Wintersemester 1795/1796) hg. v. W. Ebel. 2. durchges. Aufl. Göttingen 1964.

Schubert, Gotthilf Heinrich: Reise durch das südliche Frankreich und nach Italien. 2 Bde. Erlangen 1827–1831.

Seume, Johann Gottfried: Mein Sommer 1805. Weimar 1806.

Seume, Johann Gottfried: Spaziergang nach Syrakus im Jahre 1802. 3 Bde. Braunschweig/ Leipzig 1803.

Stahr, Adolf: Ein Jahr in Italien. 3 Bde. Oldenburg 1847–1850.

Stahr, Adolf: Nachlaß s. Aus dem Nachlaß von Fanny Lewald und Adolf Stahr, 6.1.3.

Sternberg, Alexander von: Erinnerungsblätter aus der Biedermeierzeit. Hg. v. J. Kühn. Potsdam-Berlin 1919.

Stieglitz, Heinrich: Erinnerungen an Rom und den Kirchenstaat im ersten Jahre seiner Verjüngung. Leipzig 1848.

Stolberg, Friedrich Leopold von: Reise in Deutschland, der Schweiz, Italien und Sicilien in den Jahren 1791 und 1792. 4 Bde. Königsberg/ Leipzig 1794.

T[iedge, Christoph August:] Elisa von der Recke s. 6. 2. 2.

Wieland, Christoph Martin: Deutschland's Dichterinnen s. 6. 2. 2.

Wienbarg, Ludolf: Holland in den Jahren 1831 und 1832. 2 Bde. Hamburg 1833 (= Frankfurt a. M. 1983).

6.2. Forschungsliteratur

6.2.1 Nachschlagewerke

Allgemeine Deutsche Biographie. Hg. durch d. Hist. Commission bei d. Bayr. Akademie der Wiss. Red. v. R. Frhr. v. Liliencron u. F. X. v. Wegele. Bd. 1–56. Leipzig 1875–1912 (= ADB).

Allgemeine deutsche Real=Encyklopädie für die gebildeten Stände (Conversations=Lexikon). In 12 Bdn. 7. Originalausg. Leipzig: Brockhaus 1827–1830.

Allgemeine deutsche Real=Encyklopädie für die gebildeten Stände (Conversations=Lexikon). 10. Aufl. Leipzig. Brockhaus 1851–1855.

Die Autographen des Schopenhauer-Archivs der Stadt- und Universitäts-Bibliothek Frankfurt a. M. Gesamtverzeichnis. Bearb. v. A. Estermann. Stuttgart-Bad Cannstadt 1988.

Bulling, Karl: Die Rezensenten der Jenaischen Allgemeinen Literaturzeitung. 1804–1833. 3 Bde. Weimar 1962–1965 (= Claves Jenenses 11–13).
Brümmer, Franz: Deutsches Dichter-Lexikon. Biographische und bibliographische Mittheilungen über deutsche Dichter aller Zeiten. 2 Bde. u. Nachtrag. Eichstätt/ Stuttgart 1876f.
– Lexikon der deutschen Dichter und Prosaisten des 19. Jahrhunderts. 2 Bde. Leipzig 1885.
Damen-Conversations-Lexicon. Hg. v. C. Herloßsohn. 2. unveränd. Aufl. Adorf 1846.
Deutsche Literatur von Frauen. Hg. v. G. Brinkler-Gabler. 2 Bde. München 1988.
Deutsches Biographisches Archiv. Hg. v. B. Fabian. Mikrofiche-Edition. München u. a. 1982–1985.
Deutschlands Schriftstellerinnen, eine charakteristische Skizze. Ulm/ Stettin 1790.
Engelmann, Wilhelm: Bibliotheca geographica. Verzeichniß der seit der Mitte des vorigen Jahrhunderts bis zum Ende des Jahres 1856 in Deutschland erschienenen Werke über Geographie und Reisen mit Einschluß der Landkarten, Pläne und Ansichten. Leipzig 1858 (= Amsterdam 1965).
Estermann, Alfred: Die Zeitschriften des Jungen Deutschland. Idices. 2 Bde. Nendeln 1975.
– Die deutschen Literatur-Zeitschriften 1815–1850. 10 Bde. Nendeln 1978–1981.
Frauen der Zeit s. Männer der Zeit
Friedrichs, Elisabeth: Die deutschsprachigen Schriftstellerinnen des 18. und 19. Jahrhunderts. Ein Lexikon. Stuttgart 1981.
Goedeke, Karl: Grundriß zur Geschichte der deutschen Dichtung. 2., ganz neu bearb. Aufl. Dresden/ Berlin 1884ff. (= Nendeln 1975).
Griep, Wolfgang/ Pelz, Annegret: Frauen reisen. Ein bibliographisches Verzeichnis deutschsprachiger Frauenreisen 1700 bis 1810. Bremen 1995 (= Eutiner Kompendien 1).
Groß, Heinrich: Deutsche Dichterinen und Schriftstellerinnen in Wort und Bild. 2 Bde. Berlin 1885.
– Deutschland Dichterinen und Schriftstellerinnen. Eine literar-historische Skizze. 2. Ausg. Wien 1882.
Harless, Christian Friedrich: Die Verdienste der Frauen um Naturwissenschaft, Gesundheits- und Heilkunde, so wie auch um Länder-, Völker- und Menschenkunde, von der ältesten Zeit bis auf die neueste. Göttingen 1830.
Hocks, Paul/ Schmidt, Peter: Index zu deutschen Zeitschriften der Jahre 1773–1830. Abt. I: Zeitschriften der Berliner Spätaufklärung. 3 Bde. Nendeln 1979.
Kletke, Hermann: Deutschlands Dichterinen. 2. Aufl. Berlin 1854. 4. verm. Aufl. Berlin o. J.
Krauß, Rudolf: Schwäbische Literaturgeschichte. 2 Bde. Freiburg u. a. 1897–1899.
Kurz, Heinrich: Geschichte der deutschen Literatur von 1830 bis auf die Gegenwart. Mit ausgewählten Stücken aus den Werken der vorzüglichsten Schriftsteller. = Geschichte der deutschen Literatur Bd. IV. Leipzig 1872.
Lexikon deutscher Frauen der Feder. Eine Zusammenstellung der seit dem Jahre 1840 erschienenen Werke weiblicher Autoren, nebst Biographien der lebenden und einem Verzeichnis der Pseudonyme. Hg. v. S. Pataky. 2 Bde. Berlin 1898.
Lexikon deutschsprachiger Schriftstellerinnen 1800–1945. Hg. v. G. Brinker-Gabler. München 1987.
Männer der Zeit. Biographisches Lexikon der Gegenwart. Mit Supplement: Frauen der Zeit. 2 Abt. m. Suppl. Leipzig 1862.
[Parthey, Gustav C. F.:] Die Mitarbeiter an Friedrich Nicolai's Allgemeiner Deutscher Bibliothek nach ihren Namen und Zeichen in zwei Registern geordnet. Ein Beitrag zur deutschen Literaturgeschichte. Berlin 1842 (= Hildesheim 1973).
Robinson, Jane: Wayward Women. A Guide to Women Travellers. Oxford 1990.
Sagarra, Eda: Quellenbibliographie autobiographischer Schriften von Frauen im deutschen Kulturraum 1730–1918. In: IASL 11 (1986) S. 175–231.
Scherr, Johannes: Geschichte der deutschen Frauenwelt. 2 Bde. 5. Aufl. Leipzig 1898.
Schindel, Carl Wilhelm Otto August von: Die deutschen Schriftstellerinnen des 19. Jahrhunderts. 3 Bde. Leipzig 1823–1825.

Spiero, Heinrich: Geschichte der deutschen Frauendichtung. Leipzig 1913.
Starnes, Thomas C.: Der Teutsche Merkur. Ein Repertorium. Sigmaringen 1994.
Tinling, Marion: Women into the Unknown. A Sourcebook on Women Explorers and Travelers. New York u.a. 1989.
Verzeichnis einiger jetzt lebender deutschen Schriftstellerinnen und ihrer Schriften. In: Journal von und für Deutschland 5 (1788) 2. St., S. 138–142, 8. St., S. 109f., 6 (1789) 3. St., S. 303, 11.St., S. 466f., 7 (1790) 4. St., S. 315f., 9. St., S. 229–232.
Voß, Abraham: Deutschlands Dichterinnen. In chronologischer Folge. Düsseldorf 1847.
[Vulpius, Christian August:] Pantheon berühmter und merkwürdiger Frauen. 5 Thle. Leipzig 1809–1816.
Wurzbach, Constantin von: Biographisches Lexikon des Kaiserthums Österreich: Enthaltend die Lebensskizzen der denkwürdigen Personen, welche 1750–1850 im Kaiserstaate und seinen Kronländern gelebt haben. Tl. 1–60. Wien 1856–1891.

6.2.2 Monographien und Aufsätze

Adickes, Sandra: The Social Quest. The Expanded Vision of Four Women Travelers in the Era of the French Revolution. New York u.a. 1991 (= American University Studies IX, 92).
Charlotte von Ahlefeld. Ein Erinnerungsblatt. In: Europa. Chronik der gebildeten Welt (1851) Nr. 35, S. 275–279.
Allen, Alexandra: Travelling Ladies. London 1980.
Altgeld, Wolfgang: Das politische Italienbild der Deutschen zwischen Aufklärung und europäischer Revolution von 1848. Tübingen 1984 (= Bibliothek des Deutschen Historischen Instituts in Rom 59).
Ashton, Rosmary: Little Germany. Exile and Asylum in Victorian England. Oxford/ New York 1986.
Assing, Ludmilla: Sophie von La Roche. Die Freundin Wielands. Berlin 1859.
Aufbruch und Abenteuer. Frauen-Reisen um die Welt ab 1785. Hg. v. L. Potts. Berlin 1988.
Autobiographien von Frauen. Beiträge zu ihrer Geschichte. Hg. v. M. Heuser. Tübingen 1996 (=Untersuchungen zur deutschen Literaturgeschichte 85).
Bäumer, Konstanze: Reisen als Moment der Erinnerung. Fanny Lewalds »Lehr- und Wanderjahre«. In: Out of line. Ausgefallen. The paradox of marginality in the writings of 19th century German women. Ed. by R.-E. Boetcher Joeres and M. Burkhard. Amsterdam 1989 (= Amsterdamer Beitrr. zur neueren Germ. 28), S. 137–157.
Batten, Charles L.: Pleasurable Instructions. Form and convention in 18th century travel literature. Berkeley 1978.
Becker, Carolyn Oglesby: From the Jacobins to the Young Germans. The Liberal Travel Literature from 1785 to 1840. Phil. Diss. University of Wisconsin 1974.
Becker-Cantarino, Barbara: Der lange Weg zur Mündigkeit. Frauen und Literatur von 1500–1800. Stuttgart 1987.
– Muse und Kunstrichter. Sophie La Roche und Wieland. In: MLN 99 (1984) S. 571–88.
– Therese Forster-Huber und Polen. In: Daß eine Nation die ander verstehen möge. Festschrift für M. Szyrocki. Hg. v. N. Honsza u. H. G. Roloff. Amsterdam 1988 (= Chloe. Beihefte zum Daphnis 7) S. 53–66.
Blanch, Lesley: The wilder shores of love. London 1954.
Blondel, Madeleine: Le receit de voyage feminin au XVIIIe siècle. In: Bulletin de la Societé d' Etudes Anglo-Americaines des XVIIe et XVIIIe Siècles 17 (1983) S. 109–127, 17 (1984) S. 103–123.
Blumenthal, Lieselotte: Mozarts englisches Mädchen. In: Sitzungsberichte der sächsischen Akademie der Wissenschaften zu Leipzig, philol.-hist. Klasse 120.1 (1978) S. 3–29.
Böhmel Fichera, Ursula: Italien von und für Frauen gesehen. In: Deutsches Italienbild und italienisches Deutschlandbild im 18. Jahrhundert. Hg. v. K. Heitmann und T. Scamardi (= Reihe der Villa Viagoni 9). Tübingen 1993, S. 60–71.

Bölte, Amely: Fanny Tarnow. Ein Lebensbild. Berlin 1865.
Boetcher Joeres, Ruth-Ellen: German women in text and context of the 18th and 19th centuries: A review essay of feminist criticism. In: IASL 11 (1986) S. 232–263.
Borcherdt, H. H.: Das Schriftstellertum von der Mitte des 18. Jahrhunderts bis zur Gründung des Deutschen Reiches. In: Die geistigen Arbeiter. I. Tl.: Freies Schriftstellertum und Literaturverlag. Hg. v. L. Sinzheimer. München/ Leipzig 1922 (Schriften des Vereins für Sozialpolitik 152).
Bovenschen, Silvia: Die imaginierte Weiblichkeit. Exemplarische Untersuchungen zu kulturgeschichtlichen und literarischen Präsentationsformen des Weiblichen. 2. Aufl. Frankfurt a. M. 1980.
Brandes, Helga: Der Frauenroman und die literarisch-publizistische Öffentlichkeit im 18. Jahrhundert. In: Untersuchungen zum Roman von Frauen um 1800. Hg. v. H. Gallas u. M. Heuser. Tübingen 1990, S. 41–51.
Brenner, Peter J.: Der Reisebericht in der deutschen Literatur. Ein Forschungsüberblick als Vorstudie zu einer Gattungsgeschichte. Tübingen 1990 (= IASL 2. Sonderheft).
– Die Erfahrung der Fremde. Zur Entwicklung einer Wahrnehmungsform in der Geschichte des Reiseberichts. In: Der Reisebericht. Die Entwicklung einer Gattung in der deutschen Literatur. Hg. v. P. J. Brenner. Frankfurt a. M. 1989, S. 14–49.
– Reisen in die Neue Welt. Die Erfahrung Nordamerikas in deutschen Reise- und Auswandererberichten des 19. Jahrhunderts. Tübingen 1991 (= Studien und Texte zur Sozialgeschichte der Literatur 35).
Brieftheorie des 18. Jahrhunderts. Texte. Kommentare. Essays. Hg. v. A. Ebrecht, R. Nörtemann, H. Schwarz. Stuttgart 1990.
Brilli, Attilio: Reisen in Italien. Die Kulturgeschichte der klassischen Italienreise. Köln 1989.
de Bruyn, Günther: Das Leben des Jean Paul Friedrich Richter. Frankfurt a. M. 1978.
Bürger, Christa: Leben Schreiben. Die Klassik, die Romantik und der Ort der Frauen. Stuttgart 1990.
Bürkli, Johann: Über die Reisebeschreibungen. In: Schweitzerisches Museum (1785) S. 870–888.
Cauer, Minna: Die Frau im 19. Jahrhundert. Berlin 1898.
Cotta und das 19. Jahrhundert. Aus der literarischen Arbeit eines Verlegers. Ständige Ausstellung des Schiller-National-Museums und des deutschen Literatur-Archivs Marbach. Katalog hg. v. D. Kuhn. Marbach 1980 (= Marbacher Kataloge 35).
Dawson, Ruth: »And this shield is called – self-reliance«. Emerging Feminist Consciousness in the Late Eighteenth Century. In: German Women in the Eighteenth and Nineteenth Centuries. A Social and Literary History. Ed. by R.-E. B. Joeres and M. J. Maynes. Bloomington 1986, S. 157–174.
– »Der Weihrauch, den uns die Männer streuen«: Wieland and women writers in the Teutscher Merkur. In: Christoph Martin Wieland. Nordamerikanische Forschungsbeiträge zur 250. Wiederkehr seines Geburtstages 1983. Hg. v. H. Schelle. Tübingen 1984, S. 225–249.
Deeken, Annette: Frauen reisen im Schatten des Großherrn. Etüde zu einer Geschichte der Frauenreiseliteratur. In: Jahrbuch der Karl-May-Ges. (1990) S. 313–327.
Die deutschen Reisebeschreiber über Italien. In: Deutsche VierteljahrsSchrift 11 (1840) H. 3, S. 83–99 [gez. P.S.M.].
D[obrowolsky], Adeline von: Dorothea von Rodde, geb. Schlötzer. In: Frauen-Spiegel. Vierteljahrschrift für Frauen. Hg. v. L. v. Marezoll (1840) Bd. 1, S. 172–186.
Dotzler, Bernhard D.: »Seht doch wie ihr vor Eifer schäumet…«. Zum männliches Diskurs über Weiblichkeit um 1800. In: JDSG 30 (1986) S. 339–382.
Ebersberger. Thea: Erinnerungsblätter aus dem Leben Luise Mühlbach's. Gesammelt u. hg. v. ihrer Tochter. Leipzig 1902.
Ehrenzeller, Hans: Studien zur Romanvorrede von Grimmelshausen bis Jean Paul. Bern 1955 (= Basler Studien zur deutschen Sprache und Literatur 16).
Eichendorff, Joseph von: Novellen von Ernst Ritter. In: Hist.pol. Blätter für das kath. Deutschland 19 (1847) S. 641–650.

Engelsing, Rolf: Der Bürger als Leser. Lesergeschichte in Deutschland 1500–1800. Stuttgart 1974.
- Die Perioden der Lesergeschichte in der Neuzeit. Das statistische Ausmaß und die soziokulturelle Bedeutung der Lektüre. In: Archiv für Geschichte des Buchwesens 10 (1970) Sp. 945–1002.
- Wieviel verdienten die Klassiker? In: Neue Rundschau 87 (1976) S. 124–136.

Enzensberger, Hans Magnus: Eine Theorie des Tourismus. (1958). In: Einzelheiten I. Bewußtseins-Industrie. Frankfurt a. M. 1962, S. 179–205.

Felden-Archibald, Tamara: Reiseliteratur von Vormärzlerinnen: zur literarischen Repräsentation der Geschlechterrollenerfahrung. University of Maryland, College Park, Diss. 1990. Jetzt u. d. T.: FrauenReisen. Zur literarischen Repräsentation weiblicher Geschlechterrollenerfahrung im 19. Jahrhundert. Frankfurt a. M., Bern u. a. 1993.

Feminist literary theory. A reader. Ed. by M. Eagleton. Oxford 1986.

Feministische Literaturwissenschaft. Dokumentation der Tagung in Hamburg vom Mai 1983. Hg. v. I. Stephan u. S. Weigel. Berlin 1984 (= Argument-Sonderband 129 = Literatur im hist. Prozeß NF 1).

Fischer, Kuno: George Sand und Gräfin Hahn-Hahn. In: Wöchentlicher Literatur- und Kunstbericht (1846) Nr. 27, S. 105 f., Nr. 28, S. 109–112, Nr. 29, S. 113–115.

Foster, Shirley: Across New Worlds. Nineteenth-Century Women Travellers and their Writings. New York u. a. 1990.

Frankl, Ludwig August: Eine Wienerin nach Brasilien [über Ida Pfeiffer]. In: Sonntagsblätter (Wien) 5 (1846) S. 420 f.

Die Frau im Dialog. Studien zu Theorie und Geschichte des Briefes. Hg. v. A. Runge u. L. Steinbrügge. Stuttgart 1991 (= Ergebnisse der Frauenforschung 21).

Frauen suchen ihre Geschichte. Studien zum 19. und 20. Jahrhundert. Hg. v. K. Hausen. München 1983.

Frauenemanzipation im deutschen Vormärz. Texte und Dokumente. Hg. v. R. Möhrmann. Stuttgart 1978 (=Reclams Universalbibliothk 9903).

Frederiksen, Elke: »Ich reise um zu leben«. Selbsterfahrung und Erfahrung des Fremden. Zur Reiseliteratur von Frauen (Johanna Schopenhauer und Rahel Varnhagen zum Beispiel). In: Begegnung mit dem Fremden. Akten des VIII. Internationalen Germanistenkongresses. Tokyo 1990. Bd. 9: Erfahrene und imaginierte Fremde. Hg. v. Y. Shichiji. München 1991, S. 209–219.
- unter Mitarbeit von Tamara Archibald: Der Blick in die Ferne. Zur Reiseliteratur von Frauen. In: Frauen Literatur Geschichte. Schreibende Frauen vom Mittelalter bis zur Gegenwart. Hg. v. H. Gnüg und R. Mörmann. Stuttgart 1985, S. 104–122.

Frenzel, Karl: Fanny Lewald. In: Erinnerungen und Strömungen (= Gesammelte Werke Bd. I). Leipzig 1890, S. 148–161.

Frevert, Ute: Bürgerliche Meisterdenker und das Geschlechterverhältnis. Konzepte, Erfahrungen, Visionen an der Wende vom 18. zum 19. Jahrhundert. In: Bürger und Bürgerinnen. Geschlechterverhältnisse im 19. Jahrhundert. Hg. v. U. Frevert. Göttingen 1988, S. 17–48.
- Frauen-Geschichte. Zwischen Bürgerlicher Verbesserung und Neuer Weiblichkeit. Frankfurt a. M. 1986.

Frost, Laura: Johanna Schopenhauer. Ein Frauenleben aus der klassischen Zeit. 2. Aufl. Leipzig 1913.

Geiger, Gerlinde Maria: Die Befreite Psyche. Emanzipationsansätze im Frühwerk Ida Hahn-Hahns (1838–1848). University of Massachusetts (Ph. D.) 1984.

Geiger, Ludwig: Therese Huber, 1764–1829. Leben und Briefe einer deutschen Frau. Stuttgart 1901.

Gerhard, Ute: Verhältnisse und Verhinderungen. Frauenarbeit, Familie und Rechte der Frauen im 19. Jahrhundert. Mit Dokumenten. Frankfurt a. M. 1978.

Gillies, Alexander: Emilie von Berlepsch and her »Caledonia«. In: GLL 29 (1975/76) S. 75–90.

- A Hebridean in Goethe's Weimar. The Reverend James Macdonald and the cultural relations between Scotland and Germany. Oxford 1969.
Goeckingk, Leopold von: Sophiens Charakter. In: Deutsche Monatsschrift (1790) Bd. I, S. 71–79.
Göpfert, Herbert G.: Vom Autor zum Leser. Beiträge zur Geschichte des Buchwesens. München 1977.
Goldfriedrich, Johann/ Kapp, Friedrich: Geschichte des deutschen Buchhandels. 5 Bde. Leipzig 1886–1913.
Goldmann, Bernd: Ida Hahn-Hahn – eine emanzipierte Frau und Schriftstellerin aus dem 19. Jahrhundert. In: Jb. f. Heimatkunde im Kreis Plön 10 (1980) S. 36–50.
Goodman, Katharine R.: Johanna Schopenhauer (1766–1838), or Pride and Resignation. In: Out of line. Ausgefallen. The paradox of marginality in the writings of 19th century German women. Ed. by R.-E. Boetcher Joeres and M. Burkhard. Amsterdam 1989 (= Amsterdamer Beitrr. zur neueren Germ. 28), S. 189–209.
Graewe, Richard: Carl Gottlieb Horstig 1763–1835. Das Lebensbild eines vielseitigen Genies aus Goethes Freundeskreis. Ein Beitrag zur Goethe-Forschung. Hildesheim 1974.
Hahn, Barbara: »Geliebtester Schriftsteller«. Esther Gads Korrespondenz mit Jean Paul. In: Jean Paul-Jb 25 (1990) S. 7–42.
Hahn, Barbara/ Fischer, Bernhard »Alles... von mir!« Therese Huber (1764–1829). Schriftstellerin und Redakteurin. Marbach a. N. 1993 (= Marbacher Magazin 65).
Hackenberg, Fritz: Elise von Hohenhausen. Eine westfälische Dichterin und Übersetzerin. In: Ztschr. f. vaterländ. Geschichte u. Altertumskunde 73 (1915) S. 115–172.
Hänsel, Markus: Elise von Hohenhausen 1789–1857. Übersetzerin, Dichterin und Mutter. Ein Lebensbild im Biedermeier. Frankfurt a. M. 1984.
Hänsel-Hohenhausen, Markus: Frankfurt a. M. im Jahre 1818. Reisebericht der Elise von Hohenhausen (1820). In: Archiv f. Frankfurts Geschichte u. Kunst 61 (1987) S. 197–211.
Halperin, Natalie: Die deutschen Schriftstellerinnen in der 2. Hälfte des 18. Jahrhunderts. Versuch einer soziologischen Analyse. Quakenbrück 1935.
Hamm, Wilhelm: Die deutschen Schriftstellerinnen bis 1830. In: Frankfurter Konversationsblatt. Belletristische Beilage zur Oberpostamts-Zeitung (1847) S. 442f., 446f., 450f., 454f., 458f., 462f., 466f., 470f., 474f., 478f., 486f., 490f., 494f., 498f., 502f.
- Die deutschen Schriftstellerinnen von 1830–1847. In: Frankfurter Konversationsblatt. Belletristische Beilage zur Oberpostamts-Zeitung (1847) S. 646f., 650f., 662f., 666f.
Hanstein, Adalbert von: Die Frauen in der Geschichte des deutschen Geisteslebens des 18. und 19. Jahrhunderts. 2 Bde. Leipzig 1899–1900.
Hauke, Petra-Sybille: Literaturkritik in den Blättern für literarische Unterhaltung 1818–1835. Stuttgart u. a. 1972 (= Studien zur Poetik u. Geschichte der Literatur 27).
Hausen, Karin: Die Polarisierung der »Geschlechtscharaktere«. Eine Spiegelung der Dissoziierung von Erwerbs- und Familienleben. In: Sozialgeschichte der Familie der Neuzeit Europas. Neue Forschungen. Hg. v. W. Conze. Stuttgart 1976, S. 363–393.
- »...eine Ulme für das schwankende Efeu«. Ehepaare im Bildungsbürgertum. Ideale und Wirklichkeiten im späten 18. und 19. Jahrhundert. In: Bürgerinnen und Bürger. Geschlechterverhältnisse im 19. Jahrhundert. Hg. v. U. Frevert. Göttingen 1988, S. 85–117.
Heidenreich, Bernd: Sophie von La Roche – eine Werkbiographie. Frankfurt a. M./ Bern 1986 (= Frankfurter Hochschulschriften zur Sprachtheorie u. Lit.Ästhetik 5).
Hentschel, Uwe: Die Reiseliteratur am Ausgang des 18. Jahrhunderts. Vom gelehrten Bericht zur literarischen Beschreibung. In: IASL 16.2 (1991) S. 51–83.
Herrmann, Ulrich: Erziehung und Schulunterricht für Mädchen im 18. Jahrhundert. In: Wolfenbütt. Studien zur Aufklärung 3 (1976) S. 101–127.
Heuser, Magdalene: »Ich wollte dieß und das von meinem Buche sagen, und gerieth in ein Vernünfteln«. Poetologische Reflexionen in den Romanvorreden. In: Untersuchungen zum Roman von Frauen um 1800. Hg. v. H. Gallas und M. Heuser. Tübingen 1990, S. 52–65.
- Zwischen Kochtopf und Verstandeserziehung, Briefen und Gelehrtenautobiographie: Do-

rothea Friderika Baldinger. In: Autobiographien von Frauen. Beiträge zu ihrer Geschichte. Hg. v. M. Heuser. Tübingen 1996 (= Untersuchungen zur deutschen Literaturgeschichte 85), S. 152–174.

Heyck, Eduard: Die Allgemeine Zeitung 1798–1898. Beiträge zur Geschichte der deutschen Presse. München 1898.

Heydebrand, Renate von/ Winko, Simone: Geschlechterdifferenz und literarischer Kanon. Historische Beobachtungen und systematische Überlegungen. In: IASL 19.2 (1994) S. 96–172.

Honegger, Claudia: Die Ordnung der Geschlechter. Die Wissenschaft vom Menschen und das Weib. 1750–1850. Frankfurt a. M./ New York 1991.

Therese Huber. Die reinste Freiheitsliebe, die reinste Männerliebe. Ein Lebensbild in Briefen und Erzählungen zwischen Aufklärung und Romantik. Hg. v. A. Hahn. Berlin 1989.

Ich bin mehr Herz als Kopf. Sophie von La Roche. Ein Lebensbild in Briefen. Hg. v. M. Maurer. München 1983.

Jäger, Georg: Die deutsche Leihbibliothek im 19. Jahrhundert. Verbreitung – Organisation – Verfall. In: IASL 2 (1977) S. 96–133.

Jäger, Georg unter Mitarbeit von Ulrich Dannenhauer: Die Bestände deutscher Leihbibliotheken zwischen 1815 und 1860. In: Buchhandel und Literatur. Festschrift für H. G. Göpfert. Hg. v. R. Wittmann und B. Hack. Wiesbaden 1982, S. 247–313.

Jäger, Hans-Wolf: Zum Frankreichbild deutscher Reisender im 18. Jahrhundert. In: Aufklärungen. Frankreich und Deutschland im 18. Jahrhundert. Bd. 1. Hg. v. G. Sauder u. J. Schlobach. Heidelberg 1985, S. 203–219.

Jehle, Hiltgund: Ida Pfeiffer. Weltreisende im 19. Jahrhundert. Zur Kulturgeschichte reisender Frauen. Münster/ New York 1989 (= Internationale Hochschulschriften 13).

Jurgensen, Manfred: Das fiktionale Ich. Untersuchungen zum Tagebuch. Bern/ München 1979.

Kaiser, Gerhard R.: »Vulkan«, »Feerie«, »Lusthaus«. Zur deutschen Berichterstattung aus Paris zwischen 1848 und 1884. In: Rom – Paris – London. Erfahrung und Selbsterfahrung deutscher Schriftsteller und Künstler in den fremden Metropolen. Ein Symposion. Hg. v. K. Wiedemann (= Germanist. Symposien. Berichtsbände 8). Stuttgart 1988, S. 479–511.

Kalb, Gertrud: Bildungsreise und literarischer Reisebericht. Studien zur englischen Literatur 1700–1850. Nürnberg 1981 (= Erlanger Beitrr. zur Sprach- u. Kunstwiss. 67).

Kambas, Chryssoula: Zwischen Kosmopolitanismus und Nation. Helmina von Chezy als Pariser Chronistin. In: Autobiographien von Frauen. Beiträge zu ihrer Geschichte. Hg. v. M. Heuser. Tübingen 1996 (= Untersuchungen zur deutschen Literaturgeschichte 85), S. 247–264.

Kirchner, Joachim: Das deutsche Zeitschriftenwesen. Seine Geschichte und seine Probleme. 2 Tle. Wiesbaden 1962.

Klátik, Zlatko: Über die Poetik der Reisebeschreibung. In: Zagadnienia Rodzajów Literakkich 11 (1969) S. 126–153.

Klein, Ulrich: Reiseliteraturforschung im deutschsprachigen Raum. In: Euphorion 87 (1993) S. 286–318.

Klüger, Ruth: Zum Außenseitertum der deutschen Dichterinnen. In: Untersuchungen zum Roman von Frauen um 1800. Hg. v. H. Gallas und M. Heuser. Tübingen 1990, S. 13–19.

König, Dominik von: Lesesucht und Lesewut. In: Buch und Leser. Vorträge des ersten Jahrestreffens des Wolfenbütteler Arbeitskreises für Geschichte des Buchwesens. Hg. v. H. G. Göpfert. Hamburg 1977 (= Schriften des Wolfenbütteler Arbeitskreises für Geschichte des Buchwesens 1) S. 89–124.

Koenig-Warthausen, Gabriele Freiin von: Deutsche Frauen in Italien. Briefe und Bekenntnisse aus drei Jahrhunderten. Wien 1942.

Krieg, Walter: Materialien zu einer Entwicklungsgeschichte der Bücher-Preise und des Autoren-Honorars vom 15. bis zum 20. Jahrhundert. Nebst einem Anhange. Kleine Notizen zur Auflagengeschichte der Bücher im 15. und 16. Jahrhundert. Wien u. a. 1953.

Krull, Edith: Das Wirken der deutschen Frau im frühen Zeitschriftenwesen. Berlin 1939.
Kuczynski, Ingrid: Das »erhabene Ereignis« – eine Engländerin erlebt und beschreibt die Revolution. In: Reiseliteratur im Umfeld der französischen Revolution. Hg. v. Th. Höhle. Halle 1987, S. 66–77 (= Martin-Luther-Universität Halle-Wittenberg. Wiss. Beitrr. 1987, 38).
– »The Ladies Travel to Much Better Purpose than their Lords«. In: Gesellschaft-Literatur-Sprache in Großbritannien und Irland. Hg. v. H. Hirsch. Halle 1987, S. 33–63 (= Martin-Luther-Universität Halle-Wittenberg. Wiss. Beitrr. 1987, 55).
Kuhn, Dorothea: Cotta und das 19. Jahrhundert. Aus der literarischen Arbeit eines Verlages. Marbach 1980 (= Marbacher Kataloge 35).
Ladies on the Loose. Women travellers of the 18th and 19th centuries. Ed., with an introduction by L. Hamalian. New York 1981.
Lange, Sigrid: Über epische und dramatische Dichtung Weimarer Autorinnen. Überlegungen zu Geschlechterspezifika in der Poetologie. In: ZfG N. F. 1 (1991) S. 341–351.
Lausberg, Heinrich: Handbuch der literarischen Rhetorik. Eine Grundlegung der Literaturwissenschaft. 2 Bde. 2. Aufl. München 1973.
Leiereder, Brigitte: Das Weib nach den Ansichten der Natur. Studien zur Herausbildung des bürgerlichen Frauenbildes an der Wende vom 18. zum 19. Jahrhundert. München 1981.
Die Leihbibliothek als Institution des literarischen Lebens im 18. und 19. Jahrhundert. Hg. v. G. Jäger u. J. Schönert. Hamburg 1980.
Die Leihbibliothek der Goethezeit. Exemplarische Kataloge zwischen 1780 und 1830. Hg. mit einem Aufsatz zur Geschichte der Leihbibliotheken von Georg Jäger. Hildesheim 1979.
[Le Maître, Elisabeth:] Gräfin Ida Hahn-Hahn. Ein Lebensbild nach der Natur gezeichnet von Marie Helene. Leipzig 1869.
Leuschner, Brigitte: »ohne Vorurtheil irgend einer Art...« Impressionen und Reflexionen in Reiseberichten von Therese Huber. In: Begegnung mit dem Fremden. Akten des VIII. Internationalen Germanistenkongresses. Tokyo 1990. Bd. 9: Erfahrene und imaginierte Fremde. Hg. v. Y. Shichiji. München 1991, S. 220–228.
Link, Manfred: Der Reisebericht als literarische Kunstform von Goethe bis Heine. Köln 1963.
Lüpke, Gert: Ida Gräfin Hahn-Hahn. Das Bild einer mecklenburgischen Biedermeier-Autorin. Bremen 1975.
Magnusson, Ernst: Über Reisen in Italien. In: Hesperus (1822) Nr. 210, S. 837–839.
Martino, Alberto: Die deutsche Leihbibliothek. Geschichte einer literarischen Institution (1756–1914). Wiesbaden 1990 (= Beitrr. z. Buch- u. Bibl.Wesen 29).
– Die deutsche Leihbibliothek und ihr Publikum. In: Literatur in der sozialen Bewegung. Aufsätze und Forschungsberichte zum 19. Jahrhundert. In Verb. m. G. Häntzschel u. G. Jäger hg. v. A. Martino. Tübingen 1977, S. 1–26.
Maurer, Michael: Aufklärung und Anglophilie in Deutschland. Göttingen/ Zürich 1987 (= Veröff. d. Deut. Hist. Instituts London 19).
– Das Gute und das Schöne. Sophie von La Roche (1730–1807) wiederentdecken? In: Euph. 79 (1985) S. 111–138.
– Der Anspruch auf Bildung und Weltkenntnis – Reisende Frauen. In: Lichtenberg-Jb. (1990) S. 122–158.
– Skizzen aus dem sozialen und politischen Leben der Briten. Deutsche Englandreiseberichte des 19. Jahrhunderts. In: Der Reisebericht. Die Entwicklung einer Gattung in der deutschen Literatur. Hg. v. P. J. Brenner. Frankfurt a. M. 1989, S. 406–433.
Mayrhofer, Hermann: Die Reise in der Prosaliteratur in Österreich von 1800–1850. Ein Betrag zur Erforschung literarischer Zweckformen. Wien (Diss. masch.) 1978.
Meise, Helga: Die Unschuld und die Schrift. Deutsche Frauenromane in 18. Jahrhundert. Berlin/ Marburg 1983.
Meyer, Reinhart: Novelle und Journal. 1. Bd.: Titel und Normen. Untersuchungen zur Terminologie der Journalprosa, zu ihren Tendenzen, Verhältnissen und Bedingungen. Stuttgart 1987.

Middleton, Dorothy: Victorian lady travellers. 2. Aufl. London 1965.
Milch, Werner: Johanna Schopenhauer. Ihre Stellung in der Geistesgeschichte. In: Jb. der Schopenhauer-Ges. 22 (1935) S. 201–238.
Mit dem Auge des Touristen. Zur Geschichte des Reisebildes. Ausstellung in der Kunsthalle Tübingen. Tübingen 1981 (Ausstellungskataloge der Universität Tübingen 14).
Möhrmann, Renate: Die andere Frau. Emanzipationsansätze deutscher Schriftstellerinnen im Vorfeld der 48er Revolution. Stuttgart 1977.
– Feministische Ansätze in der Germanistik seit 1945. In: Jb. f. intern. Germ. 11 (1979) S. 63–84.
– The Reading Habits of Women in the Vormärz. In: German Women in the 19th Century. A social history. Ed. by J. C. Fout. New York/ London 1984, S. 104–117.
Mojasevic, Miljan: Ida von Dürnigsfelds literarische Beziehungen zu den Südslaven. – Ihre Reiseskizzen und Übersetzungen. In: Welt der Slaven 2 (1957) S. 302–313.
Morelli, Ornella: Weibliche Reisebekleidung im 19. Jahrhundert. In: Die Liebesreise oder Der Mythos des süßen Wassers. Ausländerinnen im Italien des 19. Jahrhunderts. Hg. v. U. Treder. Bremen 1988 (= Frauen-Literatur-Forum 11. Jg., Nr. 33), S. 187–203.
Morgenstern, Lina: Die Frauen des 19. Jahrhunderts. Biographische und culturhistorische Zeit- und Charaktergemälde. Berlin 1888.
Mucha, Eberhard: Die Formen der jungdeutschen Reiseliteratur. (Diss. masch.) Berlin 1955.
Müller, Wilhelm: Reisebeschreibungen über Italien. In: Hermes 7 (1820) 3. St., S. 265–280, 9 (1821) 1. St., S. 247–264, 10 (1821) 2. St., S. 248–263, 11 (1821) 3. St., S. 177–213.
Munster, Katrien van: Die junge Ida Gräfin Hahn-Hahn. Graz 1929.
Muth, Ludwig: Die Leserin und der Buchhandel. Analyse einer verhinderten Emanzipation. Freiburg i. Br. 1972.
Nenon, Monika: Autorschaft und Frauenbildung. Das Beispiel Sophie von La Roche. Würzburg 1988.
Neuber, Wolfgang: Zur Gattungspoetik des Reiseberichts. Skizze einer historischen Grundlegung im Horizont von Rhetorik und Topik. In: Der Reisebericht. Die Entwicklung einer Gattung in der deutschen Literatur. Hg. v. P. J. Brenner. Frankfurt a. M. 1989, S. 50–67.
Nickisch, Reinhard M. G.: Brief. Stuttgart 1991 (= Sammlung Metzler 260).
– Briefkultur: Entwicklung und sozialgeschichtliche Bedeutung des Frauenbriefs im 18. Jahrhundert. In: Deutsche Literatur von Frauen. Hg. v. G. Brinker-Gabler. Bd. 1. München 1988, S. 389–409.
Oberembt, Gert: Eine Erfolgsautorin der Biedermeierzeit. Studien zur zeitgenössischen Rezeption von Ida Hahn-Hahns frühen Gesellschaftsromanen. In: Kleine Beitrr. zur Droste-Forschung (1972/73) S. 46–71.
– Ida Gräfin Hahn-Hahn. Weltschmerz und Ultramontanismus. Studien zum Unterhaltungsroman im 19. Jahrhundert. Bonn 1980 (= Abh. zur Kunst-, Musik- und Lit.wiss. 302).
Oelsner, Elise: Die Leistungen der deutschen Frau in den letzten 400 Jahren. Auf wissenschaftlichem Gebiete. Guhrau 1894.
Olbrich, Rosa: Die deutsch-dänische Dichterin Friederike Brun, ein Beitrag zur empfindsamklassizistischen Stilperiode. Breslau 1932.
Omasreiter, Ria: Travels Through the British Isles. Die Funktion des Reiseberichts im 18. Jahrhundert. Heidelberg 1982 (= Anglistische Forschungen 159).
Oppenheim, Roy: Die Entdeckung der Alpen. Frauenfeld/ Stuttgart 1974.
Pazi, Margarita: Fanny Lewald – das Echo der Revolution von 1848 in ihren Schriften. In: Juden im Vormärz und in der Revolution von 1848. Hg. v. W. Grab u. J. Schoeps. Stuttgart/ Bonn 1983, S. 233–271.
Pelz, Annegret: Elisa von der Recke in Rom und Neapel. In: »Wen kümmert's, wer spricht«. Zur Literatur und Kulturgeschichte von Frauen aus Ost und West. Hg. v. I. Stephan, S. Weigel, K. Wilhelms. Köln 1991, S. 149–160.
– Europäerinnen und Orientalismus. In: Frauen. Literatur. Politik. Hg. v. A. Pelz. Berlin, Hamburg 1988 (= Literatur im hist. Prozeß N. F. 21/22. Argument Sonderband 1988 Nr. 172/73), S. 205–218.

- Der Karnevalsplatz. In: Die Liebesreise oder Der Mythos des süßen Wassers. Ausländerinnen im Italien des 19. Jahrhunderts. Hg. v. U. Treder. Bremen 1988 (= Frauen-Literatur-Forum 11. Jg., Nr. 33), S. 66–74.
- »Ob und wie Frauenzimmer reisen sollen?« Das »reisende Frauenzimmer« als eine Entdeckung des 18. Jahrhunderts. In: Sehen und Beschreiben. Europäische Reisen im 18. und frühen 19. Jahrhundert. Hg. v. W. Griep. Heide 1990 (= Eutiner Forschungen 1).
- Reisen durch die eigene Fremde. Reiseliteratur von Frauen als autogeographische Schriften. Köln u. a. 1993 (= Literatur – Kultur – Geschlecht. Studien zur Lit. u. Kulturgesch. Kl. Reihe 2).
- »...von einer Fremde in die andere?« Reiseliteratur von Frauen. In: Deutsche Literatur von Frauen. Hg. v. G. Brinker-Gabler. Bd. 2. München 1988, S. 143–153, 516f. 555f.

Petermann, August: Madame Ida Pfeiffer in Africa. In: The Athenaeum. Journal of Literature, Science, and the Fine Arts. London (1851) Nr. 1258, S. 1281. – Dasselbe deutsch: Süd-Afrika. Frau Ida Pfeiffer. In: Magazin für die Literatur des Auslandes. Leipzig (1852) Nr. 4, S. 16.

Ida Pfeiffer, die Weltreisende. In: Frankfurter Konversationsblatt (1855) 2. Halbjahr, S. 1090f., 1094f.

Luise von Plönnies. Moderne Klassiker. Deutsche Literaturgeschichte der neueren Zeit in Biographien, Kritiken und Proben. Kassel 1852ff., Bd. 53.

Prill, Vera: Caroline de la Motte Fouqué. Berlin 1933 (= Nendeln 1967) (= Germ. Studien 131).

Prüsener, Marlies: Lesegesellschaften im 18. Jahrhundert. Ein Beitrag zur Lesergeschichte. In: Archiv f. Geschichte d. Buchwesens 13 (1973) Sp. 369–594.

Prutz, Robert: Schriften zur Literatur und Politik. Hg. v. B. Hüppauf. Tübingen 1973 (= Deutsche Texte 27).

Pytlik, Anna: Die schöne Fremde – Frauen entdecken die Welt. Katalog zur Ausstellung in der Württembergischen Landesbibliothek Stuttgart 1991. Stuttgart 1991.

Rasch, William: *Mensch, Bürger, Weib*: Gender and the Limitations of Late 18th-Century Neohumanist Discourse. In: GQ 66.1 (1993) S. 20–33.

Ratzel, Friedrich: Reisebeschreibungen. In: Deutsche Rundschau 95 (1898) S. 183–211.

Raymond, Petra: Von der Landschaft im Kopf zur Landschaft aus Sprache. Die Romantisierung der Alpen in den Reiseschilderungen und die Literarisierung des Gebirges in der Erzählprosa der Goethezeit. Tübingen 1993 (= Studien zur deutschen Literatur 123).

Reise und soziale Realität am Ende des 18. Jahrhunderts. Hg. v. W. Griep u. H. W. Jäger. Heidelberg 1983 (= Neue Bremer Beiträge 1).

Reisekultur. Von der Pilgerfahrt zum modernen Tourismus. Hg. v. H. Bausinger, K. Beyrer, G. Korff. München 1991.

Reiseliteratur. Hg. v. Th. Bleicher. Komparatistische Hefte 3 (1981).

Die Reisen der Frauen. Lebensgeschichten von Frauen aus drei Jahrhunderten. Hg. v. S. Härtel u. M. Köster. Weinheim 1994.

Reisen im 18. Jahrhundert. Neue Untersuchungen. Hg. v. W. Griep u. H. W. Jäger. Heidelberg 1986 (= Neue Bremer Beiträge 3).

Rheinberg, Brigitta von: Fanny Lewald. Geschichte einer Emanzipation. Frankfurt a. M./ New York 1990.

[Rigby, Elizabeth:] Lady Travellors. In: The Quarterly Review 76 (1845) S. 98–137.

Russell, Mary: Vom Segen eines guten festen Rocks: Außergewöhnliche Lebensgeschichten weiblicher Abenteurer und Entdeckungsreisender. Bern, München u. a. 1987.

Schabert, Ina: *Gender* als Kategorie einer neuen Literaturgeschichtsschreibung. In: Genus. Zur Geschlechterdifferenz in den Kulturwissenschaften. Hg. v. H. Bußmann u. R. Hof. Stuttgart 1995, S. 162–204.

Scheitler, Irmgard: Emma von Niendorf als Reiseschriftstellerin. In: Sammelblatt d. Histor. Vereins Eichstätt 84 (1991) S. 143–163.

- Frauen in der Literaturgeschichte vom 17. bis zum 19. Jahrhundert. In: Droste-Jb. 1 (1986/87) S. 9–37.

- Johann Friedrich Dieffenbach versus Ida Hahn-Hahn. Medizinische und publizistische Komplikationen einer Operation. In: WW 42 (1992) S. 215–225.
- Katholizismus, Klerus, Kirchenstaat im Urteil deutscher Romreisender in der 1. Hälfte des 19. Jahrhunderts. In: Rom – Paris – London. Erfahrung und Selbsterfahrung deutscher Schriftsteller und Künstler in den fremden Metropolen. Ein Symposion. Hg. v. K. Wiedemann (= Germanist. Symposien. Berichtsbände 8). Stuttgart 1988, S. 301–320.
- Rezension von Wolfgang Griep/ Annegret Pelz: Frauen reisen. In: IASL 23 (1998) S. 222–233.

Schenda, Rudolf: Volk ohne Buch. Studien zur Sozialgeschichte der populären Lesestoffe 1770–1910. München 1977.

Schieth, Lydia: Die Entwicklung des deutschen Frauenromans im ausgehenden 18. Jahrhundert. Ein Beitrag zur Gattungsgeschichte. Frankfurt a. M. u. a. 1987 (= Helicon 5).

Schlözer, Leopold von: Dorothea Schlözer: ein deutsches Frauenleben um die Jahrhundertwende, 1770–1825. 6. Aufl., Göttingen 1937.

Schmid-Bortenschlager, Sigrid: »La femme n'existe pas«. Die Absenz der Schriftstellerinnen in der deutschen Literaturgeschichtsschreibung. In: Die Zeichen der Historie. Beiträge zu einer semiologischen Geschichtswissenschaft. Hg. v. G. Schmid. Wien/ Köln 1986 (= Materialien zur hist. Sozialwiss. 5), S. 145–154.

Schmid-Jürgens, Erna Ines: Ida Gräfin Hahn-Hahn. Berlin 1933 (= Germanistische Studien 144).

Schneider, Gabriele: Fanny Lewald und Heine. Sein Einfluß und seine Bedeutung im Spiegel ihrer Schriften. In: Heine-Jahrbuch 33 (1994) S. 202–216.

Schön, Erich: Der Verlust der Sinnlichkeit oder die Verwandlungen des Lesers. Mentalitätswandel um 1800. Stuttgart 1987 (= Sprache und Gesellschaft 12).
- Weibliches Lesen: Romanleserinnen im späten 18. Jahrhundert. In: Untersuchungen zum Roman von Frauen um 1800. Hg. v. H. Gallas u. M. Heuser. Tübingen 1990, S. 20–40.

Schott, Sabine: »Eine Frau, allein, ohne männlichen Schutz« um 1800 unterwegs in Mittel- und Südamerika. In: Galerie der Welt. Ethnographisches Erzählen im 19. Jahrhundert. Hg. v. A. Maler in Zusammenarbeit mit S. Schott. Stuttgart 1988, S. 59–75.

Schubert, Friedrich: Johanna Schopenhauers Rheinreise 1828. In: Rhein. Heimatblätter 5 (1928) S. 361–365.

Schudt, Ludwig: Italienreisen im 17. und 18. Jahrhundert. Wien/ München 1959 (= Veröff. der Bibliotheca Hertziana in Rom).

Schulz, Günter: Elisa von der Recke, die Freundin Friedrich Nicolais. In: Wolfenb. Beitrr. zur Aufklärung 3 (1976) S. 159–173.
- Jean Paul und die Breslauer Juden. In: Jb. d. schles. Friedrich Wilhelm-Universität zu Breslau 15 (1970) S. 329–354.

Schutte Watt, Helga: Fanny Lewald und die deutsche Misere nach 1848 im Hinblick auf England. In: GLL 46 (1993) S. 220–235.
- Ida Pfeiffer: A Nineteenth-Century Woman Travel Writer. In: GQ 64 (1991) S. 339–352.

Secci, Lea: Die italienische Reise der Fanny Lewald. In: Die Liebesreise oder Der Mythos des süßen Wassers. Ausländerinnen im Italien des 19. Jahrhunderts. Hg. v. U. Treder. Bremen 1988 (=Frauen-Literatur-Forum 11. Jg., Nr. 33), S. 105–114.

Sengle, Friedrich: Biedermeierzeit. Deutsche Literatur im Spannungsfeld zwischen Restauration und Revolution 1815–1848. 3 Bde. Stuttgart 1971–1980.

Sirges, Thomas: Die Bedeutung der Leihbibliothek für die Lesekultur in Hessen-Kassel 1753–1866. Tübingen 1994 (= Studien und Texte zur Sozialgeschichte der Literatur 42).

Sondermann, Ernst Friedrich: Karl August Böttiger. Literarischer Journalist der Goethezeit in Weimar. Bonn 1983 (= Mitteilungen zur Theatergesch. der Goethezeit 7).

Spazier, Richard Otto: Jean Paul Friedrich Richter. Ein biographischer Commentar zu dessen Werken. Berlin 1835.

Spiero, Heinrich: Geschichte der deutschen Frauendichtung seit 1800. Leipzig 1913 (= Aus Natur u. Geisteswelt 390).

Steinbrügge, Liselotte: Das moralische Geschlecht. Theorien und literarische Entwürfe über die Natur der Frau in der französischen Aufklärung. 2. Aufl. Stuttgart 1992.

Steinhauer, Marieluise: Fanny Lewald, die deutsche George Sand. Ein Kapitel aus der Geschichte des Frauenromans im 19. Jahrhundert. Diss. phil. Berlin 1937.

Stewart, William E.: Die Reisebeschreibung und ihre Theorie im Deutschland des 18. Jahrhunderts. Bonn 1978 (= Literatur u. Wirklichkeit 20).

Strelka, Joseph: Der literarische Reisebericht. In: Prosakunst ohne Erzählen. Die Gattungen der nicht-fiktionalen Kunstprosa. Hg. v. K. Weissenberger. Tübingen 1985 (= Konzepte d. Sprach- u. Lit.wiss. 34), S. 169–184.

Tanneberger, Irmgard: Die Frauen der Romantik und das soziale Problem. Oldenburg 1928.

T[iedge, Christoph August:] Elisa von der Recke, geborne Reichsgräfin von Medem. In: Zeitgenossen. Biographien und Charakteristiken. Leipzig (1818) 3. Bd., 3. Abt.(= H. 11), S. 1–76.

Touaillon, Christine : Der deutsche Frauenroman des 18. Jahrhunderts. Wien 1919 (= Bern u. a. 1979).

Über die vielen Reisebeschreibungen in unseren Tagen. In: Berlinische Monatsschrift (1784) S. 319–332.

»Und tät das Reisen wählen!«: Frauenreisen – Reisefrauen. Hg. v. D. Jedamski, H. Jehle, U. Siebert. Zürich/ Dortmund 1994.

Venske, Regula: Fanny Lewald – jüdische Preußin, preußische Jüdin, die deutsche George Sand. In: Fanny Lewald: Meine Lebensgeschichte. Hg. v. H. Helmer. Frankfurt a. M. 1989, Bd. III, S. 300–314.

Verrückte Rede – Gibt es eine weibliche Ästhetik? Hg. v. F. Hassauer u. P. Roos. (= Notizbuch 2). Berlin 1980.

Wagner, Julius: Wiener Feuilleton [über Ida Pfeiffer]. In: Ungarische Post (1855) Nr. 142, S. 1.

Walhalla-Genossinen. In: Die Grenzboten 5 (1846) S. 409–430 (unterzeichnet: H-n).

Walter, Eva: »Schrieb oft, von Mägde Arbeit müde.« Lebenszusammenhänge deutscher Schriftstellerinnen um 1800 – Schritte zur bürgerlichen Weiblichkeit. Mit einer Bibliographie zur Sozialgeschichte von Frauen 1800–1914 von Ute Daniel. Hg. v. A. Kuhn. Düsseldorf 1985 (= Geschichtsdidaktische Studien, Materialien 30).

Weber, Marta: Fanny Lewald, ihr Leben und ihre Werke. Erlenbach-Zürich u. a. 1921.

Wegener, Bernd: Lesen und historische Anfänge »weiblicher« Bildung. Literarische Aussagen über die Lektüre der Frau. In: Bertelsmann Briefe (1980) H. 103, S. 36–49.

Wehinger, Brunhilde: Reisen und Schreiben. Weibliche Grenzüberschreitungen in Reiseberichten des 19. Jahrhunderts. In: Romanistische Zeitschr. für Lit.Geschichte = Cahiers d'Histoire des Littératures Romanes 10 (1986) S. 360–380.

Weigel, Sigrid: Der schielende Blick. Thesen zur Geschichte weiblicher Schreibpraxis. In: Die verborgene Frau. Sechs Beiträge zu einer feministischen Literaturwissenschaft. Berlin 1988 (= Literatur im historischen Prozeß, NF 6, Argument-Sonderband 96), S. 83–137.

Weinhold, Karl: Heinrich Christian Boie. Beitrag zur Geschichte der deutschen Literatur im 18. Jahrhundert. Halle 1868 (= Amsterdam 1979).

Werner, Michael: Genius und Geldsack. Zum Problem des Schriftstellerberufs bei Heinrich Heine. Hamburg 1978 (= Heine-Studien).

(Wieland, Christoph Martin): Deutschland's Dichterinnen. In: Der neue Teutsche Merkur (1803) April S. 258–274.

Wilde, J. T.: The Romantic Realist. Caroline de la Motte Fouqué. New York 1955.

Williams, Clare: Introductory essay to: Sophie in London, 1786. Being the Diary of Sophie von La Roche. Translated by C. Williams. London/ Toronto 1986 (= Life and Letters 72).

»Wissen heißt leben«. Beiträge zur Bildungsgeschichte von Frauen im 18. und 19. Jahrhundert. Frauen in der Geschichte, Bd. IV. Hg. v. I. Brehmer, J. Jacobi-Dittrich, E. Kleinau, A. Kuhn. Düsseldorf 1983 (= Geschichtsdidaktik. Studien u. Materialien 18).

Wittmann, Reinhard: Die frühen Buchhändlerzeitschriften als Spiegel des literarischen Lebens. In: Archiv f. Geschichte d. Buchwesens 13 (1973) Sp. 614–931.

- Geschichte des deutschen Buchhandels. Ein Überblick. München 1991.
- Das literarische Leben 1848 bis 1880 (mit einem Beitrag von G. Jäger über die höhere Bildung). In: Realismus und Gründerzeit. Manifeste und Dokumente zur deutschen Literatur 1848–1880. Hg. v. M. Bucher u. a. Bd. 1. Stuttgart 1976, S. 161–257.

Wolkenhauer, Wilhelm: Ida Kohl. In: Bremische Biographie des 19. Jahrhunderts. Hg. v. der Historischen Gesellschaft des Künstlervereins. Bremen 1912 (= Bremen 1976), S. 258.

Worley, Linda Kraus: Through Other's Eyes. Narratives of German Women Traveling in Nineteenth-Century America. In: Yearbook of German-American Studies 21 (1986) S. 39–50.

Wülfing, Wulf: On Travel Literature by Women in the Nineteenth Century: Malvida von Meysenbug. In: German Women in the 18th and 19th Centuries. A Social and Literary History. Bloomington 1986, S. 289–304.
- Reiseberichte im Vormärz. Die Paradigmen Heinrich Heine und Ida Hahn-Hahn. In: Der Reisebericht. Die Entwicklung einer Gattung in der deutschen Literatur. Hg. v. P. J. Brenner. Frankfurt a. M. 1989, S. 333–362.
- Reiseliteratur und Realitäten im Vormärz. Vorüberlegungen zu Schemata und Wirklichkeitsfindung im Vormärz. In: Reise und soziale Realität am Ende des 18. Jahrhunderts. Hg. v. W. Griep u. H.-W. Jäger. (= Neue Bremer Beiträge 1). Heidelberg 1983, S. 371–394.

Wurzbach, Alfred von: Gräfin Ida Hahn-Hahn. Wien/ Pest/ Leipzig 1871 (= Zeitgenossen, Heft XII).

7. Bio-bibliographischer Anhang

Die hier folgenden bio-bibliographischen Notizen berücksichtigen nur die wichtigsten Lebensdaten und literarischen Arbeiten. Die im Literaturverzeichnis aufgeführten Titel werden nicht wiederholt.

Ahlefeld, Charlotte Sophie Louise Wilhelmine von, geb. 6. 12. 1781 in Stedten bei Weimar als Tochter des hannoverischen Obristen von Seebach. Bereits die Dichtungen der Zehnjährigen erregten Goethes Aufmerksamkeit. Mit 16 Jahren schrieb sie heimlich ihren ersten Roman. 1798 heiratete sie den Gutsbesitzer Johann Rudolph von Ahlefeld in Schleswig, lebte jedoch seit 1807 von ihm getrennt zunächst in Schleswig, seit 1821 in Weimar. Neben ihren eigenen drei Söhnen erzog sie noch drei Waisenkinder, wozu ihr auch die Einkünfte aus ihren Veröffentlichungen die Mittel liefern mußten. Diese ermöglichten ihr auch größere und kleine Reisen, die sie mit äußerster Sparsamkeit alljährlich unternahm. Der Großherzog von Weimar, Karl Friedrich, gehörte zu ihren langjährigen Vertrauten, ebenso Frau von Stein, die sie bis zu deren Tod betreute. Mit Clemens Brentano, Ladislaus Pyrker, Elisa von der Recke und Christoph August Tiedge stand sie in Briefverkehr. Zu ihrer Zeit eine »sehr gesuchte« Schriftstellerin (Sternberg 1919, S. 84), erwarb sie sich auch durch ihre ausgeprägt soziale Einstellung und ihre große Menschenfreundlichkeit Liebe und Achtung. Sie starb am 27. 7. 1849 in Teplitz und wurde neben Seume begraben. Ihre Schriften erschienen unter verschiedenen Pseudonymen, z. B. Ernestine, Natalie, Elise Selbig.

WERKE: *Liebe und Trennung.* London 1798. – *Marie Müller.* Berlin 1799. – *Einfache Darstellungen aus dem menschlichen Leben.* Berlin 1799. – *Die Frau von vierzig Jahren.* Wien 1800. – *Die Bekanntschaft auf der Reise* [Roman]. Berlin 1801. – *Therese.* Hamburg 1803. – *Gedichte.* Berlin 1808. 2. Aufl. Weimar 1826. – *Die Stiefsöhne.* Altona 1810. – *Klosterberuf.* Kiel 1812. – *Esperance oder die goldene Kette.* Meißen 1817. – *Erna. Kein Roman.* Altona 1820. - *Gesammelte Erzählungen.* 2 Bde. Schleswig 1822. – *Der Bote von Jerusalem. Ein Ritterroman.* Altona 1823. – *Clara oder das Hüttchen im Licht. Ein einfacher Roman.* Quedlinburg/ Leipzig 1825. – *Bilder aus der großen Welt. In Erzählungen.* Quedlinburg/ Leipzig 1826. – *Bunte Blätter zur flüchtigen Unterhaltung aus dem Reiche der Wirklichkeit und der Phantasie.* Quedlinburg/ Leipzig 1826. – *Der Brautsee und andere Erzählungen.* Quedlinburg/ Leipzig 1827. – *Felicitas.* Berlin 1825. – *Amadea, ein Roman.* Weimar 1827. – *Römhild-Stift. Eine Erzählung aus dem wirklichen Leben.* 2 Tle. Weimar 1828. – *Der Stab der Pflicht. Eine Erzählung aus dem wirklichen Leben.* Weimar 1832.

Anneke-Tabouillot, Mathilde Franziska, geb. am 3. 4. 1817 auf Gut Leveringhausen bei Blankenstein als Tochter des Domänenrats Karl Giesler. 1836 heiratete sie den begüterten Weinhändler Alfred von Tabouillot, von dem sie 1843 geschieden wurde. Im gleichen Jahr 1843 unternahm sie mit einer älteren Freundin eine Reise nach Belgien, deren schriftstellerischen Ertrag sie von Anfang an zu veröffentlichen plante. 1847 heiratete sie den wegen seiner republikanischen Gesinnung verabschiedeten preußischen Offizier Fritz Anneke, mit dem zusammen sie sich sozialdemokratisch und republikanisch engagierte. Während Mathilde Anneke zunächst vor allem als Verfasserin von religiöser Literatur und als Herausgeberin hervorgetreten war, wandte sie sich nun verstärkt schriftstellerischer und journalistischer Tätigkeit im Dienste ihres politischen Engagements zu. Nach der Verhaftung ihres Gatten 1848 gab sie die *Neue Kölnische Zeitung* heraus. Nachdem sie 1849 als Ordonnanz am Badisch-Pfälzischen Feldzug teilgenommen hatte, floh sie mit ihrem Mann nach Straßburg, in die Schweiz und schließlich in die USA. Dort wurde sie eine der regsten Vorkämpferinnen der amerikanischen Frauenrechtsbewegung. In Milwaukee gründete sie 1852 die *Deutsche Frauenzeitung*. Mathilde Anneke blieb bis zu ihrem Tode in den USA, unterbrochen nur durch einen fünfjährigen Aufenthalt in der Schweiz (1860–1865), wo sie als Korrespondentin deutsch-amerikanischer Blätter tätig war. Sie starb am 25. 11. 1884 in Milwaukee.

WERKE: *Der Christen freudiger Aufblick zum ewigen Vater*. Wesel 1839. – *Der Heimathgruß. Eine Pfingstgabe* (Hg.). Wesel 1840. – *DamenAlmanach* (Hg.). Wesel 1842. – *Der Meister ist da und rufet Dich. Ein vollständiges Gebet- und Erbauungsbuch für die gebildete christkatholische Frauenwelt*. Wesel 1843. – *Oithono, oder: Die Tempelweihe. Drama in 4 Aufzügen*. Wesel 1844. – *Producte der Rothen Erde* (Hg.). Münster 1846. – *Der politische Tendenz-Prozeß gegen Gottschalk, Anneke und Esser. Verhandelt vor dem Assisenhofe zu Köln am 21., 22. und 23. Dezenber 1848. Hg. nach den Akten, nach Mittheilungen der Angeklagten und nach stenographischen Aufzeichnungen der mündlichen Verhandlungen*. Köln 1848. – *Das Geisterhaus in New York. Ein Roman*. Jena/ Leipzig 1864.

Bacheracht, Therese von, geb. am 4. 7. 1804 in Stuttgart als Tochter des russischen Legationssekretärs Heinrich von Struve. 1809 bis 1820 in Kassel wohnhaft, freundete sich Therese mit Wilhelm von Humboldts Brieffreundin Charlotte von Diede an. 1820 übersiedelte die Familie nach Hamburg, wo Heinrich von Struve den Posten des russischen Gesandten bekommen hatte. Der selbst hochgebildete Vater ließ seiner Tochter eine sorgfältige Erziehung mit Aufenthalten in Weimar und St. Petersburg zukommen. 1825 verheiratete sie sich mit dem russischen Legationssekretär und Generalkonsul in Hamburg, Robert von Bacheracht. Mit ihm durchreiste sie nach dem Tod des einzigen Kindes Südeuropa und Kleinasien und hielt sich verschiedentlich in St. Petersburg auf. Von der Veröffentlichung der *Briefe aus dem Süden* im Jahre 1841 bis zum Jahre 1849 verfaßte sie unter dem Namen »Therese« ein umfangreiches Werk von Novellen, Romanen und Reiseerinnerungen. In ihrer Ehe unbefriedigt, unterhielt sie 1841–1848 ein Liebesverhältnis mit Karl Gutzkow, das schließlich von diesem nach dem Tod seiner ersten Frau überraschend aufgegeben wurde. Gutzkow förderte Therese literarisch, regte sie zur Mitarbeit an seiner Zeitschrift *Telegraph für Deutschland* an und unterstützte ihre Stellung im Literaturbetrieb. Mit ihm traf sie sich auf ihren Reisen in der Schweiz (1842. 1845) und in Paris (1846). 1849 wurde die Ehe mit Bacheracht aufgehoben. Im gleichen Jahr vermählte sie sich mit ihrem Vetter, dem holländischen Obersten Heinrich von Lützow, dem sie auf seine Garnison auf der Insel Java folgte. Sie starb am 16. 9. 1852 in Batavia.

WERKE: *Ein Tagebuch*. Braunschweig 1842. – *Falkenberg*. Braunschweig 1843. – *Lydia*. Braunschweig 1844. – *Weltglück*. Braunschweig 1845. – *Heinrich Burkart*. Braunschweig 1846. – *Humboldts Briefe an eine Freundin* (Hg.). 2 Tle. Leipzig 1847. – *Alma*. Braunschweig 1848. – *Novellen*. 2 Bde. Leipzig 1849.

Baldinger, Friederike, geb. am 9. 9. 1739 in Großgottern bei Mühlhausen/ Thüringen als Tochter des Pfarrers Johann Christian Gutbier. Sehr früh vaterlos geworden, blieb sie ohne rechte Erziehung. Die Mutter verbot dem hochbegabten Mädchen jeden Umgang mit Büchern. Gleichwohl gelang es ihr, sich durch die freundschaftliche Vermittlung des Langensalzaer Diakonus Johann Wilhelm Kranichfeld bedeutende Kenntnisse anzueignen. 1764 heiratete sie den hervorragenden Arzt und Botaniker Professor Ernst Gottfried Baldinger, mit dem sie in Langensalza, Jena, Göttingen und Marburg lebte. Sie wurde als eine der gebildetsten Frauen Deutschlands geachtet; selbst Lichtenberg suchte ihre Freundschaft. Da sie auch mit

Seybold, dem Herausgeber des *Magazins für Frauenzimmer* befreundet war (vgl. seinen Nachruf ebd. 1786, 2. Bd. 4. St., S. 30f.), veröffentlichte dieses Journal zwei anonyme Aufsätze von ihr. Ihre knappe *Lebensbeschreibung*, die sie ihrem Gatten gewidmet hatte, gab Sophie von La Roche postum heraus (vgl. Bibliographie 6.1.1). Sie starb im Januar 1786 in Kassel.

WERKE: »Ermahnungen einer Mutter am Konfirmationstage ihrer Tochter«. In: *Magazin für Frauenzimmer* (1783) 5. St., S. 99ff.

Belli, Maria, geb. am 30. 4. 1788 als Tochter des Frankfurter Kaufmanns und Patriziers Franz Gontard. Durch den geselligen Umgang der höheren Gesellschaft kam sie schon als Kind mit bedeutenden Männern in Kontakt, die bei befreundeten Familien als Hofmeister angestellt waren, unter anderem mit Hölderlin bei ihrem Onkel Jakob (Cobus) Gontard. 1810 heiratete sie den katholischen Frankfurter Kaufmann Belli. Mit ihm, z. T. auch mit einem erwachsenen Kind, unternahm sie eine Reihe von Reisen, nicht nur ins Bad, sondern auch nach Holland, England, Paris, durch Deutschland und in die Schweiz. Als Reisebeschreibung abgefaßt hat sie nur ihre 1846 allein unternommene *Reise nach Constantinopel*. Sie kaufte Autographen, beschäftigte sich mit Frankfurter Stadtgeschichte, veröffentlichte interessante Artikel aus den ältesten deutschen Zeitungen und versammelte gerne Literaten um sich. Karl Gutzkow gibt in seinen *Rückblicken auf mein Leben* (Werke Bd. III, 1912 = 1974, S. 247f.) ein von Dankbarkeit geprägtes anschauliches Bild der »Musenpflegerin«. Sie starb am 1. 2. 1883 in Frankfurt.

WERKE: *Leben in Frankfurt am Main. Auszüge der Frag- und Anzeigungs-Nachrichten von ihrer Entstehung an im Jahre 1722 bis 1821.* 10 Bde. Frankfurt a. M. 1850–1851. – *Christian August Joachim Leißring. Ein Lebensbild.* Frankfurt a. M. 1853. – *Vor mehr als hundert Jahren. Merkwürdige und interessante Abdrücke aus den in ganz Deutschland zuerst erschienen Zeitungen.* Frankfurt a. M. 1870. – *Lebens-Erinnerungen.* Frankfurt a. M. 1872. – *Sammelsurium der alten Frankfurter und Sachsenhäuser Volkslieder, Geschichten und Redensarten.* Frankfurt a. M. 1875. – *Interessante Briefe verstorbener Personen.* Frankfurt a. M. 1878. – *Kleine selbst erdachte Gedichte und solche von anderen Personen.* Frankfurt a. M. 1882.

Berlepsch, Emilie von, geb. am 26. 11. 1755 in Gotha als Tochter des Canzlers zu Altenburg und Sachsen-Gotha Carl Georg August von Oppeln. Die Ehe, die sie sechzehnjährig mit dem nachmaligen Hofgerichts-Präsidenten und Landrat Friedrich Ludwig von Berlepsch schloß, war nicht glücklich und wurde getrennt. Mit ihrem wissenschaftlich sehr interessierten Gatten hatte Emilie von Berlepsch Holstein, die Rheingegenden und die Bäder Biberich, Schlangenbad und Schwalbach besucht. Zuerst in Hannover, dann in Göttingen lebend, hielt sich Emilie von Berlepsch auch längere Zeit in Weimar auf, wo sie zu allen bedeutenden Persönlichkeiten freundschaftliche Kontakte hatte. 1791 druckte Wielands *Merkur* eine Abhandlung, die sich, entgegen dem Titel, weniger mit dem *Glück der Ehe*, als vielmehr mit der Frage weiblichen Selbstverständnisses und dem zeitgenössischen Frauenbild befaßt. Mit Jean Paul verband Emilie von Berlepsch 1797 bis 1799 eine tiefe gegenseitige Leidenschaft, die sogar bis zum Eheversprechen führte. In Weimar lernte sie den schottischen Theologen James Macdonald kennen, den sie gerne für sich gewonnen hätte. Er hat sie auf ihrer Reise durch Schottland (1799–1800) teilweise begleitet. 1801 vermählte sie sich mit dem Mecklenburgischen Domänenrat August Heinrich Ludwig Harm(e)s zu Redefin bei Schwerin. 1804 bereiste sie mit ihrem Gatten die Schweiz. Das Ehepaar kaufte sich Gut Erlebach am Zürcher See und wohnte dort 1807–1813. Emilie starb am 27. 7. 1830 in Lauenburg.

WERKE: *Sammlung kleiner Schriften und Poesien.* Göttingen 1787. – »Über einige zum Glück der Ehe nothwendige Eigenschaften und Grundsätze«. In: *Der neue Teutsche Merkur* (1791) Mai S. 63–102, Juni S. 113–134. – *Sommerstunden.* Zürich 1794. – *Einige Bemerkungen zur richtigern Beurtheilung der erzwungenen Schweitzer-Revolution und Mallet du Pan's Geschichte derselben.* Leipzig 1799.

Bernhardi, Elisabeth Eleonore, geb. am 8. 8. 1768 in Freiberg in Sachsen als Tochter des Juristen und Bürgermeisters Gottfried Bethmann Bernhardi. Als ledig gebliebene »Tante« widmete sie ihr ganzes Leben der Mädchenerziehung und der Unterstützung der notleidenden Bevölkerung des Erzgebirges. Den Erlös aller ihrer Schriften hat sie wohltätigen Stiftungen zugewandt. In Freiberg gründete sie 1800 eine Töchterschule. Sie starb am 4. 3. 1849 in ihrer Heimatstadt.

WERKE: *Ein Wort zu seiner Zeit für verständige Mütter und erwachsene Töchter*. Hg. v. Karl Gottlieb Sonntag. Freiberg 1798. – *Julie und Friederike*. Freiberg 1799. – *Ungewöhnliche Menschen in gewöhnlichen Begebenheiten*. Freiberg 1801. – *Wochenblatt für die mitleidige Jugend. Zum Besten der Waisen des Erzgebirgischen Kreises* (Hg.). Freiberg 1814–1818.

Brun, Friederike Sophie Christiane, geb. am 3. 6. 1765 in Gräfentonna bei Gotha als Tochter des auch als Kirchenliederdichter hervorgetretenen Superintendenten Balthasar Münter. Ihr Bruder war der nachmalige Bischof von Seeland, Friedrich Münter, ebenfalls Verfasser eines Reiseberichts. Noch in ihrem ersten Lebensjahr siedelte die Familie nach Kopenhagen über. Obgleich in ihrer Erziehung höhere Bildung nicht vorgesehen war, verschaffte sich das interessierte Mädchen durch Selbststudium, ausgedehnte Lektüre und den beständigen Umgang mit bedeutenden Persönlichkeiten im väterlichen Hause ein beachtliches Wissen. Frühe Reisen mit dem Vater führten sie nach Deutschland und machten sie mit Gerstenberg, Claudius, Bürger, Herder, Wieland und vielen anderen bekannt. 1783 heiratete sie den administrierenden Direktor der königlich-ostindischen Compagnie Constantin Brun, der als Kaufmann für die poetischen Neigungen seiner Frau kein Interesse hatte. Ein sentimentaler Freundschaftsbund verband sie mit Friedrich von Matthisson, Karl Viktor von Bonstetten und Luise Fürstin von Anhalt-Dessau. Diese begleiteten sie z.T. auf ihren Reisen. Ihr eigener labiler Gesundheitszustand (seit dem 23. Lebensjahr war sie sehr schwerhörig) wie auch der ihrer Tochter Ida führten dazu, daß sie sich in den Jahren 1790 bis 1810 größtenteils auf Reisen in Frankreich, der Schweiz (längere Aufenthalte bei Frau von Staël) und Italien befand, häufig in Begleitung ihrer Kinder Karl, Charlotte, Auguste und Ida. In Rom war sie ein bedeutendes Mitglied der dortigen »Künstlerrepublik«, eng befreundet mit Tischbein, Angelika Kauffmann, Hirt, Zoëga, Humboldt, Fernow, Thorvaldsen, aber auch mit vielen Italienern. Seit 1810 wieder in Kopenhagen, hatte sie dort einen Salon, der Gelehrte und Künstler zu Konzerten, Ausstellungen und literarischen Unterhaltungen zusammenführte. Ihren Zeitgenossen war sie außer durch ihre Reisebeschreibungen und ihre Beiträge in zahlreichen Zeitschriften vornehmlich durch ihre Gedichte bekannt, die bis 1820 sechs Neuauflagen erlebten. Tieck setzte ihr in *Prinz Zerbino* mit der Gestalt der Wirtin ein ironisches Denkmal. Sie starb am 25. 3. 1835 in Kopenhagen.

WERKE: *Cyane und Amandor, eine Schweizer Geschichte*. Hamburg 1792. – *Gedichte*. Hg. v. Friedrich von Matthisson. Zürich 1795 (mit 7 Kompositionen von Johann Abraham Peter Schulz). – *Briefe eines jungen Gelehrten an seinen Freund* (Hg.) [Johannes von Müller an Bonstetten] Tübingen 1802. – *Neue Gedichte*. Darmstadt 1812. 2. Aufl. 1814. – *Neueste Gedichte*. Bonn 1820.

Chezy, Wilhelmine Christiane (Helmina) von, geb. 26. 1. 1783 in Berlin als Tochter des Freiherrn Karl Friedrich von Klen(c)ke und seiner Frau Karoline, der Tochter der berühmten Karschin. Sehr jung an Freiherrn von Hastfer verheiratet und nach einem Jahr von ihm geschieden, ging sie mit 1801 auf Einladung der Frau von Genlis nach Paris, wo sie als Hausgenossin der Schlegels lebte. Auch eine zweite Ehe mit dem Orientalisten Anton Leonhard von Chezy war nicht glücklich. Ende 1810 zog Helmina von Chezy mit ihren beiden Söhnen nach Heidelberg. Häufiger Wechsel des Wohnortes führte sie später nach Frankfurt a.M., Aschaffenburg, Darmstadt, 1817 nach Dresden, 1823 nach Baden bei Wien, 1830 nach München. Sie stand als bedeutende Figur im literarischen Leben Deutschlands mit vielen Schriftstellern in

Verbindung, so mit Chamisso, den Gebrüdern Schlegel und Boisserée, E.T.A. Hoffmann, dem Ehepaar Horstig, Bettina von Arnim, Fanny Tarnow und Amalie von Helvig, mit der sie zeitweilig zusammenlebte. Rege Mitarbeit an Zeitschriften und ein umfangreiches schriftstellerisches Werk waren zur Finanzierung ihres rastlosen und oft bedrängten Lebens nötig, besonders seitdem nach dem Tod ihres Gatten Chezy 1832 die Unterhaltszahlung ausblieb. Als Librettistin Webers und Schuberts ging sie auch in die Operngeschichte ein. Sie starb fast völlig erblindet am 28. 1. 1856 in Genf. Unter dem Titel *Helmina und ihre Söhne* lieferte ihr als Schriftsteller hervorgetretener Sohn Wilhelm im 1. Bd. seiner Autobiographie eine differenzierte Beschreibung ihres Lebens (vgl. Bibliographie 6. 1. 3).

WERKE: *Französische Miscellen* (Hg.). 18 Bde. Tübingen 1803–1807. – *Geschichte der schönen und tugendsamen Euryanthe.* Leipzig 1804 (*Euryanthe. Große romantische Oper in drey Aufzügen.* Musik von Carl Maria von Weber. Wien 1824). – *Leben und romantische Dichtungen der Tochter der Karschin* (Hg.). Frankfurt a.M. 1805. – *Gedichte der Enkelin der Karschin.* Aschaffenburg 1812. – *Emma. Eine Geschichte.* Heidelberg 1817. – *Neue Auserlesene Schriften der Enkelin der Karschin.* Heidelberg 1817. – *Iduna. Eine Weihnachtsgabe deutscher Frauen an Deutschlands Töchter* (Hg., zus. m. Fanny Tarnow). 2 H. Chemnitz 1820–1821. – *Erzählungen und Novellen.* 2 Bde. Leipzig 1822. – *Rosamunde, Prinzessin von Cypern. Romantisches Schauspiel in vier Akten.* Musik von Franz Schubert. Wien 1823. – *Stundenblumen. Eine Sammlung von Erzählungen und Novellen.* 4 Bde. Wien 1824–1827. – *Herzenstöne auf Pilgerwegen. Gedichte.* Sulzbach 1833.

Düringsfeld, Ida von, geb. am 12. 11. 1815 in Militsch/ Schlesien als Tochter eines Offiziers. Schon mit 14 Jahren verfaßte sie Gedichte, die in Theodor Hells *Abendzeitung* gedruckt wurden. Mit ihrer Mutter übersiedelte die 20jährige nach Dresden, um ihr Talent für Musik und Sprachen auszubilden. Dort machte sie die Bekanntschaft von Tiedge und Moritz Retzsch, dem Maler und Literaturillustrator. In ihren frühen Schriften benützte sie das Pseudonym »Thekla«. 1845 vermählte sie sich mit Otto Freiherrn von Reinsberg, der sich als Sprachforscher und Kulturhistoriker einen Namen machte. Mit ihm lebte sie in glücklicher Ehe. Ausgedehnte Reisen und Auslandsaufenthalte, wozu Ida von Düringsfeld das gesamte Vermögen ihrer Eltern aufwandte, dienten dem Paar zu gemeinsamen historischen, volkskundlichen und sprachwissenschaftlichen Studien. Mit der Ausarbeitung ihrer wissenschaftlichen Werke beschäftigt, lebte sie seit 1859 in Prag, dann in Leipzig. Als sie auf einer Reise am 25. 10. 1876 plötzlich in Stuttgart verstarb, nahm sich ihr Gatte am nächsten Tag das Leben.

WERKE: *Gedichte von Thekla.* Dresden 1835. – *Der Stern von Andalusien. Ein Zyklus von Romanzenkränzen.* Leipzig 1836. – *Schloß Goczyn. Aus den Papieren einer Dame von Stande.* Breslau 1841. – *Magdalena.* Breslau 1844. - *Byrons Frauen.* Breslau 1845. – *Graf Chala.* Berlin 1845. – *Margarethe von Valois und ihre Zeit.* 3 Tle. Leipzig 1847. – *Am Canal Grande.* Dresden 1848. – *Antonio Foscarini.* 4 Bde. Stuttgart 1850. – *Reiseskizzen.* 8 Bde. Bremen/ Prag/ Meran 1850–68. – *Für Dich. Lieder.* Breslau 1851. Verm. Aufl. Leipzig 1865. – *Böhmische Rosen* [Gedichte in Übers.]. Breslau 1851. – *Animone. Ein Alpenmährchen vom Genfersee.* Breslau 1852. – *Esther. Novellenroman.* 2 Bde. Breslau 1852. – *Clothilde. Eine Geschichte zweier Herzen.* Berlin 1855. – *Von der Schelde bis zur Maas. Das geistige Leben der Vlamingen seit dem Wiederaufblühen der Literatur. Biographien, Bibliographien und Proben.* 3 Bde. Leipzig 1861. – *Das Buch denkwürdiger Frauen. In Lebens- und Zeitbildern.* Leipzig 1863 u.ö. – *Lieder aus der Toscana* [Gedichte in Übers.]. Dresden 1855. – *Die Literaten.* 2 Tle. Wien 1863–1864. – *Das Sprichwort als Kosmopolit.* 3 Bde. Leipzig 1863.- *Hochzeitsbuch* (mit O.v. Reinsberg). Leipzig 1871. – *Prismen. Novellen.* 2 Bde. Berlin 1873. – *Forzino. Ethnographische Curiositäten.* Leipzig 1877. – *Sprichwörter der germanischen und romanischen Sprachen, vergleichend zusammengestellt* (mit O.v. Reinsberg). 2 Bde. Leipzig 1872.

Engelbronner d'Aubigny, Emilie Sarah Sophia, geb. zwischen dem 21. und dem 27. April 1773 in Kassel als Tochter des Geheimen Legationsrats Johann Conrad Engelbronner und seiner Frau Sabine d'Aubigny. Die sehr gebildeten Eltern ließen ihren vier Töchtern eine gründliche Erziehung vor allem in Musik und Sprachen zuteil werden. 1790–1791 wurde sogar eine dreizehn Monate dauernde Reise nach den Niederlanden unternommen, wo die Familie Engelbronner Verwandtschaft hatte. Emilie lebte eine Zeitlang in England, das sie Ende 1804 – zunächst in Begleitung einer befreundeten englischen Familie – verließ, um sich in Indien niederzulassen. Das Motiv für diesen ungewöhnlichen Entschluß dürfte im Finanziellen zu suchen sein. In Kalkutta gründete sie ein Institut für Mädchen, dessen einzige Lehrerin sie bis zur Ankunft ihrer Schwester Nina war. Ferner unterrichtete sie die Frauen und Töchter der Kolonialoffiziere und betrieb verschiedene lukrative Handelsgeschäfte mit indischen Waren. 1812 kehrte sie über Dänemark nach Deutschland zurück. Selbst durch Spekulationen reich geworden, heiratete sie den englischen Generalleutnant John Peché, der wenige Tage nach der Hochzeit starb und ihr ein beträchtliches Vermögen hinterließ. Sie kaufte verschiedene Güter und Schlößchen und lebte schließlich auf Schloß Plankenwart in der Bezirkshauptmannschaft Graz, wo sie Ende 1849 starb.
(Für wertvolle Informationen danke ich dem Hessischen Staatsarchiv in Marburg sowie Herrn Dr. Katzmann vom Steiermärkischen Landesarchiv, vor allem für die Kopie der persönlichen Niederschriften von Clothildis Thiede und Alma Eissner-Eissenstein zur Engelbronnerschen Familiengeschichte.)

Engelbronner d'Aubigny, (Elisabeth) Jana Wynandine Gertrud, d. i. Nina, geb. zwischen dem 18. und dem 25. 4. 1770 in Kassel als Tochter des Geheimen Legationsrats Johann Conrad Engelbronner und seiner Frau Sabine d'Aubigny, Schwester der vorigen. Über ihre Erlebnisse in Holland 1790/ 1791 verfaßte sie ein in französischer Sprache erhalten gebliebenes Tagebuch. Wie ihre Schwestern für Sprachen und Musik hervorragend begabt – sie war nicht nur eine gute Sängerin, sondern vor allem eine hervorragende Harfenistin –, suchte sie ihr Talent beruflich zu nützen. Sie lebte zunächst bei ihrer Schwester Suzette Horstig in Bückeburg und führte dort eine kleine Singschule. Wohl in Begleitung von Schwester und Schwager Horstig unternahm sie 1798/99 eine Reise nach Amsterdam (vgl. ihre Korresondenz von dort. Verfassernachweis bei Starnes: *Der Teutsche Merkur* S. 116f.). Nina verließ Westfalen 1800 und siedelte sich 1803 in London an. Durch Musikunterricht und durch Arbeit als Korrespondentin für verschiedene Zeitschriften verdiente sie sich das Geld, ihrer Schwester Emilie im Jahre 1807 nach Indien folgen zu können. Mit ihr zusammen führte sie in Kalkutta ein Pensionat für Töchter englischer Offiziere. Sie interessierte sich sehr für die Landesgeschichte, lernte binnen kurzem neben einigen indischen Dialekten und Sanskrit auch Arabisch und Persisch. In ihren nur fragmentarisch erhaltenen Briefen und ihrem Tagebuchfragment beschrieb sie das Leben der Europäer und Inder. Ihre angekündigte Reisebeschreibung über Indien kam nie zustande. Der größte Teil ihrer Schriften, Briefe und Tagebücher ging durch einen Schiffsuntergang verloren, als Nina Engelbronner 1818 nach Europa zurückkehrte. Sie lebte zunächst in Kassel, auf der Mildenburg bei ihrer Schwester Suzette Horstig und in Dresden, ließ sich sodann ca. 1820 in Wien nieder, wo sie das Palais Paar mietete und einen großen, von Schubert, Grillparzer und vielen anderen Persönlichkeiten der Kunst und Wissenschaften frequentierten Salon führte. Ca. 1825 erwarb sie das Erkoschlössel bei Graz (Gemeinde Nestelbach), wo sie am 29. 1. 1847 starb.
(Für freundliche Auskunft danke ich dem Hessischen Staatsarchiv, Marburg, dem katholischen Pfarramt Nestelbach b. Graz sowie dem Diözesanarchiv Graz.)

WERKE: *Sammlung von deutschen, italienischen, französischen und englischen Gesängen.* Augsburg 1797. – *Tagebuch einer Reise durch die Portugiesische Provinz Alentejo im Januar 1797, mit einer Beschreibung der Stiergefechte in Portugal.* Aus dem Niederländischen des H** übersetzt von Suzette Horstig und J. W. G. Engelbronner. Hildesheim 1799. – *Briefe an Natalie über den Gesang, als Beförderungsmittel der häuslichen Glückseligkeit und des geselligen Ver-*

gnügens. Ein Handbuch für Freunde des Gesanges, die sich selbst, oder für Mütter und Erzieherinnen, die ihre Zöglinge selbst bilden möchten. Leipzig 1803. – »Nina's Abschied an ihre Westphälischen Freunde. Den 11. July 1800« (Gedicht, mit einer Einleitung und Kommentar von Karl Gottlieb Horstig). In: *Irene.* Hg. v. A. v. Halem. (1803) Nov. u. Dez. S. 287–293. – »Nina's Aufruf an Deutschlands Dichter«. In: *Irene.* Hg. v. A. v. Halem. (1804) Mai S. 57–60 (= Auszug aus: *Briefe an Natalie*).

Fahnenberg, Marie von, Tochter des badischen Oberpostdirektors Karl Heinrich von Fahnenberg. Sie heiratete den russischen Offizier von Hügel, mit dem sie sich 1837 nach Pawlowsky begab.

WERKE: *Die Stiefschwestern. Erzählungen.* 3 Bde. Stuttgart 1849. – *Die Flucht nach Lauterburg oder Bilder aus der letzten badischen Revolution* [Novelle]. Stuttgart 1851.

Fouqué, Karoline Auguste Freifrau von, geb. am 7. 10. 1775 auf Gut Nennhausen bei Rathenow als Tochter des Gutsbesitzers Philipp Friedrich August Wilhelm von Briest. Das elterliche Haus war Mittelpunkt geistiger Geselligkeit und bot dem intelligenten Mädchen vielfache Anregungen. Eine sehr jung geschlossene erste Ehe mit dem Leutnant Rochus von Rochow wurde bereits 1800 geschieden. Sie kehrte mit ihren drei Kindern nach Nennhausen zurück und lernte hier den bekannten Schriftsteller Friedrich de la Motte Fouqué kennen, den sie 1803 heiratete. Das Ehepaar lebte auf dem Gut des Vaters. Durch Fouqué angeregt, entwickelte sie eine äußerst fruchtbare schriftstellerische Arbeit. Darüberhinaus unterstützte sie ihren Mann in seiner vielfältigen editorischen Wirksamkeit und war auch selbst als Herausgeberin tätig. Von Zeitgenossen wird ihr eine starke, ja ihrem Mann überlegene Persönlichkeit bestätigt. Gerne versammelte sie in Nennhausen die Literaten vor allem der romantischen Generation. Nach 1818 begann ihr Stern deutlich zu sinken; an die neue, liberaler gesinnte Zeit fand sie keinen Anschluß mehr. Sie starb am 21. 7. 1831 in Nennhausen.

WERKE: *Drei Mährchen.* Berlin 1806. – *Roderich. Ein Roman in 2 Theilen.* Berlin 1806. – *Die Frau des Falkensteins.* 2 Tle. Berlin 1810. – *Kleine Erzählungen.* Berlin 1811. – *Briefe über die griechische Mythologie für Frauen.* Berlin 1812. – *Die Magie der Natur.* Berlin 1812. – *Taschenbuch der Sagen und Legenden* (Hg., zus. m. Amalie von Helvig). Berlin 1812–1813. – *Feodora.* 3 Bde. Leipzig 1814. – *Edmunds Wege und Irrwege. Ein Roman aus der nächsten Vergangenheit.* 3 Bde. Leipzig 1815. – *Für müßige Stunden. Vierteljahrsschrift* (Hg., Bde. 1–4 mit dem Gatten). 7 Bde. Hildburghausen/ Jena 1816–1821. – *Neue Erzählungen.* 2 Bde. Berlin 1817. – *Die früheste Geschichte der Welt. Ein Geschenk für Kinder.* 3 Bde. Leipzig 1818. – *Kleine Romane und Erzählungen. Neue Sammlung.* Jena 1820. – *Fragmente aus dem Leben der heutigen Welt.* Berlin 1820. – *Ida.* 3 Bde. Berlin 1820. – *Heinrich und Marie.* 3 Bde. Jena 1821. – *Die Herzogin von Montmorency.* Leipzig 1822. – *Vergangenheit und Gegenwart. Ein Roman in einer Sammlung von Briefen.* Berlin 1822. – *Bodo von Hohenried.* 3 Bde. Berlin 1825.

Frisch, Pauline Dorothea, geb. Tutein, aus Kopenhagen stammend. Sie starb vor 1816.

Gad-Bernard, Esther, geb. 1770 (?) in Breslau als Tochter des späteren Generalprivilegierten Raphael ben Gad. Ihr Großvater war der berühmte Hamburger Oberrabbiner und Kabbalist Jonathan Eibenschütz. Im großbürgerlichen Haus ihres Vaters genoß sie eine sorgfältige Erziehung und erlernte mehrere Sprachen. 1791 heiratete sie den Breslauer Kaufmann Samuel Bernard und hatte mit ihm zwei Kinder. Diese Ehe wurden 1796 geschieden und Esther Gad-Bernard zog nach Berlin. Mit Henriette Herz, Rahel Varnhagen, Elisa von der Recke und Jean Paul verband sie herzliche Freundschaft, wovon auch die erhaltene Korrespondenz Zeugnis ablegt. In Berlin beegnete sie Wilhelm Friedrich Domeier, dem Leibarzt des Prinzen August Friedrich von England, einem tüchtigen Mediziner, dessen Fähigkeiten Friederike

Brun bei einem Badeaufenthalt 1796 auf Ischia schätzen gelernt hatte. Als der Prinz 1801 wegen seines Asthmas mit Domeier nach Lissabon übersiedelte, folgte Esther Gad-Bernard mit ihren Kindern über London nach. Sie hatte sich um das Jahr 1800 auf den Namen Sophie Lucie taufen lassen. Die Ehe mit Domeier wurde 1802 in London geschlossen. Aus ihr ging noch ein Kind hervor. Das Todesdatum der Autorin ist ungewiß; sie dürfte etwa 1830 gestorben sein.

WERKE: »Etwas über Schillers Piccolomini auf dem Berliner Theater. Berlin, den 19. Februar 1799«. In: Denkwürdigkeiten und Tagesberichte der Mark Brandenburg und der Herzogthümer Mecklenburg und Pommern. Hg. v. Kosmann und Heinsius (1799) 3. St., S. 382–389. – *Die beyden Mütter, oder die Folgen der Verläumdung.* Von Frau von Genlis. Aus dem Französischen übersetzt. Berlin 1800–1802. – *Gesammelte Blätter.* Leipzig 1805. – *Kritische Auseinandersetzung mehrerer Stellen in dem Buche der Frau von Staël über Deutschland. Mit einer Zueignungsschrift an Herrn Jean Paul Richter. Aus dem Engl. übers. v. der Verf. des Originals.* Hannover 1814. – Leucadio Doblado: *Briefe aus Spanien. Aus dem Englischen übersetzt von E. L. Domeier.* Hamburg 1824. – *Der Zwerg, ein irisches Sittengemälde. Aus dem Englischen des John Banim übersetzt.* Hamburg 1828.

Gerstner, Clara von, geb. von Epplen-Härfenstein. 1838 heiratete sie den Eisenbahnpionier Franz Anton von Gerstner und ging noch im gleichen Jahr mit ihm in die USA. Gerstner besichtigte dort alle Eisenbahnlinien und die wichtigsten Schiffskanäle. Seine gesammelten Informationen legte er 1839 in einem *Bericht aus den Vereinigten Staaten über Eisenbahnen* nieder. Er starb 1840 in Philadelphia.

Grävemeyer, Marie (Molly) von, geb. am 19. 4. 1756 als Tochter des Amtmanns Konrad Albrecht von Hugo. Sie war seit 1773 mit dem Amtsschreiber Eberhard von Grävemeyer in Rehburg verheiratet. Ihre jüngere Stiefschwester Sarah von Hugo wurde Heinrich Christian Boies zweite Frau. Mit vielen ausgezeichnen Männern stand sie in Verbindung, und auch mit Sophie von La Roche und Elisa von der Recke war sie gut bekannt. Ihre anerkannte Stellung wird unter anderem durch einen im *Deutschen Museum* gedruckten Briefwechsel über die Bedeutung von Helferich Peter Sturz und Justus Möser bewiesen. Sie starb am 7. 1. 1849 in Kiel.

WERKE: *Beim Anblick der Ihlfelder Berge* [Gedicht], anonym in A. Voß: Deutschlands Dichterinnen (1847) S. 514. – »Schreiben einer unbekannten Dame an den St. – M. – v. H. über die deutsche Literatur«. In: *Deutsches Museum* (1781) 10. St., S. 305f. [franz.!]. – »Einige Anmerkungen über die Antwort des Hrn. St. M. v. H. auf den französischen Brief einer ungenannten Dame, von der Verfasserin desselben«. In: Ebd. (1782) 2. St., S. 178–182.

Gund(e)lach, Philippine Sophie von, geb. Stochhausen (oder Stockhausen).

WERKE: »Ein kleiner Briefwechsel«. In: *Magazin für Frauenzimmer* (1783).

Hahn-Hahn, Ida Gräfin, geb. am 22. Juni 1805 in Tressow in Mecklenburg-Schwerin als Tochter des Grafen Karl-Friedrich Hahn-Neuhaus. Ihr Vater betätigte sich als Direktor wandernder Schauspieltruppen und war wegen seiner Exzentrizität als »Theatergraf« berühmt-berüchtigt. Ihre häusliche Bildung war mangelhaft, doch zeigte sich bereits in der Jugend ein Talent zum Fabulieren. 1826 heiratete sie ihren Vetter Graf Friedrich Hahn-Basedow. Das einzige Kind aus dieser Ehe war geistig behindert, wurde in Pflege gegeben und starb in jungen Jahren. Nachdem die unglückliche Ehe gelöst war, verband sich die Gräfin Anfang der dreißiger Jahre mit dem kurländischen Baron Adolf Bystram. Mit diesem unternahm sie ausgedehnte Reisen: 1835 war Ida Hahn-Hahn in der Schweiz, 1836–37 in Wien, 1838–39 in Italien, 1840–41 in Spanien und Frankreich, 1842 in Skandinavien, 1834–1844 im Orient. In Deutschland lebte das Paar in Berlin, später in Dresden. Ida Hahn-Hahn darf als eine der bedeutendsten Schriftstellerinnen ihrer Zeit angesehen werden. Einer literarischen Schule ist sie nicht zuzuordnen; am ehesten lassen sich Einflüsse des Jungen Deutschland wahrnehmen. Vom Literaturbetrieb hielt sie sich weitgehend fern und suchte auch keine literarischen Freundschaften. Mit Luise Mühlbach verband sie eine Jugendkameradschaft. Sehr aufschlußreich ist der Briefwechsel mit dem Fürsten Pückler. Von nahezu allen poetischen Strömungen angefeindet und wegen ihres Aristokratismus verpönt, genoß sie gleichwohl die größte Beliebtheit beim Publikum. Nach Bystrams Tod im Jahre 1849 trat sie, von Bischof Ketteler betreut, 1850 zur katholischen Kirche über. Seitdem stellte sie ihre gesamte finanzielle und schriftstellerische Kraft in den Dienst der Kirche. 1854 gründete sie für die Schwestern vom Guten Hirten in Mainz ein Kloster, das sie leitete und in dem sie, wenngleich ohne Profeß, als Nonne lebte. Sie starb am 12. 1. 1880 in Mainz.

WERKE: *Gedichte.* Leipzig 1835. – *Neue Gedichte.* Leipzig 1836. – *Venezianische Nächte.* Leipzig 1836. – *Lieder und Gedichte.* Berlin 1837. – *Aus der Gesellschaft.* Berlin 1838. – *Astralion. Eine Arabeske.* Berlin 1839. – *Der Rechte.* Berlin 1839. – *Gräfin Faustine.* Berlin 1841. - *Ulrich.* 2 Bde. Berlin 1841. – *Sigismund Forster.* Berlin 1843. – *Cecil.* 2 Bde. 1844. – *Zwei Frauen.* 2 Bde. Berlin 1845. – *Clelia Conti.* Berlin 1846. – *Sibylle. Eine Selbstbiographie* [Roman]. 2 Bde. Berlin 1846. – *Levin.* 2 Tle. Berlin 1848. – *Unsrer Lieben Frau.* Mainz 1851. – *Gesammelte Schriften.* 21 Bde. Berlin 1851. – *Die Liebhaber des Kreuzes.* 2 Bde. Mainz 1852. – *Das Jahr der Kirche.* Mainz 1854. – *Bilder aus der Geschichte der Kirche.* 4 Bde. Mainz 1856–1866. – *Maria Regina. Eine Erzählung aus der Gegenwart.* 2 Bde. Mainz 1860. – *Doralice. Ein Familiengemälde aus der Gegenwart.* 2 Bde. Mainz 1861. – *Peregrin.* 2 Bde. Mainz 1864. – *Eudoxia, die Kaiserin. Ein Zeitgemälde aus dem 5. Jahrhundert.* 2 Bde. Mainz 1867. – *Die Geschichte eines armen Fräuleins.* 2 Bde. Mainz 1869. – *Vergieb uns unsere Schuld. Eine Erzählung.* 2 Bde. Mainz 1874. – *Wahl und Führung.* 2 Bde. Mainz 1878. – *Gesammelte Werke.* 2 Serien, 45 Bde. Regensburg 1902–1905.

Hohenhausen, Elise Philippine Amalie Freifrau von, geb. am 4. 11. 1798 in Waldau bei Kassel als Tochter des Generals Adam Ludwig von Ochs. Die Abstammung aus vornehmer Familie gewährte ihr zwar schon früh den Zugang zum Kasseler Hof, eine Schulbildung jedoch versuchte die Mutter zunächst völlig zu verhindern. 1809 heiratete sie den Unterpräfekten des Distrikts Eschwege und Staatsratsauditeur im Königreich Westfalen Leopold von Hohenhausen. Aus der wenig glücklichen Ehe gingen drei Kinder hervor. Erste Gedichte veröffentlichte der Gatte im *Morgenblatt* und in der *Zeitung für die elegante Welt.* Für ihren ersten Gedichtband erhielt sie die goldene Preismedaille des Königs von Dänemark. 1817 übersiedelte die Familie von Kassel nach Minden, wo Leopold von Hohenhausen das bald in ganz Deutschland gelesene *Sonntagsblatt* gründete, dessen Redaktion er aber noch im gleichen Jahr an den Goethefreund Nicolaus Meyer abgab. Elise von Hohenhausen wurde eifrige Mitarbeiterin des Blattes und wußte junge Talente zu erkennen und heranzuziehen. Sie förderte Hoffmann von Fallersleben, Heine, Freiligrath und die Droste. Viel beachtet wurden ihre Übersetzungen von Werken Sir Walter Scotts und Lord Byrons. 1820 übersiedelte die Familie nach Berlin. Die Dienstagsgesellschaften Elise von Hohenhausens wurden zu einer Institution für die Berliner Gebildeten. In diesem Zirkel, der sich durch Verehrung Byrons hervortat, verkehrten die Ehepaare Varnhagen, Hensel, Arnim und de la Motte Fouqué sowie Chamisso, Heine, Gans, Koreff, Lortzing. Da Leopold von Hohenhausens Bemühungen um eine Stelle im Staatsdienst vergeblich blieben, kehrte die Familie 1824 nach Minden zurück. Die bedrängte finanzielle Lage versuchte man mit schriftstellerischen Arbeiten zu überbrücken. Der Selbstmord des Sohnes Carl bedeutete für die Mutter einen schweren Einbruch. In der Religion und in zahlreichen Übersetzungsarbeiten suchte sie Trost. Erwähnung verdienen vor allem ihre Übertragungen von Youngs *Nachtgedanken* und H.W. Longfellows *Die goldene Legende.* Nach dem Tod ihres Gatten zog sie zu ihrer ältesten Tochter Elise Friederike Felicitas, verheiratete Rüdiger. Diese trat selbst unter ihrem Mädchennamen als Schriftstellerin hervor und war eng befreundet mit Annette von Droste-Hülshoff und Levin Schücking. Elise von Hohenhausen starb am 2. 12. 1857 im Hause ihrer Tochter in Frankfurt a. d. O.

WERKE: *Frühlingsblumen.* Münster 1816. – *Poggezana. Romantisch-historische Erzählung aus der Zeit des Deutschen Ordens im 14. Jahrhundert.* Danzig 1825. – *Novellen.* 3 Bde. Braunschweig 1829. – *Carl von Hohenhausen. Untergang eines Jünglings von achtzehn Jahren.* Braunschweig 1836. – *Johann und Kornelius de Witt oder das ewige Edikt. Historisches Schauspiel.* Kassel 1847. – *Rousseau, Goethe, Byron, ein kritisch-litterarischer Umriß aus ethisch-christlichem Standpunkte.* Kassel 1847. – *Die Marquesas-Inseln. Eine Weihnachtsgabe.* Bremen 1853. – *Die Jungfrau und ihre Zukunft in unserer Zeit, oder mütterlicher Rath einer Pensionsvorsteherin an ihre scheidenden Zöglinge.* Weimar 1854. – *Lies mich in Deinen Leiden und ich werde Dich trösten. Ein Lebens- und Beruhigungsbuch in schweren Tagen.* Weimar 1855. – *Das Geheimnis des Glücks oder der Schlüssel zum Heil. In Erzählungen und Novelletten, welche die Fehler der Jugend bekämpfen. Nach dem Original der Gräfin Drohojowska selbständig bearbeitet* Weimar 1855.

Horstig, Susanne Christine (Suzette), geb. 14. 12. 1768 in Kassel als Tochter des Geheimen Legationsraths Johann Conrad Engelbronner und und seiner Frau Sabine d'Aubigny, Schwester von Emilie und Nina Engelbronner d'Aubigny. Nach ihrer Hochzeit 1794 lebte sie mit ihrem Gatten, dem Superintendenten und vielseitigen Gelehrten Karl Gottlieb Horstig, zunächst in Bückeburg. Mit Gerhard Anton von Halem befreundet, lieferte sie Beiträge für dessen Journal *Irene*. 1800 unternahm das Ehepaar eine zweimonatige Fußwanderung nach dem Harz, 1803 eine Reise nach Frankreich, England und Holland, die beide vom Gatten beschrieben wurden. Eine Gemütskrankheit Horstigs machte 1805 die Übersiedlung nach Heidelberg notwendig. Suzette Horstig suchte mit Veröffentlichungen in Zeitschriften die finanzielle Lage der Familie aufzubessern. Durch intrigante Artikel gegen Sophie Mereau setzte sie sich in Feindschaft mit Brentano, sodaß die Familie Heidelberg verlassen mußte. Horstig erwarb Schloß Mildenburg bei Miltenberg, wo die vielköpfige Familie seit 1808 lebte. Suzette Horstig starb am 18. 8. 1845 in Oberschwappach/ Bayern.
(Für wertvolle Informationen und Hinweise danke ich Herrn W. O. Keller vom Stadtarchiv Miltenberg.)

WERKE: »Über Söder, den Landsitz des Hrn. von Brabek im Hildesheimischen. (Auszug aus einem Briefe)«. In: *Der neue Teutsche Merkur* (1799) Febr. S. 175–180. – »Die Wanderungen der jungen Künstlerin«. In: *Irene*. Hg. v. A. v. Halem (1802) 1. Bd., S. 179–192, 279–298. – »Darf ein Weib in einem gelehrten Männerkreise erscheinen«. In: Ebd. S. 300–308. – »Gefühle und Betrachtungen«. In: Ebd. (1803) Nov. u. Dez. S. 303–314. – »Die Wallfahrt nach Wallthürn«. In: *Journal des Luxus und der Moden* (1806) Juli S. 456f. – »Hin ist Sie!!« In: Ebd. (1807) Jan. S. 68–70. – *Sammlung eigener und fremder Lieder, in Musik gesetzt.* Leipzig 1812.

Huber, Therese Marie, geb. am 7. 5. 1764 in Göttingen als älteste Tochter des bekannten Altphilologen und Professors Christian Gottlob Heyne. 1785 heiratete sie den Forschungsreisenden und Schriftsteller Georg Forster und folgte ihm nach Wilna, wo er eine Stelle als Universitätsprofessor innehatte. Ihre eigentliche Liebe galt dem Bibliothekar Wilhelm Meyer, einem Göttinger Freund. 1788 nahm Forster eine Stelle als Professor und Bibliothekar des Kurfürsten von Mainz an. Während der Mainzer Republik war er führender Kopf der jakobinischen Partei. Therese hatte sich dem kursächsischen Legationssekretär und Schriftsteller Ludwig Ferdinand Huber zugewandt, der nun mit zur Familie gehörte. 1792 verließ sie mit ihren Kindern das politisch unsichere Mainz, Huber folgte ihr, und man fand in Neuchâtel (bzw. Bôle) eine Bleibe. In dieser Zeit der finanziellen Bedrängnis begann Therese mit ersten eigenständigen Veröffentlichungen. Forster begab sich nach Paris, wo er im Januar 1974 starb. Im April heirateten Therese und Ludwig Ferdinand Huber. Ihren Lebensunterhalt erwirtschafteten die Gatten in gemeinsamer schriftstellerischer Arbeit. Im Titel zeichnete stets Ludwig Ferdinand Huber, auch wenn die eigentliche Verfasserin seine Frau war. Therese Huber übersetzte zudem aus dem Französischen. Aus dem Schweizer Exil zurückgekehrt, übernahm Huber 1798 die gut dotierte Stelle des Redakteurs von Cottas *Allgemeiner Zeitung* in Stuttgart, später in Ulm. Als er 1804 überraschend starb, widmete sich die Witwe wieder verstärkt dem Schreiben, um die Kinder zu versorgen. Obgleich schon Berufsschriftstellerin, hatte sie immer noch Bedenken, unter ihrem eigenen Namen zu veröffentlichen. Zeitlebens betrachtete sie das schriftstellerische Hervortreten einer Frau als unnatürlich und weibliche Erwerbstätigkeit als einen Notbehelf. Im Sommer 1809 reiste sie mit ihrer unverheirateten ältesten Tochter Therese nach Holland, um sie in das Haus des Herrn Stryck von Lindschoten zu bringen, wo diese eine Stelle als Erzieherin annahm. Im Januar 1817 übernahm die überall geachtete Frau die Redaktion des *Morgenblattes*, die sie 1824 wegen einer Verstimmung mit Cotta aufgab. Seit ihrer Jugendzeit hatte Therese Huber vielfache Kontakte zu nahezu allen bedeutenden Zeitgenossen. Als Redakteurin versuchte sie, Frauen zu unterstützen, ohne freilich für Schriftstellerinnen eine Neigung zu haben. Eine Ausnahme macht ihr herzlicher Briefwechsel mit Caroline Pichler, die ihr in den Ansichten verwandt war, die sie aber nie persönlich traf. Sie starb am 15. 6. 1829 in Augsburg.

WERKE: *Emilie von Varmont. Eine Geschichte in Briefen, von Louvet.* Aus dem Französischen übers. Tübingen 1794. – *Der Trostlose. Lustspiel. Aus dem Französischen.* Berlin 1794. – *Neueres französisches Theater* (Hg. zus. mit L. F. Huber). 3 Bde. Leipzig 1795–1797. 2. Aufl. Frankfurt a. M. 1819. – *Familie Seldorf. Eine Erzählung aus der französischen Revolution.* 2 Bde. Tübingen 1795–1796. – *Luise. Ein Beitrag zur Geschichte der Convenienz.* Leipzig 1796. – *Erzählungen* (u. d. N.: L. F. Huber). 3 Slg. Braunschweig 1801–1802. – *Ludwig Ferdinand Hubers sämtliche Werke seit dem Jahr 1802, nebst seiner Biographie* (Hg.). Tübingen 1806–1819. – *Hannah, der Herrnhuterin Deborah Findling.* Leipzig 1821. – *Ellen Percy oder Erziehung durch Schicksale.* 2 Bde. Leipzig 1822. – *Jugendmuth.* 2 Bde. Leipzig 1824. – *Die Ehelosen.* 2 Bde. Leipzig 1829. – *Georg Forsters Briefwechsel. Nebst einigen Nachrichten aus seinem Leben* (Hg.). 2 Tle. Leipzig 1829. – *Erzählungen.* 6 Bde. Hg. v. V. A. Huber. Leipzig 1830–1834.

Kohl, Ida, geb. am 25. 7. 1814 in Bremen als Tochter des Weinhändlers P. Kohl. Ihr Bruder war der berühmte Reisende und fruchtbare Reiseschriftsteller Johann Georg Kohl. Mit ihm unternahm sie 1844 eine achtmonatige Reise nach England, Schottland, Wales und Irland; die Tagebücher aus dieser Zeit veröffentlichten die Geschwister gemeinsam unter dem Titel *Englische Skizzen*. Ida Kohl hatte aber auch schon an ihres Bruders Darstellung *Land und Leute der britischen Inseln. Beiträge zur Charakteristik Englands und der Engländer* (3 Bde. Dresden/ Leipzig 1844) mitgearbeitet. 1846 heiratete sie Hermann Wilhelm Graf von Baudissin, einen jüngeren Bruder des Übersetzers Wolf Graf von Baudissin. Sie starb am 25. 12. 1888 in Freiburg. Ihr Sohn Wolf Graf von Baudissin widmete dem Andenken seiner Eltern eine kleine Schrift: *Dem Gedächtnisse der Gräfin Ida von Baudissin* […]. Leipzig 1891.

Krook, Anna Helene (fälschl. Krock), geb. am 6. 8. 1752 in St. Petersburg als Tochter des Generalleutnants Baron Thomas Justus von Dietz. 1770 heiratete sie den russischen Staatsrat Johann Heinrich von Krook und lebte seit dessen Tod 180? in Dresden, wo sie am 12. 12. 1832 (9. 11. 1834?) starb.

La Roche, Marie Sophie von, geb. am 6. 12. 1731 in Kaufbeuren als Tochter des Arztes Georg Friedrich Gutermann Edler von Gutershofen. Seit 1740 lebte die Familie in Augsburg. Weil der Vater ihre Verlobung mit dem Arzt Gian Ludovico Bianconi aus konfessionellen Gründen nicht billigen konnte, wurde sie ins Haus ihres Biberacher Onkels Wieland geschickt. Mit ihrem Vetter Christoph Martin Wieland verband sie eine Jugendliebe, die als freundschaftlicher Kontakt bis ins hohe Alter weitergeführt wurde. 1754 verheiratete sie sich mit dem katholischen kurmainzischen Hofrat und späteren kurtrierischen Kanzler Georg Michael von La Roche. Ihr Haus am Fuße des Ehrenbreitstein bildete den Treffpunkt von Literaten und Gelehrten aus ganz Deutschland. Nach La Roches politisch bedingtem Sturz (1780) lebte die Familie in Speyer, später in Offenbach. Mit einer großen Zahl von Dichtern und nahezu allen poetisch talentierten Frauen ihrer Zeit im Kontakt, wurde Sophie von La Roche für viele zu einer Anregerin und Mentorin. Tatsächlich war ihre ausdrückliche Absicht, durch schriftstellerische Arbeit ihre angestammte Aufgabe als Erzieherin von Töchtern fortzusetzen. Ihre Frauenzeitschrift *Pomona*, die wie ein Diskussionsforum mit den Leserinnen gestaltet war und für die sie eine Reihe von begabten Frauen als Mitarbeiterinnen gewann, wurde selbst von Katharina der Großen abonniert. Weit über den Kreis einer weiblichen Leserschaft hinaus beeinflußte ihre *Geschichte des Fräulein von Sternheim* die Entwicklung des empfindsamen Briefromans in Deutschland. Obgleich ihr poetischer Ruhm seit Beginn des 19. Jahrhunderts bereits deutlich verblaßte, wirkte sie doch literarisch als Wegbereiterin weiblicher Literaturfähigkeit in dieses hinein; desgleichen war ihr persönlich als Großmutter der Geschwister Brentano ein ehrenvolles Andenken in der romantischen Generation sicher. Sie starb am 18. 2. 1807 in Offenburg.

WERKE: *Geschichte des Fräulein von Sternheim.* Hg. v. Chr. M. Wieland. 2 Tle. Leipzig 1771. – *Bibliothek für den guten Geschmack.* Amsterdam 1772. – *Rosaliens Briefe an ihre Freundin.* Hg. v. J. J. Chr. Bode. 4 Bde. Altenburg/ Offenbach 1779–1781. – *Moralische Erzählungen im Geschmack Marmontels.* 2 Slgen. Mannheim 1783–1784. – *Die zwei Schwestern. Eine moralische Erzählung.* Frankfurt a. M./ Leipzig 1784. – *Briefe an Lina. Als Mädchen, als Mutter.* 3 Bde. Mannheim 1785–1787. – *Neuere moralische Erzählungen.* Altenburg 1786. – *Moralische Erzählungen.* Speyer 1787. – *Geschichte der Miß Lony oder Der schöne Bund.* Gotha 1789. – *Schönes Bild der Resignation.* 2 Tle. Offenbach 1795–1796. – *Erscheinungen am See Oneida.* 3 Tle. Leipzig 1798. – *Mein Schreibetisch.* Leipzig 1790. – *Fanny und Julie oder die Freundinnen. Eine romantische Geschichte.* 2 Tle. Leipzig 1801. – *Liebe-Hütten.* 2 Tle. Offenbach 1803. – *Melusines Sommerabende.* Hg. v. Chr. M. Wieland. Halle 1806. – *Erinnerungen aus meinem Leben.* Leipzig 1807.

Leo, Sophie Auguste, geb. am 14. 9. 1795 in Hamburg als Tochter der Familie Dellevie. 1810–1817 lebte sie größtenteils in Hannover bei einer dort verheirateten älteren Schwester. Mit ihr ging sie 1817 nach Paris und heiratete dort den Bankier August Leo. Ihre ersten beiden Romane veröffentlichte sie unter dem Pseudonym Leontine Romainville. 1848–1852 vorübergehend wieder in Deutschland, kehrte sie nach Frankreich zurück und wohnte zunächst mit ihrer Familie in Versailles, seit dem Tode ihres Gatten 1860 in Paris. Ihr Todesdatum ist unbekannt.

WERKE: *Selbstopfer.* Leipzig 1829. – *Die beiden Liberalen. Aus den Memoiren eines jungen Parisers.* Leipzig 1831. – Willibald Alexis: *Canabis.* Ins Französische übers. Paris 1834. – *Personen und Zustände aus der Restauration und dem Julikönigthum, von der Verfasserin der Erinnerungen aus Paris.* Berlin 1853.

Lewald, Fanny, geb. 24. 3. 1811 in Königsberg als Tochter des jüdischen Kaufmanns David Marcus (Änderung des Familiennamens 1831). Hauptsächlich auf Betreiben der Mutter mußte sie schon zwischen dem 13. und 14. Lebensjahr die Schule verlassen. 1831 erlaubte der Vater den Religionswechsel zum Protestantismus. Erste schriftstellerische Arbeiten erschienen zunächst in der von ihrem Onkel August Lewald redigierten Zeitschrift *Europa, Chronik der gebildeten Welt* (seit 1840). Ihre unglückliche Liebe zu ihrem Vetter Heinrich Simon gab der Literaturwissenschaft Anlaß zu der Vermutung, ihre Abneigung gegen Ida Gräfin Hahn-Hahn (vgl. den satirischen Roman *Diogena*) sei in dem Umstand begründet, daß diese wohl und nicht sie die Liebe Heinrich Simons fand. 1843 siedelte Fanny Lewald nach Berlin über und begann, einen Teil ihres Unterhalts durch Schriftstellerei zu bestreiten. Juni 1845 bis Oktober 1846 unternahm sie eine Italienreise, auf der sie in Rom den oldenburgischen Gymnasialprofessor, Gelehrten und Schriftsteller Adolf Stahr kennenlernte. Mit diesem, er war verheiratet und Vater von fünf Kindern, verband sie seither ein Liebesverhältnis, das zehn Jahre später in eine Ehe mündete. 1848 reiste Fanny Lewald, z. T. von ihrer Freundin Therese von Bacheracht begleitet, nach Bremen, Paris, Helgoland und zur Nationalversammlung nach Frankfurt. 1850 besuchte sie England und Schottland, verkehrte dort auf Vermittlung ihrer Freundin Amely Bölte in literarischen Kreisen und lernte unter anderem Arnold Ruge kennen, der ihr als Herausgeber der *Hallischen Jahrbücher* seit langem überzeugungsmäßig nahestand. 1855 erfolgte die Heirat mit Stahr. Die beiden Jahrzehnte der Ehe sind geprägt von äußerst fruchtbarer schriftstellerischer Tätigkeit und gemeinsamen Reisen. Das Ehepaar, von Gottfried Keller boshaft als »das vierbeinige, zweigeschlechtige Tintentier« bezeichnet (Brief an Frau Duncker vom 6. 3. 1856, in: *Gesammelte Briefe in 4 Bden*. Hg. v. Carl Helbig, Bern 1951, Bd. 2, S. 154), war eine Art literarischer Institution in Berlin und unterhielt intensive Beziehungen zu anderen Schriftstellern. Fanny Lewald nahm wiederholt zu sozialpolitischen Fragen und zu Fragen der Frauenemanzipation Stellung. Insgesamt aber neigte sie in späteren Jahren sehr dem deutsch-nationalen Konservatismus zu. Während der dreizehn Jahre ihrer Witwenschaft blieb Fanny Lewald weiterhin in Berlin wohnen und war viel auf Reisen. Sie starb am 3. 10. 1889 in Dresden, wo sie Heilung von asthmatischen Beschwerden gesucht hatte.

WERKE: *Clementine*. Leipzig 1843. – *Jenny*. Leipzig 1843. – *Eine Lebensfrage*. Leipzig 1845. – *Diogena. Roman von Iduna Gräfin H… H…* Leipzig 1847. – *Prinz Louis Ferdinand. Ein Zeitbild*. 3 Bde. Breslau 1849. – *Liebesbriefe. Aus dem Leben eines Gefangenen*. Braunschweig 1850. – *Wandlungen*. 4 Bde. Braunschweig 1853. – *Die Reisegefährten*. 2 Bde. Berlin 1858. – *Gesammelte Novellen*. 2 Bde. Berlin 1862. – *Bunte Bilder. Gesammelte Erzählungen und Phantasiestücke*. 2 Tle. Berlin 1862. – *Von Geschlecht zu Geschlecht*. 8 Bde. Berlin 1864. 1866. – *Erzählungen*. 3 Bde. Berlin 1866–1868. – *Gesammelte Werke*. 12 Bde. Berlin 1871–74. – *Die Erlöserin*. 3 Bde. Berlin 1873. – *Neue Novellen*. Berlin 1877. – *Reisebriefe aus Deutschland, Italien und Frankreich*. Berlin 1880. – *Vom Sund zum Posilipp. Briefe aus den Jahren 1877–1881*. Berlin 1883. – *Die Familie Darner*. 3 Bde. Berlin 1887.

Mühlbach, Luise, d. i. Clara Mundt, geb am 2. 1. 1814 in Neubrandenburg als Tochter des dortigen Oberbürgermeisters Müller. Ihr poetisches Talent bildete sie vornehmlich an den Schriften des Jungen Deutschland. Dem von ihr besonders verehrten Theodor Mundt sandte sie schriftstellerische Versuche. Darüber kam es zu einem Briefwechsel, der 1839 in eine Ehe mündete. Die Familie lebte in Berlin mit Ausnahme zweier Jahre, für die Mundt an die Universität Breslau versetzt worden war (1848–1850). Luise Mühlbach war eine äußerst produktive Schriftstellerin, die in 36 Jahren nicht weniger als 290 Bände auf den Markt brachte. Von ihren Romanen wurden viele ins Englische übersetzt und Amerika gern gelesen. In ihnen behandelte sie in ihrer Frühzeit soziale Probleme, die Frage der Frauenemanziption und der gesellschaftlichen Moral; später wandte sie sich – ebenso wie ihr Gatte – dem historischen Fach zu. Nach dem Tode Theodor Mundts (1861) unternahm sie mehrere weite Reisen, darunter nach Ägypten. Ihre ebenfalls schriftstellernde Tochter Thea Ebersberger gibt in ihren *Erinnerungsblättern* ein sehr anschauliches Bild vom Leben Luise Mühlbachs und von ihrem Berliner Salon. Sie starb am 26. 9. 1873 in Berlin.

WERKE: *Erste und letzte Liebe*. Altona 1838. - *Die Pilger der Elbe*. Altona 1839. – *Frauenschicksal*. 2 Bde. Altona 1839. – *Zugvögel*. Altona 1840. – *Novellenbuch*. Altona 1841. – *Justin*. Leipzig 1843. – *Eva. Ein Roman aus Berlins Gegenwart*. 2 Bde. Berlin 1844. – *Novellen und Szenen*. 2 Tle. Leipzig 1845. – *Ein Roman in Berlin*. 3 Bde. Berlin 1846. – *Hofgeschichten*. 3 Bde. Berlin 1847. – *Aphra Behn*. 3 Bde. Berlin 1849. – *Der Zögling der Gesellschaft*. 2 Bde. Berlin 1850. – *Die Tochter der Kaiserin*. 2 Bde. Berlin 1848. – *Johann Gotzkowski, der Kaufmann von Berlin*. 3 Bde. 1850. – *Friedrich der Große und sein Hof*. 3 Bde. Berlin 1853. – *Berlin und Sanssouci, oder Friedrich der Große und seine Freunde*. 4 Bde. Berlin 1854. – *Friedrich der Große und seine Geschwister*. 6 Bde. Berlin 1854. – *Kaiser Joseph II. und sein Hof*. 12 Bde. Berlin 1855. – *Historisches Bilderbuch*. 2 Bde. Berlin 1855. – *Historische Charakterbilder*. 4 Bde. Berlin 1856–1859. – *Napoleon in Deutschland*. 16 Bde. Berlin 1858. – *Karl II. und sein Hof*. 3 Bde. Berlin 1858. – *Maria Theresia und der Pandurenobrist Trenck*. 4 Bde. Brünn 1861–1862. –

Neues Bilderbuch. 2 Bde. Berlin 1862. – *Historische Lebensbilder.* 2 Bde. Berlin 1864. – *Federzeichnungen auf der Reise nach der Schweiz.* 4 Bde. Berlin 1864–1865. – *Der große Kurfürst und seine Zeit.* 11 Bde. Leipzig 1865–1866. – *Marie Antoinette und ihr Sohn.* 6 Bde. Jena 1867. – *Damen-Almanach* (Hg.). Leipzig 1869. – *Von Solferino bis Königsgrätz.* 12 Bde. Berlin 1869–1870. – *Reisebriefe aus Ägypten.* 2 Bde. Jena 1871. – *Mohammed Ali und sein Haus.* 4 Bde. Jena 1871. – *Mohammed Ali's Nachfolger.* 4 Bde. Jena 1872. – *Mohammed Ali, der morgenländische Bonaparte.* 4 Bde. Jena 1872.

Niendorf, Emma von, d. i. Emma von Suckow, geb. am 12. 7. 1807 in Pappenheim/ Bayern als uneheliche Tochter des Pappenheimer Grafen Karl Theodor, des Generaladjutanten der bayrischen Könige Max I. und Ludwig I. 1819 wurde sie in den Adelsstand erhoben und erhielt den Namen von Calatin. Mit ihrem Vater lebte sie teils im heimatlichen Schloß, teils in dessen Münchner Wohnung. 1828 heiratete sie den königlich württembergischen Hauptmann Carl Friedrich Emil von Suckow, einen gebildeten Mann, der aber wesentlich älter und kriegsverletzt war. In Stuttgart ansässig, führte Emma von Niendorf einen Salon und kam mit den führenden Köpfen des schwäbischen Dichterkreises in Verbindung. Besonders befreundet war sie mit Justinus Kerner, den sie seit 1838 regelmäßig in Weinsberg besuchte. Ihr an Reportertätigkeit erinnernder Eifer, große Persönlichkeiten aufzusuchen und zu beschreiben, fand u. a. literarischen Niederschlag in ihrem Buch *Aus der Gegenwart* (s. Bibliographie 6. 1. 1) und in ihrer Lenau-Biographie. Ihre Reisen unternahm sie stets unabhängig von ihrer Familie und finanzierte sie durch ihre schriftstellerische Produktion, wobei die außerordentlich rege Mitarbeit am *Morgenblatt* besondere Erwähnung verdient. Sie starb auf einer Romreise am 7. 4. 1876 und wurde auf dem römischen protestantischen Friedhof begraben.
(Für freundliche Auskunft über die Familiengeschichte danke ich Herrn Dr. Klaar vom Staatsarchiv Nürnberg.)
WERKE: *Einfache Geschichten.* Pforzheim 1849. – *Erzählungen.* Stuttgart 1853. – *Lenau in Schwaben. Aus dem letzten Jahrzehnt seines Lebens.* Leipzig 1853. – *Liebesgabe.* Darmstadt 1858. – *Über diese Geschichten ist Gras gewachsen.* 2 Bde. Berlin 1863. – *Spanische Liebesgeschichten.* Berlin 1863. – *Befreite Herzen.* Berlin 1863. –

Nordenflycht, Julie von, geb. am 14. 4. 1786 in Minden/ Weser als Tochter des königlich-preußischen Kriegs- und Domänenrats und Baudirektors von Nordenflycht. Ihre Tante war die als »schwedische Sappho« bekannte Dichterin Hedwig Charlotte von Nordenflycht. Julie von Nordenflycht trat mit Beiträgen meist lyrischer Art im Mindener *Sonntagsblatt*, im *Rheinisch-Westphälischen Musenalmanach* und in der Hamburger *Harmonie* hervor und gehörte zu den ersten Übersetzerinnen Byrons. Nachdem sie bereits in Oldenburg Erzieherin der nachmaligen Königin Amalia gewesen war, folgte sie dieser 1837 nach Griechenland, wo sie als ihre erste Schlüsselfrau fungierte. Sie starb in Athen im Sommer 1842.

Pfeiffer, Ida, geb. am 14. 10. 1797 in Wien als Tochter des wohlhabenden Kaufmanns J. Reyer. Die Laune ihres Vaters, sie wie ein Knabe aufwachsen zu lassen, hat sie selbst rückblickend als prägend angesehen für ihre spätere Bereitschaft, auf Reisen Strapazen auf sich zu nehmen. Erst mit dreizehn Jahren zwang sie die Mutter in ein rollenkonformes Verhalten. 1820 heiratete sie den 24 Jahre älteren Juristen Dr. Marc Anton Pfeiffer und zog mit ihm nach Lemberg. Durch einen Bankrott büßte sie ihr beträchtliches väterliches Erbe ein, und da auch ihr Mann seine einträgliche Stellung verlor, hatte die Familie mit Armut zu kämpfen. Ida Pfeiffers strenge und demonstrative Sparsamkeit auf ihren späteren Reisen und ihre ständige Beschäftigung mit finanziellen Problemen haben ihre Wurzel in den schlimmen Erfahrungen dieser Jahre. 1835 zog Ida Pfeiffer mit ihren beiden Söhnen nach Wien. Nachdem deren Ausbildung abgeschlossen war, reiste die inzwischen 45jährige zunächst 1842 ins Heilige Land, nach

Ägypten und Italien, drei Jahre später nach Island und schließlich zweimal um die Welt (1846–1848 sowie 1851–1855). Auf ihrer letzten Reise (1857–1858) zog sie sich auf Madagaskar eine tödliche Krankheit zu, der sie am 28. 10. 1858 in Wien erlag. Alexander von Humboldt ehrte sie durch die Dedizierung des 4. Bandes seines *Kosmos*. Zusammen mit dem Geographen Karl Ritter erwirkte er, daß Ida Pfeiffers als Ehrenmitglied in die Berliner Geographische Gesellschaft aufgenommen wurde. Das preußische Königshaus zeichnete sie mit der goldenen Medaille für Kunst und Wissenschaft aus.

Plönnies, Luise von, geb. am 7. 11. 1803 in Hanau als Tochter eines seinerzeit bekannten Naturforschers, des Obermedizinalrats Philipp Achilles Leisler. Vom Vater in ihrem Talent für Sprachen unterstützt, machte sie schon mit neun Jahren metrische Übersetzungen aus dem Englischen. Nach dem Tod des Vaters nahm sie ihr Großvater, der großherzogliche Leibarzt Georg von Wedekind in Darmstadt zu sich und förderte weiterhin ihre Ausbildung. 1824 heiratete sie den Arzt Dr. August von Plönnies und lebte mit ihm in Darmstadt. 1847 Witwe geworden, siedelte sie nach Ingenheim an der Bergstraße über, zog aber 1860 wieder nach Darmstadt, wo sie am 22. 1. 1872 starb. Für ihre Forschungen auf dem Gebiet der flämischen und niederländischen Sprache und Literatur (vgl. vor allem den Anhang zu den *Reiseerinnerungen*, s. Bibliographie 6. 1. 1) wurde sie von der königlichen Akademie in Brüssel und von der literarischen Akademie in Gent und Antwerpen zum Mitglied ernannt.

WERKE: *Britannia. Eine Auswahl englischer Dichtungen alter und neuer Zeit. Ins Deutsche übersetzt. Mit beigedr. Originaltext.* Frankfurt a.M. 1843. – *Gedichte*. Darmstadt 1844. – *Ein fremder Strauß*. Heidelberg 1844. – *Ein Kranz den Kindern*. Darmstadt 1844. – *Jost van der Vondels Lucifer* [Übers.]. Darmstadt 1845. – *Die Sagen Belgiens*. Darmstadt 1846. – *Abälard und Heloise. Ein Sonettenkranz*. Darmstadt 1848. – *Oskar und Gianetta. Ein Sonettenkranz.* Mainz 1850. – *Neue Gedichte*. Darmstadt 1851. – *Mariken von Nymwegen*. Berlin 1853. – *Die sieben Raben*. Mainz 1862. – *Sawitri*. München 1862. – *Englische Lyriker des 19. Jahrhunderts in's Deutsche übertragen*. München 1863. – *Lilien auf dem Felde*. Stuttgart 1864. – *Ruth*. Stuttgart 1864. – *Joseph und seine Brüder*. Stuttgart 1866. – *Maria von Bethanien. Neutestamentliches Gedicht*. Stuttgart 1867. – *Maria Magdalena. Ein geistliches Drama in 5 Aufzügen*. Heidelberg 1870. – *Die heilige Elisabeth*. Frankfurt a.M. 1870. – *David. Ein biblisches Drama in 5 Aufzügen*. Heidelberg 1873. – *Sagen und Legenden nebst einem Anhang vermischter Gedichte*. Heidelberg 1874.

von der Recke, Elisabeth Charlotte Constanzia (Elisa), geb. am 20. 5. 1754 auf Gut Schönberg in Kurland als Tochter des Reichsgrafen Johann Friedrich von Medem. Sie war die ältere Stiefschwester der als Förderin von Kunst und Literatur bekannt gewordenen Herzogin Dorothea von Kurland. Nachdem sie früh die Mutter verloren hatte, wurde sie im Hause ihrer Großmutter erzogen und dabei von Bildung und Lektüre bewußt fern gehalten. Sie galt in ihrer Jugend sogar als ein »sehr beschränktes Geschöpf« (Tiedge (1818) S. 11). Eine früh geschlossene Ehe mit dem Kammerherrn Georg Peter Magnus Freiherrn von der Recke wurde sehr unglücklich. 1776 trennten sich die Gatten und Elisa von der Recke zog nach Mitau. Ein Jahr später starb ihr einziges Kind. In diesen Jahren hielt sich der berüchtigte Graf Cagliostro in Kurland auf, dem die sentimental-melancholische Frau zunächst anhing, zu dessen Entlarvung sie später aber wesentlich beitrug. Erst die seit den achziger Jahren einsetzenden literarischen Erfolge hellten ein bislang freudloses und schweres Leben auf. Der bekannte Komponist Johann Adam Hiller nahm sich ihrer geistlichen Lieder an, die damit sehr bekannt wurden. Vor allem auf ihrer erste Deutschlandreise erwarb sich Elisa von der Recke Achtung und Freundschaft so wichtiger geistiger Persönlichkeiten wie Hamann, Hippel, Kant, Nicolai, Bode, Mendelssohn, Lessing, Spalding, Friedrich Leopold und Christian Graf Stolberg, Wieland, Gleim. Freundschaftlich verbunden war sie auch mit Elise Reimarus und der Hamburger Pädagogin Caroline Rudolphi, bei der sie sich längere Zeit aufhielt. Auf der Deutschlandreise, die vor allem der Wiederherstellung ihrer angegriffenen Gesundheit dienen sollte, wurde Elisa von ihrer Freundin Sophie Becker (später verehelichte Schwarz) und Friedrich Parthey begleitet. 1795 erhielt Elisa eine Einladung an den Hof von St. Petersburg. Zarin Katharina, die an den Leistungen von Frauen auf geistigem Gebiet großes Interesse nahm und auf Elisas Buch über Cagliostro aufmerksam geworden war, ließ der von ihr bewunderten Dichterin das Gut Pfalzgrafen in Kurland anweisen. Erst durch diese Schenkung erleichterte sich Elisa von der Reckes finanzielle Lage. Nach zwei Jahren in Dresden begab sie sich 1804 mit ihrem Freund August Tiedge und in Begleitung einer ihrer insgesamt dreizehn Pflegetöchter auf eine Reise nach Italien. Nach zwei Monaten in Rom begab man sich im Frühjahr 1805 nach Neapel und zu den Bädern von Ischia. Die Monate November 1805 bis Juni 1806 wurden wieder in Rom zugebracht. Nach ihrer Rückkehr lebte Elisa von der Recke vornehmlich in Dresden. Tiedge blieb fortan ihr Hausgenosse. Sie hat ihn schwärmerisch verehrt und aufopfernd gepflegt, obwohl sie Enttäuschungen wegen seiner Untreue hinnehmen mußte (vgl. *Henriette Herz in Erinnerungen* (1984), S. 112–117). Elisa von der Recke wurde von allen ihren Zeitgenossen wegen ihrer Güte geschätzt. Besonders wichtig war ihr ein empfindsam vertieftes Christentum. Goethe, der tief von ihr beeindruckt war, wählte sie möglicherweise zum Vorbild für die Makarie in den *Wanderjahren*. Sie starb am 13. 4. 1833 in Dresden. Außer Tiedge hat ihr auch Henriette Herz in ihren Lebenserinnerungen ein Denkmal gesetzt.

WERKE: *Geistliche Lieder einer vornehmen Churländischen Dame, mit Melodien von Johann Adam Hiller.* Leipzig 1780. – *Elisens geistliche Lieder.* Leipzig 1783. – *Nachricht von des berüchtigten Cagliostro Aufenthalte in Mitau, im Jahre 1779, und von dessen dortigen magischen Operationen.* Berlin 1787. – *Elisens und Sophiens Gedichte* (zus. m. Sophie Schwarz). Hg. v. J. L. Schwarz. Berlin 1790. – *Bruchstücke aus Christoph Friedrich Neanders Leben.* Hg. v. Chr. A. Tiedge. Berlin 1801. – *Gedichte.* Hg. v. Chr. A. Tiedge. Halle 1806. 2. verm Aufl. 1816. – *Familien-Scenen oder Entwickelungen auf dem Masquenballe. Schauspiel in vier Aufzügen. Zum Besten des Unterstützungsfonds für junge in Leipzig studierende Griechen.* Leipzig 1827. – *Geistliche Lieder, Gebete und religiöse Betrachtungen. Nebst einer Vorrede von Chr. A. Tiedge und der am Grabe der Verfasserin gesprochenen Rede von M. F. Schmaltz.* Leipzig 1833.

Schlözer, Dorothea, geb. am 10. 8. 1770 in Göttingen als ältestes Kind des Professors August Ludwig von Schlözer. Der Vater, der eigentlich einen Sohn erhofft hatte, nahm das Kind von Anfang an als Gegenstand eines pädagogischen Experiments, das dauernde Übung als einziges Mittel zum Erfolg beweisen und damit Basedows Thesen falsifizieren sollte. Ferner sollte mit dem Erziehungsversuch die Bildungsfähigkeit des weiblichen Geschlechts bewiesen werden. Schon für das zweieinhalb Jahre alte Kind wurden Spiel und Freizeit durch tägliche Unterrichtsstunden ersetzt. Das Hauptgewicht dieses Bildungsprogramms lag auf dem Erwerb von Fremdsprachen und von Kenntnissen in Naturwissenschaften und Mathematik. Die Belletristik wurde ganz ausgeklammert. Zur Belohnung für seine erstaunlichen Fortschritte durfte das elfjährige Mädchen den Vater auf einer Reise nach Italien begleiten. Einige Jahre später hielt sich Dorothea Schlözer für sechs Wochen im Harz auf, um praktische Kenntnisse in der Bergwerkskunde zu erwerben. 1787 promovierte die philosophische Fakultät der Universität Göttingen unter Vorsitz von Michaelis die Siebzehnjährige als erste Frau in ihrer Geschichte. 1792 heiratete sie den nachmaligen Bürgermeister der Stadt Lübeck, Matthäus Rodde. In ihrem Haus führte sie einen wissenschaftlichen Salon. Zwei Reisen mit ihrem Mann führten sie nach Paris, wo ihr Auszeichnungen durch die berühmtesten Gelehrten zuteil wurden. Wegen der Kriegswirren verließ die Familie Rodde 1810 Lübeck und siedelte nach Göttingen über. Dorothea Schlözer-Rodde starb 1825 auf einer Reise in Avignon.

Schopenhauer, Johanna Henriette, geb. am 9. 7. 1766 in Danzig als Tochter des Kaufmanns und Senators Christian Heinrich Trosiener. Im großbürgerlichen Haushalt empfing sie eine relativ gute Erziehung und durfte Englisch und Französisch lernen. 18jährig heiratete sie den 20 Jahre älteren Großkaufmann Heinrich Floris Schopenhauer. 1787 unternahm das Ehepaar eine Reise nach Berlin, Pyrmont, Paris und London. Infolge der politischen Veränderungen verließ die Familie (1788 war der Sohn Arthur geboren worden) Danzig und übersiedelte 1793 nach Hamburg. Dort kam 1797 die Tochter Adele zur Welt. 1803–1805 unternahmen Johanna und Floris Schopenhauer Reisen nach den Niederlanden, England und Frankreich, auf denen sie Arthur teilweise begleitete. Floris Schopenhauer starb 1806, höchstwahrscheinlich durch Selbstmord. Die Witwe übersiedelte nach Weimar, wo ihr Haus bald zu einem Mittelpunkt geselligen Lebens wurde, nicht nur für die Weimarer, sondern für Persönlichkeiten aus ganz Deutschland. Die wohlwollende Art der Hausfrau, ihr Talent zum Erzählen, ihre geistreiche Unterhaltung und ihre Bildung, die vor allem auf dem Gebiet der Malerei bedeutend war, wurden von allen Zeitgenossen gerühmt. Der Sohn Arthur lebte nur zeitweilig in Weimar; er lag mit seiner Mutter in Streit und überwarf sich schließlich ganz mit ihr. Einer der Gründe dafür war, daß der Sohn an der Existenz eines Hausfreundes, des Dichters Georg Friedrich Müller von Gerstenbergk, Anstoß nahm. 1819 verlor die bis dahin wohlhabende Frau durch einen Bankruin ihr gesamtes Vermögen. Schriftstellerische Arbeit wurde nun zum Broterwerb. 1829 zog Johanna Schopenhauer mit ihrer Tochter an den Rhein; im Sommer wohnte man in Unkel, im Winter in Bonn. 1833 wurde Bonn zum ständigen Wohnsitz, bis eine Pension des Großherzogs Karl Friedrich 1837 die Rückkehr nach Thüringen erwirkte. Johanna Schopenhauer starb am 18. 4. 1838 in Jena.

WERKE: *Carl Ludwig Fernow's Leben.* Tübingen 1810. – *Novellen, fremd und eigen.* Rudolstadt 1816. – *Gabriele.* 3 Bde. Leipzig 1819–1820. – *Johann von Eyck und seine Nachfolger.* 2 Bde. Frankfurt a. M. 1822. – *Die Tante.* 2 Bde. Frankfurt a. M. 1823. – *Erzählungen.* 8 Bde. Frankfurt a. M. 1825–1828. – *Erzählungen.* 12 Bde. Wien 1827. – *Sidonia.* 3 Bde. Frankfurt a. M. 1827–1828. – *Novellen.* 2 Bde. Frankfurt a. M. 1830. – *Sämmtliche Schriften.* 24 Bde. Leipzig/ Frankfurt a. M. 1829–1832. – *Meine Groß-Tante. Aus den Papieren eines alten Herrn.* Stuttgart 1831. – *Neue Novellen.* 3 Bde. Frankfurt a. M. 1832. – *Der Bettler von Sanct Columba. Margaretha von Schottland.* Frankfurt a. M. 1836. – *Die Reise nach Italien* [Erz.] Frankfurt a. M. 1836. – *Richard Wood.* 2 Bde. Leipzig 1837. –

Schuber, Maria, geb. am 20. 7. 1799 in Graz. Sie war Leiterin einer Töchterschule in Graz, in der Literatur, Sprachen, Musik und »weibliche Industrie« unterrichtet wurden. Ihr Todesjahr ist nicht genau zu bestimmen; es muß zwischen 1867 und 1871 liegen.
(Für freundliche Auskunft danke ich dem Steiermärkischen Landesarchiv, der Steiermärkischen Landesbibliothek und Herrn Dr. Maurauschek vom Stadtarchiv Graz.)

Schwartz, Marie Espérance von, geb. am 8. 11. 1821 in Southgate, Grafschaft Hertfort/ England, als Tochter des Hamburger Bankiers Brandt. Die englische Staatsangehörigkeit hat sie zeitlebens beibehalten. Ihre Erziehung erhielt sie u. a. in Genf und Rom. Nachdem ihre in sehr jungen Jahren geschlossene erste Ehe bereits nach einem Jahr durch Selbstmord des Gatten endete, begab sich die junge Witwe nach Rom. Dort vermählte sie sich 1844 mit dem Consul und Bankier Schwartz, mit dem sie Griechenland, die Türkei, Kleinasien, Nordafrika und Ägypten bereiste. Seit 1854 von ihrem Gatten getrennt, trat sie in persönliche Beziehungen zu Garibaldi. Dieser übergab ihr das Manuskript seiner Memoiren. Seit 1865 lebte Espérance von Schwartz für über 20 Jahre auf Kreta, später in der Schweiz. Sie starb am 20. 4. 1899 in Ermatingen. Das von ihr außer in ihrem Erstlingswerk (s. Bibliographie 6. 1. 1) stets benützte Pseudonym Elpis Melena ist eine Gräzisierung ihres Namens.

WERKE: *Memoiren eines spanischen Piasters.* 2 Bde. Braunschweig 1857. – *Garibaldi's Denkwürdigkeiten. Nach handschriftlichen Aufzeichnungen desselben und nach authentischen Quellen.* 2 Bde. Hamburg 1860. – *Hundert und ein Tag auf meinem Pferde und ein Ausflug nach der Insel Maddalena.* Hamburg 1860. – *Blick auf Calabrien und die Liparischen Inseln im Jahre 1860.* Hamburg 1861. – *Garibaldi in Varignano 1862 und auf Caprera im Oktober 1863.* Leipzig 1864. – *Der junge Stelzentänzer. Episode während einer Reise durch die westlichen Pyrenäen.*

Jena 1865. – *Die Insel Kreta unter Ottomanischer Verwaltung.* Wien 1867. – *Von Rom nach Kreta. Reiseskizze.* Jena 1870. – *Kreta-Biene oder kretische Volkslieder, Sagen, Liebes-, Denk- und Sinnsprüche.* München. 1874. – *Gemma, oder Tugend und Laster.* München 1877. – *Garibaldi. Mittheilungen aus seinem Leben. Nebst Briefen des Generals an die Verfasserin.* 2 Bde. Hannover 1884. – *Dr. E. G. F. Grisanowski. Mittheilungen aus seinem Leben und seinen Briefen.* Hannover 1890. – *Erlebnisse und Beobachtungen eines mehr als 20jährigen Aufenthalts auf Kreta.* Hannover 1892.

Schwarz, Agnes Sophie, geb. am 17. 6. 1754 in Neu-Autz in Kurland als Tochter des Pastors Ulrich Gottlieb Becker. Mit Elisa von der Recke seit ihrer Jugend befreundet, begleitete sie diese auf ihrer Reise durch Deutschland, die vom Juli 1784 bis zum Februar 1786 dauerte und neben längeren Aufenthalten in Karlsbad und Bad Brückenau nach Berlin, Dresden, Weimar und Hamburg führte. In Halberstadt lernte sie den Rechtsreferendar Johann Ludwig Schwarz kennen, einen gebildeten Mann, der sich als Dichter und Humorist einen Namen machte. Ihn heiratete sie 1787, nach dem Tod ihrer Eltern. Nach ihrer Verehelichung in Halberstadt ansässig, stand sie mit den Dichtern Gleim und Goeckingk in freundschaftlicher Verbindung. Sie starb in Halberstadt am 26. 10. 1789, einen Monat nach der Geburt eines Kindes. Ihren Nachruf verfaßte Leopold von Goeckingk (s. Bibliographie 6. 1. 3). Wieland nennt sie in einem Artikel über »Deutschland's Dichterinnen« im *Neuen Teutschen Merkur* 1803 »berühmt« (S. 272), aber auch »über Gebühr vergöttert« (S. 265).

WERKE: *Elisens und Sophiens Gedichte.* Hg. v. J. L. Schwarz. Berlin 1790. – »Briefwechsel mit Mendelssohn«. In: *Deutsche Monatsschrift* (1790) Bd. I, S. 80–86.

Tarnow, Franziska Christiane (Fanny), geb. am 17. 12. 1779 in Güstrow als Tochter des Kommissionsrats und Stadtsekretärs Johann David Tarnow. Das Vermögen des Großvaters mütterlicherseits, der Landrat von Holstein war, ermöglichte der Familie einen großbürgerlichen Lebensstil. Mit vier Jahren zog sich Fanny durch einen Sturz aus dem Fenster eine schwere Verletzung zu, die sie während ihrer ganzen Kindheit gravierend behinderte. Zeitlebens unverheiratet, nahm sie verschiedene Stellungen als Erzieherin auf, wozu sie durch den Verlust des Familienvermögens gezwungen war. Durch ihre schriftstellerische Tätigkeit kam sie in Beziehung zu bedeutenden Männern, z. B. Rochlitz, Hitzig und Fouqué. Nach dem Tod ihrer Mutter (1815), die sie bis zuletzt gepflegt hatte, war sie völlig mittellos und entschloß sich, zu einer Freundin nach St. Petersburg zu ziehen. Dort lernte sie Klinger und Kotzebue kennen und verdiente mit Korrespondenzen und Artikeln für Cotta das nötigste Geld, verließ Rußland aber bereits nach einem Jahr wieder. Der Versuch, mit Amalie Schoppe in Hamburg eine Pensionsanstalt für Mädchen zu führen, scheiterte an persönlichen Zwistigkeiten. Auch ein Zusammenleben mit Helmine von Chezy in Schandau bei Dresden war nicht von langer Dauer. Während ihrer Jahre in Dresden (1820–1829) war sie mit Tiedge, Elisa von der Recke, Tieck und der Malerin Gräfin Egloffstein befreundet. 1829 nahm sie ihr unruhiges Wanderleben wieder auf, stets auf der Suche nach Erwerbsquellen und nach Heimat und von verschiedenen körperlichen Leiden geplagt. In diesen Jahren übersetzte sie außerordentlich viel, hauptsächlich aus dem Französischen. 1841 siedelte sie schließlich nach Dessau über, wo sie am 4. 7. 1862 starb. Ihre Biographie schrieb ihre Nichte, die Schriftstellerin Amely Bölte.

WERKE: »Alwine von Rosen«. In: *Journal für deutsche Frauen* 1805. 1806. – *Natalie. Ein Beitrag zur Geschichte des weiblichen Herzens.* Berlin 1811 (= Kleine Romanbibliothek. Hg. v. C. v. Fouqué). – *Thorilde von Adlerstein, oder Frauenherz und Frauenglück.* Leipzig 1815. – *Mädchenherz und Mädchenglück.* Leipzig 1817. – *Kleine Erzählungen.* Berlin 1815. – *Iduna. Eine Weihnachtsgabe deutscher Frauen an Deutschlands Töchter* (Hg., zus. m. Helmina von Chezy). 2 H. Chemnitz 1820–1821. – *Erzählungen* (gem. m. Amalie Schoppe). Leipzig 1820. – *Lilien.* Bde. 1–2. Leipzig 1821; Bde. 3–4. Leipzig 1823. – *Sidoniens Witwenjahre, nach dem Französischen frei bearb.* 2 Tle. Leipzig 1822. – *Malwina, oder die Ruinen von Inismore.* 2 Bde. Leipzig

1824. – *Lebensbilder*. 2 Bde. Leipzig 1824. – *Die Spanier auf Fühnen. Schauspiel*. Leipzig 1827. – *Reseda*. Leipzig 1827. – *Ausgewählte Schriften*. 15 Bde. Leipzig 1830. – *Zwei Jahre in St. Petersburg. Aus den Papieren eines alten Diplomaten*. Leipzig 1833. – *Erzählungen und Novellen, fremd und eigen*. 2 Tle. Leipzig 1833. – *Spiegelbilder*. Leipzig 1837. – *Gallerie weiblicher Nationalbilder*. 2 Tle. Leipzig 1838. – *Gesammelte Erzählungen*. 4 Bde. Leipzig 1840–1842. – *Heinrich von England und seine Söhne. Eine alte Sage, neu erzählt*. 2 Tle. Leipzig 1842.

Unger, Friederike Helene, geb. 1741 in Berlin als Tochter des preußischen Generals Rudolf Graf von Rothenburg. Sie war mit dem Berliner Buchdrucker, Formschneider und Verleger Friedrich Gottlieb Unger verheiratet. Über den Verlag ihres Mannes, in dem auch Schriften von Goethe und Schiller erschienen, kam sie mit vielen bedeutenden Literaten in Kontakt. Als Beiträgerin zu Zeitschriften, als Volksschriftstellerin, Romanautorin und Übersetzerin entfaltete sie eine äußerst rege literarische Tätigkeit, wobei sie vielfach die Bedürfnisse des Verlags ihres Mannes im Auge gehabt haben dürfte. Einige ihrer Schriften sind als authentische Schilderungen des Berliner gesellschaftlichen Lebens zeitgeschichtlich interessant. Nach dem Tod ihres Gatten 1804 führte Helene Unger den Verlag bis zum Jahre 1809 weiter. Sie starb am 21. 9. 1813 in Berlin.

WERKE: *Die Damen dürfen doch auch ein Wort mitreden? oder etwas über das neueste Gesangbuch*. O. O. (Berlin) 1781(?). – *Julchen Grünthal, eine Pensionsgeschichte*. Berlin 1784, wieder 1787, 1798. – *Neuestes Berliner Kochbuch*. 2 Bde. Berlin 1785–1789. 2. Aufl. 3 Bde. Berlin 1796–1798. – *Naturkalender für die heranwachsende Jugend*. Berlin 1789. – *Vaterländisches Lesebuch für die Land- und Soldatenschulen*. Berlin 1799. – *Journal der Romane* (Übers., Hg.). 11 Bde. Berlin 1800–1802. – *Prinz Bimbam. Ein Märchen für Alt und Jung*. Berlin 1802. – *Albert und Albertine*. Berlin 1804. – *Der junge Franzose und das deutsche Mädchen. Wenn man will, ein Roman*. Hamburg 1810. – *Die Franzosen in Berlin oder Serene an Clementinen in den Jahren 1806, 1807 und 1808. Ein Sittengemälde*. Leipzig/ Züllichau/ Freystadt 1809.

Waldenburg, Mathilde von, war die jüngste Tochter aus der Verbindung des Prinzen August von Preußen mit Friederike Wichmann. 1810 wurden Mutter und Kinder in den Adelstand erhoben. Da Mathilde von Waldenburg ebenso wie ihre Schwester Emilie großes Interesse an moderner Kunst hatte, und ihre letztere Kunst sammelte, ermöglichte ihnen der Vater eine Reise, die vom 29. Juli 1839 bis zum 26. September 1839 dauerte. In Begleitung des Altenburgischen Kammerrats Schmidt bereiste man die Schweiz und Norditalien; eigentliches Ziel aber war die Kunststadt München.

WERKE: *Briefe aus Frankreich an Herrn Direktor W. v. Schadow*. Leipzig 1868.

Woltmann, Karoline von, geb. am 6. 3. 1782 in Berlin als Tochter des preußischen Geheimrats und Arztes Karl Wilhelm Stosch. Sie erhielt eine gute Erziehung und zeigte bereits früh eine Neigung zur Literatur. Eine 1799 geschlossene Ehe mit dem Dichter Karl Müchler wurde 1804 geschieden. Ein Jahr später verheiratete sie sich mit dem Schriftsteller und Historiker Karl Ludwig von Woltmann. Nach einigen Jahren in Jena, wo Woltmann die durch Schillers Tod frei gewordene Professur übernommen hatte, übersiedelte das Paar 1813 aus politischen Gründen nach Prag. Die 18jährige Ehe war geprägt von fruchtbarer schriftstellerischer Zusammenarbeit. Neben einigen unter beider Namen erschienenen Werken war Karoline Woltmann vor allem in den Krankheitsjahren ihres Gatten an dessen Arbeiten beteiligt. Nach dessen Tod (1817) blieb sie zunächst in Prag wohnen und übernahm 1824 die Redaktion des Prager Unterhaltungsblattes *Der Kranz*. 1826 kehrte sie nach Berlin zurück und beschäftigte sich in ihren späten Jahren mehr mit naturhistorischen Studien, deren schriftlicher Niederschlag auch von Humboldt gelobt wurde. Sie starb am 18. 11. 1847 in Berlin.

WERKE: *Euphrosyne.* Berlin 1804. Von K. L. v. Woltmann umgearb.: *Heloise.* Berlin 1809. – *Schriften* (zus. m. K. L. v. Woltmann). 5 Bde. Berlin 1806–1807. – *Orlando. Trauerspiel.* Prag 1815. – *Volkssagen der Böhmen.* 2 Bde. Prag 1815. – *Maria und Walpurgis.* 2 Tle. Prag 1817. – Karl Ludwig Woltmann: *Sämmtliche Werke* (Hg.) 14. Bde. Berlin 1818–1827. – *Historische Darstellungen zu mehr individueller Kenntnis der Zeiten und Personen.* Halberstadt 1820. – *Die weißen Hüte. Eine historische Darstellung aus dem Mittelalter.* Halberstadt 1822. – *Spiegel der großen Welt und ihrer Forderungen.* Pest 1824. Neuausg. u. d. T. *Über Natur, Bestimmung, Tugend und Bildung der Frauen.* Wien 1826. – *Die Bildhauer.* 2 Tle. Berlin 1829. – *Das Erbe.* Gera 1831. – *Die weiße Frau, und die Eiche des starken Ritters. Zwei Volkssagen.* Leipzig 1835. – *Der siebenjährige Kampf der Stadt Gent.* Leipzig 1835. – *Das Lebensgesetz, die Formen und der gesetzliche Zusammenhang des Lebens.* Berlin 1842.

Wolzogen-Beulwitz, Friederike Sophie Karoline von, geb. am 3. 2. 1763 in Rudolstadt als Tochter des Freiherrn Carl Christoph von Lengefeld. 1784 heiratete sie den Freiherrn Wilhelm von Beulwitz. Mit ihm, mit ihrer Mutter und ihrer jüngeren Schwester Charlotte unternahm sie 1783 eine Reise in die Schweiz, in deren Verlauf sie Lavater und Schiller kennenlernte und auch zu Sophie von La Roche Verbindung aufnahm, die sie als Mitarbeiterin für die Zeitschrift *Pomona* gewann. (Zur Verfasserschaft der Beiträge in der *Pomona* vgl. oben S. 62, Anm. 53.) 1790 heiratete Schiller ihre Schwester Charlotte. Sie selbst trennte sich von ihrem Mann. 1794 ehelichte sie ihren Vetter Wilhelm von Wolzogen, mit dem sie 1797 nach Weimar zog. Dort wurde ihr Haus zu einem Mittelpunkt für die gebildete Gesellschaft. Nach dem Tod ihres Mannes 1809 zog sie sich mehr und mehr aus Weimar zurück und übersiedelte 1825 nach dem Tod des einzigen Sohnes ganz nach Jena. Dort starb sie am 11. 1. 1847.

WERKE: *Agnes von Lilien.* 2 Bde. Berlin 1798 (zuerst 1796/97 in Schillers *Horen*). – *Walther und Nanny. Eine Schweizergeschichte.* Berlin 1802. – *Erzählungen.* 2 Bde. Stuttgart 1826–1827. – *Schillers Leben, verfaßt aus Erinnerungen der Familie, seinen eigenen Briefen und den Nachrichten seines Freundes Körner.* 2 Bde. Stuttgart 1830. – *Cordelia.* 2 Bde. Leipzig 1840. – *Aus einer kleinen Stadt.* Leipzig 1842.

Namenregister

Bei einer größeren Anzahl von Verweisen sind wichtige Stellen durch Kursivsatz hervorgehoben.

Abeken, Heinrich   65, 188, 229
Adams, Percy G.   3
Adickes, Sandra   151
Adler, Jakob Georg Christian   169
d'Agoult, Marie Gräfin   171
Ahlefeld, Charlotte von   42, 48, *51*, 58, 60, 73, 78, 99, 100, 108, 110, *117*, 122, 139, 156, 162, 172, 178, 179, 199, 202, *283*
Ahlefeld, Johann Rudolph von   51, 283
Alexander I., Zar   154
Alexios I.   166
Alexis, Willibald   37, 48, 97, 164, 294
Allen, Alexandra   10, 246
Amalia, Königin von Griechenland   296
Anna Komnena   166
Anneke, Fritz   283f.
Anneke-Tabouillot, Mathilde Franziska   172, 283f.
Archenholtz, Johann Wilhelm von   48, 120
Aristoteles   159
Arndt, Ernst Moritz   121, 164
Arnim, Achim von   291
Arnim, Bettina von   27, *40–42*, 109, 139, 179, 287, 291, 294
Arnim, Carl Otto Ludwig von   164
Asch, Hannah   246
Ashton, Rosmary   236
Assing, Ottilie   9
Astell, Mary   37, 126, 206f.
Auffenberg, Joseph Freiherr von   164
August Friedrich, Prinz von England, Herzog von Sussex   52, 289f.
August, Prinz von Preußen   301
d'Aulnoy, Marie Catherine s. La Mothe, Marie Catherine
d'Avigdor, Countess   236, 239

Bacheracht, Robert von   51, 72, 80, 102, 284
Bacheracht, Therese von   32, 35, 41, 48, *51*, 60, 63, 69, 72, 75, 77, 78, 79, 80, 82, 87, 89, 97, 102, *104f.*, *110f.*, 118, 123, *124*, *130f.*, 134, 135, 137, 138, *139f.*, 141, 142f., 144, 148, 150, 152, 153, 155, *159f.*, 163, 167, 171, 172, 175, 183, 185, *190f.*, 196, 202, 205, 217, 219, 228, *231–233*, 240, 242, *284*, 295
Bäumer, Konstanze   7, 10, 196
Balbiani, Frau   82
Baldinger, Ernst Gottfried   284
Baldinger, Friedrike   54, 66, 284f.
Balzac, Honoré de   139
Barthel, Carl   28f., 235, 241
Bartholdy, Jakob Levi Solomonson   33
Basedow, Johann Bernhard   298
Baudissin, Hermann Wilhelm Graf von   293
Baudissin, Wolf Graf von   293
Beattie, James   163
Beaumont, Jeanne-Marie s. Leprince
Beck, Wilhelmine Baronin von   12
Becker, Sophie s. Schwarz, Sophie
Becker, Ulrich Gottlieb   300
Becker-Cantarino, Barbara   116, 130, 204
Belli, Maria   54, 57, 59, 63, 69, *72*, 82f., 96, 123, 124, 136, 138, 163, 171, 183, 185, 187, 204, *285*
Bennholdt-Thomsen, Anke   178
Berlepsch, Emilie von   8, 42, 45, 46, 47, *51f.*, 63, 66, 75, 79, 87, 89, 100, 108, 109, *111*, 121, 133, 136, 138, *140f.*, 142, 155, *163*, 171, 175, 176, 181, *193*, 202, 203, *226f.*, *285*
Berlepsch, Friedrich Ludwig von   51, 176, 285
Bernard, Samuel   289
Bernhardi, Elisabeth Eleonore   86, 286
Bernhardi, Gottfried Bethmann   286
Bertuch, Friedrich Justin (Bertuch-Verlag)   93, 94
Bethmann, Elise von   71

Beulwitz, Karoline von s. Wolzogen, Karoline von
Beulwitz, Wilhelm von   302
Beurmann, Eduard   17, 18
Bianconi, Gian Lodovico   293
Biller, Klara   246
Birkett, Dea   246
Bismarck, Otto von   196
Blanch, Lesley   10
Blochmann, Elisabeth   63f.
Blondel, Madeleine   37, 126, 152, 170
Bloom, Harald   157
Blumenbach, Karl Johann Friedrich   55
Blumenthal, Lieselotte   26
Bode, Johann Joachim Christoph   297
Böhmel Fichera, Ursula   8, 62
Bölte, Amelie   11, 52, 91, 107, 236, 244, 295, 300
Börne, Ludwig   6, 35, 70, 72, 79, 139, 164
Bösel, Monika   9
Böttiger, Karl August   33, 51, 65, 67, 79, 90, 101, *103f.*, 105, 118, 147, *154f.*, 163, 203, 205, 210, *212*, 226, 228, 229f.
Bohrer, Karl Heinz   130
Boie, Heinrich Christian   199f., 224, 290
Boisserée, Sulpiz   287
Boleyn, Anne   148
Bondeli, Julie   55, 192
Bonstetten, Karl Victor von   33, 53, 134, 210, 286
Bouterwek, Friedrich   38
Bovenschen, Silvia   22, 28
Brandes, Helga   106
Bremer, Friederika   58, 172
Brenner, Peter J.   4, 5
Brentano, Bettina s. Arnim, Bettina
Brentano, Christian   161, 294
Brentano, Clemens   283, 292, 294
Brentano, Maximiliane   209
Brentano, Sophie   63, 294
Briest, Philipp Friedrich August Wilhelm von   289
Brockhaus, Friedrich Arnold (Brockhaus-Verlag)   19f., 71, 93, 94, 209, 227, 228, 229, 230, 240, 241
Bruckner, Isidor   161
Brümmer, Franz   73
Brun, Constantin   53, 286
Brun, Friederike   *8*, 9, 32, 33, 39, 41, 42, 46, 47, 48, *53*, 57, 58, 60, 62, 63, *67f.*, 72, 73, 76, 78, 87, 96, 98, 99, 102, *104*, 105, 107, 108, 109, *111f.*, 117, 124, 134, 136, 138, 139, 140, 142, *143–146*, 149, *151*, *153f.*, 159, 162, 170,

171, 172, 175, 179, 186, 191, 199, 202, 205, *210f.*, 216, *227f.*, 244, *286*, 289f.
Brun, Ida   53, 62, 76, 104, 153, 286
Bruns, Paul Jakob   100
Buchfelner, Simon   11
Büchner, Carl   91
Bürgi, Andreas   142
Bürger, Christa   39
Bürger, Gottfried August   296
Bürkli, Johann   29
Bunsen, Marie von   246
Burckhardt, John Lewis   181
Burney, Fanny   192
Burns, Robert   140, 163
Byron, George Gordon Noël Lord   45, 66, 158, 291, 296
Bystram, Adolf Baron   52, 166, 200, 201, 219, 290, 291

Caesar, Gaius Iulius   154
Cagliostro, Alexander   297, 298
Campe, Joachim Heinrich   48, 64, 66, 69, 79, 88, 90
Campe, Johann Heinrich (Campe-Verlag)   71, 81, 171
Canova, Antonio   156, 214
Carlyle, Thomas   107
Chamisso, Adelbert von   48, 287, 291
Chateaubriand, François René Vicomte de   20, 73, *161f.*, 163
Chezy, Anton Leonhard von   286, 287
Chezy, Helmina von   11, 72, 76, 107, *286*, 300
Chezy, Wilhelm   50, 72, 287
Cimabue   151
Claude Lorrain   142
Claudius, Matthias   286
Clauren, Heinrich   240
Clot Bey   167, 194
Comte, Joseph Hippolyte (Santo Domingo)   161
Cook, James   94
Cook, Thomas   43
Cornelius, Peter von   198
Cotta, Johann Friedrich (Cotta-Verlag)   53, 70, 71, 90–92, 93, 95, 118, 218, 293, 300
Cox, Edward Godfrey   1
Craven, Lady Elizabeth   82, 170
Czerny, Carl   223

Dacier, Anne   65
Dahl, Johan Christian Clausen   164
Dannecker, Johann Heinrich   178

Dante Alighieri 179
Deeken, Annette 8, 10
Detmold, Johann Hermann 239
Diede, Charlotte von 228, 284
Dietz, Thomas Justus Baron von 293
Dirnböck, Jakob (Dirnböck-Verlag) 95f.
Dodwell, Christina 247
Döhner, Sophie 246
Domeier, Wilhelm Friedrich 52, 81, 209, 289f.
Dorothea von Medem, Herzogin von Kurland 68, 297
Dotzler, Bernhard D. 107
Droste-Hülshoff, Annette von 27, 291
Du Bocage, Marie-Anne 37, 38, 46, 125, 170
Düringsfeld, Ida von 12, 54, 99, 140, 146, *287*
Duncker, Karl Friedrich Wilhelm (Duncker-Verlag) 93, 220, 238

Ebel, Johann Gottfried 153, 162, 225, 228
Ebersberger, Thea 295
Echtermeyer, Theodor 158
Eckermann, Johann Peter 30
Egerton, Lady Francis 167
Eggers, Christian Ulrich Detlev von 109, 153, 211
Egloffstein, Julie Gräfin von 300
Ehrenzeller, Hans 115, 116, 157
Eibenschütz, Jonathan 289
Eichendorff, Joseph Freiherr von 29, 89, 97, 243
Eichstädt, Heinrich Karl Abraham 226
Eilers, Anneliese 246
Elia 146
Eliot, George (Mary Ann Evans) 235
Elwood, Anna Katharina 167
Embacher, Friedrich 84
Engel-Egli, Regula 13, 99
Engelbronner d'Aubigny, Emilie 56, 63, 69, 83, 188, 202, 244, *288*, 292
Engelbronner d'Aubigny, Julie Charlotte 69, 107
Engelbronner d'Aubigny, Nina 56, 63, 69, 83, 244, *288f.*, 292
Engelbronner, Johann Conrad 288, 292
Engelmann, Wilhelm 85
Engelsing, Rolf 92, 96
Estermann, Alfred 91

Fahnenberg, Karl Heinrich von 289
Fahnenberg-Hügel, Marie von 11, 12, 54, 80, *289*

Fallmerayer, Jakob Philipp 36, 70, *167*, 169, 182, 201, 223, *240f.*
Faujas de St. Fond, Barthélemy 121
Felden-Archibald, Tamara 9, 10
Fellenberg, Philipp Emanuel 90
Felsecker, Franz Joseph 161
Fernow, Carl Ludwig 33, 155, 230, 286
Fichte, Johann Gottlieb 30
Fielding, Sarah 192
Fischer, Bernhard 55
Fischer, Kuno 237
Förster, Ernst 163
Forneris, Anna 13
Forster, Barbara 10
Forster, Johann Georg 11, 16, *34f.*, 38, 48, 79, 94f., 101, 126, 138, 148, 178, 292
Forster, Johann Reinhold 95, 223
Fouqué, Caroline Baronin de la Motte 11, 48, 54, 56, 75, 98, 108, 113, 117, *150*, 171, 189, 190, *289*, 291
Fouqué, Friedrich Heinrich Karl Baron de la Motte 54, 75, 98, 190, 202, 289, 291, 300
Frankl, Ludwig August 87, 135, 216, 223
Franz, Agnes 108
Frederiksen, Elke 7, 8, 9, 10
Freiligrath, Ferdinand 291
Frenzel, Karl 138, 139, 235
Frevert, Ute 22, 50
Friedländer, Hermann 34, 119, 155, 159, 172, 229f., 231
Friedrichs, Elisabeth 13
Frisch, Pauline Dorothea 289
Frost, Laura 7
Fues, Wolfram Malte 128
Füßli, Johann Heinrich 108
Fulford, Roger 52

Gad-Bernard, Esther 38, 39, 40, *52*, 57, 61, 63, 64, 66, 75, 76, 81, 87, 102, 110, 127, 133, 138, 169, 171, 180, 200, 202, 203, 204f., *209*, 222, 244, *289*
Gall, Louise von 232
Gans, Eduard 18, 291
Garibaldi, Guiseppe 299
Garnett, Thomas 121, 163
Gaudy, Franz Freiherr 35, 70, 119
Geiger, Gerlinde Maria 7, 10
Geiger, Ludwig 38, 62, 67, 90, 91, 101, 118, 121, 159
Gellert, Christian Fürchtegott 128, 129, 132
Genlis, Stéphanie-Félicité Ducrest de Saint-Aubin, Marquise de Sillery 192, 286

Geramb, Marie Joseph de 163
Gerhard, Ute 106
Gerold, Karl (Gerold-Verlag) 96
Gerstenberg, Heinrich Wilhelm von 286
Gerstenbergk, gen. Müller, Georg Friedrich von 202f., 299
Gerstner, Clara von 54, 116f., 127, 136, 138, 142, 176, *290*
Gerstner, Franz Anton Ritter von 116f., 176, 290
Geßner, Heinrich 226
Giesler, Karl 283
Gillies, Alexander 8, 79, 51, 79, 163, 176, 226
Giotto di Bondone 151
Glassbrenner, Adolf 137
Gleim, Betty 65
Gleim, Johann Wilhelm Ludwig 297, 300
Gmelin, Johann Georg 80
Goeckingk, Leopold Friedrich Günther von 300
Goedeke, Karl 230
Göpfert, Herbert G. 92, 97
Görres, Guido 161
Göschen, Georg Joachim 226
Goethe, Johann Wolfgang von 2, 3, 5, 6, 16, 17, 29, 30, 31, *33f.*, 39, 71, 92, 93, 94, 103, 119, 135, 137, 139, 142, *149f.*, 151, 157, 158, *159*, 164, 175, 196, 197, 198, 207, 217, 226, 227, 229, 283, 298, 301
Goethe, Ottilie von 40, 147
Goldmann, Bernd 7, 93
Gontard, Franz 285
Gontard, Jakob (Cobus) 69, 285
Goodman, Katharine R. 6, 7
Goodmann, Kay 245
Gorani, Guiseppe 157f.
Gotter, Luise 200
Gottschall, Rudolph 18, 233
Gottsched, Luise Adelgunde Victorie 65
Grävemeyer, Eberhard von 290
Grävemeyer, Molly von 54, 290
Graf, Therese 58
Gregorovius, Ferdinand 247
Griep, Wolfgang 1, 4, 9
Gries, Johann Diederich 65, 188, 229
Grillparzer, Franz 129, 288
Grimm, Jacob 50, 128
Günderode, Karoline von 27
Guizot, François-Pierre-Guillaume 152
Gundlach-Stochhausen, Philippine Sophie 113, 290
Gutbier, Johann Christian 284

Gutermann, Georg Friedrich Edler von Gutershofen 293
Gutzkow, Karl 18, 35, 51, 52, 71, 72, 89, 127, 130, 135, 160, 172, 196, 205, 217, 228, *231–233*, 239, 241, 284, 285,
Guzzoni, Alfredo 178

Hackenberg, Fritz 8
Hackländer, Friedrich Wilhelm von 182
Hänsel(-Hohenhausen), Markus 8, 66, 71, 95, 107, 109
von der Hagen, Friedrich Heinrich 132
Hahn, Barbara 55, 99, 101, 133, 203, 209
Hahn-Basedow, Friedrich Graf 290
Hahn-Hahn, Ida Gräfin 5, 7, 20, 27, 29, 31, 32, 34, 35, 36, 41, 43, 44, 48, 52, 57, 58, *60*, 61, *68*, 69, *72*, 73, 74, 77, 79, *80-82*, 87, *92f.*, 96, 109, 118, *124f.*, *131f.*, 133, 136, *137f.*, *143*, 155, *156*, 162, *164–169*, 171, *172f.*, 175, 176, 177, 178, 179f., 181, 182f., *184f.*, 188, *190*, 194, 195, *200f.*, 205, *219–221*, 223, 231, 236, *237–242*, 243, *290f.*, 294
Hahn-Neuhaus, Karl Friedrich Graf 68, 290
Halem, Gerhard Anton von 48, 79, 292
Hallberg-Broich, Karl Theodor Maria Hubert Freiherr von 54, 164
Hallberger, Louis Wilhelm Friedrich (Hallberger-Verlag) 96
Hamann, Johann Georg 297
Hammer-Purgstall, Joseph von 162, *165f.*, 167, 181
Hanway, Mary Anne 170
Harms, August Heinrich Ludwig 226, 285
Harms, Emilie, s. Berlepsch, Emilie von
Hartmann, Moritz 234
Hastfer, Gustav Freiherr 286
Haßler, L.A. 162
Haug, Friedrich 90
Hauke, Petra-Sybille 85, 230, 240
Heberdey, Rudolf 157
Heckenast, Gustav (Heckenast-Verlag) 96
Heeringen, Gustav von 17
Heine, Heinrich 5, 12, 17, 26, 33, *36*, 41, 45, 48, 79, 88, 90, 91, 92, 136, 137, 138, 158, 217, 237, 291
Heinse, Wilhelm 30
Hell, Theodor 102, 229, 287
Helvig, Amalie von 287, 289
Hempfer, Klaus W. 15
Hensel, Fanny s. Mendelssohn-Hensel, Fanny
Hentschel, Uwe 29, 224
Herder, Johann Gottfried 67, 79, 93, 94, 203, 226, 286

Hermes, Johann Timotheus 38, 102, 230
Herrmann, Ulrich 64
Herz, Henriette 73, 97, 289, 298
Heß, Carl Ernst Christoph 142
Hettner, Hermann 26, 97f., 218, 219, 234f., 237, 243
Heuser, Magdalene 115, 117, 120
Heyck, Eduard 235, 241
Heydebrand, Renate von 5, 15, 36, 39, 44
Heyne, Christian Gottlob 67, 101, 292
Hieronymus 118
Hill, Adam 160
Hiller, Johann Adam 297f.
Hippel, Theodor Gottlieb von 297
Hirt, Aloys 286
Hirzel, Heinrich 102
Hitzig, Julius Eduard 97, 300
Hölderlin, Friedrich 69, 285
Hoffmann von Fallersleben, August Heinrich 291
Hoffmann, Ernst Theodor Amadeus 85, 287
Hohenfeld, Christoph Philipp Willibald Baron von 78
Hohenhausen, Elise Friederike Felicitas von 291
Hohenhausen, Elise von 11, 12, 32, 45, 47, 63, 66, 69, 71, 95, 99, 107, 109, *113*, 171, 172, 178, 195, 202, *291*
Hohenhausen, Leopold von 95, 291
Holberg, Eleutherie 31, 103
Holtei, Karl von 228
Honegger, Claudia 22
Hormayr, Joseph Freiherr von 118
Horstig, Karl Gottlieb 287, 288, 289, 292
Horstig, Suzette 287, 288, 292
Houben, Heinrich Hubert 109
Huber, Ludwig Ferdinand 10, 17, 39, 55, 90, 101, 148, 292f.
Huber, Therese 8, 10, 11, 32, 35, 38, 39, 42, 45, 48, *55f.*, 58, 62, 63, 66, *67*, 79, *90f.*, *100–102*, 105, 108, 113, 118, 121, *122*, 133, *148*, 155, 187, 189, 202, 204, *216f.*, 230, 242, *292f.*
Huber, Victor Aimé 45, 90, 101
Hugo, Konrad Albrecht von 290
Hugo, Sarah von 290
Hugo, Victor 161
Humboldt, Alexander von 2, 16, 17, 18, *34*, *141*, 143, 164, 297, 301
Humboldt, Caroline von 8
Humboldt, Wilhelm von 39, 64, 122, 222, 228, 284, 286

Hurter, Friedrich 161
Hutten, Ulrich von 142

Immermann, Karl Leberecht 48, 178, 131, 178

Jacob, Karl Georg 230
Jacobsen, Friedrich Johann 71
Jacoby, Johann 218
Jäger, Georg 98, 99
Jameson, Anna Brownell 34, 40, 126, 147
Jean Paul 39, 51, 64, 93, 133, 203, 209, 222, 285, 289
Jehle, Hiltgund 8, 9, 68, 73, 106, 180, 189, 215, 222
Johann, König von Sachsen 122
Johnson, Samuel 121, 126, 163
Jung, Alexander 17
Jung-Stilling, Johann Heinrich 225f.

Kahlert, August 119, 161
Kaiser, Gerhard R. 179
Kant, Immanuel 297
Karamsin, Nikolai M. 27
Karl Friedrich, Herzog von Sachsen-Weimar 283, 299
Karl Theodor, Graf von Pappenheim 296
Karlin, Alma 246
Karsch, Anna Luise 286
Katharina II. die Große 73, 294, 298
Kauffmann, Angelika 286
Keller, Gottfried 97, 295
Kephalides, August Wilhelm 123, 155, 198
Kerner, Justinus 45, 296
Ketteler, Wilhelm Emanuel von 291
Keyßler, Johann Georg 86
Kinkel, Johanna 108
Kirchner, Joachim 89
Klein, Ulrich 2
Kleist, Heinrich von 22f.
Kleist, Ulrike von 22
Klencke, Karl Friedrich 286
Klencke, Karoline 286f.
Kleopatra 156, 169
Klinger, Friedrich Maximilian 300
Klüger, Ruth 81
Knebel, Karl Ludwig von 38, 229
Knigge, Adolf Freiherr von 224f.
Knight, Cornelia 34, 126
Koch, Matthias 118
Kölle, Christoph Friedrich Karl von 123, 158, 159
König, Dominik von 96

Koenig-Warthausen, Gabriele Freiin von 8
Kohl, Ida 12, 48, 194, 293
Kohl, Johann Georg 12, 20, 293
Kolloff, Eduard 18
Kopisch, August 137
Koreff, Johann Ferdinand 291
Kottenkamp, Franz 18
Kotzebue, August von 2, 54, 87, 103, 157f., 159, 226, 300
Kranichfeld, Johann Wilhelm 284
Kreuzer, Helmut 5
Krieg, Walter 95
Krook, Anna Helene 46, 54, 86, 120, 132, 143, 202, 293
Krook, Johann Heinrich von 293
Krull, Edith 89, 106
Kuczynski, Ingrid 10, 177
Kühne, Ferdinand Gustav 240
Küttner, Karl Gottlob 2
Kurz, Heinrich 222

La Fayette, Marquis de 155
La Fite, Marie Elisabeth de 192
La Mothe, Marie Catherine 160
La Roche, Carl von 78
La Roche, Georg Michael von 55, 71, 225, 293
La Roche, Sophie von 2, 3, 5, *8*, 9, *23f.*, 29, 31, 32, 38, 39, 41, 42, 44f., 46, 47, 53, *54*, 58, 61, 62f., 65f., *71f.*, 73f., 78, 79, 83f., 86, 87, 92, 95, 97, 98, 100, 108, 109, *113*, 116, 119, 130, 135, 143, 152, 170, 171, *174*, 177, 179, 180, 189, *192*, 202, 203, *209*, *223-226*, 243, 285, 290, 293f., 302
Lamartine, Alphonse de 73, 162, 163
Lange, Sigrid 39
Langer, Ernst Theodor 224
Laube, Heinrich 5, 137, 232, 239, 240
Laurens, Joseph-Bonaventure 160
Lavater, Johann Kaspar 302
Laxmann, Erich 80
Le Maître, Elisabeth 68, 72
Le Vaillant, François 27
Lebrun, Elisabeth s. Vigée-Lebrun, Elisabeth
Leisler, Philipp Achilles 297
Lenau, Nikolaus 296
Lengefeld, Carl Christoph 302
Leo, August 294
Leo, Sophie Auguste 12, 294
Leporin, Dorothea Christiane 64
Leprince de Beaumont, Jeanne-Marie 128
Lessing, Gotthold Ephraim 297

Leuschner, Brigitte 8, 9
Levin, Rahel s. Varnhagen, Rahel
Lewald, August 17, 18, 48, *162*, 163, 164, 234, 294
Lewald, Fanny 5, *7f.*, 26, 28, 32, 34, 35f., 40, 43, 45, 48, 51, 56, 57, 58, 61, 63, *66f.*, 76f., 79, 81, 87, 88, 92, 97f., 105, 107, 109f., *113*, 117, 120, 127, 133, 134, 136, 138, *149-151*, *152*, 153, 155f., *158f.*, 163, 171, 175, 177, 178, *180*, 181, 186, 187, 194, *195-197*, 200, 202, 203, *217-219*, 231, 232, *233-236*, 237, 244, 245f., *294f.*
Lichtenberg, Georg Christoph 284
Lieb, Johann Wilhelm Friedrich 57
Link, Manfred 2
Lochhead, Marion 37
Loeben, Otto Heinrich Graf von 85
Löhn, Maria Anna 246
Lohbauer, Carl Philipp 73, 83
Londonderry, Frances Ann Vane Tempest, Marchioness of 167
Longfellow, Henry Wadsworth 291
Lorrain, Claude s. Claude Lorrain
Lortzing, Gustav Albert 291
Louis Napoleon (Napoleon III.) 159
Louis Philippe 218
Lucius, Caroline Christiane 129
Ludwig I. von Bayern 296
Lüpke, Gert 7
Lützow, Heinrich von 233, 284
Luise, Fürstin von Anhalt-Dessau 286

Macdonald, James 51f., 79, 163, 176, 226f., 285
Mackenzie, Sir George Steuard 164
Macpherson, James (Ossian) 45, 66, 67, 79, 140, 142, 163, 226
Magnusson, Ernst 175
Marcus, David 294
Marées, Heinrich Ludwig de 86f., 225f., 228
Marggraff, Hermann 16, 17, 26, 231
Maria Stuart 155f.
Mark Twain 20, 121f.
Martin, Biddy 15
Martineau, Harriet 125f., 185
Martino, Alberto 98
Marx, Leonie 44
Matthisson, Friedrich von 53, 286
Maurer, Michael 7, 8, 9, 13, 32, 46, 47, 78
Maximilian I. von Bayern 296
Medem, Johann Friedrich Reichsgraf von 297
Mehemet Ali 156, 181, 182

308

Meise, Helga 245
Mejer, Luise 199f., 224
Mendelssohn Bartholdy, Felix 129, 133
Mendelssohn, Moses 297, 300
Mendelssohn-Hensel, Fanny 133, 291
Menzel, Wolfgang 16, 41, 198, 220, 228, 231, 239
Mereau, Sophie 92, 292
Meyer, Friedrich Johann Lorenz 158
Meyer, Heinrich 151, 228, 151, 228
Meyer, Nicolaus 109, 291
Meyer, Reinhart 106, 109, 198
Meyer, Wilhelm 292
Meysenbug, Malwida von 5
Michaelis, Caroline s. Schlegel-Schelling, Caroline
Michaelis, Johann David 298
Michelangelo Buonaroti 214, 238
Middleton, Dorothy 10, 246
Miller, Lady Anne 37, 170, 208
Minutoli, Wolfradine von 28, 31, 171
Mittermaier, Karl Anton Joseph 158
Möhrmann, Renate 22
Möser, Justus 290
Monckton Milnes, Richard 52, 151, 236, 237
Montagu, Lady Mary Wortley 5, 37, 38, 46, 82, 126, 128, *160f.*, 165, 170, 177, 183, 184f., 188, 206, 229
Montefiore, Judith Cohen Lady 167
Montolieu, Isabelle de 227
Morelli, Ornella 60
Morgan, Lady Sidney 5, 37f., 71, *154f.*, 170, 230, 239, 242
Morgan, Mary 126
Moritz, Karl Philipp 2, 17, 48, 71, 159
Müchler, Karl 301
Mühlbach, Luise 7, 35, 44, 63, 68, 78, 98, 102, 127, 137, *159*, 194, 202, 241, 244, 246, 291, *295*
Müller, Adam 143
Müller, Johann Georg 63
Müller, Johannes von 71
Müller, Wilhelm 16, 18, 19, 45, 132, 148, 149, 210, *227*,
Münter, Balthasar 67, 199, 286
Münter, Friedrich Christian Karl Heinrich 286
Mundt, Theodor 5, 17, 35, *44*, 48, 78, 95, 102, 131, 138, 159, 164, 207, 239, 240, 241, 243, 295
Munster, Katrien van 7, 72, 93, 237
Muth, Ludwig 88

Napoleon Bonaparte 153–155, 215
Nemnich, Philipp Andreas 118
Nenon, Monika 8
Neumann, Friedrich Wilhelm 230
Nickisch, Reinhard M. G. 128
Nicolai, Friedrich 48, 116, 134, 158, 173, 174, 208, 224, 297
Nicolai, Gustav 34, 36, 118, 119, 120, 157
Niendorf, Emma von 8, 31, 44, 45, 47, 48, 54, 58, 75, 78, 79, 102, 137, 138, *141*, 142, 161, 171, 172, 175, 177, 178, *186f.*, 221
Niobe 148
Nörtemann, Regina 129
Nordenflycht, Hedwig Charlotte von 296
Nordenflycht, Julie von 11, 113, 296

Oberembt, Gert 237
Ochs, Adam Ludwig von 66, 291
Olbrich, Rosa 8, 35, 67, 210
Omasreiter, Ria 75
Oppeln, Carl Georg August von 285
Otte, Friedrich Wilhelm 164

Pallas, Peter Simon 80
Pancritius, Albrecht 247
Panzer, Bärbel 88
Pardoe, Julia 34, 82, 167
Parthey, Friedrich 298
Parthey, Gustav Friedrich Constantin 100, 224
Paßmann, Dirk Friedrich 21
Pataky, Sophie 43
Pausanias 157
Pazi, Margarita 7
Peché, John 288
Pelz, Annegret 4, 7, 8, 9, 10, 13, 60
Perry, Ruth 37
Petermann, August 189, 216, 222
Pezzl, Johann 33
Pfeffel, Gottlieb Konrad 55
Pfeiffer, Ida 7, *8*, 9, 10, 22, 26, 27, 34, 45, 46, 48, 54f., *58f.*, 60, *68*, 69, *73f.*, 77, *80*, 81f., *84*, 87, *95f.*, 99, 100, 106, 107, *114*, 117, *119*, *120f.*, 124, 135, 136, 138, *142*, 148, 161, 162, *164*, 167, 171, 175, 180, 183, 184, *188f.*, 191, 192, 195, 199, 203, 205, *206*, *215f.*, *222f.*, 236, 247, *296f.*
Pfeiffer, Marc Anton 54, 106, 296
Pfeiffer, Oscar 54, 121, 175
Pichler, Karoline 58, 62, 91, 101, 155, 172, 293
Piozzi, Hester Lynch 38, 126, 133, 147f., 170, 178, 204

Pischon, Friedrich August 17
Pistorius, Hermann Andreas 224
Pius VI. 154
Platen, August Graf von 70, 137, 158, 198
Plönnies, August von 297
Plönnies, Luise von 40, 63, 69, 71, 297
Poole, Sophia 167
Posselt, Franz Ludwig 24f., 82, 134, 173
Poussain, Gaspard 142
Predl, Franz Xaver von 121
Prokesch, Anton 48, 121, 156, *167–169*
Prüsener, Marlies 97
Prutz, Robert 16f., 18, 30, 51, 71, 95, 98, 158, 235, 243
Pückler-Muskau, Hermann Fürst von 5, 16, 17, 18, 20, 34, *35*, 48, 67f., 73, 74, 89, *92f.*, 116, 123, 127, 131, 132, 149, 169, 171, *182*, 194, 198, 200, 204, 207, *217*, 221, 223, 240, 291
Pyrker, Ladislaus 283
Pytlik, Anna 13

Raffaello Santi 151
Rasch, William 23, 64
Ratzel, Friedrich 115, 136
Raumer, Friedrich von 155, 164
Raupach, Ernst 35, 76, 123
Raymond, Petra 77, 143
Rebenack, Karoline 73, 83, 86
Rebmann, Andreas Georg Friedrich 6, 33
Rehbein, Wilhelm 30
Rehfues, Philipp Joseph Freiherr von 128, 155, 164
Reichard, Amalie 31
Reichard, Heinrich August Ottokar 108, 173
Reichardt, Julie 57
Reimarus, Carl 110
Reimarus, Elise 297
Reinhart, Johann Christian 142, 214
Reinhold, Karl Leonhard 155, 230
Reinsberg, Otto Freiherr von 54, 287
Rembrandt 148
Retzsch, Moritz 287
Rheinberg, Brigitta von 234
Rice, Warner G. 16
Rich, Elizabeth Lady 161
Richter, E. 206
Richter, Johann Paul Friedrich s. Jean Paul
Richter, Friedrich 71
Riedesel, Friederike Charlotte Luise von 12, 87
Riedesel, Johann Hermann Baron von 33, 77

Riehl, Wilhelm Heinrich 35, 194, 207, 221
Riesbeck, Johann Kaspar 33, 48
Rigby, Elizabeth 37, 53, 126, 232, 236, 241
Riha, Karl 11
Ritter, Carl 222, 297
Robert, Ludwig 136
Roberts, Emma 34, 167, 171
Rochlitz, Johann Friedrich 300
Rochow, Friedrich Eberhard von 69
Rochow, Rochus von 289
Rodde, Matthäus 298
Rodt, Cäcilie von 246
Rosa, Salvatore 142
Rosalie, hl. 149f.
Roß, Ludwig 121
Rothenburg, Rudolf Graf von 301
Rousseau, Jean-Jacques 24, 30, 159
Royall, Anne 171
von der Recke, Elisa *8*, 9, 33, 34, 38, 41, 42, 46, 47, *53*, 56, 57, *68f.*, 73, 75, 77, 87, *103f.*, 105, *114*, 118, 122, 123, 134, 135, 136, 138, 139, 144, 147, 149, 153, *154*, 171, 172, 175, 181, 199, 203, 205, 208, *211–215*, 216, 227, 283, 289, 290, *297f.*, 300
von der Recke, Georg Peter Magnus 53, 297
Rudolphi, Caroline 69, 87, 297
Rückert, Friedrich 90
Rüdiger, Elise Friederike s. Hohenhausen, Elise Friederike von
Rüppell, Eduard 182
Ruge, Arnold 158, 233, 295
Russegger, Josef von 181
Russell, Mary 10, 246

Salzbacher, Joseph von 161
Salzmann, Christian Gotthilf 61
Sand, George 39, 52, 53, 160, 172, 187, 235, 237, 238
Santo Domingo s. Comte, Joseph Hippolyte
Sarasis, Jakob 72
Sauerländer, Johann David (Sauerländer-Verlag) 90, 94, 96, 118
Savigny, Friedrich Karl von 50
Schabert, Ina 13
Schadow, Wilhelm von 301
Schaefer, Dietrich 7, 107
Schatz, Georg 224
Scheffauer, Heinrich 178
Scheitler, Irmgard 8, 44, 50, 161, 239
Schenda, Rudolf 98
Scherr, Johannes 235
Schieth, Lydia 16, 89, 245

Schiffer, Reinhold 3
Schiller, Charlotte von 62, 95, 302
Schiller, Friedrich von 38, 39, 93, 94, 95, 98, 105, 197, 151, 153, 155f., 197, 240, 300, 301, 302
Schindel, Carl Wilhelm Otto August von 38, 43, 50, 86, 99, 128,
Schlegel, August Wilhelm 150, 286, 287
Schlegel, Dorothea 11
Schlegel, Friedrich 286, 287
Schlegel-Schelling, Caroline 199f.
Schlösser, Hermann 4
Schlözer, August Ludwig 25f., 92, 115, 298
Schlözer, Dorothea 63, 109, 132f., 298
Schmid-Bortenschlager, Sigrid 6, 44
Schmid-Jürgens, Erna Ines 7
Schmidt, Julian 17, 18, 29, 237, 241
Schneider, Gabriele 36, 45
Schnorr von Carolsfeld, Julius 198
Schön, Erich 64, 88, 96
Schopenhauer, Adele 54, 62, 232, 299
Schopenhauer, Arthur 54, 61, 185, 299
Schopenhauer, Heinrich Floris 54, 61, 78, 176, 298f.
Schopenhauer, Johanna 2, 3, 6, 7, 9, 12, *25f.*, 32, 34, 38f., 46, 47, 48, 54, 57, 61, 62, 63, *65*, 69, 74, 75, 78f., 79f., 89, *93f.*, 96, *98*, 101, 102, 105, 107, 108, *114*, 117, 119, 121, 124, 133, 136, 138, 143, *146f.*, 154, 155, 170, 171, 175, 176, 177, 179, 188, 189, 191, 200, 202, 203, 204, 205, *209f.*, *228–231*, 242, 243, 244, *298f.*
Schoppe, Amalie 300
Schott, Sabine 8
Schuber, Maria 26, 27, 56, 58, *59*, 69, 73, 81, *82*, 84, 117, 133, 138, 138, *161f.*, *171f.*, 183, *193f.*, 222, *299*
Schubert, Franz 287, 288
Schubert, Friedrich 7
Schubert, Gotthilf Heinrich 48, 54, 165, 166, 182, 198
Schucht, Elisabeth 247
Schücking, Levin 17, 95, 232, 291
Schulz, Günter 8, 69
Schulz, Johann Abraham Peter 286
Schutte Watt, Helga 8, 192
Schwartz, Espérance von 28, 31, 41, 87, 244, *299f.*
Schwarz, Johann Ludwig 105, 209, 300
Schwarz, Sophie 42, 46f., 53, 57, 75, 97, 100, 105, 123, 180, 203, *208f.*, 298, *300*
Scott, Sir Walter 45, 66, 95, 291
Secci, Lea 7

Seibert, Peter 32
Sengle, Friedrich 7, 34, 128, 130
Seume, Johann Gottfried 17, 33, 116, 120, 121, 133, 142, 154, 208, 283
Sévigné, Marie de Rabutin-Chantal, Marquise de 38, 128, 239
Seybold, David Christoph 108
Simon, Heinrich 219, 294
Sirges, Thomas 98, 99, 225
Sondermann, Ernst Friedrich 90
Spahn, Raymond Jürgen 157
Spalding, Johann Joachim 297
Spener, Johann Karl Philipp (Spener-Verlag) 12
Sprickmann, Anton Matthias 27
Staël, Anne Louise Germaine Baronne de 9, 38f., 53, 229, 236, 239, 286
Stagl, Justin 25, 173
Stahr, Adolf 7, 33, 56, 92, 134, 156, *158f.*, 180, 196, 198, 203, 218, 234, 237, 239, 294f.
Stahr, Carl 239
Stanhope, Hester 167
Starnes, Thomas C. 101
Stein, Charlotte von 283
Steinbrügge, Liselotte 22, 30, 32
Steinhauer, Marieluise 8, 237
Stendhal (Marie-Henri Beyle) 102
Sternberg, Alexander von 69, 200, 221, 235, 237, 239, 283
Sterne, Laurence (Yorik) 12, 20, 29, 123, 127, 136
Stieglitz, Charlotte 40, 41
Stieglitz, Heinrich 48, 70, 198
Stölting, Inge 247
Stolberg, Christian Graf zu 67, 297
Stolberg, Friedrich Leopold Graf zu 48, 67, 157f., 159, 297
Stosch, Karl Wilhelm 301
Strelka, Joseph 2
Strombeck, Friedrich Karl von 104f., 164
Struve, Gustav 118
Struve, Heinrich von 284
Sturz, Helferich Peter 290
Suckow, Carl Friedrich Emil von 296
Suckow, Emma von, s. Niendorf, Emma von
Sulzer, Johann Georg 2, 75
Swift, Jonathan 21

Tabouillon, Alfred von 283
Tarnow, Fanny 12, 25, 40, 48, 56, 63, 66, 80f., *91f.*, 95, 98, 108, 114, 117, 121, 135, 198, 244, 287, *300f.*
Tarnow, Johann David 300

311

Tasso, Torquato 67
Thiers, Adolphe 152
Thilenius, Klara 61, 83, 125
Thomson, James 163
Thorvaldsen, Bertel 178, 198, 286
Thurnwald, Hilde 246
Tieck, Ludwig 85, 98, 286, 300
Tiedge, Christoph August 53, 68, 73, 105, 135, 214, *215*, 227, 283, 287, 297f., 300
Tischbein, Johann Heinrich Wilhelm 286
Touaillon, Christine 245
Trapp, Ernst Christian 69
Tristan, Flora 31, 152, 171, 180,
Trollope, Frances 124, 139,
Trosiener, Christian Heinrich 298
Tschischka, Franz 118

Unger, Friederike Helene 11, 120, 301
Unger, Friedrich Gottlieb (Unger-Verlag) 105, 301
Unzer, Johanna Charlotte 64
Usteri, Paulus 90, 101, 118, 121

Varnhagen von Ense, Karl August 5, 18, 52, 88f., 107, 190, 236, 291
Varnhagen, Rahel 30, *40–42*, 289, 291
Vasi, Mariano 68, 169
Veit, Moritz 136
Venske, Regula 237
Venuti, Lodovico Marchese 169
Vergil 157
Vieweg, Johann Friedrich (Vieweg-Verlag) 97
Vigée-Lebrun, Elisabeth 139
Vinken, Barbara 15
Vogt, Marianne 245
Volkmann (Volckmann), Johann Jakob 157f., 169, 217
Voltaire (François-Marie Arouet) 159
Voßkamp, Wilhelm 15
Vulpius, Christian August 93

Waiblinger, Wilhelm 70, 71, 158
Waldenburg, Mathilde von 301

Waldna, Karoline 82
Waldstein, Edith 6
Walter, Eva 92, 105
Washington, George 154
Weber, Carl Maria von 287
Weber, Marta 7, 203
Weber, Mathilde 245, 246
Wedekind, Georg von 297
Weerth, Georg 6, 35
Wehinger, Brunhilde 10, 176
Weigel, Sigrid 192, 196
Weil, Louise 246
Wekhrlin, Wilhelm Ludwig 33
Werner, Michael 90, 92, 155
Werthern, Jakob Friedemann Graf von 71
Wieland, Christoph Martin 43, 53, 55, 116, 130, 153, 203, 223, 227, 247, 285, 286, 293, 297, 300
Wienbarg, Ludolf 18, 48, 90, 139
Wigand, Georg (Wigand-Verlag) 96
Wilke, Jürgen 108
Williams, Helen Maria 34, 126, *151f.*, 153
Winckelmann, Johann Joachim 33
Winko, Simone 5, 15, 36, 39, 44
Wittmann, Reinhard 72, 85, 86, 91, 92, 95, 97, 98
Wolf, Friedrich August 229
Wollstonecraft, Mary 126, 193, 202, 208
Woltmann, Karl Ludwig von 56, 301
Woltmann, Karoline von 38, *56*, 63, 69, 77, *301f.*
Wolzogen, Wilhelm von 302
Wolzogen-Beulwitz, Karoline von 47, 61f., 105, 108, 109, 202, *302*
Wülfing, Wulf 5, 7, 36

Young, Edward 291

Zäunemann, Sidonia Hedwig 25
Zedler, Johann Heinrich 173, 174
Zimmermann, Harro 178
Zoëga, Georg 33, 147, 286
Zschokke, Heinrich Daniel 94